이 책은 젠더와 관련한 바울의 본문들을 언어, 문화, 상황의 맥락에서 자세히 설명하고, 바울 신학의 통일성, 해석의 일관성, 방법론의 신선한 적용을 바탕으로 젠더에 관한 바울 신학을 재정립하고자 기술되었다. 지금까지 바울의 젠더 관련 본문에 대한 보수주의 성서 해석은 남성의 '머리 됨'에 근거한 교회 내 여성의 역할(특히 '여성 안수')에만 치중함으로써, 그리스-로마 세계관에 도전했던 바울의 상호 호혜적 젠더 관점을 파악하지 못했다. 따라서 이 책은 전통적인 해석에 이의를 제기하면서, 바울 본문을 문맥, 장르, 언어 사용의 효과, 그리고 1세기 젠더의 사회적 상황에 맞게 해석하고, 바울이 남성에게 사용한 여성 은유와 여성에게 사용한 남성 은유, 젠더와 창조 및 종말론, 젠더와 몸, 젠더와 신앙, 젠더와 하나님의 형상, 그리고 젠더와 권위 등을 다룸으로써 바울에게 젠더 이슈가 중요한 주제임을 밝히고 있다. 젠더는 사회적이며 인격적인 요소로서 성서를 읽어내는 '필수 코드'라고 생각한다. 모쪼록 이 책을 통해 바울 본문에 대한 성서 해석의 새로운 지평과 젠더와 관련한 성서와 신학, 신앙과 목회 리더십의 패러다임 전환이 일어나길 기대해본다.

강호숙 기독인문학연구원, 교회 여성 리더십

바울 서신의 '젠더' 문제는 속된 말로 "답이 안 나오는" 이슈에 가깝다. "전통적" 읽기는 신실한 해석의 이름으로 이런 관점을 고수한다. 반면 많은 이들은 바울의 텍스트와의 "해석학적" 협상을 통해 적나라한 충돌을 피하려고 한다. 하지만 이 책의 저자는 성경과 바울 신학에 관한 보수적 입장을 고수하면서 "전통적" 입장을 향해 강력한 도전장을 내민다. 그녀의 논의는 성서학적 논의의 핵심 기술을 능숙하게 구사한다. 당시의 문화적 분위기를 꼼꼼히 살피면서 바울의 담론이 품은 전복적 성격을 드러내고, "전통적" 읽기 속에 내재한 편견 혹은 "이중 잣대"를 찾아낸다. 또 바울 신학 및 남녀의 궁극적 동등성이라는 큰 그물의 일부로 젠더 본문을 읽으면서, 주요 텍스트와 핵심 이슈들에 대해 흥미롭고 독창적인 주장을 제시한다. 여성으로서의 영예를 보호하는 장치로서의 베일, 여성/아내를 섬기는 "원천"(머리)으로서의 남자/남편, 혹은 해산과 "구원" 등에 관한 저자의 주장은 매우 흥미롭다. 저자의 주장이 독특한 만큼, 독자들의 반응 또한 매우 다양할 것이다. 그래서 이 책은 좋은 대화 상대다. 선명하면서도 예의 바른 그녀의 논증을 따라가며 우리는 바울의 텍스트를 다시 들여다보고, 내 해석과 그 배후의 전제를 다시 검토하며, 보다 타당한 관점에 이르려고 노력하게 되리라 믿는다. 저자의 주장에 동의하든지 않든지, 모든 독자는 이 책에서 젠더에 관한 바울의 관점을 더 깊이 이해하는 배움을 경험할 것이다.

권연경 숭실대학교 기독교학과 신약학 교수

이 책은 바울 서신에 나오는 남성과 여성에 관한 본문들을 다시 읽게 만든다. 바울의 복음은 당대 사회에 가치전도적 울림을 주는 메시지였다. 그는 이방인들도 유대인들과 동등하게 하나님의 백성이 될 수 있다고 가르침으로써 선민 유대인들에게 충격을 주었다. 또한 주인과 종의 관계에서도 당대의 상식을 뛰어넘는 혁신적인 가치를 제시했다. 그리고 바울은 무엇보다도 그 시대의 문화를 뛰어넘어 그리스도 안에서 새롭게 된 남성과 여성에 관한 변혁적 비전을 가르쳤다. 한국교회는 교회 내 여성의 역할에 관한 상반된 관점으로 신학적 혼란에 빠져서, 정교하게 남성 중심의 가부장적 문화에 사로잡혀 있다. 이런 혼란스러운 현상은 결국 해석의 문제에서 출발한다. 웨스트폴의 책은 바울 서신에 나오는 젠더 관련 본문의 원래 의미와 그 본문에 대한 우리의 잘못된 전제를 철저하게 구분하도록 만든다. 더구나 고린도전서 11장과 디모데전서 2장을 진지하게 새로운 시각에서 보게 만든다. 웨스트폴의 해석에 평등주의적(egalitarian) 입장으로 동의하든, 혹은 상호 보완적(complementarian) 관점에서 비판하든, 우리는 이 책에서 학문적으로나 해석학적으로나 많은 것을 배우게 될 것이다.

김경식 웨스트민스터신학대학원대학교 신약학 교수

본서는 1세기의 사회·문화적 맥락에서 젠더 문제에 관한 바울의 입장을 재고(再考)하라고 도전한다. 저자는 오랫동안 오용되었던 젠더 관련 구절들을 바로 이해하려면 바울의 관점을 주목해야 한다고 조언한다. 특히 본서는 바울이 헬레니즘 문화를 수용했거나 거부한 사례들을 찾아 그의 전략과 의도가 당시 유통되던 남성 우월주의에 기반한 문화적 위계질서를 기독교적으로 도전하고 전복시키는 것이었다고 주장한다. 또한 남성과 여성 신자 모두를 그리스도의 제자로 초청하는 것이 바울의 목표였다고 지적한다. 저자는 젠더 문제가 사회와 교회의 뜨거운 쟁점으로 부상한 오늘, 바울의 진실이 무엇이었는지 묻고 답할 것을 채근하여 독자를 새로운 해석의 심연(深淵)으로 빠져들게 한다.

윤철원 서울신학대학교 신학대학원 신약학 교수

웨스트폴의 『바울과 젠더』는 한국의 젠더 상황에서 매우 적절하고 필요한 연구 결과로 새물결플러스의 번역 출판을 환영한다. 대한민국은 차별금지법이 아직도 입법화되지 못한 상황이며, 개신교 보수 교단들, 예를 들면 장로교 총신, 합신, 고신 교단에서는 현재까지도 여성 목사 안수를 적극적으로 반대하고 있다. 이 책의 저자는 이런 문제들을 성경 속에서 다룰 때마다 항상 제기되는 본문인 디모데전서 2:11-15을 자신의 새로운 아이디어와 축적된 연구 결과들을 반영하여 해석해낸다. 젠더 이슈에 관심이 있는 독자라면 바울이 이 문제를 그의 서신 속에서 어떻게 다루고 있는지를 웨스트폴의 연구 결과에서 확인할 수 있을 것이다. 저자는 바울 당시 남성과 여성에 대한 문화와 고정관념을 소개하고, 본문을 해석하기 위한 필수 개념들인 창조, 타락, 종말론, 몸, 여성의 부르심과 권위 문제를 관련 성경 구절들과 함께 다루어 자세하게 풀어낸 학문적 연구 결과들을 설득력 있게 제시하고 있다. 쉽지 않은 주제인 젠더 문제에 관심이 있는 독자들과 모든 남성과 여성 그리스도인들에게 이 책의 일독을 적극 추천한다.

조석민 전 에스라성경대학원대학교 신약학 교수

"그리스도와 합하여 세례를 받은 자는 남자나 여자나 다 하나"라는 세례 공식을 선포한 사도 바울이 다른 한편으로 그의 서신에서 "여자들은 교회에서 잠잠해야 한다", "집에서 남편에게 배워야 한다", "여자는 남자의 영광이다", "여자가 죄를 처음 인간세계에 불러들였다", "공중예배에서 여자는 베일을 머리에 써야 한다", "여자는 출산함으로써 구원을 받을 것이다" 등과 같이 편견으로 가득 찬 차별적 언사를 남발한 듯한 내용을 기록한 것을 볼 때 참 당혹스러웠던 경험이 있는가? 이는 우리가 생각하는 것만큼, 우리의 관점에서 서신의 저자인 바울이 그렇게 심각하게 고민하고 복잡하게 생각하지 않았을 가능성이 크다. 그러나 오늘날 젠더 이슈는 성서학자는 물론 그리스도인과 모든 현대인이 두루 외면할 수 없는 필수적인 탐구와 성찰의 과제가 되었다. 이 책은 이러한 바울 서신의 젠더 이슈를 평면적으로 조명하기보다 그 배경과 상황, 동기와 목적 등 그 시대의 종합적인 외연과 교회 공동체의 구체적인 맥락에서 치밀하게 분석하고 탐구한 역작이다. 법제적으로 양성평등이 선포된 지 이미 꽤 오랜 시간이 지났음에도 불구하고 남녀 사이의 불평등 현실은 항간에 여전하다. 특히 오늘날 한국교회가 형제/자매의 균등한 공동체를 표방하면서도 그 내실은 여전히 후진적이고 젠더 이슈와 관련하여 퇴행적인 행보를 보여온 저간의 사정을 고려할 때 이 책이 줄 수 있는 지적인 계몽의 선물은 꽤 풍성하리라 믿는다. 특정한 성경 구절을 암송하고 자기 봉사적인 각종 성경적 구호를 복창하기보다 이런 책을 읽고 열린 마음으로 함께 토론하며 더 나은 길을 찾아 나가는 우리 교회 공동체의 현재와 미래를 기대해본다.

차정식 한일장신대학교 신학과 신약학 교수

『바울과 젠더』는 몇 가지 점에서 꽤 흥미로운 책이 아닐 수 없다. 첫째, 신약학자가 꼼꼼하게 써 내려간 성서학 전문도서다. 무엇보다 성서라는 거울(mirror)을 볼 때 사회/문화/역사적 창문(window)이 얼마나 중요한지를 여실히 보여준다. 둘째, 1세기 성서 시대보다 더 주목받고 있는 오늘날 우리 시대의 사회적 토픽으로서 '젠더 이슈'를 시의적절하게 다루고 있다. 페이지를 넘길 때마다 과거 텍스트의 본문(text)과 오늘 독자의 상황(context)의 줄다리기 밧줄 정중앙에 묶인 젠더 리본이 쉼 없이 양 진영을 오가는 듯하다. 셋째, 젠더와 관련된 바울 서신의 구절들이 다차원적 해석의 틀 속에서 구조-기능주의 언어학과 담화 분석을 중심으로 새롭게 도전적으로 재해석되고 있다. 하나의 성서 해석학적 모델이 실제로 어떻게 발휘될 수 있는지를 관찰하게 된다. 넷째, 그리스도 안에서 형성된 바울의 종말론적 프레임이라는 심층구조 속에서 1세기 및 오늘의 가정과 교회와 사회의 젠더 문화가 얼마나 변혁적으로 재고될 수 있는지 (또는 재고되어야 하는지) 묻고 있다. 이 글은 유대인과 이방인을 위한 그리스도의 복음이 남성과 여성 모두를 위한 '은혜의 복음'이라는 사실을 새삼 떠올리게 해준다.

허주 아세아연합신학대학교 신약학 교수, 한국복음주의신약학회 회장

웨스트폴은 남성, 여성, 권위, 그리고 젠더 역할에 대한 사도 바울의 발언에 종종 당황하고 심지어 놀라기까지 하는 우리와 같은 사람들에게 매우 필요한 명료함을 제공해준다. 그녀는 결혼과 가족에 대한 고대의 견해를 독자들에게 소개하고, 핵심적인 바울의 구절들에 대한 견고한 주해를 제시하며, 바울이 이런 논쟁적인 본문을 통해 무엇을 말하는지와 무엇을 말하지 않는지를 알려준다. 이 책은 진정한 성서적 관점에 비추어 젠더와 섹슈얼리티를 생각해보도록 독자들에게 유익한 정보를 제공해주며 도전한다.

마이클 F. 버드(Michael F. Bird) 호주 멜버른 리들리 대학

이는 '여성의 이슈'에 대한 또 한 권의 책이 아니다. 웨스트폴은 사회역사적 맥락, 텍스트의 형식적·의미론적 특징, 문학적 구성을 고려하여 젠더 관련 문제를 다룸으로써 바울 연구의 새로운 경지를 개척해낸다. 그녀는 어려운 바울의 구절들과 정면으로 씨름하고, 분명하면서도 때로는 도발적인 주장을 제시함으로써 바울이 복음 선교를 고려하여 젠더에 관한 당시 문화의 고정관념을 뒤집는다는 견해를 개진한다.

린 H. 코힉(Lynn H. Cohick) 휘튼 대학

성서에서 젠더 역할에 대한 문헌이 홍수처럼 쇄도한 이후에 이 논의와 관련하여 독특하고 설득력 있는 내용을 추가할 수 있는 사람이 있을까? 웨스트폴은 그 대답이 완벽하게 '예'라는 것을 증명해냈다. 이 책은 이 주제와 관련하여 오랜만에 나온 매우 중요한 책이며, 웨스트폴의 모든 제안은 진지하게 고려할 만한 가치가 있다. 저자의 접근 방식은 현대의 표준적인 상호 보완적 혹은 평등주의적 관점을 복제하지 않고 1세기의 문화적 역사와 잘 알려진 언어 및 담화 분석에 비추어 새로운 방향을 제시한다. 이 중요한 주제와 관련하여 바울을 진지하게 이해하고자 하는 사람은 반드시 읽어야 할 책이다.

크레이그 L. 블롬버그(Craig L. Blomberg) 덴버 신학교

바울과 젠더에 관한 필수적 자료인 이 중요한 책에서 웨스트폴이 분명히 밝히고 있듯이, 맥락이 해석의 열쇠다. 저자는 상대에 대해 무심하면서도 잠재적으로 해로운 방식으로 너무 자주 사용되는 주요 성서 구절에 대해 통찰력 있는 해석 및 맥락과 관련한 민감한 이해를 제공해준다. 평등주의자 및 상호 보완주의자 모두에게 이 책을 적극 추천한다.

스탠리 E. 포터(Stanley E. Porter) 맥매스터 신학교

웨스트폴은 이 책의 광범위한 연구를 통해 언어학 및 고대 자료에 대한 자신의 전문지식을 사용하여 젠더 관련 바울 본문에 관해 새롭고 흥미로운 관점과 통찰을 제공해준다. 이 연구는 우리 독자들에게 관련 구절들을 참신한 질문으로 다시 논의하라고 자극하고, 새롭고 잘 논의된 해석을 통해 이 문제를 다루라고 도전할 것이다.

크레이그 키너(Craig Keener) 애즈버리 신학교

Paul and Gender

Reclaiming the Apostle's Vision for Men and Women in Christ

Cynthia Long Westfall

PAUL AND GENDER
Reclaiming the Apostle's Vision
for Men and Women in Christ

바울의 눈으로 본
그리스도 안에서의 남성과 여성

바울과 젠더

신시아 롱 웨스트폴 지음
임재승 옮김

새물결플러스

하나님께서 행하시는 패러다임의 전환을
받아들일 준비가 된 이들에게 이 책을 바칩니다.
당신이 신앙의 근거를 찾을 수 있길 바라며.

목차

새물결플러스를 통해『바울과 젠더: 바울의 눈으로 본 그리스도 안에서의 남성과 여성』을 한국에서 출판하게 되어 영광입니다. 번역으로 수고해주신 임재승 목사님께 감사를 드립니다. 맥매스터 신학교에서 공부하는 여러 한국 학생을 통해 저는 성서를 대하는 한국교회의 진지한 태도와 교회에 대한 한국 그리스도인들의 깊은 헌신에 대해 많이 들었습니다. 그리고 한국교회가 그리스도의 몸으로서 그 역할을 훌륭하게 감당하고 있다는 이야기를 전해 들으면서 한국교회와 한국 그리스도인들을 존경하게 되었습니다.

한국어로 번역되어 출간되는 이 책을 통해 하나님께 더 철저히 순종하고, 성서에 대해 더 깊이 연구하며, 교회를 더 든든히 세우고자 하는 헌신에 대한 열망이 한국교회 안에서 더욱 뜨겁게 불타오르게 되기를 기도합니다. 더 나아가 데살로니가 교회와 마찬가지로 주님의 말씀이 한국교회에서 시작되어 여러분이 믿는 하나님에 대한 소문이 각처에 전파되기를 간절히 바라며 기도합니다(살전 1:8).

우리가 동일하게 성서의 권위를 존중하며, 진리를 알고자 하나님의 말씀을 상고하는 열정을 공유하고 있기에, 여러분과 제가 어떤 형태로든 동역할 수 있음을 믿습니다. 그러나 저는 그 무엇보다도 우리 각자의 인생과 그리스도의 몸 된 교회를 통해 예수 그리스도께서 함께하심이 나타나도록 우리가 함께 노력하기를 원합니다. 사도 바울이 오래전 에베소 교회의 성도들을 위해 드린 기도를 감히 여러분들을 위해서도 드려봅니다.

믿음으로 말미암아 그리스도께서 너희 마음에 계시게 하시옵고 너희가 사랑 가운데서 뿌리가 박히고 터가 굳어져서 능히 모든 성도와 함께 지식에 넘치는 그리스도의 사랑을 알고 그 너비와 길이와 높이와 깊이가 어떠함을 깨달아 하나님의 모든 충만하신 것으로 너희에게 충만하게 하시기를 구하노라. 우리 가운데서 역사하시는 능력대로 우리가 구하거나 생각하는 모든 것에 더 넘치도록 능히 하실 이에게 교회 안에서와 그리스도 예수 안에서 영광이 대대로 영원무궁하기를 원하노라. 아멘(엡 3:17-21).

그리스도 안에서,
신시아 롱 웨스트폴
맥매스터 신학교

서문

이 책은 젠더(gender)와 관련한 바울 서신의 구절들을 설명하고, 정경을 기반으로 하여 젠더에 관한 바울 신학을 재정립하려고 시도한다. 정경 바울 서신에서 젠더와 관련된 구절들은 그 본문의 용어와 주장에 따라 설명되고 해석될 것이다. 즉 바울이 썼다고 주장되는 성서 본문들은 바울이 썼다고 주장되는 다른 문서들을 해석해야 하고, 그 문서들에 의해 해석되어야 한다. 또한 바울의 생애에 관한 내러티브를 포함하여 이런 본문들은 특정한 상황에서 기록되었기 때문에 그 상황을 고려하여 해석될 수 있다. 이런 해석과 정경적 신학을 인도하는 다섯 가지 우선 사항은 다음과 같다.

1. 연구 결과는 바울 서신의 본문과 배경을 충실하게 반영한다.
2. 바울의 생애에 대한 내러티브의 재구성 내에서 이해할 수 있는 해석을 추구한다.
3. 본문 자체의 바탕이 되는 언어, 문화, 상황의 맥락 내에서 이해할 수 있는 구체적인 해석을 시도한다.
4. 본문, 상황, 언어, 문화를 고려할 때, 가능한 한 바울 신학의 일반적인 맥락 내에서 일관성 있는 해석을 하기 위해 노력한다.
5. 현대의 신학적 구성과 적용은 해석자의 현대 (성서적) 세계관과 일치하며 부합하도록 노력한다.

한 저자나 화자의 모음집 안에서도 사상의 부조화, 불일치, 모순, 변화 등이 가능하다는 것을 인정하지만(논쟁이 있든 없든), 위에서 제시한 다섯 가지 지침에 해당하는 논리적이고 적절한 선택지가 있다면, 그것을 선택하는 것이 바람직하다. 바울 전집의 경우에는 바울의 가르침과 다른 사도적 가르침들 사이의 일관성과 조화가 정경으로 선택되고 포함되는 데 있어 분명한 기준이었다.

바울과 젠더에 대해 혹은 젠더와 성서에 관해 논하는 대부분의 연구는 사실상 교회, 가정, 사회에서의 여성의 역할에 대한 것들이다. 물론 여성 문제가 이 책의 중요한 관심사이고, 시기적으로나 모든 면에서 적절한 것이지만, 나는 여성에 관한 바울의 구절들은 그에 상응하는 남성에 관한 바울의 구절들을 이해하지 않고서는 제대로 이해되거나 적용될 수 없다고 생각한다. 더욱이 (위에서도 밝혔듯이) 남성과 여성에 관한 구절들은 바울 신학의 큰 틀 안에서, 특히 관련 내용을 포함하는 단락과 편지 안에서 일관성 있게 이해되어야 한다. 결론적으로 내가 이 연구에서 주장하는 것처럼 바울의 본문은 교회, 가정, 사회 속에서의 남성의 문제를 다루고 있으며, 이 부분 또한 매우 중요하고 타당한 주제라고 할 수 있다.

내가 이 책을 집필하게 된 네 가지 이유가 있다. 첫째로, 젠더 이슈는 바울에게 중요한 주제였으며, 이후에도 신앙생활과 학문 세계에서, 나아가 특히 21세기 서구 문화권에서 계속해서 중요한 주제이기 때문이다. 성서 신학과 조직신학 분과에서도 젠더 관련 주제를 최우선으로 연구할 필요가 있다. 교단, 지역 교회, 가정에서의 적용은 깊이 있는 성서 연구와 설명에 기반하여 이루어져야 한다. 이 논의는 짧게 끝나서도 안 되고, 고압적인 설명, 정치적 편향성, 대중적 합의, 카리스마 있는 연설가, 혹은 인터넷 블로그 등을 통해 이루어져서도 안 된다. 우리는 신학에서 삼위일체나 그리스도의 위격 중 신성과 인성 간의 관계만큼이나 복잡하다고 할 수 있는, 남성과 여성으로서의 인간성과 관련한 이슈 중 일부를 겨우 표면적으로만 다루기 시작했다. 이 문제의 복잡성은 엄청난 수고를 요구한다.

둘째로, 내가 현대 언어학 외에도 이 문제를 연구하기 위한 새로운 관점과 방법론적 렌즈를 습득했기 때문이다. 나는 본문의 언어를 이해할 수 있는 맥락 내에서 특히 의미와 관련한 문맥, 장르, 언어 사용의 효과를 탐구함으로써 본문을 재검토한다면, 이 논의에 유의미한 기여를 할 수 있을 것으로 예측했다. 나는 이런 새로운 관점들을 계속 진행 중인 관심사 및 역사적으로 이어져 온 전문성과 결합시켰다.

셋째로, 이 이슈에 대한 분명한 이해와, 이런 구절들을 어떻게 해석하고 적용해야 하는지에 대한 확신이 내가 강의실, 학계, 교회에서 성실하게 일하는 데 결정적인 역할을 했기 때문이다. 신학교에서 가르치고, 학계에서 다양한 토론에 참여하며, 지역 교회에서 봉사하는 성서신학을 전공한 여성이 바울 및 젠더와 관련한 이슈를 피하기는 쉬운 일이 아니다. 이 이슈는 항상 언급하기 꺼려지는 문제고, 작용하는 역학을 이해하고 필요한 신념을 가지고 일해야 하는 사안이다.

내가 이 책을 집필한 네 번째 이유는 다른 이들, 특히 다음 세대가 이 분야에서 더욱 발전된 논의를 할 수 있는 길을 열어주고자 하는 마음이 컸기 때문이다. 이 분야는 계속해서 심각한 영향과 결과를 수반하는, 많은 논란이 있는 주제다. 즉 이 논쟁은 사회적·정치적·종교적 구조와 그 안에서의 권력 행사 양상에 계속 영향을 미쳐왔다. 이 과정에서 남성들은 그들의 관점이 무엇이든지 간에 지위 또는 평판을 잃었다. 이 문제는 전 세계적으로 때로는 신앙의 배경에서 여성을 상대로 벌어지는 다양한 수준의 혐오, 학대, 차별, 억압 등을 다루는 일과 관련된다. 현재 내 삶의 단계와 환경을 고려하여 판단하건대 나는 위험을 감수하고 무슨 대가든지 치러야 하는 위치에 있다. 이는 나의 뒤를 따라오는 이들을 위해 장애물을 제거하고 더 곧은 길을 열어주기 위함이다.

나는 이 연구를 통해 다양한 그룹의 사람들에게 가치 있는 무언가를 제공할 수 있기를 희망한다. 특히 신앙이나 실천을 고려하지 않고 행해지는, 젠더에 관한 학문적 논의에 기여하고자 한다. 나는 성서 해석자들이 본문 자체와, 본문을 해석하기 위해 상정된 추론 및 전제를 구분할 수 있도록 돕는 것을 목표로 한다. 그리고 나는 본문의 배경과 의미 간의 관계를 밝히기를 원한다. 나아가 1세기 사회적 상황에서 젠더의 복잡한 관습에 대한 이해를 증진시키기를 기대한다. 끝으로 본문의 기원에 대한 관점과 상관없이, 나는 젠더와 관련한 바울 신학의 논의에서 목회 서신을 읽을 수 있도록 합법적인 자리를 마련하고자 한다.

신앙과 실천에 있어 성서의 권위를 인정하는 기독교 공동체들을 위해, 나는 성서 해석자가 성서 본문과 그것의 권위를 높이 평가하는 동시에 젠더에 대한 신학과 관련하여 좀 더 전통적이거나 보수적인 해석과 입장에서 벗어난 방식으로 바울을 해석할 수 있도록 도와주려고 한다.

아마도 나의 주요 대상은 교단, 교회, 기독교 단체, 신학교에 속한 이들을 포함하여, 이 논의에서 회색 지대 혹은 중간 지대를 차지하는 신앙 공동체에 속한 다수의 사람일 것이다. 이 연구는 교회에서 젠더와 관련한 좀 더 전통적인 가르침과 관습에 불편함을 느껴왔으면서도 이 논의의 중심이 되는 몇몇 본문(특히 딤전 2:12)에 대한 새로운 해석을 확신하지 못했던 신앙 공동체의 많은 사람에게 나아갈 길을 제시해줄 것이다. 나는 일부 사람들이 지금까지와는 다르게 믿을 수 있는 정당한 이유를 찾고 있다고 느끼고 있으며, 그들에게 실질적인 대안을 제시해주고 싶다.

마지막으로 나는 이 연구가 사회적 지위, 인종, 젠더와 상관없이 자신의 은사대로 각 분야에서 열심히 섬기도록 그리스도인들을 지원하고 준비시키는 데 도움이 되기를 희망한다. 특히 여성들이 자신이 속한 신앙 공동체의 지원을 받든지 못 받든지 간에 자유롭게 예수를 따르고, 바울을 본받아 예언자적 확신으로 희생하며 섬길 수 있기를 바란다. 결국 예수와 바울은 전통적인 종교 권위의 인정을 전혀 받지 못했다. 그들은 허락을 기다리지도 않았다. 하지만 우리는 모두 그들이 안전하거나 쉬운 길을 걷지 않았음을 기억해야 한다.

이 연구에 도움을 준 분들이 너무 많아 그 이름을 모두 기록할 수 없다. 우선 나의 멘토이신 두 분, 크레이그 블롬버그(Dr. Craig Blomberg) 박사님과 스탠리 포터(Dr. Stanley Porter) 박사님께 감사를 드린다. 특별히 북미 복음주의 신학회(Evangelical Theological Society, ETS)의 복음주의자와 젠더(Evangelicals and Gender) 분과 운영위원회와 회원들에게, 그리고 관련 대화에 도움을 준 내 학생들에게도 감사한다. 그리고 베일을 쓰기로 선택하는 여성들, 특히 나의 딸 오브리 웨스트폴(Dr. Aubrey Westfall) 박사에 대한 설문에 응해준 그룹에 감사드린다. 나의 모든 조교, 특히 이 원고의 교정을 맡아 수고한 조너선 누마다(Dr. Jonathan Numada) 박사에게 감사한다. 끝으로 이 책이 완성될 때까지 오래도록 연구와 집필에 도움을 준 제임스 어니스트(James Ernest)에게 감사의 마음을 전한다.

약어

성서 역본

CEB	Common English Bible	NET	New English Translation (Bible)
ESV	English Standard Version	NIV	New International Version (2011)
ET	English translation(and its versification)	NJB	New Jerusalem Bible
KJV	King James Version	NKJV	New King James Version
LXX	Septuagint	NLT	New Living Translation
MT	Masoretic Text	NRSV	New Revised Standard Version
NAU	New American Standard Bible(Updated, 1995)	TNIV	Today's New International Version
NEB	New English Bible		

일차 문헌: 고대 문서

히브리 성서/구약성서

창	창세기	전	전도서
출	출애굽기	아	아가
레	레위기	사	이사야
민	민수기	렘	예레미야
신	신명기	애	예레미야애가

수	여호수아	겔	에스겔
삿	사사기	단	다니엘
룻	룻기	호	호세아
삼상	사무엘상	욜	요엘
삼하	사무엘하	암	아모스
왕상	열왕기상	옵	오바댜
왕하	열왕기하	욘	요나
대상	역대상	미	미가
대하	역대하	나	나훔
스	에스라	합	하박국
느	느헤미야	습	스바냐
에	에스더	학	학개
욥	욥기	슥	스가랴
시	시편	말	말라기
잠	잠언		

신약성서

마	마태복음	딤전	디모데전서
막	마가복음	딤후	디모데후서
눅	누가복음	딛	디도서
요	요한복음	몬	빌레몬서
행	사도행전	히	히브리서
롬	로마서	약	야고보서
고전	고린도전서	벧전	베드로전서
고후	고린도후서	벧후	베드로후서
갈	갈라디아서	요일	요한1서
엡	에베소서	요이	요한2서
빌	빌립보서	요삼	요한3서
골	골로새서	유	유다서
살전	데살로니가전서	계	요한계시록
살후	데살로니가후서		

외경 및 70인역

1에스드	에스드라1서		4마카	마카베오4서
1마카	마카베오상		집회	집회서
2마카	마카베오하		토비	토비트
3마카	마카베오3서		지혜	지혜서

구약 위경

2바룩	바룩2서(시리아 묵시)		4에스드	에스드라4서
1에녹	에녹1서(에티오피아 묵시)			

고대 기독교 및 유대 기타 문서

고대 사본

P. Oxy.	Oxyrhynchus Papyri

교부

Mart. Pol.	*Matyrdom of Polycarp*

요세푸스(Josephus)

J.W.	*Jewish War*

필론(Philo)

Abr.	*De Abrahamo*(On the Life of Abraham)	*Ios.*	*De Iosepho*(On the Life of Joseph)

Congr.	De congress eruditionis gratia (On the Preliminary Studies)	Spec.	De specialibus legibus(On the Special Laws)
Flacc.	In. Flaccum(Against Flaccus)		

쿰란 사본

1QH^a	1QHodayot^a	1QS	Rules of the Community

랍비 문헌

b. Giṭ.	Babylonian Talmud, tractate Giṭṭin	b. Yoma	Babylonian Talmud, tractate Yoma(= Kippurim)
b. Menaḥ.	Babylonian Talmud, tractate Menaḥot	Pesiq. Rab Kah.	Pesiqta de Rab Kahana
b. Soṭ.	Babylonian Talmud, tractate Soṭah		

그리스어 및 라틴어 작품

아킬레스 타티우스(Achilles Tatius)

Leuc. Clit.	Leucippe et Clitophon(The Adventures of Leucippe and Cleitophon)

아풀레이우스(Apuleius)

Metam.	Metamorphoses(The Golden Ass)

아리스토텔레스(Aristotle)

Eth. nic.	Ethica nicomachea (Nicomachean Ethics)	Physiogn.	Physiognomonica (Physiognomonics)

Gen. an.	De generatione animalium
	(Generation of Animals)

아르테미도로스 달디아누스(Artemidorus Daldianus)

Onir.	Onirocritica

아타나시오스(Athanasius)

Syn.	De synodis(On the Councils of Ariminum and Seleucia)

칼리마쿠스(Callimachus)

Hymn. Dian.	Hymnus in Dianam(Hymn to Diana or Artemis)

키케로(Cicero)

Att.	Epistulae ad Atticum	Mur.	Pro Murena

알렉산드리아의 키릴로스(Cyril of Alexandria)

Pulch.	De Recta Fide ad Pulcheriam et Eudociam

디오 카시우스(Dio Cassius)

Hist. rom.	Historia romana(Roman History)

에픽테토스(Epictetus)

Diatr.	Diatribai(Dissertationes)

에우세비오스(Eusebius)

Hist. eccl.	*Historia ecclesiastica* *(Ecclesiastical History)*	*Vit. Const.*	*Vita Constantini* *(Life of Constantine)*

요안네스 크리소스토모스(John Chrysostom)

Hom. Col. *Homiliae in epistulam ad Colossenses*

플라톤(Plato)

Leg.	*Leges(Laws)*	*Resp.*	*Respublica(Republic)*

플루타르코스(Plutarch)

Pel. *Pelopidas*

위-히폴리투스(Pseudo-Hippolytus)

Consum. *De consummation mundi*

퀸틸리아누스(Quintilian)

Inst. *Institutio oratoria(Institutes of Oratory)*

세네카(Seneca)

Ben.	*De beneficiis*	*Ep.*	*Epistulae morales*

스토베우스(Stobaeus)

Flor. *Florilegium*

스트라보(Strabo)

Geogr.　　　　*Geographica(Geography)*

타키투스(Tacitus)

Ann.　　　*Annales*

투키디데스(Thucydides)

Hist.　　　*History of the Peloponnesian War*

울피아누스(Ulpian)

Dig.　　　*Digesta(The Digest)*

2차 문헌: 학술지, 간행물, 주요 시리즈 및 단행본

AB	Anchor Bible
ABS	T&T Clark Approaches to Biblical Studies
AGJU	Arbeiten zur Geschichte des antiken Judentums und des Urchristentums
AHR	*American Historical Review*
ANRW	*Aufstieg und Niedergang der römischen Welt: Geschichte und Kultur Roms im Spiegel der neueren Forschung*
ATJ	*Ashland Theological Journal*
BBB	Bonner biblische Beiträge
BBR	*Bulletin for Biblical Research*
BCBC	Believers Church Bible Commentary

BDAG	W. Bauer, F. W. Danker, W. F. Arndt, and F. W. Gingrich. *Greek-English Lexicon of the New Testament and Other Early Christian Literature*. 3rd ed. Chicago: University of Chicago Press, 1999.
BECNT	Baker Exegetical Commentary on the New Testament
BHL	Blackwell Handbooks in Linguistics
BIS	Biblical Interpretation Series
BLG	Biblical Languages: Greek
BSac	*Bibliotheca Sacra*
BTB	*Biblical Theology Bulletin*
BWANT	Beiträge zur Wissenschaft vom Alten und Neuen Testament
BZ	*Biblische Zeitschrift*
BZNW	Beihefte zur Zeitschrift für die neutestamentliche Wissenschaft und die Kunde der älteren Kirche
CamBC	Cambridge Bible Commentary
CBQ	*Catholic Biblical Quarterly*
ChrTo	*Christianity Today*
Colloq	*Colloquium*
CTL	Cambridge Textbooks in Linguistics
DEL	Describing English Language
DNTB	*Dictionary of New Testament Background*. Edited by Craig A. Evans and Stanley E. Porter. Downers Grove, IL: InterVarsity, 2000.
DPL	*Dictionary of Paul and His Letters*. Edited by Gerald F. Hawthorne, Ralph P. Martin, and Daniel G. Reid. Downers Grove, IL: InterVarsity, 1993.
DSar	*Daughters of Sarah*
ECHC	Early Christianity in Its Hellenistic Context
EKKNT	Evangelisch-katholischer Kommentar zum Neuen Testament
EvQ	*Evangelical Quarterly*
FCNTECW	Feminist Companion to the New Testament and Early Christian Writings

FT	*Feminist Theology*
FZPhTh	*Freiburger Zeitschrift für Philosophie und Theologie*
GNS	Good News Studies
GPBS	Global Perspectives on Biblical Scholarship
Hist	*Historia*
HTR	*Harvard Theological Review*
IBC	Interpretation: A Bible Commentary for Teaching and Preaching
ICC	International Critical Commentary
Int	*Interpretation*
IRM	*International Review of Mission*
IVPNTC	IVP New Testament Commentary Series
JAAR	*Journal of the American Academy of Religion*
JBL	*Journal of Biblical Literature*
JETS	*Journal of the Evangelical Theological Society*
JGRChJ	*Journal of Greco-Roman Christianity and Judaism*
JRS	*Journal of Religion and Society*
JSNT	*Journal for the Study of the New Testament*
JSNTSup	Journal for the Study of the New Testament: Supplement Series
JSOTSup	Journal for the Study of the Old Testament: Supplement Series
JSSR	*Journal for the Scientific Study of Religion*
JTS	*Journal of Theological Studies*
LCL	Loeb Classical Library
LNTS	Library of New Testament Studies
LSJ	H. G. Liddell, R. Scott, and H. S. Jones. *A Greek-English Lexicon.* 9th ed. with supplement. Oxford: Clarendon, 1996.
MNTC	Moffat New Testament Commentary
MNTSS	McMaster New Testament Studies Series
MSBBES	Monographic Series of "Benedictina": Biblical-Ecumenical Section
MTSS	McMaster Theological Studies Series

NCCS	New Covenant Commentary Series
NEchtB	Neue Echter Bibel
Neot	*Neotestamentica*
NIBC	New International Biblical Commentary
NICNT	New International Commentary on the New Testament
NIDNTT	*New International Dictionary of New Testament Theology.* Edited by C. Brown. 4 vols. Grand Rapids: Zondervan, 1975–85
NIGTC	New International Greek Testament Commentary
NIVAC	New International Version Application Commentary
NovT	*Novum Testamentum*
NPNF[1]	*Nicene and Post-Nicene Fathers,* Series 1
NTG	New Testament Guides
NTM	New Testament Monographs
NTS	*New Testament Studies*
OELE	Oxford English Language Education
PastPres	*Past and Present*
PriscPap	*Priscilla Papers*
PSt	Pauline Studies
PTh	Pauline Theology
RBS	Resources for Biblical Study
RefJ	*Reformed Journal*
ResQ	*Restoration Quarterly*
RHC	Romans through History and Culture
SBG	Studies in Biblical Greek
SBJT	*Southern Baptist Journal of Theology*
SBLDS	Society of Biblical Literature Dissertation Series
SBLMS	Society of Biblical Literature Monograph Series
SCJ	*Stone-Campbell Journal*
SemeiaSt	Semeia Studies

SNTSMS	Society for New Testament Studies Monograph Series
SR	*Studies in Religion*
STS	Studies in Theology and Sexuality
Them	*Themelios*
ThTo	*Theology Today*
TJ	*Trinity Journal*
TNTC	Tyndale New Testament Commentary
TR	Theology and Religion
TynBul	*Tyndale Bulletin*
VE	*Vox Evangelica*
WBC	Word Biblical Commentary
WLQ	*Wisconsin Lutheran Quarterly*
WUNT	Wissenschaftliche Untersuchungen zum Neuen Testament
WW	*Word and World*
ZNW	*Zeitschrift für die neutestamentliche Wissenschaft und die Kunde der älteren Kirche*

서론

"젠더"는 남성과 여성을 정의하고 묘사하며 구분하는 특성을 가리킨다. 젠더와 관련한 바울의 신학, 가르침, 실천은 현재 성서학에서 중심 이슈다. 일부 학자들은 다양한 이슈에 관해 양극화되어 있고, 또 다른 학자들은 의견 차이를 인정하여 논쟁하지 않으려고 한다. 많은 학자가 여러 입장의 극단 사이에 있으면서 서로 미묘한 차이를 보인다. 자신을 설득해줄 누군가를 기다리는 학자들이 있는가 하면, 일부 학자는 이런 이슈에서 벗어나 있기를 원하며, 그런 문제들을 애써 무시한다. 한편 교회, 교단, 초교과 연합체, 고등교육기관, 일반 포럼 등과 같은 곳에서는 대중의 의견이 이 논쟁에 동원되어 젠더와 관련된 다양한 견해 가운데 중간 지대의 의견조차 설득력을 얻기가 힘들다. 이 책은 바울 신학의 통일성, 해석의 일관성, 방법론의 신선한 적용을 바탕으로 젠더 이슈를 재정립하여 논의를 발전시키면서 새로운 국면으로 이끌어간다. 또한 특정 구절에서 발생하는 악명 높은 해석상의 문제 중 일부를 해결할 수 있는 참신한 해석을 제시한다. 관련 이슈를 효과적으로 다루기 위해 본 연구는 정경 바울 서신 전체를 다루면서 각 서신의 저작권, 수신인(들), 배경 등을 고려하여 본문을 읽어 나간다.[1] 이 책

---

1   바울 서신의 정경성에 관한 논의의 요약은 다음을 보라. A. G. Patzia, "Canon," *DPL*, 85-92. 이 연구는 정경비평과 정확히 일치하지는 않지만, 문학을 이해하고 해석하기 위해 저자가 창작한 세계를 가정한다는 점에서 정경비평 및 서사비평과 유사한 부분이 있다. 정경비평에 관해서는 다음을 보라. Brevard S. Childs, *Old Testament Theology in a Canonical Context* (Philadelphia: Fortress, 1989). Alan Padgett은 신약성서에서 복종의 윤리, 젠더 역할, 섬김의 리더십 등을 이해하기 위한 "성서의 정경적 의의"를 주장한다(*As Christ*

은 바울과 젠더를 연구하는 모든 이들이 본문을 이해하기 위해 사용하는 가정과 전제를 구별하는 법을 배울 것을 요구한다.

성서학자들은 젠더에 대한 바울의 신학이 그리스의 철학적 사상(아리스토텔레스 철학) 및 그리스-로마의 사회적 관습과 직접적으로 일치한다고 종종 간주한다. 이것이 젠더와 관련한 바울의 구절들에 대한 전통적 해석에서 기반을 이루는 전제라는 점에는 이론의 여지가 없다. 그러나 본 연구는 젠더에 대한 전통적 이해가 바울이나 예수가 받아들이지 않았던 그리스 사상과 범주를 반영한다는 점을 지적할 것이다. 오히려 그리스 철학 사상의 전제는 교회 역사에서 꽤 초기부터 관련 텍스트에 부과되기 시작하여 해석의 역사 전반에 걸쳐 강요되었다. 따라서 이런 전통적 해석이 본 연구의 주요 대화 상대다.

남성과 여성 간의 권력관계가 오직 젠더 이슈에만 국한된 것은 결코 아니지만, 디모데전서 2:12에 대한 전통적인 해석은 젠더와 관련한 성서해석, 교회 정치, 그리고 젠더에 대한 실천을 지배하는 최후의 보루로 종종 여겨진다. 이런 해석은 (가설적으로) 그 해석과 반대되는 명백한 증거가 있거나, 디모데전서가 정경의 지위를 잃어 결국 성서가 삶과 실천을 위한 권위를 거부당하는 경우에만 뒤집힐 수 있다. 본 연구는 디모데전서 2:12과

Submits to the Church: A Biblical Understanding of Leadership and Mutual Submission [Grand Rapids: Baker Academic, 2011], 21-30). 서사비평의 예는 다음을 보라. R. Alan Culpepper, *Anatomy of the Fourth Gospel: A Study in Literary Design* (Philadelphia: Fortress, 1983). 특정 서신이나 서신의 묶음에 대한 바울의 저작권에 이의를 제기하는 사람들과 관련하여 바울에 대한 이 연구는 정경 복음서의 남성적 예수에 대한 David Clines의 연구와 비교될 수 있다. Clines는 이 연구에서 이 남성적 예수를 역사적 예수 혹은 각각의 복음서가 묘사한 예수의 모습과 구별한다. D. J. A. Clines, "*Ecce Vir*; or, Gendering the Son of Man," in *Biblical Studies/Cultural Studies: The Third Sheffield Colloiquium*, ed. J. Cheryl Exum and Stephen D. Moore, JSOTSup 266 (Sheffield: Sheffield Academic, 1998), 352-75을 보라.

젠더 관련 다른 구절들에 대한 전통적 해석이 텍스트 자체에 근거한 것이 아니라 텍스트에 부과된 정보, 가정, 추론 등에 근거한 것임을 밝히기 위해 노력할 것이다. 이런 해석은 해석자의 신학적 입장이거나, 아니면 다양한 장소에서 교사, 설교자, 부모, 동료들이 가르치고 설교하고 논의했던 본문 이해 방식의 영향을 직접적으로 받은 필연적 결과라고 할 수 있다. 결론적으로 전통적인 가정과 추론은 종종 인정될 수 없는 것임에도 심지어 "하나님께서 말씀하신 것"이라는 영감된 지위를 누리곤 했었다. 이런 가정은 성서적 상황, 시대, 문화로부터 동떨어진 고립된 해석과 결합되어왔다.[2]

이런 전통적 해석은 바울이 당대의 지배적 문화를 받아들인 것이 아니라 오히려 비판하고 있다는 점을 인식하지 못한다.[3] 바울은 그리스-로마 문화를 "세상"과 동일시한다. 그는 교회를 향해 "세상"을 따르지 말라고 권하면서 그 "세상"으로부터 벗어날 것을 명령한다. 바울은 특히 젠더, 성적인 것, 권력에 대한 주류 문화의 해석을 비판하며 뒤엎으려고 한다. 하지만 이방인들을 향한 1세기 선교는 그리스-로마 문화와 그 가치 속에서 살아남기 위해 전략이 필요했다. 이 책은 전통적 해석이 바울의 신학과, 문화적 젠더 관습에 대한 바울의 선교적 적응을 혼동한다고 제안한다. 그런 전략은 교회가 그리스-로마 문화에 도달하고, 그 문화 안에서 살아남으며, 심지어 번성하도록 해주었다.

....

2   성서의 시대와 문화 관련 연구를 대표하는 저서들은 다음과 같다. Wayne A. Meeks, *The First Urban Christians: The Social World of the Apostle Paul* (New Haven: Yale University Press, 1983); Jerome H. Neyrey and Eric C. Stewart, eds. *The Social World of the New Testament: Insights and Models* (Peabody, MA: Hendrickson, 2008).

3   그리스-로마 세계의 다양한 문화를 아울렀던 바울의 능력에 대한 언급은 Clarence E. Glad, "Paul and Adaptability," in *Paul in the Greco-Roman World: A Handbook*, ed. J. Paul Sampley (Harrisburg, PA: Trinity Press International, 2003), 17-41을 보라.

지금까지는 본문 해석에서 일관성 있는 방법론이 없다는 것이 큰 문제였다. 젠더 관련 본문에 대한 전통적 해석은 젠더를 언급하는 구절 혹은 젠더와 관련한 구절에 일관되게 적용되는 해석학에 근거하지 않으며, 본문의 원래 의미가 무엇인지를 결정하기 위해 우리가 다른 본문들에 일반적으로 적용하는 해석학과도 일치하지 않는다. 이런 해석 전통 내에서 젠더를 다루는 구절들은 해당 담화가 발생하는 맥락, 즉 바울 전집 전체의 성서학적 관점, 바울의 삶에 대한 내러티브, 그리스어에 대한 언어학적 이해/분석, 혹은 사회학적으로 연구된 문화에 대한 이해 등의 맥락에서 해석되지 않았다.[4] 이런 전통적인 해석에 대한 지지는 그것의 입지적 권력을 상정하므로, 본문에 대한 이런 해석은 많은 논란을 일으키며 결론을 단정해버리기도 한다.

인정되지 않거나 제대로 분석되지 않은 가정과 전제들, 그리고 문제가 많은 방법론 외에도 본문에 대한 전통적 해석에 다른 차원의 문제가 있다는 명백한 징후가 있다. 무엇보다도 젠더 관련 본문에 대한 전통적 해석은 바울 서신을 제대로 이해하는 결과를 낳지 못했다는 것이다. 예를 들어 디모데전서 2:12과 고린도전서 14:34-35에 대한 전통적 해석은 문맥 속

----

4   Judith Gundry-Volf는 일관된 해석을 위해 내러티브의 중요성을 강조한다. "성적인 것과 젠더에 대한 바울의 가르침은 '내러티브의 일관성'의 일례로서 특별히 중요하게 작용하는데, 젠더에 관한 바울의 담화가 분명히 신약성서의 부조화를 드러내는 가장 극명한 예 중 하나라는 점에서 그렇다("Putting the Moral Vision of the New Testament into Focus: A Review," *BBR* 9 [1999]: 278). 바울의 삶에 대한 더 넓은 이야기의 맥락에서 바울 신학에 대한 설명으로는 다음을 보라. F. F. Bruce, *Paul, Apostle of the Heart Set Free* (Grand Rapids: Eerdmans, 1977). 서신의 내러티브 세계에 대해서는 다음을 보라. Norman R. Petersen, *Rediscovering Paul: Philemon and the Sociology of Paul's Narrative World* (Philadelphia: Fortress, 1985). 이스라엘에 대한 더 넓은 이야기의 맥락에서 바울을 읽는 것에 대해서는 다음을 보라. J. R. Daniel Kirk, *Jesus Have I Loved, but Paul? A Narrative Approach to the Problem of Pauline Christianity* (Grand Rapids: Baker Academic, 2011).

에서 이 구절들의 해석적 문제들과 겉으로 드러난 텍스트상의 비일관성을 만족스럽게 해결하지 못하고, 오히려 그런 문제들을 키운다.[5] 정보, 가정 및 추론에 대한 정확한 "추측" 또는 가설은 의도된 독자(들)가 그 구절들을 일관되게 만들기 위해 무엇을 알고 가정하며 추론해야 하는지를 밝힘으로써 본문을 더 잘 이해해야 한다.

둘째로, 젠더 관련 본문에 대한 전통적 읽기는 다른 그룹보다 한 그룹에게 (여성보다 남성에게) 특권을 부여하는 권력과 통제의 신학을 사회적으로 구성하는 데 사용되었으며, 지금도 공공연하게 사용된다. 그리고 그런 읽기는 특권 그룹(남성)에 의해 통제된다. 대표적인 여러 전통적 해석은 분명히 남성이 교회, 학계, 가정에 대한 권력과 통제권을 유지하는 환경에서 이루어진 것들이다. 언어학을 공부하는 학생들은 권력을 형성하고 유지하기 위한 언어와 해석의 사용에 민감해졌다. 해석의 역사에서 권력 언어를 사용하고 그것을 정당화하는 것은 일반적으로 전통적인 해석이 텍스트가 말하는 것이라고 주장하면서 바울의 텍스트를 넘어섰고, 그 해석을 거부하는 사람은 누구든지 바울의 가르침을 거부한다는 비난을 받는다. 그러나 바울의 젠더 구절들에 대한 전통적 해석은 기독교 공동체 내에서의 권력과 권위에 대한 바울 및 예수의 가르침에 정면으로 위배된다.

셋째로, 해석의 전체 역사 속에서 전통적 읽기는 아주 최근까지도(대략 1980년대) 여성의 존재론적 열등함을 가정해왔다. 그리고 해석자가 전통적 관점의 근본적인 가정을 효과적으로 떨쳐버리고도 나머지 해석과 적용

---

5   E. E. Ellis, "Pastoral Letter," *DPL*, 658-66을 보라. 바울 신학을 왜곡하려는 이전의 노골적인 시도가 성공할 것이라고 인정하기는 어렵다. 각 해석자는 특정한 가정을 가지고 텍스트에 접근하며, 바울, 텍스트, 텍스트의 틀이 되는 배경에 대해 자신의 전제와 일관되게 어울리는 여러 해석적 선택사항을 택하는 경향이 있다.

을 사실상 온전하게 유지할 수 있다고 생각하는 것은 타당하지 않다. 학자나 해석자가 남성의 우월함과 여성의 열등함을 젠더 관련 본문을 이해하기 위한 전제로서 가정하지 않는 한, 그들은 자신의 해석이 기독교 전통에 부합한다고 정당하게 주장할 수 없다. 반대로 젠더와 관련하여 전통적인 관습을 장려하는 사람들은 자신들이 교회 전통에서 차지하는 궤적을 인식해야 한다. 그들은 여성의 존재론적 열등함과 남성의 우월성을 조장한다는 비난으로부터 자신을 분리하려고 노력하면서도 그들의 해석과 적용에 대한 전통적인 지지를 합법적으로 이용할 수 있을까?

넷째로, 우리는 이전의 어느 때보다도 개인이 해석에 어떤 영향을 미치는지와, 공동체가 공유한 지식과 문화가 해석에 어떤 영향을 끼치는지를 잘 알고 있다. 고린도전서 12-14장에서 그리스도의 몸에 속한 모든 사람의 다양한 영적 은사를 포용하는 바울의 구절은 아마도 한 공동체나 개인이 교회 내에서 자신의 역할을 특권으로 삼는 것을 막을 것이다. 그러나 젠더 자체가 젠더 관련 구절에 대한 해석에서 다양성을 반영하는 주요 요소 중 하나라는 점은 분명하지만, 남성과 여성 관련 구절에 대한 전통적인 남성 중심적 읽기는 효과적으로 시행되어왔고 일방적으로 유지되어왔다. 디모데전서 2:12, 고린도전서 11:3-16, 14:34-35 등의 본문이 주로 여성의 문화, 관심사, 관습을 다루고 있음에도 불구하고, 여성은 남성에게 본문을 설명하는 일에서나, 심지어 많은 경우에 본문에 대한 이해를 공유하거나 말로 표현하는 일에서도 명백하게 배제되어왔다. 다시 말해 여성은 자기 자신의 편지를 해석하는 작업에도 온전히 참여하지 못했다. 반면에 남성의 문화를 다루는 구절들은 종종 젠더 관련 구절로서 인식되거나 해석되지 않는다. 그 결과는 모든 신자에게 말하는 것, 여성에게 말하는 것, 남성에게 말하는 것 사이에 생겨난 혼란이다.

따라서 젠더와 관련한 바울의 구절에 대한 전통적인 해석을 주의 깊게 검토해야 하며, 성서 본문의 의미를 이해하는 데 전력을 다하는 어느 학자나 해석자에게 특권을 부여하면 안 되는 여러 가지 이유가 있다. 본 연구는 이런 본문을 이해하는 데 있어 첫 번째 문제가 전통적인 읽기가 불공평하거나 불공정하다는 것이 아니라, 여러 가지 점을 고려할 때 1세기 그리스-로마 맥락에서 타당하지 않은 읽기라는 점을 보여주려고 한다. 하지만 이 탐구는 이전의 비전통적 해석, 혹은 그런 읽기에 변화를 주는 방식으로 맥락을 재구성하려는 시도를 반드시 지지하거나 그것에 특권을 부여하지 않고, 모든 해석에 같은 비평 기준을 적용할 것이다.

본 연구는 전통적으로 젠더와 관련된 것으로 이해되는 바울 구절을 분석하는 데 적용해온 해석학과 방법론의 몇몇 빈틈을 다룰 것이다.[6] 이 서론은 본 연구의 접근 방식을 설명했다. 1장은 텍스트의 의미와 관련하여 그리스-로마 문화에 대한 정보의 영향을 논의한다. 이는 특히 베일을 쓰는 중요한 문화적 관습과 그 관습에서 남성과 여성이 수행한 역할을 이해하기 위함이다. 2장은 문화의 맥락에서 젠더 역할에 대한 바울의 가르침을 탐구하고, 바울이 그리스-로마의 전통적인 젠더 역할을 교회에 적용하는 것을 지지하지 않았다고 결론 내릴 것이다. 비록 바울이 교회의 평판을 보

6　본 연구를 뒷받침할 만한 이론으로서 나는 그리스어에 대한 구조-기능주의 언어학(systematic functional linguistics; SFL)을 적용했다. SFL의 근본을 이루는 이론 중 하나는 한 문화에 속한 구성원은 언어를 사용함에 있어 "사회적 실체가 만들어지고 제한되며 변경되는 사회적 기호학을 구성한다"는 것이다(M. A. K. Halliday, *Language as Social Semiotic: The Social Interpretation of Language and Meaning* [London: Edward Arnold, 1978], 126). 또한 문학적 맥락에서의 구절 연구는 담화 분석에 기초했다. 담화 분석은 하나의 방법론이나 접근 방식으로 축소될 수 없다. 주요 개념에 대한 설명이 담긴 개관으로는 다음을 보라. Cynthia Long Westfall, *A Discourse Analysis of the Letter to the Hebrews: The Relationship between Form and Meaning*, LNTS 297 (London: T&T Clark, 2005), 22-87.

호하고 외연을 확장하기 위해 전통적인 젠더 관계의 외관을 유지하려 한 것은 사실이지만 말이다. 이는 이슬람 문화권에서 활동하는 서구 선교사들의 관행과 매우 유사하다. 3, 4, 5장은 창조, 타락, 종말론에 대한 바울의 가르침을 통해 젠더에 관한 바울 신학을 구성한다. 이것은 디모데전서 2:12과 머리 됨 등의 중심 이슈들에 대한 논의를 바울 사상 및 이런 주제와 관련된 여러 다른 본문의 더 넓은 맥락에 위치시킨다. 그리고 젠더 관습을 (바울이 꾸준히 지향했던) 그의 종말론적 목표에 비추어 바라볼 수 있게 해준다. 6장은 젠더 및 몸에 관한 바울의 신학을 젠더 및 성(sex)에 관한 교회의 전통적 신학 및 관습과 대조한다. 이는 현대 교회의 중요한 문제를 다루는 전문 학계와 교회에 일관된 성서신학을 집중적으로 발전시킬 것을 시급히 요구한다. 7장은 성서 구절들이 두 젠더 모두에 의해 어떻게 해석되고 두 젠더 모두에게 어떻게 적용되어야 하는지에 관한 일관된 해석학에 대해 구체적으로 논의한다. 즉 여성은 교회에서 각 신자의 기능과 사역으로의 부르심에 관한 가르침을 남성이 사용하는 것과 똑같은 해석학으로 해석하고 모든 신자에게 적용해야 한다는 것이다. 8장은 바울 및 젠더와 권위에 대한 그의 신학 간의 중심적인 관계를 조사한다. 이 조사는 전통적 해석이 사역 및 기독교 관계에서 바울과 예수가 모두 반대한 권위의 신학을 전제하고 있음을 밝힌다. 사역에 대한 바울 신학은 종과 섬김의 은유에 기초했기 때문에, 어떤 신자든지(이방인, 노예, 혹은 여성) 그리스-로마 문화의 위계질서를 거스르지 않으면서 가정 교회에서 어떤 역할이든지 수행할 수 있었음을 전제한다. 마지막으로 9장은 앞 장에서 살펴본 것들을 모두 종합하여 디모데전서 2:11-15에 대한 재해석을 제공한다. 주해에 영향을 미치는 주요 전제들을 확인하고 평가한 후에, 이 본문의 문맥과 내용에 비추어 타당하고 일관성 있는 이해를 제공할 것이다. 결론에서는 본 연구의 주장을 요약하고, 삶과 실천에 있어 바울의 가르침을 믿을 만한 것으로 받아들이는 교회와 개인을 위해 다양한 상황에서의 적용점을 제시하고자 한다.

제1장

문화

바울 서신을 해석하는 데 있어 1세기 그리스-로마 세계의 언어와 문화에 대한 이해는 반드시 필요하다. 이 장은 바울이 젠더와 젠더 관련 문제를 다룰 때 사용한 언어를 설명하는 데 문화적 배경이 얼마나 도움이 되는지를 보여준다.[1] 바울이 문화를 고려하여 말로 무엇을 하려 했는지를 이해할 필요가 있다. 문화의 배경은 "전형적인, 주기적인, 일반적인" 행동을 포함한다.[2] 이런 행동의 양상이 문화가 작동하는 방식이다. 문화는 여러 상황에 걸쳐 적용되는 전형적인 사회적 관계와 역할로 이루어지며, 그 문화 내에서 일어나는 특정 상황에 대한 전형적인 행동을 포함한다.[3] 젠더에 대한 문

---

1   이 접근은 Norman Petersen이 *Rediscovering Paul: Philemon and the Sociology of Paul's Narrative World*(Philadelphia: Fortress, 1985)에서 사용한 것과 비교될 수 있다. 다음을 보라. "Social Structures and Social Relations in the Story of Philemon"(89-199).

2   Gerd Theissen, *The Social Setting of Pauline Christianity: Essays on Corinth*, ed. and trans. John H. Schütz (Philadelphia: Fortress, 1982), 176-77. Theissen의 책에서 John Schütz가 기록한 서론을 보라. Schütz는 문화 대신 초기 기독교의 "사회적 바탕" 혹은 "사회적 세계"라는 용어를 사용한다(1-2).

3   이 설명은 사회에 대한 사회과학의 묘사와 언어의 사용역(register)에 대한 언어학적 설명을 결합한다. 예를 들어 다음을 보라. T. O. Beidelman, *The Kaguru: A Matrilineal People of East Africa* (New York: Holt, Rinehart & Winston, 1971), 30; M. A. K. Halliday, *Language as Social Semiotic: The Social Interpretation of Language and Meaning* (London: Edward Arnold,

화적·언어학적 정보는 문화를 통해, 구체적으로 어휘, 상징, 은유뿐만 아니라 언어의 구조를 통해 입증된다. 그러나 젠더와 관련한 문화의 언어 구조, 상징, 은유는 그 언어를 사용하는 화자의 메시지와 동일시되어서는 안 된다. 바울이 그리스어의 구조와 어휘를 사용하거나 문화적 상징, 은유, 혹은 젠더에 대한 관습을 언급할 때, 우리는 그리스-로마의 문화적 관습과 세계관이 바울의 메시지 속에서 얼마나 큰 비중을 차지하고 있는지, 그가 실제로 채택한 문화적 전제가 무엇인지를 주의해서 살펴봐야 한다. 예를 들어 젠더를 문법적으로 단순히 표현하는 패턴 속에서는 다른 선택의 여지가 없기 때문에, 특별한 의미가 없다. 하지만 바울은 문화와 언어의 일부 특징을 자신의 메시지에 적합한 것으로서 선택하고 적합하지 않은 다른 특징들을 배제하는 "여과 장치"를 사용하는가?[4] 바울은 일반적인 은유와 관습을 그것들의 의미가 변형되는 방식으로 활용하고 재정의하는가? 이 질문에 대한 본 연구의 대답은 "그렇다"이다. 즉 바울은 그리스도께 사로잡힌 (고후 10:5) 모든 생각을 표현하기 위해 헬레니즘의 문학, 철학, 상징, 언어를 활용한다. 예를 들어 우리는 바울이 베일에 대해 논의하고 "머리"의 은유를 사용하는 부분에서 이를 확인하게 될 것이다. 바울은 특정한 역사적 맥락 속에서 코이네 그리스어를 사용했고, 구체적인 역사적 상황에 있는 특정한 수신자들에게 편지를 썼다. 하지만 그렇다고 해서 바울이 자신의 기독교 세계관을 위한 신학적 규범으로서 의사소통에 활용했던 역사-문화

1978), 31-32.

4 이는 참여자들 간에 공유하는 정보와 관련된 담화 혹은 각본에 대한 언어학 이론을 참조한 것이다. "식당"과 같은 한 단어는 수많은 정보를 끌어낼 수 있다. 그러나 통합되는 범주의 정도에는 한계가 있다. Gillian Brown and George Yule, *Discourse Analysis*, CTL (Cambridge: Cambridge University Press, 1983), 236-56을 보라.

적·언어학적 관습들을 모두 수용했다는 말은 아니다. 규범으로서 받아들여진 것과 거부되거나 대체된 것은 정확하게 구분되어야 한다.

1.1 바울의 헬레니즘과 팔레스타인 유대교

바울은 헬레니즘화된 더 넓은 문화와 팔레스타인 유대교 사이의 경계를 오가며 살았다. 바울과 그리스-로마 문화의 관계 속에서 그를 어떻게 이해할 수 있을까? 분명한 것은 그가 타르수스(Tarsus)에서 태어난 유대인, 즉 헬라파 유대인이었다는 사실이다. 그러나 바울과 누가에 따르면, 바울은 자신을 흠 없는 유대인의 자격을 지닌 바리새파 계열의 후손인 바리새인으로 밝힌다(빌 3:4-6; 행 23:6). 자신이 "히브리인 중의 히브리인"(빌 3:5)이라는 바울의 주장은 그의 모국어가 아람어 혹은 히브리어였음을 의미할 것이다.[5] 누가의 기록에 따르면, 바울은 가장 먼저 타르수스에서 헬레니즘의 초등 교육을 받았고,[6] 이후에 예루살렘에서 공식적인 유대교 교육을, 가말리엘 아래서 철저한 율법 훈련을 받았다(행 22:2-3). 이것은 당시 그리스-로마와 팔레스타인 유대교 문화에 대한 바울의 지향성에 관해 무엇을 말해주는가? 20세기 전반기에는 바울의 우선적 경향성이 통합적으로 헬

5　Richard N. Longenecker, *Paul, Apostle of Liberty* (Grand Rapids: Baker, 1976), 22; W. R. Stegner, "Paul the Jew," *DPL*, 503-11, 특히 504를 보라.

6　행 22:3에 대한 Andrew Pitts의 분석은 설득력이 있다. 그는 타르수스를 ἐν τῇ πόλει ταύτῃ로 표현한다. 즉 바울은 타르수스에서 나고 자랐으며 그곳에서 헬레니즘의 기초 교육을 받은 후에 예루살렘에 왔다는 것이다. 우리는 바울이 공식적인 고전 수사학 훈련을 받았다고 가정하지 않는다. 오히려 그는 헬라파 유대인이 수사학을 공부했을 시점에 랍비 훈련을 계속 받았을 것이다. Andrew Pitts, "Paul and Hellenistic Education: Assessing Early Literary and Rhetorical Education" (MA thesis, McMaster Divinity College, 2007), 26-69을 보라.

레니즘화된 유대교를 향했으며 대중적인 그리스-로마 철학이 그의 사상의 바탕을 제공해주었다고 주장되었다.[7] 20세기 후반기에 학계의 합의는 대전환을 맞이하여 삶과 사상에서 바울의 우선적 경향은 팔레스타인 유대교라고 주장되기 시작했다.[8] 그러나 팔레스타인 유대교는 명백하게 헬레니즘의 일부였고,[9] 1세기의 유대교 문화는 획일화되지 않은 복잡한 형태의 신앙들을 포함하고 있었다. 그럼에도 유대교 전체는 지배적인 그리스-로마 세계관과 자신을 구분했고, 하위 문화로서 계속 존재하면서도 동화되기를 의식적으로 거부했다.

    팔레스타인 유대교가 자신을 구분했던 영역 중 하나가 바로 성 윤리였다. 성적인 것에 대한 바울의 윤리적 가르침과 유대교의 율법 전통 간에 연속성이 있다는 설득력 있는 주장이 있다.[10] 가장 중요한 사실은, 피터 톰

....

7   종교개혁 이후의 전통적인 이해는 바울의 대적자들이 율법주의자인 유대인들이라는 것이었다. 따라서 이런 이해는 바울이 유대교 세계관을 갖고 있었다고 간주하지 않았다. F. C. Baur는 당시 그리스-로마 철학 및 종교 세계 내에서 바울을 해석하는 과정을 수립했다. 예. *Paul, the Apostle of Jesus Christ: His Life and Work, His Epistles and Doctrine*, trans. Eduard Zeller (London: Williams & Norgate, 1873).

8   전환점은 "바울에 관한 새 관점"의 등장이었다. E. P. Sanders의 공헌으로 바울의 "유대화하는" 대적자들의 성격에 대해 재고찰하게 되었다. 다음을 보라. E. P. Sanders, *Paul and Palestinian Judaism: A Comparison of Patterns of Religion* (Philadelphia: Fortress, 1977). James D. G. Dunn은 바울 사상의 영향을 연구한 가장 잘 알려진 학자 중 한 명이다. 예. *The New Perspective on Paul: Collected Essays*, WUNT 185 (Tübingen: Mohr Siebeck, 2005). Sanders의 연구를 기점으로 "대다수 학자가 바울의 세계에 대한 의견을 갑자기 바꾸었다"(S. J. Hafemann, "Paul and His Interpreters," *DPL*, 673). 학계는 점차 유대교가 다양했다는 관점으로 이동하는 중이다.

9   다음을 보라. Martin Hengel, *Judaism and Hellenism: Studies in Their Encounter in Palestine during the Early Hellenistic Period* (London: SCM, 1974), 103-6; Lee I. Levine, *Judaism and Hellenism in Antiquity: Conflict or Confluence?* (Peabody, MA: Hendrickson, 1998).

10 그러나 바울의 윤리에 대한 접근을 개관한 다음 책을 보라. David G. Horrell, *Solidarity and Difference: A Contemporary Reading of Paul's Ethics* (London: T&T Clark, 2005), 7-46. 그는 결론에서 V. P. Furnish의 의견에 동의하면서 "바울의 '유대인 됨'이나 그의 '헬레니즘'을

슨(Peter Tomson)이 논증한 것처럼, 바울은 성적 관계와 성적인 것에 대한 그의 관점에서 율법을 긍정했다는 것이다.[11] 당시 그리스-로마 세계에는 성적 방종이 만연해 있었지만, 남성과 여성에 대한 성적인 기대에는 젠더, 위계질서, 특권에 대한 문화의 믿음을 반영하는 이중적 잣대가 분명히 존재했다.[12] 그리스도인의 행실에 대한 바울의 근본적인 가르침은 그리스-로마의 편만한 성적 관습과 기대에 정면으로 맞서는 것이었다.

> 그러므로 형제들아, 우리가 끝으로 주 예수 안에서 너희에게 구하고 권면하노니 너희가 마땅히 어떻게 행하며 하나님을 기쁘시게 할 수 있는지를 우리에게 배웠으니 곧 너희가 행하는 바라. 더욱 많이 힘쓰라. 우리가 주 예수로 말미암아 너희에게 무슨 명령으로 준 것을 너희가 아느니라. 하나님의 뜻은 이것이니 너희의 거룩함이라. 곧 음란을 버리고 각각 거룩함과 존귀함으로 자기의 아내 대할 줄을 알고 하나님을 모르는 이방인과 같이 색욕을 따르지 말고 이 일에 분수를 넘어서 형제를 해하지 말라. 이는 우리가 너희에게 미리 말하고 증언한 것과 같이 이 모든 일에 주께서 신원하여 주심이라(살전 4:1-6).

....

각각 '일방적으로' 강조해서는 안 된다"라고 주장한다(45).

11 Peter J. Tomson, *Paul and the Jewish Law: Halakha in the Letters of the Apostle to the Gentiles* (Minneapolis: Fortress, 1990); Tomson, "Paul's Jewish Background in View of His Law Teaching in 1 Corinthians 7," in *Paul and the Mosaic Law*, ed. James D. G. Dunn, WUNT 89 (Tübingen: Mohr Siebeck, 1996), 251-70.

12 Rodney Stark는 다음과 같이 요약한다. "신부에게는 처녀성이, 아내에게는 순결이 요구되었음에도 불구하고, 그리스-로마 도시의 남성들은 매우 문란했으며, 길거리에서 일하는 값싼 *diobolariae*로부터 비싸고 품위 있는 고급 창녀에 이르기까지 여성 매춘부들이 많았다.… 그리스-로마 도시에는 양성애와 동성애가 흔했기 때문에 남성 매춘부도 상당수 존재했다"(*The Rise of Christianity: How the Obscure, Marginal Jesus Movement Became the Dominant Religious Force in the Western World in a Few Centuries* [San Francisco: HarperSanFrancisco, 1997], 117).

바울은 헬레니즘 문화의 성적 문란함에만 맞선 것이 아니다. 그보다 훨씬 더 혁신적인 것은 그가 성 윤리의 이중 잣대를 적용하지 않는 기독교와 유대교의 관습을 유지했다는 사실이다.[13] 성적인 것은 젠더 이슈의 일부분에 불과하지만, 만약 바울의 성 윤리에 논리적 일관성이 있다면, 이는 젠더에 대한 바울의 신학이 당시의 지배적인 그리스-로마 문화와 철저히 구분된다는 명백한 근거다. 바울이 그의 윤리나 신학, 특별히 젠더에 대한 그의 신학을 구성하는 데 그리스-로마의 모델을 무비판적으로 채택했다는 주장은 심도 있게 재검토되어야 한다.[14]

하지만 바울은 그리스-로마 문화에 속한 사람이었고, 윤리적인 헬레니즘 문학의 형식적이고 실질적인 특성에 익숙했다. 바울이 "그의 독자들에게 이미 친숙한 당시의 형식, 개념, 기준, 심지어 세속적인 것들까지도 사용"하기를 주저하지 않았다는 것을 인정하더라도,[15] 그는 팔레스타인 유대교 세계관을 자신의 우선적 지향성으로서 택한 1세기 헬라파 유대인이었다. 또한 그는 그리스-로마 문화에서 기독교 선교를 수행한 인물이다. 이방인 선교를 하는 사람으로서 바울은 그리스-로마 문화를 잘 이해하며 살았고, 따라서 상대방이 쉽게 알아들을 수 있는 친숙한 개념을 사용하

---

13   그리스-로마 문화의 성 윤리에 맞서는 바울에 대해서는 다음을 보라. 고전 6:18; 갈 5:19-21; 골 3:5; 살전 4:3-5. 그리고 마 5:28; 히 13:4도 보라.

14   바울이 아리스토텔레스의 가르침에 기반한 그리스-로마의 가정 규례를 차용했다는 것은 바울을 연구하는 학자들 사이에서 일반적인 견해다. 그러나 이런 가정은 바울에 관한 좀 더 최근의 관점에 비추어 비판적으로 재검토되고 수정될 필요가 있다. 더욱이 가정 규례 자체의 배경과, 바울의 가르침과 전반적인 그리스-로마 문학의 가르침 간의 차이점들을 고려해 보면 더욱 그렇다. 아래의 제2장을 보라.

15   Victor Paul Furnish, *Theology and Ethics in Paul* (Nashville: Abingdon, 1968), 65. Furnish 에 따르면, 이는 바울이 자신이 이용하는 헬레니즘 전통을 수용했음을 보여준다. 그러나 이 것은 내가 Furnish의 주장을 인용하기 때문에 내가 그의 주장에 동의한다고 가정해야 하는 것 이상으로 가정해서는 안 된다.

여 생소한 영적 실상을 잘 설명할 수 있었다. 바울은 기독교, 유대교, 그리고 더 넓은 헬레니즘 세계의 교차점에 서 있었다. 그 위치에서 그는 다메섹으로 가는 길에서 만난 그리스도와 관련지어, 그리고 안디옥에서의 부흥과 그의 이방인 선교에서의 사역 경험과 관련지어 율법을 다시 읽었다. 결과적으로 그는 그리스-로마 문화뿐만 아니라 유대교 문화 및 당시 형성되고 있던 초기 교회의 제도화된 문화의 양상과 요소까지도 비판했다. 젠더와 관련하여 바울이 활용한 그리스-로마의 언어 형태, 문화 개념, 그리고 윤리 기준은 당시의 담론과 맥락에 비추어 주의 깊게 이해되고 연구되어야 한다. 이는 그가 비판하는 것, 수정하는 것, 그리고 적용하는 것을 구분하기 위함이다.

1.2 바울이 바라본 교회와 그리스-로마 사회의 관계

바울은 그리스-로마 문화의 주류 환경 속에 이방인 교회를 세우고자 했다. 그가 서신을 기록한 것은 (사도적 기반이 없었고 유대인과 이방인이 독특하게 섞여 있었던 로마의 교회를 제외하고) 그의 선교팀이 세운 이방인 교회들을 영적으로 훈련시키고 인도하며 교정해줌으로써 이방인 선교의 지경을 넓히고 싶었기 때문이다.[16] 바울은 의사소통과 전도를 목표로 한 상황화를 매우 성공적으로 이루어냈고, 이는 그의 선교가 성공하는 데 크게 기여했다. 바울 연구에서 까다로운 부분 중 하나는 바울이 영적인 현실을 전달하기 위해 그

---

16 로마 교회의 유대인-이방인 특징에 대해서는 로마의 기독교 역사를 다룬 Robert Jewett, *Romans: A Commentary*, ed. Eldon J. Epp, Hermeneia (Minneapolis: Fortress, 2007), 59-61을 보라.

리스-로마의 수신자들에게 의미 있게 다가올 만한 그리스어와 은유들을 사용하려고 애썼다는 사실을 설명하는 것이다(롬 6:19: "너희 육신이 연약하므로 내가 사람의 예대로 말하노니, 전에 너희가 너희 지체를 부정과 불법에 내주어 불법에 이른 것 같이 이제는 너희 지체를 의에게 종으로 내주어 거룩함에 이르라").[17] 그러나 바울은 헬레니즘 세계관에 속한 그리스어를 사용했지만, 교회가 "세상"과 구별되기를 원했는데, 그에게 "세상"은 그리스-로마의 사회 및 문화와 거의 같은 의미를 지닌 용어였다.[18] 바꿔 말하면, 바울은 자신의 메시지를 의미 있게 전달하기 위해 당시에 공통으로 이해되는 은유, 관습, 문화적 제도들을 의도적으로 활용하여 교회를 영적·윤리적으로 반문화적인 운동으로 변화시키려 했다는 것이다. 바울은 이를 성취하기 위해 일반적인 비유법을 활용했지만, 그런 표현을 통상적인 의미와 다른 방식으로 사용하는 경우가 잦았다. 젠더에 대한 바울의 믿음을 이해하는 것은 단어의 뜻을 연구하고 문화에 관한 사실들을 이해하여 젠더에 관한 그리스-로마의 개념을 단순히 바울에게 덧입히는 정도의 문제가 될 수 없다.

언어와 특히 비유법은 전달자의 사상적 배경에서 정확하게 이해되어야 한다. 즉 의사소통의 메시지는 수신자에게 의도된 실용적 효과의 측면에서 이해되어야 한다. 화자/저자는 청자/수신자에게 특정한 행동을 하도

---

17   Eckhard J. Schnabel, *Paul the Missionary: Realities, Strategies and Methods* (Downers Grove, IL: InverVarsity, 2008), 155-74을 보라. 또한 한 권의 책에서 여러 학자의 주장 중 명백한 하나의 예로는 다음을 보라. Hans Dieter Betz, "Transferring a Ritual: Paul's Interpretation of Baptism in Romans 6," in *Paul in His Hellenistic Context*, ed. Troels Engberg-Pedersen (Minneapolis: Fortress, 1995), 84-118.
18   Norman Petersen이 주장하듯이, "겉으로 보기에는 같은 종류인 것처럼 보이는 바울의 언어 이면에는 두 개의 다른 제도권에 걸친 사회적 역할과 관계의 네트워크가 얽혀 있다. 바울의 역할 언어를 해독하려면, 우리는 일상 언어의 사전뿐만 아니라 사회학적 암호도 필요하다"(*Rediscovering Paul*, 24).

록 독려할 때 사람들이 일련의 행동을 하도록 단순히 직접적인 명령을 내리기보다 다양한 수사학적 전략을 사용한다. 직접적이고 단순한 명령이 몇몇 경우에 효과적일 수 있지만, 모든 경우에 효과적인 것은 아니다. 때로는 문자적인 의미가 너무 자극적이어서 청자/수신자가 메시지를 달갑지 않거나 부적절한 것으로, 혹은 이해할 수 없는 것으로 여겨 거부하는 일이 쉽게 일어날 수도 있다. 셰익스피어의 『줄리어스 시저』(*Julius Caesar*)가 잘 알려진 하나의 예다. 이 책에서 극작가는 카이사르에 대한 마르쿠스 안토니우스(Marc Antony)의 찬사를 재구성하여 카이사르를 암살한 사람들에 대한 여론을 바꾸었다. 셰익스피어의 연설은 "브루투스는 훌륭한 사람이다"라는 구절을 반복한다는 특징이 있는데, 이는 찬사를 올리는 사람이 실제로 전달하고자 하는 것과 반대된다. 그러나 만약 마르쿠스 안토니우스가 자신의 연설을 "브루투스를 죽여라"로 시작했다면, 군중은 그에게 반항했을 것이다. 그렇게 하는 대신 마르쿠스 안토니우스는 반어법(수사 어구로서)을 사용하는데, 이로써 그의 말은 일반적인 의미와 반대의 뜻을 전달한다. 그렇게 함으로써 마르쿠스 안토니우스는 청자들의 허점을 파고들어 연설이 원래 의도했던 실용적인 효과를 얻는다. 이렇게 의미를 뒤집는 연설 관습은 고전 수사학자들에 의해 네 가지 기본적인 비유법 중 하나로 알려졌다.[19] 이 장은 우리가 바울의 젠더 개념을 해석하는 데 도움이 될 만한 핵심 분야들의 문화적 배경을 제공한다. 이는 젠더에 관한 바울의 일부 가르침에서 그가 의도한 실용적 효과가 그의 수신자들에게 친숙했던 것을 뒤집고 변형시킨다는 것을 보여줄 것이다. 심지어 종종 문자적 해석이라고 여겨지던 것과 반대의 영향을 미치면서 말이다.

....

19　예. "수사 어구"(trope)의 정의에 대해서는 다음을 보라. Quintilian, *Inst.* 9.1.4.

1.3 1세기 수사법과 관습의 대조

젠더 관련 의견에 대한 1세기의 배경을 살펴볼 때, 우리는 젠더와 관련하여 실제로 기록된 관습들만이 아니라 올바른 관습이 어떠해야 한다는—말하자면 이상적인 남성 혹은 여성이 어떠해야 한다는 식의—1세기의 선입견과 수사학까지도 다루게 된다.[20] 그리스-로마 사회에서 여성의 "적절한" 행위를 법으로 정하고 시행하는 것은 권력가들의 주요 관심사였다. 왜냐하면 그들은 가정에서의 무질서가 제국의 번영에 심각한 영향을 미친다고 믿었기 때문이다. 따라서 이단과 소수 종파들은 여성 참여자들의 유별난 행동 때문에 자주 공격을 받았다.[21] 바울의 이방인 선교가 성공하기 위해서는 그리스도인 여성의 행동이 더 넓은 범주인 1세기 그리스-로마 세계의 여성이 행하는 것과 일치할 필요가 있었을 것이다. 따라서 바울의 젠더 개념은 그가 교회와 가정에서의 젠더 역할을 언급할 때 종종 선교적이었고, 그의 의도는 신자들이 도덕적인 순수함을 유지하면서도 그 문화에 어울려야 한다는 것이었다. 1세기 문화에 어울리는 것은 21세기 문화에 어울리는

20 Margaret MacDonald는 이상적이거나 전형적인 남성 혹은 여성의 이미지와 현실 간의 상호 작용이 얼마나 중요한지에 대해 다음과 같이 말한다. "이미지는 현실을 **만든다**. 이미지가 현실을 만든다는 것은 역사 속에서 일어나는 일들에 대한 모든 의사소통이 특정 문화 체계에 자리 잡은 우선순위, 믿음, 규범에 영향을 받는다는 차원에만 국한되지 않는다. 오히려 우리는 주어진 역사적 순간에 **당사자 자신들이** 그런 상징적인 체계에 의해 명백하게 형성된 현실을 경험하고 그것에 반응할 것이라는 점에서 이미지가 현실을 만든다는 사실을 반드시 알아야 한다(*Early Christian Women and Pagan Opinion: The Power of the Hysterical Woman* [Cambridge: Cambridge University Press, 1996], 120[강조는 원저자의 것임]).

21 디오니소스 숭배, 이집트의 이시스 숭배, 유대교는 여성에 대한 비윤리적인 영향 때문에 공격당했다. 이 종파들에 대한 전형적인 비판이 어떻게 이루어졌는지에 대한 논의로는 다음을 보라. David L. Balch, *Let Wives Be Submissive: The Domestic Code in 1 Peter*, SBLMS 26 (Chico, CA: Scholars Press, 1981), 65-80.

것과는 다른 문제였다. 두 젠더가 일반적으로 어떻게 행동하고 다른 젠더와 어떻게 상호작용을 하는지에 대한 현대 서구의 통념은 그리스-로마 문화의 그것과 전혀 다르다.

1.3.1 수사학에 대한 아리스토텔레스의 영향

관습과 수사학 간의 불일치에 기여하는 여러 요소 중 하나는 그리스-로마 사회와 문화에 대한 아리스토텔레스의 지속적인 영향이다. 헬레니즘이 있는 곳에는 언제나 아테네 철학이 있었다. 아테네 철학과 함께 등장한 아테네 고전 시대의 남성과 여성의 본성에 대한 수사학은 초기 및 중세 교회 철학이 발전함에 따라 계속 영향을 미쳤다.

아리스토텔레스는 여성의 본질적 열등함 때문에 남성 독자들에게 아내를 다스리는 방법을 조언했다. 그리스인들은 젠더를 기반으로 한 위계질서가 문화의 기준이나 관습보다 여성과 남성의 존재론적인 본성에 기인한다고 믿었다. 아리스토텔레스와 그리스 사상에 따르면, 우주적 위계질서는 상호 배타적인 특성을 가진 두 젠더로 표현된다. 완벽한 몸은 남성/남자이며, 그들은 자연적인 상태에서 신체적·정치적 힘, 합리성, 영성, 우월함, 능동성, 건조함, 침투력을 갖는다. 반대로 여성/여자는 인간의 부정적인 특징을 나타낸다. 즉 신체적·정치적 연약함, 비합리성, 육체성, 열등함, 수동성, 습함, 그리고 침투당하는 특성 등이다. 남성과 여성은 위계질서(우월함/열등함), 사회적 지위(높고/낮은), 그리고 젠더 역할(침투하는 주체/침투당하는 대상)을 나타낸다.[22] 남성과 여성의 존재론적 본성과 일반 사회에서의

---

22   Aristotle, *Gen. an.* 728a.18-20; 737a.25-35; 775a.15.

가정 내 관계에 대한 플라톤적 아리스토텔레스의 사상은 로마의 스토아학파 및 필론(Philo)과 요세푸스(Josephus)와 같은 헬라파 유대인에게 직접적인 영향을 미쳤는데, 그들은 동일한 주장과 전제를 답습하는 것으로 보인다.[23] 고전적인 아테네 사회에서 여성을 통제하는 수단은 (폐쇄적인) 가정 영역 안에서만 활동하도록 제한하는 것이었으며, 그들은 종교의식을 위해서, 그리고 보호자가 동행하는 경우에만 집을 떠날 수 있었다. 1세기 알렉산드리아에서 여성에 대한 필론의 이상은 더 제한되지는 않더라도 거의 다르지 않았다.

> 따라서 여성은 집안일 외에 다른 일에 간섭하는 분주한 사람이 되어서는 안 되며, 은둔 생활을 추구해야 한다. 여성은 다른 남자들이 보는 앞에서 거리의 방랑자처럼 자신을 드러내서는 안 된다. 신전에 가야 할 때는 예외지만, 그때라도 시장이 붐빌 때를 피하여 사람들 대부분이 집에 갔을 때를 일부러 맞추어 가야 한다. 그리하여 이름에 어울리는 자유롭게 태어난 여성답게, 자기 주변의 모든 것을 조용하게 만든 후에 악을 피하고 선을 얻기 위해 봉헌과 기도를 해야 한다(*Spec.* 3.171).[24]

요세푸스와 바울처럼 필론 역시 헬레니즘화된 유대인 혹은 헬레니즘적인 로마 청중에게 글을 썼으며, 초기 유대교 자료에는 여성에 관한 폭넓고 다양한 관점이 존재한다.[25]

---

23   예. Philo, *Ios.* 8.38-39; 11.54를 보라.
24   Francis H. Colson, G. H. Whitaker, Ralph Marcus, eds. and trans., *Philo*, LCL (Cambridge, MA: Harvard University Press, 1929-62), 7:583.
25   C. S. Keener, "Marriage," *DNTB*, 690을 보라.

젠더에 관한 그리스/아테네 모델은 적어도 로마의 상위 계층을 위한 옥타비아누스의 엄격한 도덕법(기원전 18년과 9년) 수사학과 쉽게 결합하는데, 이는 표면적으로 문화와 종교에 내재하는 로마 공화정의 전통적 가치를 복원하기 위한 노력의 일환이었다.[26] 옥타비아누스의 법은 로마 엘리트 사이에서 낮은 인구라는 위기뿐만 아니라 혼음도 표적으로 삼았다. 그는 여성의 결혼을 장려하고, 여성이 간음을 저지르는 것을 금지했으며, 모성에 대해 보상했고, 여성의 법적 지위와 계급을 나타내는 의복 규정을 수립했다.[27] 남성의 엘리트 계급이 강화되었는데, 옥타비아누스는 아버지들은 "나와 똑같은 방식으로 이 이름으로[아버지] 불릴 자격이 있다"라고 말했다.[28] 옥타비아누스는 로마 제국의 가장이 되었고, 로마 제국은 "제국 가문"에 의해 운영되었다. 로마 제국 전반에 걸친 그의 권력은 엘리트 남성에 대한 전통적 관점의 확실한 지지를 얻었고, 가장은 가족에게 절대적인 힘을 행사했다. 처벌과 보상은 미혼 남성이 결혼하여 자녀를 가지도록 압박하는 수단이 되었으며, 그들은 기혼 여성과 성관계를 갖는 일을 단념하

---

26 Bruce Winter는 로마 여성이 그리스 여성보다 전통적으로 사적인 영역에 덜 제한되어 있는 것으로 보인다고 주장한다. 그러나 이후 로마 공화정 말기에는 상류층 가운데 로마의 특정 집단에서 남성과 동등한 성적 자유를 요구하는 "새로운" 유형의 여성이 등장했고, 옥타비아누스의 법은 여성들 사이에서의 이런 변화를 반대하는 내용이었다(*Roman Wives, Roman Widows: The Appearance of New Women and the Pauline Communities* [Grand Rapids: Eerdmans, 2003], 17-38). 그러나 Winter에 대한 Lynn Cohick의 비판을 보라(Cohick, *Women in the World of the Earliest Christians: Illuminating Ancient Ways of Life* [Grand Rapids: Baker Academic, 2009], 72-75). 그녀는 "새로운 여성"이 "역사적 실체라기보다 시적 허구와 정치적 비방"이라고 설득력 있게 주장한다(75).

27 *Lex Julia de adulteriis coercendis*와 *Lex Julia maritandis ordinibus*에 따라 기원전 18년에 시행되었다(이후 기원전 9년에 *Lex Papia Poppaea*에 의해 개정되었다). 다음을 보라. Winter, *Roman Wives*, 39-58; Diana E. E. Kleiner, *Cleopatra and Rome* (Cambridge, MA: Belknap, 2009), 32.

28 Dio Cassius, *Hist. rom.* 56.3.6, 3.8.

게 되었다.[29]

따라서 헬레니즘 문화의 수사학과 제국의 언어는 열등함, 통제, 제한, 그리고 심지어 여성의 고립이라는 강력한 메시지를 전했다. 하지만 남성은 정해진 젠더 역할을 맡으라고 그들에게 촉구하는 압박과 처벌에서 벗어날 수 없었다. 남성은 공공 부문의 모든 자리에 있었지만, 여성과는 다른 방식으로 젠더에 관한 수사학의 제약을 받았다. 그들은 실질적인 노동이 아니라면 특정한 성격의 측면에서 기대를 더 많이 받았으며, 더 엄격한 잣대가 그들에게 적용되었다. 여성적이라고 규정되는 감정이나 행동 또는 성격을 보이는 남성은 낮은 지위의 역할을 맡고 있다고 여겨져 수치와 경멸을 당했다. 예를 들어 확실한 감정적 표현과 사랑하는 이의 죽음을 애도하는 슬픔의 표현은 여성적인 것으로 여겨졌다. 로마 제국의 특정 지역에 사는 남성들은, 심지어 헬라파 유대인들까지도, 로마인들에게 남성답지 못하다는 경멸과 조롱을 받을 수 있었다. 이는 이집트와 같은 일부 지역에서 여성/아내들이 로마의 이상에서 허용되는 것 이상으로 많은 자유나 권한을 행사하는 것으로 알려졌기 때문이다.[30] 로마 제국에는 신분 상승과 경제적 번영을 누릴 수 있는 실질적인 가능성이 있었지만, 명예는 자신의 위치를 알고 지키는 것에서 비롯되었다.[31] 남성의 미래는 자기 아버지의 직업, 지위, 그리고 뒤얽힌 후견인-피후견인 동맹에 의해 더 엄격하게 결정되었고, 성

29 Winter, *Roman Wives*, 49.
30 마르쿠스 안토니우스가 헬레니즘(여기서는 라틴 문화에 대한 반대 개념)에 심취했다는 사실, 클레오파트라의 배우자로서 그가 그녀에게 준 권한, 그리고 이시스 숭배에서 그녀의 역할은 옥타비아누스가 안토니우스를 남성답지 못하고 사치스러운 사람으로 간주할 여지를 주었다.
31 로마 제국의 사회 계층은 권력 행사와 관련되어 있었다. "누가 무엇을 왜 갖는가?" 이 시스템은 상위 계층이 권력, 부(땅, 노예 노동, 소작료, 세금), 지위를 통제하도록 의도적으로 구성된다.

인 남성의 대부분은 상속자인 맏아들이 아니었으며 여전히 주인 혹은 가장의 권위 아래 있었다. 이론적으로 말하면 카이사르를 제외한 모든 사람이 적어도 한 명의 후견인에 대해 피후견인으로서 충성을 다해야 했으며, 후견인과 남성 상속자는 자신의 피후견인에 대한 중대한 의무를 지녔다.[32]

1.3.2 그리스-로마의 성 행동 양식

우리는 남성과 여성의 행동에 관한 실질적인 증거와 젠더에 관한 문학적 수사 간의 뚜렷한 차이를 알아야 한다. 그리스-로마 세계에서 여성의 성 행동 양식은 문학을 통해 일반적으로 알려진 것보다 훨씬 더 다양했지만, 비문, 파피루스(법정 사건과 편지들), 역사적 기록을 통해 알려진다. 로마 제국의 여러 지역에서 여성의 역할은 상당히 다양했다. 아테네, 예루살렘, 로마, 알렉산드리아가 대략적인 연속성을 보여주는데, 아테네의 여성이 가장 제한적인 역할을, 알렉산드리아의 여성이 가장 덜 제한된 역할을 맡았다.[33] 그러나 로마 제국 전역에 걸쳐 여성은 후견인, 사업주, 제의 지도자, 공무원으로서의 활동을 포함하여 다양한 범주에서 비전통적 활동에 참여했다.

---

32 아래에서 언급하듯이 "후견인-피후견인 관계는 그리스-로마 사회의 기본적인 구성 요소였다"(D. A. deSilva, "Patronage," *DNTB*, 766). 이 시스템은 사회적으로 평등하지 않은 사람들 간의 호의와 충성에 대한 네트워크의 기반이었다.

33 이집트의 상황에 대해서는 다음을 보라. Sarah B. Pomeroy, "Women in Roman Egypt: A Preliminary Study Based on Papyri," in *Reflections of Women in Antiquity*, ed. Helene P. Foley (New York: Gordon and Breach Science, 1981), 303-22. 그러나 위에서 언급했듯이 알렉산드리아에서 필론은 고전 시대 동안 아테네에서의 여성 감금과 같은 방식으로 기혼 및 미혼 여성을 집에 감금해야 한다고 제안했다. 1세기 로마 제국에서 여성 행동의 다양성에 대한 분석은 다음을 보라. Ben Witherington III, *Women and the Genesis of Christianity* (Cambridge: Cambridge University Press, 1990), 10-26.

남성적인 미덕과 강점으로 여겨지는 것을 보여주는 여성은, 특히 그녀가 상류층이면서 큰돈을 기부하거나 필요한 봉사를 하는 경우에, 긍정적인 평가나 명예를 얻을 수 있었다.

따라서 1세기에는 여성의 실제 행동에 대한 사회적인 동요와 약간의 유동성이 있었지만, 남성과 여성의 젠더 역할에 관한 전통적 개념이 여전히 유효하게 잘 적용되고 있었다. 일부 비문과 파피루스는 경제적·사회적 힘과 명예로 가는 길에서 여성의 활동 범주가 넓어지고 있었음을 보여주지만, 묘비문과 망자에게 주어지는 시호는 남성의 업적과 명예의 근원으로 여겨지는 일을 한 여성을 칭찬하는 것이 아니라, 전통적인 여성의 고정관념과 로마의 이상에 부합하는 일을 한 여성을 칭찬한다.[34] 상류층 여성에게 명성과 명예를 가져다준 행동은 다른 환경의 다른 여성들에게 비판과 비난을 초래할 수 있었다. 결론적으로 어떤 종교 집단이 위험하다고 여겨지면 여성의 활동과 그 남편의 권위가 공개적으로 조사를 받게 되었고, 1세기 상황에서 허용될 수 있는 행동이 그리스-로마의 관념적 수사학에서는 수치스러운 일탈로서 드러날 수도 있었다. 이런 방식으로 여성다움과 남성다움에 대한 그리스의 고정관념 및 로마의 이상은 위험한 종교 집단과 종파를 통제하고 의심하며 금지하는 주요 무기로 사용되었다.

....

34 Riet van Bremen이 주장하듯이, 여성에 대한 이런 "전통적인" 개념은…현실과 동떨어진 소수 도덕주의자들만의 화제가 아니었다. 이런 개념은 비문에 사용된 언어에 광범위하게 나타난다. 이런 여성들의 공적인 활동 및 독립적인 행위와 겉으로 보기에 모순으로 느껴지는 것으로서, 여성에게 가장 빈번하게 사용되는 수식어는 정확히 전통적인 여성의 영역에서 발견되는 단정함, 남편과 가족에 대한 사랑의 헌신, 경건, 품위 등이었다. 이런 사상은 "평범한" 그리스인들이 세운 것으로서, 그리스 세계 전반에 걸쳐 퍼져 있었던 많은 비문에서도 발견된다("Women and Wealth," in *Images of Women in Antiquity*, ed. Averil Cameron and Amélie Kuhrt [London: Routledge, 1993], 234). 따라서 여성의 자유와 활동에 관한 이데올로기와 고고학적 증거 사이에는 상당한 모순이 존재한다.

1.4 젠더와 그리스-로마의 가치관

그리스-로마의 여러 가치관은 우리가 바울 서신에서 젠더를 이해하는 데 있어 유용한 정보를 제공해준다. 명예와 수치에 대한 보완적 가치는 바울이 젠더 문제를 언급할 때 분명히 그의 수사학의 일부였다. 따라서 바울의 말의 맥락을 잘 이해해야 한다. 게다가 문화의 요소를 형성하는 후견인-피후견인 관계와 호혜 역시 남편과 아내의 관계에 대한 정보를 제공해준다.

1.4.1 명예와 수치

명예는 여론이 결정하는 한 개인의 가치를 말하는데, 여론은 그 개인이 공동체적 가치의 특징과 행동을 얼마나 잘 구현하는지에 따라 판단을 내린다.[35] 그리스-로마의 관념은 제바 크룩(Zeba Crook)이 "한편에는 명예를 다른 편에는 수치를, 이쪽에는 남성을 저쪽에는 여성을, 그리고 이편에는 엘리트를 저편에는 엘리트가 아닌 사람들"을 두는 것으로 묘사하면서 비판하는 이중 모델을 지지하는 것으로 보인다.[36]

남성의 명예는 자신의 지위 혹은 정체성(출생, 사회 계층과 지위, 부, 후원)을 알고, 자신의 지위에 맞는 사회의 기대와 본질적 가치에 부응하며, 자신의 사회적 동료들과 명예를 위해 경쟁할 때 얻을 수 있는 것이었다. 각 남성은 한편으로는 합의와 화합에 참여함으로써, 다른 한편으로는 전쟁에서 용맹을 떨침으로써 도시의 질서 정연한 삶에 기여했다.

---

35   David A. deSilva, "Honor and Shame," *DNTB*, 518을 보라.
36   Crook, "Honor, Shame, and Social Status Revisited," *JBL* 128 (2009): 610.

명예의 이른바 여성 버전은 수치에 기반한 여성의 주요 "덕목"이었는데, 이는 가정 내 남성 지도자의 명예를 높이는 공손한 행실, 단정함, 그리고 순결을 포함했다(Sir. 26:10-16; 42:9-12; 4 Macc. 18:6-8; Thucydides, *Hist.* 2.45.2를 보라).[37] 크룩은 이런 명예와 수치의 이분법적인 모델, 특히 여성에게 명예가 없었다는 주장에 이의를 제기한다. 그는 여성이 실제로 "재치 있고 용감하며 적극적이고 국가에 충성하는" 행위를 통해 명예를 얻었다고 주장한다.[38] 그는 "이상적인 세계와 실제 세계가 있었고, 실제 세계에서 여성은 공적 생활에 **참여했으며**, 명예를 위해 **경쟁했고**, 자기 남편보다 더 큰 명예를 **얻을 수 있었으며**, 후원자로서의 **역할을 수행했고**, 명예의 왕관, 위상, 자리를 **받았다**"고 결론 내린다.[39]

고린도전서 11:2-16에서 바울이 널리 퍼진 문화적 이상 때문에 명예를 갖는 여성에 대해 말하지 않았다고 가정하는 것은 확실히 잘못된 것이다. 왜냐하면 다른 여러 곳에 특정 여성의 명예에 대한 분명한 언급이 있기 때문이다. 그러나 마가렛 맥도널드(Margaret MacDonald)가 주장하듯이 "이미지가 현실을 만들어내며", 여성은 공동체 내에서 가치가 거의 없는 존재였다.[40] 크룩의 의견은 (위에서 언급했듯이) 그리스-로마 문화에서 수사법과 관습의 차이를 보여준다. 사회에서 낮게 취급되는 여성의 가치는 갓난 여자아이를 죽이거나 유기하는 널리 퍼진 관행에도 반영되었다.[41] 한 가족당

37 S. C. Barton, "Social Values and Structures," *DNTB*, 1129, 1130을 보라. 어떤 이들은 수치가 여성의 가치를 가리킨다고 주장했지만, 이 주장은 현실과 동떨어진 것이다. 여성이 가치가 없다는 이유로 광범위하게 실행된 여자아이에 대한 영아 살해는 로마 제국에서 여성의 부족을 초래했다.

38 Crook, "Honor, Shame," 605.

39 Ibid., 609, 강조는 원저자의 것임.

40 MacDonald, *Early Christian Women*, 121.

41 Stark, *Rise of Christianity*, 118.

단 한 명의 딸만 키우는 것이 매우 흔했는데, 이는 산모 사망과 함께 로마 제국에서 여성 수의 부족에 기여했으며, 결국 인구 위기를 초래했다. 따라서 바울이 로마서 16장에서 로마 교회의 여러 여성 성도에게 명예를 부여하고 인정했을 때, 이는 로마의 문화적 관습과 이상을 상당히 벗어나는 일탈로서 두드러진다.

여성이 단정함과 순결의 덕목을 위반하는 것은 가족에게 큰 수치를 안겨주었고 가족의 위상을 떨어뜨렸다. 가족의 명예와 관련하여 이와 비슷한 규범과 관점을 아직도 가지고 있는 세계의 여러 지역에서는 1세기 당시에 그랬던 것처럼 "명예 살인"을 통해 가족의 명예를 회복하기도 한다.[42] 명예 살인이란 여성이나 소녀가 자기 가족에게 수치를 안겼을 때 가족이 그를 살해하는 것을 가리킨다. 캐나다 온타리오주에서 네 명의 무슬림 여성이 가족에게 살해당했는데, 이 사건을 기사로 실은 「해밀턴 스펙테이터」(*Hamilton Spectator*)는 명예 살인을 다음과 같이 설명한다. "가족의 지배적인 구성원(대개 남성임)은 자기 동료들이 보기에 가족의 위상을 떨어트리는 여성의 행동이나 관계를 규정한다. 따라서 여성은 남자친구를 잘못 선택하

---

42 Moyer Hubbard는 "인구통계학적 차용"을 사회 역사학자들 사이에서 잘 성립된 관습으로서 묘사한다. 이는 "핵심적인 면에서는 비슷해 보이지만 하나는 잘 문서화되고 다른 하나는 그렇지 않은 사회 간의 의미 있는 유비를 이끌어낸다("Kept Safe through Childbearing: Maternal Mortality, Justification by Faith, and the Social Setting of 1 Timothy 2:15," *JETS* 55 [2012]: 731). Kenneth E. Bailey, "Informal Controlled Oral Tradition and the Synoptic Gospels," *Them* 20, no. 2 (1995): 4-11도 보라. Bailey는 자신의 방법론을 구전 전승에 적용했다고 말한다. "우리는 자신들에게 중요한 많은 것을 구전 형태로 아직까지 보존하고 있는 오랜 옛날 공동체 가운데서 중동의 삶과 연구에 대해 30년 이상 우리가 경험해온 구체적인 현실을 제시하려고 한다"(4). 다음도 보라. Bailey, *Jesus through Middle Eastern Eyes: Cultural Studies in the Gospels* (Downers Grove, IL: InterVarsity, 2008), 『중동의 눈으로 본 예수』(새물결플러스 역간); Bailey, *Paul through Mediterranean Eyes: Cultural Studies in 1 Corinthians* (Downers Grove, IL: InterVarsity, 2011), 『지중해의 눈으로 본 바울』(새물결플러스 역간).

거나, 간음을 저지르거나, 심지어 서양 옷을 입거나 화장을 하는 등의 악의 없는 반항 행위 때문에도 종종 처형당한다."[43]

그리스-로마 사회와 비슷한 요소를 지닌 다른 문화권뿐만 아니라 중동 문화권에서도 가족에 대한 불명예는 실제로 세세한 부분에서 남성의 권위에 대한 단순한 반항으로 귀결될 수 있다. 이런 경우에는 남성 권위자가 특정한 세부 사항이 수치를 불러일으키는지 아닌지를 결정할 수 있다.

명예 문화에서 문화적 규범 혹은 이상과 관련된 문제가 있을 때, 남편과 아내는 둘 다 그 문화의 권위적인 기대의 지배를 받는다. 그리스-로마 문화에서 수치스러운 것으로 여겨지는 행위를 허용하거나 지지함으로써 자기 아내에게 권위를 행사하는 남편의 권리를 옹호한 사람은 아무도 없다. 바빌로니아 탈무드에는 한 남성이 정돈되지 않은 머리를 포함하여 여러 잘못에 대한 목록이 있는 아내와 이혼하지 않았기 때문에 랍비 메이어(Meir)가 그를 "나쁜 남자"라고 불렀다는 2세기의 기록이 담겨 있다. 메이어는 "그런 경우에는 이혼하는 것이 종교적인 의무"라고 결론 내린다.[44] 의미심장하게도 그 남성은 마치 아내의 행동이 불순종의 사례인 것처럼 아내에 대한 권위를 행사하거나, 필요한 행동 방침으로서 그녀를 통제하라고 권고받지 않았다. 그는 그녀의 행동 때문에 비난받은 것이 아니다. 그는 적절한 응답을 하지 못한 것 때문에 비난받는다.

43   Howard Elliott, "Honour Killing a Brutal Import," *Hamilton Spectator*, July 30, 2009, A16.
44   *b. Giṭ*. 90a–b를 보라.

1.4.2 후견인-피후견인 관계

모든 사회 계층은 그리스-로마 사회의 기본 구성 요소라고 여겨지는 호혜 관계를 형성함으로써 어떤 방식으로든 후원 제도에 참여했다. 후견인-피후견인 관계는 "원하는 상품과 서비스의 상호 교환"으로 특징지어진다.[45] 남편과 아내의 관계는 후원 제도의 더 큰 맥락에 자리 잡고 있었다. 그것은 "우정"과 같이 사회적 지위가 동등한 사람들 사이의 관계일 수도 있지만, 그 관계의 기본적인 패러다임은 사회적 지위가 동등하지 않은 사람들(후원자와 수혜자) 간의 것이었다.[46] 선물을 받는 사람은 자신의 후원자에게 감사와 충성으로 적절히 보답할 의무도 함께 받는다. 세네카(Seneca)가 말하듯이, "감사하고자 하는 사람은 호의를 받는 동안 그것을 어떻게 갚을지를 생각해야 한다"(*Ben.* 2.25.3).[47] 데이비드 드실바(David deSilva)는 "상품과 기회는 위로부터 아래로 흘렀고, 존경과 대중의 찬사 및 충성은 아래로부터 위로 되돌아왔으며, 이는 상호 간의 약속으로 이루어지는 것이었다"라고 요약한다.[48]

그리스-로마 세계의 후원 제도에서 남편과 아내는 보통 불평등한 파

---

45   David deSilva, "Patronage and Reciprocity: The Context of Grace in the New Testament," *ATJ* 31 (1999): 33. deSilva가 설명하듯이, "권력, 명예, 부를 덜 가진 사람이 더 많은 권력, 명예, 부를 가진 사람의 도움을 찾아 나선다. 그런 사람들 사이에서 교환되는 혜택의 종류는 물질적인 선물이나 승진의 기회를 제공하는 후견인과, 그의 명성과 권력 기반에 기여하는 피후견인에 따라 그 종류와 질에서 차이가 있을 것이다"(*Honor, Patronage, Kinship & Purity: Unlocking New Testament Culture* [Downers Grove, IL: InterVarsity, 2006], 97). 『문화의 키워드로 신약성경 읽기』(새물결플러스 역간).

46   deSilva, *Honor, Patronage*, 99.

47   Seneca, *On Benefits Addressed to Aebutius Liberalis*, trans. Aubrey Stewart (London: George Bell and Sons, 1887), 42.

48   deSilva, *Honor, Patronage*, 118.

트너였다. 일반적으로 남편이 후원자의 역할을 했고, 여성은 결혼할 때 많은 지참금을 가져오지 않는 이상 결혼 관계에서 열등한 위치에 있었다.[49] 동등하지 않은 사람 간의 후원은 종종 권위와 호혜로 구성되었는데, 이는 가정에도 반영되었다.[50] 아내는 남편과 그의 가족으로부터 자신의 정체성과 사회적 위치, 그리고 재산의 공동 지분을 받았다(재산 소유권 없이 결혼하는 로마의 관습은 예외임).[51] 남편은 집안에서 권위와 명예를 받았고, 그의 집은 관리되었으며, 그는 가족 경제에 기여할 자신의 법적 상속자들을 결혼 관계에서 얻었다.

두 사람은 서로 동등하고 상호적인 의무를 지녔다. 다수의 고대 작가는 남편의 권위에 따른 "의무", "책임", "보호"를 강조했다.[52] 이에 대한 보답으로 아내는 "가치 있는 여성"이 되기 위해 노력해야 했다. 독실함, 순

---

49 Russ Dudrey는 이런 상황에서 "고대 가정의 가장들은 자신이 아내, 자녀, 노예들을 **소유하고 있다고** 생각했을 가능성이 크다"고 결론짓는다("'Submit Yourselves to One Another': A Socio-Historical Look at the Household Code of Ephesians 5:15–6:9," *ResQ* 41 [1999]: 39, 강조는 원저자의 것임). 그러나 여성에 대한 소유권을 문화적 이상으로 여겼는지는 논쟁의 소지가 있다.

50 Craig Evans는 자선을 권위 및 권력과 연결한다. "누가의 독자들은 '후원자'에 대한 언급을 다른 사람들 위에 군림하는 통치자와 권력자의 맥락에서 자연스럽게 해석했을 것이고, 그들의 폭정을 '자선'으로 완곡하게 정의했을 것이다. 누가의 독자들은 '후원자'(εὐεργέτης)라는 별명이 일반적으로 신이나 왕, 그리고 사회에 기여하는 부유하고 힘 있는 사람들에게 흔히 쓰였다는 것을 알았다"("King Jesus and His Ambassadors: Empire and Luke-Acts," in *Empire in the New Testament*, ed. Stanley E. Porter and Cynthia Long Westfall, MNTSS 10 [Eugene, OR: Pickwick, 2010]: 125–26).

51 후기 로마 공화정 시기에는 "재산 소유권 없는"(*sine manu*) 결혼이 일반적이었다. 따라서 아내는 자기 아버지나 보호자의 권위 아래에 남아 있었고 자기 가문의 재산을 물려받았다. 이는 여성이 남편의 재산에 대해서는 아무런 권리가 없음을 의미했다(Sarah B. Pomeroy, *Goddesses, Whores, Wives, and Slaves: Women in Classical Antiquity* [New York: Schocken, 1975], 155을 보라). 그것은 부유한 여성에게 이득이 되는 것이었고, 결혼 관계의 호혜성을 바꾸었다. 결과적으로 그것으로 인해 결혼이 불안정해지는 경향이 있었다.

52 deSilva, *Honor, Patronage*, 179를 보라.

결, 가정적임, 유순함이 "가치 있는 여성"을 정의하는 덕목이었다.[53] 기원전 3세기 혹은 2세기의 신-피타고라스 학파 텍스트는 "여성의 최고 미덕은 순결이다. 이 자질을 통해 여성은 자기 남편을 공경하고 사랑할 수 있다"라고 기록한다.[54] 남편에게 의심의 여지 없는 적법한 자손을 제공하는 것은 여성이 남편을 공경할 수 있는 주요 방법 가운데 하나였다.[55] 따라서 기본적인 후원 관계는 부부 관계에 반영되어 있었다. 이 관계에서 후원자 혹은 후견인은 권력, 재산, 지위, 명예, 가치에 있어서 우월하지만, 아내는 그의 보호를 받고, 존경, 공개적인 칭찬, 헌신적인 봉사로 되갚으며, 특히 순종과 순결을 통해 그를 명예롭게 하는 역할을 했다. 이것이 바로 바울이 남성의 존재론적 우월성과 특권을 긍정하지 않았음에도 불구하고, 에베소서 5:22-27에서 교회가 그리스도로부터 받는 은혜와 아내가 자기 남편으로부터 받는 실질적인 은혜를 비교하면서 아내에 대한 호혜와 남편에 대한 더 강화된 자선/봉사의 의무를 언급할 수 있었던 이유다.[56] 그의 "필터 메

---

53   독실함, 순결, 단정함, 그리고 "가치 있는 여성"의 다른 특징들은 로마인의 묘비에 약자로 간단하게 표현되는 경우가 많았는데, 이는 이런 특징들이 일반적이거나 정형화된 것으로 인식되었다는 것을 나타낸다(Richmond Lattimore, *Themes in Greek and Latin Epitaphs* [Urbana: University of Illinois Press, 1942], 290-99). Dudrey는 우리가 공시적인 문학보다는 통시적인 문학과 일화의 자료들을 통해 결론을 이끌어내야 한다는 것을 알고 있지만, 아내의 사회적 현실에 대한 통시적인 그림은 잠언과 호메로스로부터 이집트의 파피루스와 로마의 법률자료 및 무덤 비문에 이르는 문학적·비문학적 증거에 분명하게 나타난다고 옳게 주장한다("'Submit Yourselves,'" 32). Dudrey는 이런 특징들이 도처에 존재하거나 "초문화적"이라고 표현한다(ibid., 38-39).

54   이탈리아의 피타고라스 분파의 텍스트이며, Mary R. Lefkowitz and Maureen B. Fant, *Women's Life in Greece and Rome* (Baltimore: Johns Hopkins University Press, 1982), 104에 인용되었다.

55   Dudrey, "'Submit Yourselves,'" 29.

56   따라서 그리스-로마의 문화적 가치는 어떻게 남편이 아내의 생명의 근원(머리)인지를 창조 이야기에서뿐만 아니라 실제로 여성이 남편을 의지한다는 사실에 근거하여 설득력 있게 설명한다. 따라서 이것은 Thomas Schreiner가 "남편이 아내의 근원이라고 말할 수 있

커니즘"은 에베소서 5:21의 여성의 복종 및 상호 복종 간의 구문적 연결에서,[57] 그리고 여성은 남편의 "몸"이기 때문에 아내는 남편과 동등한 위치에 있으며 동등하게 대우받아야 한다는 남편에 대한 가르침에서 분명하게 나타난다.

1.5 젠더와 공공 및 가정 영역

그리스-로마 세계에서 남성과 여성은 두 개의 다른 시스템, 즉 공공 영역과 가정 영역에 소속되어 있었다.[58] 이런 영역 안에서의 활동은 헬레니즘 세계에서 일반적이었고 그리스 고전 시대의 전통적 가치와 관련되는 남성과 여성의 전통적인 역할을 영속화했다. 스토아 학파의 히에로클레스(Hierocles)는 전통적인 그리스의 젠더 역할을 다음과 같이 적절히 요약했다. "그러므로 이것들은 익숙한 방식으로 나누어져야 한다. 농업, 법의학 및 정치 관련 일들은 남편의 책임이지만, 양모 방적, 제빵, 요리, 간단히 말해서 가정적인 특징을 지닌 모든 일은 아내의 책임이다."[59]

....

는 의미론적 근거가 무엇인가?"라고 질문할 때 "근원"으로서의 "머리"의 의미에 대한 그의 주요 반대 의견 중 하나에 대한 대답이다("Head Coverings, Prophecies, and the Trinity: 1 Corinthians 11:2-16," in *Recovering Biblical Manhood and Womanhood: A Response to Evangelical Feminism*, ed. John Piper and Wane Grudem [Wheaton: Crossway, 1991], 127).

57 엡 5:18-23은 그리스어로 한 문장이다. 그리고 22절에 기록된 아내에 대한 가르침은 21절의 상호 복종에 문법적으로 종속된다. 왜냐하면 22절에는 "복종하다"는 동사가 생략(누락)되기 때문이다.

58 "공공" 영역과 "사적" 영역으로 나누는 양극단을 피해야 한다. 문화마다 개인 공간과 사생활에 대한 개념이 다르다. 이런 현실은 그리스와 그리스-로마 문화가 보여준 매우 실제적인 차이와 사회적 분리를 애매하게 만든다.

59 Hierocles, *Household Management*, in Stobaeus, *Flor.* 4.85.21, in *Ethical Fragments of*

남편의 "농촌" 일에는 아내의 가사 노동에 필요한 원료를 공급하는 것이 포함되었고, 모든 경제적 거래의 공적 기능은 남성의 역할이자 공공 분야의 일부로 여겨졌다. 그리스-로마 문화에서 가정 영역에서의 여성의 일과 책임은 낮은 가치와 지위를 가졌다. 즉 옷 제작(방적과 베틀), 세탁(빨래와 다리미질), 아이 및 남성 목욕시키기, 음식 제공 및 접대, 그리고 마지막으로 말하지만 중요한 것으로서 자녀 출산과 양육이다. 대부분의 작업은 노예가 하는 일에 비교될 수 있었는데, 사실상 가능할 때마다 노예에게 맡겨졌다. 다만 방적은 모든 계층에서 전형적인 여성의 업무로 여겨졌기 때문에 예외였다. 따라서 이런 가정적인 역할에 대한 언급은 남성답지 못한 것 혹은 "여성의 일"로서 이해되어야 한다. 에베소서 5:25-33에서 교회에 대한 그리스도의 행동과 아내에 대한 남편의 행동의 본질은 "여성의 일"로서 이해되었을 것이다. 교회를 신부로 표현하는 것은 그리스-로마의 가치 기준에서 교회를 여성으로 대하는 것이었다. 결론적으로 바울은 가정과 교회에서 남성의 특권을 뒤집고 있다. 그는 그리스-로마 사회 체제에서 권력과 지위를 가진 남성들에게 그리스도의 성육신적 겸손과 일치하는 섬김의 정신 및 낮은 신분의 본을 장려한다.[60]

특정 기간과 일부 지역에서 여성이 집이라는 공간에 갇히거나 제한된다는 사실은 그들에게 아무런 권한도 주어지지 않았다는 것을 의미하지 않는다. 다만 여성의 권한은 가정 영역에 있지만, 남성의 권한은 공공 영

Hierocles, Preserved by Strobaeus, trans. Thomas Taylor (1822, repr., Mobile, AL: Evergreen Books, 2011), digital edition.

60 이렇게 가정적인 기능과 그리스도의 신부로서 교회에 대한 은유에 남성을 포함하는 것이 남성에게 수치스러운 것으로 여겨지는 남성답지 못한 행동, 의복, 역할과 어떤 관계가 있는지는 1.1 단락과 3.2 단락을 보라.

역에 있다고 인식되었다. 아마도 남편은 자기 아내의 권한을 압도하여 가정 범주를 통제할 수 있었을 것이다. 하지만 그것은 플라톤이나 그리스-로마 모델의 이상적인 형태는 아니었다. 플라톤에 의하면, 여성의 한 가지 과업 혹은 "사회적 봉사"는 복종이었다.[61] 그러나 그는 여성이 일부 관계에서는 "우월한 지위"를 점하고 지배자의 자리를 채웠다고 주장했다. "아버지와 어머니의 권리가 [그런 관계들] 중 하나가 아닌가? 그리고 일반적으로 자손을 다스린다는 주장이 보편적으로 정당한 것 아닌가? 물론이다."[62] 그는 이런 관계의 목록을 확장하여 귀족-천민, 노인-청년, 주인-노예를 포함시켰다. 이런 각각의 관계에서 여성은 지배자의 자리를 차지할 수 있었다.[63] 히에로클레스는 남편이 지배자이고 아내는 피지배자라고 말한 것으로 잘 알려진다. 하지만 그 역시 남성은 남성의 일을 지배하고, 여성은 여성의 일, 곧 여성이 "지배자"로서 집과 노예에 대한 권한을 갖는 일을 통제하는 것이 가장 좋다고 생각했다.[64] 가정의 머리로서 역할을 담당하는 과부였든지 가정사를 관리하는 아내였든지 상관없이, 여성이 집과 가정 영역의 다양한 차원에서 자녀, 종, 노예에 대해 적법한 권한을 행사하는 것은 당연한 일이었다.

헬레니즘 시대가 시작될 때부터 여성이 (위에서 언급했듯이) 다양한 능력으로 공공 영역에 진출했다는 점에서 공공 영역과 가정 영역 간 경계의

61   Plato, *Resp.* 4.433a, c-d.
62   Plato, *Laws*, ed. and trans. R. G. Bury, LCL (Cambridge, MA: Harvard University Press, 1967), 1:211-12.
63   Plato, *Leg.* 3.690a-d.
64   집을 관리하는 것에 대해서는 Hierocles, *On Marriage*, in Stobaeus, *Flor.* 4.67.24를 보라. 공평한 노동 분배와 역할 교환에 대해서는 Hierocles, *Household Management*, in Stobaeus, *Flor.* 4.85.21을 보라.

일부가 흐려졌다. 그러나 전통적인 가치는 헬레니즘 시대와 그리스-로마 시대에 여성의 실질적인 행위와 일치하지 않았지만 여전히 존재했고, 긍정적인 수사학과 논증을 통해 강화되었다. 그 가치는 개인과 비주류 종교 분파를 판단하는 기준으로 간주되었다.[65] 하지만 그 반대의 경우는 발견되지 않는다. 현대의 일부 서구 문화권에서 발견되는, 가사를 책임지는 "살림하는 아버지"의 움직임은 감지되지 않았다. 공공 영역 및 경제적 거래와 관련된 일에서 세탁이나 음식 제공과 같은 일부 가사 업무는 남성이 담당했다. 그러나 남성성에 대한 기준은 특권층의 사람들이 자신의 이익을 포기하기를 꺼리는 것과 일치하여, 실제로 더 안정되었던 것으로 보인다. 또한 여성에 대한 기대와는 다르게, 순결 혹은 성적 정절의 의무는 일반적으로 그리스-로마 세계의 남성에게는 적용되지 않았다.

1.6 고린도전서 11장과 머리 가리개

이제 고린도전서 11:3-16에 기록된, 여성이 머리를 가리는 문제에 대한 바울의 가르침을 어떻게 읽는 것이 합당한지를 생각해볼 차례다. 여기서는 유의미한 문화적 양상에 대한 정보를 얻고, 어휘를 설명하며, 본문의 형식적 특징을 반영하여 살펴볼 것이다. 고린도는 그리스에 있는 로마 식민지였다. 로마의 패러다임은 문화적 특징 중 일부, 특히 종교적 관습과 복장을 이해하는 데 도움이 된다. 이 로마 식민지에서 로마법이 젠더 행동을 규정

---

65   소수 종교 공동체에 대한 그리스-로마의 비판을 논하는 Balch의 집중적인 논의는 여성이 남편과 어떻게 연결되어 있는지에 면밀히 집중한다(*Let Wives Be Submissive*, 63-80).

하고 관련 정보를 제공한 방식은 고린도전후서 연구와 밀접하게 관련된다. 그러나 (소피스트와 같은) 그리스의 철학 학파와 그들의 권위 및 리더십 모델이 고린도에 지대한 영향을 주었다는 것 역시 분명한데, 아마도 로마보다 고린도에 더 많은 영향을 주었을 것이다.[66]

1.6.1 고린도의 성적 행위와 여성

고린도는 고린도 해협을 통과하는 이탈리아와 아시아 간 육로 교통의 전략적인 부분을 통제했기 때문에 군사적·상업적 요충지였다. 따라서 고린도는 부, 종교 신전과 의식, 그리고 그로 인한 타락, 특히 성적 타락으로 잘 알려져 있었다. 남성은 모든 종류의 성적 경험을 할 수 있었고(그래서 음행에 연루된 것을 "고린도 사람처럼 행동한다"라고 표현했다), "고린도 소녀"는 매춘부에게 사용하는 완곡한 표현이었다.[67] 상류층은 없었지만, 고린도의 번영 덕분에 졸부 계층이 생겨났다. 그러나 바울에 의하면, 고린도 교회는 부유한 엘리트만으로 구성된 것이 아니라 주로 지위나 권력이 없는 사람들로 이루어져 있었다(고전 1:26).

　　노예나 매춘부가 아닌 고린도 여성들이 그렇게 도덕성이 희박한 상황에서 어떤 종류의 자유를 누리거나 선택했는지를 확실하게 재현하기는 어렵다—여성들은 물랑루즈(Moulin Rouge)나 버번스트리트(Bourbon Street)에

66　"고린도에서 로마의 법, 문화, 종교의 영향력은 대단했으며, 도시의 공용어는 라틴어였다. 하지만 그리스 전통과 철학, 이집트와 아시아의 신비주의 종교도 강하게 나타났다"(S. J. Hafemann, "Letters to the Corinthians," *DPL*, 173).

67　최소한 플라톤 시대에는 이것이 사실이었다. 다음을 보라. Jerome Murphy-O'Connor, *St. Paul's Corinth: Texts and Archaeology*, GNS 6 (Wilmington, DE: Michael Glazier, 1983).

있는 교회에 갈 때 어떻게 행동하고 어떤 옷을 입는가? 때때로 여성에 대한 보수적인 하위문화와 관습은 보다 허용적인 상황에 대한 직접적인 반응으로 존속되고 지속된다. 그런 배경에서는 존경받는 여성들이 평소보다 더 많이 가리는 경향이 있을 수 있다.[68] 그와 같은 상황에서 그리스도인 여성들이 고린도 가정 교회에서 "결혼을 전형적으로 보여주는 로마의 법적 관습"을 고의로 외면했을 가능성이 있을까?[69] 아니면 일부 사람들이 안전한 가정 상황이라고 주장했을 수도 있는 데서 노출의 위험과 취약성에 더 주의하고 저항했을까? 만일 하위 계층의 고린도 가정 교회에 여성 노예나 매춘부가 포함된다면 시나리오는 얼마나 더 복잡해질까? 노예, 매춘부, 여성 해방노예들은 베일을 쓰는 것이 금지되었다.[70] 사실상 모든 학자가 여성들이 고린도의 가정 교회에서 베일을 쓰는 관습을 무시하고 있었고, 고린도전서 11:3-16에서 바울에 의해 시정되었다고 가정한다. 고린도의 상황은, 의복 규정 문제 및 본문의 형식적인 특징과 함께, 이 구절의 배경에 대해 일반적으로 탐구되었던 것보다 더 그럴듯한 다른 배경들이 있음을 시사한다.

---

68 캐나다 문화, 특히 GTA(Greater Toronto Area, 광역 토론토 지역—세계에서 가장 큰 문화적 다양성을 지닌 지역 중 하나)에서는 무슬림 여성이 가족의 바람과는 반대로 서양 옷을 입어 추방되는 일도 있지만, 젊은 무슬림 여성과 소녀들이 전통적인 무슬림 옷(부르카 혹은 "히잡"으로도 알려진, 긴 치마와 소매로 머리를 덮는 파시미나)을 자발적으로, 심지어는 적극적으로 입는 경우가 많다. 그들은 종종 자신들의 의지로 전통 복장을 선택하며, 당국이나 가족이 다른 것을 입으라고 그들을 설득하려는 노력에 저항한다.

69 Winter는 그렇다고 주장한다(*Roman Wives*, 96).

70 그러나 Winter와 마찬가지로 Craig Keener는 여기서 주장된 것과는 다른 종류의 계급 투쟁을 제시한다. 이 시기의 그리스-로마 여성들이 머리에 베일을 쓰지 않았다는 점에 기초하여, 그는 상류층 여성들은 궁정에서 자신의 머리 모양을 자랑했을 것이지만, 하위 계층 여성들은 단정함에 대한 더 보수적인 해석을 따랐을 것이라고 주장한다(*Paul, Women & Wives: Marriage and Women's Ministry in the Letters of Paul* [Peabody, MA: Hendrickson, 1992], 30-31).

1.6.2 베일을 쓰는 관습

고린도전서 11:3-16에서 이슈는 주로 가정 교회에서 기도하거나 예언할 때 남성과 여성의 적절한 복장 규정에 대한 것이다. 그 명령은 그것을 뒷받침하는 신학보다 훨씬 더 명확하다. 즉 여성은 교회에서 하나님께 기도하거나 예언할 때 머리를 가리거나 베일을 써야 한다는 것이다. 하지만 남성에게 기대되는 행동은 반대로 머리를 가리지 않은 채 기도하고 예언해야 한다는 것이다. 따라서 남성과 여성의 다름은 교회에서 역할의 차이에 있는 것이 아니라, 오히려 그들이 자신의 역할을 어떻게 다르게 수행하는지에 있다. 여성과 남성은 같은 사역으로 하나님을 섬길 수 있지만, 젠더에 특화된 의복과 관련된 다른 자격 요건이 있다. 이는 여성은 제약이 있지만, 남성은 아무런 제약이 없는 이중 잣대의 예가 아니다. 양성 모두에게 제약이 있지만, 이 구절의 초점이 여성에게 맞추어져 있는 것이다.

제니퍼 히스(Jennifer Heath)가 말하듯이, "베일은 엄청나게 잘못 이해되고 있다."[71] 그리스-로마 문화에서 여성에게 머리 가리개가 무엇을 의미했는지, 그리고 머리를 가리지 않는 것은 어떤 의미였는지를 확인하는 것이 중요하다. 미셸 아우어백(Michelle Auerback)은 베일을 쓰는 것에 관한 주장을 다음과 같이 요약한다. "아이콘과 주장은 그것의 의미를 아는 문화에서만 의미가 있다."[72] 그러나 전통적인 성서신학에서 대부분의 학자는 고

---

71   Heath, introduction to *The Veil: Women Writers on Its History, Lore, and Politics*, ed. Jeniffer Heath (Berkeley: University of California Press, 2008), 1.

72   Auerback, "Drawing the Line at Modesty: My Place in the Order of Things," in Heath, *Veil*, 207. Auerback은 탈무드 및 오경 학자인 Haviva Ner-David의 *Life on the Fringes: A Feminist Journey toward Traditional Rabbinic Ordination* (Needham, MA: JSL Books, 2000)을 요약하고 있다.

린도전서 11:3-16에서 베일을 쓰는 것이 "순종"을 의미한다고 가정했다. 고대 지중해 동부 문화에서 베일을 쓰는 관습이 여성에게 어떤 의미였는지, 혹은 현대의 여러 문화에까지 계속 퍼져 있는 그런 관습이 어떤 의미를 지니는지를 깊이 연구하지 않은 채 말이다. 케네스 베일리(Kenneth Bailey)가 말하듯이, "전통적인 중동 사회에서 유대교 랍비 시대로부터 현재에 이르기까지 여성은 공공장소에서 머리를 가려야 한다."[73] 이슬람에서 베일을 쓰는 것의 배경에 대한 논의에서 레일라 아흐메드(Leila Ahmed)는 다음과 같이 말한다.

> 베일을 쓰는 것에 관한 규칙—어느 여성이 베일로 머리를 가려야 하고 어느 여성이 그렇게 하지 않아도 되는지에 대한 구체적인 내용—은 아시리아 법에 자세히 기록되어 있었다.…베일은 상류층임을 표시할 뿐만 아니라, 더 근본적으로는 "존경받는" 여성과 대중적으로 접근 가능한 여성을 구분하는 역할을 했다. 말하자면, 베일의 사용은 여성을 그들의 성적 활동에 따라 분류했고, 어느 여성이 남성의 보호 아래에 있고 어느 여성이 만만한 대상인지를 남성에게 알려주었다.[74]

아시리아 법은 귀족의 아내, 딸, 첩에게 베일을 쓰도록 요구했지만, 매춘부와 노예가 베일 쓰는 것을 금지했다.[75] 브루스 윈터(Bruce Winter)는 로마 제

---

73   Bailey, *Jesus*, 248.
74   Ahmed, *Women and Gender in Islam: Historical Roots of a Modern Debate* (New Haven: Yale University Press, 1992), 14-15.
75   베일에 대한 아시리아 법은 13세기에 문자로 기록되었다. Middle Assyrian Law 40, in *The Assyrian Laws: Edited with Translation and Commentary*, ed. G. R. Driver and John C. Miles (Oxford: Clarendon, 1935), 407-9. Lloyd Llewellyn-Jones는 헬레니즘 시대에도 여성에게

국 시대에 "베일을 쓴 머리는 기혼 여성에게 기대되는 단정함과 순결의 상징이었다고 확실하게 결론 내릴 수 있다"고 주장한다.[76] 옥타비아누스는 엘리트 로마 여성들이 대중 앞에서 머리를 꾸미게 하는 방식으로 단정함에 대한 입법을 시도했다.[77] 그러나 로마 문화를 포함한 여러 문화권에서 베일은 신성한 수단 혹은 헌신의 표시로도 사용되었다.[78]

성서신학에서 베일의 스타일에 관한 많은 연구가 이루어졌다. 그림과 조각상의 스타일이 다양한 것으로 보인다는 사실로 인해 어떤 이들은 보통 "머리에"(4절의 κατὰ κεφαλῆς ἔχων), "여자가 머리를 가리지 않고"(5, 13절의 ἀκατακάλυπτος), 그리고 동사 "가리다"(6, 7절의 κατακαλύπτομαι)로 해석되는 단어들을 바울이 정확히 어떤 의미로 사용했는지를 확실하게 말할 수 없다고 주장한다.[79] 그러나 지중해 동부 지역에서 베일을 쓰는 의무 뒤에

비슷한 관습이 적용되었다고 잠정적으로 결론 내린다. Llewellyn-Jones의 다음 책은 고대 그리스로부터 그리스-로마 시대(기원전 900년부터 기원후 200년)까지 베일을 쓰는 관습에 대한 신뢰할 만한 연구다. *Aphrodite's Tortoise: The Veiled Woman of Ancient Greece* (Swansea: Classical Press of Wales, 2003), 121-54. 노예에 대해서는 140-42을 보라.

76　Winter, *Roman Wives*, 80. Preston T. Massey, "Long Hair as a Glory and as a Covering: Removing an Ambiguity from 1 Corinthians 11:15," *NovT* 53 (2011): 52-72도 보라. Massey는 고전 그리스 문학과 플루타르코스로부터 같은 결론을 주장한다.

77　옥타비아누스의 법률 제정은 베일을 쓰는 것에 정치적 의미를 부여하여, 의복 문제에서 교회와 국가가 분리되어 있다고 무의식적으로 가정할 수 있는 서구권 독자들을 놀라게 한다. 하지만 베일을 쓰는 것은 중동에서뿐만 아니라 서구 국가에서도 현재 정치적으로 뜨거운 감자다.

78　Heath, introduction to *Veil*, 4.

79　Jerome Murphy-O'Connor는 바울이 머리카락의 길이를 말하는 것이라고 주장한다("Sex and Logic in 1 Corinthians 11:2-16," *CBQ* 42 [1980]: 482-500; Murphy-O'Connor, "1 Corinthians 11:2-16 Once Again," *CBQ* 50 [1988]: 265-74). 바울이 말하는 것은 여성의 머리를 가리는 것이 아니라, 단정하게 묶는 여성의 머리 스타일이라는 주장도 있다. Philip B. Payne, *Man and Woman, One in Christ: An Exegetical and Theological Study of Paul's Letters* (Grand Rapids: Zondervan, 2009), 204-10을 보라. 그러나 이런 추론은 여성의 긴 머리 자체가 그녀에게 덮개로서 주어졌다고 말하는 고전 11:15의 의미에 주로 근거한다. 머리 가리

있는 관행과 가정 및 근거는 꽤 오랜 시간 동안 일관되게 유지되었고, 특히 이 지역의 초기 기독교, 랍비 유대교, 이슬람교의 여성들 사이에서는 몇몇 형태의 머리 가리개를 사용하는 것이 널리 퍼진 관행 및 도덕적 의무이기도 했다. 따라서 우리는 지역과 시기에 따라 다양한 스타일이 존재했다는 것을 인정해야 하지만, 지중해 동부 지역에서 머리 가리개의 상징과 기능에 대한 몇 가지 정보를 얻어낼 수 있다.[80] 그것은 히잡으로서 착용하는 머리 가리개와 매우 유사하게 일반적으로 머리카락을 가렸다.

1.6.3 서구 세계관과 베일 쓰기

주된 문제는 고린도전서 11:3-16이 어떻게 형성되었는지에 대한 우리의 현재 합의가 서구 세계관을 가진 학자들에 의해 이루어졌다는 것이다. 그들의 세계관은 고린도에서의 베일/머리 가리개의 상징을 해석할 수 있는 문화적 맥락이 부족하고, 오늘날 이슬람에서의 베일의 기능을 특별히 여성의 관점에서 이해하지 못한다. 로이드 르웰린-존스(Lloyd Llewellyn-Jones)는 베일을 쓰는 것이 축적한 사회정치적 사고방식을 묘사한다. 베일은 이슬람 여성에 대한 억압과 예속의 제도적인 형태로서 이해되었고 지금도 그러하며, 모든 시대의 여성이 그들에게 기회가 주어진다면 그런 상징에 복종하

개의 사용이 종교와 역사 및 지역을 가로질러 광범위하게 퍼져 있었다는 증거를 감안하면 이것은 설득력이 없다. 베일을 쓰는 형태의 예는 로마 제국 전역의 조각상과 그림에서 발견되지만, 특히 로마와 팔레스타인의 배경에서 발견된다.

80   더욱이 Preston Massey는 κατακαλύπτω가 묶지 않은 머리가 아닌 "천 덮개"만을 지시하는 것으로서 이해될 수 있다고 설득력 있게 주장한다("The Meaning of κατακαλύπτω and κατὰ κεφαλῆς ἔχων in 1 Corinthians 11:2-16," *NTS* 53 [2007]: 502-23).

기를 거부할 것이라고 가정된다.[81] 하지만 베일을 쓰는 것의 개념은 납치, 하렘, 그리고 스캔들에 대한 이야기와 함께 여성의 성적인 표현과 "동양적 쾌락주의"의 개념을 강조하는 데 사용되기도 한다. 끝으로 베일을 쓰는 것은 무슬림 근본주의와 서구권에 대한 이슬람의 위협으로 인해 테러 이미지와 연결된다.[82]

이 본문의 해석은 베일 및 다른 전통적인 여성 의복에 대한 20세기 서구 여성들의 저항에 영향을 받았다. 문화의 서구화가 이루어지던 20세기에 이란에서는 여성들이 베일을 벗을 것을 요구받았지만, 보수적인 이슬람이 권력을 잡게 되면서 베일이 다시 의무화되었다. 베일에 순종하기를 거부한 몇몇 여성의 저항은 고린도 여성들이 행한 저항의 전형처럼 보였다. 그러나 수많은 이란 여성이 처음에 베일을 벗는 것을 격렬히 거부했다는 사실은 간과되는데, 그 부분적인 이유는 오랜 시간이 지날 때까지 그들의 경험이 공개적인 담론이 되지 못했기 때문이다. 서구 세계의 페미니즘이나 브래지어를 태우는 것과 같은 1960년대와 1970년대의 특정 관행은 계급으로서 여성의 종속적 지위를 나타내는 것으로 해석되는 유사한 의복 제한에 대한 여성의 명백한 반항과 평행을 이루는 것으로 보인다. 그러나 지금 우리가 접근하고 있는, 여성이 베일을 쓰는 관습을 실천하는 문화에서의 여성 내러티브는 전혀 다른 이야기를 한다. 우리는 고린도전서 11:3-16에 나오는 바울의 이론적 근거와 매우 유사한 이유로 베일을 쓰기로 결

---

81 고린도에서 여성의 행동에 대한 해석은 1960년대에 브래지어를 태우는 것과 매우 비슷한 느낌을 준다. 한 남성이 나에게 이렇게 말했던 것처럼 말이다. "내가 보기에 고린도전서 11 장의 이슈는 사립 미션 스쿨의 교복을 둘러싸고 일어나는 일과 똑같아요. 여자아이들은 항상 치마를 더 짧게 치켜올리고, 블라우스는 단추를 풀어 늘어뜨리고, 스웨터는 더 꽉 끼게 해서 입지요."

82 Llewellyn-Jones, *Aphrodite's Tortoise*, 5-6.

정한 이슬람과 유대교의 경건한 근본주의 여성 운동의 강한 흐름이 있음을 발견한다. 그렇지만 우리는 시대착오를 일으킬 위험이 있는 후기 인류학적 평행에 전적으로 의존하지 않는다. 베일 벗기를 거부한 여성의 이야기와 베일을 쓰기로 한 이유에 대한 설명은 아시리아 문화로 거슬러 올라갈 수 있다. 지중해 동부 지방에서 베일의 기능에 대한 종합적인 이해는 바울의 주장을 하나하나 따라가는 데 어려움을 겪으면서도 스스로 이 주제의 상황적 맥락과 바울이 말한 목적을 알고 있다고 착각하는, 혼란 속에 빠진 해석자들이 구절을 일관성 있게 읽도록 만들어준다.

1.6.4 베일을 쓰는 것의 근거

바울의 주장에 대한 가능성 있는 근거는 로마 제국의 동쪽 지역(팔레스타인 포함)에서 머리를 덮는 광범위한 관행과 함께 로마의 기혼 여성의 단정한 복장과 관련된 관습이다. 바울의 관심은 회중 가운데서 예언하고 기도하는 여성에게로 확장되는 것으로 보이는데, 여기에는 노예, 여성 해방노예, 미혼 여성, 과부도 포함된다.[83] 로마의 기혼 여성의 의복 규정은 "로마 사회에서 성적으로 성숙한 여성으로서 그녀의 지위와 역할"뿐만 아니라 그녀의 신분을 나타냈다.[84] 하지만 베일을 쓰지 않은 머리는 성적으로 이용 가능함을 나타냈으므로, 여성 노예나 여성 해방노예는 베일을 쓰는 것이 금지되

---

83 Craig Keener에 따르면, 로마 여성과 남성은 모두 예배 중에 머리를 가렸다("Man and Woman," *DPL*, 585). 그러나 이것은 바울이 호소하는 표준이 될 수 없는데, 왜냐하면 바울은 남성이 머리를 가리는 것을 원하지 않았기 때문이다.
84 Winter, *Roman Wives*, 82. Winter는 문란한 여성은 로마의 기혼 여성이 입는 귀한 옷을 입는 것이 허락되지 않았다고 말한다.

었다.

이런 이해를 뒷받침하듯, 바울은 여성이 머리를 가리지 않는 것은 머리를 미는 것과 다름없이 수치를 당하는 것을 나타내며, 자기 외모를 파괴하고 자신의 가치를 떨어트리는 것이라고 말한다(고전 11:5-6).[85] 가리지 않은 머리에 대한 이런 의미는 로마법에도 적용되어서, 만일 여성이 (머리에 베일을 쓰거나 머리를 묶는 것을 포함하여) 기혼 여성처럼 옷을 입지 않아서 남성이 그녀를 유혹하거나 그녀에게 추파를 던지면, 그 남성은 추행으로 기소될 근거가 없었다.[86] 이것은 여성의 머리카락이 성적으로 자극하는 것이 되고, 머리를 보여주는 것이 상대방을 유혹하거나 성적인 이용 가능성을 내비치는 것으로 해석되었던 관습과도 일치한다. 이런 시각은 당시에 널리 퍼져 있었고, 오늘날에도 중동 일부 지역에 존재한다.[87] 이는 부분적으로 여성의 머리카락이 아름다움의 주된 요소로 간주되었고, 남성이 그 아름다

---

85   어떤 이들은 머리를 미는 것이 간음에 대한 처벌이었다고 주장하지만, 그것은 서고트족 (Visigoth) 법의 관습이었던 것으로 보인다. Fabrice Virgili, *Shorn Women: Gender and Punishment in Liberation France*, trans. John Flower (London: Berg, 2002), 182을 보라. Virgili에 의하면, 이 관습은 "여성의 머리카락과 관련된 성적인 면을 드러내는데, 이는 머리카락을 보여주거나 숨기거나 자르는 행위를 통해 인식되는 것이다"(183). 그러나 로마 제국에서 간음에 대한 처벌은 대부분 사형, 이혼, 혹은 여성의 지참금/재산 몰수였다.

86   Ulpian, *Dig.* 47.10.15.15.

87   머리카락, 아름다움, 성적 욕망 간의 관계에 대하여는 Keener, *Paul, Women & Wives*, 28-30을 보라. 탈무드 *Berakot*에는 여성의 다리, 목소리, 머리카락이 성적 흥분을 유발한다고 기록되어 있다. 오늘날에도 사회적으로 보수적인 중동에서는 머리카락에 대한 동일한 관점을 고집한다. 최근 이란의 수상이었던 Rafsanjani는 여성의 머리를 가리도록 강제하는 자국의 관습을 다음과 같이 옹호했다. "머리를 덮는 것은 여성의 의무입니다. 왜냐하면 여성의 머리카락은 남성을 자극하고 오도하여 부패하게 만드는 동요를 일으키기 때문입니다"(Jan Goodwin, *The Price of Honor: Muslim Women Life the Veil of Silence on the Islamic World* [Boston: Little, Brown, 1994], 107에서 인용). Troy W. Martin은 아리스토텔레스, 에우리피데스, 히포크라테스의 제자들을 통해 머리카락이 생식기의 일부로 여겨졌다고 주장한다 ("Paul's Argument from Nature for the Veil in 1 Corinthians 11:13-15: A Testicle Instead of a Head Covering," *JBL* 123 [2004]: 75-84).

움 앞에서 무력하다고(그렇기 때문에 책임이 없다고) 여겨졌기 때문이다.[88]

이것은 바울이 고린도전서 11:15에서 여성의 긴 머리카락이 그녀의 영광이며 자연스러운 아름다움의 액세서리(περιβολαίου, "가리는 것")로서 그녀에게 주어졌다고 말하고,[89] 동시에 그녀가 머리카락을 가려야 한다고 주장한 이유를 설명해준다. 바울은 심지어 문화적으로 베일이 허용되지 않는 여성 노예와 같은 사람들일지라도 모든 여성은 기도하고 예언하는 동안에 머리를 가려야 한다고 주장한다.[90] 가정 교회에서의 예배는 성적으로 접근 가능하다는 것을 남성에게 알리는 시간이나 장소가 아니었다. 따라서 로마 제국 전역의 다양한 문화권에서 여성은 교회에서 머리를 가리고 기도했다(고전 11:16). 같은 문화권 내의 다른 사람들과 같이, 바울은 머리카락이 성욕을 자극하는 것 혹은 유혹의 수단이라고 생각했다(11:15). 정숙하고 순결한 여성의 아름다움은 공적으로 드러나서는 안 되고, 오직 그녀의 남편에게만 보여야 했다.[91] 그런 문화를 요약하자면, 여성의 머리카락은 그녀의 여성적인 아름다움을 나타내고, 머리를 치장하는 방식은 그녀의 명예를 대표하는 것이었다. 아름다움과 명예는 모두 δόξα("영광")의 의미 범주를 반영하며, 이 구절에서 바울의 심오한 언어유희를 가능하게 한다. 공개된 장소

---

88 아킬레스 타티우스는 레우키페(Leucippe)의 머리를 밀어버린 사건에서 여성의 머리카락의 기능을 이렇게 언급한다. 그녀는 τῆς κεφαλῆς τὸ κάλλος("머리의 아름다움")을 강탈당했다 (*Leuc. Clit.* 8.5).

89 긴 머리가 실제로 바울이 말한 덮개였다는 주장은 긴 머리를 여성을 감싸는 망토와 같은 액세서리로 보는 것보다 더 많은 반대를 불러일으킨다.

90 Llewellyn-Jones, *Aphrodite's Tortoise*, 140-42.

91 여성의 머리카락을 성적 유혹으로 보는 시각의 본질과 가리지 않은 머리를 저속한 것으로 보는 현실은 Martin에 의해 과장되었다("Paul's Argument"). 그는 περιβόλαιον이 고환이라고 주장한다. 이에 대한 응답은 Mark Goodacre, "Does περιβόλαιον Mean 'Testicle' in 1 Corinthians 11:15?," *JBL* 130 (2011): 391-96을 보라.

에서 가려진 머리는 여성의 단정함, 명예, 지위 및 보호를 의미했으며, 따라서 공개된 곳에서 가려지지 않은 머리는 여성에게 수치를 주었고, 그녀를 성적인 위험에 빠트렸다.[92]

1.6.5 베일을 쓰는 것을 금지할 만한 이유

가정 교회가 사적인 영역에서 활동했다는 사실이 고린도 교회에 대한 혼란을 야기하고 여러 의문을 낳았을 수 있다. 집은 친족들과 함께 있는 공간이기 때문에, 집에서 여성은 머리 가리개를 쓸 필요가 없었다. 가정 교회는 집에서 공적인 만남을 갖는 곳이었을까? 아니면 가족 모임이라고 여겨졌을까? 어쨌든 그리스도인들은 가족 간에 사용하는 언어를 용어로 사용했고 서로를 "형제" 및 "자매"라고 불렀다.[93] 교회 내에서도 사회적 지위를 상징하는 베일의 기능이 이슈였을 수 있다. 과거에 매춘부였거나 노예였던 여성을 비롯하여 옥타비아누스의 법 및 기타 지역적 관습에 따라 베일 쓰는 것을 금지당한 여성들은 어떻게 해야 했을까?

기도하고 예언할 때는 남녀의 구별 없이 머리를 덮지 않는 것이 고린도 교회 지도층의 해결책으로서 제안되었을 수도 있다. 베일을 쓰는 것의

---

92 여성에게 머리를 덮는 것은 경건함의 표식이었다. 탈무드에 이런 이야기가 있다. 한 여성이 그녀가 왜 행복한지에 대한 이유를 질문받았는데, 그녀는 이렇게 대답했다. "지금까지 인생을 살아오면서, 우리 집의 기둥들조차도 내가 머리 땋은 것을 본 적이 없기 때문이다"(*b. Yoma* 47a in *The Soncino Babylonian Talmud*, trans. Leo Jung [Teaneck, NJ: Talmudic Books, 2012], digital edition). 그래서 경건한 여성은 집에서조차 머리를 가리고 있었다. 2세기의 랍비 메이르(Meir)는 풀어 헤친(묶지 않은) 머리를 하고, 남자들과 목욕하는 것을 포함하여 여러 잘못을 저지른 아내와 이혼하지 않는 남성을 비판했다(*b. Git.* 90a-b).

93 인류학과 민족학에서 이런 관계는 혈연이나 혼인에 기반한 것이 아니기 때문에 "만들어진 친족 관계"라고 불린다.

규정은 남성의 특권이었고, 그들은 이런 규칙의 제정을 가장 자연스럽게 필요로 하는 사람들이었을 것이다. 로마의 관습에서 남성과 여성은 모두 기도할 때 머리를 가렸다. 바울은 분명히 로마 관습과 반대로 교회에서 남성은 겸손의 표시로서 머리를 드러낸 채 기도하라고 가르쳤고(고전 11:4), 그래서 남성들은 이것이 여성들에게도 똑같이 적용된다고 생각했을 것이다. 그러나 남성이 머리를 드러내는 것은 하나님 앞에서 겸손의 표시였던 반면, 여성이 머리를 드러내는 것은 하나님 앞에서 겸손을 나타내는 것이 아니었다. 그것은 오히려 상대방을 유혹하는 것과 같은 의미로서 자신이 성적으로 이용 가능하다는 신호를 보내는 것이나 다름없었다.[94] 하지만 무엇이 적절한가에 대한 문화적 이상은 겉으로는 신학적인 우선순위에 대한 호불호를 핑계로 누군가에 의해 폐기될 수 있었을 것이다.

일반적으로 바울이 고린도 여성들을 바로잡고 있었다고 의심 없이 가

---

[94] 기원후 10-22년경의 통치자인 안티스티우스 라베오(Antistius Labeo)의 말을 주목하라 (Ulpian, *Dig.* 47.10.15.15): *Si quis virgines appellasset, si tamen ancillari veste vestitas, minus peccare videtur: multo minus, si meretricia veste feminae, non matrum familiarum vestitae fuissententiarum si igitur non matronali habitu femina fuerit et quis eam appellavit vel ei comitem abduxit, iniuriarum tenetur*("만약 어떤 사람이 처녀를 유혹했는데, 그 여자가 노예와 비슷한 옷을 입고 있었다면, 그 남자에게는 잘못이 없다. 여자가 기혼 여성처럼 옷을 입지 않고 매춘부처럼 입고 있었다면, [혹은] 남자가 자신과 함께하기 위해 여자를 유혹하거나 납치할 때 여자가 자신에게 어울리는 기혼 여성의 옷을 입고 있지 않았다면, 남자가 그녀를 다치게 하더라도 죄가 거의 없다"). Robert C. Knapp, *Invisible Romans: Prostitutes, Outlaws, Slaves, Gladiators, Ordinary Men and Women—The Romans That History Forgot* (London: Profile Books, 2011), 260에 해석되어 있다. Kelly Olson, *Dress and the Roman Woman: Self-Presentation and Society* (New York: Routledge, 2008), 51도 보라. 게다가 Gene Green이 말하듯, "식사를 중심으로 한 교회의 공동 모임은 남성과 여성이 서로 유혹의 원인이 될 만큼 가까이 있게 했다"(*Jude and 2 Peter*, BECNT [Grand Rapids: Baker Academic, 2008], 15). 그의 의견은 다음과 같은 결론을 내리는 집회서 9:2-9의 일부에 근거한다. "유부녀와 자리를 같이하지 말고 또한 술 마실 기회도 갖지 말아라. 그 여자의 매력에 홀려 욕정이 멸망으로 치달을까 두렵다"(공동번역). 이런 위험은 유대교 문화에만 국한된 것이 아니었다.

정된다. 그러나 이 구절은 고린도 여성들이 머리 가리개나 베일을 벗기를 거부하고 있었지만, 권위를 가진 사람들, 가정 교회의 남성들, 혹은 어쩌면 심지어 남편들이 베일을 벗으라고 강요하거나 권유하고 있었다고 가정하는 것이 더 논리적이다. 이것이 베일과 관련하여 여러 문화에서 반복적으로 일어나고 있는 시나리오의 유형이다. 여성은 자기 머리카락(과 팔다리)을 드러내는 것이 불편하기 때문에 사람들이 있는 데서 자신의 의지로 전통 의복을 입거나, 정부와 남성, 그리고 심지어는 가족 중 다른 여성들이 다양한 이유와 동기로 베일 벗을 것을 강권하는데도 가정 모임과 파티에서 베일을 벗기를 거부한다.[95] 비슷한 시나리오가 유대 문헌에서 두 번 반복된다. 와스디 왕후는 크세르크세스(Xerxes) 왕의 명령, 즉 하렘으로부터 나와서 유명한 군사 및 정치 지도자들을 위해 왕이 개최한 연회에서 "그녀의 아름다움을 보여주라"는 명령을 거부했다(에 1:11). 수산나 1:31-33에서 수산나의 베일은 그녀의 의지에 반하여 두 명의 부패한 유대인 장로들에 의해 벗겨졌다. "그때의 수산나는 매우 우아하였고, 그의 모습은 보기만 하여도 아름다웠다. 수산나는 너울로 얼굴을 가리고 나왔는데, 그 악인들은 수산나의 아름다운 자태를 보고 즐기기 위하여 너울을 벗게 하였다. 그러자 수산나의 일가친척들은 모두 울음을 터뜨렸고 그 모습을 본 다른 사람들도 모두 울었다"(공동번역).

두 본문은 모두 남편이나 권위자가 여성의 의지에 반하여 공개적인

---

95   Mohja Kahf가 주장하듯이, "우리는 베일을 쓰라고 강요당했던 가난한 여성들의 이야기를 계속해서 듣고 있으며, 그런 여성은 지금도 존재한다. 하지만 **베일을 벗으라고** 강요당하는 것은 지난 세기 동안 훨씬 더 많은 수의 무슬림 여성들이 경험한 일이었다"("From Her Royal Body the Robe Was Removed: The Blessing of the Veil and the Trauma of Forced Unveilings in the Middle East," in Heath, *Veil*, 31).

장소에서 베일을 벗긴 상황을 말해준다. 이런 경우에 남성들에게는 관음적 동기가 있었지만, 여성이 베일을 쓰는 것을 제한하는 또 다른 동기가 있었을 수 있다.

고린도전서 11:6에서 바울의 주장은 서구적 가치와 행위를 전제하면 여성을 공격적으로 훈계하는 것처럼 들릴 수 있지만, 언어와 문법으로는 그렇지 않다. 이는 오히려 논리적 근거를 설명하고 있다. 바울은 여성이 베일을 벗으면 수치를 당하기 때문에 차라리 머리를 미는 편이 낫다는 것을 알고 있다.[96] 그와 같은 문화에서 자신의 평판에 관심이 있는 경건한 여성들은 그런 평가에 동의하고 자신을 수치에 노출하지 않으려고 했을 것이다. 게다가 이 문화에서 남성들은 자신들의 이익에 따라 베일을 쓰는 것을 규제하는 사람들이었다. 그들은 노예와 같이 베일을 쓸 자격이 없는 여성이 교회에서 베일을 쓰는 것을 반대했을 가능성이 매우 크며, 더 상세한 신학적 정당성을 요구했을 것이다.[97]

베일을 쓰는 것이 제한되었을 가장 그럴듯한 요인이 되었을 만한 추가적인 동력이 있다. 특정 계층의 여성들에게 베일을 쓰지 않게 하는 것은

....

96   중동에서 일어났던 베일 반대 운동을 기억하며, Kahf는 1982년 9월 28일 다마스커스에서 사회주의 독재 정부의 젊은 군인들이 여성들에게 총을 겨누며 베일을 벗으라고 강요했던 사건을 떠올린다. "히잡을 착용하지 않은 [여성들의] 감정을 느껴보려면, 지나가는 사람이 보는 앞에서 블라우스나 속옷을 벗는다고 상상해보라. 이런 비유가 공공장소에서 히잡을 쓴 여성이 그것을 벗을 때의 수치를 실감 나게 설명해준다. 그날 그 도시의 이 지역 병원에서는 여러 건의 심장 마비가 보고되었다"(ibid., 34).

97   Carolyn Osiek과 Margaret MacDonald는 여성 노예가 법적·윤리적 "회색지대"에 속했기 때문에, 그리스도인 주인과 일부 교회 지도자들은 자신의 노예와의 성행위를 성적인 죄로 간주하지 않았을 수도 있다고 주장한다(*A Woman's Place: House Churches in Earliest Christianity* [Minneapolis: Fortress, 2006] 95-117, 특히 109-16). Jennifer A. Glancy, "Obstacles to Slaves' Participation in the Corinthian Church," *JBL* 117 (1998): 481-501 도 보라. 반면에 바울은 고린도의 여성들이 신학적으로 예리하지 않다고 특징지으며, 그들이 교훈과 예언에 대한 설명을 자기 남편에게 의존할지도 모른다고 생각한다(고전 14:35).

남성 집단의 이익을 위한 것으로 여겨졌고, 순결하지 않은 것으로 여겨지는 여성은 베일을 쓰지 못하게 하는 법이 제정되고 시행되었는데, 여기에는 매춘부, 노예, 여성 해방노예, 그리고 하류층 여성들이 포함되었다. 이것은 그런 여성들이 성적으로 이용 가능하다는 것을 나타냈을 뿐만 아니라 사회 질서와 계층 간의 구분을 유지해주었다.[98] 노예 소유자인 남성이 일반적으로 자신의 법적·사회적·경제적·가정적인 이유로, 그리고 종종 개인적인 이유로 자신의 여성 노예가 베일 쓰는 것을 반대했을 것이라는 점에는 의심의 여지가 없다. 그것은 그녀에 대한 그의 통제를 제한하는 상징이었다. **모든** 여성이 베일을 쓰는 것에 대한 바울의 지지는 공동체 내의 사회적 관계를 동등하게 하는 것이었으며, 베일과 관련된 문제가 그의 통제하에 있었다는 점을 생각해보면, 그는 문화적으로 지위를 거부당한 교회의 여성들을 위해 존중, 명예, 성적 순수성을 지켜준 것이다.

---

98 이런 구분은 아시리아 법의 일부였으며 후대 문화에도 전해졌다. Fadwa El Guindi, *Veil: Modesty, Privacy, and Resistance* (Oxford: Berg, 1999), 11, 14; Nikki R. Keddie and Beth Baron, introduction to *Women in Middle Eastern History: Shifting Boundaries in Sex and Gender*, ed. Nikki R. Keddie and Beth Baron (New Haven: Yale University Press, 1991), 3 을 보라. 이것은 같은 이슈를 해결할 때 무함마드가 주장했던 것이다(어떤 이들은 그가 여성에게 머리뿐만 아니라 얼굴까지도 베일로 가릴 것을 요구했다고 주장한다). 그는 단 한 가지 경우를 제외하고는 모든 이슬람 여성이 베일을 쓸 것을 요구했다. 그는 가장 기본적인 계급 구별을 유지했고, 여성 노예가 베일을 쓰는 것을 허용하지 않았는데, 이는 그들이 주인과 다른 남성들에게 성적으로 금지되었다는 것을 상징했을 것이다. 이것은 그의 리더십과 군사에 대한 정치적인 양보였던 것으로 보인다(Fatima Mernissi, *The Veil and the Male Elite: A Feminist Interpretation of Women's Rights in Islam*, trans. Mary Jo Lakeland [New York: Basic Books, 1987], 178-88).

1.6.6 고린도의 여성들이 베일 벗기를 원하지 않았다는 증거

고린도의 해이한 윤리적 환경, 많다고 알려진 매춘 여성의 존재, 남성의 성적 행동에 대한 바울의 염려, 그리고 회중의 "관대한" 성생활 가능성은 여성에게 잠재적으로 위험한 환경을 나타낸다. 고린도전서 1:26에 따르면, 고린도 교회 내 대다수 여성은 엘리트 계층 출신이 아니었다. 그렇게 취약한 환경에서 하층 여성은 잠재적인 위험 신호를 보냄으로써 굳이 위험을 감수했을 가능성이 별로 없다. 내가 생각하기에 기독교나 유대교로 개종한 1세대 이방인 여성과 같은 사람들은 여성에 대한 문화의 기준에 따라 경건해지길 원했고 머리 가리개를 착용하고 싶어 했을 것이다.[99] 그런 여성은 품위 있는 여성의 높은 지위에 대한 로마 법의 묘사와 보호에 더 많은 영향을 받는 경향이 있었을 것이다.[100] 다시 말하면, 고린도 여성들의 행위와 가치는 그리스-로마 세계에 만연했던 남성과 여성 간의 이중 잣대를 여실히 보여준다. 하지만 고린도에서, 그리고 더 넓게는 그 문화권 내에서 자기의 성적 행동에 대해 틀림없이 "관대"했을 고린도 남성들은 대중적으로 널리

99　Antoinette Clark Wire의 의견과 반대되는 주장이다. 그녀는 바울의 일반적인 목적과 수사학이 "기도하거나 예언할 때 머리를 가리지 않고, 통역이 있거나 통역 없이 방언으로 말하는 것에 적극적이며, 집에서 남성에게 질문하지 않는" 여성 예언자들을 비판하는 데 초점이 맞추어져 있다고 여긴다(*The Corinthian Women Prophets: A Reconstruction through Paul's Rhetoric* [Minneapolis: Fortress, 1990], 17). 특히 고전 11:3-16에서 여성에 대한 긍정적인 언급을 고려할 때, 바울이 비판하는 대상이 항상 여성이라고 추측하면 안 된다.

100　Stark에 의하면 이혼, 근친상간, 배우자에 대한 부정, 일부다처제에 대한 기독교의 비판은 여성들이 기독교에 호감을 느끼게 한 주된 이유 중 하나였고, 그로 인해 사회에서와는 반대로 교회에서 여성의 지위가 상승하게 되었다(*Rise of Christianity*, 104; 여성의 역할에 대한 전체 장을 보라, 95-128). 이는 다음과 같은 Winter의 의견과 반대되는 주장이다. "그리스도인 아내는 예배 활동 중에 기도나 예언 등 중요한 역할을 하면서도 의도적으로 베일을 벗음으로써 결혼으로 대표되는 로마의 법적 관행을 고의로 어기고 있었다"(*Roman Wives*, 96).

알려진 로마의 트렌드에 더 노출되고 영향을 받았을 것이다. 그 남성들 중 일부는 자신의 친족이 아닌 회중 속 여성들에게 베일을 쓰지 않고 기도하며 예언하라고 권하는 데 큰 관심이 있었을 것이고, 그에 대한 신학적 근거를 쉽게 세울 수 있었을 것이다.

　여성이 가정 교회에서 머리 가리개를 벗기를 거부하거나 베일을 쓸 권리를 요구할 수 있었다는 이해는 경건한 여성의 행동에 역사적으로 부합할 뿐만 아니라 본문의 두 가지 특징에 대한 더 좋은 설명이 된다. 바울은 고린도전서 11:10에서 다음과 같이 말한다. "그러므로 여자는 천사들로 말미암아 권세 아래에 있는 표를 그 머리 위에 둘지니라[ὀφείλει ἡ γυνὴ ἐξουσίαν ἔχειν]." 만약 여성의 행동에 문제가 있었다면, 이 문장에는 해석상의 문제가 생긴다. 그래서 대부분의 해석에서는 ἐξουσίαν("권세")을 비유법으로 보고, 미리 상정한 주장의 흐름에 잘 맞도록 "자기 머리 위에 권세의 상징을"이라고 풀어서 설명한 것이다.[101] 그러나 주격 형태인 "여자"는 문장의 주어로서 부정사형 주어고, 여기서는 권위를 가진 이를 가리킨다(ἡ γυνὴ ἐξουσίαν ἔχειν). 만약 여성이 머리 가리개를 벗으려고 하고 있었다면, 이는 회중이 그녀가 원하는 대로 그것을 벗도록 허용해야 함을 의미하는 것으로 보일 것이다.[102]

101　NET 번역본은 여성이 자기 머리에 대한 권한을 갖는 형식적으로 동등한 선택권을 허용하지 않으면서 ἐξουσίαν ἔχειν이 베일이나 머리 가리개를 가리킨다고 본다(고전 11:10에 대한 NET 성서의 설명을 보라). 이는 11:10(διὰ τοῦτο ὀφείλει ἡ γυνή)이 11:7(ἀνὴρ μὲν γὰρ οὐκ ὀφείλει)과 평행을 이루기 때문이다. 여러 번역본이 이 본문을 어떻게 해석하고 다듬어서 여성이 자기 머리에 대한 권위를 갖지 못한다는 의미에 이르는지에 대한 목록은 James D. Miller, "Translating Paul's Words about Women," SCJ 12 (2009): 61-71을 보라.

102　그러나 Payne은 Man and Woman, 183에서 바울의 의도는 머리카락을 묶음으로써 머리를 "통제"하는 것이었다고 주장한다. Craig S. Keener, "Let the Wife Have Authority over Her Husband (1 Cor. 11:10)," JGRChJ 2 (2001-5): 146-52도 보라. 여기서 Keener는 "머리"

따라서 바울의 논지가 일관성을 갖기 위해서는 이 문장이 문자적으로 여성이 옳은 일을 하고 다른 교회들의 관습을 따르기를 원했다는 것을 의미한다고 해석해야 한다. 즉 여성들이나 일부 여성, 혹은 한 여성은 가정 교회에서 특히 기도하고 예언할 때 머리 가리개를 착용하기를 원했고(고전 11:16), 그에 따라 베일을 쓰는 것에 대한 올바른 판단을 내렸다는 것이다. 그렇다면 "천사들로 말미암아"라는 문구는 고린도전서 6:2-3과 밀접한 연관을 갖는다. "성도가 세상을 판단할 것을 너희가 알지 못하느냐? 세상도 너희에게 판단을 받겠거든 지극히 작은 일 판단하기를 감당하지 못하겠느냐? 우리가 천사를 판단할 것을 너희가 알지 못하느냐? 그러하거든 하물며 세상일이랴?"[103] 여성과 남성은 미래의 책임을 준비하는 차원에서 일상생활 중에 올바른 판단을 내리기를 배울 의무가 있었다. 따라서 만약 여성이 베일을 쓰지 말거나 벗으라는 제안이나 지시에 복종하기를 (올바르게) 거부하고 있었다면, 고린도 교회는 여성이 이 문제에 관해 스스로 판단하거나 자신의 소신에 따르도록 허용해야 한다고 확신할 필요가 있었다.[104]

여성이 스스로 판단하도록 허용해야 한다고 주장한 후에 바울은 11:13

가 남편이라고 주장하는데, 이는 이 본문의 상호성을 반영할 수 있고, 고전 7:4에서 남편의 몸에 대한 여성의 권위로 표현된 상호성을 다른 말로 바꾸어 설명한다.

103 또 다른 해석의 가능성으로는 3.5.6.1 단락을 보라. 많은 주석가들은 천사들에 대한 언급이 우주 질서를 감독하는 영적 존재들을 가리킨다고 믿는다. 이 천사들은 인간 여성의 유혹을 받고 타락하여 죄를 짓거나, 회중 내에 존재하는 부도덕함의 공격을 받았을 것이다(Mark Finney, "Honour, Head-Coverings and Headship: 1 Corinthians 11:2-16 in Its Social Context," *JSNT* 33 [2010]: 31-58, 특히 52; Joseph A. Fitzmyer, "A Feature of Qumran Angelology and the Angels of 1 Corinthians 11:10," *NTS* 4 [1957]: 48-58). 다른 학자들은 천사들이 영적 존재가 아니라 다른 교회에서 온 인간 메신저라고 믿는다. Alan G. Padgett, "Paul on Women in Church: The Contradiction of Coiffure in 1 Cor. 11:2-16," *JSNT* 20 (1984): 81; Murphy-O'Connor, "1 Corinthians 11:2-16 Once Again," 271을 보라.

104 이 관점에 대해서는 Keener, *Paul, Women & Wives*, 39-42을 보라.

에서 남성 수신자들에게 이 문제에서 여성들과 똑같이 좋은 판단력을 발휘하는 법을 배우라고 말한다. "스스로 판단하라"(ἐν ὑμῖν αὐτοῖς κρίνατε)는 것은 여성이 머리를 가리지 않고 기도하는 것이 "합당한지"(πρέπον ἐστίν)를 결정하는 것이다. 그리고 바울의 주장은 본성 자체가 여성에게 동의하도록 그들을 이끌어야 한다는 것이다. 서구 독자들에게 혼란스러운 것은 수신자의 문화에서는 명백했던 추론이다. 즉 여성의 화려함과 아름다움은 남녀가 동석한 상황에서 헌신적인 행동으로 덮이는 것이 **합당하다**.[105]

따라서 이 구절은 ἐξουσίαν("권세", 11:10)에 대한 비유를 제시하지 않고도 이해된다. 하지만 대부분의 번역가는 이것을 "여자는 권세 아래에 있는 **표**를 그 머리 위에 두라"라고 해석하는데, 이는 여성이 자기 머리에 대한 권위를 갖는 것이 아니라, 기도하거나 예언할 때 권위 아래에 있어야 함을 가리키도록 문법과 어휘의 의미를 사실상 뒤집는다. 그러나 만약 그것이 바울의 의도였다면, 혼란스럽고 불분명한 완곡어법의 비유를 굳이 쓸 필요가 없었을 것이다. 그리스-로마 문화에 속한 사람들은 여성이 자기 아버지, 남편, 혹은 보호자의 권위 아래 있다는 문자적인 말에 전적으로 동의했을 것이다. 이런 문제 있는 해석의 정당화는 이 구절에 대해 문화나 텍스트 자체에 충실하지 않은 다음과 같은 몇 가지를 강하게 가정한다. 즉 이 편지를 기록한 이유는 고린도 여성의 잘못된 행위 때문이라고 가정한다. 고린도 여성들이 벗고자 했던 머리 가리개는 남편에 대한 순종을 상징한다고 가정한다. 바울의 메시지는 여성이 기도하거나 예언하는 동안에도 남편에 대한 순종을 눈에 띄게 드러내야 한다는 것이라고 가정한다. 이런 가

---

105 예. Alan G. Padgett, *As Christ Submits to the Church: A Biblical Understanding of Leadership and Mutual Submission* (Grand Rapids: Baker Academic, 2011), 118-21을 보라.

정들은 당시 문화에서 베일을 쓰는 아이콘의 의미와 부합하지 않으며 그 의미에 기초한 것도 아니다.

1.6.7 고린도 남성들이 (여성이) 베일을 쓰는 것을 제한했다는 증거

본문에서 머리 가리개에 동의하지 않은 사람들이 남성들임을 제시해주는 것은 고린도전서 11:16의 형식상의 특징이다. 바울은 여성이 머리를 가리는 것에 반대하는 사람들에게 마지막으로 이의를 제기한다. "논쟁하려는 [φιλόνεικος] 자[τις]가 있을지라도…." 만일 바울이 여성의 행위를 교정하려는 것이었다면, τις가 여성 명사(γυνή)의 수식을 받아야 하며, 형용사 "논쟁하려는"은 남성 단수 형용사가 아니라 φιλονεικία와 같은 여성 단수 형태로 표현되었어야 한다.[106] 그리스어의 표현 양식에서 남성형이 지시 대상으로서 여성을 포함할 수는 있지만, 그것이 여성에게만 한정되는 것으로서 이해될 수는 없다. 만일 바울이 반대자로서 여성을 언급하고 있었다면, 이 용법은 문법적으로 이상했을 것이다.

또한 바울이 이 문제를 놓고 누가 자신과 논쟁을 잘할 수 있겠느냐고 어떻게 말하는지를 주목해보라. 1세기 문화에서 대부분의 여성은 바울과의 논쟁은 말할 것도 없고 자기 남편이 아닌 남성과 대화하는 것을 극도로

---

106 남성들이 베일을 쓰는 것을 방해하고 있었다는 주장은 고전 11:16과 딤전 5:16을 비교하는 문법 설명으로 뒷받침된다.

> 논쟁하려는 생각을 가진 자[εἰ δέ τις]가 있을지라도…(고전 11:16, 개역개정)
> 만일 믿는 여자에게[εἴ τις πιστή] 과부 친척이 있거든…(딤전 5:16 개역개정)

논쟁하려는 사람들이 여성뿐이었다면, 여성 대명사나 명사, 혹은 딤전 5:16에서와 같이 명사 형태의 또 다른 여성형 수식어가 나왔어야 한다.

꺼렸을 것이다.[107] 하지만 바울은 에베소 교회 공동체에서의 분쟁과 분노를 젠더에 특화된 남성의 문제로서 인식한다(딤전 2:8).

게다가 바울의 주장은 신학적으로 복잡하고 심오하다. 하지만 그는 고린도전서 14:35에서 고린도의 여성들이 모임 중에 가르침을 이해하는 것이 어려웠을지 모른다고 지적한다. 베일을 쓰는 것에 대한 바울의 신학적인 주장은 남성들과 그들의 질문에 초점을 맞춘 것일 가능성이 훨씬 크다. 요컨대 그리스-로마 세계 전역에서 베일을 쓰는 관습과 이를 제한하는 것은 남성에 의해 이루어졌기 때문에, 남성이 베일을 쓰는 것에 대해 의문을 제기하고 제한을 제시했다고 보는 것이 훨씬 더 합리적이다. **모든** 여성이 베일을 쓰라는 바울의 지시가 문화적 관행에 반하는 것이었다는 사실이 이해되면, 바울이 고린도 남성들이 부과한 제한 사항과 충돌하고 있었을 가능성은 훨씬 더 커진다.

1.6.8 "머리"와 베일을 쓰는 것의 관계

이 구절을 설명해주는 문화적 배경은 여성은 머리를 가려야 하고 남성은 가리지 말아야 하는 이유에 대한 바울의 간단한 신학적 답변을 분명하게 밝혀준다. 바울은 머리 가리개가 각 젠더에게 다른 의미를 전달한다는 것을 알고 있다. 남성은 가리지 않은 머리가 하나님께 영광이 되기 때문에, 하나님께 기도할 때 머리를 가리지 않는다.[108] 그러나 중동 문화에서 제대

---

107 Craig S. Keener, "Learning in the Assemblies: 1 Corinthians 14:34-35," in *Discovering Biblical Equality: Complementarity without Hierarchy*, ed. Ronald W. Pierce and Rebecca Merrill Groothuis (Downers Grove, IL: IVP Academic, 2005), 166-67을 보라.

108 기도하는 동안 자기 머리를 가렸던 귀족의 관습과 반대로, 가리지 않는 것이 겸손을 의미했

로 된 계층의 여성은 헌신과 단정함을 나타내기 위해 머리를 가렸다. 여성의 가려진 머리는 그녀 자신의 명예를 직접적으로 나타냈으며, 가족, 특히 그녀의 정체성의 근원인 가장의 명예를 드러내는 것이기도 했다.[109] 바울은 창조 기사를 바탕으로 베일을 쓰는 것에 대한 신학적인 주장을 하기 위해 상징의 복잡한 의미를 이용한다.

단락(고전 11:3-16) 전반에 걸쳐 바울은 젠더의 다른 관습들을 지속적인 암시를 통해 창조 기사와 연결하고 있으며, 따라서 전체 주장은 그 관점에서 이해되어야 한다. 11:7-12에서 생명의 근원과 하나님의 형상대로 이루어진 창조를 설명하는 언어는 11:3과 형식적으로 밀접한 연관이 있다. 나는 문맥상 창세기 1-2장에 대한 암시는 생명의 근원을 뜻하는 그리스어 "머리"가 지닌 은유적 의미의 적절한 다양성과 범위를 제한한다고 주장할 것이다. 따라서 이 부분은 다음과 같이 바꾸어 말할 수 있다. "하지만 나는 여러분이 모든 남자의 생명은 그리스도에게서 나오고, 여자의 생명은 남자에게서 나오며, 그리스도의 생명은 하나님께로부터 나온다는 것을 깨닫기를 원합니다." "머리"는 3장에서 더 자세히 다루겠지만, 여기서는 특히 고

을 가능성도 있다. 3.5.5.1 단락에서 우리는 가리지 않은 머리가 남성에게 있어 경배와 역적 변화를 드러낸다는 것을 의미하며, 그 취약성은 그리스-로마 문화에서 지위가 있는 남성에게 문제가 되었을 수 있음을 확인할 것이다. 높은 지위의 남성은 자신이 무엇인가를 부탁하는 자세를 취할 때 더욱 눈에 띄지 않기를 바랐을 것이다. 그러나 남성이 겸손의 표시로서 머리 가리개를 언제부터 벗기 시작했는지에 대한 결정적인 증거는 없다. 어떤 이들은 그것이 중세 시대 때부터 시작되었다고 생각한다. 또 다른 문제는 남성이 기도할 때 작은 모자를 쓰도록 하는 유대교의 관습이지만, 이는 기원후 70년 이후의 관습일 가능성이 크다.

109 그러나 가부장제에 대한 인정이 반드시 여성이 베일을 쓰는 동기는 아니다. 이는 남편과 아들이 베일을 쓰는 관행을 중단시키기 위해 가족 내에서 여성들과 대립할 때 분명해졌다. 설령 가부장제가 처음에 베일을 쓰는 것의 근원이었다 해도, 베일을 쓰는 데 참여하는 여성은 스스로 자신의 정체성, 경건함, 정조, 그리고 하나님에 대한 순종에 필수적인 방식으로 자신의 의미와 중요성을 그것에 부여했다.

린도전서 11:3-16에서 "머리"라는 단어의 의미가 문맥 속에서 어떻게 설정되는지, 그리고 바울이 그것을 베일을 쓰는 문화적 관습과 어떻게 연결 짓는지를 살펴볼 것이다.

영어에서 "머리"는 "케팔레"(κεφαλή)라는 단어가 고대 그리스어와 코이네 그리스어에서 가졌던 "머리"의 의미와 동일한 범주의 은유적 의미를 갖지 않는다. 그리고 "머리"와 본문에 나온 "가정의 머리" 간의 가정된 연관성은 빠르게 형성되고 분리하기 어려운 연결이다. 그 이유는 특히 뇌가 신체를 제어하는 중심이라고 우리가 알고 있기 때문이다. 하지만 이런 연관성은 그리스의 문화나 언어 어느 것에도 속하지 않는다. 조지프 피츠마이어(Joseph Fitzmyer)는 확실한 의미의 범주를 출발점으로서 제안한다. 그는 "케팔레"의 의미론적 범주를 네 가지 의미로 구분한다. 첫째, 이것은 단어의 해부학적 의미에서 "머리"를 의미한다(대부분의 경우). 둘째, 많은 경우에 사람 전체를 나타내는 제유법이다. 셋째, 이 단어는 일곱 개의 문서에서 "근원"이라는 은유적 의미를 지닌다. 넷째, 그는 열여섯 개의 구절에서 이 단어가 "지도자, 통치자, 권위 있는 사람"에 대한 은유임을 발견한다.[110] 피

---

110 관심 있는 독자라면 다음 자료들을 통해 이 논의에 더 친숙해질 수 있다. Stephen Bedale, "The Meaning of κεφαλή in the Pauline Epistles," *JTS* 5 (1954): 211-15; Robin Scroggs, "Paul and the Eschatological Woman," *JAAR* 40 (1972): 283-303; Murphy-O'Connor, "Sex and Logic"; Berkeley Mickelsen and Alvera Mickelsen, "Does Male Dominance Tarnish Our Translations?," *ChrTo* 5 (1979): 23-29; Mickelsen and Mickelsen, "The 'Head' of the Epistles," *ChrTo* 20 (1981): 20-23; Wayne Grudem, "Does *Kephalē* ('Head') Mean 'Source' or 'Authority Over' in Greek Literature? A Survey of 2,336 Examples," *TJ* 6 (1985): 38-59; 그리고 George W. Knight III, *The Role Relationship of Men and Women: New Testament Teaching*, rev. ed. (Grand Rapids: Baker, 1985)의 부록; Richard S. Cervin, "Does κεφαλή Mean 'Source' or 'Authority Over' in Greek Literature? A Rebuttal," *TJ* 10 (1985): 85-112; Mickelsen and Mickelsen, "What Does *Kephalē* Mean in the New Testament?," in *Women, Authority & the Bible*, ed. Alvera Mickelsen (Downers Grove, IL: InterVarsity, 1986), 97-110; Philip B. Payne, "What Does *Kephalē* Mean in the New

츠마이어는 다음과 같이 결론 내린다.

> 이 예시들은 *kephalē*가 사실은 "근원"의 의미로 사용되었을 수 있다는 것
> 을 보여준다. 비록 이것이 *kephalē*가 "통치자, 지도자"라는 의미로 사용된
> 만큼 많은 것은 아니지만, 고린도전서 11:3의 의도를 바레트(Barrett), 브
> 루스(Bruce), 세르빈(Cervin), 코프(Cope), 델로벨(Delobel), 미켈슨스
> (Mickelsens) 부부, 혹은 머피-오코너(Murphy-O'Connor)와 같은 학자들이
> 주장한 의미로 볼 이유는 없다. "근원"이라는 의미가 *Kephalē*를 "지도자, 통
> 치자"로서 보는 전통적인 이해보다 더 나은지에 대한 의문은 여전히 존재한
> 다.[111]

이 단어가 권위에 대한 은유라고 그가 주장하는 열여섯 개의 구절은 각각
재평가되고 반박될 수 있지만,[112] 피츠마이어의 분석을 논쟁을 위한 것으로
가정하고, "생명의 근원"에서와 같이 "근원"이 왜 고린도전서 11:3-16의
맥락에서 "케팔레"를 더 잘 이해한 것인지 그 이유를 설명해보자.[113]
  그러나 메시지의 내용이 아내가 기도하거나 예언할 때 남편의 권위에

....

Testament? Response," in *Mickelsen, Women, Authority*, 118-32; Joseph A. Fitzmyer,
"Another Look at ΚΕΦΑΛΗ in 1 Corinthians 11:3," *NTS* 35 (1989): 503-11; Fitzmyer,
"*Kephalē* in 1 Corinthians 11:3," *Int* 47 (1993): 52-59; Wayne Grudem, "Appendix 1:
The Meaning of *Kephalē* ('Head'): A Response to Recent Studies," in Piper and Grudem,
Recovering Biblical Manhood and Womanhood, 425-68.

111 Fizmyer, "*Kephalē* in 1 Corinthians 11:3," 54.
112 우리는 3.5.1 단락에서 "머리"가 지도자나 조상을 뜻할 수 있지만, 대부분의 경우 권위 있는
     인물을 포괄하면서도 "권위"와 동등하지는 않음을 살펴볼 것이다. 게다가 κεφαλή의 의미는
     그리스어의 더 큰 단위에서 결정되어야 한다.
113 κεφαλή의 의미 범주에 대한 더 자세한 논의는 제3장에서 이루어질 것이다.

관한 것임을 나타내기 위해 그 단어가 "통치자" 혹은 "권위"를 뜻하도록 의미를 제한하여 사용된 경우는 거의 없다. 이 단락에서 권위에 대한 언급은 자기 머리에 대한 여성의 권위(11:10), 그리고 문화적 이상과 본성 혹은 관습(11:14의 φύσις) 안에서 적절한 것으로 여겨지는 것이다. 더욱이 바울은 여성에게 남편이 원하는 것은 무엇이든 입으라고 말하지 않는다. 권위는 주제가 아니다. 이 단락에서 기도하며 예언하는 여성의 기능은 남성의 기도가 그의 결혼 상태의 제약을 받지 않는 것과 마찬가지로 여성의 결혼 관계나 남편의 권위에 의해 제한되지 않는다. 그와 반대로 남성-여성 관계에는 상호성, 상호 의존성, 호혜에 대한 분명한 언급이 있다. "그러나 주 안에는 남자 없이 여자만 있지 않고 여자 없이 남자만 있지 아니하니라. 이는 여자가 남자에게서 난 것 같이 남자도 여자로 말미암아 났음이라. 그리고 모든 것은 하나님에게서 났느니라"(고전 11:11-12).

한편 이 단락에서 창조 기사에 관한 언급, 특히 11:7에서와 같은 언급은 바울이 11:3에서 그의 신학적 의견을 다시 시작하고 설명하며 확장하기 위해 사용한 것이다. 이와 가까운 문맥에서 여성은 남성에게서 나왔고 남성을 위해 만들어졌다는 진술은 남성 및 여성의 생명의 기원을 11:3에서 알 수 있음을 가르쳐준다. 게다가 이런 해석은 친족 언어 범주의 용례에서 "머리"의 등장으로 강화되는데, 여기서 "머리"는 한 사람의 생명의 근원으로서 부모 혹은 조상/시조, 혹은 부모의 이미지(가족 간에 닮는 것에 기반한 은유), 혹은 티슬턴(Thiselton)이 "제유법"이라고 부르는 것을 가리킨다.[114]

---

114 Anthony C. Thiselton, *The First Epistle to the Corinthians*, NIGTC (Grand Rapids: Eerdmans, 2000), 816-22, 특히 821을 보라. "이 용어는 **전체를 가리키는 제유법**으로도 기능한다"(강조는 원저자의 것임). 예. Philo, *Congr.* 61; Artemidorus Daldianus, *Onir.* 1.2를 보라.

이 단락에서 바울은 여성에게서 태어난 남성과 남성으로부터 창조된 여성 간의 평행을 분명하게 끌어내는데(11:12), 이는 그가 친족의 언어에서 남성이 여성의 머리라는 은유를 도출했다는 것을 나타낸다. 이것은 젠더와 창조의 맥락에서 더 깊이 다뤄질 것이다.

1.6.9 영광과 머리

만일 바울이 고린도전서 11:11-12에서 남성과 여성 간의 상호성과 상호 의존성을 강조하는 것이라면, 11:7의 의도가 무엇인지가 의문점으로 남는다. "남자는 하나님의 형상과 영광이니 그 머리를 마땅히 가리지 않거니와 여자는 남자의 영광이니라." 어떤 이들은 이 말이 하나님의 형상은 여성에게 다른 방식으로 적용되며 여성에게는 그 영광이 작아진다는 것을 의미한다고 주장한다. 하지만 이는 창세기 1-2장에 대한 문제 있는 해석이며, 바울을 이해할 수 있는 유일한 방법도 아니다. 오히려 창세기 1:26-27과 5:1-2에서 남성과 여성은 분명히 하나님의 형상으로 창조되었다. 그리고 창세기 2:21-22에서 여성은 하나님에 의해 직접 만들어졌고, 흙이 아니라 남성으로부터 추출되었으며, 결혼을 통해 남성과 한 몸이 된다는 점에서 하나님의 형상을 삼중으로 지니고 있다. 여성이 하나님의 형상대로 창조되었다는 것이 전제되어야 한다. 그렇다면 남성은 하나님의 영광이지만, 여성은 남성의 영광이라는 것은 무슨 의미일까?

문맥상 남성은 꾸밈없는 하나님의 형상으로서 하나님 앞에 드러남으로써 그의 겸손을 보여주며, 여성은 대중 앞에서와 예배 중에 자신의 영광/아름다움을 줄임으로써 하나님과 자기 자신, 그리고 가족에게 명예를 나타낸다.[115] 여성과 그녀의 머리카락에 영광을 적용하는 방식 때문에 바울은 여성이 시각적으로 영광의 영광, 말하자면 더 큰 영광을 얻는다고 생각하는 것으로 보인다.[116] 여성이 남성을 위해 창조되었다는 사실(고전 11:9)은 그녀의 더 큰 아름다움과 남성에 대한 그녀의 매력의 목적을 나타낸다. 또한 이것은 아담에게 동반자, 파트너, 그리고 대를 이어줄 아이를 낳는 존재로서 하와가 필요했다는 사실을 가르쳐준다. 아담이 하와의 창조로부터 이득을 본 것이지 그 반대가 아니다.[117] 이것이 바울이 11:10에서 여성이 창조된 상황의 결과로서 모든 여성은 교회에서 예배를 드리는 동안 머리를 가릴 권리를 가져야 한다고 말한 배경이다. 그러나 그는 곧이어 자신의 의견이 여성이 남성으로부터 독립된 존재이거나 그 반대라고 선언하는 것을 의미하지는 않는다고 말한다(11:11). 이 마지막 진술은 바울 자신이 머리를 가릴 수 있는 "여성의 권리"를 지지하는 것이 아내, 자매, 딸, 혹은 노예에 대한 일부 고린도 남성의 관습적 권위를 무시하는 것일 수 있다는 점을 인식하고 있었음을 나타낸다. 그리고 그는 여성에게 자기 가족이나 주인을 신경 쓰지 않고 독립적으로 일할 수 있는 권한을 부여하는 것이 아니라는 점을 분명히 한다.

이 단락에서 "남성"과 여성의 관계는 잠재적으로 가족의 명예(아버지, 남편, 아들, 남자 형제 등)에 대한 여성의 적절한 관심을 포함할 수 있다. 왜냐

---

115 Keener는 다음과 같이 설명한다. "이렇게 말하는 것이 '여자는 너무 아름다워서 예배 중에 훈련받지 않은 남자의 눈을 산만하게 만들 것이다'라고 설명하는 것보다 훨씬 더 은혜롭다"(*Paul, Women & Wives*, 37).

116 이에 대한 더 자세한 설명은 3.2 단락을 보라. "바울은 '영광'을 '모방'이나 심지어 '화려함'을 의미하기 위해 사용하는 것이 아니라 수치와 대조되는 '명예'를 의미하는 것으로서 사용한다"고 말한 Wire의 의견과 반대되는 주장이다(*Corinthian Women Prophets*, 120). 문화는 머리를 가리는 것과 관련하여 화려함/아름다움과 명예 개념을 결합했다.

117 3.6 단락을 보라.

하면 남성은 성서적·존재적으로 그녀의 생명과 정체성의 근원이기 때문이다. 그러나 그것이 이 단락의 메시지는 아니다. 오히려 바울의 주장은 예배 중에 여성의 "머리"는 가려져 있어야 하며, 그렇게 해야 하나님께 영광이 돌려진다는 것이다.[118] "머리"의 은유가 이 주장의 핵심이다. 남성은 여성의 머리고(문자적으로), 여성의 머리는 특히 그녀의 남성의 영광이며, 따라서 여성의 머리에 있는 머리카락은 그녀 자신의 영광은 물론이고 그녀의 남편의 영광이기도 하다. 당시 문화에서 이것은 남성의 명성/명예와 여성의 아름다움/매력이라는 차원 모두에서 사실이었다. 여성의 아름다움은 질투를 유발하는 동시에 그녀의 남편의 지위를 높여주었는데, 이는 예배 중에 하나님의 영광과 직접적인 경쟁이 되었을 것이다. 여기서 관심사는 하나님의 명예와 영광이지, 가정 교회에서의 남성의 명예와 영광도 아니고, 기도하며 예언하는 여성의 영광과 아름다움도 아니다.[119]

이 단락을 해석하는 문제 중 일부는 바울이 여성의 속성을 다음과 같이 긍정적으로 표현한다는 것이었다. 즉 여성의 머리카락은 그녀의 머리의 영광이라는 것 말이다. 여성의 머리카락은 적절히 보호받고 관리되어야 하는 가치 있는 것이다. 서구 독자들은 만일 머리카락이 여성에게 영광이라면 왜 여성이 그것을 가려야 했는지를 이해하지 못할 수 있겠지만, 베일을 쓰는 중동 지역의 독자들은 여성의 머리카락이 모든 남성과 그녀의 가족의 명예에 위협이 될 수 있다고 믿는다.[120] 과거로부터 현재에 이르기까

---

118 Wire가 말하듯이, "바울은 머리를 가리지 않은 여성이 예배를 인도하면 하나님의 영광을 방해하거나 모욕하는 것이 되는데, 이는 그녀가 하나님께서 홀로 영광을 받으셔야 하는 시간과 장소에서 남자의 영광을 대표하기 때문이라고 주장한다(*Corinthian Women Prophets*, 121).

119 3.6 단락을 보라.

120 Llewellyn-Jones가 말하듯이, "베일을 쓰는 많은 문화권에서는…여성의 성적 매력이 남성과

지 중동 문화에서는 여성의 특정 행위나 행실이 그 가족의 지위를 떨어뜨리는 데 있어 결정적인 역할을 할 수 있다고 여겨진다. 그런 행위나 관계의 일부는 해당 문화의 표준인데, 예컨대 적절한 의복 스타일을 충실히 따르지 않거나 간음을 저지르는 일 등이다. 그것이 바울의 주장에서 출발점이고, 그는 여성과 가장 간의 관계에 대한 문화적 이상을 지지하는 것처럼 보인다. 하지만 바울의 주장의 발전은 남성과 여성의 관계를 실질적으로 동등하게 만들었고, 양성의 상대적 가치를 확립했으며, 인간 기원의 상호성을 이끌어냈다. 즉 여성이 남성에게서 나왔지만, 남성 역시 여성에게서 나왔다는 것이다. 바울의 초점과 관심은 아내에 대한 남편의 권위나 통제를 강화하거나 증대시키는 것이 아니라, 오히려 하나님께서 영광을 받으시고, 여성이 기도하거나 예언할 때 개인적으로 치욕이나 부끄러움을 당하지 않으며, 여성이 사역하거나 예배드릴 때 머리카락을 드러냄으로써 그들의 복장을 통해 올바르지 않은 메시지가 전달되지 않도록 하려는 것이었다. 만약 여성들이 머리 가리개를 벗는 것에 저항하고 있었다면, 바울은 가정 교회와 공동체 내에서 여성들과 그들의 판단을, 그리고 그들의 명예를 심지어 교회 리더십에 반대하면서까지 지지하고 있었다.

* *

이 장에서는 1세기의 그리스-로마 문화에 대한 이해가 신약성서 해석에 깊은 영향을 미칠 수 있음을 살펴보았다. 이 연구는 베일이 남편에 대한 여

사회 질서 전체에 해를 끼치며 위협이 될 수 있다고 여긴다"(*Aphrodite's Tortoise*, 259). 바울의 말과 반대되는 이런 견해를 가진 문화에서 남성 이데올로기의 전형적인 경멸적 성격을 이해하려면 "Veiling the Polluted Woman"(259-81)에 대한 장 전체를 보라.

성의 복종을 상징한다는 성서학의 전제가 잘못되었음을 증명한다. 베일을 쓰는 것은 개인적인 상징이 아니라 법과 관습이 규제하는 공적 관습이었으며, 여성뿐만 아니라 남성도 그 관습에 복종해야 했다. 간단히 말하면, 베일은 여성의 명예, 지위, 보호를 나타내는 것이었다. 일단 베일을 쓰는 관습을 이해하면 다음 다섯 가지 사항이 확실해진다.

- 베일을 쓰는 법을 만든 사람들은 당시 문화에서 남성들이었으며, 그들은 특정 계층의 여성들이 베일을 쓰지 못하게 하는 것이 자신들에게 이익이라고 생각했다.
- 베일은 여성의 명예와 보호를 상징하는 것이기 때문에, 여성이 베일 벗기를 거부하는 것은 일반적인 것이었으며, 이는 오늘날에도 마찬가지다.
- 공공장소에서 베일을 쓰는 것이 금지된 여성들은 자신이 그리스도에 의해 의롭게 되었다는 것을 나타내기 위해 공동체에서 베일을 쓰고 싶어 했을 가능성이 더 크다.
- 모든 여성이 베일을 써야 한다는 바울의 지시는 당시 문화에 반하며, 여성에 대해서는 우호적인 것이었다.
- 모든 여성이 베일을 쓰는 관습은 기독교 공동체에서 사회적 관계를 동등하게 만들었다.

제2장

고정관념

많은 해석자가 바울이 그리스-로마 문화의 젠더 고정관념을 강화했다고 간주한다. 왜냐하면 그들은 바울 서신에서 발견되는 가정 규례가 그리스-로마 가정에서 전형적인 남성의 역할 및 여성의 역할에 대한 단순 반복과 강화를 담고 있다고 믿기 때문이다(예. 골 3:18-4:1//엡 5:18, 21-6:9). 로마서 12:1-2에서 바울이 그 문화를 따르지 말라고 권한 사실을 고려할 때, 이런 가정은 젠더에 관한 신학에서 매우 터무니없는 출발점이다. 바울은 지도자이자 연설가라는 전형적인 남성 역할의 틀에 그를 끼워 넣어 맞추려고 시도하고 있었던 그 시대의 문화적 압력을 매우 잘 알고 있었다. 바울은 자신의 신학과 설교에서 자신과 자신의 교회에 이런 모델이 적용되는 것을 명백하게 거부했다.

그렇다면 "바울은 자신이 좋아하지 않는 고정관념을 접한 적이 전혀 없다"라는 것이 사실인가? 바울은 자신의 문화에 팽배해 있던 젠더 역할을 받아들이거나 강화했을까? 만약 그렇게 하지 않았다면, 그는 최소한 남성과 여성이 다른 영역에서 활동하고 구분된 역할을 행하도록 창조되었다고 믿었을까? 이런 질문들에 답하기 위해 나는 먼저 바울 서신의 수신자들의 원래 배경인 1세기 그리스-로마 문화에 널리 퍼져 있었던 젠더 역할과 젠더 이론을 살펴볼 것이다. 그다음에는 그 문화적 배경의 관점에서 젠더를 반영하는 은유에 대한 바울의 두드러진 사용과 적용을 살펴볼 것이다. 첫째로 나는 모든 신자에게 적용되는 남성적 은유를 살펴본 후, 바울이 여성적인 젠더 은유를 특별히 남성에게 적용한 구절을 살펴볼 것이다. 나는 바울이 일반적인 헬레니즘의 남성적·여성적 은유를 형식적 방법으로 사용하고 적용하지만, 그와 동시에 변형적 방식으로도 사용하며 적용한다고 생각한다. 이런 은유는 바울이 그리스의 운동선수나 다른 틀에 박힌 젠더 역할과 같은 친숙한 이미지를 사용함으로써 형태를 갖추며, 그것에 영적인 목표가 더해졌을 때 새로운 의미를 갖게 된다. 남성적인 이미지가 여성에게 적용되고 여성적인 이미지가 남성에게 적용될 때 은유는 특히 변형적인 것이 된다. 결과적으로 남성과 여성은 그리스도를 모방하여 새로운 차원으로 나아갈 수 있도록 영적으로 무장하게 된다. 바울은 헬레니즘 문화에서 일반적인 젠더 역할과 계급 구조를 찬성하거나 인정한 것이 아니라, 그리스도 안에서 남성과 여성 모두를 위한 새로운 정체성과 관계를 구축하기 위해 은유적으로 젠더를 이용하여 의도적으로 청중의 마음에 불편을 조장하려고 했다.

타르수스에서 형성된 바울의 사회 세계는 남성과 여성의 본성에 대한 전형적인 그리스-로마의 믿음을 포함했다. 하지만 그 믿음의 내용은 바울이 젠더 역할을 언급하는 바울 신학(고전 11:1-16; 딤전 2:8-15)의 기반인 히브리 성서의 창조 기록과는 일치하지 않는다. 그럼에도 바울에 관한 최근 연구들은 그가 헬레니즘 세계관을 반영하고 있었다고 가정한다.[1] 일부 학

---

1   그러나 유대교 및 헬레니즘과 바울의 관계를 재평가하는 바울 연구에 변화가 있고, 그 결과 유대교와 헬레니즘 간의 확실한 이분법은 더 이상 지지를 받지 못한다. 오히려 유대교가 헬레니즘을 차용하고 그것에 적응했으며, 이것이 기독교를 헬레니즘 문화 속에서 상황화할

자는 바울이 육상 경기와 같은 헬레니즘의 아이콘에 대해 말하는 장면에서 그가 그리스-로마의 세계관을 받아들인 것으로 추정되는 증거를 찾고, 특히 그가 여성을 다룰 때 그 세계관이 표현되었다고 여긴다. 그러나 육상 경기 이미지에 대한 로버트 시센굿(Robert Seesengood)의 분석과 같은 다른 연구는 바울이 헬레니즘의 은유를 변경하여 새로운 정체성을 구축했음을 보여준다.[2] 나는 바울이 한쪽 젠더에 대한 틀에 박힌 특정 은유를 가져다가 모든 신자에게 적용할 때 새로운 정체성을 구축하는 데 있어 중요한 전략을 구사하고 있다고 생각한다. 이런 변경의 효과는 그의 메시지를 듣는 남녀 구성원 모두를 영적으로 잘 세워주기 위해 의도된 것이었다.

2.1 모든 신자에게 적용된 남성 은유

바울은 종종 남성적인 이미지를 모든 신자에게 적용했다. 여기에는 전쟁에서의 힘과 능력, 육상 경기, 검투사의 싸움과 같은 특징이 포함된다. 힘은 주로 남성적 특징으로 보이지만, 바울에게 힘은 무엇보다도 신적인 힘을

때 바울이 사용한 전략이다. 예를 들어 Troels Engberg-Pedersen, ed., *Paul in His Hellenistic Context*(Minneapolis: Fortress, 1995)의 소논문 모음집은 헬레니즘이 바울의 문화적 배경의 중심이었으며, 그가 헬레니즘 스타일의 은유와 논쟁을 자연스럽게 사용했다고 주장한다. 바울의 교회 개척 활동은 새로운 지역 신앙 연합의 시작과 유사했으며, 세례 의식에 대한 그의 해석은 세례 요한의 참회 의식을 입회 의식으로서 재해석한 것이었다(Hans Dieter Betz, "Transferring a Ritual: Paul's Interpretation of Baptism in Romans 6," in Engberg-Pedersen, *Paul in His Hellenistic Context*, 88-117). 그리고 바울은 자신의 서신에서 수사학과 스토아 학파의 용어를 때때로 사용했다(Engberg-Pedersen, "Stoicism in Philippians," in Engberg-Pedersen, *Paul in His Hellenistic Context*, 256-90).

2   Seesengood, *Competing Identities: The Athlete and the Gladiator in Early Christian Literature*, LNTS 346 (London: T&T Clark, 2006).

의미한다. 그는 사도인 자신에게 임한 하나님의 능력(고전 2:4)과 하나님이 모든 상황에서 자신에게 주신 힘(빌 4:13)에 대해 자신이 있었다. 그는 하나님의 능력의 충만함을 다른 신자들에게도 전해주고자 했다. 예를 들어 그는 골로새의 신자들이 하나님의 영광스러운 힘에 따라 모든 능력으로 강하게 되기를 기도한다(골 1:11). 또한 그는 에베소의 신자들이 자신들이 믿는 하나님의 비교할 수 없는 큰 힘을 알기를 기도한다(엡 1:19). D. J. A. 클라인즈(D. J. A. Clines)는 전통적인 사회에서 약함은 바람직한 남성적 특징이 아니며, 여성성과 연관되어 있다고 강조한다. 그러나 바울은 하나님의 능력이 약함 속에서 완전해지기에 자신의 개인적인 약함을 자랑하는데(고후 12:9), 이는 하나님의 교회에서 유일하게 인정받는 힘과 능력이다. 힘에 대한 이런 패러다임은 전통적인 남성적 힘의 장점을 상대화한다. 바울은 소아시아의 헬레니즘적인 이방인 여성들이 아마도 그들의 경험상 처음으로 남성과 동등한 권력을 잠재적으로 공유할 것을 촉구한다.[3]

---

3   D. J. A. Clines, "Paul, the Invisible Man," in *New Testament Masculinities*, ed. Stephen D. Moore and Janice Capel Anderson, SemeiaSt 45 (Atlanta: Society of Biblical Literature, 2003), 181-92의 의견과 반대되는 주장이다. 바울의 힘 개념에 대한 논의에서 Clines는 "바울에게…남자가 되는 것은 강해지는 것이다"라고 주장한다(182). 그러나 바울이 힘을 신자들이 접근할 수 있는 것으로서 묘사하는 본문들은 남자에게만 한정되지 않는다. 바울이 자신의 약함을 인정한 것에 따르면, 비양심적인 남자들에게 희생당한 연약한 여성들(γυναικάρια)에 대한 바울의 묘사(딤후 3:6)는, 만일 그들이 하나님의 능력이 그들의 약함 가운데서 온전해지도록 허용한다면(고후 12:9), 하나님의 힘의 능력에 가까이 갈 수 있는 그들의 자격을 박탈하지 않는다.

2.1.1 영적 전사로서의 모든 그리스도인

바울은 그와 사역팀 모두의 역할과 행동을 묘사하기 위해 전쟁 은유를 사용하며(고후 6:7; 10:3-4; 딤전 1:18), 더 일반적인 의미에서 그리스도인의 삶을 묘사할 때도 비슷한 은유를 사용한다. 모든 남성과 여성 신자는 악에 대항하기 위한 은유로서 로마 군인의 완전무장 복장인 하나님의 전신갑주를 입으라고 권고받는다(엡 6:10-17; 참조. 롬 13:12; 살전 5:8).[4] 허리띠는 진리고, 호심경은 의이며, 신발은 평화의 복음과 연관된다. 방패는 믿음, 투구는 구원, 성령의 검은 하나님의 말씀이다. 갑옷이 상징하는 영적 전쟁의 이런 측면은 젠더와 관계없이 모든 그리스도인에게 꼭 필요한 것이다. 모든 그리스도인에게 남성적인 전쟁의 이미지를 적용함으로써 바울은 여성이 자신의 문화에서 가장 남성적인 아이콘 중 하나와 직접 동일시하기를 권하며 격려했다.[5]

---

4   아마도 이런 로마의 군국주의적 전쟁 이미지 때문일 수도 있지만, 자신의 반대자들에 대한 바울의 발언과 예수의 십자가형에 대한 그의 집중도 때문에 John G. Gager와 E. Leigh Gibson은 "그의 행동과 언어, 이방인과 그들의 세계를 폭력의 세계로 보는 그의 이데올로기"에서 바울을 폭력적인 **성격**을 가진 사람"으로 본다("Violent Acts and Violent Language in the Apostle Paul," in *Violence in the New Testament*, ed. Shelly Matthews and E. Leigh Gibson [London: T & T Clark, 2005], 16, 강조는 원저자의 것임). 그러나 이방인의 세계는 바울과 초기 기독교 모두를 향해 폭력적인 것으로 증명되었다. 바울은 교회를 향한 과격한 박해자였지만, 회심 후에는 그 자신이 학대의 대상이 되었다. 만약 그가 폭력의 상징인 십자가와 그 자신을 동일시했다면, 그는 희생자의 관점에서 그렇게 한 것이다.

5   Clines의 의견과 반대되는 주장이다. 그는 이 은유를 외견상 문자적인 것으로 보고, 그리스도인 군인들은 반드시 "모두 남자여야 하는데, 그 이유는 여성 군인은 거의 보이지 않기 때문이다"라고 말했다("Paul, the Invisible Man," in Moore and Anderson, *New Testament Masculinities*, 185). Sandra Hack Polaski는 한 걸음 더 나아갔던 것 같다. "바울이 문화적으로 확립한 남성성과 그가 쓴 언어의 구조는 모두 여성을 소외시키는 역할을 한다.…[그는] 마치 남성의 젠더와 몸이 기본 표준인 것처럼 쓴다"(*A Feminist Introduction to Paul* [St. Louis: Chalice, 2005], 17). 그러나 그가 여성적 은유를 똑같이 표준화하는 방식으로 사용하

2.1.2 운동선수로서의 모든 그리스도인

이와 비슷하게 바울은 자신과 자신의 사역팀에 대해 운동 경기의 은유를 사용한다(딤후 4:7; 딤전 6:12). 은유적으로 바울은 고린도 사람들에게 그리스의 연무장에서 치러지는 시합에 자신과 함께 참여하자고 권하는데, 그곳에서 그리스 소년들은 남성이 되기 위한 교육과 양성의 필수적인 부분으로서 신체적인 단련을 받았다.

> 운동장에서 달음질하는 자들이 다 달릴지라도 오직 상을 받는 사람은 한 사람인 줄을 너희가 알지 못하느냐? 너희도 상을 받도록 이와 같이 달음질하라. 이기기를 다투는 자마다 모든 일에 절제하나니, 그들은 썩을 승리자의 관을 얻고자 하되 우리는 썩지 아니할 것을 얻고자 하노라. 그러므로 나는 달음질하기를 향방 없는 것 같이 아니하고 싸우기를 허공을 치는 것 같이 아니하며 내가 내 몸을 쳐 복종하게 함은 내가 남에게 전파한 후에 자신이 도리어 버림을 당할까 두려워함이로다(고전 9:24-27).

이와 유사하게 συναθλέω는 "운동선수가 되다"라는 의미다. 바울이 빌립보서에서 유오디아와 순두게를 동료 일꾼들로 구성된 팀의 일부이자 자신과 함께 "싸운" 혹은 "맞선"(συνήθλησάν) 여성들로서 분명히 묘사한다는 점이 중요하다(빌 4:2-3).[6] 경기에 대한 열정은 분명히 공공 영역에 속한 것이었

기 때문에, 이 주장은 설득력이 없다.

6   Adolphus Chinedu Amadi-Azuogu의 "바울의 '동료 운동선수'로서의 여성들"에 대한 논의가 포함된 *Gender and Ministry in Early Christianity and teh Church Today* (Lanham, MD: University Press of America, 2007), 11-14을 보라.

으며, 남성적인 그리스-로마 젠더 역할의 일부로 간주되었다.[7]

이와 비슷한 구절인 빌립보서 3:4-15a에서 바울은 유대인으로서의 정체성 혹은 율법과의 관계에 대해 확신할 수 있는 사람들을 묘사하지만, 성숙한 사람들에게 과거의 정체성 표식이나 성공에 의존하지 않고 그리스도를 알고 그의 죽음 안에서 그와 같이 되기 위해 계속 노력해야 한다고 권한다. 바울은 목표를 향한 경주와 경기에서 상을 받는 은유를 사용하지만, 그 상은 자신만의 것이 아니라 모든 성숙한 자의 것이 되리라는 점을 분명히 한다.

> 형제들아, 나는 아직 내가 잡은 줄로 여기지 아니하고 오직 한 일 즉 뒤에 있는 것은 잊어버리고 앞에 있는 것을 잡으려고 푯대를 향하여 그리스도 예수 안에서 하나님이 위에서 부르신 부름의 상을 위하여 달려가노라. 그러므로 누구든지 우리 온전히 이룬 자들은 이렇게 생각할지니 만일 어떤 일에 너희가 달리 생각하면 하나님이 이것도 너희에게 나타내시리라(빌 3:13-15).

로버트 시센굿은 바울이 이런 운동선수 은유의 선택을 통해 헬레니즘의 영적인 "본질"과 유대교의 경건 정신을 결합한 방식에 놀란다. 바울은 전형적인 운동선수 모티프를 변형하여 "새로운 공동(차별이 없는) 정체성을 끌어내기 위해 치열한 개인적인 경쟁과 투쟁을 근본적으로 높이 평가하는 은유를 사용했다."[8] 이 은유는 남성의 영역에서 도출된 것이며, 헬레니즘의 남성과 친숙한 이미지를 자기부인, 선언, 그리고 그리스도와의 연합이라는

---

7 이것은 여성들을 칭찬하는 의미로 "보석"(studs)이라고 부름으로써 그들의 성취욕을 자극하고 확인하는 오늘날의 동기부여 관행에 비교할 만하다.

8 Seesengood, *Competing Identities*, 32.

영적 목표와 효과적으로 연결한다. 그러나 그것은 헬레니즘의 여성, 특히 반쯤 격리된 삶을 살았던 그들에게는 더 큰 변화로 느껴졌을 것이다. 바울은 자신의 은유와 글을 통해 경기라는 남성적인 경험을 회심한 여성들에게 적용하여 그들을 영적인 목표와 연결한다.[9]

운동선수, 군인, 검투사와 같은 남성적인 은유는 여성들이 박해와 순교를 눈앞에 두었을 때 용기를 갖도록 해주었다. 용기와 대담함은 여성의 자질이 아니라 남성의 특징으로 여겨졌기 때문에 그런 행위는 사람들을 놀라게 했다. 스테파니 코브(Stephanie Cobb)는 다음과 같이 말한다.

> 순교에 대한 분석은 로마의 문화적 가치가 그리스도인의 정체성의 핵심에 있었다는 것을 드러낸다. 순교자들에 관한 이야기는 그리스도인을 비그리스도인보다 더 남성적으로 묘사하는데, 남성적인 것은 로마인의 주요 속성이었다. 이런 순교로 인해 생겨난 그리스도인의 정체성은 "당신은 그리스도인인가?"라는 질문에 행동으로 대답했음을 암시해준다. 즉 그리스도인이 된다는 것은 남성성을 구현하는 것이었다.[10]

에우세비오스(Eusebius)는 신앙 때문에 당하는 고난을 인내한 훌륭한 모범이 되었던 리옹의 노예 소녀 블란디나(Blandina)의 순교에 대한 글에서 이것을 언급한다. "[블란디나는] 위대한 무적의 용사인 그리스도로 옷 입은

---

9   1세기에는 여성들이 특정 이벤트와 대회에서 경기를 벌였고, 심지어 자발적인 여성 검투사도 네로의 통치 기간에 생겨나기 시작했던 것이 사실이다. 그러나 이런 부분들은 성서가 기록되던 당시에는 새로운 것이었으며 결코 익숙한 것이 아니었다.

10   L. Stephanie Cobb, *Dying to Be Men: Gender and Language in Early Christian Martyr Texts* (New York: Columbia University Press, 2008), 2-3.

작고 약하며 보잘것없는 여성이었다."[11] 그의 해석은 그리스도와 자신을 모두 본받으라는 바울의 권면이 에우세비오스에 의해 여성적 약함에 남성적 힘으로써 긍정적으로 대항하라는 의미로 이해되었음을 암시해준다. 페르페투아(Perpetua)라는 젊은 엄마는 신앙 때문에 체포되었을 때, 황제를 위해 제물을 바치라는 자기 아버지의 거듭된 명령에 순종하기를 거부했다. 처형당하는 순간에 페르페투아는 자신이 검투사로 변화되는 환상을 보았다. "나는 옷이 벗겨져 남자로 변했다. 그리고 나의 후원자들이 나를 기름으로 문지르기 시작했고, 놀라울 정도로 키가 큰 남자가 앞으로 나왔다.… 그리고 말했다. '이 이집트 사람이 이기면 그녀를 칼로 죽일 것이다. 그리고 만일 그녀가 이기면 이 큰 가지를 받을 것이다.'"[12] 페르페투아의 태도는 관습적인 여성성을 깨뜨리는 것이었다. 이 같은 사실을 감지한 당국은 그녀에게 성적인 모욕을 가하는 상징적인 장소인 경기장에서 그녀를 처형하는 것으로 보복했다. 초기 교회는 신앙을 지키기 위한 그녀의 저항을 주목하고 기념했지만, 동시에 그리스-로마 문화에서 여성에 대한 기대에 더 잘 부합하기 위해 그녀의 저항정신을 약하게 표현했다.[13]

---

11 Eusebius, *Hist. eccl.* 5.1.4, in Eusebius of Caesarea, *The History of the Church from Christ to Constantine*, trans. G. A. Williamson (Baltimore: Penguin Books, 1965), 200.

12 Tertullian, *The Passion of Perpetua* 10.15-24 (3.2.3), in *Some Authentic Acts of the Early Martyrs*, trans. E. C. E. Owen (London: SPCK, 1933), 84-85. "내가 남자로 변했다"라는 말은 고전 16:13에서 바울이 명령한 "남자답게"(ἀνδρίζεσθε)를 적용한 것으로 들릴 수 있다. 하지만 테르툴리아누스의 그리스어 본문은 조금 다르다. ἐγενήθην ἄρρην에서 ἄρρην은 ἄρσεν의 남성형 주격 단수다.

13 Seesengood, *Competing Identities*, 92-105; David M. Scholer, "'And I Was a Man': The Power and Problem of Perpetua," *DSar* 15 (1989): 10-14; Brent Shaw, "The Passion of Perpetua," *PastPres* 139 (1993): 5을 보라. 그리고 4도 보라.

2.1.3 전사로서의 모든 그리스도인

바울이 고린도전서 16:13에서 고린도 사람들에게 했던 "남자답게" 혹은 "남자가 되어라"(ἀνδρίζεσθε)라는 명령은 신약성서에서 흥미롭게 단 한번 등장하는 단어(hapax legomenon)다.[14] 젠더 역할에 대한 설명에서 로버트 소시(Robert Saucy)는 바울이 전통적인 젠더 역할을 가르치며 긍정했다는 자신의 의견을 뒷받침하는 배경을 언급하지 않은 채, "남자처럼 행동하라!"라는 주석과 함께 이 단어를 그리스어로 인용했다.[15] 다시 말하면, 그는 그것을 자신의 젠더 역할 내에서 행동하라는 남성에 대한 명령으로 받아들인 것이다. 이 점에 기반하여 「폴리카르포스의 순교」(The Martyrdom of Polycarp)에서는 종종 "폴리카르포스여, 힘을 내어 남자답게 행동하라!"(Ἴσχυε, Πολύκαρπε, καὶ ἀνδρίζου)로 해석된다.[16] 물론 "용기를 내라!"라는 은유적 의미는 경기장에서 사자와 맞닥뜨린 사람에게 어울리는 것이지만 말이다. 그러나 고린도전서 16:13의 명령은 분명하게 편지의 결론에서 수신자들에게 주는 것이었고, "용감하게 행동하는 것"[17] 혹은 "위험에 맞서

---

14   Johannes P. Louw and Eugene A. Nida, eds., *Greek-English Lexicon of the New Testament: Based on Semantic Domains*, 2nd ed. (New York: United Bible Societies, 1989), 2:307을 보라. Ἀνδρίζομαι는 N 카테고리의 25.165 의미 범주에서 다음과 같은 태도 혹은 감정으로 정의된다. "용기, 대담함." BDAG 76도 보라. 이 단어는 남성성과 남성 리더십을 촉진하는 일련의 연계 단어군의 기반인데(Act Like Men conferences, http://actlikemen.com), 이는 이 단어가 남성에 대한 분명한 젠더 역할과 책임을 뒷받침한다는 것을 의미한다. 그러나 이 단어는 고린도의 교회 전체, 남성과 여성 모두에게 사용되었다.

15   Saucy는 2004년 11월 18일에 샌안토니오에서 열린 북미 복음주의 신학회(Evangelical Theological Society)의 "복음주의자와 젠더"(Evangelicals and Gender) 연구 세션에 *Discovering Biblical Equality*의 서평으로 참여했다.

16   *Mart. Pol.* 9.1. 이것은 하늘로부터의 음성에 의해 경기장에서 폴리카르포스에게 주어진 명령이다.

17   BDAG, 76.

용기를 보이는 것—용기를 내는 것, 용감한 것"[18]이라는 의미의 은유로서 이해되어야 한다. 이 구절은 "깨어 있어라, 믿음 안에 굳건히 서라, 용기를 내라, 힘을 내라"로 이해된다. 남성에게 이 명령을 적용하는 것은 용기라는 남성적 미덕에 대한 문화의 개념을 반복하여 강조하는 것이었다. 이 은유의 어원에서 알 수 있듯이 용기는 남성의 미덕이고 두려움은 여성의 미덕이었다. 여성이 그리스-로마 문화에서 미덕으로 인정받는 용기를 발휘했을 때, 그녀는 종종 긍정적인 의미에서 남성답다고 여겨졌다.[19]

　　바울의 수신자들은 그가 남성적 은유를 사용한 것을 일차적으로 남성을 향한 것으로 이해하지 않았으며, 여성들과 관련 없는 것으로 생각하지도 않았던 것으로 보인다. 오히려 남성적인 언어는 여성의 건설적인 영적 행동에 대한 새로운 가능성과 동기를 열어주었다. 남성적인 이미지는 특히 압박과 박해를 견딜 수 있는 새로운 방법을 제공해주었다. 바울이 그들의 손에 영적인 칼을 쥐어주었을 때 최소한 몇몇 그리스도인 여성은 눈에 띄게 변화되었다.

....

18　Louw and Nida, *Greek-English Lexicon*, semantic domain 25.165 in 1:307.
19　최근에 Jorun Økland가 헬레니즘 문화에 대해 정확하게 지적하듯이, 많은 이들은 "여성은 덕스러워질수록 점점 더 남자다워진다"라고 생각했다(*Women in Their Place: Paul and the Corinthian Discourse of Gender and Sanctuary Space*, JSNTSup 269 [London: T & T Clark, 2004], 51).

2.2 모든 신자에게 적용된 여성 은유

바울은 자신이 노예의 정체성을 가졌던 것과 비슷한 방식으로 그 자신을 여성적인 이미지로 언급했다. 바울이 자신과 다른 남성들을 언급할 때 사용한 여성적 이미지를 그의 이방인 수신자들이 어떻게 이해하고 받아들였을까 하는 점은 확실히 문제가 되었다. 그리스-로마 문화에서 미덕은 남성다운 것이었고, 남성은 어떤 식으로든 여성스러운 행동, 복장, 흉내 혹은 감정을 드러내지 말아야 한다는 엄격한 주의를 받았다.[20]

2.2.1 모성 이미지

바울은 자신의 목회적 돌봄에 대한 은유로서 출산과 모유 수유의 이미지를 활용했다. 그는 자신이 다루는 교회들에 여성적인 이미지를 적용했다. 비록 교회는 유아 혹은 어린이로서 더 자주 묘사되었지만 말이다.[21] 바울은 히브리 성서 및 70인역과 유대 문헌을 근거로 리더십에 대한 여성 이미지를 발전시켰을 가능성이 가장 크다.[22] 예를 들어 바울의 모성 이미지는 모

---

20   여성에 대한 전통적인 그리스-로마의 관점과 유사하게, 양극화된 젠더 구분을 가진 남성성에 대한 헬레니즘의 관점은 아리스토텔레스로부터 세네카에 이르기까지 발견된다. Aristotle, *Physiogn.* 8071b; Seneca, *Ep.* 122.7; Quintilian, *Inst.* 11.1.3을 보라. 남성의 미덕을 나타내는 여성은 존경받을 수 있었던 반면, 여성적인 것으로 여겨지는 특징을 드러내는 남성은 심한 비판을 받았다.

21   예. 고후 6:13; 12:14을 보라. 이 구절들에서 바울은 고린도 교회를 어린아이라고 부르면서 자신이 그들을 돌보는 부모의 역할을 한다고 여긴다.

22   Beverly Roberts Gaventa, *Our Mother Saint Paul* (Louisville: Westminster John Knox, 2007), 8-9를 보라. 다른 제2성전기 문학에서 고통을 나타내는 여성의 노동에 대한 표본은 *1 En.* 62.4; *2 Bar.* 56.6; *4 Ezra* 4.42를 보라.

세가 리더로서 자신에 대한 하나님의 기대를 묘사한 것과 비슷하다. 모세는 자신이 이스라엘 백성들을 돌보고 인도하는 짐을 질 자격이 있는 어떤 행동을 했는지 하나님께 여쭈었다. "이 모든 백성을 내가 배었나이까? 내가 그들을 낳았나이까? 어찌 주께서 내게 양육하는 아버지가 젖 먹는 아이를 품듯 그들을 품에 품고 주께서 그들의 열조에게 맹세하신 땅으로 가라 하시나이까?"(민 11:12) 이스라엘의 경우, 유익한 고통과 징벌적인 고통은 모두 종종 출산으로 묘사된다(예. 렘 4:31; 6:24). 결국 리더십이라는 엄청난 책임은 어린아이에 대한 일차적인 돌봄을 제공하는 사람인 어머니와 유모의 책임과 직접적으로 비교되었다. 이사야는 시온에 대한 하나님의 긍휼과 친밀감, 그리고 헌신을 설명하기 위해 모성 이미지를 사용한다.[23] "여인이 어찌 그 젖 먹는 자식을 잊겠으며 자기 태에서 난 아들을 긍휼히 여기지 않겠느냐? 그들은 혹시 잊을지라도 나는 너를 잊지 아니할 것이라. 내가 너를 내 손바닥에 새겼고, 너의 성벽이 항상 내 앞에 있나니"(사 49:15-16). 다시 말해서 이사야는 자녀에 대한 어머니의 헌신이 인간의 성실함의 가장 극적인 예라고 추론한다. 쿰란 문헌에서 의의 교사는 여성적 이미지와 남성적 이미지를 혼합한다.

> 당신은 저를 자녀의 자비로운 아버지로서,
> 영적인 능력자의 보호자로서 부르셨습니다.
> 그들은 보호받는 아이처럼,
> 보호자의 포옹을 기뻐하는 아이처럼

---

[23] 성서에서 하나님에 대한 여성적 이미지에 관해서는 다음을 보라. *In Whose Image? God and Gender* (New York: Crossroad, 1990).

입을 크게 벌립니다(1QH³ 20:23-25).²⁴

따라서 히브리 성서와 제2성전기 문헌을 고려할 때, 남성 리더십과 심지어 하나님에 대해 여성적 이미지를 사용하는 전통도 알려지지 않은 게 아니었다. 그러나 바울이 자신과 이방인 교회 간의 관계에 이 이미지를 적용했을 때, 그 효과는 틀림없이 어느 정도 충격적이고 자극적이었을 것이다. 왜냐하면 더 폭넓은 그리스-로마 문화에서 남성은 자기 자신을 여성의 역할과 동일시하는 것을 특별히 지양해야 했기 때문이다.

바울은 갈라디아서 4:19에서 임신과 출산의 은유를 사용한다. "나의 자녀들아, 너희 속에 그리스도의 형상을 이루기까지 다시 너희를 위하여 해산하는 수고를 하노니." 바울은 자신이 해산 중인 것으로 묘사하지만, 임신 중인 것은 갈라디아 사람들이었다. 즉 그리스도가 마치 태아처럼 그들 안에서 "이루어지는 중"이었다.²⁵ 고린도전서 3:1-2에서 바울은 새로 들어오거나 미성숙한 신자들에게 필요한 목회적 돌봄을 묘사하면서 모유 수유와 어린아이 돌봄의 이미지를 사용한다. "형제들아, 내가 신령한 자들을 대함과 같이 너희에게 말할 수 없어서 육신에 속한 자 곧 그리스도 안에서 어린아이들을 대함과 같이 하노라. 내가 너희를 젖으로 먹이고 밥으로 아니하였노니, 이는 너희가 감당하지 못하였음이거니와 지금도 못하리라."²⁶

....

24 Michael Owen Wise, Martin G. Abegg, and Edward M. Cook, *The Dead Sea Scrolls: A New Translation*, rev. ed. (San Francisco: HarperSanFrancisco, 2005), 190.

25 "바울의 모성"에 대한 더 광범위한 논의는 Gaventa, *Out Mother Saint Paul*, 29-39을 보라.

26 "모유와 사역"에 대한 더 깊은 논의는 ibid., 41-50을 보라. 하지만 남성 유모를 염두에 둔 것이었다는 주장은 O. Larry Yarbrough, "Parents and Children in the Letters of Paul," in *The Social World of the First Christians: Essays in Honor of Wayne A. Meeks*, ed. L. Michael White and O. Larry Yarbrough (Minneapolis: Fortress, 1995), 132-33을 보라. 그러나 유아에게 우유를 주는 남성 유모의 전형적인 역할은 젖병과 분유 단계 이전의 영아의 경우에

모유 수유에 대한 언급이 고린도 사람들에게는 다소 경멸적인 표현이었던 반면, 데살로니가에 세워진 교회의 경우에는 그것이 본보기가 되는 돌봄에 대한 우선적인 은유였다. "또한 우리는 너희에게서든지 다른 이에게서든지 사람에게서는 영광을 구하지 아니하였노라. 우리는 그리스도의 사도로서 마땅히 권위를 주장할 수 있으나 도리어 너희 가운데서 유순한 자가 되어 유모[27]가 자기 자녀를 기름과 같이 하였으니"(살전 2:6-7).[28] 바울이 남성과 여성을 구별하는 가장 결정적인 것으로서 여성의 생물학적인 역할을 확인한 것과, 남성 지도자의 전형적인 지배성과 대조되는 친밀한 여성적인 역할을 파악한 것이 중요하다.[29] 바울이 목회적 돌봄에 모성 이미지를 사용한 것은 목회적 돌봄에 여성적 헌신과 양육이라는 여성의 역할이 어울린다는 사실을 알려주지만, 그가 그런 친밀감, 돌봄, 헌신에 남성이 적합하지 않다고 가정하는 것은 아니다.[30] 따라서 바울이 목회적 돌봄을 모성적 양육

는 설득력이 부족하다.

27　여기서 언급된 τροφός는 아이를 돌보는 엄마보다는 유모, 즉 자녀들과 가족들을 돌보면서 친밀한 관계를 유지했던 노예였을 가능성이 있다.

28　"유아와 보모로서의 사도"에 대한 더 깊은 논의는 Gaventa, *Our Mother Saint Paul*, 17-28을 보라.

29　참조. 막 10:41-45//마 20:24-28의 가르침에서 예수는 이와 비슷하게 종이나 노예의 지위와 행동을 규정하기 위해 그리스-로마의 권위 모델을 거부한다.

30　가까운 문맥에 속한 살전 2:11-12에서 바울은 자신의 목회적 돌봄을 아버지의 행위에 비유한다. 하지만 그가 묘사하는 행위는 오직 아버지만 제공하는 것이 아닌 사랑의 관계와 가장 부합한다. "너희도 아는 바와 같이 우리가 너희 각 사람에게 아버지가 자기 자녀에게 하듯 권면하고 위로하고 경계하노니, 이는 너희를 부르사 자기 나라와 영광에 이르게 하시는 하나님께 합당히 행하게 하려 함이라." 사랑으로 호소하고 용기를 주며 설득하는 것은 실제로 출산이나 양육과 같이 한쪽 젠더에만 특화된 행위가 아니다. 따라서 Beverly Gaventa가 "모성 이미지는 문맥상 바울과 그가 세운 회중 간 관계의 지속성을 의미하는 것으로 보이며, 부성 이미지는 반대로 기독교 설교와 회심의 첫 단계를 가리킨다"고 주장한 것은 과장된 것이다(*Our Mother Saint Paul*, 6). 바울 서신에서 바울을 아버지로 명확히 언급하는 부성 이미지는 그리 흔하지 않다. 두 가지 경우에 부성 이미지는 과거에 일어난 사건으로서의 회심을 가리키며(고전 4:15; 몬 1:10), 여성 이미지 중에 그렇게 해석되는 부분은 하나도 없

으로 정의하는 것은 특이하다. 하지만 역사적으로 여성은 바울의 다른 글에 기반하여, 목회적 돌봄이 필요한 교회의 직책에서 소외되어왔다. 더 이상한 점은 그런 관행의 근거가 때때로 존재론적이었다는 사실이다.

2.2.2 연애와 결혼 이미지

바울은 다른 관계들을 묘사할 때 종종 자신의 은유에서 남성이 여성의 역할을 맡을 것을 기대하며, 낭만적인 역할 혹은 심지어 성적인 역할까지도 서슴지 않고 활용한다. 서구 문화에서 남성들은 이런 반전된 역할 수행을 어려워하며, 그래서 바울의 말을 무시하거나 경시하려는 유혹을 받는 경우가 자주 있다. 그러나 고대 혹은 현대 중동 문화의 관점에서 바울이 남성 신자들에게 여성의 지위와 역할을 투영한 것은 남성의 역할과 지위를 여성에게 투영하는 것보다 훨씬 더 논란의 여지가 크고 공격적인 것으로 여겨졌을 것이다. 바울이 남성들에게 여성 은유를 적용한 것은 서신의 수신자들에게는 모욕적이며 화나게 하는 것으로 받아들여졌을 것이다. 이는 오늘날 중동의 보수적인 무슬림 남성들에게 그렇게 한 것이나 마찬가지였을 것이다.

고린도후서 11:1-3에서 바울은 자신을 아버지의 역할로, 고린도 교회를 약혼한 처녀로 표현한다. 바울은 교회로서의 그들을 한 남편인 그리스도와 결혼시키기로 약속했고, 교회를 순결한 처녀로서 그리스도께 드리고자 하는 목표가 있었기 때문에, 자신이 그들의 성적 순결을 선망하는 것

다. 그러나 바울은 종종 편지의 수신자들을 자기 자녀로서 언급하며, 빌 2:22에서는 자신과 디모데의 관계를 부자관계로 특징짓는다. 아버지로서 바울의 이미지는 자녀로서 그의 수신인들에 대한 다른 언급에 암시되었을 것이다.

으로 묘사한다. 바울은 그들이 미혹되어 순결을 잃게 될까 봐 두렵다고 말한다. 그는 창세기 3장에서 하와가 뱀에게 유혹당한 것을 위험의 예로 들면서, 고린도 사람들도 하와처럼 뱀의 교활함에 미혹될까 걱정한다. 바울은 고린도 사람들이 치욕을 당한 소녀나 여인처럼 될 위험에 처했다고 생각한다고 말한다. 이것은 가족과 공동체에 불명예를 가져왔다는 이유로 중동 문화에서 가장 수치스러운 인간으로 치부되는 사람들과 고린도 교회를 동일시하는 것이다.

기록된 역사를 통틀어 "문란하거나 부정한 여성을 '죽일 수 있는' 가족의 '권리'를 공식적으로 혹은 실용적으로 인정한" 오래된 기록이 있다.[31] 심지어 강간의 피해자인 여성조차도, 그녀가 자발적으로 그런 행위를 했는지의 여부와 상관없이, 본질적으로 성적인 행위를 통해 수치를 당했으며 자기 가족에게 수치를 안겨주었다는 이유로 죽임을 당했다. 최근 리비아 내전 당시 가다피 정권하에서 십 대 소녀들은 강간당한 후에 포로로 잡힌 반란군들을 처형하도록 강요당했는데, 이는 감히 가다피에게 도전한 남성들에게 최악의 모욕감을 주려는 의도에서 행해졌다고 전해진다. 이 때문에 리비아 남성들 사이에서는 이런 말이 유행하기도 했다. "내 목을 벨지언정 소녀가 나를 뒤에서 쏘게 하지는 말라."[32] 성적 부정 때문에 가족과 국가의

---

31 Mohammed I. Khalili, "A Comment on Heat-of-Passion Crimes, Honor Killings, and Islam," *Politics and the Life Sciences* 21, no. 2 (2002): 38. Matthew Goldstein이 말하듯이, 일찍이 함무라비와 아수라 법전에 의하면 여성의 순결은 가족의 자산이었다. 여성에 대한 명예 살인은 고대 로마 문화의 일부였으며, 남성이 가족 중에서 간음한 여성을 벌하는 조치를 취하지 않는 경우 극심한 박해를 받았다("The Biological Roots of Heat-of-Passion Crimes and Honor Killings," *Politics and Life Sciences* 21, no. 2 [2002]: 28-37).

32 Richard Pendelbury and Vanessa Allen, "Gaddafi's Girl Executioner," *Daily Mail*, August 29, 2011, http://www.dailymail.co.uk/news/article-2031197/Gaddafis-girl-executioner-Nisreen-19-admits-shooting-11-rebel-prisoners.html. 이 이야기는 국내 및 국제 뉴스를

체면을 손상시킨 소녀에게 처형당하는 것은 희생자들을 더 치욕스럽게 만드는 의도적인 모욕이었다. 그래서 바울은 고린도 교회의 교인들을 권면하면서 그 자신을 약혼한 처녀에 대한 책임을 지닌 가족 구성원으로서 설정한다. 바울 자신의 명예가 위태로운 상태에 있으며, 그의 편지의 수신자들은 그리스-로마 문화에서 여성이 저지를 수 있는 가장 심각한 잘못을 저지를 가능성이 있는 여성에 비유된다.

2.3 남성에게 적용된 여성 은유

에베소서의 바울 저작권을 지지하는 학자들에게 가정 규례는 바울이 결혼에 대한 성서적 기준으로서 그리스-로마의 문화적 젠더 역할을 차용했다는 논란의 여지 없는 증거로 종종 여겨진다.[33] 따라서 에베소서 5:21-25은 남편에게 적용된 젠더 은유 때문에 이 연구에서 주요 관심 본문이다. 아내들에 대한 언급에서 남편의 머리 됨은 교회에 대한 예수의 머리 되심과 비교된다. 예수의 머리 되심은 교회를 위해 자기 목숨을 내어주시고 교회를 거룩하게 하신 구원자로서의 그의 역할로 인해 더욱 확실해진다. "구원자"

통해 여러 다른 입장에서 보도되었다.

[33] 에베소서는 바울 전집의 일부지만, 고유한 것으로 알려진 스타일과 어휘, 골로새서에 대한 의존성과 독특한 신학 때문에 골로새서와 함께 제2바울서신으로 분류된다(예. Werner Georg Kümmel, *Introduction to the New Testament*, trans. Howard Clark Kee [Nashville: Abingdon, 1975], 357-63을 보라). 결론은 에베소서와 골로새서가 젠더에 대한 바울의 견해와 관련하여 여러 페미니즘 및 학문적 논의에서 누락되는 일이 종종 발생한다는 것인데, 이는 주로 바울의 주요 서신(*Hauptbriefe*)만을 다루는 경향 때문이다. 그리고 많은 학자들은 이런 주요 서신을 골로새서와 에베소서에서 발견된 자료들 및 소위 목회 서신과 상반되게 해석하기를 주저하지 않는다.

라는 호칭은 그리스-로마 문화에서 전사, 보호자, 양육자, 후견인이라는 남성의 역할에 부합한다.[34] 그러나 젠더 은유는 남편이 언급될 때 전환된다.

아내와 남편에 대한 단락은 자기 아내를 사랑해야 하는 남편의 책임에 구조적으로 초점이 맞추어져 있다. 남편의 사랑은 아내의 머리가 된다는 것의 의미를 설명함으로써 표현된다. 이는 "머리"의 의미적 범주를 설정하며, 앞으로 가정 규례를 다루는 부분에서 더 깊이 논의될 것이다.[35] 머리로서 남성의 역할은 예수와 교회의 관계라는 특별한 예시에 의해 설정되고 묘사되며, 여기에 아내가 남편의 몸이라는 요소가 추가된다.

에베소서 5:21-33에서 남편에 대한 가르침은 이 연구의 주요 관심 분야다.[36] 이 본문의 초점은 남편의 책임, 남편과 예수 그리스도 간의 유비에 대한 의미 밝히기, 그리고 아내의 머리로서 남편에 대한 은유에 있다. 남편에게 부여된 두 가지 역할은 남편에게 권위가 주어진 것으로 종종 해석되지만, 문맥상 바울은 이런 유비와 은유를 정반대로 뒤집는다. 본문은 남성을 그리스도의 신부로, 아내를 남성의 몸으로 배역을 바꾸는 언어 연극으로 구성되어 있다. 바울이 남편에게 부여하는 책임은 당시 문화에서 여성의 일로 표현되었던 하찮은 가정사였다.

---

34 에베소서의 문맥에서 가정 규례와 그것의 역할은 여성의 복종 이슈와 함께 이후 제3장에서 더 논의될 것이다.

35 제3장을 보라.

36 엡 5:1-6:9에 대한 더 자세한 연구로는 Cynthia Long Westfall, "'This Is a Great Metaphor!': Reciprocity in the Ephesians Household Code," in *Christian Origins and Greco-Roman Culture: Social and Literary Context for the New Testament*, ed. Stanley E. Porter and Andrew Pitts, ECHC 1 (Leiden: Brill, 2013), 561-98을 보라.

2.3.1 남편 및 여성의 일과 역할

남편이 언급될 때 남성의 역할은 전사, 보호자, 양육자, 후견인이라는 공적인 영역에서 기대되는 책임의 범주 측면에서 설명되지 않는다. 오히려 그이미지는 목욕, 의복(방직), 세탁, 음식 먹이기, 양육과 같은 가정에서의 장면들로 곧바로 전환된다. 왜냐하면 예수께서 자신의 신부이자 몸인 교회를위해 이런 서비스를 제공하는 분으로서 묘사되기 때문이다.[37] 목욕, 방직, 세탁은 반복되는 가정사였지만,[38] 5:26의 물로 씻는 것은 신부가 결혼 전에 씻는 것에 대한 비유적인 표현을 포함하는 것일 수 있으며, 5:27의 의복과 세탁(얼룩 제거, 빨래, 다림질 포함)은 신부가 결혼식 복장을 구입하고 수선하는 것을 의미할 수 있다.

예수께서 교회를 거룩하게 하신 사건에 대한 이 묘사는 미래에 어린양이 결혼하는 정점에 이르러 성취되는 것으로 종종 해석되지만,[39] 과거에야웨께서 이스라엘을 선택하시고 이스라엘과 결혼 계약을 체결하신 것에대한 확장된 은유를 암시하는 것이기도 하다(겔 16:1-13). 태어날 때와 사춘기에, 조산사나 어머니 혹은 하인조차도 새로 태어난 이스라엘을 돌보거

---

[37] 본문의 형식상 특징에 비추어볼 때, Ernest Best가 5:25 이후에 대해 "교회에 대한 그리스도의 머리 되심과 그분께 대한 교회의 복종은 당연한 것이며, 아내가 남편에게 복종하는 것에 대한 유비에 의해 주장의 근거로서 사용된다"라고 주장하는 것은 적절하지 않다(*Ephesians*, NTG [Sheffield: JSOT Press, 1993], 537). 그러나 본문의 초점과 명령법의 강조점은 분명히 남편의 역할과 책임에 있는 반면, 아내의 복종과 존경에 대한 언급은 여담에 가까운데, 그 이유는 이것들이 문화에 대한 "주어진 정보"였기 때문일 가능성이 크다. 아내의 복종에 대한 주장은 없다.

[38] Craig S. Keener, *The IVP Bible Background Commentary: New Testament* (Downers Grove, IL: InterVarsity, 1993), 552을 보라.

[39] 예. Thomas R. Schreiner, *Paul, Apostle of God's Glory in Christ: A Pauline Theology* (Downers Grove, IL: InterVarsity, 2001), 221을 보라.

나 사춘기에 이른 이스라엘을 씻기고 옷 입힐 사랑, 연민, 혹은 긍휼이 없었기 때문에 야웨께서 이스라엘을 위해 이런 일들을 행하셨다.[40]

은유의 힘이 상실되거나 혼동되어서는 안 된다. 즉 구약성서의 이미지와 바울은 모두 신부나 아내를 위한 서비스를 수행하는 하나님, 그리스도, 남편을 묘사하고 있다. 이런 서비스는 그 행위 자체의 성격 혹은 남편의 신체에 대한 개인적 관리의 비유를 통해 가정 내의 것으로 한정된다. 고대 그리스, 헬레니즘 문화, 유대교에서 가정 범주는 여성의 영역이자 역할이었다. 특히 헬레니즘 문화에서 이런 일들은 여성과 노예가 남성과 다른 여성들을 섬기는 명백한 가사 역할이다. 목욕, 세탁, 의복에 대한 가정 내 상황에서—한 몸이 되라고 말하는 창세기 2:24의 인용을 기대하면서—바울이 자기 관리를 아내에게까지 확장한 것은 헬라파 유대인에게는 역할을 거꾸로 잘못 말한 것처럼 들렸을 것이다. 음식을 준비하고 나르는 것은 양육(θάλπει, 엡 5:29)과 관련된 모든 가정사를 돌보는 것과 함께 여성이나 노예의 일이었다.[41] 출산 외에도 아내를 얻는 주된 목적 중 하나는 아내가 이런 서비스를 제공하거나, 가정을 관리하여 노예에게 그런 일을 시킬 수 있도

40 　신생아를 돌보는 일은 일반적으로 조산사들의 몫이었다. John H. Walton, Victor H. Matthews, and Mark W. Chavalas, *The IVP Bible Background Commentary: Old Testament* (Downers Grove, IL: InterVarsity, 2000), 701을 보라.

41 　θάλπω라는 단어는 신약성서에서 이곳 외에 단 한 곳, 살전 2:7에서 사용되었으며, 바울이 데살로니가 사람들에 대한 자신의 사도적 사역을 유아에 대한 어머니의 돌봄으로 비유하는 것과 비슷한 맥락에서 사용한 양육하는 어머니(혹은 유모일 수도 있다)를 가리킨다. Harold Hoehner는 Ralph Martin을 긍정적으로 인용하면서 ἐκτρέφει와 θάλπει가 "육아 언어"에 속하는 애정 넘치는 단어들이라고 말한다(Hoehner, *Ephesians: An Exegetical Commentary* [Grand Rapids: Baker Academic, 2002], 766에서 Martin, "Ephesians," in *The Broadman Bible Commentary*, ed. Clifton J. Allen [London: Marshall, Morgan & Scott, 1971], 11:170을 인용함). 이 단어들은 심지어 모유 수유에 사용되기도 한다. 70인역에서 이 단어들은 여성의 일에만 한정되지 않지만, 가정의 다른 책임과 함께 발생할 때는 분명히 그런 언어 사용역에 해당한다.

록 하기 위함이다.[42]

2.3.2 그리스도의 신부인 남성

이 모든 것에 더하여 우리는 이 본문에서 남성이 신랑이나 남편일 뿐만 아니라 그리스도의 교회이자 그분의 신부인 교회의 본체에 포함된 존재라는 사실을 잊어서는 안 된다. 교회의 구성원으로서 남성은 그리스도의 사랑, 양육, 돌봄을 받는다(엡 5:29). 그들은 다른 신자들과 함께 씻겨지고 깨끗해져서 결혼 예복을 입은 그리스도의 찬란한 신부로 변화된다(5:26-27).[43] 교회를 그리스도의 신부로 묘사한 것은 여성의 옷을 입는 것뿐만 아니라 둘이 한 몸이 된다는 차원에서의 성적 연합을 분명히 가리킨다. 성적 연합의 통일성에서 교회의 여성적 역할에 대한 이런 긍정적인 시각은 삽입을 통해 수치와 지배를 당하는 여성의 성 역할에 대한 그리스-로마의 관점에 도전한다. 문화의 경멸적인 여성의 성 역할이 뒤집혀서 그리스도 안에서 모든 신자가 그의 신부로서뿐만 아니라 그의 몸이자 동등한 상속자인 형제자매로서 같은 관계를 공유하게 된다. 만약 이런 해석이 옳다면, 이 관점은

---

42   Clinton Arnold는 "아내에 대한 남편의 책임: '그녀를 소중히 여기고 품어주고 입혀주는 것' 이라는 내용의" 파피루스 결혼 계약서의 출처로서 Best, *Ephesians*를 인용한다("Ephesians," in *Zondervan Illustrated Bible Backgrounds Commentary*, ed. Clinton E. Arnold [Grand Rapids: Zondervan, 2002], 334). 그러나 Best는 파피루스에 대한 정보를 제공하지 않은 채 Friedrich Preisigke, *Wörterbuch der griechischen Papyrusurkunden* (Amsterdam: A. M. Hakkert, 1969), 1:665을 인용하면서 다음 텍스트를 남긴다. θάλπειν καὶ τρέφειν καὶ ἱματίζειν αὐτήν. 그러나 이것은 결혼 계약서가 아니라, Jean Maspero, *Papyrus grecs d'époque byzantine* (Cairo: Institut Français d'Archéologie Orientale, 1911), vol. 1, no. 67005: 18-33에서 가져온, 정의를 위한 한 과부의 탄원서다. 33쪽의 132번째 줄을 보라.

43   동시에 여성은 남성의 몸이 된다(엡 5:28-29).

젠더에 대한 그리스-로마의 세계관과 반대되며 정면으로 배치되는 제2성전기 유대교의 세계관에 기반했을 가능성이 크기 때문에, 바울이 죽은 후 50여 년이 지난 시점에 이방인 교회에서 기록되었다는 에베소서의 후대 저작권에 관한 주장은 설득력이 떨어진다.

따라서 우리는 바울의 이방인 교회에서 여성 은유가 남성에게 적용된 것은 영적인 질서를 위해서뿐만 아니라 반문화적이며 변혁을 추구하는 차원의 것이었다는 결론을 내릴 수 있다. 이는 바울이 남성 은유를 모든 신자에게 적용했을 때 여성이 문화적으로 설정된 한계를 넘어설 수 있었던 것과 같은 방식으로 그들을 문화적으로 설정된 공간에서 벗어나게 했다. 에베소서 5:22-23에서 여성의 복종에 대한 문화적 기대가 강화되긴 하지만, 실제로는 남성이 여성처럼 행동함으로써 그의 머리 됨을 행사하라는 명령을 받을 때 여성의 열등하고 낮은 지위는 뒤집힌다. 더 자세히 들여다보면, 그리스-로마의 문화적 패러다임 내의 관점에서 볼 때 여성을 씻기고 옷 입히고 먹이고 양육함으로써 남성은 여성을 더 우월한 존재로서 대접하게 되는 것이다. 반면에 그리스도의 신부로서 교회 전체의 기능은 그리스-로마 문화에서 여성의 성적 기능과 직결된 수치심을 뒤집는다. 그러므로 이 본문은 로마 제국의 법적인 위계질서에 의해 형성된 관계 안에서 서로 복종하는 것을 아름답게 표현하고 있으며, 창조 기사(창 1:31)에 나타난 여성에 대한 평가를 반영하는 방식으로 여성이라는 젠더를 긍정적으로 재해석하고 있다.

＊＊

이 장은 바울이 그리스-로마 문화의 젠더 고정관념을 그의 서신에서 일반적으로 어떻게 활용하고 재정의했는지를 보여준다. 바울이 여성을 포함한 모든 신자를 묘사하기 위해 젠더에 특화된 남성적 행위를 어떻게 활용했는지, 모든 그리스도인을 위해 젠더에 특화된 여성적 행위를 어떻게 활용했는지, 그리고 여성의 일과 역할을 남편에게도 어떻게 분명히 귀속시켰는지를 보여줌으로써 이를 수행했다. 게다가 바울은 여성에 대해 아리스토텔레스 철학에 기반한 그리스-로마의 평가와는 완전히 정반대로 긍정적인 평가를 내렸다. 예수와 마찬가지로 그는 남성 우선주의와 우월주의에 기반한 그리스-로마 위계질서의 전제에 도전했다. 질문은 이것이다. 즉 바울이 그리스어를 사용한 방식에서 의미한 것, 의도한 것, 추구하여 얻어내고자 했던 것은 무엇인가? 확실하게 그는 그리스-로마의 젠더 역할을 옹호하는 데 헌신하지 않았다. 그는 카이사르의 권력이 의지하고 있었던 로마의 제국주의 신학과 위계질서를 지지하지도 않았다. 대답은 그가 남성과 여성 신자들이 그리스도를 따르도록 그들을 준비시키고자 했다는 것이다. 여성은 권력을 행사하고, 전사와 검투사처럼 영적 전쟁을 치르며, 육상 선수처럼 영적 목표를 추구하기 위해 자신의 정체성과 역할을 조정해야 했다. 그들은 은유적으로 보호자 아래서 미성숙 상태에 머무르기보다 성숙에 이르기까지 성장해야 했다. (바울을 포함하여) 남성은 약점을 파악하고, 다른 신자들을 양육하며, 공격을 누그러뜨리고, 겸손과 고난 및 복종으로 그리스도를 따르기 위해 자신의 정체성과 역할을 조정해야 했다. 우리는 이제 바울이 젠더의 차이를 인식하고 있었다는 사실과, "이미 그러나 아직"의 종말론적 기독교 공동체에서 남성과 여성이 어떤 역할을 하는지에 대한 자신의 이해와 주장을 위해 창조 기사를 지속적으로 언급한다는 사실을 살펴볼 것이다.

제3장
창조

바울은 남편과 아내의 관계와 같은 젠더 이슈를 다룰 때 창조 기사를 언급한다. 그는 특히 남성으로부터 여성이 창조되었다는 사실에서 깊은 신학적 중요성을 발견하며, 교회와 가정의 특정 관습을 지지하고 심오한 신학적 신비를 밝히기 위해 창조 본문을 사용한다.[1] 남성과 여성이 창조된 목적이 젠더와 관련한 모든 논의의 기초라는 점에는 의심의 여지가 없지만, 바울 전집에서 이것은 타락 및 종말론으로부터 분리하여 연구될 수 없는 주제다. 바울은 새 창조에서의 종말론적 성취를 논의할 때 창조의 목적을 가정한다. 그가 깊은 관심을 둔 분야는 다음과 같다. (1) 하나님께서 창조 시에 인간에게 의도하신 목적을 예수 그리스도께서 어떻게 성취하셨는가? (2)

---

[1] 젠더와 관련한 가장 중요한 본문 중에서 문맥이 종종 오해되거나 제대로 인식되지 않는 두 본문은 고전 11:3-16과 딤전 2:8-15이다. 고전 11장의 맥락은 여성과 남성을 위한 예배의 질서지만, 종종 남편과 아내 사이의 복종과 관련된 가정 규례로서 더 자주 언급되곤 한다. 한편 딤전 2:1-15의 맥락은 여성을 위한 예배에서의 질서라고 보통 알려지지만, 주요 요소들은 딤전 2:8-15이 가정 규례의 일부임을 암시해주며, 딤전 2:12은 아내와 남편의 행동을 다룬다(9.1.5 단락을 보라). 혼동을 일으키는 주요 요인 중 하나는 그리스어 γυνή가 "여자"와 "아내"를 의미하고, ἀνήρ가 "남자"와 "남편"을 의미하며 영어의 "man"이라는 단어가 가끔 그러하듯이 중립적으로 "사람"을 뜻할 수도 있다는 점이다. 본 연구의 공헌 중 일부는 이런 대안적 맥락에 대해 논증하고 이런 맥락이 해석에 미치는 영향을 입증하는 것이다.

예수께서 타락의 결과를 어떻게 뒤집으셨는가? (3) 하나님은 남성과 여성 모두를 포함하는 인류에 대해 어떤 목적을 가지셨고, 예수 그리스도 안에서 그것을 어떻게 이루실까? 따라서 인간 창조 이면에 숨겨진 목적에 대한 바울의 이해는 두 번째 아담으로서 그리스도의 사역, 새 창조의 일부로서 신자, 인간의 종말론적 운명에 대한 그의 논의에서 대부분 드러난다.

젠더 및 창조와 관련되는 몇몇 이슈를 내가 이미 언급했지만, 이제부터는 특별히 창조 기사의 맥락에서 각각의 관심사를 구체적으로 살펴보려고 한다. 이 관심사에는 바울이 하나님의 형상을 남성 및 여성과 어떻게 연결하는지, 하나님의 영광을 남성 및 여성과 어떻게 연결하는지, 창조 기사가 인류의 운명에 대해 무엇을 알려준다고 믿는지, 그의 글에서 창조의 순서가 남성과 여성에게 어떤 의미가 있는지, 그리고 머리 됨에 대한 그의 논의와 창조를 어떻게 연결하는지 등이 포함된다. 남성과 여성의 창조에 대한 바울의 언급은 그가 실제로 무엇을 말했고, 창조 기사는 어떻게 말하고 있으며, 그것이 바울이 주장하는 맥락에 어떻게 들어맞는지에 대한 측면에서 주의 깊게 연구되어야 한다.

신약성서에 인용된 구약에 관한 연구는 주어진 인용구의 맥락을 무비판적으로 가져오는 것을 극도로 꺼린다. 그러나 바울이 사용한 창세기 1-2장의 창조 기사가 창의적인 언어유희나 원래 문맥과는 상관없는 주장에 대한 본문의 근거가 아니라 그 내러티브나 내러티브 요약에 대한 암시를 구성할 때, 독자들은 출처 본문에 집중하게 된다. 따라서 바울이 고린도전서 11:3-16, 에베소서 5:21-33, 디모데전서 2:11-15에서 남성과 여성의 창조를 암시할 때, 이 암시는 독자에게 창조 기사의 전체 내러티브를 상기시킨다. 바울은 창세기를 해석하며, 반대로 창세기는 바울을 해석한다.

창조 기사에 근거한 바울의 가르침은 틀림없이 규범적이라고 주장되어왔다.[2] 그러나 창조 기사에 근거한 바울의 명령, 금지, 혹은 가르침이 산발적이거나 문화에 한정된 적용이 아니라 반대로 "초월적 규범"(또는 보편적 결론)이라는 연역적인 가정이 세워지면 안 된다. 신앙 전통은 창조 기사를 포함한 성서의 모든 말씀이 책망과 바르게 함에 유익하다(딤후 3:16)는 사실에 동의하는데, 이는 상황에 제한되고 문화적으로 한정된 이슈에 관한 문제를 특정하여 적용하는 것을 포함한다. 따라서 창조 기사의 인용이 반드시 초월적 규범을 가리킨다는 가정은 문제가 많은 전제다. 예수와 바울은 모두 인간을 남성과 여성으로 창조했다는 성서 기사가 젠더에 대한 초월적인 규범을 담고 있다고 믿었지만, 동시에 바울은 고린도전서 11:3-16에서 베일을 쓰는 것에 대한 자신의 주장을 뒷받침하기 위해 그 기사를 인용하기도 했는데, 이는 문화적으로 한정된 적용이다. 초월적 규범이나 보편적 전제가 규범적이거나 보편적인 결론을 뒷받침하는 데만 사용될 수 있다는 주장은 논리적인 오류다.[3] 창조에 대한 성서적 이해는 특정 개인과 관련된 특정 상황에 적용되거나, 대화에 포함되거나, 바울의 교회에서 문제 있는 신학 혹은 관행을 언급하거나, 제2성전기 혹은 그리스-로마 문화를 비판하는 데 사용될 수 있다. 게다가 창조 기사를 초월적 규범으로 인용하거나 암시하는 이런 잘못된 해석학적 제약은 모든 설교에서 해당 문맥에 맞는 성서적 규범의 적절하고 신선하며 구체적인 적용을 찾아내려고 시도하는 최고의 복음주의적 해석학 및 설교학 전통에도 부합하지 않는다.

----

2   예. Thomas R. Schreiner, *Paul, Apostle of God's Glory in Christ: A Pauline Theology* (Downers Grove, IL: InterVarsity, 2001), 408-9을 보라.

3   이런 논리적 오류는 삼단 논법이 보편적 명제와 특정 적용에 어떻게 연결될 수 있는지에 대한 잘못된 이해를 구성한다. 따라서 창조 기사가 "시간을 초월하는 규범"의 근거만을 지지한다는 전제는 D. A. Carson이 "부적절한 삼단 논법의 오류"라고 부르는 것이다 (*Exegetical Fallacies*, 2nd ed. [Grand Rapids: Baker, 1996], 94-101).

몇몇 해석가는 바울에 따르면 여성은 남성과 같은 방식으로 하나님의 형상을 품고 있지 않다고 주장하기도 했고, 다른 해석가들은 창조 순서에 따른 장자권을 주장하기도 했다. 즉 창조의 순서가 남성의 우월함을 나타낸다고 말이다. 다수의 해석자는 "머리 됨"에서 계층적인 권위를 발견했고, 이와 비슷하게 여성이 남성을 섬기도록 열등한 조력자로서 창조되었다고 바울이 가르친 것이 사실이라고 생각하기도 했다. 하지만 이런 해석이 창조에 관한 바울 본문을 가장 잘 이해한 것일까? 이 주장들이 바울 신학의 보다 일반적인 범주에 부합할까? 이런 주장들은 바울 본문에 비추어 분석될 수 있다.

3.1 젠더와 하나님의 형상

성서는 창세기 1장에서 창조로 시작되어 남성과 여성, 즉 인간을 하나님의 형상으로 창조하면서 절정에 이른다.

> 하나님이 자기 형상 곧 하나님의 형상대로 사람을 창조하시되 남자와 여자를 창조하시고 하나님이 그들에게 복을 주시며 하나님이 그들에게 이르시되 "생육하고 번성하여 땅에 충만하라, 땅을 정복하라, 바다의 물고기와 하늘의 새와 땅에 움직이는 모든 생물을 다스리라" 하시니라(창 1:27-28).

바울은 인간 속에 있는 아담과 하나님의 이미지와 예수 그리스도 안에 있는 하나님의 이미지에 대해 말할 때마다 이 구절을 암시한다. 따라서 바울은 인간이 타락의 결과로서 아담의 형상을 품지만("오염된" 인간), 예수 그리스도는 하나님의 형상을 품기 때문에 그리스도를 믿는 신자는 그의 형상과 하나님의 형상을 동시에 품는다고 말한다(고전 15:49; 고후 3:18; 4:4; 골 1:15; 3:10). D. J. A. 클라인즈에 의하면, 골로새서 3:10-11에 기록되었듯이 새 창조에서 하나님은 "창조자의 형상을 닮은…새로운 인간"을 창조하시는데, 이는 "유대인과 헬라인, 노예와 자유인, 남성과 여성의 경계를 간과하거나 없애버리는" 행위다.[4]

그러나 고린도전서 11:7에서 바울은 "남자는 하나님의 형상과 영광…여자는 남자의 영광"이라고 말한다. 이 구절에서 바울은 창세기 1:27을 여성이 남성으로부터 창조되었다는 창세기 2장의 내러티브와 하나로 합친다. 클라인즈는 이렇게 말한다.

> 고린도전서 11:7에서 바울은 남성(anēr; 그리스도인으로 특정하지 않음)을 하나님의 형상과 영광의 "상태"(hyparchōn)라고 말하면서 여성은 그렇지 않음을 암시한다. 모든 남성이 하나님의 형상과 영광이기 때문에(추측하건대 남자가 하나님의 형상을 따라 하나님의 영광을 나타내는 존재로 창조되었다는 의미일 것이다), 모든 여성은 남성에게 속하며 남성의 영광을 드러낸다.[5]

클라인즈는 바울이 여성은 창조 시에 하나님의 형상으로 만들어지지 않았음을 "암시한다"고 추론한다. 더 나아가 그는 "여자는 남자의 영광이다"라

---

4   Clines, "Image of God," DPL, 427. 이 관점은 이미 내려진 결론과 "요약된 논의"를 실은 사전에 대안적인 견해 없이 포함되었다(Gerald F. Hawthorne, Ralph P. Martin, and Daniel G. Reid, preface to DPL, ix). 따라서 이 참고문헌에 따르면 바울은 여성이 하나님의 형상이 아니라고 가르쳤으며, 이 견해는 확고한 결론으로 받아들여지고 주류 학계에서 특별히 논란이 되지 않는다.

5   Clines, "Image of God," 427.

는 말이 복종을 가리킨다고 추정한다. 그럼에도 "그리스도인들에게 말하다"라는 제목하에서 클라인즈는 바울이 골로새서 3:10-11에서 여성 신자들을 "'창조자의 형상에 따라'…점차 '새롭게 된 새 사람'"에 분명히 포함시키고 있다고 말한다.[6] 클라인즈의 첫 번째 추론은 바울을 창세기 1:27 및 창세기 5:1-2과 모순되게 만들어버리는데, 이 구절들에서는 여성이 하나님의 형상으로 창조되었다고 한다. 클라인즈는 여성 신자들이 그리스도 안에서 하나님의 형상으로 "새롭게 되는 것"(τὸν ἀνακαινούμενον; 골 3:10-11)이 역설이 된다는 사실을 다루는 데 실패한다. 클라인즈의 이해에 따르면, 여성은 자신이 창조되지 않은 무엇인가로 새롭게 되는 것이며, 이는 바울을 그 자신과 모순되게 만든다.[7] 그가 여성의 복종을 강조하지만, 남성의 머리됨 관계에서 남성의 복종을 언급하지 않는다는 점에 주목하라. "남자의 영광"이 되는 것이 복종을 가리킨다는 그의 믿음은 만물에 대한 통치권을 여성과 공유한다는 창세기 1:28과 모순되며, 고린도전서 11:3-16의 영광의 긍정적인 연관성을 놓친 결과다(아래에서 논의됨).[8] 이는 창세기가 바울을 해석해야 하고, 바울 전집이 바울을 해석해야 하는 경우다.

창세기 1:27과 5:1-3에서 하와는 하나님의 형상대로 하나님에 의해 특별히 창조되었다. 창세기 2:21-24에서 하와는 아담의 뼈 중의 뼈, 살 중

---

6   Ibid.
7   바울은 다른 서신에서 그리스도 안에 있는 모든 사람은 영광에서 영광으로, 하나님의 형상이자 영광이신 그리스도의 이미지로 변화된다는 점을 분명히 말한다(예. 롬 8:29; 고후 3:18).
8   일반적으로 고전 11:3-16은 고린도 여성들에 대한 논쟁이자 여성에 대한 남성의 지배권을 정당화하는 것으로 해석된다. 비록 주제는 (기도하고 예언함으로써) 동일한 방식으로 지도자의 역할을 하는 남성과 여성에 대한 것이고, 본문에 남성의 권위에 대해 직접적으로 언급하는 것이 아무것도 없지만 말이다. 그러나 "하나님의 영광"이 되는 것에 반대되는 "남자의 영광"이 되는 것은 "더 작은 영광"으로 교정되는 것으로서 간주된다.

의 살이며, 결혼으로 한 몸이 되었기 때문에 아담의 형상이기도 하다(참조. 엡 5:31). 따라서 하와는 다음의 세 가지 면에서 하나님의 형상이다. 즉 하와는 하나님의 형상으로 그분에 의해 직접 빚어졌고, 타락 이전 하나님의 형상을 품은 아담으로부터 만들어졌으며(흙으로 만들어진 아담과 대조된다), 성적인 연합을 통해 아담과 한 몸이 되었다는 점에서 그렇다. 골로새서 3:10-11에서 여성 신자가 하나님의 형상으로 **새롭게 되는** 것에 대한 바울의 구체적인 주장은 추론의 결과가 아니라 창세기의 하와 창조에 부합하는 것이다. 그러므로 남성과 여성을 하나님의 형상으로 창조한 것은 창세기 내러티브에 의하면 분명한 사실이며, 남성과 여성이 하나님의 형상으로 새롭게 되는 것은 바울의 주요 주제다. 여성이 하나님의 형상으로 창조되었다는 전제는 고린도전서 11:7을 해석하는 데 합법적으로 사용될 수 있다.

그렇다면 우리는 바울이 남성은 하나님의 영광이자 형상이지만 (그에 반해) 여성은 남성의 영광이라고 말하는 고린도전서 11:7을 어떻게 이해할 수 있을까? 이에 대한 대답은 하와가 아담과 하와의 모든 후손과 같이 다양한 정체성을 갖고 있다는 것이다. 예를 들어 우리는 바울이 아담과 하와의 아들인 셋이 하나님의 형상이라고 말했을 것이라고 당연히 추측할 수 있다. 그러나 창세기는 셋이 아담의 타락 후를 닮아 "그의 형상과 같았다"(창 5:3)라고 강조한다. 바울도 비슷하게 인간 아담의 형상을 상호 배타적인 방식으로 그리스도/하나님의 형상과 비교한다. "우리가 흙에 속한 자의 형상을 입은 것 같이 또한 하늘에 속한 이의 형상을 입으리라"(고전 15:49). 따라서 셋과 아담 이후의 모든 남성은 하나님의 형상을 품으면서도 그리스도 안에 거하지 않으면 그들의 타락한 조상인 아담의 형상도 함께 품는다는 점에서 다양한 정체성을 지닌다.

이것은 바울이 여성에 대해 말하는 것을 우리가 이해하는 데 도움이 되는 패러다임 혹은 매우 유사한 유비를 제공해준다. 셋과 비슷하게 하와는 다양한 정체성을 갖고 있었다. 즉 그녀는 하나님의 형상으로 만들어졌고 아담으로부터 직접 창조되었기 때문에 그의 영광이기도 했다. 그녀는 아담의 독특한 형상이었고 심지어 그의 일부였기에, 둘은 서로 분리될 수 없는 한 몸이었으며 자손과 조상의 관계와도 구별되었다(창 2:23-24). 만일 모든 남성이 아담과 같은 패턴으로 하나님의 영광이라면, 바울이 창조 본문으로부터 추정하듯이, 하와의 패턴인 여성은 "영광의 영광"이며, 이는 창세기 2:23-24의 아담의 긍정적인 평가와 동일한 영향력을 지닌다. 이것은 다양한 정체성의 측면에서 여성이 모자라고 부차적이거나 무엇인가가 빠진 것이라기보다는 오히려 더 넘치거나 무엇인가가 더 추가된 것이다.[9]

3.2 하나님의 영광과 남성의 영광

바울은 남성의 영광과 여성의 영광 간의 차이점을 그들의 외모에서 찾는다.[10] 바울은 기도하며 예언하는 남성을 보았을 때 그의 머리를 드러내는 행위가 하나님의 형상과 영광을 잘 반영하는 것이며, 그의 외모는 하나님께 드리는 예배와 잘 어울린다고 여겼다(고전 11:4, 7).[11] 남성은 자기 외모로

---

9   한편 창조 기사에서 여자 없는 남자는 "좋지 아니"했다(창 2:18). 이 기사는 아담에게 하와가 필요했다는 점을 강조한다.

10 이것은 외모가 이슈라는 점에서 Philip Payne과 일치한다(*Man and Woman, One in Christ: An Exegetical and Theological Study of Paul's Letters* [Grand Rapids: Zondervan, 2009], 204; 참조. 204n24).

11 남성이 머리를 가리지 못하게 한 바울의 조치는 기도하거나 제물을 바칠 때 고린도에 있

호소하고 유혹하기 위한 노력의 일환으로 머리를 길게 기르지 않았을 때 하나님께 영광이 되었다.[12] 이런 관습은 예배 상황에서 남성과 여성 모두를 수치스럽게 하거나 품위를 떨어뜨리게 만드는 것이었는데, 그 이유는 긴 머리가 남성에게 영광스럽다고 여겨지지 않았기 때문이다(고전 11:14).

반면 바울은 여성이 남성의 영광이며 여성의 머리는 그녀의 영광이라고 말한다. 여성이 남성의 영광이고(7절), 여성이 남성을 위해 창조되었으며(9절), 모든 남성은 여성에게서 태어났다(12절)는 바울의 말은 그의 의도를 명확하게 해주는 「에스드라1서」 4:14-17과 텍스트상으로 긴밀히 연결된다. 다시 말하면, 바울과 「에스드라1서」 4:14-17 사이에는 우연이라고 하기에는 너무 많은 연결점이 존재한다. "여자는 남자의 영광"이라는 바울의 언급이 해석자들 사이에 혼란을 일으켰지만, 「에스드라1서」에 비추어보면 그 의미가 명확해진다. 이 또한 창조 기사와 긴밀히 연관되어 있어서 본문을 이해할 수 있는 내러티브 틀을 제공해준다.[13] 내용을 보면, 다리

는 아우구스투스 조각상의 모습과 같이 머리 위에 겉옷을 걸치는 로마의 관습을 바로잡았다. 이 관습에 대한 개관은 David E. Garland, *1 Corinthians*, BECNT (Grand Rapids: Baker Academic, 2003), 517-18을 보라. 그러나 Garland는 이것이 실제로 문제를 바로잡은 것이 아니라 가정에 불과하다고 주장한다. 단순히 그 주장이 여성에게 불리하고 남성을 지지하는 것이라고 확신하지 않는 한, 그가 왜 그런 입장을 취했는지는 명확하지 않다. 그는 머리를 가리는 것을 부끄러워하거나 불명예로 여기는 것이 이교도 제물의 머리 장식과 연관이 있다고 주장한다(ibid., 518). 그러나 이것은 어떤 차원에서도 본문의 지지를 받지 못한다. 그 관습은 지위를 가진 남성과 관련이 있었을 것이다.

12 남성의 긴 머리가 "남자답지 못한 머리"를 가리킨다는 Payne의 주장을 보라(*Man and Woman*, 200-204). 이는 회중 안에서 남성이 남성을 유혹하는 모든 시도를 교정하거나 방지했을 것이다. 당시 문화에서는 양성애가 횡행했기 때문에, 이는 고린도에서 잠재적인 문제였을 수 있다. 적어도 원칙적으로는 남성이 과시하고 유혹하기 위해 머리카락을 사용하는 것은 모든 사람에게 거리낌이 되고 문제가 될 수 있었다. 남성의 긴 머리에 대한 바울의 경멸적인 발언은 그리스-로마 문화의 비슷한 발언들과 맥을 같이한다.

13 따라서 고전 11:7-15은 창 2장 및 「에스드라1서」 4:14-22과 복잡한 텍스트적 관계를 보여준다. 이것은 신약의 구약 사용과도 연관된 이슈다. Steve Moyise는 이런 텍스트의 암시

우스 왕의 경호원 세 명이 세상에서 가장 강한 한 가지를 말하는 내기를 한다. 첫 번째 사람은 "포도주"라고 말하고, 두 번째 사람은 "왕"이라고 말하며, 세 번째 사람은 여성이 앞의 두 가지보다 더 강하지만, 진리가 모든 것 중 가장 강하다고 설득력 있게 주장한다.

> 여러분, 왕이 위대하고 사람이 많으며 포도주가 강하지 않습니까? 그렇다면 누가 그것들을 다스리며 그에 대한 지배권을 갖습니까? 여자가 아닙니까? **여자는 바다와 땅을 다스리는 왕과 모든 사람을 낳았습니다. 그들은 여자로부터 나왔습니다.** 그리고 여자가 포도주를 생산하는 포도원을 가꾸는 바로 그 남자를 키웠습니다. 여자가 남자의 옷을 만들고, **여자가 남자에게 영광을 가져다주며, 남자는 여자 없이 존재할 수 없습니다**(1 Esd. 4:14-17, 강조는 덧붙인 것임).

「에스드라1서」 4:17에서 여성이 남성에게 영광을 가져다주고, 남성을 위한 영광을 만들어낸다는 말은(ποιοῦσιν δόξαν τοῖς ἀνθρώποις) 단수의 형태인 "여자가 남자의 영광이다"로 고쳐 쓸 수 있다. 이것은 클라인즈가 추정하는 것처럼 복종을 의미하는 것이 아니라,[14] 여성이 남성에 대해 갖는 힘을 나타낸다. 이 본문을 「에스드라1서」 4:14-17의 암시로서 이해하면 왜 바

를 이해하는 세 가지 방법이 있다고 말한다. 즉 상호 텍스트성, 내러티브, 수사학이다(*Paul and Scripture: Studying the New Testament Use of the Old Testament* [Grand Rapids: Baker Academic, 2010], 111). 이 경우에는 바울이 창세기와 「에스드라1서」 모두에서 내러티브 틀을 재현하고 있다는 생각이 든다.

14 Clines는 "모든 남자가 하나님의 형상이자 영광이기 때문에(아마도 그가 하나님의 형상에 따라 창조되고 하나님의 영광을 나타낸다는 의미일 것이다), 모든 여자는 남자에게 종속되어 그 영광을 표현한다"고 추정한다("Image of God," 427).

울이 "그러나 주 안에는 남자 없이 여자만 있지 않고"(고전 11:11)라는 경고를 통해 자신의 진술을 정당화했는지 그 이유를 알 수 있다.

고린도전서 11:3-16과 마찬가지로 「에스드라1서」 4:14-22 역시 창세기 2장과 텍스트상으로 긴밀히 연결된다. 이는 여성이 남성을 위한 영광을 만들어내고 남성은 여성 없이 존재할 수 없다는 진술뿐만 아니라,[15] 남성이 자기 아버지와 어머니를 떠나 아내와 연합한다는 창세기 2:24의 클라이막스와도 연결되는 것이다.

> 남자가 금이나 은, 혹은 다른 아름다운 것들을 모은 다음에 외모가 사랑스럽고 아름다운 여자를 보면, 자신이 가진 모든 것을 내버린 채 입을 벌리고 그녀를 쳐다봅니다. 그리고 금이나 은이나 다른 아름다운 것들보다도 그녀를 더 좋아하게 됩니다. 남자는 자신을 길러준 아버지와 조국을 떠나 아내와 연합합니다. 그는 자기 아버지나 어머니, 혹은 조국에 대해 생각하지도 않은 채 자기 아내와 하루를 마무리합니다. 그러므로 당신은 여자가 당신을 지배한다는 사실을 깨달아야 합니다! 당신은 수고하고 노력한 것들을 모조리 가져와 여자에게 주지 않습니까?(1 Esd. 4:18-22)

이 본문은 여성의 아름다움이 위험하며 남성의 통제력을 상실하도록 만든다는 중동의 오랜 믿음과 맞아떨어진다.[16] 여성의 머리는 그녀를 아름답게

---

15   창 2:18-20에 비추어보면, 고전 11:9의 "또 남자가 여자를 위하여 지음을 받지 아니하고 여자가 남자를 위하여 지음을 받은 것이니"라는 말씀은 남자에게 여자가 필요했음을 나타낸다. 3.6 단락을 보라.

16   남성들은 일반적으로 여성의 아름다움이 남성보다 뛰어날 뿐만 아니라 극도로 위험하기도 하다고 생각해왔다. 이것은 서구 여성들이 받는 메시지와는 뚜렷한 대조를 이루는 것으로 보인다. 서구 여성은 자기 외모에 대해 부적절하다는 메시지를 취할 가능성이 더 커서 거식

해주는 주요 부분이며, 이는 베일을 쓰는 근거가 된다. 만일 여성이 머리를 가리지 않고 기도하거나 예언하면, 그녀의 머리의 아름다운 모습이 "남자의 영광"(고전 11:15)을 나타내기 때문에, 하나님께 드리는 예배와 경쟁하게 된다.[17] 여성에 관한 한, 그녀의 가리지 않은 머리는 성적 이용 가능성, 불결함, 그리고 문화에서의 낮은 지위를 상징하기 때문에 오명이었다(고전 11:5-6).[18] 베일의 상징성을 제대로 이해하고 바울이 주장하는 것의 흐름을 잘 따라가면, 「에스드라1서」 4:14-22을 참조하지 않고도 고린도전서 11:7-16에 대한 동일한 이해에 이를 수 있다. 그러나 이런 텍스트 간 연관성에 대한 증명은 1세기 문학적·문화적 배경에서 바울 전집을 이해하는 데 개방적인 사람들에게 설득력이 있어야 한다.

문제는 가리지 않은 여성의 머리가 하나님의 영광을 가리며 여성에게 수치를 준다는 것이었다. 여성이 머리를 가리는 것은 남성의 영광에서 하

증과 같은 섭식 장애를 겪기도 한다. 기독교에 대한 플라톤의 영향과 금욕주의의 성장은 성뿐만 아니라 여성에 대해서도 비정상적인 반응이나 접근-회피를 지속적으로 키웠을 수 있는데, 이는 바울이 공유하지 않는 것이었다.

17 Payne은 고전 11:15에 근거하여 부끄러운 머리 가리개 대신 품위 있는 머리 모양이 고려된다고 주장한다(*Man and Woman*, 204-7). Elisabeth Schüssler Fiorenza, *In Memory of Her: A Feminist Theological Reconstruction of Christian Origins* (London: SCM, 1983), 226-30도 보라. Payne과 다른 이들은 왜 여성이 자신의 "영광"을 가릴 것을 요구받는지, 또는 머리카락이 어떻게 망토가 될 수 있으며 추가적인 가리개가 왜 여전히 필요한 것인지를 이해하지 못한다. 그러나 여러 문화권에서는 여성의 머리가 지닌 매력이나 영광 자체가 그것을 가리고자 하는 바로 그 이유가 되며, 이것이 널리 퍼진 관행이기도 하다. "망토"는 자연에 의해 주어지고 남편을 위해 남겨두어야 할 장식품 혹은 미용 액세서리로 받아들여져야 한다. 그럼에도 불구하고 논의의 흐름 속에서 Payne의 기본적인 이해는 본 연구와 부합한다. 이와 비슷하게 "머리에 대한 권위"가 예언적인 발언을 할 수 있는 여성의 권한을 나타내는 머리 장식이어야 한다는 주장은 언어의 측면에서뿐만 아니라 정숙함을 위해 여성에게 베일을 쓰게 하는 널리 퍼진 관행을 고려하는 측면에서도 설득력이 떨어진다. Morna D. Hooker, "Authority on Her Head: An Examination of 1 Corinthians 11:10," *NTS* 10 (1964): 410-16과 반대되는 의견이다.

18 베일의 근거와 여성의 머리에 대한 당시 문화의 관점에 대해서는 1.6.4 단락을 보라.

나님의 영광으로 주의를 돌린다.[19] 하와는 아담을 강하게 유혹하도록 창조되었는데, 이는 창조의 긍정적인 클라이막스의 정점이었지만, 예배는 그런 역동성을 경험하는 시간이나 장소가 아니다.[20] 오히려 가정 교회에서 여성의 베일 착용을 금지하는 것이 부적절하고 안전하지 않으며 여성과 그 가족에게 무례한 것이었다.[21] 하지만 만일 남성이 여성 노예, 여성 해방노예, 하층민 여성이 베일을 쓰는 것을 금지시키려고 했다면, 바울은 교회에서 가장 취약한 구성원들을 보호하고 그들에게 그리스도 안에서 자매의 위엄과 지위를 부여한 것이다. 어떤 경우든 간에, 바울은 모든 여성을 대신하여 논쟁함으로써 베일을 쓰는 것에 관한 문화적 규정과 제한의 수혜자였던 높은 지위의 여성뿐만 아니라 남성의 지위와 자격을 포함하는 이런 명령

---

19 따라서 바울의 논의는 여성 자신과 그녀의 가족에 대한 명예와 수치의 근원으로서의 여성의 아름다움에 대한 보편적인 접근-회피를 잘 설명해준다.

20 서구 문화의 훨씬 덜 격리된 세계관에서 외모가 단정해야 하는 여성의 책임은 성욕에 저항해야 하는 남성의 책임과 균형을 이루어야 한다(참조. 마 5:28). 이것은 교회에서의 "성교"에 대한 자신의 부적절한 백일몽에 대한 Garrison Keillor의 묘사에서 잘 설명된다. 여기서 그는 목과 머리카락에 매료되어 앞 좌석에 앉은 한 여성에게 시선을 고정한다. "양 갈래로 땋아 내린 머리 사이로 보이는 Joyce Johnston의 목에 당신의 눈이 고정된 순간, 당신의 마음은 또다시 해안에서 표류하기 시작한다. 예전에는 한 번도 없었던 일이지만, 검은 물속으로 빠져들듯 당신의 마음이 요동친다. 당신과 그녀는 시냇가에 있고, 그녀는 옷을 벗는다. 갑자기! '수영하러 가자'고 말하면서 옷을 벗는다. 속옷도 없이 완전히 벗었고, 당신은 그녀를 쳐다보지 않을 수 없다. 청소년 프로그램의 기둥인 이 아름다운 여성이 밝은 햇빛 아래에서 나체 상태로 당신의 손을 잡은 채 물속으로 걸어 들어가고 있다. 이번에는 당신이 돌아서서 그녀를 포옹한다—바로 그때 Bob은 성서를 덮고 강단에서 내려왔다"(*Lake Wobegon Days* [New York: Penguin, 1986], 323-24). 이런 역동성을 피하는 것이 많은 여성이 히잡 착용을 선택하는 이유다.

21 Garland에 따르면 바울의 "목표는 젠더에 관한 신학을 기록하는 것이 아니라 교회의 명성에 손상을 입힐 수 있는, 예배에 어울리지 않는 관습을 교정하는 것이다"(*1 Corinthians*, 514). 그러나 바울은 모든 여성에게 베일을 제안하는데, 이는 반문화적인 것이다. 왜냐하면 당시에 여성 노예, 창녀, 여성 해방노예, 하층민 여성에게는 베일이 허락되지 않았기 때문이다. 오히려 문제는 예배에 초점을 두는 것으로 보이며 모든 사람에게 편견 없이 존중을 보여주는 것인 듯하다.

으로 그리스-로마 문화의 여러 측면을 전복시켰다.[22]

　결론적으로 여성이 남성의 영광이라고 하더라도(남성이 유일한 하나님의 형상이자 영광이라는 것과 다르다), 이는 바울이 여성은 하나님의 형상을 품지 않는다거나, 남성에 비해 부족한 영광을 품고 있다고 말했다는 의미가 아니다. 바울 전집은 남성과 여성, 모든 신자가 존재론적인 하나님의 형상과 영광의 관점에서 정확히 같은 기반에 있다고 주장한다. 여성 신자는 남성과 같은 방식으로 하나님의 형상으로 새롭게 된다. 그러나 외적인 모습에 있어서는 남성의 영광과 여성의 영광 간에 차이가 있다. 당시 문화와 마찬가지로 바울은 하나님께서 여성을 더 매력적이게 혹은 더 영광스럽게 창조하셨기 때문에 여성이 남성의 영광이라고 믿었다. 이것은 여성이 예언하면서 성령을 나타내려고 하거나(고전 11:5; 12:7, 10), 혹은 하나님께 예배하기 위해 기도를 인도할 때 실제적인 문제가 된다. 그러나 베일을 쓰라는 명령을 여성을 반대하는 논쟁이나 남성에 대한 여성의 복종으로 이해하면 안 된다. 왜냐하면 베일을 쓰는 것은 그리스-로마 문화에서 여성이 소유할 수 있는 지위와 명예의 보호 수단이자 표식이었기 때문이다.[23] 따라서 베일

22　이슬람 역사에도 베일을 쓰는 관습에 대해 남성이 기득권을 행사한 방식을 보여주는 비슷한 시나리오가 있다. 무함마드는 모든 무슬림 여성이 메디나의 거리에서 성희롱을 당하지 않도록 베일을 착용할 것을 명령했다. 그의 잠재적 아내인 모든 여성에게 무례하게 대하는 것은 그에 대한 직접적인 모욕이었다. 그러나 군대는 여성 노예가 베일을 쓰는 것에 반대하여 반란을 일으켰고, 무함마드는 군대의 지원이 절실했기 때문에 어쩔 수 없이 강경한 입장을 철회했다. 결과적으로 자유인 여성만이 베일이 허용되었고 길거리에서의 성희롱과 착취로부터 보호받을 수 있었다. 다시 말하면 노예 여성이 베일을 쓰는 것은 노예 소유주들의 이익과 권리에 반하는 것이었으며, 이 계층의 여성을 성적으로 이용할 권리를 갖고 있다고 믿었던 일반적인 남성들의 이익에도 반하는 것이었다. Fatima Mernissi, *The Veil and the Male Elite: A Feminist Interpretation of Women's Rights in Islam*, trans. Mary Jo Lakeland (New York: Basic Books, 1987), 178-87을 보라.

23　베일의 의미에 대해서는 1.6 단락을 보라.

을 쓰는 문화에서 여성들은 베일을 벗으라는 남편 혹은 당국의 명령에 종종 저항하려고 했다. 바울이 문화적 관습의 개혁을 회중의 모든 여성에게 확장한 것은 특권이자 보호였다.

3.3 창조 시 젠더의 목적과 운명

위에서 주장했듯이, 바울이 창세기 1-2장을 암시할 때 우리는 두 본문을 함께 읽게 된다. 바울은 인종, 지위, 젠더 등의 경계를 넘어 인류를 새롭게 하는 하나님의 형상뿐만 아니라 창세기 1:28에 나오는 문화 명령에도 관심이 있다. "하나님이 그들에게 복을 주시며 하나님이 그들에게 이르시되 '생육하고 번성하여 땅에 충만하라, 땅을 정복하라, 바다의 물고기와 하늘의 새와 땅에 움직이는 모든 생물을 다스리라' 하시니라."

그러나 바울은 창조의 목적에 대한 자신의 이해를 우선적으로 타락의 결과를 설명하고 예수의 재림 때 일어날 회복과 갱신을 종말론적으로 논의하면서 드러낸다. 간단히 말하자면, 번성하도록 창조된 생명은 부패하여 죽게 되었고(롬 5:12-14; 6:23; 고전 15:21-22),[24] 인류가 다스리기로 되어 있었던 선한 창조는 무용지물이 되어버린 것이다(롬 8:19-22). 연합하여 함께 다스리도록 창조된 인간은 적대감으로 분열되어 억압의 패턴에 갇히게 되었는데, 이는 창조 기사에 의하면 남성과 여성으로부터 시작되어 유대인, 이방인, 노예, 자유인 등의 그룹을 포함하도록 확장되었다(고전 12:13; 갈

---

24   Anthony Thiselton은 "온 인류는 공동으로 죄의 구조적 결과에 갇혀 있다"라고 요약한다(*The First Epistle to the Corinthians: A Commentary on the Greek Text*, NIGTC [Grand Rapids: Eerdmans, 2000], 1225).

3:28; 골 3:11).[25] 예수 그리스도를 통해 하나님은 분열의 장벽을 허물고 만물 속에 임재하여 영생을 가져오심으로써 타락을 되돌리신다. 그러나 인류와 세상은 모두 예수의 재림 때 일어날 부패, 죽음, 헛됨, 억압의 종말을 기다리고 있다. 지배권은 그리스도 안에서 남성과 여성 모두에게 회복될 것인데, 이는 창조 때 주어졌던 다스리라는 명령에 부합한다.[26]

바울은 교회의 연합을 설명하면서 남성과 여성의 창조에 직접 호소한다. 그는 남성과 여성을 창조할 때 의도된 한 몸으로서의 관계를 의미하는 연합(창 2:24)이 결혼 및 그리스도와 교회의 모델로서 여전히 유효하다고 주장했다(엡 5:21-32). 유대인과 이방인이 한 인류로서 연합되어 있다고 생각한 바울의 일반적인 호소의 맥락에서 보았을 때(엡 2:14), 결혼을 통해 한 몸으로 연합된다는 그의 주장은 그리스도와 교회의 관계를 깊이 이해하는 데까지 확장된다(참조. 엡 5:32). 나는 바울이 창세기 2장의 창조 본문에 나온 남성과 여성의 관계를 그리스어(κεφαλή)의 은유를 사용하여 해석했으며, 그것을 그리스-로마의 문화적 배경에서 중요하게 여겨진 하나님, 예수 그리스도, 인간, 교회, 남성과 여성 사이의 관계를 설명하는 혁신적인 신학으로 발전시켰다고 생각한다. 이것은 아래의 소단원 3.5에서 논의될 것이다. 요약하면, 바울은 온 인류가 경계를 넘어 그리스도 안에서 연합하는 목적을 아담과 하와가 한 몸으로 연합하여 소통한 것에서 찾았다.

---

25 Peter O'Brien은 "인간 가족의 세분화"에 대해 말하고(*Colossians, Philemon*, WBC 44 [Waco: Word, 1982], 192), Richard Longenecker는 "초기의 방식으로 인류의 모든 기본적인 관계를 망라하기 때문에 인종적·문화적·성적 영향이 있는 것으로 간주될 필요가 있는 오랜 분열과 불평등"에 대해 말한다(*Galatians*, WBC 41 [Nashville: Nelson, 1990] 156-57).
26 젠더와 종말론에 대한 추가적인 내용은 제5장을 보라.

3.4 젠더와 창조 순서

바울은 창조의 순서 때문에 남성이 여성에 대해 일종의 장자의 지위와 같은 것을 지닌다고 주장하는가? 위에서 언급했듯이, 창세기 1:27-28은 남성과 여성이 하나님의 형상으로 창조되었으며 둘 다 권위/지배권을 받았다고 분명하게 알려준다. 창세기 2장에서 내러티브는 되돌아가서 남성과 여성의 창조에 더 자세한 초점을 맞춘다. 바울은 아담과 하와가 창조된 방식을 다양한 측면에서 설명하며, 인간, 남성과 여성, 남편과 아내의 본질에 대해 알려주는 기록의 세세한 부분에서 신학적 의미를 찾아낸다.

> 첫 사람은 땅에서 났으니 흙에 속한 자이거니와, 둘째 사람은 하늘에서 나셨느니라(고전 15:47).

> 남자가 여자에게서 난 것이 아니요, 여자가 남자에게서 났으며(고전 11:8).

> 이는 아담이 먼저 지음을 받고 하와가 그 후며(딤전 2:13).

각각의 암시는 창조 기사의 각기 다른 양상을 언급하며 다른 부분이나 주장을 뒷받침한다. 고린도전서 15:47의 언급은 흙으로부터 나온 아담의 형성을 천국으로부터 나온 그리스도의 기원과 비교하여 깎아내린 듯한 평가다.[27] 바울의 신학에서 우리는 그가 아담의 생물학적 기원에 깊은 인상을

---

27   "인류는 지구의 흙으로부터 창조된 첫 번째 아담(창 2:7, 히브리 성서와 70인역)에게서 그 모델을 찾고, 무덤에서 썩어 먼지가 될 σῶμα를 가진 자들에게 속한 사망과 연약함을 공유한다"(Thiselton, *Corinthians*, 1286).

받지 않았음을 알 수 있다. 오히려 그는 남성으로부터 나온 여성의 생물학적 근원에 깊은 인상을 받았다. 여성은 "흙으로 만들어진 남자"의 형상을 품었지만, 실제로는 창조에서 더 높은 질서로부터 만들어졌다. 왜냐하면 아담이 하나님의 직접적인 행위를 통해 이미 빚어지고 살아 있는 상태에서, 여성이 그로부터 만들어졌기 때문이다. 그러므로 여성은 남성의 영광, 혹은 영광의 영광이다. 하지만 이런 "조금 더"가 바울 전집이나 창조 기사에서 위계질서로서 묘사되지는 않는다. 위계질서(땅과 다른 피조물들에 대한 인간의 지배권)는 창세기 1:27-28에서 언급되지만, 창세기 2장은 다른 주제들을 언급한다.[28]

3.4.1 누가 먼저인가? 기원의 상호 관계

고린도전서 11:3-16을 관통하는 남성과 여성의 역설적인 관계가 있는데, 이는 고린도전서 7:3-7에서 남편과 아내가 서로의 몸에 대해 갖는 상호적 권위에 대한 논의와 비교할 수 있다. 바울은 하와가 아담으로부터 창조된 것이 남성과 여성의 전형이라고 주장하지만,[29] 출산의 과정을 통해 모든 남성이 여성에게서 나온다고 말하기도 한다. 여성이 자기 머리에 대한 권위를 가지고 있어야 한다는 말에 이어서 바울은 상호 의존성에 관해 진술함으로써 여성의 권위 혹은 권리에 대한 자신의 지지를 타당하게 만든다.

---

28   권위에 대한 문제가 창 1:27-28에서 언급되지만, 이는 여성의 창조 기사에서 명백한 주제나 초점이 아니다.
29   나는 남성으로부터 여성을 창조한 것이 역사를 통틀어 남성에 대한 여성의 의존과 연약함을 나타내는 전형이라고 생각한다. 대부분의 문화에서 여성은 남성으로부터 자신의 정체성을 얻어왔다.

"그러나 주 안에는 남자 없이 여자만 있지 않고, 여자 없이 남자만 있지 아니하니라. 이는 여자가 남자에게서 난 것 같이 남자도 여자로 말미암아 났음이라. 그리고 모든 것은 하나님에게서 났느니라"(고전 11:11-12). 이것은 창조의 순서에 기반하여 남성의 우선권을 주장하는 것으로 볼 수 없으며, 오히려 「에스드라1서」 4:15-16과는 반대로 모든 남성이 여성에게서 나오기 때문에 남성으로부터 여성을 창조했다는 사실이 균형을 이루게 되는 것이다. 따라서 기원에 대한 바울의 신학에 따르면 남성과 여성은 분명히 상호 의존적이다. 고린도전서 11:3-16의 문맥에서 바울은 베일을 쓰길 원하는 여성들의 입장을 지지함으로써 여성의 부적절한 독립성을 외교적인 방법으로 누그러뜨린다.

그러나 만약 창조 순서가 거꾸로 되었거나 첫 번째 남성이 여성으로부터 나왔다면, 남성과 여성은 상호 의존적이지 않았을 것이다. 이것이 디모데전서 2:13-14에서 바울이 창조 기사를 요약한 것의 배경일 수 있다. 그리스도의 동정녀 탄생과 여성에게서 나온 모든 인간의 인생 경험을 고려하면, 구약성서에 대해 각별하지 않았던 에베소의 여성들에게는 거꾸로 된 창조 순서가 적절한 것으로 여겨질 것이다. 특히 에베소에서의 아르테미스에 대한 숭배, 혹은 다산을 위한 제의와 같은 여신 숭배에 참여하는 여성들에게는 창조 순서의 반전이 더 논리적이고, 더 일관성 있으며, 더 경제적이고, 더 논리적인 다양성이 있어 보였을 것이다.[30] 어떤 여성은 이렇게

---

30 이런 종류의 혼합주의에 반하는 현대적인 흐름이 있다. 회심한 지 1-2년이 지나는 동안 나는 거듭남에 대해 말씀하는 요 3:3이 환생과 같은 것이라고 믿었다. 통찰력 있는 심령술사인 Jeane Dixon은 그녀의 자서전에서 성서를 이렇게 재해석하도록 설득력 있게 가르쳐주었고, 나는 그리스도인 친구들이 경험하는 좌절을 보면서 내 믿음을 설득력 있게 말로 표현하려고 노력했던 것이 기억난다. 지역 교회의 가르침에 따르게 되면서 나는 결국 이 믿음을 바로잡았지만, 시간이 어느 정도 걸렸다. 텍스트에 대한 사도적 해석을 재해석하고 뒤집는 것

생각할지도 모르겠다. "동정녀 탄생을 보면 신의 섭리에서는 출산 과정에서 남자의 역할이 없어도 되는 게 분명한데, 그렇다면 왜 하나님은 남자를 먼저 만드셔야 했을까?" 그래서 화로에 둘러앉아 이야기하는 경쟁력 있는 창조 신화로서 익살스러운 재미와 진지함을 갖추어 유포되기 시작한 늙은 아낙네들이나 좋아하는 속된 이야기(NIV, NRSV, 공동번역)가 생겨날 수 있었던 것이다.

우리는 이런 신화와 족보, 늙은 아낙네들이나 좋아하는 속된 이야기가 에베소에 퍼지고 있었고, 디모데가 보기에 이것이 큰 문제였다는 사실을 알고 있다. 다음의 세 가지 항목은 모두 같은 문제를 설명하며, 에베소의 여성들에게 전해진 잘못된 가르침을 가리킨다. 즉 장르(딤전 1:4; 4:7의 신화), 내용(딤전 1:4의 족보), 자료(딤전 4:7의 늙은 아낙네들이나 좋아하는 속된 이야기). 또한 우리는 일찍이 기록된 신화에 (1) 창조의 순서와 타락의 속임에서 남성과 여성의 역할이 뒤바뀌어 나온다는 것과, (2) 그것을 기원후 2세기라는 이른 시기에 기록된 것으로 볼 수도 있다는 점, 그리고 (3) 그것이 구전 전승에서 비롯된 영지주의 문학의 일부였다는 사실을 알고 있다. 이것은 디모데전서 2:13에서 바울이 다시 말한 창조 내러티브의 배경 시나리오 중 하나로서, 리처드 크뢰거(Richard Kroeger)와 캐서린 크뢰거

은 초기 교회에서 위험한 일이었으며, 여성 문맹률이 높았고, 반쯤 격리된 문화에 대한 접근성이 제한적인 시대였기 때문에 더 위험했다. 더욱이 우리는 교회 구성원들이 적극적으로 마술을 행했다고 말하는 행 19:13-20에 나오는 에베소 사람들 가운데서 정통 신앙과 혼합주의 간의 이런 차이를 발견한다―아마도 남성과 여성이 함께 그랬을 것이다. 한 남성에 대한 극적인 축귀 실패 사건(스게와의 아들에 대한 에피소드) 이후 몇몇 신자는 136년 치 봉급의 가치를 지닌 마술책을 불살랐다. 이는 에베소에 혼합주의가 많이 퍼져 있었던 것만큼 바울의 축귀에 대해서도 신앙적인 반응이 크게 일어났음을 시사한다. 얼마나 많은 사람이 그들의 마술책을 불태우지 않았을까?

(Catherine Kroeger)가 제안한 것이다.[31] 그러한 텍스트의 전파가 신약성서 정경과 비슷한 방식으로 이루어졌을 수도 있다. 복음(예수의 삶)의 구전 전파 기간 이후에 문자 기록으로의 전환이 이루어졌고, 신약성서 중에서도 특히 바울 서신의 일부는 훨씬 더 일찍 글자로 기록되기도 했지만, 초기 신약성서 사본들은 일관되게 2세기의 것으로 추정되고 있다. 따라서 창조와 타락에 대한 기사를 뒤집은 신화가 1세기 에베소의 여성들 사이에 유포되고 있었을 것이라는 주장에 대한 충분한 근거가 있으며, 이는 아마도 영지주의의 구전 전승보다도 앞선 이야기였을 것이다.

진실은 다음과 같다. 즉 바울은 자기 남편을 통제/지배하는 여자 가장처럼 가르치며 행동하는 여성 혹은 아내에 대한 금지를 지지하기 위해 단순하게 "남자가 먼저 만들어졌다"라고 말했다는 것이다. 이 금지는 모든 남성에게 적용하면 안 된다. 왜냐하면 (1) 디모데전서 2:12이 대상을 일대일 관계를 지칭하는 단수("남자")로 표현하고 있고, (2) 여성은 여주인으로서 합법적으로 가르치고 행동할 수 있는 노예와 종을 소유하고 있었기 때문이다.[32] 금지는 어떤 면에서 아담과 하와에 대한 내러티브, 그들이 속음

---

31 "On the Origin of the World," in *The Nag Hammadi Library*, ed. James M. Robinson, rev. ed. (San Francisco: HarperSanFrancisco, 1988), 170-89을 보라(http://gnosis.org /naghamm/origin.html에서 볼 수 있다). Richard Clark Kroeger and Catherine Clark Kroeger, *I Suffer Not a Woman: Rethinking 1 Timothy 2:11-15 in Light of Ancient Evidence* (Grand Rapids: Baker, 1998), 217-21도 보라.

32 논쟁을 위해 우리는 "A Semantic Study of αὐθέντης and Its Derivatives," *JGRChJ* 1 (2000): 145-75에서 Albert Wolters가 내린 αὐθεντέω의 의미에 대한 결론에 동의할 수 있다. 그는 "이 모든 예시를 통해 동사 αὐθεντέω가 αὐθέντης가 되다'라는 의미임을 알 수 있고, 의미론적으로는 '주인'(혹은 그 변형인 '행위자')이라는 의미에 의존한다는 것이 확실하다"고 결론 내린다(160). 의심의 여지 없이 그리스-로마 문화에서 여성이 자기 남편에게 주인처럼 가르치고 행동하는 역할을 했다고 가정하면, 그것은 굴욕적이었기 때문에 학대로 간주되었을 것이다.

으로 인한 타락, 그리고 출산과 관련이 있다. 따라서 이 문맥은 남편과 아내의 관계에 가장 잘 어울린다. 남성이 먼저 만들어졌다는 사실이 이 금지를 어떻게 뒷받침하는가? 이 금지와 바울이 요약한 창조 및 타락 이야기 간의 논리적 관계를 결정하는 것은 독자가 본문의 의미를 반드시 이해해야 한다는 추론을 포함한다. 아마도 일차 독자는 이 논리적 연결을 이해하는 데 필요한 정보를 모두 가지고 있었을 것이다.

창조에 대한 잘못된 신화가 여성들 사이에서 (이미) 유행하고 있었다면, 바울은 그 신화를 바로잡고 있었을 것이다. 하지만 바울이 디모데전서 2:11에서 여성에게 배우라고 명령하기 때문에, 이것은 디모데후서 2:2에 묘사된 영성 훈련의 명령과 올바른 가르침의 전달에 대한 유비일 수 있다.[33] 그런 경우에 남성은 디모데로부터 직접 거룩한 믿음에 대한 교육을 받아야 하며, 제자 훈련의 특정한 절차로서 집에서 개인적으로 자기 아내를 가르쳐야 할 책임을 진다.[34] 고린도전서 14:35에서와 마찬가지로, 여성의 지식이 부족한 것에 대한 바울의 해결책은 집에서 그들을 개인적으로 가르치는 것인데, 이는 "여자들"(복수형, 딤전 2:9-10)에서 "여자"(단수형, 2:11-12)로 표현이 바뀌는 것을 설명해준다. 남성이 (2:8에서 말씀하듯이 분노와 다툼이 없이) 명령을 받는 것과 마찬가지로, 아내도 동일한 겸손과 조용한 자세로 가르침을 받아야 한다. 그렇다면 여기서 금지는 바울이 집에서 가르침의 순서나 절차가 뒤집히기를 원하지 않았음을 의미할 것이다. 바울은 에베소의 잘못된 가르침에 대한 해결책 중 하나로서 올바르게 하는 가르침이 그 자신으로부터 디모데를 거쳐 남성들에게로 전달되고, 그들 각자가

---

33 딤전 2:8-15에 대한 좀 더 자세한 주해는 제9장에 있다. 그러나 이 중요한 본문의 많은 요소는 창조와 타락에 적용된다.

34 이는 하나님의 말씀을 맡은 특권을 지닌 유대인의 경우와 비슷하다(롬 3장).

자기 아내를 가르치기를 원했다. 디모데는 무례를 범하지 않고서는 각각의 여성에게 개인적으로 접근할 수 없었다. 그는 문화적 상황 안에서 적절한 통로를 통해 일해야 했다.

결과적으로 디모데전서 2:12b(αὐθεντεῖν ἀνδρός)에서 여성이 남성에게 행동해야 하는 방식을 제한한 금지는 남성이 자기 아내에게 주인처럼 행동하거나 교회에서 여성에게 그런 방식으로 행동하라는 상반된 지시나 명령을 내포하지 않는다. 여기서 바울은 여성이 남성을 정복하거나 통제하거나 학대하는 것을 금지하지만, 남성에게 여성을 정복하거나, 통제하거나, 지배하거나, 학대(αὐθεντεῖν)하라고 절대 명령하지 않는다. 비록 그런 행위들이 그리스-로마 문화에서 받아들여질 수 있는 것이었지만 말이다. 남성이 자기 아내에게 이런 종류의 권위를 행사해야 한다고 누군가가 주장하는 초기 교회의 문서는 아직까지 단 하나도 발견되지 않았고,[35] 교회의 남성 혹은 여성 구성원에 대해 이런 권위를 행사하라고 교회 지도자에게 가르치는 내용도 전혀 없다.[36] 교회 지도자가 개인이나 단체에 이런 일을 정당하게 행한다고 기록한 문서는 아무도 발견하지 못했다.[37] 즉 바울이 남

---

[35] 반대로 요안네스 크리소스토모스는 남편이 자기 아내에게 이렇게 행하는 것을 금지한다. 크리소스토모스는 남편의 역할은 사랑이며 아내의 역할은 순종이라고 말한다. 그리고 그는 "따라서 당신의 아내가 당신에게 순종적이라는 점을 악용하지 말라"(μὴ τοίνυν, ἐπειδὴ ὑποτέτακται ἡ γυνὴ αὐθέντει)라고 말한다(Hom. Col. 27-31). 크리소스토모스는 이 금지를 반대로 여성에게 적용하는 것을 명백히 배제한다.

[36] 교회 지도자는 법정 사건이나 교황 선출에서의 결정과 같이 사람들과 관련된 문제나 상황 혹은 과정(πρᾶγμα)을 정당하게 통제하거나 주도할 수 있었다. 그러나 동사 αὐθεντέω의 직접 목적어에 해당되는 사람은 자신의 의지에 반하여 억압받고, 종종 강요당하고, 상해를 입거나 죽임을 당하기도 했다. 이는 문맹을 없애는 것과 문맹인 사람들을 없애는 것의 차이와 비슷하다. Cynthia Long Westfall, "The Meaning of αὐθεντέω in 1 Timothy 2:12," JGRChJ 10 (2014): 138-73을 보라.

[37] 로마의 주교였던 교황 레오 1세가 동로마 제국의 황제와 황후로부터 칼케돈 공의회를 승인하기 위해 이런 조치를 취하라는 요청을 받은 것은 주목할 만하다(Concilium universal

성에게는 허용되고 기대되는 어떤 행동을 여성은 하지 못하게 했다는 증거는 아무것도 없다.[38] 오히려 디모데전서 2:12b은 아마도 창조에 관한 부정확하거나 불충분한 내러티브에 근거했을 부적절한 여성 우선권과 잘못된 권력 행사를 금지한다. 그것은 αὐθεντεῖν("주인처럼 행동하는 것")이 목회적 돌봄과 같은 교회 공동체 내의 올바른 남성 권력에 해당함을 의미하지 않는다. 예수와 바울의 가르침은 섬김의 정신에 대한 예시와, 다른 사람을 너 자신과 같이 대하라는 원리로 구성되어 있다. 따라서 금지를 완전히 뒤집어 생각하는 것과 αὐθεντεῖν이 창조의 순서에 근거한 남성 우선권을 나타낸다고 주장하는 것은 바울 신학에 부합하지 않는 불합리한 추론 혹은 논리적 오류다. 바울은 남성에게 여성이나 그 밖의 누군가를 지배하라고 (ὑποτάσσω) 절대 말하지 않는다. 오히려 그는 여성에게 가정 규례에 따르라고 말하며, 이 본문에서는 순종하는 태도를 배우라고 명령한다(딤전 2:11: μανθανέτω ἐν πάσῃ ὑποταγῇ). 같은 방식으로 다른 곳에서 바울은 그리스도인들에게 서로 순종하라고 말한다(예. 엡 5:21; 빌 2:1-5). 아내에게 주어진 순종하라는 명령은 복종시키라는 상반된 명령을 상대방에게 허용하는 것이 아니다.

Chalcedonense anno 451 [2.1.1-2]). 이 무렵 로마의 주교가 교황의 역할을 하는 것으로 여겨지기 시작했다. 이 용어는 최상층의 영적 권위자와 지도자에게는 잘 통했지만, 사람에게는 적용되지 않았다. 그것은 창조에 대한 무제한적인 힘을 대표하는 삼위일체 하나님의 각 위에 적용되었고, 이 조치는 소돔과 고모라 및 악인들을 파멸시키기 위해 행해졌다 (Eusebius, *Vit. Const.* 2.48.1,8; Athanasius, *Syn.* 27.3.18).

38 KJV의 표현인 "usurp"(강탈하다)는 남성에게 허용되는 것을 여성이 행한다는 인상을 준다. 물론 처음에 신자들은 결코 힘을 강탈하려고 하지 않았다. 이후 로마의 가장이 전통적으로 자기 아내를 죽이고 살릴 권한을 갖게 되었지만, 바울은 남성 권위에 관한 로마와 그리스 모델에 꾸준히 직접 맞섰다. 따라서 만일 여성들이 실제로 역할 반전의 시도로서 가장이라는 로마의 전통적인 남성 역할을 "강탈하려고" 했다면, 그들은 예수와 바울이 맞서서 없애고 중단시키려 했던 바로 그 지배와 권력 모델을 자행하고 있었던 것이 된다.

3.4.2 내러티브에서 바울이 의도한 "먼저"와 "나중"의 의미

토머스 슈라이너(Thomas Schreiner)와 다른 여러 학자는 바울이 가르친 창조에서의 젠더에 대한 하나님의 목적의 초월적 규범을 디모데전서 2:13에서 찾는다.[39]

이는 아담이 먼저 지음을 받고 하와가 그 후며

'Αδὰμ γὰρ πρῶτος ἐπλάσθη, εἶτα Εὕα.

많은 학자가 이 여섯 단어의 창조 내러티브로부터 아담의 "일시적 우선권"을 추론하며,[40] "이것은 하나님께서 남성의 권위를 의도하셨음을 나타낸다"라고 결론 내린다.[41] 그들은 이것을 확실한 추론으로 여기면서 성서

....

39   Schreiner, *Paul*, 408-9을 보라.
40   예. Wayne Grudem, *Evangelical Feminism and Biblical Truth: An Analysis of More Than One Hundred Disputed Questions* (Sisters, OR: Multnomah, 2004), 30, 30n13을 보라. George W. Knight III, *The Pastoral Epistles: A Commentary on the Greek Text*, NIGTC (Grand Rapids: Eerdmans, 1992), 142-43; Craig L. Blomberg, *1 Corinthians*, NIVAC (Grand Rapids: Zondervan, 1994), 216; Thomas R. Schreiner, "An Interpretation of 1 Timothy 2:9-15: A Dialogue with Scholarship," in *Women in the Church: An Analysis and Application of 1 Timothy 2:9-15*, ed. Andreas J. Köstenberger and Thomas R. Schreiner, 2nd ed. (Grand Rapids: Baker Academic, 2005), 106-7도 보라.
41   William Mounce는 아무런 설명 없이 단순하게 이렇게 추정하고 고전 11:8-9을 인용하면서 바울에게 딤전 2:13의 의미는 남성에게 권위가 있다는 것이라고 말한다(*Pastoral Epistles*, WBC 46 [Nashville: Nelson, 2000], 130). 하지만 고전 11:8-9은 누가 누구에게서 나오는지에 대한 상호 의존성에 대해 말한다. 그러나 "머리"의 의미는 고전 11:3-16에서 중요한 역할을 하며, 만약 권위에 대한 신학이 창조 기사의 "머리"라는 단어에 기반한 것이라면, 여기서 창조 맥락은 그 자체가 주제는 아니라고 할지라도 남성의 권위를 지지하는 것으로 보일 것이다.

가 실제로 그렇게 말씀한다고 주장한다.[42] 하지만 디모데전서 2:9-15의 주제는 남성과 그들의 권위가 아니다(남성은 2:8에서 언급되며 분노와 다툼에 대해 지적받는다). 게다가 디모데전서 2:13-14에서 바울의 말은 초월적 규범에 대한 명제적 진술이 아니라 창세기 2:5-22에 대한 매우 간략한 내러티브 요약이다. 바울의 주제는 여성들 사이에서 일어난 문제를 바로잡는 일과 관련되며(딤전 2:9-10), 디모데전서 2:11에서 주제는 바울이 고린도전서 14:34-35에서도 말했던 것과 같이 집에서 남편에 의해 행해졌을 가능성이 가장 큰 개인 여성의 영성 훈련이다. 어떤 경우든지 간에 바울은 여성이 올바른 이야기를 배우기를 원한다. 여성 연장자들이 더 젊은 여성의 영성 훈련에 대한 책임을 지는 것이 일반적으로 기대되었지만(딛 2:3-4), 에베소의 여성들은 집단적으로 바울의 신뢰를 잃었을지도 모른다. 사실 여성 연장자들이 문제의 근원이었다(딤전 4:7).[43] 디모데전서 2:12에서 바울은 에베소 여성들 사이의 잘못된 가르침이 바로잡힐 때까지 그들이 모든 가르치는 의무를 하지 못하도록 중단시키고 있었다고 문법적으로 해석될 수 있다(훨씬 가능성이 있다).[44]

....

[42] 성서 내러티브의 신학적인 의미는 화자가 설명하지 않을 때만 유추되어야 한다. 대부분의 현대 학자들은 성서 내러티브를 신학의 원리로 사용하기를 거부하기 때문에(당신은 하나의 이야기를 많은 것을 의미하는 것으로 해석할 수 있다), 딤전 2:13에서 바울의 내러티브 진술이 신학적 원리로서 꾸준히 취급되어왔다는 점은 흥미롭다. 예일 학파(이야기 신학)와 오순절 학파, 그리고 포스트모던 성서학자들은 성서 내러티브의 신학적 중요성을 강조해왔다.

[43] 바울은 신화 혹은 늙은 아낙네들이나 좋아하는 속된 이야기가 심지어 디모데에게조차도 위험한 유혹임을 강조한다(딤전 4:7: γραώδεις μύθους).

[44] 이것은 그리스어 문법과 구문론으로 설명될 수 있다. διδάσκειν("가르치다")은 앞에 있고, 이 단어와 여기서 소유격인 ἀνδρός("남자")를 취하는 αὐθεντεῖν("주관하다/지배하다") 사이에 다섯 개의 단어가 있다. διδάσκειν은 소유격을 취하지 않는다. 이것은 가르침에 대한 일반적인 금지거나, διδάσκειν이 목적어로서 ἀνδρός를 취하기 위해 αὐθεντεῖν이 διδάσκειν을 해석해야 하는 진정한 중언법이다. 몇몇 해석자는 ἀνδρός를 διδάσκειν의 직접 목적어로서 취급하면서도 αὐθεντεῖν이 διδάσκειν을 해석할 수 없다고 고집하면서 두 마리 토끼를 다

창세기 내러티브를 통틀어 먼저 태어나거나 처음 출현한 사람이 반드시 권위를 갖는 것은 아니라는 점은 시작부터 분명하다. 형제 중 장자는 지속적으로 몰락했기 때문에, 창세기는 아담이 먼저 만들어졌다는 것을 근거로 남성의 권위를 주장하는 데 사용될 수 없다.[45] 가인이 먼저 태어났지만, 아벨이 하나님의 선택을 받았다. 에서가 먼저 태어났지만, 하나님은 야곱을 선택하셨고, 에서가 야곱을 섬기는 것으로 정해졌다. 르우벤이 먼저 태어났지만, 그리스도의 혈통은 유다를 통해 이어졌고, 요셉이 가족을 구원하여 그들에 대한 권위를 갖게 되었다. 므낫세가 요셉의 장자였지만, 야곱은 에브라임의 머리에 자신의 오른손을 얹고 그가 더 위대해질 것이라고 말했다.

바울 전집에서 그리스도 안에 있는 사람들에게는 예수가 모든 사람 가운데 장자가 되는데(롬 8:29; 골 1:15, 18), 이는 그를 따르는 사람들 사이의 관계를 상대화한다. 더욱이 교회 내의 관계에서 일반적인 장자의 원칙이나 특정한 시간적 우선권을 예수의 독특한 역할로부터 추론하는 것은 옳지 않을 것이다. 왜냐하면 예수는 신자들 가운데서 유일한 장자이시기 때문이다. 첫 번째 사람/아담과 "마지막 아담"/두 번째 사람(ὁ ἔσχατος Ἀδάμ, 고전 15:45; ὁ δεύτερος ἄνθρωπος, 15:47)으로서 예수 간의 대조는 바울 사상의 특징이 종말론적이며 태초보다는 종말을 향하고 있음을 보여준

잡으려고 한다.

45 Richard Hess는 "족장들 사이에서 규범은 하나님의 복이 장자가 **아닌** 둘째나 셋째에게 임한다는 것이다"라고 주장한다("Equality with and without Innocence: Genesis 1-3," in *Discovering Biblical Equality: Complementarity without Hierarchy*, ed. Ronald W. Pierce and Rebecca Merrill Groothuis [Downers Grove, IL: InterVarsity, 2004], 84, 강조는 원저자의 것임).

다.[46] 유대인이 먼저 선택받았지만, 그다음에 하나님은 이방인들을 접붙이셨다(롬 11:17). 바울 공동체에서는 디도와 같은 이방인이 유대인들을 포함하는 교회의 지도자 위치에 있을 수 있었지만, 먼저 된다는 것은 유대인에 대한 책임을 나타낸다. 즉 유대인이 하나님의 말씀을 우선적으로 맡았고(롬 3:2), 유대인 사도들이 예수를 목격한 자들이었다. 그리고 바울 자신과 관련하여, 예수는 "맨 나중에 만삭되지 못하여 난 자 같은" 그에게 나타나셨다(고전 15:8). 바울에게 그가 나중 된 것은 그의 복음이나 지도자로서의 소명을 사도인 "기둥"들에게 의존한다는 것을 의미하는 것이 아니었다. 그는 심지어 베드로에게조차 맞섰다(갈 2:13-3:14). 바울의 신학과 내러티브의 "먼저"와 "나중"의 의미에 대한 이해는 해석에 영향을 미치며, 시간적으로 먼저인 사람들에게 우선권이 있다는 주장은 없다.

결론적으로 바울이 내러티브에서 시간적인 "먼저" 됨에 대해 말할 때, 그것은 권위나 우선권을 가리키지 않는다. 또한 그가 시간적인 "나중" 됨을 말할 때, 그것은 종속을 가리키는 것이 아니라 일종의 질서와 같은 것을 가리킨다. 만일 바울이 거짓 신화를 바로잡고 있었거나 산모 사망의 이유를 설명하고 있었던 것이 아니라면, 그는 속임수와 잘못된 가르침을 바로잡는 일종의 영적 형성의 질서를 나타내기 위해 모형론을 사용하고 있었을 것이다. 디모데전후서에서 바울은 그런 신뢰를 전달하는 일을 조심스럽게 지키고 있었다. 바울이 에베소의 남성들을 그들의 가정에서 신뢰의 전달을 공고히 하고 여성들 사이의 속임수와 잘못된 가르침의 문제를 바로잡기 위해 영적으로 먼저 갖추어진 혹은 갖추어질 사람들로서 믿고 있었

---

46   이와 비슷하게 다윗이 먼저 왔고, 그다음에 예수가 다윗의 자손으로서 오셨지만, 다윗이 그를 "주"라고 불렀다(마 22:43).

다는 것은 타당할 수 있는데, 이는 문화적 적절성에 부합했다.

3.5 창조와 머리 됨

당신이 "머리"라는 단어를 어떻게 이해하는지가 젠더에 대한 당신의 성서 신학을 큰 틀에서 결정짓는 중요한 해석적 선택을 좌우한다. 만일 바울이 κεφαλή("머리")라는 단어를 어떤 의미로 사용했는지를 알고 싶다면, 당신은 영어 번역본을 마치 그리스어 본문처럼 취급하면 안 된다는 사실을 알아야 할 것이다. 영어에서 "머리"는 풍부하고 다양한 은유지만, 가족("가정의 머리")이나 조직("부서의 장")의 맥락에서는 "위계질서에 따른 권위"를 가리킨다. 따라서 그리스어에서 κεφαλή가 은유로서 어떤 기능을 했는지를 설명하려는 다른 시도들은 터무니없어 보인다.[47] 당신은 "머리"가 "강물의 근원에서와 같이", "근원"을 의미한다는 것을 들어본 적이 있을 것이고, 아내와 남편, 강과 그 근원 간의 비교에서 신학적 의미를 찾아내기 힘들다는 것을 알았을 것이다. 비록 이것이 아담으로부터 하와를 창조한 것과 연관성이 있을지라도, 그것이 우리에게 의미하는 것은 무엇일까? 슈라이너는 이렇게 말한다.

바울은 [엡 5:23]에서 "남편이 아내의 머리 됨이 그리스도께서 교회의 머리

---

47   "머리"의 "여러 가지 의미"에 대한 자세한 분석은 Thiselton, *1 Corinthians*, 812-22을 보라.
Thiselton은 다음과 같이 나열한다. (1) 권위, 주권, 리더십, (2) 근원, 기원, 시간적 우선권,
(3) 제유법과 출중함, 선두의, 최고의. 그는 "바울이 여러 가지 의미를 가진 단어를 통해 의
도적으로 **다양한 개념**을 사용한다"고 결론 내린다(811, 강조는 원저자의 것임).

됨과 같음이니"라고 말한다. 어떤 중요한 의미에서 남편이 아내의 근원이라고 말할 수 있는가? 아내는 자기 남편의 존재 덕분에 존재하는 것이 아니다. 아내는 남편으로부터 자신의 생명을 얻는 것이 아니다. 남편이 어떻게 아내의 근원인지를 설명하기가 어렵기 때문에, 여기서 "근원"의 의미는 바울의 말을 이해하기 어렵게 만든다.[48]

슈라이너는 매우 좋은 질문을 던진다. 그의 의문은 본문을 영어로 읽는 현대의 모든 독자에게도 반향을 가져올 것이다. 나는 단어에 대한 쓸모없는 정의에 문제가 있으며, 상당한 문화적 차이가 바울 신학의 논리를 충분히 이해하거나 심지어는 알아차리는 것조차 어렵게 만든다고 생각한다.[49] 슈라이너의 질문은 창조 기사에도 그대로 제기될 수 있을 것이다. 여성이 남성으로부터 창조된 것의 신학적 의의가 무엇인가? 나는 바울이 바로 이 질문에 답하기 위해 고린도전서 11:3-16과 에베소서 5:21-33에서 "머리"의 은유를 활용했다고 제안한다.

1세기 그리스-로마 문화와 고대 근동에서는 장소 및 가족의 측면에서 사람의 출신에 지대한 관심이 있었다. 한 개인의 혈통은 공식적인 신원이었고, 그리스인들은 "머리"의 은유를 이런 중요한 혈연관계를 설명할 때 사용했다. 두 경우 모두 가족 관계를 "근원"과 연결한다. 그리스-로마 세

---

48 Thomas R. Schreiner, "Head Coverings, Prophecies, and the Trinity: 1 Corinthians 11:2-16," in *Recovering Biblical Manhood and Womanhood: A Response to Evangelical Feminism*, ed. John Piper and Wayne Grudem (Wheaton: Crossway, 1991), 127.

49 남편과 아내 간의 후견인-피후견인 관계를 묘사한 것에 대해서는 위의 1.4.2 단락을 보라. 이 관계에서 남편이 아내의 생명의 근원이라고 말할 수 있다. 왜냐하면 일반적으로 아내는 자신의 정체성, 사회적 지위, 재산/집 등을 남편에게 의존하며, 음식과 의복을 준비하는 데 필요한 원료를 남편을 통해 얻을 수 있기 때문이다.

계에서 한 사람의 출신은 그 사람이 누구인지를 밝혀주기 때문에 매우 의미 있는 것이었다. 이에 비해 미국인들의 핸디캡은 아메리칸드림에 따라서 자신의 출신을 뛰어넘기를 원한다는 것이다. 그러나 바울은 창조 기사에서 남성과 여성 간 연결의 기초가 되는 의미인 가족 관계와 정체성으로서 특징지을 수 있는 관계의 망을 설명하기 위해 이 은유를 사용한다.

3.5.1 "머리"(κεφαλή)의 의미

"케팔레"(κεφαλή)는 바울이 젠더 본문에서 창세기 1-2장의 창조 기사를 암시하거나 인용할 때 활용하는 주요 단어다. 고대 그리스어와 코이네 그리스어에서 κεφαλή는 몸의 머리를 의미하며, 생물학적 기능을 포함하여 몸과 관련된 머리의 기능에 대한 그리스인들의 믿음을 반영하는 의미의 범주를 지녔다. 바울이 결혼 관계를 설명하는 데 κεφαλή를 사용한 것은 신자와 그리스도, 그리스도와 하나님, 그리고 온 인류와 아담의 관계에 적용된다.

영어에서 "머리"의 의미의 범주는 κεφαλή의 의미론적 범주와 일치하지 않는다.[50] κεφαλή의 의미 범주는 남성이나 짐승의 머리를 포함하는데,

---

50   다시 말하면, 영어에서 "머리"의 의미론적 범주는 κεφαλή의 의미론적 범주와 동일하지 않다. 현실이 번역에서 가장 기본적인 원칙 중 하나가 되어야 한다. 영어의 "머리"는 히브리어와 라틴어에서 계층적인 권위에 대한 은유이기도 하다. 이 점은 신약성서에서 고전 11:3-16과 엡 5:18-33과 같은 남성과 여성에 대한 본문뿐만 아니라 그리스도에게만 적용되는 본문에서도(예. 엡 1:2; 4:15; 골 1:18; 2:10, 19) κεφαλή의 은유적 의미를 혼동하도록 만들었다.

이는 정체성,[51] 근원, 생명, 공급 등을 포함하는 은유로 확대되었다.[52] 이 단어는 관용어법에 맞는 그리스어에서 "권위"를 의미하지 않았는데, 이는 리델(Liddell)과 스코트(Scott)의 *Greek-English Lexicon*의 표제어를 보면 명백하다. 그러나 히브리 성서에서 "머리"는 권위에 대한 은유였다. "머리"가 "권위"를 뜻하는 171가지의 사례 중에서, 그 의미를 "권위"로서 지지하는 사람들은 70인역 번역자들이 그것을 그리스어 κεφαλή로 번역한 경우는 단지 여섯 번에 불과하다고 주장한다(삿 11:11; 삼하 22:44; 시 18:43[17:44 LXX]; 사 7:8-9[2x]; 애 1:5). 이 본문들 중에 고린도전서 11:3이나 가정 규례에서 묘사된 관계와 상호 텍스트적인 연관성을 갖고 있는 구절은 아무것도 없다.[53] 이는 70인역 번역자들이 조악한 번역을 한 것일 수도 있고, 혹은 (애 1:5은 예외로 하고)[54] 고대의 왕과 그의 백성들(현재와 미래)이나 영토 간의 기본적인 공생 관계를 반영하는 것일 수도 있다.[55] 정체성과 생명의 근원이

---

51 한 사람의 정체성으로서 머리의 기능은 조각상에서 흉상으로 사람 전체를 표현한다는 점을 통해 알 수 있다.

52 LSJ에는 다섯 가지 범주가 나오지만, 마지막 세 가지는 처음 두 항목의 은유적 확장과 밀접한 관련이 있다. 호메로스의 흉상은 머리가 그의 전체를 나타낸다는 것을 보여주며, 가장 인상적인 항목은 "최고로 중요한 부분"으로서 머리와 연관된다. 머리 가리개나 가발을 가리키는 관용구 κατὰ κεφαλῆς(고전 11:4)는 문자적으로 사람의 머리와 관련된다. LSJ, "κεφαλή," 945을 보라.

53 삿 11:11은 입다와 사람들 간의 관계와 연관되는데, "머리"가 등장하지만 "장관"과 구분된다는 점이 흥미롭다. 반면 삼하 22:44은 시 18:43과 상호 텍스트적 연관성이 있으며, 다윗을 "모든 민족"(ἐθνῶν)의 "머리"(개역개정은 "으뜸"으로 번역)로 지칭한다. 사 7:8-9은 왕, 그의 수도, 그의 국가 간의 관계를 가리킨다. 따라서 이런 예시들은 비슷한 언어 사용역 혹은 의미론적 범주에 위치하는데, 이는 젠더 혹은 하나님과 예수 그리스도의 관계와 관련되는 본문의 의미론적 영역이 아니다.

54 애 1:5(LXX)에서 "곤고", "대적", "머리" 간의 복잡한 언어유희와 전치사 εἰς에 대한 번역자의 해설(ἐγένοντο··εἰς κεφαλήν; 참조. 시 118:22 LXX//마 21:42; 막 12:10; 눅 20:17; 행 4:11; 벧전 2:7)은 더 깊이 연구해볼 가치가 있다.

55 Payne, *Man and Woman*, 117-37을 보라. Richard S. Cervin, "Does κεφαλή Mean 'Source' or 'Authority Over' in Greek Literature: A Rebuttal," *TJ* 10 (1989): 85-112도 보라.

되는 기능이 문화에서 권위 혹은 탁월함의 기초가 될 수 있기 때문에, 우리는 κεφαλή가 권위와 탁월함의 맥락에 종종 등장하는 것을 발견한다. 골로새서 2:9-10은 권위와 근원 사이의 밀접한 관련성을 보여주는 한 예다. "그 안에는 신성의 모든 충만이 육체로 거하시고 너희도 그 안에서 충만하여졌으니, 그는 모든 통치자[ἀρχῆς]와 권세[ἐξουσίας]의 머리시라."

슈라이너는 "머리"를 "권위"라는 뜻으로 사용한 확실한 예로서 이 본문을 언급한다(참조. 골 2:15).[56] 그러나 골로새서 2:10의 요점은 그리스도께서 모든 통치자와 권세의 머리(근원이자 조력자)이신 것과 같은 방식으로 신자의 충만함의 근원이시라는 것이다. 이 의미는 바울이 골로새서 1:15-17에서 이미 이 점을 분명히 강조했기 때문에 더 명확해지는데, 이는 골로새서 2:10의 통치자들을 분명히 포함한다. "그는 보이지 아니하는 하나님의 형상이시요 모든 피조물보다 먼저 나신 이시니, 만물이 그에게서 창조되되 하늘과 땅에서 보이는 것들과 보이지 않는 것들과 혹은 왕권들이나 주권들이나 통치자들[ἀρχαά]이나 권세들[ἐξουσίαι]이나 만물이 다 그로 말미암고 그를 위하여 창조되었고 또한 그가 만물보다 먼저 계시고 만물이 그 안에 함께 섰느니라."

따라서 예수를 통치자들과 권세들의 머리로서 언급하는 것은 그들 위에 권세가 있음을 가정한다는 의미로 들릴 수 있다. 하지만 본문의 초점과

....

Wayne Grudem, "The Meaning of κεφαλή('Head'): An Evaluation of New Evidence, Real and Alleged," *JETS* 44 (2001): 25-65과 반대되는 의견이다. Grudem의 예시는 설득력이 없다. 그는 "근원"을 너무 편협하게 정의하면서, 사전적 방법론을 사용하거나 의미론적인 기여를 찾아내려고 하기보다는 문맥에 따라 단순히 이름을 붙이려는 경향이 있는 것 같다.

56 Schreiner, "Head Coverings," in Piper and Grudem, *Recovering Biblical Manhood and Womanhood*, 128. 따라서 비록 Schreiner가 골 2:10에서 예수가 통치자들의 근원이 될 수 없다고 주장하지만, 이들은 분명히 골 2:15에서 예수가 무력화시킬 악마적인 권력이기 때문에, 그와 떨어져서 독립적으로 존재하지 않으며 그 밖에 다른 어떤 것도 존재하지 않는다.

근접 문맥은 사실상 그가 그들의 근원, 즉 그들의 창조자라는 의미를 나타낸다.

κεφαλή가 독특하게 나타나는 한 가지 방식은 가족, 아버지, 그리고 조상에게 사용되는 언어에 있다.[57] 이는 조상이 가족의 생명의 근원이자 기원이기 때문에(생물학적인 관계) "머리"로서의 조상에 대한 언급을 포함하며,[58] 조상의 "머리"나 "얼굴"은 (유전자적인) 가족 정체성을 지닌다.[59] 자녀는 자기 조상/부모에게서, 심지어는 형제자매에게서 생명과 가족의 유사성을 얻는데, 이는 가족 전체가 한 사람의 정체성의 근원이기 때문이다. 따라서 부모와 자녀는 모두 서로의 머리에 의해 대표될 수 있다. 이것은 바울이 κεφαλή를 사용한 방식이다. 즉 그것은 남편과 아내, 가족으로서의 교회 공동체, 하나님 아버지와 그의 아들인 예수 그리스도라는 가족 관계의 맥락에서 생명과 정체성의 기원 혹은 근원을 가리킨다.

"머리"의 가족 은유는 그리스-로마 문화에서 후원, 리더십, 명예의 개념과 밀접하게 연관된다. 왜냐하면 생명과 정체성을 부여해주는 것은 호혜의 희생적 의무를 만들어내기 때문이다. 데이비드 드실바에 따르면, "자녀는 자기 부모에게 절대로 갚을 수 없는 빚을 지기 때문에, 덕망 있는 사람은 부모를 공경하고, 어린 시절에 부모에게 진 빚을 부모의 남은 생애 동안

---

57 Thiselton이 말하듯이, "오늘날 문자적·은유적 연관성의 사슬은 (20세기 후반 논쟁에서 '머리 됨'이라는 용어 사용을 목격한) 제도적 권위와 너무 배타적으로 연관되어 있으므로 이런 번역과 해석은 바울이 아마도 염두에 두고 있는 것보다 더 좁은 초점을 제시한다"(*1 Corinthians*, 820).

58 예를 들어 필론은 "머리"를 조상의 의미로 사용한다. "살아 있는 피조물의 머리와 같이, 에서는 지금까지 언급한 모든 가문의 조상이다. [그의 이름]은 때로는 '생산물'로, 때로는 '오크'로 번역된다"(*Congr.* 61).

59 아래의 Artemidorus Daldianus에 대한 논의를 보라. *Onir.* 1.2.

'호의로 되갚아줄 것이다.'[60] 바울은 "만일 어떤 과부에게 자녀나 손자들이 있거든 그들로 먼저 자기 집에서 효를 행하여 부모에게 보답하기를 배우게 하라. 이것이 하나님 앞에 받으실 만한 것이니라"(딤전 5:4)라고 말하면서 이런 종류의 의무를 반영한다. 따라서 바울은 호혜가 생명의 선물에 대한 적절한 반응이라고 말한다. 바울은 자신의 메시지와 은혜의 복음에 어울리는 것으로서 호혜를 선택한다.

부모가 자녀에게 생명을 선물하는 것과 비슷하게, 그리스도는 신자들에게 하나님의 자녀로서의 삶과 정체성을 준다. 하지만 이 두 가지 기능은 동의어도 아니고 그의 주 되심과 서로 바꿀 수도 없다. 군대와 같은 다른 상황에서 "머리"는 지도자와 연관될 수 있지만, 군대의 안전(목숨)이 머리의 생존, 즉 장군의 생명에 달려 있다고 말하는 플루타르코스(Plutarch)의 *Pelopidas* 2.1 등에서 지도자의 특정 기능을 묘사하는 데 사용된다.[61] 그래서 κεφαλή는 리더십의 맥락에 등장하는데, 이는 머리의 은유적 중요성이 권위의 기능과 부합하기 때문이다. 하지만 이 둘이 동의어는 아니다. 은유에 내포된 질서가 있지만, 그 질서는 위계적이기보다는 유기적이다.

"얼굴"과 "형상"에 대한 바울의 언급은 생명, 근원/기원, 정체성에 대한 은유로서 κεφαλή("머리")의 정의와 직접적으로 연결되는데, 이 모든 것

---

60 David A. deSilva, *Honor, Patronage, Kinship & Purity: Unlocking New Testament Culture* (Downers Grove, IL: InterVarsity, 2006), 186.

61 "가볍게 무장한 군대는 손과 같고, 기병대는 발과 같고, 군인의 대열은 가슴과 갑옷 같으며, 장군은 머리와 같다. 그렇기 때문에 장군이 지나친 위험을 감수하며 무모하게 행동하는 것은 자기 자신이 아니라 부대 전체를 무시하는 것으로 보일 수 있다. 왜냐하면 그들의 안전과 멸망이 그에게 달려 있기 때문이다"(Plutarch, *Pel.* 2.1, in *Plutarch's Lives*, trans. Bernadotte Perrin, LCL [London: Heinemann, 1914]), 5:343). 이것은 생명이 머리 안에 있으며 머리가 몸의 생명의 근원이라는 믿음을 보여준다. 왜냐하면 머리가 잘리거나 부상을 당하면 몸이 죽기 때문이다.

은 유산과 연관된다. "씨" 혹은 "정자"(σπέρμα) 역시 연결되는데, 이는 부모와 자녀 혹은 조상과 자손 간의 유전적 관계를 이어준다.[62] 아리스토텔레스와 피타고라스는 정자가 머리에서 생겨나서 척수를 통해 내려오거나 몸을 관통하여 흘러서 생식기에 이른다고 가르쳤다.[63] 이런 관계가 "의미론적 범주"로 알려진 그리스어 은유와 관용구 모음의 일부가 되었다. 이들 중 "머리"와 관련된 일부가 아르테미도로스 달디아누스(Artemidorus Daldianus, 기원후 2세기)의 「꿈의 해석 1.36」(*Oneirocritica* 1.36)에서 명확해졌다. "그리고 한 사람이 참수당했다고 상상하는 것은…부모를 가진 사람들과 자녀를 가진 사람들에게는 슬픈 일이다. 왜냐하면 머리는 생명의 원인이므로 부모와 같기 때문이다. 그리고 머리는 그 얼굴이 닮았기 때문에 자녀와도 같다."[64]

....

62 요일 3:9을 보라. "하나님께로부터 난 자마다 죄를 짓지 아니하나니, 이는 하나님의 씨가 그의 속에 거함이요, 그도 범죄하지 못하는 것은 하나님께로부터 났음이라." 바울은 아브라함의 씨로서의 자손을 통한 유대인의 정체성(고후 11:22)과 다윗의 씨로서의 자손을 통한 예수의 왕적 정체성에 대한 논의에서(롬 1:3) 정자(*sperma*, "씨")를 포함하지 않는다. 그러나 바울이 "씨"를 언급하는 것의 대부분은 아브라함의 자손(σπέρμα) 안에서 성취된 약속과 연관된다. 즉 예수는 아브라함의 씨고(갈 3:16, 19), 사람은 믿음을 통해 "아브라함의 씨"가 되며(롬 4:13-18; 갈 3:29는 갈 4:6의 입양 개념과 연결된다), 믿는 자는 약속의 씨다(롬 9:7-8).

63 예를 들어 아리스토텔레스는 머리, 특히 눈 주변이 정자의 근원이기 때문에(σπερματικώτατος) 시각이 성적 욕망과 연관된다고 생각했다(*Gen. an.* 747a). 아리스토텔레스의 전반적인 영향에 대하여는 위의 1.3.1 단락을 보라. 피타고라스는 "정액이 뇌의 일부"[τὸ δὲ σπέρμα εἶναι σταγόνα ἐγκεφάλου]라고 말했다(Diogenes Laertius, *De vitis philosophorum: Libri X* [Leipzig: Sumptibus Ottonis Holtze, 1870], 102). Justin Smith가 피타고라스의 관점을 요약하면서 이 인용문을 언급했다. "남성의 정액은 뇌와 뼈 골수의 산물인데, 이는 하나의 동일한 신체 시스템으로 보는 고대 의학의 관점이었다. 이 관점은 피타고라스 학파로 전해졌고, Diogenes Laertius의 간결한 격언 모음집에 [그렇게] 기록되어 있다"(*The Problem of Animal Generation in Early Modern Philosophy*, ed. Justin E. H. Smith [Cambridge: Cambridge University Press, 2006], 5의 서론).

64 Daniel E. Harris-McCoy, trans., *Artemidorus' Oneirocritica: Text, Translation, and Commentary* (Oxford: Oxford University Press, 2012), 89.

자녀가 부모(특히 아버지)를 닮는 것의 중요성은 가바엘(Gabael)이 그의 친척 토비아스(Tobias)를 처음으로 만났을 때 보인 반응에 잘 나타난다. "하느님, 감사합니다. 내가 내 사촌 토비아를 만나니 그의 아버지 토비트를 만난 것 같습니다"(Tob. 9:6, 공동번역). 머리는 얼굴에 나타난 가족의 닮은 형상을 지닌다.

조상은 머리고, 자손은 씨다.[65] 이런 점에서 바울은 아내가 씨가 되는 것이 아니라 남편과 아내가 한 몸이라고 말씀하는 창세기 2:24을 근거로 여성의 창조를 혈통적 자손과 구분한다. 남성이 여성의 생명의 근원이기 때문에, 그는 여성의 머리다. 남성이 여성의 머리라면 그들은 한 몸이며, 이에 따라 바울은 여성이 남성의 몸이라고 결론 내린다. 바울은 "머리"의 은유를 결혼, 남성과 여성, 그리스도와 교회의 관계, 그리스도와 하나님 아버지의 관계에 활용할 수 있었다. 그는 이런 관계를 공통으로 해석하기 위해 "머리"를 사용한다.[66]

3.5.2 인류에 대한 아담의 머리 됨

바울은 창세기 1-3장의 이야기가 교회의 젠더 이슈뿐만 아니라 인류 전반과 예수와 인류의 관계에 대해서도 신학적이고 권위 있는 것이라고 생각한다. 그는 창세기 1-3장에서 젠더에 대한 통찰을 계속 도출하고 젠더 문

---

65 그리스도를 "다윗의 씨"라고 말하는 것이 익숙할 수 있지만, 바울은 "아브라함의 씨"라는 표현도 종종 사용한다. "씨"는 바울 전집에서 "자손"이라는 의미로 열다섯 번 등장한다(롬 1:3; 4:13, 16, 18; 9:7[2x], 8, 29; 11:1; 고후 11:22; 갈 3:16[3x], 29; 딤후 2:8).

66 이것은 새로운 피조물과 복음의 의미를 설명한 바울의 혁신에서의 작은 예다. 혁신가 바울에 대해서는 William S. Campbell, *Paul and the Creation of Christian Identity*, LNTS 322 (London: T&T Clark, 2006), 54-57을 보라.

제에 관해 대답한다. 바울은 고린도전서 15:45-49에서 아담을 인류와 특별한 관계를 지닌 것으로 설명한다(참조. 롬 5:12-21).

> 기록된 바 "첫 사람 아담은 생령이 되었다" 함과 같이 마지막 아담은 살려 주는 영이 되었나니, 그러나 먼저는 신령한 사람이 아니요 육의 사람이요, 그다음에 신령한 사람이니라. 첫 사람은 땅에서 났으니 흙에 속한 자이거니와, 둘째 사람은 하늘에서 나셨느니라. 무릇 흙에 속한 자들은 저 흙에 속한 자와 같고, 무릇 하늘에 속한 자들은 저 하늘에 속한 이와 같으니, 우리가 흙에 속한 자의 형상을 입은 것 같이 또한 하늘에 속한 이의 형상을 입으리라.

아담은 첫 번째 인간이기 때문에 그로부터 모든 다른 인간들의 정체성이 확립되었다는 점에서 인류와 남성 모두의 원형이다. 아담은 흙으로부터 직접 만들어졌는데, 이는 인간 존재의 "자연적" 혹은 유기적 본성과 연관된다. 아담은 육체를 찾아 헤매는 살아 있는 영혼이 아니라 흙으로 만들어진 첫 번째 육체였다. 그 후에 하나님은 아담에게 생기를 불어넣으셨고, 그는 비로소 살아 있는 사람이 되었다.

바울은 인류의 정체성을 "먼지" 혹은 "흙"으로 규정한다. 모든 인간은 "흙에 속한 자의 형상"(고전 15:49)을 지닌다. 모든 남성과 여성은 동등하게 이 형상을 품는다. 반면에 예수는 "하늘로부터" 왔으며 영적 생명의 근원이다. 모든 사람은 우리가 아담의 형상을 품은 것과 같은 방식으로 예수의 형상을 품도록 지금 초대받는다. 학자 및 신학자들은 인간과 아담의 관계를 "머리 됨"(headship), "선천적 머리 됨"(natural headship), 혹은 "언약적 머리 됨"(federal headship)이라고 부르며, A. A. 하지(A. A. Hodge)는 다음과 같이 묘사한다.

아담의 언약적 머리 됨은 그의 선천적 머리 됨을 전제하며 그것에 기반한다. 그는 우리의 언약적 머리이기 이전에 선천적 머리였다. 그는 우리의 선천적 조상이었기 때문에 의심의 여지 없이 언약적 대표자였고, 따라서 그에게 일어나는 일이 우리의 운명에도 틀림없이 영향을 미치도록 조건 지어졌다. 왜냐하면 우리의 본성이 그를 통해 (본질적으로는 아닐지라도, 모형론적으로) 시연되었기 때문이다.[67]

하지는 몇몇 사람이 선천적 머리 됨을 일반적인 용어로 어떻게 말하는지를 묘사했다. "우리는 그 안에서 나무의 '뿌리'나 '가지'처럼 존재했다고 한다."[68] 언약적 머리 됨에 대해 논의하는 것은 본 연구의 주제를 벗어나지만, 아담을 우리의 조상으로 보는 선천적 머리 됨에 대한 이런 이해는 바울이 창조 시의 아담, 예수, 하나님에 대해 "머리" 및 그와 관련된 용어를 어떻게 사용하는지와 연관된다.

아담은 생물학적인 생명의 근원이기 때문에 인류의 머리다. 아담은 인류로부터 주권, 명예, 권위, 혹은 존경을 받은 적이 없다. 오히려 이런 관계는 바울이 부정적으로 평가하는 근원으로부터 파생된 정체성 중 하나다. 예수는 교회를 채우는 영적 생명을 공급하는 근원이라는 점에서 머리로서의 아담을 대체하며, 교회는 그와 유기적으로 연합한다(엡 1:22; 4:15-16; 골 1:18). 이 관계는 그리스어 "머리"의 의미를 반영한다.

---

67   Hodge, *Outlines of Theology* (New York: Robert Carter & Brothers, 1863), 239.
68   Ibid., 238. 하지만 Hodge는 이 개념이 죄에서의 도덕적 책임을 설명하지 못하기 때문에 "완전히 애매하고", "물질적이고 기계적인" 개념이라고 이를 거부한다.

3.5.3 고린도전서 11:3의 짝 관계에서의 머리 됨

(남성/그리스도, 여성/남성, 하나님/그리스도)

고린도전서 11:3-16에서 머리 됨은 권위와 동등하지 않은 방식으로, 인류의 머리로서의 그리스도라는 더 큰 문맥 안에서 이해되어야 한다. 고린도전서 11:3의 평행 구조를 보라.

> 각 남자의 머리는 그리스도요,
>
> 여자(아내)의 머리는 남자(남편)요,
>
> 그리스도의 머리는 하나님이시라.

관용적인 그리스어에서 이것은 남성, 여성, 그리스도의 생명의 기원을 묘사한다. 바울에게 이 관계는 세 사람의 정체성에서 중요한 특성을 나타내는데, 바울은 그리스어의 가족 언어에서와 마찬가지로 이를 문자적인 머리와 연관 짓는다. 이것은 기독교 공동체가 자신을 하나님의 가족이자 가정이라고 묘사한 것에서 특히 이해할 수 있다. 그리스도가 남성의 생명의 근원인 이유는 창세기 2:4-9에서 그가 남성을 만든 창조자이시기 때문이다. 남성이 여성의 생명의 근원인 이유는 창세기 2:18-23에서 여성이 남성에게서 창조되었기 때문이다. 성부 하나님은 영원 속에서 성자 그리스도의 생명의 근원이시다.[69]

---

69   그러므로 "하나님은 그리스도의 머리시다"라는 구절은 영원한 나심(eternal generation) 교리에서 표현되었는데, 이는 그리스도와 성부 하나님의 동일성과, 성부 하나님과의 본질적인 동등성을 확증한다. 그것은 종속 관계와는 아무런 상관이 없다. 이는 알렉산드리아의 키릴로스에 의해 확인된다(444년경).
 따라서 우리 종족[아담]은 흙과 땅의 **근원인** 첫 번째 **머리가** 되었다[κεφαλὴ γὰρ ὁ

성자 그리스도의 머리는 성부의 형상을 품으며, 그의 얼굴은 하나님의 영광을 반영한다. 우리는 예수를 바라볼 때 하나님을 본다. 이 개념은 바울 기독론의 핵심이며, 이 관용구는 두 개의 다른 짝의 관계를 해석하는 데 도움이 된다. 바울은 종교적 중요성을 설명하기 위해, 그리고 예배에서 특히 남성과 여성이 기도하고 예언할 때 남성의 머리 모양과 여성의 머리 모양을 구분하기 위해 동일한 용어를 활용한다.

대다수 학자는 고린도전서 11:3-16의 주제가 남성의 권위와 여성의 종속이라고 가정해왔다. 그 이유는 부분적으로 라틴어, 영어, 독일어에서 "머리"가 권위에 대한 은유이기 때문이다. 따라서 "권위"의 의미는 그동안 이 단락에 대한 해석의 역사에서 이해하기 쉬운 것으로 보였다. 그러나 남성의 위계질서가 서구 사회와 교회에서 공격받게 되자, 최근 몇몇 학자는 "머리"의 의미를 기반으로 성부에 대한 예수 그리스도의 영원한 종속을 주장함으로써 여성의 종속이 성서적임을 증명하려고 노력하기도 했다. 최근 논의에서 이 그룹의 학자들은 기능적 종속을 주장하지만, 그와 동시에 남성과 여성, 그리고 예수 그리스도와 성부 사이의 존재론적 동등성을 인정

ἐστιν ἀρχή]. 그리스도께서는 두 번째 아담이라는 이름으로 불리셨기 때문에, 그분을 통해 새롭게 되어 영적으로 거룩하게 됨으로써 영생을 얻은 이들의 **근원인 머리가** 되셨다. 그러므로 그분은 우리의 **머리인 근원이시며**, 인간으로서 나타나셨다. 하지만 그분은 본래 하나님이심에도 불구하고 **생성하는** 머리를 가지시며, 하늘 아버지와 그분 자신은 본성에 따라 하나님이시지만 말씀이 되어 그에게서 나셨다. **머리가 근원을 의미하기 때문에,** 그분은 마음이 흔들리는 사람들을 위해 남자가 여자의 머리라는 진리를 확립하신다. 이는 여자가 남자에게서 나왔기 때문이다. 따라서 자신의 본성에 따라 하나님이신 하늘 아버지를 머리로서 가지신 그리스도이자 아들이며 주님이신 그분은 육신에 따르면 **우리와 동류**이기 때문에 우리의 머리가 되신다(*Pulch* 2.3, trans. by Catherine Clark Kroeger, "Appendix 3: The Classical Concept of *Head* as "Source," in Gretchen Gaebelein Hull, *Equal to Serve: Men and Women Working Together Revealing the Gospel* [Grand Rapids: Baker Books, 1987], 268, 강조는 원저자의 것임).

한다.[70]

그러나 두 가지 전제는 모두 여러 가지 문제로 인해 허물어진다. 세 쌍은 분명히 평행 관계를 이루도록 의도되었지만, 권위 관계에 있어서는 다음과 같이 평행을 이루지 않는다.

- 현대에는 모든 남성이 그리스도께 기능적으로 종속되지 않는다.
- 그리스도가 남성에 대해서는 권위자이시지만, 여성에 대해서는 아니라는 분명한 근거가 없다.[71]
- 여성이 남성에 대해 경험하는 것과 같은 정도나 종류의 종속을 그리스도에 대해 경험하는 남성은 없다.[72]
- 성부와 성자가 존재론적으로 동등하고 남성과 여성이 존재론적으로 동등하지만, 남성은 예수 그리스도와 존재론적으로 동등하지 않다.
- 만일 예수가 정말로 성부께 영원히 종속된다면, 예수가 경험한 정도나 종류의 종속을 경험하는 남성은 아무도 없다.

....

70 성자 종속설을 논의한 소논문들에 대한 최근의 개관과 모음집은 다음을 보라. Dennis W. Jowers and H. Wayne House, eds., *The New Evangelical Subordinationism? Perspectives on the Equality of God the Father and God the Son* (Eugene, OR: Pickwick, 2012).

71 Payne은 만약 남성이 여성과는 달리 독특한 방식으로 그리스도의 권위 아래 있다면 그것은 그리스도의 보편적 주권을 약화시킬 것이라고 지적한다(*Man and Woman*, 130).

72 Charles Hodge는 다음과 같이 경고한다. "종속은 언급된 여러 가지 사례마다 그 성격이 전혀 다르다. 남성에 대한 여성의 종속은 그리스도에 대한 남성의 종속과 완전히 다른 것이다. 그리고 그것은 하나님께 대한 그리스도의 종속보다 무한히 더 완전한 것이다"(*A Commentary on the First Epistle to the Corinthians* [Grand Rapids: Eerdmans, 1994], 206). 그러나 Hodge는 그리스도께 대한 남성의 종속이 하나님의 뜻에 대한 그리스도의 순응보다 "더 완전하다"라고 주장할 수 없다. 그리스도는 성부와 하나이지만, 하나님께 대한 남성의 종속에는 완전한 것이 없다. 이것은 전혀 다른 두 가지를 비교하는 것과 마찬가지다.

- 이 쌍들은 남성 간의 권위 관계를 설명해주지 않는다.

바울 전집에서 "머리"가 "주인"이나 "권위"와 동의어가 아니기 때문에, 바울이 가정 규례에서 주인을 노예의 머리로 묘사하지 않는다는 것은 사실이다.[73]

성서에 의하면 모든 남성의 종속은 종말론적이다. 즉 모든 남성은 미래에 모든 통치, 권세, 능력이 멸망하고(고전 15:24-25), 모든 입이 예수 그리스도를 주로 시인할(빌 2:11) 때 결국 종속될 것이지만, 그 이전에는 아니다. 따라서 현재는 모든 남성이 그리스도께 종속되어 있지 않지만, 그리스도는 모든 남성의 머리다.

이와 비슷하게 현재 예수 그리스도는 성부께 명백하게 종속되어 있지 않다. 성자가 성부에게 종속된다는 성서적 근거로 여겨지는 유일한 본문은 고린도전서 15:28이다. 하지만 이 구절에 의하면 예수 그리스도는 현세대 동안에는 성부에게 복종하지 않으며, 따라서 그가 영원히 종속된다는 것은 사실이 아니다. 세상의 종말이 되어서야(미래 시제) "아들 자신도 그때에 만물을 자기에게 복종하게 하신 이에게 복종하게 되리니, 이는 하나님이 만유의 주로서 만유 안에 계시려 함이니라." 그러나 마지막 때에 그리스도의 "복종"은 질서를 세우는 만물의 종말론적 통합에 대한 은유적 표현이다.

어떤 이들은 여성의 성서적 종속이 그리스도의 겸손과 섬김의 정신을 따르려고 노력하는 남성의 자비로운 다스림으로서의 "머리 됨"을 나타낸

---

73 이것은 가정의 주인을 노예를 포함하는 집안 전체의 생명의 근원으로 묘사한 문서가 있을 수 없다고 말하는 것이 아니다. 그러나 그것은 바울의 신학에 포함되지 않으며, 그 안에 들어와서도 안 된다.

다고 가르친다.[74] 그러나 "머리 됨"의 실질적인 실행은 보편적이기 때문에, 세상의 모든 남성에게 적용될 수 있고, 그 경계나 그리스도의 권위를 알지 못하는 남성의 착취나 권력 남용에 여성을 종속시키는 결과를 낳을 수도 있다.[75] 이것은 예외가 아닌 표준이 되어버릴 수 있다. "생명으로 인도하는 문은 좁고 길이 협착하여 찾는 자가 적음이라"(마 7:14). 그리스도께 순종

74 예. Raymond C. Ortlund Jr., "Male-Female Equality and Male Headship: Genesis 1-3," in Piper and Grudem, *Recovering Biblical Manhood and Womanhood*, 95-112를 보라. "A Vision of Biblical Complementarity: Manhood and Womanhood Defined according to the Bible," in Piper and Grudem, *Recovering Biblical Manhood and Womanhood*, 31-59에서 남성과 여성에 대한 John Piper의 정의도 보라. Ortlund는 남성의 머리 됨을 다음과 같이 정의한다. "영적으로 동등한 두 인간인 남성과 여성의 파트너십에서 남성은 하나님께 영광을 돌리는 방향으로 파트너십을 주도할 우선적인 책임을 지닌다"(95). 이 정의는 (여성의 존재론적 열등함을 가정했던) 해석의 역사에 부합하지 않는 현대적인 생각이다. 그뿐 아니라 Ortlund는 대다수 남성이 그런 책임을 맡고 있지 않다는 사실을 충분히 설명하지도 못한다. 그는 마치 학대의 불가피한 결과와 경험이 그의 신학과 아무런 상관이 없다는 듯이 이렇게 말한다. "남성 지배는 개인적인 도덕적 실패이지 성서적 교리가 아니다.…만약 우리가 나쁜 경험에 대한 반응으로부터 우리 자신을 정의한다면, 우리는 과거에 경험한 우리의 고통을 현재 우리 자신과 다른 사람들의 새로운 고통으로 영원히 해석하게 될 것이다. 우리는 우리 자신을 개인적인 상처나 유행하는 히스테리, 심지어는 개인적인 변덕이나 다양성 등이 아니라 거룩한 성서에서 가르치는 성적 이해의 개인적인 것을 초월하는 패턴으로 정의해야 한다"(102). 하지만 반대로 남성 지배는 성서적 교리의 일부분이다. 그것을 "전적 타락"이라고 부른다. 서구 세계의 현대 남성은 서구 민주주의와 사법 체계를 세움으로써 다른 남성들의 전적 타락의 유사한 학대를 경험하지 않도록 자신을 보호했다.

75 죄가 지배하는 세상에서 여성의 종속에 대한 역사는 비하와 착취를 폭로하는데, 이는 우리의 이해의 출발점이 되어야 한다. 그러나 Ortlund는 여성의 종속이 모멸적인 것이 아니라고 주장하면서 "성서적인 머리 됨이 필요로 하는 것과 노예 소유가 금지하는 것은 머리가 조력자를 하나님의 형상을 닮은 동등하게 중요한 사람으로서 존중하는 것이다"라고 말한다(Ortlund, "Male-Female Equality," in Piper and Grudem, *Recovering Biblical Manhood and Womanhood*, 104). 먼저 그리스도인들은 아내와 노예를 모두 하나님의 형상을 닮은 동등한 중요성을 지닌 조력자로서 대해야 했다. 만약 어떤 형태의 노예 제도가 성서적이라면, 그 제도는 존재론적 평등을 금지하지 않고 오히려 지지했을 것이다. 둘째로, 여성의 종속이 비하를 피할 수 있는 유일한 방법은 남성의 성서적 권력 행사에 의존하는 것이겠지만, 그리스도인 남성의 권력 행사조차도, 특히 견제와 균형이 없다면, 결코 성서적이라고 여겨질 수 없다.

하지 않는 남성의 권위 행사는 하나님을 나타내거나 하나님께 영광이 되지 못하고, 오히려 타락(창 3:16)과 결국 멸망할 통치를 보여줄 뿐이다(고전 15:24)). 이런 모순은 "머리"라는 단어를 전통적인 해석으로 잘못 이해해온 주장을 뒷받침한다. "머리"의 은유는 복잡한 신학적 개입 때문에 억제되고 잘못 적용되었으며 희석되었다.

남성의 권위와 여성의 종속이 성서적이라는 가르침은 남성의 권위 행사가 그리스도께서 성육신하신 동안 가지셨거나 혹은 심지어 현세대의 남성에게 행사하시는 권위를 훨씬 뛰어넘는 과대 실현된 종말론이다. 이런 가르침을 따르게 되면 남성은 자신이 그리스도께 종속된 것에 의존하지 않는 방식으로 여성에게 권위를 행사하는데, 그들에게는 이런 권위가 없다. 반면에 그리스도께서 성육신하신 동안 겪으신 치욕, 고통, 순종은 그의 높아진 권위의 근거였다(빌 2:8-11; 참조. 히 5:8-9). 그러나 남성에 대한 그리스도의 머리 됨을 그의 생명/존재의 근원으로서 이해한다면, 세 가지 짝 간의 유비는 평행을 이루고, 그것을 연구하는 것은 우리가 바울 신학을 이해하는 데 큰 도움이 된다.

3.5.4 머리 됨과 그리스도

따라서 아담과 인류의 관계를 "선천적 머리 됨"으로서 이해하는 것은 고린도전서 11:3의 인간과 그리스도, 그리스도와 하나님 사이의 머리 됨을 포함하여 바울 전집에서 이 개념을 우리가 어떻게 이해하는지에 큰 영향을 미친다. 남성의 머리 됨은 아담의 선천적 머리 됨과 그리스도의 머리 됨에 대한 바울의 설명에 부합하는 방식으로 이해될 수 있다. 이와 비슷하게 남성과 여성, 남편과 아내의 관계에 대한 바울의 설명은 아담의 선천적/생물학적 머리 됨에 대한 역사적 이해와 일관되게 해석될 수 있다. 바로 가족 관계다.

고린도전서 11:3-16에서 머리 됨에 대한 이해는 그리스도와 하나님의 관계를 통해 알 수 있는 남성과 그리스도의 관계에 초점을 맞춘다. 그리스 문화에서 조상의 머리 됨이라는 개념은 가족에 대한 묘사 및 정체성과 연관되었다. 그리스 문학에서 조상은 "머리"였고, 조상의 "얼굴"은 자손에 대한 묘사 및 그들의 정체성을 상징한다. 바울은 아들의 머리나 얼굴이 결국 아버지를 보여준다고 이해한다. 그는 연속되는 관계에서 더 문자 그대로의 의미로 이 은유를 확장한다. 만약 "그리스도의 머리는 하나님"(고전 11:3c)이라는 말씀을 선천적 머리 됨과 조상과의 관계에서 비롯된 언어를 사용하여 이해한다면, 이 말씀은 바울 전집과 하나님의 아들로서의 예수에 대한 복음 전통의 여러 말씀과 연결점을 갖게 될 것이다.[76] 이는 관련되는 은유로서 "머리", "얼굴", "형상"을 가리키는 외아들과 아버지의 관계에 대한 문화적 개념으로 해석된다. 바울에게 그리스도의 머리는 문자적으로 하나님의 정체성을 나타낸다. 따라서 우리는 그리스도의 얼굴/머리를 볼 때 그분의 아버지인 성부 하나님과 성부 하나님의 영광을 본다. 그리스도께서 하나님의 본성, 영광, 형상을 나타내신다는 이런 의미는 바울과 요한이 다루는 주제다.

> 그리스도의 영광의 복음의 광채가 비치지 못하게 함이니, 그리스도는 하나님의 형상이니라(고후 4:4).

---

76   우리는 이 관계를 "상호 텍스트성"이라고 말할 수 있다.

예수 그리스도의 얼굴에 있는 하나님의 영광을 아는 빛을(고후 4:6; 참조. 빌 2:6; 골 1:15).

나를 본 자는 아버지를 보았거늘(요 14:9; 참조. 12:45).

우리가 그의 영광을 보니 아버지의 독생자의 영광이요, 은혜와 진리가 충만하더라(요 1:14).

바울에게 그리스도는 인류가 아담의 형상인 것과 같은 방식으로 하나님의 형상이다. 이는 "아들로서의 신분" 혹은 $\sigma\pi\epsilon\rho\mu\alpha$에 부합한다. 교회의 공의회와 고백에서 성부와 성자의 성서적 관계는 "영원한 나심"으로 요약되어 왔다.[77] 따라서 바울은 "머리"의 그리스 개념을 이용하고 활용하여 예수와 하나님 간의 관계의 신학적 측면에 효과적으로 살을 붙였다고 볼 수 있다.

3.5.5 머리 됨과 남성

만일 바울이 "머리"의 그리스 개념을 이용하고 활용하여 예수와 하나님 간의 관계의 신학적 측면에 효과적으로 살을 붙였다면, 그리스도와 남성의 관계에 대해서도 똑같은 것을 말할 수 있을 것이다. 남성이 예배에서 머리를 가리지 말아야 한다는 바울의 주장은 창세기 1:27-28, 로마서 1:18-32, 고린도후서 3:7-18과 중요한 연계를 이루는 동일한 단어인 "머리", "형상", "영광"을 포함한다. 올바르게 예배를 드리고 하나님께 영광을 돌

----

77   니케아 신조와 웨스트민스터 신앙고백을 보라.

림으로써 남성들이 로마서 1:18-32에 표현된 것과 같이 우상숭배를 향해 나아가던 이방인들을 되돌리고 하나님의 형상을 나타낸다는 것은 깊은 의미가 있다. 베일을 쓰지 않은 얼굴로 예배를 드림으로써 남성은 자신의 영적 변화를 증명한다. 우리가 그들의 머리를 볼 때 그리스도와 하나님을 볼 수 있는 이유는 그들이 가족 간의 닮은 점들을 지니고 있기 때문이다. 남성이 머리를 가리는 것은 하나님의 영광을 가리는 것이다. 바울은 아내의 머리로서의 남편을 교회의 머리로서의 그리스도와 연결한다. 따라서 그리스도께서 교회를 위해 행하신 모든 섬김은 남편이 자기 아내에게 어떻게 행해야 하는지에 대한 본보기가 된다. 바울은 이를 남성으로부터 여성을 창조한 것과 한 몸으로서의 관계에 적용하기 위해 "머리"로서의 조상과 "씨"로서의 자손에 대한 은유를 확장한다. 부부가 한 몸이라면, 남편이 머리일 때 아내는 그의 몸이어야 한다. 이 은유를 머리의 문자적·생물학적 상호작용으로 이렇게 확장한 것은 몸을 돌보는 머리라는 결론으로 이어지며, 따라서 남편은 문자 그대로 자기 아내를 자기 자신처럼 돌보게 된다. 우선순위나 권위를 주장하는 대신, 남편은 마치 자신이 그 여성이고 그녀가 그 남성(그의 몸)인 것처럼 아내를 섬긴다.

3.5.5.1 고린도전서 11:3-16에서 머리로서의 남성과 그리스도

고린도전서 11:3-4에서 바울은 그리스도가 남성의 머리라고 말하는데, 이는 그리스도가 창조자이신 동시에 두 번째 아담이라고 말하기 위함이다. 그는 창조를 통해서는 물론이고 가족적 개념에서도 남성의 생명과 존재의 근원이시다. 비록 하나님이 그리스도를 발생시킨 것과 같은 방식으로 남성이 발생된 것은 아니지만 말이다. 따라서 남성이 그리스도의 영광을 반영하는 것은 그리스도께서 성부의 영광을 반영하는 방식과는 다르다. 그러나 남성이 머리를 가리지 않고 기도하고 예언할 때, 이는 그리스도께 영광을 돌리는 방식으로 그분께 주의를 집중시키는 것이다. 예배에서 "피조물"의 이런 모습은 창조자와 새로운 인류의 머리의 합당한 영광을 보여주며 동기를 부여하는데, 이는 로마서 1:21-23에 기록되었듯이 예배를 통해 하나님께 영광을 돌리지 못한 인간의 실패를 뒤집는다.[78]

그러나 더 중요한 것은 고린도전서 11:3-16에서 그리스도와 비슷한 영광으로부터 더 나아가 그와 같은 영광이 되는 남성의 영적 변화는 그의 머리가 가려져 있지 않을 때 모든 사람에게 드러난다는 사실이다. "우리가 다 수건을 벗은 얼굴로 거울을 보는 것 같이 주의 영광을 보매 그와 같은 형상으로 변화하여 영광에서 영광에 이르니 곧 주의 영으로 말미암음이니라"(고후 3:18).

이런 이해는 모세와 달리(출 34:29-35) 신자들이 담대하게 베일을 벗을 수 있는 자유를 갖는다는 고린도후서 3:7-18의 문맥과도 잘 들어맞는다. 베일이 마음을 덮는 율법이라는 영적인 의미가 부여되었지만, 성령의 영광스러운 사역은 하나님의 형상을 드러내는 남성의 모습에 의해 가시적으로 실현된다. 따라서 고린도인들에게 보내는 편지에 포함된 바울의 두 본문에 따르면, 바울은 영적 변화가 남성의 고백으로서 가시적으로 나타나야 한다고 믿는다. 그들이 드러내는 영광은 그들 자신과 그리스도를 반영하는데, 그리스도는 창조와 새 창조에서 그들의 생명의 근원이고, 그들을

---

78 Craig Keener는 이것을 하나님의 형상과 직접 연관된 것으로 올바르게 이해한다. "인간은 하나님을 '알았지만', 하나님을 '영화롭게 하기'를 거부했기 때문에(1:21), 결국 그의 '영광'과 형상을 언젠가 죽게 될 땅의 창조물과 바꾸게 되었다(1:23). 그들은 하나님의 형상(창 1:26-27)이었지만, 하나님이 아닌 다른 대상들을 예배함으로써 하나님의 형상을 훼손했고, 하나님의 영광을 포기하여 잃게 되었다(참조. 롬 3:23)"(*Romans*, NCCS 6 [Eugene, OR: Cascade, 2009], 34).

새롭게 하신 하나님의 형상의 근원이며, 가족 유사성으로의 변화의 근원이다.[79] 따라서 바울은 남성을 예배에서 머리를 드러내야 할 의무를 지닌 존재로서 이해한다. 따라서 만약 그들이 기도하거나 예언할 때 머리를 가리면 자신의 문자적인 머리를 욕보이는 것이다(고전 11:4, 14). 하지만 이는 같은 수준 혹은 그것보다 더 심하게 그리스도를 욕보인다는 의미는 아니다. 문자적인 머리의 부끄러운 모습은 (롬 1:8-32에서와 같이) 하나님께 영광을 돌리는 데 실패한 그들 자신을 더 많이 반영한다.

3.5.5.2 에베소서 5:21-33에서 여성의 머리인 남성

여성의 머리인 남성에 대해 가르치는 두 번째 본문은 에베소서 5:21-33의 가정 규례에서 볼 수 있다.[80] 본문에는 남성이 여성의 머리로서 어떻게 기능해야 하는지를 바울이 보여주는 두 가지 방법이 있다. 첫째는 그리스도의 본을 통한 방법이고, 둘째는 "머리" 은유의 영향을 살펴보는 방법이다. 이 본문은 바울이 "머리"의 은유와 그것의 확장을 발전시키는 수단을

79　Murray Harris가 말하듯이, τὴν αὐτὴν εἰκόνα(고후 3:18)는 "그리스도인들의 가족과 같음을 가리키는 '서로의 같은 형상'이 아니라 '우리가 거울에 비친 것을 보는 것과 같은 형상', 즉 하나님의 영광으로서의 그리스도 혹은 그리스도 안의 하나님"으로 변화하는 것을 의미한다"(*The Second Epistle to the Corinthians: A Commentary on the Greek Text*, NIGTC [Grand Rapids: Eerdmans, 2005], 315).

80　엡 5:21-33의 특징에 대한 더 전문적인 논의로는 Cynthia Long Westfall, "'This Is a Great Metaphor!': Reciprocity in the Ephesians Household Code," in *Christian Origins and Greco-Roman Culture: Social and Literary Context for the New Testament*, ed. Stanley E. Porter and Andrew Pitts, ECHC 1 (Leiden: Brill, 2013), 561-98을 보라. Michelle Lee-Barnwell, "Turning κεφαλή on Its Head: The Rhetoric of Reversal in Ephesians 5:21-23," in Porter and Pitts, *Christian Origins*, 599-614도 보라. Lee-Barnwell은 "머리"를 "권위"의 의미로 주장하지만, 곧바로 방향을 선회하여 "지위와 특권의 개념에 대한 재평가, 몸의 머리이신 그리스도 자신의 예에서 그 근거를 찾는 재평가"의 필요성을 천명하고(613), 매우 비슷한 결론을 내린다.

보여준다. 이것은 머리 됨의 본질에 대해 남성이 가르쳐야 하는 모델이지만, 남편에 대한 이런 가르침은 문법 및 구문의 기능에 대한 올바른 이해나 바울이 그리스도와 남편의 관계를 어떻게 정의하는지에 대한 적절한 이해 없이, 아내의 복종과 그리스도에 대한 남편의 유비에만 집중하면서 무시되었다. 그 결과 바울의 메시지는 왜곡되었고, 권위에 대한 잘못된 견해가 교회 안에 퍼지게 되었다.

우선 바울의 가정 규례가 성령으로 충만하라는 바울의 명령에 포함되어 있으며, 그다음으로 여러 가지 활동이 뒤따름으로써 신자들이 서로에게 복종하는 것으로 마무리된다는 것을 알아두자. 바울의 문법 및 구문 사용은 아내가 남편에게 복종하는 것이 신자 간 상호 복종의 일반적인 기능을 직접 적용한 것임을 나타낸다.[81] 이 규례는 세 종류의 관계에 해당한다. 즉 아내/남편, 자녀/부모, 노예/주인이다. 바울은 이런 관계의 그리스-로마 가정에서 그리스도인들이 서로에게 어떻게 복종하는지를 보여주는데, 이 관계는 세계 질서상 불평등한 것이다. 그리스-로마 문화의 가정 규례는 아내, 자녀, 노예에 해당하는 하위 구성원들의 의무에만 집중되어 그들의 권위자에 대한 순종, 명예, 복종과 같은 본분을 명시했다.[82] 하지만 바울은 세계 질서에서 권위와 권력을 가진 남편, 부모, 주인의 의무와 제한 사항도 포함시킨다.

....

81 엡 5:18-23을 그리스어로 보면 하나의 문장으로 되어 있으며, 22절의 아내에 대한 가르침은 문법적·구문론적·사전적으로 21절(상호 복종)에 종속되어 있어서 복종을 나타냄을 알 수 있다. 골 3:13-4:1의 관계와 관련하여 엡 5:21-33의 구조 분석에 대한 더 자세한 설명과 그것이 5:18에서 "성령으로 충만함을 받으라"는 명령에 어떻게 포함되는지에 대해서는 Westfall, "'Great Metaphor!,'" 573-78을 보라.

82 그리스-로마의 가정 규례에 대한 분석과 요약은 James P. Hering, *The Colossian and Ephesian Haustafeln in Theological Context: An Analysis of Their Origins, Relationship, and Message*, TR 260 (New York: Peter Lang, 2007), 9-60을 보라.

아내와 남편에 대한 이 본문은 남편에게 초점을 맞춘다. 교회를 자기 신부로서 대하는 그리스도를 통해 아내의 머리인 남편의 기능을 알 수 있다. 이것은 남편이 신자로서 그리스도의 신부 역할을 하며, 따라서 남편은 자기 머리가 자신을 대하는 것처럼 자기 아내를 대하도록 요구되기 때문에 특히 더 흥미로운 유비다.[83] 교회는 그리스도의 신부로서 수많은 혜택을 받았다. 첫째로, 그리스도는 교회를 위해 자기 자신을 포기한(엡 5:25) 교회의 구원자로서(엡 5:25) 확인되기 때문에, 남편은 아내를 위해 목숨을 버리라는 권면을 받는다.[84] 그리고 남편은 그리스도께서 교회를 사랑하신 것처럼(엡 5:25) 자기 아내를 사랑하라는 가르침을 받는다. 그리스도의 사랑은 일반적인 여성의 역할로서 목욕을 시키고, 의복을 제공하며, 세탁을 하는 것(얼룩 제거와 다림질 포함) 등의 집안 허드렛일과 관련된 것으로 묘사된, 교회를 깨끗하게 하심을 통해 설명된다(엡 5:26-27).[85] 바울은 유비와 은유의 사용을 통해 남편들에게 자기 아내의 필요를 채워줌으로써 그리스도를 따르라고 말했다. 이것은 먼저 된 자가 어떻게 나중이 되고 세상의 권력 구조에서 권위를 가진 사람이 어떻게 이웃을 자기 자신처럼 사랑할 수 있는지를 말하는, 섬김의 정신에 대한 훌륭한 설명이다.

이후 바울은 에베소서 5:28-33에서 남편의 머리 됨의 의미를 설명하면서 본질적으로 같은 것을 말하는데, 이는 조상이 머리의 역할을 한다는 것과는 매우 다르다. 남편이 머리이고, 남편과 아내가 한 몸이라면, 그의

---

83   이 본문이 젠더 고정관념을 어떻게 뒤집는지에 대한 논의는 제2장을 보라.
84   다른 신자를 위해 희생하거나 죽는다는 개념은 그리스도를 본받는 전형적인 행동인, 형제자매를 위해 자신의 목숨을 버린다는 요한의 주제로서 표현된다(요 10:15, 17-18; 13:37-38; 15:13; 요일 3:16).
85   가정에서 남편과 아내에 대한 전형적인 기대에 대한 논의로는 Westfall, "'Great Metaphor!,'" 570-72을 보라.

아내는 그의 몸이어야 한다(엡 5:28). 이번에는 아내가 은유 속에서 남성이 되었다는 점에 주목하자. 남성은 자기 몸을 어떻게 다루는가? 다시 말하지만, 위에 언급한 집안 허드렛일은 전형적인 여성의 일이다. 그런데 남편이 음식을 공급하고(요리와 서빙은 여성의 일이다) "양육"하는데, 이는 아이를 돌보는 여성에게 사용되는 용어다(엡 5:29). 높은 지위의 공공 영역(농업, 법정에서의 일, 정치적인 일)에서 일하며 공급하는 남성과[86] 낮은 지위의 가정 영역에서 일하며 공급하는 여성 간에 존재하는 그리스-로마의 구분은 바울이 남편에게 사사로운 집안 봉사를 하도록 의도적으로 명령함으로써 와해되고 만다.

바울은 남편과 아내가 "한 몸을 이룰지로다"(창 2:24)라는 창조 기사의 절정을 인용하여 머리-몸 관계를 지지한다. 이 본문은 바울이 교회와의 관계에서 남편과 그리스도 모두에게 조상의 특성을 이양하면서 그리스어 κεφαλή를 선택하여 적용한 흔적에 대한 실마리를 제공한다(엡 5:31//창 2:24). 남편은 아내의 근원이기 때문에 그녀의 머리지만, 둘은 한 몸이기 때문에 아내는 남편의 씨가 아니라 그의 몸이다. 이는 유기적 통합과 생물학적 상호 의존성에 찬성하여 젠더 간 위계질서와 구분에 대한 그리스-로마의 철학을 무너뜨린다. 바울이 설명하는 상호 의존성은 남편이 어떻게 지속적으로 머리로서 아내의 근원일 수 있는지와 관련되는데, 이는 남편을 아내의 근원으로서 어떻게 이해할 수 있는지를 묻는 슈라이너의 주요 질

---

86 히에로클레스에 주목하라. "그러므로 이것들은 익숙한 방식에 따라 나누어져야 한다. 농업, 법정에서의 일, 정치적인 일은 남편의 책임이 되어야 한다. 하지만 아내에게는 방적, 제빵, 요리, 그리고 간단히 말해서 집안의 모든 것과 관련한 책임이 부여된다"(*Household Management*, in Stobaeus, *Flor.* 4.85.21, in *Ethical Fragments of Hierocles, Preserved by Strobaeus*, trans. Thomas Taylor [1822, repr., Mobile, AL: Evergreen Books, 2011], digital edition).

문에 대한 대답이 된다.[87] 창조 기사에서 남성이 여성의 근원이라는 증거 외에도, 아내가 자신의 생명 유지에 있어(음식, 의복, 양육, 보호, 사랑) 남편에게 의존한다는 바울의 설명은 몸이 음식, 물, 공기, 시각과 청각 차원에서 머리에 의존한다는 것과 같은 취지다.[88] 바울은 율법과 예언자들에 대한 예수의 요약을 바꾸어 말하는 것으로 남편에 대한 가르침을 마무리한다. "너희도 각각 자기 아내 사랑하기를 자신 같이 하고"(엡 5:33). 하지만 바울의 주장에 따르면, 이것은 남편이 자기 아내를 남성인 자기 자신을 대하듯 해야 한다는 의미다.[89] 이것은 젠더 관계에서 황금률이다.

바울은 이 은유를 교회의 패러다임으로서 쓸 수 있었기 때문에 결혼에서 아내의 머리인 남편과 그의 몸인 아내는 바울에게 심오한 신비가 되었다(엡 5:30, 32). 이것은 바울이 사용한 가장 강력한 예시 중 하나의 근간이다. 즉 교회는 그리스도의 몸이며, 그리스도로부터 교회의 생명이 비롯된다는 것이다(엡 4:15-16; 골 2:19). 교회는 그리스도의 높은 지위와 권위를 공유하며(엡 1:22), 그리스도의 몸의 다양한 구성원으로서 화합과 봉사의 기능을 한다(고전 12:12-30). 그리스도의 몸으로서 신자들은 그리스도 및 그의 인간으로서의 상태와 완전히 일치한다. 그리스도는 그들을 하나님의 상속자이자 자신과 함께하는 공동 상속자로 삼으셨다(롬 8:17). 그리스도와 남편 간의 유비는 남성들이 권위, 지위, 권력, 자원을 공유하도록 이끌고, 그들의 머리이신 예수 그리스도께서 그들에게 제공하시고 그의 몸의 나머

---

87   위의 각주 48번과 본문의 관련된 인용문을 보라.
88   남편이 아내의 생명의 근원으로서 제공하는 것에 대한 더 자세한 내용은 Westfall, "'Great Metaphor!,'" 578-88을 보라.
89   남편의 사랑은 다른 중요한 사람에 대한 사랑으로서 묘사되지 않는다. 그것은 사물에 대한 사랑이 아니며, 이는 중요한 구분이다. 이것은 위계질서와 성서적 연합을 구분한다.

지 부분을 위해 의도하신 것과 비교할 수 있는 자유를 가져다주어야 한다. 남성은 여성을 사랑하고 문자 그대로 자신처럼 대해야 하는데, 이는 단지 자신이 여성이라면 대접받기를 원할 것으로 상상하는 것과 같지 않다. 따라서 바울은 율법과 예언자들에 대한 예수의 요약을 결혼 관계에 적용한 것이다. "네 이웃을 네 몸과 같이 사랑하라"(마 22:39//막 12:31//눅 10:27; 참조. 마 19:19).

3.5.6 머리 됨과 여성

바울은 두 본문에서 그리스어 κεφαλή를 조상과 부자 관계를 통한 한 사람의 출신과 정체성의 은유로서 활용한다. 하와는 아담으로부터 생명, 몸, 정체성을 받았으므로, 독특한 방식으로 그의 형상을 지녔다. 하지만 이는 아담과 그의 후손 간의 관계에 비교할 수 있지만, 확실히 더 가까운 친족 관계였다. 즉 하와는 아담의 뼈 중의 뼈, 살 중의 살이었다(창 2:23). 바울에 의하면, 모든 인간은 아담과 특정한 관계를 공유한다. 이런 점에서 하와의 창조는 아담보다도 다른 인류와의 공통점이 더 많은데, 그 이유는 그녀의 정체성이 아담의 몸으로부터 직접 비롯되기 때문이다. 아담은 온 인류의 생명의 근원이며, 하와에 대해서도 마찬가지다. 그래서 바울은 부모 혹은 조상과 자녀 간의 유기적인 친족 관계에 대한 문화적 이해 사이에서 강력한 유사점을 도출하고, 그것을 예배에서 젠더에 특화된 복장(고전 11:2-12) 및 남편과 아내의 관계에(엡 5:22-31) 적용할 수 있었다. 이 두 본문에서 바울은 "머리"의 은유와 문자적 머리의 기능에 대한 문화적 이해 사이의 일치에 대해 문화의 관점을 공유한다. 그는 창세기 기사를 해석하고 적용하기 위해 그 은유를 사용하고, 창세기 기사와 κεφαλή의 은유, 그리고 "머리"의 문자적 이해를 사용하여 여성에 대한 친족 은유에 적용한다. 이 은유를 친족 관계에 적용할 때는 그 은유의 복잡성을 깨닫는 것이 중요하다. 즉 사람의 머리는 문자적으로 그 자신의 머리고, 예를 들어 아버지의 머리를 나타내며, 그 아버지의 머리는 그 자신의 머리이기도 하고 자녀의 머리이기도 하다.

3.5.6.1 고린도전서 11:3-16에서 여성과 그녀의 머리인 남성

머리, 얼굴, 형상, 영광 간의 연관성은 바울이 여성의 머리를 영광의 개념과 연결시킨 것을 더 깊이 설명해준다. 고린도전서 11:3-16의 주제는 가정 교회에서 남성의 권위에 대한 것이 아니라 예배 중에 영광을 받는 머리에 대한 것이다.

위에서 언급했듯이, 여성은 아담의 형상을 품으며(고전 15:49), 나머지 인류가 그러하듯이 그리스도 안에서 여성은 하나님의 형상과 영광도 품는다. 그러나 또한 바울의 말에 따르면 남성의 외모는 여성의 외모와는 다른 방식으로 하나님의 형상과 영광을 품는다. 왜냐하면 여성의 외모/미모는 남성의 영광이기 때문이다(고전 11:7). 바울은 예배 중에 "남자의 영광"이 가려지거나 숨겨져야 하며, 그렇게 하여 예배가 남성 혹은 여성을 높이거나 영광스럽게 하지 말아야 한다고 가르친다. 여성은 남성의 영광이고, 여성의 머리카락은 그녀의 영광이다. 따라서 여성은 예배드릴 때 머리를 가려야 한다. 바울은 여성의 머리카락이 그녀의 가리개/덮개이기 때문에 그것이 여성의 영광이라고 말한다(고전 11:15). 이것은 여성의 머리카락이 외모를 돋보이게 하는 (망토처럼) 미용 액세서리와 같은 기능을 한다고 말하는 것이다.[90] 베일을 강제하는 문화에서 지체 높은 여성의 머리카락은 그녀의 남편이 보고 즐길 수 있도록 보존되어야 하기 때문에 공공장소에서는 드러나지 말아야 한다고 믿는다.

예배자에게 수치심을 주는 것 역시 예배에 어울리는 일이 아니다. 문화적으로 베일을 쓰는 것에 관한 법은 여성과 남성에 대한 경멸적인 평가를 반영한다(왜냐하면 그들은 베일을 쓰지 않은 머리의 유혹에 흔들리기 쉬웠기 때문이다). 그것은 개별적인 남편과 아내의 관계를 향한 것이 아니었다. 법과 관습은 여성을 통제하기 위해 베일을 쓰는 것을 규정하고 제한했는데, 한편으로는 베일을 쓰는 것이 다른 남성을 유혹하는 여성의 능력을 억제한다는 믿음이 있었기 때문이고, 다른 한편으로는 가리지 않은 머리가 남성에게는 결과와 관계없이 성관계에 대한 유혹으로 받아들여졌기 때문이다.[91] 바울은 모든 여성이 베일을 쓰는 것을 허용할 수 있는 근거를 주장하고 있는데, 이는 문화적 관습과 법에 어긋나는 것이었다.[92] 바울이 여성의 머리

---

90 이는 서구 문화를 비롯한 많은 문화의 관점이다. 여성이 머리카락에 들이는 시간, 관심, 비용을 감안하면, 오늘날 우리 문화에서도 여성의 머리카락이 지대한 관심사라고 주장할 수 있다. 따라서 그리스-로마 문화, 고대 근동, 랍비 문헌, 이슬람 문화, 현대의 보수적 유대교 문화, 그리고 여러 인류학적인 평행에서 여성의 머리카락은 매혹적이며 최소한 산만함을 준다는 인식 때문에 가려진다.

91 Lloyd Llewellyn-Jones가 요약하듯이, 베일을 쓰는 것과 그것에 대한 제약은 남성 이데올로기에 기반했다(*Aphrodite's Tortoise: The Veiled Woman of Ancient Greece* [Swansea: Classical Press of Wales, 2003], 1). 그러나 여성은 베일을 쓰는 것에 대해 그들 나름의 인식과 관계를 구축했다.

92 머리 가리개 혹은 머리 모양이 관심사였는지의 여부에 대한 논의가 활발하다. 예를 들어 어떤 이들은 잘 다듬어지고 묶인 머리와 반대로(LXX, 레 13:45에 나오는 나병 환자와 같이) 헝클어진 머리 모양이 문제였다고 주장한다. 이 관점으로는 Payne, *Man and Woman*, 147-73, 180-87, 204-7을, 이 관점에 대한 개관으로는 168n109를 보라. 그러나 바울은 베일을 쓰는 모든 모양을 언급하는 것일 가능성이 크며, 베일은 지역에 따라 다를 수 있지만 동일한 공통의 목적이 있다. 이 책의 입장은 Thiselton의 입장과 마찬가지로 고전 11:16에 대한 이해를 제외한 나머지 본문에 대한 Payne의 해석과 일치한다(166n100).

를 가리지 않으면 삭발해야 한다고 말할 때,[93] 그는 여성의 머리카락으로 인한 산만함을 방지함으로써 하나님의 영광을 존중하는 것의 중요성을 표현하고 있지만, 동시에 교회가 그 구성원들이 수치를 당하는 것을 방지하는 것에도 관심을 두고 있다.[94] 남성은 자신의 머리를 가리는 모욕적인 행동을 해서는 안 되며, 여성의 머리는 드러내거나 삭발을 함으로써 치욕을 당해서는 안 된다. 따라서 단 한 가지 선택권, 즉 모든 여성에게 머리 가리는 것을 허용하는 것밖에 없다.[95]

앞서 제1장에서 살펴보았듯이 그리스-로마 문화의 배경에서 베일은 명예, 순결, 정숙함, 지위, 그리고 성희롱으로부터의 문자적인 보호를 나타냈다. 고린도전서 11:5-6에서 바울은 여성에게 수치심과 치욕을 안겨주는 것을 우려한다. 이는 특히 여성의 머리와 그 머리를 삭발했을 때 고통을 겪게 될 수치에 대한 문자적인 언급에서 드러난다.[96] 여성의 문자적인 머리

....

93 하지만 바울은 이 지점에서 베일을 쓰는 관습을 뒤엎고 그것을 반대로 뒤집어놓는 것일 수도 있다. 아시리아 법에 따르면, 만일 베일을 쓴 매춘부를 보면, 그녀를 본 사람이 누구든지 "그녀를 체포하여 증인을 세우고 궁궐 재판소로 데려가야 한다. 그녀의 보석을 빼앗으면 안 되지만 그녀를 체포한 사람은 옷을 빼앗을 수 있다. 그녀에게 채찍질을 오십 번 하고 머리에 역청을 부어야 한다"(Middle Assyrian Law 40, in *The Assyrian Laws: Edited with Translation and Commentary* ed. G. R. Driver and John C. Miles [Oxford: Clarendon, 1935], 408-9). Llewellyn-Jones가 말하듯이, "실제적으로 말하면, 그것은 틀림없이 그녀가 생활비를 벌지 못하도록 만들었을 것이다. 왜냐하면 역청을 제거하려면 삭발을 해야 했을 것이고, 그러고 나면 오랜 시간 동안 추해 보였을 것이기 때문이다"(*Aphrodite's Tortoise*, 124-25).

94 1.6.4 단락을 보라. 가리지 않은 머리가 창녀를 의미했기 때문에 삭발한 머리가 창녀를 가리키는 것은 아니었다. 그러나 삭발은 여성의 아름다움을 훼손하며 그녀에게 심각한 모욕이 된다.

95 Llewellyn-Jones는 이와 관련될 수 있는 베일의 기능에 대한 흥미로운 가설을 제시한다. "베일은 여성이 남성의 공적 세계에 방문할 때 착용할 수 있는 휴대용 형태의 차단막이 된다"(*Aphrodite's Tortoise*, 4). 만일 여성의 침묵에 대한 의문이 있었다면, 여성이 기도와 예언으로 말하는 동안 베일이 단정함을 충족시켜줄 수 있었을 것이다.

96 1.6.9 단락을 보라.

는 남성의 영광을 나타내며, 여전히 초점으로 남아 있다. 언어유희는 여성의 남편, 아버지, 혹은 보호자의 수치심과 불명예도 이해하도록 만들어줄 수 있다. 그것은 그리스-로마 문화와 베일을 쓰는 다른 문화와도 일치한다. 그러나 바울은 단지 기혼 여성만이 아니라 모든 여성에 대해 말하고 있으므로, 남편의 수치는 직접적으로 언급하지 않는다. 그는 창조에 기초를 두고, 심지어 노예인 여성, 엄밀히 말하면 그녀의 머리인 남편, 아버지 혹은 보호자가 없는 경우에까지 적용할 수 있는 남성과 여성의 일반적인 관계에 더 초점을 맞춘다.[97] 따라서 젠더에 특화된 의복에 대한 규칙의 대체적인 초점은 모든 남성에게와 같은 방식으로 모든 여성에게 해당된다(고전 11:3).

본문의 언어와 바울의 결론은 누군가가 고린도의 가정 교회에서 베일을 쓰는 것을 제한하거나 금지하고 싶었지만, 모든 여성 혹은 몇몇 여성 혹은 한 명의 여성이 베일을 원했다는 사실을 알려준다.[98] 먼저 바울은 남성을 위해 그로부터 여성이 창조된 것은 여성이 남성의 영광이기 때문이라는 말과 함께 창조 기사를 요약한다. 여성이 남성으로부터 창조되었고 여성의 머리는 결과적으로 남성의 영광을 반영하거나 어떤 면에서는 표현하기 때문에, 남성은 여성의 머리다. 창조 기사에서 여성은 다른 모든 동물과는 다르게 특별히 남성에게 매력적으로 만들어졌기 때문에 남성의 영광이다(창 2:18-23). 바울은 ("그러므로", διὰ τοῦτο로 표시된) 마지막 결론에서 "권

---

97 노예인 여성은 자신의 생물학적인 가족의 가정에 소속되지 못했을 것이다. 그녀는 주인의 가정에 구성원으로 소속되지만, 생물학적으로는 아무런 관계가 없다(물론 주인이 그녀의 아버지고 어머니가 노예인 경우는 제외다). 사회적 범주에 따르면 그녀의 주인이 그녀의 가장이었겠지만, 그녀가 주인의 딸이나 손녀 등이 아니라면 그는 그녀의 머리가 되지 않았을 것이다.

98 위의 1.6.6 단락을 보라.

세 아래에 있는 표를 그 머리 위에 둘지니라"(ὀφείλει ἡ γυνὴ ἐχουσίαν ἔχειν ἐπὶ τῆς κεφαλῆς)라고 말한 뒤,[99] "그러나 주 안에는 남자 없이 여자만 있지 않"다고 말한다(고전 11:10-11).[100] 여성의 머리카락이 남성을 유혹하기 때문에, 바울은 모든 여성이 자신의 머리에 베일을 쓸 권리를 가져야 한다고 가르친다(아마도 누군가의 이의 제기에 대한 반박이었을 것이다).[101] 하지만 그는 이 권리가 여성의 독립 움직임과 같은 원리로까지 확장되어서는 안 된다는 경고를 조심스럽게 덧붙인다. 또한 그는 10절에서 "천사들로 말미암아" 여성이 베일을 쓸 권리를 가져야 한다고 말한다. 이것은 여성 의복에 관한 문제에서 여성이 스스로 판단해야 한다는 것을 의미할 수 있는데, 이는 그가 고린도전서 6:1-6에서 이미 강조하여 주장했듯이 그들은 세상과 천사

---

99 James Voelz는 고전 11:10에서 전치사 ἐπί를 분석하면서 영어와 그리스어를 혼동한다. "이 기호[단어 ἐξουσία]에 의해 생겨난 개념적 의미[아이디어]는 의도한 대로 [단순한 "권세"가 될 수 없다]. 왜냐하면 사람은 머리에 권력 자체를 가지는 것이 아니라 권력의 어떤 상징을 가지기 때문이다"(*What Does This Mean? Principles of Biblical Interpretation in the Post-Modern World* [St. Louis: Concordia, 1997], 171). 구문 ἔχω ἐξουσίαν ἐπί [x]가 등장하는 다른 모든 평행구에서 전치사 ἐπί는 "나는 [x]에 대하여 권력/통제력을 갖고 있다"에서처럼 "대하여"를 의미한다. 그리스어에는 실제로 모호함이 없고, 오히려 주제와 내용에 대한 가정이 있다. TNIV와 2011년 이전의 NIV 성경에서는 각주에서 다양성을 제시함으로써 그것이 "권위의 상징"을 의미할 수도 있다고 말하지만, TNIV, NIV 2011, CEB 성경은 그리스어 본문을 표현한다는 점에 주목하라.

100 이 두 번째 문장은 대조, 제한, 예외, 혹은 부정을 나타내기 위해 강한 역접 접속사(πλήν)로 연결되어 있다.

101 여성들이 자기 머리를 가리고 싶어 하며 바울이 그들을 지지하고 있다고 이해하면, 번역가들이 본문이 말하는 것과 반대로 해석하도록 만드는 분명한 모순을 해결할 수 있다. Gordon Fee는 이렇게 말한다. "이 정도 거리에서 논쟁에 대한 진짜 어려움은 바로 여기서 생겨난다. 다음으로 우리가 기대하는 것은 바울이 그렇기 때문에 여자가 머리를 가려야 한다고 말하는 것이다. 이것이 바로 10절이 역사적으로 그렇게 해석되어온 이유다. 왜냐하면 이 주장의 의도가 그것을 필요로 하는 것처럼 보이기 때문이다"(*The First Epistle to the Corinthians*, NIGTC [Grand Rapids: Eerdmans, 1987], 516).

를 심판할 운명이기 때문이다.[102] 이것은 특히 우리가 여성이 베일을 원했고 남성들 혹은 몇몇 남성이 어떤 식으로든 그것에 반대했다고 가정할 때, 바울의 이어지는 경고인 남성 없이 여성만 있지 않다는 말과 잘 맞아떨어진다. 반면에 바울이 의미하는 것은 여성의 아름다움이 너무 강력해서 천사를 부적절하게 미혹하거나 예배에 집중하지 못하게 할 수 있기 때문에, 여성이 베일을 쓰는 것을 자기가 원하는 대로 하게 해야 한다는 것일 수도 있다.[103] 이것은 「에녹1서」에서 천사들이 여성에게 성적으로 이끌린 것과 그들과 성적인 관계를 가졌던 것(참조. 창 6:1-4), 그리고 예배 때 천사가 온다는 널리 퍼진 믿음과도 조화를 이룬다. 이는 예배를 드리는 동안 "남자의 영광"이 가려져야 한다는 바울의 주장의 취지와 잘 맞아떨어진다.

바울은 남성과 여성이 모두 서로에게 독립적이지 않다는 것을 보여주기 위해 양자 간의 상호 의존성과 호혜를 신중하게 진술한다.[104] 여기서 그는 창조에서 아담이 하와의 근원이었기 때문에 모든 여성이 모든 남성에게 의무를 지닌다고 주장하지 않는다. 대신에 그는 청중에게 아담 이후 모든 남성의 근원이 여성이었다는 점을 상기시킨다(고전 11:11-12). 바울은 남성이나 여성의 존재론적 우선순위가 아니라 상호 의존적 관계를 주장한다. 따라서 여기서 남성이 여성의 머리라는 사실은 여성의 종속이나 남성의 우선순위를 주장하는 데 사용되지 않는다.[105] 반대로 바울은 예배를 드

102 　위의 1.6.6 단락을 보라. 그러나 Craig S. Keener, "Let the Wife Have Authority over Her Husband (1 Cor. 11:10)," *JGRChJ* 2 (2001-5): 146-52를 보라. 여기서 Keener는 바울이 아내가 남편에 대한 권위를 가질 수 있다고 말하는 것일 가능성을 고려한다. 확실히 바울은 고전 7:4에서 아내가 남편의 몸에 대한 권위를 갖는다고 말하지만, 이는 주장의 흐름에 맞지 않는다.

103 　1.6.9 단락을 보라.

104 　1.4.2 단락에서 남성과 여성 간 호혜에 대한 논의를 보라.

105 　권위에 대한 유일한 직접적인 언급은 여성이 자기 머리에 대해 권위를 가져야 한다고 바울

릴 때 남성의 영광이 작아지고 하나님의 영광이 커져야 하며, 이것이 최소한 부분적으로는 젠더에 특화된 의복에 의해 이루어진다고 주장한다.

3.5.6.2 에베소서 5:21-33에서 여성과 그녀의 머리인 남성

위에서 논의한 바와 같이 에베소서 5:22에서 아내의 복종에 대한 언급은 두드러지거나 직접적이지도 않다.[106] 그리스어에서 이것은 21절의 상호 복종과 밀접하게 연결되므로 상당히 완화된다. 직접적인 명령이나 여성을 향한 직접적인 언급도 없고, 심지어 5:22에는 복종에 해당하는 동사조차 없다. 5:22에 나오는 여성의 복종은 5:21의 분사로부터 유추되어야 하는데, 이는 그것이 5:21에 의해 같은 문장의 부분으로서 해석된다는 것을 보여준다.

5:21 Ὑποτασσόμενοι ἀλλήλοις ἐν φόβῳ Χριστοῦ
그리스도를 경외함으로 피차 복종하라

5:22 αἱ γυναῖκες τοῖς ἰδίοις ἀνδράσιν ὡς τῷ κυρίῳ
아내들이여, 자기 남편에게 복종하기를 주께 하듯 하라

아내에게 머리 됨은 교회를 위한 그리스도의 공급과의 직접 비교를 통해 자기 남편으로부터 받는 혜택을 가리키는 후원으로 정의된다. 즉 바울은 아내들에게 남편이 그들의 삶의 기본적인 필요를 공급해주기 때문에 상호

이 말하는 부분에 있다(고전 11:10).

106 에베소서의 가정 규례에 대한 더 자세한 논의로는 Westfall, "Great Metaphor!"를 보라.

복종에 대한 자신의 본분을 다하라고 독려한다.

바울이 에베소서 5:23에서 남편이 "머리"라고 말한 것은 아담으로부터 하와가 창조된 것에 대한 그의 암시로 여겨져야 한다. 가까운 문맥인 31절에서 창세기 2:24의 "한 몸"을 언급한 것을 통해 이렇게 해석할 수 있다. 창조 기사를 기반으로 한 바울의 추론은 삶의 필요를 위해 남성에게 의존하는 1세기 여성의 사회학적 현실에 완전히 부합한다. 그리스-로마 문화의 전통적인 결혼에서 아내는 원래 자신의 가족 기원의 정체성을 잃고 남편으로부터 정체성, 보호, 음식, 의복, 거처를 받았는데, 바울은 이를 교회를 위한 그리스도의 공급과 연결한다.[107] 교회가 생명과 우선적 돌봄에 대해 그리스도께 의존하는 것은 여성이 자기 남편에게 의존해야 하는 사회학적 현실에 대한 좋은 예시였다. 그리스도는 교회의 후견인을 대표하고, 교회는 수혜자를 대표한다. 남편의 수혜자이자 피후견인으로서 아내의 역할은 가정에서부터 로마 황제와 제국 간의 관계로까지 그 범위가 확장되는 로마의 복잡한 후원 제도에서 가장 기본적인 단위 중 하나였다.[108] 이런 이유로 바울이 "머리"를 생명의 근원으로서 이해한 것은 호혜 개념으로 인해 그리스-로마의 후원 및 권위 개념과 결합할 필요가 있다. 피후견인을 위한 호혜에 대한 바울의 이해는 로마서 13:7에 가장 잘 표현되어 있다. "모든 자에게 줄 것을 주되 조세를 받을 자에게 조세를 바치고 관세를 받을 자에

---

107 그러나 재산 소유권 없이(*sine manu*, "손을 쓰지 않음", vs. *cum manu*) 결혼하는 관습에 대해서는 아버지가 여성에 대한 권위를 계속해서 갖는다고 말하는 제1장의 51번 각주를 보라. 이것은 남성뿐만 아니라 여성도 가정에서 남편과 아내 사이의 권위 관계를 법적·사회적으로 약화시키거나 자격을 부여하거나 무시하는 여러 의무나 역할을 갖고 있었다는 사실을 지적한다. 모든 남성이 가장이었던 것은 결코 아니다.

108 그리스-로마 세계의 후원에 대한 개론은 D. A. deSilva, "Patronage," *DNTB*, 766-71을 보라. 더 자세한 설명으로는 deSilva, *Honor, Patronage*를 보라.

게 관세를 바치고 두려워할 자를 두려워하며 존경할 자를 존경하라."

후원 제도가 있었기 때문에 에베소서 5:23에서 바울의 주장은 창조 순서나 남성성과 여성성의 기본적인 본성이 아니라 실제로 받은 혜택에 기반한 것이다. 더욱이 바울에게 유일한 구원자이자 교회의 후원자인 그리스도의 역할은 모든 후견인과 다른 수혜자들을 상대화시킨다. 종으로서 그리스도의 역할(엡 5:26-27에서 목욕시키는 것, 옷 입히는 것, 세탁하는 것[얼룩 제거와 표백, 다림질 포함] 등의 실질적인 행위; 참조. 빌 2:1-11)은 기독교 공동체 내에서 후원자들이 가질 수 있는 모든 권리 의식을 상대화시킨다.

따라서 아내의 의무는 후원 제도 내에서 주류 문화가 수혜자에 대해 기대하는 것의 연속선상에서 이해되어야 한다. 아내는 남편의 공급에 대해 적절한 종속과 감사, 혹은 순결로 보답할 의무가 있었다(엡 5:21-22, 33b).[109] 여성에 대한 가르침에서 새로운 정보는 거의 없지만, 남성에 대한 가르침은 직접성과 확장성, 범위가 극적으로 다르다.

그러나 아내의 정체성과 지위는 남편에 대한 바울의 명령에 의해 기독교 공동체에서 바뀌어야 하는데, 이는 그리스-로마의 후원 제도, 특히 후견인에 대한 기대와 부합하지 않는다. 대신에 남편은 일반적으로 여성과 노예가 하는 낮은 지위에 어울리는 일을 함으로써 아내를 섬기라는 명령을 받는다. 바울은 그 자신과 그의 편지의 독자들에게 높은 지위에 있다고 인식되는 교회 및 남성의 몸과 아내의 유사성을 밝힌다. 따라서 결혼에 관한 바울의 신학에서 상호 복종은 서로 섬기는 것으로 표현된다. 이것은 각 젠더에게 다른 전략을 사용하는 바울의 명령인 "존경하기를 서로 먼저

---

109 그러나 그 문화에서 여성이 결혼할 때 더 많은 재산을 가져온 경우, 그래서 권력 구조가 뒤바뀔 때는 호혜의 의무가 달라진다.

하며"(롬 12:10)를 적용한 것이다. 모든 후견인이 피후견인처럼 기능하도록 제한되기 때문에, 상대방에게 아무런 자격이나 우선순위도 주어지지 않는다. 이것이 에베소서 5:22-32과 골로새서 3:18-4:1에서 가정 규례를 다루는 전체 단락에 존재하는 역동성이다. 언급된 관계의 짝에서 아내, 자녀, 노예는 문화적으로 허용되는 행동을 해야 하는 반면, 남편, 부모, 주인에게 주어지는 지시는 가히 획기적이다. 바울은 기독교 공동체에서 권력을 가진 사람들에게 사회학적 변화에 대한 책임과 의무를 부과하는 한편, 권력이 없는 이들에 대한 문화의 부정적인 평가를 예수의 가르침에 부합하도록 뒤집어버린다.

여성과 남성에게 주어진 가르침은 창세기 본문을 해석하며 그것에 의해 해석된다. 여성에 대한 가르침은 남성으로부터 창조된 여성의 행위에 기초하며(창 2:18-22), 남성에 대한 가르침은 남편과 아내가 한 몸이 될 것이라는 하나님의 선언에 기반한다(창 2:23-25). 바울이 사용한 "머리"와 "몸"의 은유는 남성과 여성에 대한 그의 신학 및 그리스도와 교회에 대한 그의 이해와 유기적으로 연관된다. 여성은 남성으로부터 생명을 얻고, 교회는 그리스도로부터 생명을 얻는다. 에베소서 5장은 바울이 아내와 남편의 관계를 지속적인 생물학적 상호 작용이라고 생각하여 여성이 머리로부터 생명을 얻은 것에 대한 보답으로 감사와 순결로써 복종을 표현한다고 이해했음을 알려준다. 아내가 상속녀인 경우는 후견인-피후견인 관계와 호혜의 전통적인 균형이 깨졌는데, 이런 경우에 여성은 폭군이 될 수 있었다. 그러나 하나님의 공동체에서는 만일 남성이 바울의 명령대로 행동하면 여성이 받은 사랑과 지지와 섬김이 여전히 상호 간의 의무를 만들어냈을 것이다. 그리고 신자인 여성은 한 몸의 관계를 유지하기 위해 그리고 불신자들에게 증거하기 위해 그리스도 안에서 알맞게 복종해야 할 책임을 계속해서 가졌을 것이다.

3.6 남성을 위해 창조된 여성

고린도전서 11:3-16을 그리스어로 읽으면 어려워 보이는 이유 중 하나
는 바울이 여성의 잘못을 지적하고 있다는 전제 때문이다. 남성으로부터
여성을 창조한 것과 남성을 위해 여성을 창조한 것(8-9절)이 여성이 자신
의 머리에 대해 권위를 가져야 한다는 결론(10절)을 뒷받침해야 한다는 점
은 학자들에게 이해되지 않는 부분이었다. "여자가 남자를 위해 창조되었
다"(ἐκτίσθη…γυνὴ διὰ τὸν ἄνδρα)는 사실이 하나님께서 남성에게 종속된 조
력자로서 여성을 창조하셨다는 것을 의미한다고 생각하는 사람들이 종종
있다.[110] 그러나 "여자가 남자를 위해 창조되었다"(11:9)는 말씀의 의미에
대한 해석을 재고해야 하는 세 가지 이유가 있다. 첫째, "여자가 남자를 위
해 창조되었다"는 주장은 "여자가 남자의 영광이다"를 뒷받침한다. 둘째,
이 주장은 창세기 2:4-25의 창조 기사에 의해 해석된다. 셋째, 이것은 "여
자가 자신의 머리에 대해 권위를 가져야 한다"(10절)는 결론의 바탕을 제
공한다. "여자는 남자의 영광이다"라는 말은 실질적으로 여성에 대한 긍정
적인 평가이며, 여성의 높은 지위를 나타낸다. 왜냐하면 여성은 하나님의
형상이자 영광인 동시에 인류의 영광이라는 부가적인 아름다움을 소유하

---

110 이것이 여성의 종속을 의미한다고 주장하는 사람들은 전치사 διά(11:9)에 해석학적 의미를
    지나치게 많이 부과한다. 하지만 그리스어 전치사는 의미론적으로 아주 작은 역할을 담당한
    다. 본문과 창조 단락의 문맥이 전치사와 어구의 의미를 결정해야 한다.

기 때문이다.[111] 여성은 남성으로부터 창조되었다는 사실로 인해 남성의 영광이며, 이는 여성의 영광과 아름다움이 남성을 반영하는 이유다. 여성 자신의 머리에 대한 그녀의 권위를 바울이 인정했다는 사실은 긍정적인 평가를 나타낸다. 하지만 여성에 대한 이런 긍정적인 평가가 창조 기사에도 반영되어 있을까?

창조 기사의 주요 주제 중 하나는 남성이 혼자 지내는 것에 대한 하나님의 부정적인 평가와(창 2:18: "사람이 혼자 사는 것이 좋지 아니하니"), 동물의 짝에게 이름을 붙이는 과제를 줌으로써 남성에게 적절한 배필이 필요하다는 사실을 하나님께서 세심하게 나타내셨다는 것이다(창 2:19-20). 아담은 하와를 보았을 때 감격했다(창 2:23). 따라서 우리는 고린도전서 11:9이 남성은 여성을 필요로 했고 그것을 알았다는 점을 의미한다고 추론할 수 있는데, 이는 창세기 2:18-23을 간단명료하게 요약한 것이다. 여성이 필요를 충족시켜주고 서비스를 제공했는데, 이는 여성이 후견인(조력자)이고 남성이 피후견인이라는 호혜의 원칙을 떠올리게 한다. 게다가 남성이 여성에게 매력을 느끼는 것은 창조 기사에 포함된 남성과 여성 사이의 본질적인 역동성이다.[112] 「에스드라1서」 4:17에서 "[여자는] 남자에게 영광을 가져다주고, 남자는 여자 없이 존재할 수 없습니다"라는 말은 남성에 대한 여성의 힘을 증명하기 위한 저자의 주장 중 일부다.[113] 이런 필요와 매력은 특

....

111 위의 1.6.9 단락을 보라.
112 "남자를 위해 여자를 창조한 것"은 어떤 면에서 랍비와 이슬람의 주장에 부합할 수 있다. 이슬람으로 전향한 첫 번째 남성이자 시아파의 창시자인 Ali ibn Abi Taleb에 의하면, 창조에서 "여자는 욕망의 아홉 부분을 받았고, 남자는 오직 한 부분만 받았다"('Amili, Muhammad bin Hasan al-Hurr al, *Wasa'ilu sh-Shi'ah* [Beirut: Dar Ihya'i't-'l-'Arabi, 1391], 14:40).
113 본 연구는 바울이 여성의 힘에 관한 주장과 여성의 기원이 남성이라는 창조 기사 간의 균형을 유지하면서 「에스드라1서」와 상호작용을 하고 있었다고 가정한다.

정 문화에서 단정한 여성이 베일을 착용해야 한다고 주장하는 이유다. 이런 문화에서는 여성의 매력에 대한 남성의 반응을 통제할 책임과 의무를 여성과 여성의 옷에 지우고 여성의 힘을 제한한다. 역사적으로 중동에서 남성들은 여성의 아름다움을 위협이자 상품으로 여기며 반응했고, 베일을 쓰는 것을 자신들의 의견에 끼워 맞추며 통제해왔다. 반대로 바울은 기독교 공동체에서 베일을 쓰는 것이 여성의 권리라고 가르치는데, 이는 상징을 변형시킨다.

이 점을 지적한 후, 바울은 여성이 남성으로부터 독립적이라는 것을 부인한다. 이는 만약 남성이 가난하고 여성이 그 남성의 필요를 충족시킨다면, 이것이 1세기 세계관에서 특정한 영향을 끼칠 것이기 때문이다. 위에서 언급했듯이, 창세기 2:19의 "돕는 배필"은 후견인이고, 도움을 받는 사람은 수혜자일 것이다. 그러나 호혜의 의무는 여성이 독립적이지 않기 때문에 상쇄된다. 여성이 남성으로부터 창조되었기 때문에 여성 역시 수혜자다. 그러나 모든 남성은 여성에게서 태어난다(고전 11:12). 따라서 남성과 여성은 서로에게 자신의 생명을 빚고 있으며 상호 의존적이다. 바울은 고린도전서 11장에서 젠더 관계에 권위와 종속을 세우고 주장하기보다 남성과 여성 사이의 상호 의존을 주장한다. 더 나아가 그는 남성과 여성에게 창조 기사에서 모든 것이 하나님으로부터 나오며, 그분이야말로 그들 모두에게 생명과 연합이라는 선물을 허락하신 후견인이시라는 점을 상기시킨다. 그리하여 상대방에 대한 권위를 내세우는 모든 주장을 상대화시킨다.

＊＊

바울의 본문에는 바울이 그리스-로마 문화의 용어와 상징 및 그리스어의
관용구로 창조 기사를 설명하는 방식에서 실현되는, 젠더에 대한 신학이
담겨 있다. 아담에게 "머리" 은유를 적용함으로써 바울은 하와가 아담 이
후의 나머지 모든 인간처럼 여러 정체성을 갖는다고 말한다. 여성은 하나
님의 형상이고, 아담의 형상이며, "남자의 영광"이기도 하다. 바울이 여성
을 "남자의 영광"으로서 묘사한 것은 종속이나 모자란 영광을 의미하지 않
고, 오히려 그녀의 아름다움의 능력으로 남성을 능가하는 부가적인 영광을
가리킨다. 또한 우리는 디모데전서 2:13-14에서 아담이 먼저 만들어졌다
(13절)고 말하는 바울의 짧은 내러티브에 남성의 우선순위를 투영할 수 없
다. 대신에 바울은 창조 본문으로부터 상호성을 가르친다. 왜냐하면 바울
은 남성을 혜택의 수혜자이자 문화적으로 이해할 수 있는 차원에서 여성
의 도움이 필요한 존재로서 묘사하기 때문이다. 그러나 여성이 남성으로부
터 만들어졌으므로, 창조 기사에서는 그리스어 관용어구에 따라 남성이 여
성의 머리(그녀의 생명의 기원)로서 기능했다. 하지만 그 후로 모든 남성은 여
성으로부터 나오므로, 여성 역시 창세기 3:20에서 "하와"라는 이름이 의미
하는 것처럼 생명의 기원이다. 그러므로 하나님의 계획을 통해 여성과 남
성은 서로 독립적이지 않다. 바울이 창세기 1:27-28의 창조 기사에서 혹
은 그리스어 관용어인 "머리"를 사용하는 것에서 여성의 권위를 반대하고,
재해석하거나 자격을 부여하는 것으로 해석할 만한 설득력 있는 이유는
없다. 남성과 여성은 모두 하나님의 형상으로 창조되었으며, 바울이 말하
는 바에 의하면 적절한 문화적 패러다임 안에서 상호성과 호혜의 차원에
서 행사되는 지배를 위해 창조되었다.

제4장

타락

창세기 3장의 타락 내러티브는 창세기의 창조 기사와 함께 젠더에 대한 성서적/신학적 논의에서 중요한 역할을 담당해왔다. 그러나 젠더 논의는 여성에 대한 타락의 영향에만 초점을 맞추는 경향이 있었고, 남성에 대한 영향을 충분하고 논리적으로 언급하는 것은 간과되어왔다. 이 연구는 그 공백을 언급한 후에 여성에 대한 영향을 재해석할 것이다.

바울 서신의 젠더와 타락에 대한 논의에서는 디모데전서 2:14이 중심 본문이다. 바울은 디모데전서 2:12에서 여성이 남성을 가르치거나 지배하지 못하도록 금지시킨 것을 14절의 타락 내러티브에 대한 간단한 요약 및 15절의 출산에 대한 언급과 연결시킨다. 나는 아래에서 출산에 대한 언급이 타락의 결과와 직접적인 연관성을 갖게 만든다고 주장할 것이다. "아담이 속은 것이 아니고 여자가 속아 죄에 빠졌음이라. 그러나 여자들이 만일 정숙함으로써 믿음과 사랑과 거룩함에 거하면 그의 해산함으로 구원을 얻으리라"(딤전 2:14-15).

창조 순서에 대한 바울의 언급과 마찬가지로, 12절에서 여성에게 부과된 두 가지 금지와 타락 기사를 연결하는 논리가 유추되어야 한다.[1] 바울의 이런 말들은 교회의 역사 전반에 걸쳐 젠더 논의가 활발히 이루어지는 동력이 되었다. 창세기 기사는 여성의 행동을 바울의 설명보다 훨씬 더 자세히 묘사하고 있으며, 유대교와 기독교 문학에서도 수많은 논의를 불러일으켰다. 타락에 대한 논의는 디모데전서 2:14과 함께 교회에서 여성에 대한 다양한 제한의 주요 근거로서 제시되었다. 역사적으로 교회가 취해온 입장은 여성이 본성적으로 더 쉽게 속고, 악령의 영향에 더 많이 휘둘릴 가능성이 있으며, 따라서 여성은 교회에서 가르치거나 지도자가 될 자격이 없다는 존재론에 근거한다.[2] 죄에 관해서는 여성이 먼저 죄를 지었으므로 타락에 대한 일차적 책임이 있다는 의견이 때때로 있으며, 아담의 죄에 대해서도 여성에게 일차적인 책임이 있다는 주장이 종종 제기된다. 따라서 교회에서 여성은 종속과 다양한 제약을 통해 하와의 행위로 인한 결과를 감수해야 한다. 반면에 디모데전서 2:15은 출산을 통해 구원받는다는 것이 어떤 의미인지, 그것이 금지, 창세기 기사, 바울 신학과 어떻게 연관되는지 등과 관련하여 해석자들을 혼란스럽게 만들어왔다.

그러나 타락에 대한 바울의 다른 본문들이 디모데전서 2:14-15의 해

---

1   딤전 2:13-14에서 창조의 요약과 타락 내러티브는 γάρ와 함께 금지와 연결되는데, 이는 그것이 두 가지 금지(12절)와 여성은 배워야 한다는 명령(11절)을 뒷받침함을 보여준다. 하지만 그것은 출산에 대한 결론(15절)을 뒷받침하는 요소로서 기능할 수 있었다.

2   이제 역사적 관점은 여성이 존재론적으로 열등하다는 역사적 정당화를 지양하는 방향으로 개선되었다. William Webb, *Slaves, Women & Homosexuals: Exploring the Hermeneutics of Cultural Analysis* (Downers Grove, IL: InterVarsity, 2001), 224-31의 논의를 보라. 이 관점의 현대 버전을 지지하여 여성에 대한 경멸적 평가를 완화하는 자세한 논의로는 Daniel Doriani, "History of Interpretation of 1 Timothy 2," in *Women in the Church: A Fresh Analysis of 1 Timothy 2:9-15*, ed. Andreas J. Köstenberger, Thomas R. Schreiner, and H. Scott Baldwin (Grand Rapids: Baker, 1995), 213-67을 보라.

석에 사용될 수 있다. 최소한 우리는 바울이 무엇을 의도했고 무엇을 의도하지 않았는지를 더 잘 이해할 수 있는 변수들을 내놓을 수 있다. 특히 디모데전서 2:15의 해석에 대한 문제가 제기되어왔다. 여성이 신실하게 행동하면 출산을 통해 구원받을 수 있다는 말은 신자가 행위가 아닌 믿음으로 구원받는다는 바울 신학과 상충하는 것처럼 보인다. 이 경우 세 가지 기본 선택권이 있다. (1) 우리는 언어와 문법, 본문의 맥락, 문화적 상황, 바울의 사상에서 실행 가능한 대안적 해석을 찾을 수 있다. (2) 우리는 그것을 바울이 남성과 여성을 구별하는 것으로서 받아들일 수 있고, 그 결과 바울은 일관성이 없거나 앞뒤가 맞지 않는 말을 하는 것일 수 있다. (3) 우리는 바울 저작권을 의심해볼 수 있다. 비록 위명을 사용한 경우라도 해도 그것은 분명히 바울 전집의 맥락에서 이해되어야 하는 것이지만 말이다. 디모데전서 2:8-15에 대한 더 깊은 주해는 제9장에서 이루어질 것이다. 하지만 여기서 나는 속임수, 죄의 기원, 그리고 여성이 "해산함으로 구원을 얻으리라"는 바울의 결론과 관련하여 젠더 및 타락에 대해 논의할 것이다.

4.1 젠더와 속임수

역사적으로 대다수 학자는 디모데전서 2:14이 2:12의 금지와 어떻게 관련될 수 있는지를 다음과 같이 유추해왔다. 즉 하와는 모든 여성이 가르치는 일을 하거나 지도자가 될 만한 자격이 없다는 여성의 특성을 보여주는데, 이는 모든 여성이 남성보다 속임수에 취약하기 때문이라고 말이다. 또한 여성은 거짓 가르침과 제의에 이끌려서 잘못된 것을 가르칠 것이라고 종종 추론되었다.[3] 다른 이들은 유혹 기사에서 사탄의 역할과 창세기 6:1-5 을 암시하는 고린도전서 11:10의 천사에 대한 언급을 연관 지어 금지를 해석하면서 여성이 악령의 영향을 잘 받는다고 주장했다. 첫째로, 우리는 바울의 금지에 대해 제시된 이런 모든 이유가 해석자들이 갖고 있었던 과거의 가르침과 세계관 및 여러 전제로부터 광범위하게 도출된 추론이라는 사실을 다시 한번 강조해야 한다. 바울은 디모데전서 2:15의 결론을 제외하고는, 자신의 신학에 대한 더 깊은 설명이나 금지와 관련된 다른 내러티브 없이 단지 간단한 타락 내러티브를 전할 뿐이다. 둘째로, 모든 여성이 더 잘 속고 유혹에 취약하다는 추론은 실제로 교회에서 가르치는 것과 지도자가 되는 것에서 남성이 더 우선적이고 탁월하며 자격이 있다는 것에 대한 진술이었다. 즉 속은 사람은 아담이 아니었으며, 따라서 남성이 선생과 지도자가 되어야 한다는 것이다. 그러나 만일 이것이 타당한 해석이면서 일관성이 있으려면, 아담의 행위가 모든 남성에게 일반화될 수 있어야 하며, 아담의 특성이 모든 남성의 특성을 나타내야 한다. 즉 그가 속지 않았다는 특성 말이다. 따라서 바울 전집에서 속임수, 가르침, 리더십에 관한 주제를 남성과 여성의 분리된 관점에서 살펴보고, 예수의 구원 및 성화가 사람의 속기 쉬운 성향에 미치는 영향을 검토하는 것이 중요하다.

---

3 이교에 이끌리는 여성의 비율은 남성의 비율보다 종종 더 높을 수 있다. 하지만 전통적인 종교 그룹에 속한 여성의 숫자 또한 남성의 숫자보다 더 많다. Rodney Stark는 문화와 시대를 불문하고 여성이 남성보다 더 종교적이라는 것은 일반화라고 주장한다("Physiology and Faith: Addressing the 'Universal' Gender Difference in Religious Commitment," *JSSR* 41 [2002]: 495-507).

4.1.1 남성과 속임수

디모데전서 2:14a에서 바울은 아담이 속지 않았다고 말한다. 하와가 속았기 때문에 모든 여성이 속기 쉽다고 생각한다면, 해석학적 일관성을 위해 남성은 쉽게 속지 않는다는 입장을 동시에 취해야 한다. 왜냐하면 본문에서 아담이 속지 않은 것은 절대적 문제이지 정도의 문제가 아니기 때문이다. 그러나 앞으로 살펴보겠지만, 바울은 모든 인간이 속을 수 있는 위험에 처해 있다고 믿으며, 하와의 유혹에 대한 패러다임을 남성에게도 적용한다.

바울 전집에서 바울은 모든 신자를 죄에 의해, 다른 사람들이나 자기 자신에게 속을 수 있는 위험에 처한 것으로 묘사한다(롬 7:11; 16:18; 고전 3:18; 6:9; 15:33; 고후 11:3; 갈 6:3, 7; 살후 2:3; 딤전 2:14; 딤후 3:13; 딛 3:3).[4] 이 모든 본문에서 속은 사람은 문법상 그리스어에서 남성 단수 혹은 남성 복수인데, 이는 남성이 명백한 지시 대상임을 나타낸다. 물론 여성도 지시 대상에 포함될 수 있지만 말이다.[5] 따라서 바울은 교회와 개인이 젠더에 상관

---

4   바울 전집에서는 네 개의 동사가 "속이다"라는 의미로 사용된다. ἐξαπατάω(롬 7:11; 16:18; 고전 3:18; 고후 11:3; 살후 2:3; 딤전 2:14); ἀπατάω(엡 5:6; 딤전 2:14); πλανάω(고전 6:9; 15:33; 갈 6:7; 딤후 3:13[2x]; 딛 3:3); φρεναπατάω(갈 6:3).

5   남성형은 문법적으로 젠더의 기본형이었기 때문에, 남성 단수가 그 지시 대상에서 여성을 반드시 제외하지는 않았을 것이다. 문맥이 여성을 포함하지 않는다고 구체적으로 지시하지 않는 한, 남성 복수에도 여성이 포함된다고 가정할 수 있다. 고전 6:9에서 음행은 노예, 여성, 혹은 남성과 사창가나 신전에서 성관계를 맺기로 선택한 남성들에게 더 일반적인 일이었다. 그리스-로마 문화는 이런 식으로 행동한 남성을 비난하지 않았다. 그러나 여성 신자가 자발적으로 그런 행위를 한 경우에는 훨씬 더 속임을 당한 것으로 이해되었을 것이다. 왜냐하면 당시 문화는 여성의 이런 행위를 철저히 비난했기 때문이다. 바울은 여러 명의 성관계 파트너를 가진 누군가와 성관계를 맺기로 선택한 사람을 분명하게 언급한다. 그는 강제로 여러 명의 성관계 파트너를 가질 수밖에 없었던 노예, 혹은 매춘으로 선택의 여지가 없었던 사창가나 신전의 거주자들을 판단하지 않았다.

없이 속을 수 있다는 점을 염려한다. 바울은 로마서 7:11에서 죄의 유혹이 어떠한지를 기록하는데, 이는 자서전적인 표현을 사용하지만 아마도 모든 인류(아담)에게 일반적으로 적용하려는 의도일 것이다.[6] 바울(남성)은 창세기 3장에 나온 하와의 유혹 기사를 약간 다른 의미로 암시한다.[7] 아마도 인간과 죄의 관계를 나타내는 전형적인 언급에서는 바울이 바로 속은 사람일 것이다. 즉 죄가 사탄처럼 틈을 타서 그를 속이고 죽였다. 그 결과는 죄와 죽음의 포로로서 지속적인 상태의 수렁에 빠진 비참한 남성에 대한 바울의 묘사다(롬 7:13-24). 바울에 의하면, 모든 불신자는 사탄이나 "이 세상의 신"에 의해 눈이 멀었다(고후 4:4). 신자들에 대해 말하자면, 바울은 전체 고린도 교회의 예시로서 특별히 하와의 유혹을 구체적으로 설명하는데, 이는 그가 고린도 교회가 옳은 길에서 벗어날 위험에 처해 있다고 염려했던 것이다(고후 11:3).[8] 따라서 바울은 그의 독자들에게 이렇게 경고한다. "미혹을 받지 말라!"($\mu\grave{\eta}$ $\pi\lambda\alpha\nu\hat{\alpha}\sigma\theta\epsilon$, 고전 6:9; 15:33; 갈 6:7).[9] 더욱이 특정 남성들

---

6 롬 7:7-13에서 제안된 "나"의 정체성의 대상은 바울, 일반적인 유대인, 율법을 받을 당시의 이스라엘, 타락 시점의 아담, 그리고 일반적으로 회개하지 않은 인간의 상태다. 그러나 롬 7:14-25에서 제안된 대상은 회심 이전의 바울 혹은 그리스도인으로서 현재를 경험하고 있는 바울이다. 다른 가능성은 그리스도인의 일반적인 경험, 전형적인 유대인, 헛된 삶을 사는 그리스도인, 혹은 일반적으로 회개하지 않은 인간의 상태를 포함한다. 더 자세한 논의는 Cynthia Long Westfall, "A Discourse Analysis of Romans 7:7-25: The Pauline Autobiography?," in *The Linguist as Pedagogue: Trends in the Teaching and Linguistic Analysis of the Greek New Testament*, ed. Stanley E. Porter and Matthew Brook O'Donnell, NTM 11 (Sheffield: Sheffield Phoenix, 2009), 146-58을 보라.

7 James Dunn이 말하듯이, "창세기 기사의 암시는 분명히 의도적이다"(*Romans 1-8*, WBC 38A [Nashville: Nelson, 1988], 384). 연결점: 하나님의 명령은 율법, 속임수, 사망의 궁극적 결말과 비슷한 역할을 한다.

8 Paul Barnett이 말하듯이, "사도적 교회로서 고린도 사람들의 미래는 위험에 처해 있다.…이 알레고리의 상징 아래서 하와는 고린도에 있는 교회를 나타낸다"(*The Second Epistle to the Corinthians*, NICNT [Grand Rapids: Eerdmans, 1997], 501).

9 야고보 역시 그의 독자들에게 속지 말라고 경고했다(약 1:16).

은 스스로 속이고 자기 자신이 속이는 자인 거짓 교사로서 묘사된다(참조. 고후 11:13-14; 딤후 2:17-18; 3:6-8). 가장 중요한 것은 디모데전서에서 바울은 특별한 안전장치가 없으면 남성 혹은 여성 연장자들이 자만이나 수치 때문에 악마의 덫에 빠질 위험이 있다(혹은 빠지기 쉽다)고 말한다는 점이다(딤전 3:6-7). 바울 전집의 나머지 부분에서, 혹은 심지어 목회 서신에서도 남성이 여성보다 덜 속는 것으로 바울이 묘사한다고 주장할 수는 없다. 비록 하와가 여성이었지만, 바울에 의하면 사탄이나 죄에 유혹되거나 속아 넘어갈 가능성은 보편적인 경험이다. 하와가 속은 것은 인간의 상태를 보여주는 전형적인 예시다.

하지만 바울은 진실을 보다 잘 파악하는 부류의 사람들 혹은 남자들이 있는 반면 쉽게 속아 넘어가는 경향이 있는 무리도 있다고 보았다. 로마서 1-2장에서 바울이 이방인과 유대인을 대조한다고 보면, 이방인 전체가 속임수에 넘어가고, 스스로 속이며, 다른 이들을 속이고 있다고 여겨진다. 그들은 하나님을 인정하는 데 실패했는데, 이는 그들을 하나님의 진노의 대상으로 만든 불신앙과 사악함으로 절정에 이른 일련의 결정 혹은 문화적 발전에서 드러났다(롬 1:18-32).[10] 반대로 유대인들은 하나님의 말씀을 맡았다는 유리함이 있다. 비록 그들이 자신들의 가르침을 실천하지 않거나 율법을 따르지 않는 죄로 인해 저주 아래 동등하게 있지만 말이다(롬 3:2). 하지만 이방인이 유대인보다 더 잘 속을 수 있다고 바울이 표현한다고 할지라도, 그는 이방인이 가르치거나 지도자가 되는 것을 제한하지 않는다. 이와 비슷하게 바울은 "그레데인들은 항상 거짓말쟁이며 악한 짐승

....

10 James Dunn은 롬 1:18-32에서 "그 효과는 유대인의 관점에서 인간(아담)의 불의를 특징 짓는 것이다. 즉 우상숭배에 대한 유대인의 혐오와 이방인의 성 윤리의 타락으로 대표되는 인간의 불의다"라고 말한다(*Romans 1-8*, 53).

이며 배만 위하는 게으름뱅이라"(딛 1:12-13)고 말하지만, 만일 디도가 그들을 책망한다면 그들이 믿음에 충실할 수 있으리라고 말한다.[11] 디도는 여전히 그레데의 믿는 사람 중에서 모든 마을의 장로와 감독을 임명하라는 지시를 받는다. 따라서 우리는 심지어 바울이 특정 그룹의 사람들이 더 쉽게 속이고, 스스로를 속이며, 속임을 당한다고 명확하게 믿고 말할 때조차도, 그것이 그 그룹의 사람들을 교사나 리더가 될 자격이 없는 것으로 평가하는 것은 아님을 알 수 있다.

바울은 그리스도의 강력한 한 가지 행위와 성령으로 모든 신자가 속임수를 극복할 수 있다고 가르친다(롬 7:7-8:11). 예수 그리스도는 신자들을 죄에 사로잡힌 상태로부터 자유롭게 하시고(롬 6:6-7), 모든 사람을 생명으로 인도하는 의의 요건을 갖추셨으므로(롬 5:18), 이제 죄는 신자에 대해 실질적인 힘을 갖지 못한다. 모든 신자는 자기 몸을 의의 무기로 내어드릴 수 있다(롬 6:13-14). 성령의 법이 생명을 주고 죄와 사망의 법에서 사람을 자유롭게 하는데(롬 8:1-2), 여기에는 죄나 사탄, 혹은 악령에게 속는 것도 포함된다(롬 7:11).[12] 따라서 바울은 어떤 신자든지 속기 쉬운 상태가 속수무책이라고 믿지 않았고, 오히려 성령 안에서 살면서 교정을 받으면 속

---

11 William Mounce의 의견은 젠더 논의의 관점에서 흥미롭다. "바울은 분명히 이 말을 모든 그레데 사람에게 적용하고 있는 것이 아니다. 그렇지 않았다면 그레데의 모든 그리스도인은 저주 아래로 떨어졌을 것이고, 에피메니데스 자신도 거짓말쟁이가 되어 결국 거짓을 말한 것이 되었을 것이다. 전면적인 일반화는 그 자체가 모든 상황에서 항상 진실을 주장하는 것이 아니다. 그것은 일반적으로 사실일 뿐이다. 바울은 단지 요점을 말하려고 한다"(*Pastoral Epistles*, WBC 46 [Nashville: Nelson, 2000], 398).

12 Grant Osborne은 롬 8:1-11의 더 큰 맥락에서 다섯 가지 해방에 대해 말한다. "죄의 노예로부터의 해방(롬 6:16-22), 죄수로 사로잡힘으로부터의 해방(롬 7:23), 정죄로부터의 해방(롬 8:1), 죄와 사망의 권세로부터의 해방(롬 8:2), 종말에 있을 창조세계와 개인의 최종적 해방(롬 8:21, 23)"(*Romans*, IVPNTC 6 [Downers Grove, IL: InterVarsity, 2004], 194-95).

임수에서 벗어날 수 있다고 믿었다.

결론적으로 "아담이 속지 않았다"(딤전 2:14a)는 바울의 주장은 남성이 일반적으로 속지 않는다는 의미라고 말할 수 없다. 반대로 바울 전집에서 속는 것은 인간의 상태다. 신자가 아닌 남성은 하와처럼 속으며, 바울은 신자인 남성 역시 하와처럼 속게 될 것을 우려한다. 게다가 바울은 이방인이 우상숭배에 빠지기 쉽고 그레데 사람이 거짓과 식탐에 대해 그러하듯이, 특정 세계관, 문화, 민족이 속임수와 관련된 특정 죄에 더 취약하다고 믿는 것으로 보인다. 그러나 바울은 약하고 어리석으며 비천하고 경멸당하는 사람들이 가르치는 것과 리더가 되는 것을 금하지 않는다. 오히려 고린도 교회가 세상의 기준(지혜, 권력, 지위)으로 그리스도인 지도자들을 자랑하는 것을 지적하는 맥락에서 바울은 복음 안에서 그들을 부르신 것 자체가 바로 그런 기준들에 대한 하나님의 전복에 기반한다고 말한다.

> 그러나 하나님께서 세상의 미련한 것들을 택하사 지혜 있는 자들을 부끄럽게 하려 하시고, 세상의 약한 것들을 택하사 강한 것들을 부끄럽게 하려 하시며, 하나님께서 세상의 천한 것들과 멸시받는 것들과 없는 것들을 택하사 있는 것들을 폐하려 하시나니, 이는 아무 육체도 하나님 앞에서 자랑하지 못하게 하려 하심이라. 너희는 하나님으로부터 나서 그리스도 예수 안에 있고 예수는 하나님으로부터 나와서 우리에게 지혜와 의로움과 거룩함과 구원함이 되셨으니, 기록된 바 "자랑하는 자는 주 안에서 자랑하라" 함과 같게 하려 함이라 (고전 1:27-31).

바울의 요점은 리더의 자격이 예수 그리스도의 모범과 십자가의 어리석음에서 비롯된다는 것이다. 이 서신의 뒷부분에서 그는 성령의 은사가 몸에서 각 사람의 기능을 결정한다고 가르친다. 하나님은 어리석고 약하며 비천하고 경멸당하는 사람들을 사랑하여 선택하시기 때문에, 우리는 이상적인 교사나 리더를 만드는 세상의 기준에 반하는 그분의 선택에서 놀라움을 기대할 수 있다. 바울은 그 자신이 바로 그런 종류의 선택이었다고 주장한다.

4.1.2 여성과 속임수

디모데전서 2:11-15에서 여성에 대한 가르침과 타락 내러티브는 어떤 연관성이 있는가? 여성이 남성을 가르치거나 지배하는 것을 금지하는 것과 하와가 사탄에게 속은 것에 대한 내러티브 사이에는 어떤 논리적 관계가 존재하는가? 20세기에 이르기까지 대다수 학자 및 해석자들은 사탄이 하와를 속인 것이 그와 같은 금지의 이유와 정당화의 근거라고 추정했다.[13] 따라서 그들은 타락이 이런 금지를 정확히 어떻게 정당화했는지를 더 구체화하려고 공동의 시도를 해왔다. 간단히 말하면, 바울 해석자들은 타락 내러티브로부터 동기부여를 얻어 여성을 부정적으로 묘사함으로써 디모

---

13 많은 학자들은 접속사 γάρ가 바울이 이유를 제시하고 있음을 나타낸다고 주장했지만, 이는 접속사가 기능하는 방식에 대한 올바른 이해를 반영하지 않는다. Mounce, *Pastoral Epistles*, 131-35에서 γάρ에 대한 논의를 보라. 여기서 Mounce는 바울이 γάρ를 사용한 것을 개관하고 다음과 같이 결론 내린다. 가장 빈번하게 γάρ를 사용하는 경우가 "원인이나 이유를 표현하기 위함"이기 때문에 딤전 2:13이 이유를 소개하는 것이라는 증거는 확실하다(131)고 말이다. 그러나 모든 경우에 논리적인 관계는 문맥으로부터 유추되어야 하며, γάρ 자체가 "원인이나 이유를 표현하는" 것은 아니다. 이 단어가 갖는 최소한의 의미론적 기능은 예시, 유형, 인용, 그리고 원인뿐만 아니라 지지에 대한 다른 형태들을 포함할 수 있는 근거 자료들을 알려주는 것이다. 그것은 정동사와 분사의 관계와 비슷하다. 특정 본문의 해석은 "가장 빈번한 사용"으로 결정될 수 없다. 이런 견해를 지닌 학자 중 다수가 성서의 역사/내러티브로부터 신학을 도식화하면 안 된다고 주장하는 경향이 있다는 점은 아이러니하다.

데전서 2:12의 금지를 모든 여성에게 적용하는 것을 정당화했다. 이런 연구는 특히 중세 시대에 그리스 철학의 영향을 많이 받았다. 이것은 바울보다 아리스토텔레스와 훨씬 더 비슷해 보이는—더 부정적이지는 않더라도—여성의 성격, 행위, 잠재력, 신체에 대한 여성 혐오주의적 견해의 역사라는 결과를 낳았다. 왜냐하면 그들은 타락에 대한 비난, 수치, 책임을 여성에게 돌렸기 때문이다. 그러나 20세기에 여성에 대한 경멸적인 평가는 그 동력을 잃었는데, 이는 부분적으로 여성에 대한 교육이 논리적·비판적 사고를 사용하는 그들의 능력을 입증했고, 젠더 특유의 행동에 대한 통계의 사용은 여성이 세속적이며 남성보다 성에 더 관심이 많다는 주장과 같은 해묵은 고정관념을 뒤집었기 때문이다.

더 최근에는 여성에 대한 평가가 더욱 신중하게 진행되고 있다. 일부 학자들은 여성이 유혹에 취약하다는 수정된 전통적 관점을 견지하지만, 다른 학자들은 대안적인 해석을 모색해왔다. 디모데전서 2:12의 금지와 디모데전서 2:14에서 하와가 속은 것 사이의 논리적 관계에 대해 최소한 네 가지 견해가 있다.[14] (1) 타락에서 하와가 속은 것과 그녀의 행동은 여성이 잘 속는 경향이 있기 때문에 모든 여성이 남성을(아마도 모두를) 가르치지 못하게 한 금지의 이유다. (2) 하와가 속은 것과 그녀의 행동은 성화와는 거리가 먼 여성의 예시(혹은 모형론)다. (3) 하와가 속은 것은 에베소 여성들

---

14 총 네 가지 관점의 요약과 평가에 대해서는 I. Howard Marshall, *The Pastoral Epistles*, ICC (Edinburgh: T&T Clark, 1999), 465-67을 보라. 그는 (1) 하와는 아담의 죄에 대한 책임이 있다. 그리고 (2) 13-14절은 "여성이 남성에게 종속되어야 하는 보편적으로 적용 가능한 근거"를 제공한다는 관점을 추가한다(ibid., 465). 나는 이 두 가지가 속임수의 이슈와 직접적인 연관이 없기 때문에 여기서는 생략했다. Marshall은 하와가 여성의 속음을 나타낼 수 있다는 견해(모형론)를 생략한다. 그는 13-14절이 에베소의 잘못된 가르침을 논박한다는 결론을 내린다.

사이에서의 속음의 예시다. (4) 하와가 속은 것과 죄는 에베소의 여성들 사이에서 유행하고 있었던 신화 혹은 거짓 가르침에 대한 교훈을 준다. 세 번째와 네 번째 관점은 상황적 맥락과 연결되어 있고 서로 비슷하지만, 하와가 속은 것이 금지의 이유가 된다는 전통적인 관점을 여기서 먼저 살펴볼 것이다.

학자들은 대부분 타락에서 하와의 역할은 여성이 속임수에 쉽게 넘어가는 존재론적인 결점이 있으며, 아마도 다른 사람들을 속일 가능성이 더 크다는 점을 나타낸다고 주장했다.[15] 몇몇 학자는 사탄이 아담 대신에 하와에게 접근했다는 점에서 여성이 남성보다 사탄의 공격에 더 취약하다는 사실을 나타내는 것으로 보인다는 특별한 의미를 발견했다. 게다가 창세기 6:1-5에서 "하나님의 아들들"은 여성들의 아름다움을 보고 그들을 아내로 삼았다. 「에녹1서」는 "하나님의 아들들"을 타락한 천사들과 연결하는데, 이는 여성이 천사나 악령들에게서 나오는 여러 형태의 영적 공격에

---

15 이로부터 파생한 다양한 관점 중 하나는―Martin Dibelius와 Hans Conzelmann이 지지했다―속임수가 성적 유혹이었다는 것으로서 후기 유대교 해석에 기반한 관점이다(*The Pastoral Epistles: A Commentary on the Pastoral Epistles*, trans. Philip Buttolph and Adela Yarbro, ed. Helmut Koester, Hermeneia [Philadelphia: Fortress, 1972], 48). 이것을 근거로 그들은 딤전 2:11-15에서 다음과 같은 상당한 연결점을 제안할 수 있었다. 즉 성적 유혹은 죄를 짓도록 유도하여 "하나님의 진노로부터의 구원에 대한 의문이 절박한 것이 되게" 했고, 창 3:16의 영향으로 "누군가가 죄를 범하는 곳에서 그 죄를 통해 그[혹은 그녀]가 구원받는다." 영지주의의 가르침(*Gospel of Egyption*에는 "남자는 언제까지 계속 죽을 것인가? 여자가 아이를 낳는 한"이라는 기록이 있고, 사투르니누스는 "결혼과 출산은 사탄으로부터 비롯된다"라고 가르쳤다)과 반대되는 "자연 질서의 기독교화"가 있다(48-49). 하지만 그리스어 ἀπατάω("속이다", 딤전 2:14의 창 3:13 인용)에 유혹을 시대착오적으로 투영한 것, 죄를 그것의 결과와 혼동한 것, "자연 질서"가 타락의 결과의 일부이기 때문에 바울에게 어떻게 당연한지를 설명하지 못하는 것, 그리고 "자연 질서"에 참여하는 것이 어떻게 하나님의 진노로부터 여성을 구원하는 것이라고 말할 수 있는지 등과 관련하여 여러 가지 어려움이 있다. 그럼에도 불구하고 후기 영지주의 가르침과 거짓 교사들의 결혼 금지(딤전 4:3)를 연결하는 것은 유용하다.

취약하다는 것을 나타낸다고 해석된다. 고린도전서 11:10과 관련하여 많은 이들은 바울이 "천사들 때문에" 여성이 베일을 착용해야 한다고 말하는 것으로 이해하고,[16] 따라서 어떤 이들은 (베일의 의미에 대한 잘못된 가정에 일부 근거하여) 교회에서 여성은 남성의 권위 아래 있지 않으면 천사(악령)의 공격에 계속해서 넘어가기 쉽다고 결론 내린다.

바울은 모든 인류를 속는 자로서, 그리고 사탄을 속이는 자로서 특징 짓기를 주저하지 않았지만, 결코 모든 여성 신자가 속는 것에 대한 특별한 잘못이 있다거나, 여성이 사탄이 가장 좋아하는 표적이라고, 혹은 공격에 더 쉽게 쓰러진다고 분명히 말하지 않는다. 창세기 6:1-5과 고린도전서 11:10의 두 이야기가 여성이 천사에게 취약하다는 것을 나타낸다면, 그것은 그들의 아름다움(영광) 때문이지 그들에게 도덕적인 결점이 있기 때문이 아니다. 바울이 에베소에서 "죄를 중히 지고 여러 가지 욕심에 끌린 바 되어 항상 배우나 끝내 진리의 지식에 이를 수 없"는 잘 속는 몇몇 여성이 있었다고 말한 것은 사실이다(딤후 3:6-7). 그러나 바울은 이것이 에베소의 모든 여성에게 적용된다고 말하지 않았다. 오히려 그들은 여성의 한 가지 유형을 대표한다.[17] 게다가 디모데후서의 맥락에서 초점은 그렇게 잘 속는 여성을 먹이 삼아 희생시키는 거짓 교사 유형의 남성들이 저지른 훨씬 더 타락한 행위에 있다(딤후 3:1-9). 간단하게 절제하여 요약한 타락 내러티브에서 바울은 하와의 행동을 여성의 전형적인 것으로 일반화하거나 여성을

---

16   고전 11:10의 천사에 대해서는 3.5.6.1 단락을 보라. 한 가지 입장은 베일이 여성을 속임수로부터 보호하는 종속의 상징이라는 것이었다.
17   Howard Marshall이 말하듯이, "여기서 여성에 대한 일반적인 평가 절하를 발견하는 것은…다른 곳에 기록된 긍정적인 언급들을 고려할 때 실수다(1:5; 참조. 함축적으로 3:14)"(*Pastoral Epistles*, 777).

부정적으로 표현하는 데까지 이르지 않는다. 하지만 우리는 남성과 속임수에 대한 논의에서 혹시 바울이 모든 여성을 더 어리석고 약하며 비천하고 경멸적인 것으로 표현했다면, 바울 신학의 맥락에서 그것은 여성을 지혜로운 자, 강한 자, 특권 가진 자를 부끄럽게 하는 하나님의 도구로 사용하기 위함이라는 점을 살펴보았다(고전 1:18-31). 어떤 개인이나 집단도 하나님 앞에서 자랑할 수 없다는 바울의 선언은 기독교 공동체의 젠더 관계에서 우선순위, 권위, 명예를 내세우는 남성의 주장을 해석하고 비판해야 한다.[18] 남성 대 여성의 상대적인 강함과 약함, 자질, 수학적인 재능을 보여주는 통계의 적절성은 하나님께서 신자들을 공동체 안으로 어떻게 부르시는지와 하나님께서 교회를 섬길 자신의 도구를 어떻게 선택하시는지에 대한 바울의 분명한 가르침 앞에서 아무런 소용이 없게 된다.

타락 내러티브에서 속임수의 본질에 대한 왜곡이 있어서는 안 된다. 즉 하와가 속은 것은 상대적인 강함과 약함, 논리력, 혹은 교리를 형성하는 데 있어 진리에 대한 헌신의 문제가 아니다.[19] 여성은 속기 쉬워서 그리스

---

18 Hans Conzelmann은 고전 1:26-31을 분석하면서 "십자가의 선언은 비기독교적인 자기 영광을 기독교식의 자기 영광으로 대체하는 것이 결코 아니라 우리 자신의 영광을 포기하는 것이다"라고 말한다(*1 Corinthians: A Commentary on the First Epistle to the Corinthians*, trans. James W. Leitch, ed. George W. MacRae, Hermeneia [Philadelphia: Fortress, 1975], 51). 고전 11:3-16에서 여성이 남성의 영광이라는 말이 남성의 영광이 예배 도중에 손상되어서는 안 된다는 의미로 받아들여졌다는 사실은 흥미롭다.

19 일찍이 Thomas Schreiner는 이것이 상대적인 강함과 약함에 기반한 역할에서의 다름을 가리킨다고 주장했다. "일반적으로 말하면, 여성은 더 관계적이고 양육적이며, 남성은 이성적인 분석과 객관성에 더 특화되어 있다. 여성은 교리적 서술의 중요성을 이해하는 데 있어 남성보다 덜 민감한데, 이는 특히 이단을 분별하고 진리를 수호하는 이슈에 있어서는 더욱 그렇다"("An Interpretation of 1 Timothy 2:9-15: A Dialogue with Scholarship," in *Women in the Church: A Fresh Analysis of 1 Timothy 2:9-15*, ed. Andreas J. Köstenberger, Thomas R. Schreiner, and H. Scott Baldwin [Grand Rapids: Baker, 1995], 145). 그러나 Schreiner는 "속임수에 속기 쉬운 것"이 여성의 특징이며 **"도덕적 범주"**라고 주장한다("William J. Webb's

도의 일하심, 성령의 사역, 건전한 가르침으로 그들을 가르치고 거룩하게 하며 바로잡을 수 없다고 바울이 믿었다는 증거는 없다(롬 8:1-2). 바울은 예수 그리스도께서 인류를 죄의 속박으로부터, 그리고 하와의 행동으로 드러난 사탄의 속임수로부터 자유롭게 하신다고 단호하게 가르쳤다. 기독교 공동체에서 남성뿐만 아니라 여성도 속임수의 위험에 처해 있지만, 동일한 처방이 가능하다. 즉 성서적인 바로잡음과 가르침—바울이 디모데전서라는 서신과 특히 2:11에 기록된 여성이 배워야 한다는 명령을 통해 제공한 바로 그 해결책이다.[20] 모든 여성이 속기 쉽거나 타락의 패턴을 반복할 운명이기 때문에 교회의 모든 봉사에 부적합하다는 주장은 하나님의 창조에 처음부터 결함이 있거나 죄가 있었다는 의미가 되고, 혹은 그리스도의 일하심과 성령의 사역이 여성에게는 충분하지 않다는 의미가 된다.

한편 스탠리 포터(Stanley Porter)는 타락 내러티브가 구원하고 거룩하게 하는 그리스도의 사역과 별개로 모든 여성의 상태를 나타내는 것이라고 주장한다. "아담이 먼저 창조되었다고 하더라도, 처음 속은 사람은 하와

Slaves, Women & Homosexuals: A Review Article," SBJT 6 [2002]: 62-63). 나중에 "An Interpretation of 1 Timothy 2:9-15: A Dialogue with Scholarship"의 개정판에서 Schreiner 는 자신의 입장을 바꾸어 "만약 바울이 여성이 선천적인 기질 때문에 속은 것이라고 주장했다면, 하나님의 창조 작품의 우수성에 의문이 생기게 된다"라고 주장한다(endnotes to "An Interpretation of 1 Timothy 2:9-15," in Women in the Church: An Analysis and Application of 1 Timothy 2:9-15, 2nd ed., ed. Andreas Köstenberger and Thomas R. Schreiner [Grand Rapids: Baker Academic, 2005], 225n210).

20 바울에게 무지와 속임수 사이에는 연관성이 있다. 딤전 1:3의 전체적인 전제는 바울이 에베소에서 잘못된 길을 가는 사람들을 바로잡고 가르칠 수 있다는 것이다. 그는 다른 곳에서 계속해서 "속지 말라!"고 훈계한다. Webb의 Slaves, Women & Homosexuals에 대한 서평에서 Schreiner는 Webb이 "속임수에 넘어가기 쉬운 것을 무지, 교육 부족, 경험 부족으로 바꾸지만, 속임수는 **도덕적** 범주이기 때문에 이것은 성서에 들어맞지 않는다"라고 말한다(Schreiner, "Review Article," 63, 강조는 원저자의 것임). 하지만 이것은 하와가 죄를 짓기 전에 속았기 때문에 여성이 도덕적 결함을 지닌 채 창조되었다는 의미가 되어버린다.

혹은 '그 여자'(여기서는 앞에 나온 대상을 지시하는 관사를 사용하여 '위에서 언급한 여자, 즉 하와')다. 이 주장은 결과적으로 모든 여성이 '속았다'는 것을 의미한다. 하지만 '구원받은' 사람은…믿음과 사랑 및 거룩 안에 거하는 여성이다."[21]

이 견해는 바울 전집의 나머지 부분에 나오는 속임수에 대한 바울의 이해를 반영하는 방식으로 14절과 15절 사이의 맥락과 대조점들을 고려한다. 바울이 여성의 문제를 언급하고 있기 때문에, 예수 그리스도와 성령이 주시는 성화와 별개로 모든 여성이 속는다고 말하는 것이 적절할 수 있다. 15절과 디모데전서 2:9-10의 모든 여성에 대한 가르침 사이에는 주목할 만한 연결점이 있다. 즉 속임수에서 벗어나는 길(구원)은 경건함과 단정함 (9-10, 15절), 그리고 가르침(11절)과 관련된다는 것이다. 이 견해는 여러 강점이 있지만, 속지 않은 아담과의 대조를 설명하지 않으며, 창세기 3장과 여성의 타락의 결과 사이의 본문 간 연결을 다루지 않는다. 또한 에베소 여성들의 상황적 맥락과의 관련성도 충분히 살펴보지 않는다.

디모데전후서는 에베소의 그리스도인 여성들이 바울 전집에 언급된 다른 교회들에서와는 다른 전대미문의 방식으로 속고 있었다는 것을 보여준다. 바울은 디모데전서 1:3에서 디모데가 여러 가지 잘못된 가르침을 바로잡기 위해 에베소에 남겨졌으며, 이 편지의 분명한 목표는 그 일을 잘하도록 디모데를 독려하기 위함이라고 말한다. 두 편지에서 바울은 에베소의 여성들 사이에 퍼졌던 잘못된 가르침의 많은 문제점을 반복적으로 언급한다. 거짓 교사들에 의해 여성, 특히 과부들이 속는 것에서 사탄과 악령의

21　Porter, "What Does It Mean to Be 'Saved by Childbirth' (1 Tim. 2:15)?," *JSNT* 49 (1993): 93.

활동이 여러 번 언급된다(딤전 4:1; 5:15; 딤후 2:26; 3:6-7).[22] 잘못된 가르침의 내용은 "결혼 금지"(딤전 4:3)를 포함하는데, 여기에는 기혼 여성들에게 순결을 권장하는 것도 들어 있었을 가능성이 크다.[23] 과부들은 출산을 기피하고 있었기 때문에 결혼하기를 주저했던 것으로 보인다(딤전 5:11-15).[24] 나이 든 여성들이 망령된 신화를 퍼트리고 있었고(딤전 4:7), 일부 과부들은 향락을 위해 살았으며(딤전 5:6), 어떤 과부들은 이미 "사탄에게 돌아간" 경우도 있었다(딤전 5:15). 거짓 교사들도 교묘하게 가정을 파고들어 어리숙한 여성들을 먹잇감으로 삼았다(딤후 3:6). 따라서 에베소의 여성들 사이에 있었던 거짓 가르침의 문제에는 내러티브의 잘못된 사용(신화, 늙은 아낙네들이나 좋아하는 속된 이야기), 사탄과 악령의 속이는 행위, 그리고 결혼과 출산 관련 이슈가 포함된다.[25] 확실히 하와는 (모형론의 사용에서와 같이) 속임수의 본질을 잘 보여주는 예시다. 하지만 바울이 당시 퍼지고 있었던 이야기의 내용을 바로잡고 있었으며 잘못된 가르침의 내용에 여성들을 취약하게 만든 그들의 걱정 중 일부를 언급하고 있었다는 더 확실한 지표가 있을 수 있다.[26] 따라서 디모데전서의 담화 해석은 디모데전서 2:11-15에서 바울이

---

22   그러나 바울은 장로들을 "사탄의 지배하에 가두어 그의 정죄를 공유하는" 함정에 빠트리는 사탄의 활동도 발견한다(Marshall, *Pastoral Epistles*, 483).

23   Ibid., 541. Marshall은 "결혼 금지"(γαμεῖν)가 "추측하건대 (결혼 유무와 관계없이) 성행위의 중단을 암시한다"고 기록한다.

24   바울이 딤전 5:14에서 여성이 결혼하여 자녀를 갖고 가정을 주관하기(γαμεῖν, τεκνογονεῖν, οἰκοδεσποτεῖν)를 원한다는 사실이 중요하다. 그는 여성이 자녀를 갖게 될 것이라는 직접적인 결말을 언급함으로써 성행위/결혼(γαμεῖν)을 금지하는 거짓 교사들을 정면으로 반박한다. 출산은 딤전 2:15에서 하나의 이슈로서 강조된다.

25   9.3.3 단락을 보라.

26   여성의 내러티브(신화, 늙은 아낙네들이나 좋아하는 속된 이야기)가 문제의 중요한 부분이었다는 점에는 의심의 여지가 없는데, 이는 역사적으로 여성들 사이에 있었던 내러티브의 역할과 부합한다. Richard Clark Kroeger와 Catherine Clark Kroeger는 영지주의 신화(아마도 2세기의 것)가 타락에서 아담과 하와의 역할을 뒤바꾼다고 주장한다. 그리고 그

에베소 교회 공동체의 여성들에게 있었던 특정 문제들을 다루기 위해 그들을 위한 가르침을 기록하고 있으며, 13-15절에서는 잘못된 가르침의 구체적인 면모를 언급하고 있다는 점을 강력하게 제시해준다.[27] 하워드 마셜 (Howard Marshall)이 말하는 것처럼, "잘못된 가르침의 영향에 대응하기 위한 강력한 조치가 취해지고 있었을 가능성이 있다."[28]

4.1.3 요약

요컨대 디모데전후서를 제외하고, 바울 전집에서 남성과 여성은 동등하게 거짓에 속기 쉽다. 일반적으로는 오히려 남성이 하와처럼 속는 사람이자 속이는 사람으로서 제시된다.[29] 따라서 디모데전서 2:14a에서 아담이 속은 것이 아니라는 사실은 바울의 가르침에서 남성의 전형으로서 여겨질

들은 에베소의 여성들이 영지주의의 구전 전승으로 보존된 신화에서 타락을 비슷하게 뒤집는다고 주장하면서 에베소의 상황뿐만 아니라 창조 및 타락에 대한 바울의 설명과도 상당한 유사점을 보여준다(*I Suffer Not a Woman: Rethinking 1 Timothy 2:11-15 in Light of Ancient Evidence* [Grand Rapids: Baker, 1998], 215-22). Howard Marshall은 이에 반대한다. "Kroeger가 후기 영지주의에서나 찾을 수 있는 교리에 근거하여 에베소의 상황과 아르테미스 숭배를 재구성하는 데 있어 증거를 넘어섰다면, 그럼에도 불구하고 (1) 여성이 이단에 연루되었고(그래서 잘못 가르쳤고), (2) 여성의 전통적인 역할의 특정 측면(결혼, 출산)이 도전받고 있었다는 확실한 근거가 남아 있다"(*Pastoral Epistles*, 466). 그러나 구체적으로 잘못된 신화의 역할도 문제로서 포함되어야 한다. 여성들이 단순히 신학적인 교리를 가르치고 있었을 가능성은 거의 없으며, 다만 그들은 교리들을 뒤죽박죽이 된 이야기 속에 담아서 퍼트렸을 것이다.

27 제9장에서 논의되듯이, 여성들 사이의 문제는 아마도 딤전 2:11-15의 가정 규례 내용에 맞는 집과 가정 주변에 놓여 있었을 것이며, "공적인 예배"보다 가르침을 위한 가정 현장으로 우리를 안내할 수 있다.

28 Marshall, *Pastoral Epistles*, 466.

29 아이러니하게도 교회가 취해온 역사적 관점 중 하나는 하와가 아담이 죄를 짓도록 유혹했으며, 여성이 선천적으로 남을 속이는 존재라는 것이다. 그러나 바울 전집, 특히 목회 서신에서는 남성이 거짓 교사 및 속이는 자로서 훨씬 더 자주 묘사된다.

수 없다. 디모데에게 보내는 편지들에서 바울은 속임수에 더 잘 넘어가고 자신에게도 더 잘 속는 남성의 유형과 그 희생자인 어리숙한 여성의 유형을 구체적으로 확인해준다. 디모데전서 2:14의 본문은 하와가 속은 것을 모든 여성의 유형으로서 일반화하지 않으며, 특히 바울이 창세기 내러티브를 간단히 요약하고 있기 때문에, 본문은 그런 일반화를 요구하지 않는다. 타락에 대한 기사가 디모데전서 2:11-12에서 여성이 배워야 한다는 명령 및 금지와 관련이 있는 것은 분명하다. 하지만 이 관련성은 에베소의 여성들 사이에 있었던 그릇된 신화, 잘못된 가르침, 속임수의 맥락에서 쉽게 발견될 수 있다.

4.2 젠더 및 죄와 죽음의 기원

혹시 바울 전집 내에 잠재적인 모순이 있다면, 가장 흥미로운 문제점 중 하나는 죄의 기원에 대한 바울의 신학적 입장일 것이다. 바울은 로마서와 고린도전서에서 타락을 어느 정도 자세히 묘사하면서 죄와 죽음이 아담을 통해 세상에 들어왔기 때문에 이에 대한 책임이 그에게 있다고 말한다. 아담의 타락은 모든 사람이 아담 안에서 죄를 지었다는 바울의 진술에서 근거가 되는데, 이는 두 번째 아담으로서 예수 그리스도께서 행하신 구원 사역과 직접적으로 연결된다. 그러나 디모데전서 2:14에서 바울은 속지 않았던 아담과 반대로 "여자가 속아 죄에 빠졌다"고 말한다. 그동안의 젠더 논의는 여성이 먼저 죄를 지었기 때문에 타락에 대한 책임을 갖는다는 점을 바울이 지적함으로써 남성 우선순위를 강조하고 있다는 주장이 지배적이었다. 이에 따라 남성 우선순위와 권위는 창조 순서, 아담이 속지 않은 것, 먼저 죄를 지은(혹은 타락한) 순서에 따라 정해진다. 따라서 바울의 주요 서신(*Hauptbriefe*)과 목회 서신 사이에는 여러 부분에서 분명한 모순이 있는 것처럼 보인다.[30] 타락의 책임은 누구에게 있는가? 죄와 사망이 어느 시점에 이 세상에 들어왔는가? "그리스도 안에 있는" 여성의 지위는 그 결과에 있어서 남성의 지위와 어떻게 다른가?

4.2.1 남성 및 죄와 죽음의 기원

로마서 5:12-21에 의하면, 죄(ἁμαρτία)와 사망은 아담을 통해 세상에 들어왔다(참조. 고전 15:21-22).[31] 로마서 5:12과 단락 전반에 걸쳐 사용된 "인간"(ἄνθρωπος)은 아담의 남성성보다는 인간성을 강조하는데, 이는 부분적

---

30 예를 들어 Douglas Moo는 이렇게 말한다. "바울이 이 죄의 책임을 아담에게 돌린다는 사실이 중요하다. 왜냐하면 그는 창세기를 통해 그 여자, 하와가 먼저 죄를 지었다는 것을 확실히 알고 있기 때문이다(참조. 고후 11:3; 딤전 2:14). 이미 우리는 아담이 구속사에서 시간적 우선순위에 국한되지 않은 채 지위를 부여받는다는 것을 알고 있다"(*The Epistle to the Romans*, NICNT [Grand Rapids: Eerdmans, 1996], 319). Moo는 딤전 2:14에서 "죄를 짓다"(ἁμαρτάνω)라는 동사를 사용하지 않고 여성이 "죄에 빠졌다"(ἐν παραβάσει γέγονεν) 라고 말하며, 고후 11:3에서는 죄에 대한 언급 없이 속임수에 대해서만 말한다는 점을 간과한다. 게다가 하와에게 주어진 결과는 분명히 그 과일을 그녀 자신이 먹은 것이 아니라 아담에게 준 것에 대한 결과다. Moo가 아담에 대한 바울의 경멸적인 평가를 어떻게 받아들이고, 그것을 잘못을 지적하는 것이 아니라 남성의 지위에 대한 주장으로서 어떻게 이해하는지를 주목하라.

31 Robert Jewett은 바울의 표현에서 이론적인 세부 사항의 부족에 대해 언급한다. "이것은 악마의 계략, 아담에 대한 하와의 유혹, 하와나 그 후손들의 천사와 같은 타락, 아담의 잘못된 마음, 우주적 권력, 혹은 후기 영지주의 사상에서처럼 물질 그 자체를 가리키지 않는다.···그는 아담의 죄를 통해 사망이 '모든 사람에게' 왔다고 간단하게 설명한다. 아담의 타락의 결과로 사망이 왔다는 것은 성서 내러티브에서 없어서는 안 되는 것이며(창 3:3-4, 19, 22), 바울은 여기서 그것을 결과적으로 전 세계를 휩쓸고 있는 일종의 '유행'이라고 말한다"(*Romans: A Commentary*, ed. Eldon J. Epp, Hermeneia [Minneapolis: Fortress, 2007], 374).

으로 모든 사람이 아담 안에서, 그리고 아담 이후에 죄를 지었기 때문에
(ἥμαρτον) 사망이 모든 사람, 두 젠더에 모두 퍼졌다는 사실을 바울이 강조
하고 있기 때문일 것이다. 이 주장이 젠더 관계에 초점을 맞추고 있는 것은
아니지만, 그 남성의 한 가지 행동이 우리가 말하는 타락—죄의 시작과 죽
음이 세상을 지배하게 된 것—에 대한 책임이 있다고 바울이 말한 것은 여
전히 사실이다. 바울은 죄가 한 사람을 통해 이 세상에 들어왔으며 그 사람
이 아담이었다고 강조한다.[32] 더욱이 사망은 아담을 통해 모든 사람에게 퍼
졌고, 그의 범죄 때문에 많은 사람이 죽었다(롬 5:12-14). 하지만 한 가지 의
로운 행위와 은혜의 선물이 생명에 필요한 요건을 충족시켰고(롬 5:15-18),
이에 따라 예수 그리스도 안에서 아담의 행위의 결과가 뒤집혔다.

바울은 로마서 5:12-21에서 연속되는 단어들을 활용하여 아담의 행
위와 인간의 상태를 묘사한다.

죄(명사): ἁμαρτία(6x)

죄짓다(동사): ἁμαρτάνω(3x)

실수/범죄: παράπτωμα(5x)

율법과 관련된 위반, 곁길로 가는 행위, 선을 넘는 것: παράβασις(1x)

이 모든 단어가 아담의 행위를 표현하는 데 사용되었지만, 모두 다 동의어

---

32 Dunn은 "여기서 바울은 그 자신이 아담 및 세상에서의 악과 사망의 기원에 대해 당시 유
   대교에서 확고하게 주류가 되었던 사상에 익숙했으며 사실상 그 사상을 가진 일원이었음을
   보여준다"라고 말한다(*Romans 1-8*, 272). 바울은 여성에게 책임을 돌린 다음과 같은 집회
   서 25:24과 입장이 다르다. "죄는 여자로부터 시작하였고, 우리의 죽음도 본시 여자 때문이
   다"(공동번역).

는 아니며, 바울은 여기서나 바울 전집의 다른 곳에서 이 단어들을 교차 사용하지 않는다. "죄"와 "죄짓는 것"은 바울 전집을 통틀어 그리스도가 대신해서 죽어야만 했던 죄에 해당하는, 죽어 마땅한 반역 행위를 가리키는 말로 사용된다. 바울은 "실수/범죄"를 심판을 불러일으키는 행위이자 그것 때문에 그리스도가 죽은 행위를 언급하는 것으로서 일관되게 사용한다(롬 4:25; 5:15, 16, 17, 18, 20). 그러나 παράβασις는 바울과 히브리서가 율법을 위반하거나 어기는 것을 가리키는 데 따로 사용하는 단어다.[33] 로마서 5:14에서 바울은 아담의 범죄와 같은 방식(τῆς παραβάσεως Ἀδάμ; 참조. 롬 2:23; 4:15; 갈 3:19; 또한 히 2:2; 9:15)으로 죄를 짓지 않은 사람들에게까지도 (τοὺς μὴ ἁμαρτήσαντας) 죄가 지배력을 행사한다고 말한다. 제임스 던(James Dunn)에 의하면, "아담은 하나님의 명령인 것을 알면서 불순종했기 때문에 그의 죄는 παράβασις였으며(창 2:16-17), 따라서 NEB(New English Bible)가 표현하듯이 '직접적인 명령에 불순종함으로써'가 된다."[34] 하지만 바울에 따르면 이것은 모든 범죄가 다 같지 않음을 보여준다. 로마서의 맥락에서 그것은 율법이 없는 자들은, 비록 그들의 위반이 엄밀히 말해서 그들에게 주어진 율법/명령/규칙을 어긴 것이 아니라고 해도, 죽었다는 것을 의미할 가능성이 가장 크다. 바울이 로마서 4:15에서 이렇게 말한 것처럼 말이다.

....

33 바울 전집에서 παράβασις는 다섯 번밖에 등장하지 않는다. (1) 롬 2:23, "율법을 자랑하는 네가 율법을 범함으로 하나님을 욕되게 하느냐?" (2) 롬 4:15, "율법은 진노를 이루게 하나니, 율법이 없는 곳에는 범법도 없느니라." (3) 롬 5:14, "그러나 아담으로부터 모세까지 아담의 범죄와 같은 죄를 짓지 아니한 자들까지도 사망이 왕 노릇 하였나니, 아담은 오실 자의 모형이라." (4) 갈 3:19, "그런즉 율법은 무엇이냐? 범법하므로 더하여진 것이라." (5) 딤전 2:14, "아담이 속은 것이 아니고 여자가 '속아' 죄에 빠졌음이라[ἐν παραβάσει γέγονεν]." 이와 비슷하게 동족어 παραβάτης는 롬 2:25, 27과 갈 2:18에서 율법을 어기는 사람을 지칭할 때 등장한다.

34 Dunn, *Romans 1-8*, 276.

"율법은 진노를 이루게 하나니, 율법이 없는 곳에는 범법도 없느니라." 율법이 없는 곳에는 원칙적으로 율법의 위반도 없는 것이다. 따라서 바울은 알려지거나 알려지지(혹은 이해되지) 않은 것을 고려하여 위반의 경우 중 참작할 만한 요인을 찾아본다(참조. 롬 7:7). 아담의 경우에 그는 모든 면에서 죄를 지었고 범죄했다. 왜냐하면 그는 자신에게 직접적으로 주어진 특정 명령을 위반했기 때문이다.

율법, 죄, 속임수, 죽음에 대한 막간의 지식을 고려해보면, 로마서 7:7-13은 바울의 신학을 설명하는 데 도움이 될 수 있다. 로마서 5:14과 모순되는 것처럼 보이면서, 율법/명령 없는 사람들은 율법을 들을 때까지 "살아 있게" 되고(롬 7:9), 그 후에 율법은 금지되었던 것을 하도록 사람들을 실질적으로 자극한다(롬 7:8).[35] 율법이 없으면 "나"는 죄가 정말 무엇인지 알지 못하지만(롬 7:7), 율법을 알게 되면 죄가 기회를 틈타 나를 속여서 사망으로 밀어 넣는다(롬 7:11). 이 본문과 창세기 3장 사이에는 높은 수준의 상호 텍스트성이 존재하는데, 여기서 죄, 속임수, 사망의 동일한 요소는 율법과의 관련성 안에서 일어나지만, 두 사람(과 두 젠더)의 지식, 행위, 결과는 하나의 과정으로 합쳐진다.[36]

창세기 기사에서 아담은 "네가 네 아내의 말을 듣고" 자신에게 주어진

---

35 Dunn에 따르면 "바울은 죄가 오직 율법을 통해서만 경험되며 특히 탐심에 대한 갈망을 탐내는 것을 금하는 율법에 의해 알게 된다는 것을 보편적 진리로 주장한다. 따라서 그는 곧 5절의 주요 구문인 '율법으로 말미암는 죄의 정욕'을 선택하여 두 부분의 구성 요소로 분해한다. 즉 율법은 죄의 실제적 경험을 자극함과 동시에 탐욕을 부리는 사람이 그의 욕망이 잘못된 것임을 깨닫게 한다"(ibid., 400).

36 Osborne에 의하면 "[죄의] 공격은 속임수의 형태를 띤다. 잘못이 있는 것은 율법이 아니라 죄다. 죄가 율법을 이용하여 뱀이 에덴동산에서 그랬던 것처럼 사람들을 유혹한다.…따라서 실제로 율법은 죄의 정욕을 '불러일으킬 뿐이며'(롬 7:5) 결코 줄여주지 못한다"(*Romans*, 178).

명령에 직접 불순종한 결과를 마주한다(창 3:17). 그러나 죄와 사망이 남성을 통해 들어왔다고 해도, 기독교 공동체에서 그리스도 안에 있는 남성은 아담의 재난적 행위 때문에 따로 책임을 지지 않는다. 바울에 의하면, 아담의 행동의 결과는 모든 사람에게 영향을 미친다. 즉 바울은 아담을 통해 세상에 죄와 사망이 들어왔지만, 동시에 온 인류와 전체 세상은 자신의 행위 때문에 저주를 받아 짐이 더 늘어난다고 강조한다(롬 8:20; 참조. 창 3:17b-18). 아담의 행위는 죄와 사망과 관련하여 모든 인류, 남성과 여성 모두에게 동일한 영향을 미쳤다. 그리스도의 한 가지 의로운 행위가 타락의 영향을 뒤집는 데 완벽하게 효과적이다.

로마서 8:1-17에서 바울은 우리를 죄에 사로잡히게 하고 인류를 아담과 연합하게 하는 과정은 예수 그리스도의 의로운 행위와 성령의 법에 의해 전복된다고 말한다. 따라서 이제 그리스도 예수 안에 있는 사람들에게는 정죄가 없다. 왜냐하면 그리스도를 통해 성령의 법이 그리스도와 성령 안에 있는 신자들을 죄와 사망의 법에서 자유롭게 했기 때문이다. 성령을 받은 사람들은 자기 자신의 이기심(σάρξ)이 아닌 성령의 인도를 받는다. 그 결과 과정의 효과가 뒤바뀐다. 즉 신자가 죄악된 행위를 죽일 때, 그 신자는 살아 있게 된다(롬 8:13).[37] 따라서 신자는 아담 대신 예수 그리스도의 생명과 의로움의 편에 서는 선택을 할 수 있다. 몸은 죄 때문에 여전히 죽어 있지만, 부활의 약속을 의미하는 생명이 주어질 것이다(롬 8:11).

---

37 Thomas Schreiner는 다음과 같이 말한다. "바울 사상의 역설은 13절에서 언급된 것이 분명하다. 육체에 따라 '사는' 사람은 '죽을' 것이다. 그러나 육체의 행실을 '죽인' 사람은 '살 것이다.' 승리는 성령을 통해(πνεύματι) 얻을 수 있는데, 이는 신자가 우리 안에서 전쟁을 벌이는 욕망에 저항할 힘을 주시는 성령을 의지하고 신뢰함으로써 죄악된 욕망을 정복하는 것을 의미한다"(*Romans*, BECNT [Grand Rapids: Baker, 1998], 422).

결론적으로 바울은 죄(ἁμαρτία)와 사망이 아담을 통해 세상에 들어왔고, 그의 행위로 인해 땅이 저주받았다고 분명하게 말한다(롬 8:19-22).[38] 디모데전서 2:11-15에는 이 주장과 직접적으로 모순되는 것이 없다. 바울의 신학적 요약은 창세기 3:17-19에서 하나님께서 아담에게 주신 죄의 결과와 동일선상에 있다. 즉 남성의 죄 때문에 땅이 저주받고, 노동은 더 늘어나며, 인간은 이제 아담이 나온 먼지로 돌아가야 한다. 또한 우리는 바울이 아담의 행위를 묘사하기 위해 같은 의미 범주에 속하지만 완전한 동의어는 아닌 다양한 단어를 사용한다는 것을 알 수 있다. "위반"(παράβασις)이라는 단어는 율법을 어긴다는 말로 사용되는데, 바울은 율법 없이 범죄한 이방인들과 아담이 지은 죄의 본질을 구분한다. 이것은 특히 디모데전서 2:14에서 하와의 행위에 대한 바울의 말을 이해하는 것과 관련이 있다. 왜냐하면 바울은 하와가 한 행동을 묘사할 때 "죄" 대신 "위반"이라는 단어를 사용하기 때문이다. 마찬가지로 중요한 것은 그리스도 안에서와 성령을 통해, 특히 죄와 사망의 역할과 힘의 측면에서 타락의 영향이 뒤집힌다는 것이다.

4.2.2 여성 및 죄와 죽음의 기원

바울은 죄와 사망의 기원에 대한 주제를 직접적으로 기록할 때, 그것들이 아담이 행한 한 번의 행위를 통해 어떻게 세상에 들어오게 되었는지, 그리고 예수 그리스도께서 한 번의 행위로 그 타락을 어떻게 전복시키시는지

---

38 바울은 아담을 언급하지 않지만, 로마서 전체를 통해 타락에 있어서 아담과 그의 행위의 결과를 논의해왔기 때문에, 이 정보는 독자들을 위해 활성화되었으며, 그들은 이 정보가 제공되기를 기대할 수 있다.

에 대해 말한다. 하지만 그는 하와의 역할에 대해서는 언급하지 않는다. 디모데전서 2:8-15의 주제는 죄와 사망의 기원이 아니라 에베소의 기독교 공동체에 있었던 젠더에 특화된 문제를 바로잡는 것이었다. 남성과 여성이 차례로 언급된다. 남성은 분노와 다툼에 대해 지적을 받는데(딤전 2:8), 이는 거짓 교사들과 공동체 내의 문제로 나타난다. 그 후에 바울은 여성과 관련된 문제에 더 많은 관심을 기울인다. 하와의 행동은 그가 언급하고 있는 여성들 사이에 있었던 문제 및 걱정과 관련이 있다(딤전 2:9-15).[39]

하와의 위반의 본질과 그것이 그녀가 속은 것(13절), 여성이 배워야 한다는 명령(11절), 그리고 바울의 금지(12절)와 어떻게 연결되는지에 대한 다음의 여러 견해가 있다.[40]

- 집회서 25:24에서와 같이 여성이 죄와 사망의 기원이며 아담의 죄의 출처다.
- 여성은 약하며, 따라서 남성보다 죄에 빠지기 쉽고 잘못된 것을 가르칠 가능성이 더 크다.
- 하와의 미혹과 타락은 성적인 것이었으며, 이어서 그녀는 아담을 유혹했다.
- 여성은 남성에게 종속되도록 창조되었고, 하와는 타락 당시에 그

---

39 그러나 해석의 역사에서 일반적인 주제는 "예배에 관한 가르침" 또는 "기도에 관한 가르침"으로서 어떤 의미에서는 9-15절이 실제로 남성 리더십과 가르침을 지지하는 남성에 대한 것이며, 타락에 대한 이야기는 교회와 가정에서 남성의 우선순위와 권위에 관한 것이라는 취지로 종종 제시된다. 이것은 여성의 관심사에 대해 말하기보다는 이것이 남성과 어떤 관련이 있는지에 주관적으로 더 관심이 있는 남성 학자들의 논의가 지배적이었음을 보여준다.
40 견해의 분류와 해석의 역사에서 각 견해를 지지한 학자들의 예는 Marshall, *Pastoral Epistles*, 464-67을 보라.

질서를 거슬렀으며, 바울은 에베소에서 납득할 수 없는 역할 전복을 언급하고 있다.

• 창조와 타락에 대한 바울의 설명은 에베소의 여성들 사이에 유행하던 잘못된 가르침을 바로잡는다.

나는 바울이 하와의 위반의 본질, 속임수와 범죄의 관계, 그리고 하와의 행위가 여성에게 미친 결과를 어떻게 이해했는지를 살펴볼 것이다.

4.2.2.1 하와의 범죄의 본질

창세기 3장에서의 하와의 행동을 묘사하기 위해 (딤전 2:14에서) 바울이 사용하는 단어는 παράβασις다. 즉 하와는 "위반"하게 되었거나, "범죄"에 빠졌거나, "선을 넘었다"는 말이다. 그리스어에서 이 단어는 반드시 경멸적인 것이 아니라 오히려 탈선이나 일탈을 의미하지만, 법적인 맥락에서 나타날 때는 "도를 넘는 것"이나 "범죄" 혹은 "잘못"의 의미를 포함한다. 신약성서의 다른 곳에서 이 단어는 오직 바울 전집과 히브리서에만 사용되고, 율법의 위반을 가리키며, 70인역에서는 서약을 어긴다는 의미를 나타내기도 한다.[41] 디모데전서 2:14에서 하와의 위반은 완료 시제의 사용으로 강조된다. ἐν παραβάσει γέγονεν("선을 넘어 규칙을 **어겼다**"). 우리가 이것을 창세기 2-3장의 기사와 함께 해석하면 "선"이나 "규칙"은 하와가 창조

---

41 Παράβασις는 70인역에서 세 번밖에 나오지 않는다. 마카베오하 15:10에서 이 단어는 율법을 어긴다는 것과 비슷한 의미를 지닌다. 즉 "서약 불이행"이다. 다른 두 번의 경우에 이런 구분은 완전히 배제할 수는 없지만 덜 확실하다. 시 101:3(100:3 LXX)은 "나는 죄인을 미워했다[ποιοῦντας παραβάσεις]"로 해석되고, 지혜서 14:31은 "불경한 자의 위반을 언제나 벌하는 것은 죄인에 대한 정의다"라고 해석된다.

되기 전에 하나님께서 아담에게 주신 명령일 것이다. "여호와 하나님이 그 사람에게 명하여 이르시되 '동산 각종 나무의 열매는 네가 임의로 먹되 선악을 알게 하는 나무의 열매는 먹지 말라. 네가 먹는 날에는 반드시 죽으리라' 하시니라"(창 2:16-17).[42]

미뇽 제이콥스(Mignon Jacobs)가 말하듯이, 텍스트에 관해서 말하자면 여성은 명령에 대해 알지 못했고, 그녀가 뱀에게 말하는 명령에 대한 묘사는 불일치를 보여준다.[43] 따라서 여성 편에서는 (그녀와 함께 있었던) 아담이 바로잡아주지 않은 명령에 대해 약간의 혼란이 있었고, 그래서 여성은 속게 된 것이다. 바울도 로마서 4:15에서 이방인의 경우가 여성의 경우와 비슷하다는 점을 발견한다고 추정될 수 있다. 즉 명령은 여성에게 직접 주어지지 않았고, 그래서 여성은 혼란스러워 속게 되었다. 그녀에게는 원래 율법이 없었다. 게다가 창세기 2:17과 3:11, 17에서 아담에게 주어진 명령은 히브리어에서 2인칭 남성 단수인데(예. לא תאכל), 이는 하와의 혼란에 대한 부분적인 이유를 설명해줄 수 있다. 즉 뱀의 질문인 "하나님이 참으로 너희[둘 다]에게 '[남성 복수]…먹지 말라'고 하시더냐?"(창 3:1)는 실제 명령과 다르다. 하나님은 여성이 있을 것을 아담이 알기 전에 그에게 말씀하셨다. 아담이 열매를 먹기 전까지 하와의 눈은 열리지 않았으며(창 3:7), 창세기 3:11-13에서 여성의 행동에 대한 하나님의 관심은 남성이 열매를 먹도록 만들기 위해 그녀가 무슨 일을 했는지에 있는 것처럼 보인다는 점에

---

42   아담에 대한 명령에서 3인칭 복수가 아니라 2인칭 남성 단수가 사용된 것은 특별한 의미가 있을 수 있다.

43   Jacobs, *Gender, Power, and Persuasion: The Genesis Narratives and Contemporary Portraits* (Grand Rapids: Baker Academic, 2007), 47.

주목하라.[44] 하와는 자신도 열매를 먹었다고 하나님께 자발적으로 인정하지만, 하나님은 아담에게 하시는 것처럼 열매를 먹은 하와의 위반을 강조하지 않으신다. 결과적으로 창세기 2-3장을 주의 깊게 읽는 것은 디모데전서 2:14에서 타락 당시 하와의 역할을 표현한 언어가 바울 신학의 나머지 부분과 잘 연결되어 일관성을 갖도록 만든다. 즉 이방인들처럼, 하와도 아담의 범죄와 같은 방식으로 죄를 지은 것이 아니지만(롬 5:14), 더 이른 시점이 아니라 아담이 타락하던 순간에 죄와 사망이 들어온 것이다. 그러나 하와의 행동은 그녀 자신도 아담의 죄책을 완전히 공유한다는 것을 보여준다. 게다가 한 몸으로 연합된 관계가 죄와 사망의 확산을 부추겼고, 그래서 사망이 그녀의 생명도 지배하게 되었다.

어떤 번역본은 디모데전서 2:14의 ἐν παραβάσει γέγονεν이라는 구절을 여성이 "죄를 지었다" 혹은 "죄인이 되었다"라고 번역하지만,[45] 바울이 주장하는 바를 혼동하지 않기 위해서는 그가 비행을 저지르는 것과 죄를 표현할 때 사용하는 어휘를 구분하는 것이 더 낫다. "죄"와 "죄짓는 것" 그리고 "죄 있는 것"이라는 단어들은 목회 서신 세 권 모두에서 사용된다(딤전 1:9, 15; 5:20, 22, 24; 딤후 3:6; 딛 3:11). 디모데전서 1:9-10의 부도덕 목록

---

44 선악과를 먹지 말라는 창 2:17의 명령은 히브리 성서에서는 2인칭 단수고 70인역에서는 2인칭 복수다.

45 딤전 2:14에서 하와의 행동을 NIV, TNIV, NJB, NLT는 "sin" 혹은 "sinner"를 사용하여 표현하고, KJV, NKJV, NAU, ESV, NRSV, NET는 "transgression" 혹은 "transgressor"를 사용하여 표현한다. 이는 직역을 선호하는 번역에서는 "sin"(ἁμαρτία)과 "transgression"(παράβασις)의 구분을 고수하지만, 다른 번역에서는 "transgression"을 고어로 보고 "sin"이라는 단어를 이해하기 쉬운 동의어로 취급한다는 것을 보여준다. 그러나 보다 법의학적/법적 의미의 영역에서 동의어를 찾는 것이 더 나을 것이다. CEB는 하와가 "선을 넘었다"라고 표현하는데, 이는 초급 독해자도 이해할 수 있는 영어이며 용어의 혼동을 방지한다.

에 죄를 짓는 사람을 가리키는 열다섯 개의 다른 단어 혹은 어구가 있지만, παράβασις가 목록에서 빠져 있다는 점이 의미심장하다. 로마서에서 바울은 아담의 행위 전까지는 세상에 죄가 들어오지 않았다고 분명히 말하기 때문에, 우리는 엄밀히 말해서 하와가 죽어 마땅한 반역에 해당하는 되돌릴 수 없는 직접적인 행동의 차원에서 먼저 죄를 지었다고 추정해서는 안 된다. 만약 디모데전서의 저자가 타락의 책임이 하와에게 있다고 말하고 싶었다면, "죄"(άμαρτία 혹은 άμαρτάνω)나 "범죄"(παράπτωμα)를 사용하여 더 분명하게 바울 전집과의 일관성을 유지했을 것이다. 하지만 바울은 하와가 선을 넘은 사람이 되었거나 완전히 속아서(ἐξαπατάω) 하나님이 설정하신 경계를 위반했다고(ἐν παραβάσει γέγονεν) 강조한다. 따라서 언어는 우리가 죽어 마땅한 반역에 해당하는 되돌릴 수 없는 직접적인 행동으로서의 죄(άμαρτία)가 하와의 행위와 함께 세상에 들어왔다는 결론을 내리도록 강요하지 않는다. 그것이 만약 사실이라면, 이는 그 시점에 사망이 세상에 들어왔다는 것을 의미하기 때문에 바울 전집은 물론 창세기 기사와도 직접적으로 모순되는 것이다. 그러므로 하와가 먼저 죄를 지었고 타락의 책임을 진다고 선언하는 번역, 추론, 해석은 이 구절을 바울 신학의 나머지 부분과 불필요한 모순 관계를 갖게 만든다.

4.2.2.2 속임수와 위반의 관계

만일 우리가 디모데전서 2:14을 로마서에서 바울이 주장한 것의 맥락에서 이해하면, 하와의 잘못이 매우 심각한 결과를 초래했음에도 불구하고 그녀가 완전히 속은 것을 무지의 소산이라는 행동의 범주에 넣을 수 있다고 저자가 믿었다는 결론에 이를 수 있다. 그러나 반대로 아담은 (율법에 필적하는) 충분한 지식을 갖고 있었고, 명령을 직접 받았으며, 속지 않았기 때문에 죄를 지었다. 그것은 죽음에 이를 만한 직접적인 반역 행위였는데, 이는 그의 단 한 번의 행동으로 모든 죄와 사망이 세상에 들어오게 된 이유다.[46] 디모데전서 2:14-15의 언어는 로마서 5장에서 아담에게 타락의 책임이 있다는 바울의 설명과 비교할 때 경제적이고 철저하며 차분하다. 두 본문은 모두 창세기 3장의 타락 기사를 정확하게 반영한다.

에베소의 여성은 교육과 정보의 결핍으로 인해 하와와 같았다는 윌리엄 웹(William Webb)의 주장을[47] 평가하면서, 슈라이너는 "죄로 인도하는 속임수는 단순한 무지가 아니라, 속임수가 하나님을 대체하려는 욕망에 뿌리

---

[46] 다른 이들은 비슷하게 구분하지만, 이 구분이 아담이 지도자와 종교 교사로서 책임이 있었음을 나타낸다고 주장한다. Sharon Hodgin Gritz, *Paul, Women Teachers, and the Mother Goddess at Ephesus: A Study of 1 Timothy 2:9-15 in Light of the Religious and Cultural Milieu of the First Century* (Lanham, MD: University Press of America, 1991), 139; Donald Guthrie, *The Pastoral Epistles: An Introduction and Commentary*, TNTC (Grand Rapids: Eerdmans, 1957), 77; George W. Knight III, *The Pastoral Epistles: A Commentary on the Greek Text*, NIGTC (Grand Rapids: Eerdmans, 1992), 143-44; Douglas J. Moo, "The Interpretation of 1 Timothy 2:11-15: A Rejoinder," *TJ* 2 (1981): 204을 보라. 이 구분은 중요하지 않은 것으로서 거부되는데, 왜냐하면 "이 주장은 **남성이 여성을 가르치는 이유로서 어떤 기능을 하는지를 알기 어렵기**" 때문이다(Schreiner, "Interpretation of 1 Timothy 2:9-15," in Köstenberger, Schreiner, and Baldwin, *Women in the Church*, 143, 강조는 덧붙인 것임). 이 본문은 남성에 대한 것이 아니며 남성에게 여성을 가르치며 지배하라고 강제하는 것이 아님을 주목하라. 오히려 이 본문은 에베소의 여성이 배워야 한다는 명령이며, 에베소의 여성(아내)이 남성(자기 남편)을 가르치거나 지배하는 것에 대한 금지다. 이것은 "부정적 추론"의 논리적 오류를 뒤집는 것이다(D. A. Carson, *Exegetical Fallacies*, 2nd ed. [Grand Rapids: Baker, 1996], 101-3). 더욱이 잘못된 가르침과 구체적으로 명령 및 금지에 대한 가르침이 에베소 너머로 확장되는지에 대한 의문은 해결되어야 하며, 논쟁의 취지는 일반화에 대한 것이어야 한다. 게다가 에베소서의 맥락에서 여성은 남성이 디모데에게 영성 훈련을 받은 후에 그것을 아내에게 문화적으로 적절한 모델로 전해줄 수 있을 때(딤후 2:2) 가정에서 배울 수 있었다. 아담의 죄와 하와의 위반 사이의 구분은 (그가 관련된 정보를 가지고 있었다는 사실과 반대로) 그 구분이 창조에 의해 아담이 지도자이자 교사임을 가리킨다는 주장과 별도로 고려되어야 한다.

[47] Webb, *Slaves, Women & Homosexuals*, 227.

를 두고 있는 잘못된 상태다"라고 말한다.[48] 죄가 세상에 들어오기 전에 하와가 속은 경우에서 슈라이너의 발언을 입증하기는 어렵다. 뱀은 하나님과 동등하게 되는 것이 목표라고 말하지만, 창세기 3:6은 하와의 다른 동기를 설명해준다. "여자가 그 나무를 본즉 먹음직도 하고 보암직도 하고 지혜롭게 할 만큼 탐스럽기도 한 나무인지라. 여자가 그 열매를 따 먹고 자기와 함께 있는 남편에게도 주매 그도 먹은지라."

이 세 가지 동기 중에서 특히 우선적으로 하나님을 대체하거나 그분께 대항하여 반역한다는 의미에서 본질적으로 나쁘거나 "잘못된 상태"를 가리키는 것은 없다.[49] 만일 그렇다면, 하와가 행동하기도 전에 이미 타락이 일어났다고 결론 내릴 수 있을 것이다. 더욱이 속임수로 인해 하와가 선을 넘어 불순종에 이르게 되었지만, 바울에 따르면 죄는 아직 세상에 들어오지 않았다. 그럼에도 불구하고 하와의 위반은 비참했고, 그녀에게 결과에 대한 전적인 책임이 있었다.[50] 정보의 부족, 교육의 결여, 결과에 대해 비판적으로 생각하지 못한 것, 그리고 실천을 통해 가르침을 올바르게 실행하지 못한 것은 모든 사람이 비참한 결과를 초래할 수 있는 잘못을 저지를 가능성이 있다는 뜻이다. 따라서 디모데전서 2:11에서 바울은 여성에게 배우라고 명령하면서 하와가 속은 것에 대한 설명을 통해 그 비난을 지지

---

48   Schreiner, "Review Article," 63.
49   선악과에 대한 하와의 평가는 종종 "이는 세상에 있는 모든 것이 육신의 정욕과 안목의 정욕과 이생의 자랑이니, 다 아버지께로부터 온 것이 아니요, 세상으로부터 온 것이라"(요일 2:16) 및 "오직 각 사람이 시험을 받는 것은 자기 욕심에 끌려 미혹됨이니, 욕심이 잉태한즉 죄를 낳고 죄가 장성한즉 사망을 낳느니라"(약 1:14-15)와 비교된다. 그러나 텍스트가 분명하게 암시하지 않을 때 욕망과 죄를 그녀에게 전가해서는 안 된다.
50   만약 아담이 죄를 짓기로 선택하지 않았다면 하와에게 주어진 결과가 무엇이었을지를 추측해볼 수 있다. 그러나 그것은 바울의 글의 논점을 벗어난다.

한다.[51]

디모데전서 2:14에서 바울의 강조는 하와가 완전히 속았다는 부분에 있는데, 이는 하와가 하나님의 명령을 위반하게 된 이유다. 창세기 기사나 바울의 글에는 하와가 "아담 위에 군림한다"거나 "아담의 머리 됨을 뒤엎는다"라고 제안하는 내용이 없다.[52] 만일 무엇인가 있다면, 하와가 속아서 열매를 먹는 동안 아담이 그녀와 계속 "함께" 있었기 때문에(창 3:6) 아담 역시 창세기 기사에 완전히 연루되어 있었다는 사실이다. 만약 아담이 권위를 갖고 있었다면, 그가 해야 했던 일은 안 된다고 말하는 것이었다. 오히려 아담은 반역이라는 자신의 목표를 이루면서도 비난을 피하려고 하와의 혼란을 이용하는 것으로 보인다. 왜냐하면 그에게 열매를 "하와가 주었기" 때문이다(창 3:12). 아담이 자신을 정당화하려고 시도하면서 하와가 열매를 먼저 **먹었다**고 하지 않고 그녀가 자신에게 열매를 **주었다**고 주장하는 것이 매우 중요하다. 아담의 행동은 바울이 로마서에서 논의한 하와의 행동과 모순되는데, 로마서에서 바울은 아담에게 온전한 잘못이 있다고 말

---

51   Schreiner와 반대되는 의견이다. 그는 "속임수 [때문에] 무지에 빠지기 쉬운 성향, 교육의 결여, 미숙함은…성서와 맞지 않는다"라고 주장한다. 그리고 그는 "바울이 이것을 말하지 않았기 때문에" 무지는 후보 항목에 없다고 역설한다("Review Articles," 62-63). 이에 대한 대답은 다음과 같다. 첫째, 하와의 무지는 창세기 기사에 기록되어 있다. 둘째, 타락에 대한 바울의 요약은 여성에게 배우라고 하는 딤전 2:11의 명령을 지지한다. 이는 여성의 교육 부족을 나타내며, 바울은 그것을 하와가 속은 것과 직접 연관 지어 언급하고 있었다. 더욱이 딤전 1-2장의 전체 담화는 남성과는 다르게 여성이 잘못된 가르침에 쉽게 넘어갈 수 있게 만드는 무지, 교육의 결여, 미숙함을 바로잡기 위해 배울 필요가 있음을 보여준다. 게다가 가정 내의 여성들 사이에 잘못된 가르침이 퍼져나감에 따라 디모데는 문화적 타당성 때문에 개개인의 여성을 가르칠 수 있는 그의 능력을 제한당했다. 따라서 아내들은 고전 14:35에서와 같이 집에서 개인적으로 배워야 했다.

52   Schreiner, "Interpretation of 1 Timothy 2:9-15," in Köstenberger, Schreiner, and Baldwin, *Women in the Church*, 145; Schreiner, "Review Article," 62; Thomas C. Oden, *First and Second Timothy and Titus*, IBC (Louisville: John Knox, 1989), 100을 보라.

한다. 아담이 속지는 않았지만, 그것이 그에게 칭찬거리가 되는 것은 아니다. 그에게는 변명의 여지가 없었다. 아담은 하나님의 명령을 받았고, 한 번의 행동으로 죄인이자 범죄자요 위반자가 되었다. 바울 신학 전체와 죄와 사망이 세상에 들어오는 데 있어 아담의 역할에 대한 가르침은 기독교 공동체에서 남성의 권위와 가르침을 논리적으로 지지하는 역할을 하지 못한다. 그러나 아담의 힘, 약함, 혹은 자격, 그리고 이 모든 것의 부족은 바울이 말하고자 하는 다음의 요점과 관련이 없었다. 아담은 하와에 대한 충분한 설명을 돋보이게 하는 역할을 한다.

여성이 배워야 한다는 바울의 명령과, 여성이 남성을 가르치고 지배하는 것을 금지하는 것, 그리고 창조 및 타락 기사에서 하와에 대한 그의 묘사는 무엇보다 먼저 에베소의 여성들과 관련이 있었다.[53] 나는 지금까지 바울의 절제된 내러티브가 여성들 사이에 돌고 있었던 신화와 늙은 아낙네들이나 좋아하는 속된 이야기를 바로잡는 것, 잘못된 가르침에 대한 교정, 혹은 에베소의 상황에 대한 유비일 수 있다고 제안했다. 그 목적이 무엇이든 간에, 여성들이 배워야 한다는 명령과 함께 그 의도는 아마도 교회 내 여성들이 잘못된 가르침에 쉽게 휘둘리도록 만드는 문제들과 그들의 주요

---

[53] 이 가정은 모든 논의의 출발점이 되어야 한다. 왜냐하면 매우 많은 자료가 딤전 2:11-15 고유의 것이기 때문이다. 자료는 추정되는 수신자와 담화에 등장하는 사람들과 우선적인 관련성이 있는 것으로서 이해되어야 한다. 디모데전서의 담화 맥락에서 여성들 사이에 있었던 다양한 문제와 관심사들을 묘사하는 이 구절의 위치, 바울이 잘못된 가르침을 바로잡기 위해 에베소에 가 있는 디모데에게 보낸 개인적인 편지로서의 자기 서술, 목회 서신에서 이 본문의 위치, 바울과 디모데의 인생에 대한 내러티브에서 이 단락의 위치 등 이 모든 것이 해석의 출발점이 되어야 한다. 그러나 해석의 역사는 이 본문을 에베소 교회의 여성과 우선적인 관련성이 없는 것으로 간주하여 모든 여성에게 초월적이며 규범적인 본문으로 다루어왔다. 따라서 이런 역사적-신학적 주해가 본문을 지배해왔고 전통에 반하여 에베소와의 특정한 관련성을 주장하는 모든 사람에게 입증 책임을 전가해왔다. 그러나 성서적 주해는 맥락을 무시하는 사람들에게 입증 책임을 부과한다.

관심사를 개선하는 것이다. 여성들의 주된 관심은 바울의 가르침의 결론에 반영되어 있을 수 있다. 바울은 창세기 3:16에서 타락의 결과로 여성에게 일어난 중요한 일을 간략하게 설명했다. 에베소에서의 잘못된 가르침은 결혼/성의 절제와 그에 따른 출산 회피(딤전 4:3)를 부추겼기 때문에 바울의 내러티브의 요점은 디모데전서 2:15에 존재할 수 있는데, 여기서 바울은 창세기 내러티브와 여성의 타락의 결과를 더 자세히 해석한다.

4.2.2.3 여성과 타락의 결과

바울의 글에서 하와의 행동은 죄와 실수에 빠지는 과정에서 속임수가 얼마나 중요한 역할을 하는지에 대한 설명으로서 모든 신자의 본보기가 된다. 그러나 창세기 3:16에서 그녀의 행동은 모든 인간이 아닌 여성에게 직접적인 영향을 미쳤다. 하와에게 있어서, 속은 것과 범죄에 빠진 것으로 인한 결과는 인류에게 생명을 주는 그녀의 역할에 영향을 미쳤다. 즉 임신, 출산, 고통이 배가되었고, 여성은 남편에게 종속되는 관계를 갈망하게 되었다. 더욱이 아담의 행동의 결과가 여성의 것에 추가되어서 여성은 두 배의 짐을 지게 되었다. 출산과 결혼에서의 종속으로 인한 많은 문제뿐만 아니라 사망, 노동의 증가, 저주받은 땅 등으로 인한 어려움이 더해졌다.

따라서 하와의 행동이 여성에게 미친 부정적인 영향은 아담의 행동이 남성에게 미친 영향보다 훨씬 더 광범위하다. 예수 그리스도께서 남성들을 위해 하신 일에 비추어볼 때, 우리는 예수 그리스도의 사역이 여성의 타락의 결과에 미치는 영향을 어떻게 이해할 수 있을까? 그리스도 안에 있는 사람에게 정죄함이 없다면, 남성이 아담의 행동에 대해 느끼지 않는 것처럼 여성도 하와의 행동에 대한 죄책감, 부끄러움, 영향, 혹은 제한을 더 이상 느끼지 않아야 한다. 여성이 성령의 인도를 받으면, 예수 그리스도의 생명 및 의와 동일시된다. 그들은 하나님의 명령에 대한 하와의 위반이나 속임수와 죄에 대한 추가적인 연약함과 동일시되지 않는다. 일관되게 말하면, 타락에서 하와의 행동에 대한 바울의 내러티브 요약은 그리스도의 몸 안에서 금지나 제약의 **이유** 혹은 정당화가 될 수 없다. 그렇지 않다면 우리는 하와의 행동이 예수 그리스도의 사망의 효력에 포함되지 않는다고 말해야 할 것이다. 반대로 바울은 다른 곳에서 그리스도 안에는 남성도 여성도 없다고 아주 분명하게 말한다(갈 3:28). 우리는 모두 하나님의 자녀이자 같은 상속자다. 그리스도는 우리를 자유롭게 하셨고 우리에게 사망 대신에 생명을 주셨다. 그럼에도 불구하고 사망은 아직 패배하지 않았고 힘과 권세가 그리스도께 아직 완전히 복종하지 않았기 때문에 신자는 여전히 "잠에 빠진다." 예수 그리스도께서 타락을 역전시킨 것과 두 번째 아담으로서의 그의 기능에 있는 "이미 그러나 아직 아니"의 긴장은 여성의 일상적인 염려와 여성이 타락의 영향에 여전히 복종하는 정도를 어떻게 변화시키는가? 증거는 에베소의 여성들이 하와의 역할과 타락의 결과가 결혼과 출산에 있어서 여성에게 미치는 영향에 대해 바로 이런 우려를 하고 있었음을 나타낸다.

4.3 여성은 출산을 통해 구원받는다

이 소단원의 제목이 "인간은 타락의 영향으로부터 어떻게 구원받는가"이어야 할지도 모르겠다. 우리는 오직 믿음으로 구원받는다는 바울의 교리가 남성에게 어떻게 적용되는지, 그리고 그리스도의 사역이 어떻게 아담의 타락의 결과를 되돌린다고 이해되는지를 살펴볼 것이다. 믿음에 의한 구원이라는 바울의 교리와 예수 그리스도의 사역을 통한 타락의 역전을 우리가 여성에 대한 바울의 가르침을 해석하는 데 사용하는 실질적인 전제라고 생각해보자. 바울은 분명히 아담과 그의 죄로부터 이어져 내려오는 죄와 사망, 그리고 타락한 창조세계를 되돌리는 데 관심이 있다. 바울이 하와의 실수에서 비롯된 타락의 영향을 뒤집는 것에 관심을 가진 적이 있는가? 본 연구는 디모데전서 2:15이 여성에 대한 타락의 주된 영향을 언급한다고 주장하는데, 이는 바울이 2:13-14에서 창조 및 타락에 대한 간단한 내러티브로 소개한 것이다.

디모데전서 2:9-15에서 바울의 주장에 대한 디모데전서 2:15의 내용과 관련성은 학자들에게 중요한 해석의 문제를 남겼다. "그러나 여자들이 만일 정숙함으로써 믿음과 사랑과 거룩함에 거하면 그의 해산함으로 구원을 얻으리라."

여성 혹은 아내가 출산을 통해 구원받을 것이라는 말은 무슨 의미인가? 디모데전서 2:9-15에서 여성에 대한 가르침과 출산은 어떤 관계인가?[54] 학자들은 15절의 의미를 설명하려고 시도하면서 다음의 네 가지 관점을 제시한다. (1) 여성은 아이를 가짐으로써 (영적으로) 구원받는다. (2) 여성은 마리아가 그리스도를 낳음으로써 (영적으로) 구원받는다.[55] (3) 여

---

[54] 심지어 "여자/아내"가 주어인지에 대한 의문도 존재한다. 왜냐하면 3인칭 단수 미래형 "구원받을 것이다"의 드러난 주어가 없기 때문이다. 일반적으로 주어의 연속성을 나타내는 동사 σωθήσεται의 주어가 표시되지 않았다. 그러나 접속사 δέ는 근거 자료로부터 "여자"가 주제인 주장의 요점으로 되돌아가는 것을 나타낼 수 있다. 그것은 금지와 근거 자료의 관련성을 명확하게 해주고 의미 연결의 연속성을 반영한다.

[55] 이것은 Philip Payne 등의 학자가 견지하는 관점이다(*Man and Woman, One in Christ: An Exegetical and Theological Study of Paul's Letters* [Grand Rapids: Zondervan, 2009], 429-31을 보라). 다음과 같은 세 가지 관심사가 있다. 첫째, 그는 뱀에게 주어진 결과와의 상호 텍스트적 연결을 발견하는데, 이는 창 3:16과의 연결과 비교할 때 설득력이 떨어진다. 둘째,

성은 아내와 어머니라는 하나님께서 정하신 역할을 감당함으로써 (영적으로) 구원받는다. (4) 여성은 출산을 통해 안전해질 것이다.[56] 네 번째 관점에 대한 지지가 가장 미약하지만, 서신의 맥락, 본문과 창세기 2-3장의 연결, 그리고 에베소 여성들의 관심을 가정하면 가장 가능성이 커 보인다. 위에서 언급했듯이, 증거는 에베소의 여성들 사이에 있었던 주요 문제를 가리킨다. 즉 결혼, 성, 출산에 관한 신화 및 잘못된 가르침의 유행이다. 창세기 2-3장의 창조 및 타락 기사에서 하와의 역할에 대한 언급은 하나님께서 하와에게 선포하신 결과와 연결되며, 따라서 출산에 대한 언급은 창세기 3:16을 암시하는 것으로서 가장 자연스럽게 이해될 수 있다.[57] "또 여자에게 이르시되 '내가 네게 임신하는 고통을 크게 더하리니 네가 수고하고 자식을 낳을 것이며, 너는 남편을 원하고 남편은 너를 다스릴 것이니라' 하시고."

현대 의학이 발달하기 전까지 출산은 여성의 사망 및 장애의 주요 원

마리아에 대한 언급이 명료하지 않다. 셋째, 그는 "탁월한 관사"로서 관사에 대한 자신의 문법적 분석에 크게 의존하는데, 이는 좀 더 최근의 언어학 기반 연구에 따라 그리스어에서 관사가 일반적으로 명사와 함께 어떻게 기능하는지를 반영하지 않는다.

56 이 네 번째 관점은 하와에게 미친 영향과 직접적인 관련이 있으므로 젠더와 창조라는 주제에 잘 맞는다. 이런 이유로 나는 여기서 관점을 더 다양하게 구분하지 않을 것이다. 다양한 관점에 대한 요약과 비판에 대해서는 Porter, "'Saved by Childbirth'"를 보라.

57 Kenneth Waters가 설명하듯이, "그것은 창 3:16에서 하와에 대한 하나님의 선언의 확실한 적용이다"("Saved through Childbearing: Virtues as Children in 1 Timothy 2:11-15," *JBL* 123 [2004]: 705). 이것은 상호 텍스트성 및 담화 분석에 관한 이론과 관련된다. 창조, 타락, 출산에 대한 바울의 요약은 창 2-3장과 여러 차원에서 연관된다. 담화 분석 언어에서 창조와 타락 내러티브는 타락의 결과의 내용을 포함하는 "시나리오"의 일부를 활성화시킨다. A. J. Sanford와 S. C. Garrod가 말한 것처럼, "시나리오를 끌어내기 위해서는 본문의 한 부분이 시나리오 자체의 요소에 대한 특정한 **부분적 설명**을 구성해야 한다"(*Understanding Written Language: Explorations of Comprehension beyond the Sentence* [Chichester: Wiley, 1981], 110, 강조는 원저자의 것임). 출산에 대한 언급이 우연일 가능성은 거의 없다.

인이었고, 로마 제국에서는 열두 살 소녀들이 종종 결혼하곤 했는데, 이는 그들을 더 큰 위험에 처하게 했다.[58] 역사적으로 여성의 주된 관심사는 출산으로 인한 죽음이나 장애에 대한 두려움, 한 사람이 의무적으로 가져야 하는 아이의 숫자를 제한하는 과제, 그리고 유아 사망률이었다. 이런 관심은 경건에 대한 여성의 관습, 종교, 마술에서 나타난다. 출산에 대한 언급은 여성에 대한 바울의 가르침에서 결론적이고 가장 중요한 부분인데, 이는 바울이 여성을 잘못된 가르침에 쉽게 넘어가게 만드는 주요한 합법적 관심사를 언급하고 있었다고 할 때 이해가 된다.[59] 그러나 여성의 영적인 구원의 본질에 대한 초점은 디모데전서 1-2장에서 여성에 대해 제기된 이슈와는 연관성이 거의 없고, 하나님께서 여성에게 주신 역할에 대한 언급은 이해할 수 없거나, 출산 과정과의 경멸적인 연결에도 부합하지 않을 것이다.[60]

디모데전서 2:11-15과 창세기 2-3장의 여러 연결점에는 아담과 하

---

58   Craig Keener가 말하는 것처럼, "고대의 독자가 출산의 맥락에서 '구원'을 이해할 수 있는 가장 자연스러운 방법은 안전한 분만이었을 것이다. 왜냐하면 여성은 출산하는 동안 (아르테미스나 이시스 등의) 수호신을 규칙적으로 불렀기 때문이다"(*Paul, Women & Wives: Marriage and Women's Ministry in the Letters of Paul* [Peabody, MA: Hendrickson, 1992], 118).

59   Porter가 말하는 것처럼, "가장 설득력 있어 보이는 것은 딤전 2:15을 전체 단락(딤전 2:8-15)의 결론부로서 이해하는 것이다"("'Saved by Childbirth,'" 93). 15절은 바울에 의해 가장 많이 발전되고 해석된다. 때로는 주요 논지가 단락의 마지막 부분에 나오기도 한다.

60   여성의 영적 구원에 초점이 있다는 주장은 이 내용이 여성이 어떻게 구원받는지에 대한 혹은 심지어 여성이 구원받는지의 여부에 대한 의구심을 불러일으킬 것이라는 사실과 별개로 무작위적이며 주제를 벗어난다. 이것은 자녀를 출산하지 않은 여성의 신분에 대한 예수와 바울의 말과 배치되며, 롬 3:21-26에서 믿음으로 구원받는다는 바울의 가르침 및 롬 8:1-35에서 성령 안에서의 신자의 삶과도 모순된다. 그것은 아마도 딤전 2:1-3의 하나님의 목표와 관련이 있을 수 있지만, 그 효과의 기능이 전혀 다르며, 2:4-7에서 구원에 있어 그리스도의 사역의 우선성에도 배치되는 것으로 보인다.

와, 창조 순서, 그리고 타락에 대한 언급이 포함된다. 이런 언급들은 보통 "출산"(τεκνογονία)에 대한 독자의 이해를 제한하여 창세기 3:16에서 타락의 부정적인 결과를 가리킬 것이다. "또 여자에게 이르시되 '내가 네게 임신하는 고통을 크게 더하리니 네가 수고하고 자식을 낳을 것이며.'"[61] 출산은 여성에게 생존과 삶의 질에 관한 복잡한 문제였고 지금도 그렇기 때문에, 안전한 분만에 대한 약속은 결정적인 필요이며, 창조 기사에서는 **가장 결정적인** 필요였을 것이다. 그럼에도 불구하고 σῴζω는 바울 전집에서 영적인 구원을 의미하는 전문 용어이며,[62] 이는 여성이 여전히 계속 출산 중에 죽었기 때문에 거짓 약속이라고 주장된다.[63] 그러나 σῴζω가 바울 전집에서 전문 용어라는 주장은 정확한 것이 아니다. 그것은 바울의 σῴζω 사

---

61 담화 분석에서 "제한"은 앞선 문맥이 의미론적 범주에서 단어의 의미에 대한 독자의 선택을 제한하는 방법을 가리킨다. 이 입장에 대한 더 확장된 주장으로는 Moyer Hubbard, "Kept Safe through Childbearing: Maternal Mortality, Justification by Faith, and the Social Setting of 1 Timothy 2:15," *JETS* 55 (2012): 743–62을 보라.

62 예. Porter, "'Saved by Childbirth'"; Thomas R. Schreiner, *Paul, Apostle of God's Glory in Christ: A Pauline Theology* (Downers Grove, IL: InterVarsity, 2001), 284–86을 보라. 일반적으로 학자들은 바울이 보통 σῴζω를 이런 종류의 위험으로부터의 구원을 가리키는 것으로 사용하지 않으며, 오히려 질병으로부터의 치료와 대조적으로 σῴζω를 "영적 죽음으로부터의 구원"을 뜻하는 전문적인 용어로서 사용한다고 주장한다(Douglas J. Moo, *James: An Introduction and Commentary*, TNTC [Grand Rapids: Eerdmans, 1985], 181).

63 Schreiner는 "그리스도인 여성이 출산에서 항상 보호받는 것은 아니다. 많은 여성이 죽었고, 바울의 시대에도 아마 마찬가지였을 것이다!"라고 말하며 이에 반대한다(*Paul*, 285). Porter는 문법에 근거한 더 기술적인 반대 의견을 갖고 있는데, 이는 "시간적 혹은 도구적 의미의 소유격 전치사 διά의 문법적 범주"와 관련된다. "시간적 의미는 '출산의 시간 동안'으로, 지속 시간을 가리킬 것이다. 비록 이것이 문법적으로 가능하긴 하지만, 이 견해의 주된 어려움은 문법학자들이 시간적 의미로서 διά의 사용을 인용하는 가장 설득력 있는 예시가 날, 년, 밤과 같은 명백한 시간을 나타내는 단어라는 사실이다(행 1:3; 5:19; 24:17; 갈 2:1)"("'Saved by Childbirth,'" 97). 그러나 출산은 특히 여성의 관점에서 보면 몇 시간(혹은 심지어 며칠)의 차원에서 정의상 시간과 관련되는 과정이기 때문에, 지속 시간의 의미는 영어에서 시간을 특정하지 않은 채 전달되며, 따라서 "출산 중"이 올바른 이해다. 그리스어에서 διά의 사용에 대한 더 많은 연구가 이루어질 수 있다.

용을 잘못 해석한 것이고 그의 구원 신학을 잘못 이해한 것이다. 그리고 그
것과는 관계없이, 이런 주장은 바울이 치유에 대해 사용한 언어의 너무 적
은 용례에 기초한다. 출산 중 여성이 여전히 죽는다는 반대 의견은 본문에
서 약속의 특정한 조건을 인식하지 못하며, 치유와 구원에 대해 평행을 이
루는 성서의 약속을 무효화한다.

그리스어 구약성서에서 "구원하다"(σῴζω)라는 의미의 범주는 "문제,
위험, 혹은 질병으로부터의 구출 혹은 구조"를 포함한다.[64] 이것은 질병, 전
쟁, 공격 등 인간이 경험하는 위험으로부터의 구조와 관련된다(예. 시 6:2-
4; 7:11; 67:21; LXX[6:1-3; 7:10; 68:20 ET]). 영적인 구원은 이런 종류의 위험
으로부터의 문자적 구원을 은유적으로 확장한 것이다. 문자적 구원에 대
한 언급은 성서에 워낙 잘 확립되어 있으므로, 바울이 자신의 의미 범주로
부터 그것을 제외한다는 것은 불가능하다고까지 말할 수는 없겠지만 아주
예외적인 경우가 될 것이다.[65]

바울과 다른 성서 저자들은 여성의 진통과 출산의 고통에 대한 은유
를 사용하여 죽음의 위협과 위험에 처한 남성을 묘사하고 생명에 대한 극
단적인 위협을 표현한다.[66] 예를 들어 여성이 출산하는 것은 자신의 군대가

---

64   Johannes Louw와 Eugene Nida는 이 범주를 "구조하다"(21.18), "구원하다"(21.27), 그
리고 "치유하다"(23.136)로 정한다(*Greek-English Lexicon of the New Testament: Based on
Semantic Domains*, 2nd ed. [New York: United Bible Societies, 1989]). Keith Warrington
이 주장하듯이, σῴζω는 "다양한 문맥에서 '위험으로부터 지키다, 구조하다, 보호하다, 치
유하다'를 포함하여 다양한 의미를 전달할 수 있다. 다시 말해서 구원의 정체성은 고통 받
는 사람이 구조받는 상황에 의해 결정된다. 이미 주장된 것과 같이, 야고보에게 이것은 질병
한 가지보다 더 넓은 의미일 수 있다"("James 5:14-18: Healing Then and Now," *IRM* 93
[2004]: 351).

65   Keener가 주장하듯이, "'구원받았다'는 고대 문학에서 '죄로부터 구원받았다'보다는 '구출
되었다' 혹은 '안전하게 건져졌다'라는 의미로 더 자주 사용된다"(*Paul, Women & Wives*,
118). Keener는 폭넓은 출처로부터 많은 수의 예시를 제시한다(130-31n24).

66   흥미롭게도 해산의 고통에 대한 은유는 여성의 경험보다 남성의 두려움과 죽음의 위협에
대한 은유로 더 자주 사용된다. 이는 성서를 기록한 남성들이 위험을 이해했음을 보여준다.

놀라고 공포에 사로잡히고 두려워서 하나님 앞에서 완전히 퇴각한 왕들의 비참한 공포에 비유된다(시 48:4-6).[67] 예수는 해산의 고통이라는 은유를 사용하여 마지막 날의 극심한 고난을 묘사했으며(마 24:8), 마지막 날 동안 임신한 여인, 유모, 어머니들이 당할 끔찍한 고통과 연약함에 민감한 태도를 보여주었다(막 13:17; 눅 23:29). 바울은 출산을 공격, 고통, 고난, 그리고 파괴의 위협에 대한 은유로서 언급했는데, 이 위협으로부터 인류와 피조물은 영적으로뿐만 아니라 육체적으로도 구원받아야 했다(롬 8:22-25; 살전 5:3-9). 바울은 출산이 여성에게 주는 위협을 이해했고, 그것을 구원받아야 하는 사람들의 전형적인 예로 사용했다.[68]

바울이 σῴζω라는 단어(동족어 포함)를 영적 혹은 종말론적 구원으로만 사용했다는 주장은 그의 언어와 그 언어가 작동하는 방식을 잘못 해석한 것이다.[69] 예를 들어 디모데후서 4:17-18에서 구원에 대한 언급은 특히 주목할 만하다. "주께서 내 곁에 서서 나에게 힘을 주심은 나로 말미암아 선포된 말씀이 온전히 전파되어 모든 이방인이 듣게 하려 하심이니, 내가 사자의 입에서 건짐을 받았느니라[ἐρρύσθην]. 주께서 나를 모든 악한 일에서

---

67 70인역의 번역자들은 히브리어 חִיל을 남성의 두려움과 인간의 공포의 맥락에서 출산의 고통(ὠδίν/ὠδῖνες)에 대한 은유로 해석했다(예. 출 15:14; 신 2:25).

68 Porter의 다음과 같은 반대 의견과 비교하라. "위의 누적된 증거와 특히 딤전 2:15의 맥락에 비추어볼 때, σωθήσεται는 사실상 구원의 의미를 지닌 것이 확실하다(수동태는 아마도 신적 혹은 신학적 수동태, 즉 하나님이 구원의 주체라는 것이다).…Houlden의 말처럼, '언급된 구원은 출산 때의 신체적인 안전 보장을 의미하는 것이 아니라 종말에 대한 보증이어야 한다'"(Porter, "Saved by Childbirth,'" 94). (J. L. Houlden, *The Pastoral Epistles: I and II Timothy, Titus* [London: SCM, 1976], 72도 보라).

69 Hubbard가 주장하는 것처럼, "바울이 디모데전서에서 σῴζω를 먼저 혹은 뒤이어 사용한 것이 2:15의 의미를 결정짓는다는 주장이 종종 있다. 이것은 옳지 않다. 확실히 더 넓은 문맥이 주의 깊게 고려되어야 하지만, 단어는 동일한 문맥 내에서도 다른 의미로 사용될 수 있다. 사실 그런 경우가 더 흔하다"("Kept Safe," 745).

건져내시고 또 그의 천국에 들어가도록 구원하시리니[σώσει]."

하나님의 천국을 위해 "구원"받는 것은 사자와 악으로부터 구조되는 일과의 관계에서 동전의 뒷면과 같다. 바울에게 그것은 그가 천국에 들어갈 때까지 현재의 고난 중에 계속되는 하나님의 돌보심을 포함한다.[70] 바울은 빌립보서에서도 이와 비슷하게 빌립보 사람들의 기도와 하나님의 돌보심을 통해 자신이 어려움과 감옥에 갇힌 상황으로부터 구조된다는 (σωτηρία) 의미에서 구원을 기대한다고 말한다(빌 1:19). 바울은 고린도전서 3:15에서 불 속에서 탈출하는 것을 묘사하기 위해 σῴζω를 사용하는데, 이는 그가 의식적으로 문자적 구조로부터 종말론적 구원으로 은유적 확장을 하고 있음을 보여준다. 게다가 누가는 바울이 장애인인 남성을 치료한 것을 가리킬 때 σῴζω를 사용하며(행 14:9), 바울이 난파선에서의 구조를 언급하는 연설에서 그 단어를 사용했다고 보고한다(행 27:20).[71] 이런 예시들은 바울이 어려운 순간에 하나님의 돌보심과 구조에 사용했던 것과 같은 어휘를 영적 구원에도 사용했음을 보여준다.

바울이 "구원"을 "영적 혹은 종말론적 구원"으로만 사용했다고 말하는 것은, 만일 그것이 과거와 현재에 대해 실질적인 영향이 없다는 것을 의미한다면, 오해의 소지가 있다. 바울에게 구원은 하나님께서 인류를 아담이 지은 죄의 과거, 현재, 미래적 영향으로부터 실질적으로 구조하신 것을 가리킨다. 이것은 현재의 삶의 "고통"과 죄와 사망의 노예인 상태를 비롯

---

70 Hubbard는 σῴζω와 ῥύομαι가 사자의 입으로부터의 구조와 동의어로 사용된다는 것을 보여주기 위해 딤후 4:17-18과 시 21:21-23(LXX)(22:21-22 ET) 사이의 유사점을 찾아낸다. 이는 본문 간의 관계도 알려준다.

71 난파선에서 구원받는 것에 대한 바울의 연설을 인용한 구절은 "동행 기사"("we passage")에 나타난다.

하여 현재의 위험으로부터의 구조를 포함한다(롬 5:9-10; 7:25-8:1; 9:27-28; 고전 1:18; 고후 2:15; 엡 2:5, 8; 살후 2:9-12; 딤후 1:9). 게다가 몸의 부활을 기대하는 것은 구원이 영적인 것일 뿐만 아니라 신체적인 것임을 보여준다.[72] 영적/종말론적 구원과 현재 신자의 필요에 대한 하나님의 자비로운 돌보심을 분리하는 것은 잘못된 이분법이다.[73]

초기 교회에서 σῴζω는 신체적 측면과 영적 측면의 치유를 가리킬 때 모두 사용되었다는 사실에 주목할 필요가 있다. 야고보서 5:15-16에서는 아픈 사람을 장로들에게 보내라고 말하는데, 그들의 믿음의 기도는 아픈/약한 사람을 치유/구원/구조(σώσει)하며, 주님께서는 그 사람을 일으키신다.[74] 바울의 가까운 동료였던 누가는 하나님의 치유 행위가 하나님께서 인류에게 행하시는 구원의 연속선상에 있을 뿐만 아니라 그 구원의 일부임과 동시에 하나님 나라가 존재한다는 증거이기도 하다는 점을 보여준다.[75]

....

72 하지만 바울은 ῥύομαι 역시 죽음의 위험(고후 1:10)과 공격 및 박해(롬 15:31; 살후 3:2; 딤후 3:11; 4:17-18)로부터의 구조뿐만 아니라 구원, 즉 죄와 다가오는 진노로부터의 구조(롬 7:24; 골 1:13; 살전 1:10)라는 의미로 사용한다. 이것은 70인역의 용법과도 일치한다.

73 L. J. Kreitzer의 "현재와 미래, 특히 구원의 개념과 관련한 변증"에 관한 논의를 보라 ("Eschatology," DPL, 257).

74 ἀσθενεῖ가 "다른 여러 종류의 연약함과 관련된 덜 일반적인 의미는 물론이고 영적인 연약함, 신체적인 연약함과 질병을 포함하여 다양한 조건"을 가리킬 수 있다는 Warrington의 주장은 타당하며, 시에서 볼 수 있는 문제의 범주를 뒷받침한다("James 5:14-18," 347). 그러나 소수의 견해는 약 5:14-15이 영적인 건강을 회복하는 차원의 구원만을 의미한다고 주장한다. M. Meinertz, "Die Krankensalbung Jak. 5,14f.," BZ 20 (1932): 23-36; C. Amerding, "Is Any among You Afflicted? A Study of James 5:13-20," BSac 95 (1938): 195-201; Charles H. Pickar, "Is Anyone Sick among You?," CBQ 7 (1945): 165-74; Daniel R. Hayden, "Calling the Elders to Pray," BSac 138 (1981): 258-66을 보라. Ben Witherington, "Salvation and Health in Christian Antiquity: The Soteriology of Luke-Acts in Its First-Century Setting," in Witness to the Gospel: The Theology of Acts, ed. I. Howard Marshall and David Peterson (Grand Rapids: Eerdmans, 1998), 145-66의 전체 주장을 보라.

75 치유는 "예수로부터 나오는 구원이 무엇을 수반하는가에 대한 중요한 부분"이다 (Witherington, "Salvation and Health," in Marshall and Peterson, Witness to the Gospel,

그러나 질병과 신체적 약함을 치유하는 것은 바울 전집의 주요 주제가 아니다.[76] 이 말은 만일 그것이 주요 관심사였다면 그가 질병이나 신체적 연약함을 언급하지 않았을 것이라는 의미가 아니다. 오히려 이것은 바울이 치유에 대해 말할 때 사용할 만한 언어의 대표적인 견본이 우리에게 없다는 것을 가리킨다. 따라서 바울이 70인역, 초기 교회, 그리고 다른 그리스 문학에서와 같은 전형적인 방식으로 치유와 구조의 언어를 사용하지 않았다고 말하는 것은 설득력이 없다.

만약 출산에 대한 우려가 에베소의 여성들 사이에서 문제의 일부였다면, 바울은 그 우려를 언급했을 가능성이 크다. 출산이 잘못된 가르침을 부추길 만한 문제였을 가능성이 얼마나 될까? 출산 혹은 산모 사망률은 역사를 통틀어 여성의 안전, 건강 및 생명에 대한 주요 위협이었다.[77] 따라서 하와의 행동의 결과는 모든 여성과 그들을 아끼는 사람들의 우선적인 관심사다.[78] 여성의 종교적인 믿음과 관습은 출산과 임신 관련 문제에 관한 것

---

151). John Nolland가 말하듯이, "[눅] 10:9에서 '하나님의 나라가 너희에게 가까이 왔다'라고 선포될 때, 그 임재에 대한 직접적인 증거는 이미 일어난 병자의 치유에서 찾을 수 있다"("Salvation-History and Eschatology," in Marshall and Peterson, *Witness to the Gospel*, 68). 예를 들어 눅 8:48에서 혈루증으로 고생하던 여인은 예수의 옷 가장자리를 만졌을 때 건강해졌다는 의미(θυγάτηρ, ἡ πίστις σου σέσωκεν σε)에서의 구원을 받았다(σέσωκεν).

76 에바브로디도를 제외하고(빌 2:26-27) 질병에 대한 바울의 언급은 대부분 그 자신의 질병에 대한 묘사와 관련된다(고후 12:7-9; 갈 4:13-14). 이 구절들에서 바울의 주제는 치유가 아니다. 하나님의 치유에 대한 그의 어휘 선택은 다양하다(예. ἀφίστημι, ἐλεέω). 그래서 70인역과 당시 초기 교회에서 지배적으로 사용한 의미에서의 σώζω를(약 5:15-16) 바울이 사용하지 않았다고 결론 내리기에는 표본이 일관적이지 않고 너무 적다.

77 Hubbard 역시 딤전 2:15은 "하지만 그녀는 해산의 고통 중에도 계속 안전할 것이다"로 해석되어야 한다고 주장한다("Kept Safe," 743). 그는 "아이를 낳는 1세기의 험악한 현실"을 묘사함으로써 자신의 해석에 대한 타당성의 근거를 확립한다(752-56).

78 그것은 여전히 현대 의료 기술을 접할 수 없는 개발도상국 여성들이 경험하는 다양한 위협의 주요 원인이다. Save the Mothers라고 불리는 웹사이트는 임신 관련 원인으로 인한 여성의 죽음을 막는 데 헌신하는 자선단체다. 이는 출산의 위협으로부터의 구출 혹은 구조를

이 대부분이었다.[79] 더욱이 에베소의 그리스도인 여성은 자신의 종교적 관습과 출산 사이에 특별한 연관성을 지니고 있었다. 아르테미스는 에베소 도시의 수호 여신이었고,[80] 여성이 출산할 때 안전과 보호를 빌었던 실질적인 구원자였다.[81] 여성의 삶에서 아르테미스의 역할은 그녀가 자기 어머니의 조산사로 섬겼다는 그리스 신화에서 설명된다.[82] C. L. 브링크스(C. L. Brinks)는 "그녀는 여성이 어린 소녀에서 젊은 숙녀가 될 때, 처녀에서 유부녀가 될 때, 결혼하여 어머니가 될 때와 같이 여성의 인생에서 중요한 전환점을 맞이할 때 그들을 돕는 여신이었다. 그녀는 해산하는 동안 어머니와

위해 "구원"을 사용하는 것이 심지어 21세기의 언어에서도 여전히 적절하며, 단순히 "어머니들"이라는 단어의 한계로 이해된다는 것을 확실히 보여준다. 매년 287,000명의 여성이 임신과 관련한 이유로 사망하며, 그중 99퍼센트가 개발도상국의 여성이다. 게다가 20세기 동안 두 번의 세계대전에서 전사한 군인의 숫자보다 더 많은 여성이 출산 도중 사망했다. 하지만 이것은 현대 의학이 등장한 이후의 출산이기 때문에 여성 사망률의 일부에 불과할 것이다. Save the Mothers, "What Are the Causes of Maternal Mortality?," http://www.savethemothers.org/learn-the-issues/overview-3을 보라.

79 보호에 대한 여성의 관심은 그리스-로마 세계에서 경건의 관습에 부합한다. Witherington이 주장하는 것처럼, "대부분의 고대인이 원했던 '구원'은 이생에서의 질병, 재난, 혹은 죽음으로부터의 구원이었다"("Salvation and Health," in Marshall and Peterson, *Witness to the Gospel*, 146). 여성의 종교적 관습의 많은 부분은 일반적으로 이야기와 신화, 그리고 마술, 마법, 제의의 보편적인 사용을 포함한다.

80 디모데전서의 현장은 에베소다(딤전 1:3). 에베소의 수호 여신인 아르테미스는 우선적으로 도시의 수호자이자 양육자였으며, 다른 신들과 관련된 에베소의 다양한 기능을 충족시켰다. 에베소의 아르테미스 신전은 고대 세계의 불가사의 중 하나였고, 도시 경제의 커다란 기초였다(참조. 행 19:23-40).

81 칼리마코스(기원전 310-235년)는 아르테미스가 "나는 산에서 살 것이지만, 해산의 고통으로 힘들어하는 여자들이 도움을 요청할 때만 남자들의 도시를 주관할 것이다"라고 말한 것으로 묘사했다(*Hymn. Dian.* 20-22). 아풀레이우스(기원후 120-160년경)는 이시스와 아르테미스/디아나를 동일시한다. "혹은 당신의 약으로 출산의 고통을 줄여준 아폴론의 누이 덕분에 아주 많은 사람이 출산합니다. 그리고 당신은 지금 에베소의 신전에서 경배받습니다"(*Metam.* 11.2).

82 그리스 신화에 따르면, 아르테미스의 아버지는 제우스였고, 그녀의 어머니 레토가 그녀를 낳은 후에 아르테미스는 자신의 쌍둥이 남동생 아폴론을 낳는 것을 도왔다.

아이가 죽는 것에 대한 책임을 지닌 존재이기도 했다"라고 기록한다.[83]

따라서 아르테미스는 보호자이자 양육자, 그리고 도시의 공적 삶을 지배했던 에베소의 중심이었을 뿐만 아니라, 에베소의 여성들에게는 가정 내 가사 영역의 우선적인 기능과 관심 차원에서 더더욱 중심이었다.[84]

에베소에서 바울의 사역에 대한 누가의 기록은 에베소 사람들에게 아르테미스가 중요한 존재였다는 것과 에베소의 신자들에게 혼합주의 경향이 있었다는 사실을 내비친다. 누가는 사도행전 19:23-41에서 소동에 대해 기록하면서 아르테미스가 복음과 직접 경쟁했다는 것을 보여준다. 또한 기독교 공동체는 마술에 대한 관습에서 혼합주의에 대한 현저한 경향

....

83   Brinks, "'Great Is Artemis of the Ephesians': Acts 19:23-41 in Light of Goddess Worship in Ephesus," *CBQ* 71 (2009): 777-78.

84   아르테미스가 에로틱한 다산의 여신이라는 주장이 아니라는 점에 주목하는 것이 중요하다. 연구들은 아르테미스가 에로틱하지 않기 때문에 다산의 여신이라는 개념에 반대한다. 하지만 그 연구들은 아내와 순결한 여성을 성적인 대상으로서 여기는 것을 반대하는 문화가 진정한 아내이자 어머니인 여성의 삶을 주관하는 여신의 우선적인 역할을 에로틱한 것으로서 여기지 않았을 것이라는 점을 일반적으로 이해하지 못한다. Lynn LiDonnici는 이런 기능이 주로 에로틱한 범주가 아니었다고 다음과 같이 설득력 있게 주장한다.

   도시의 여신으로서의 역할에서 에베소 아르테미스라는 인물은 에로틱하지 않았다. 사실 이 특징은 정당한 아내로서 그녀의 상징적인 역할과 연결될 수 있는데, 이는 일반적으로 에로틱한 맥락의 예술로 표현되지 않는 존경받을 만한 인물이다. 우리가 꽃병이나 조각상에서 여성 인물이 성적인 장면을 연출하는 것을 볼 때, 이 인물들은 보통 신의 딸 혹은 아프로디테의 형상이다. 그렇다면 *In Neaeram*[데모스테네스의 작품]에 암시된 여성들의 성적인 역할에 대한 구분을 고려할 때, 에로틱한 예술 작품에 등장하는 인물 중 충분히 "점잖은" 가슴을 가진 경우가 거의 없다는 것은 놀랄 만한 일이 아니다. 헤로도토스 시기에 우리는 한 남성이 자기 아내에게 성적으로 집착한다는 생각에 의심과 놀라움을 느끼게 되는데, 로마의 자료들은 유대인과 다른 이들의 대가족을 아내와 떨어져 있지 못하는 남성의 약점을 보여주는 증거로서 간주한다. 이런 특별한 반대는 성, 특히 출산과 관련된 성과 연관되어 건강에 대한 두려움을 증가시키는 기능을 할 수 있지만, 이는 우리와 다른 여성의 범주들 사이에 성적 구분이 있었던 로마 시대의 연속성을 강조한다("The Images of Artemis Ephesia and Greco-Roman Worship: A Reconsideration," *HTR* 85 [1992]: 409-10).

성을 드러냈다(행 19:18-20).[85] 출산 및 여성의 삶의 다른 단계들에 대해 수호 여신의 지배를 받는 그와 같은 문화적 배경에서, 우리는 여성들이 집에 둘러앉아 나눌 법한 이야기(참조. 딤전 4:7)와 가정의 일상에 스며든 의식과 제의 안에 혼합주의가 있었으리라고 예상할 수 있다. 한 여성이 출산의 위기에 직면할 때 그녀는 어머니로부터 딸에게로, 할머니로부터 손녀에게로, 친구에게서 친구로 전해졌던 익숙한 처방에서 도움과 안전을 찾았을 것이다.[86] 대부분의 문화에서 이런 강력한 유대관계가 여러 세대에 걸쳐 공동체의 여성들을 하나로 묶어준다는 것은 아무리 강조해도 지나치지 않다. 1세기 에베소의 여성들 사이에 결혼과 출산에 대한 잘못된 가르침과 신화와 관련된 문제가 있었다는 것을 발견하는 것은 놀랄 일이 아니다.

여성들이 출산 중에 계속 죽었다는 사실이 바울이 출산 과정에서 여성의 안전한 분만을 약속할 수 없다는 것을 가리키는가? 그렇다고 대답하는 것은 똑같은 이유로 야고보서 5:14-15의 기도를 통한 치유의 약속을 거짓으로 만드는 것이다. "너희 중에 병든 자가 있느냐? 그는 교회의 장로들을 청할 것이요, 그들은 주의 이름으로 기름을 바르며 그를 위하여 기도할지니라. 믿음의 기도는 병든 자를 구원하리니 주께서 그를 일으키시리라. 혹시 죄를 범하였을지라도 사하심을 받으리라."

기도를 통한 안전한 출산과 치유의 이런 약속은 전쟁, 살인, 학대, 질

---

85 행 19:10을 19:18-20에 대한 시간적 지표로 삼는다면, 바울이 2년간 에베소에서 사역한 후 에베소의 신자들은 마술에 사용되었던 많은 수의 두루마리를 파기했다. 기독교의 관습이 신자들의 마술적 관습과 정면으로 충돌한다는 사실을 그들에게 납득시키는 일은 분명히 시간과 노력, 그리고 확실한 증거가 필요했다.

86 반면에 Hubbard는 한 젊은 남편이 자기 아내가 출산 후에 병에 걸린 것을 보고는 혼합주의적으로 반응한 것을 묘사한다. "그는 여러 신전과 사원으로 달려가 자비를 구한다. 그는 아마도 주문을 구입하고 그 의식을 세심하게 시행할 것이다. 요약하면, 그는 많은 경우에 자기 아내를 지켜보면서 자신의 기도를 들어줄 신이나 여신에게 기도한다"("Kept Safe," 756).

병으로부터 일종의 구원을 바라며 시편과 예언서를 기록한 남성들이 선포한 여러 약속과도 부합한다. 게다가 랍비 문헌은 경건함이 여성을 저주의 영향으로부터 구할 수 있다는 믿음이 있었다고 주장하는데, 이는 하나님께서 의인을 곤경으로부터 구원하신다는 구약성서의 믿음과도 조화를 이룬다.[87] 그러나 남성은 여전히 전쟁에서 죽었고, 살해되고 공격받았으며, 치유를 위해 기도했던 그리스도인들도 여전히 질병으로 죽었다. 이런 약속과 주장은 하나님의 백성이 그분을 찾을 때 하나님께서 그들을 돌봐주시고 그분을 사랑하는 사람들에게 모든 것이 합력하여 선을 이루게 하신다는 믿음의 고백이자 기대다(롬 8:28). 따라서 안전과 구원은 성서의 저자들, 특히 바울에게 타당한 결과일 수 있는 여러 형태를 취할 수 있다. 바울은 "주께서 나를 모든 악한 일에서 건져내시고 또 그의 천국에 들어가도록 구원하시리니"(딤후 4:18)라고 말하면서 사망으로부터의 문자적인 구원과 신뢰를 이야기했다. 하지만 전승에 의하면 그는 처형당했다. 출산의 위기는 생명뿐만 아니라 신앙의 위기일 수 있으며, 해산의 고통은 악한 공격이 될 수 있다. 특히 에베소의 여성들이 마술, 악마, 혹은 이교의 신들에게 도움을 요청하는 것으로 돌아서기 쉬웠다면 더욱 그렇다.

디모데전서 2:15이 야고보서 5:15과 마찬가지로 모든 여성에 대한 전체적인 약속이 아니거나 시편의 약속이 모든 사람에 대한 포괄적인 약속이 아님에 주목하는 것이 중요하다. 출산의 위험으로부터의 구원은 믿음, 사랑, 거룩함, 자제력에서의 인내에 달려 있다. 더욱이 바울에 의하면, 여성의 안전은 그녀 자신에게만 달려 있는 것이 아니다. 복수 형태로 바뀌는

---

87 b. Soṭ. 12a를 보라. 여성의 의로움이 그녀를 불임으로부터 구원하며, 이것이 이스라엘의 구원을 나타낸다고 기록하는 *Pesiq. Rab Kah.* 22.2에 비슷한 주제가 나온다. 이 이야기들은 1세기 이후의 것들이지만, 유대교 사상의 흐름을 보여준다.

흥미로운 전환이 있다. "그들이(여자들이, 개역개정) 만일 정숙함으로써 믿음과 사랑과 거룩함에 거하면 그의 해산함으로 구원을 얻으리라"(딤전 2:15). "그들"은 일반적으로 해당 구절에서 가장 가까운 관련 참가자를 가리킨다.[88] 우리는 12절의 여성/아내에서 단수 동사 "구원을 얻으리라"의 선행사를 발견하므로, 15절의 마지막 절에서 복수 형태로의 전환은 12절의 여성/아내 **그리고** 남성/남편을 가리킬 수 있다.[89] 출산에 대한 언급은 "남자"와 "여자"가 "남편"과 "아내"로 해석되는 것이 더 낫다는 점을 알려준다. 이것은 11절의 "여자/아내"는 배워야 한다는 명령, 13-14절의 아담과 하와에 대한 언급, 그리고 12절에서 금지를 언급할 때 단수형 "여자/아내"와 "남자/남편"을 사용한 것을 통해서도 뒷받침된다. 여성이 배워야 한다는 명령은 바울이 고린도전서 14:35에서 명령했던 것과 마찬가지로 여성은 집에서 자기 남편에게 배워야 한다는 것을 제시한다. 더욱이 아담과 하와는 남편과 아내의 모범적 관계를 나타낸다. 결국 부부 관계는, 문화가 허용하는 한, 여성이 노예가 아닌 남성을 (일대일로) 가르치거나 통제할 수 있는 기회가 있는 유일한 상황이다. 여성의 출산을 다룬 결론과 함께 전체 본문은 가정 영역을 다루고 있음이 확인된다. 그러므로 부부 관계는 바울이 초점을 "여자들"에서 "여자"로 전환한 이후에 본문의 요소들을 가장 잘 설명

88　제9장에서 딤전 2:15에 대한 더 자세한 주해를 확인할 수 있다.

89　학자들은 대부분 딤전 2:9-10에서 복수형 주어인 "여자들"로 되돌아가기 위해 복수형을 택해왔다. 그러나 이는 설득력 있는 견해가 아니다. 왜냐하면 그 시점에서 단수형에서 복수형으로의 전환이 필요하거나, 여성의 구원 혹은 행복이 에베소 교회에 있는 모든 여성의 경건에 달려 있다고 말할 필요가 없기 때문이다. 딤후 3:6에서 잘 속는 여성들의 상태를 고려할 때, 긍정적인 결과가 나올 가망이 없다. 그러나 "그들"의 선행사에 대한 추가적인 논의는 Waters, "Saved through Childbearing," 708-9를 보라. 그는 여성과 남성(아내와 남편)을 신학적 가능성으로서 고려하지 않는다. 왜냐하면 그렇게 하면 하와의 구원을 출산과 그녀와 아담의 경건 모두에 의존하도록 만들어버리기 때문이다.

해준다. 15절에서 자제력과 함께 믿음, 사랑, 거룩함을 계속해서 가져야 하는 "그들"에 가장 가까운 문법적인 지시 대상은 12절의 남편과 아내이며, 13-14절에서는 모형론적으로 아담과 하와로 표현된다.

　출산할 때 아내의 안전에 대한 공동 책임을 남편에게 맡긴 것은 적절하고 혁명적이며 효과적이었을 것이다.[90] 남성은 가족의 크기와[91] 임신과 출산 동안 더 많은 돌봄, 건강, 안전을 확보할 수 있는 수단을 통제했다.[92] 게다가 남성이 출산 통제의 일환으로 자기 아내에게 위험한 낙태를 하도록 명령하는 것은 흔한 일이었다.[93] 부부 관계에서 사랑, 신뢰, 거룩함, 그리고 특히 성적 자제력에 대한 남편의 헌신은 아내를 출산과 연관된 큰 틀에서의 위험으로부터 구할 수 있었다. 따라서 바울의 가르침은 문화에 반하여 여성이 그녀의 남편으로부터 받는 영적이고 실질적인 도움을 모두 포함했을 것이다. 이는 여성이 출산을 앞두고 있을 때 그녀가 처한 힘든 상황에서 구체적인 차이를 만들어냈을 것이다.

90　개발도상국에서 여성들에게 일어나는 일은 현대 의학이 등장하기 전 모든 여성의 경험을 보여준다. 대부분의 세계에서 산모 사망률의 근본적인 해결책 중 하나는 남편들이 제공하는 돌봄을 바꾸는 것이다. 남편은 전통적으로 출산 과정에, 감정적으로는 아닐지라도, 정신적으로나 신체적으로 관여하지 않는다. 더 많은 정보를 위해서는 Thomas Froese, *Ninety-Nine Windows from Arabia to Africa and Other Roads Less Travelled* (Belleville, ON: Epic Press, 2009)를 보라.

91　가족의 크기를 통제하는 것은 시골 문화에서 가족 노동력과 노후 대책을 위해 지속적으로 (매년) 임신하는 위험한 관습, 혹은 도시 문화에서 가족 크기를 제한하기 위해 위험한 낙태를 강요하는 것과 관련된다.

92　여성은 임신 기간 동안 보호와 양육 차원에서 자기 남편에게 완전히 의지할 수밖에 없었으며, 신체적 학대와 굶주림 혹은 영양실조에 취약했다. 연구에 의하면 이것은 특히 군 작전이나 복무 때문에 부재중인 제3세계 군인들의 아내들이 임신했을 때의 문제를 보여준다. 그들은 사실상 버려져서 위기 상황에 취약하다.

93　낙태는 그리스-로마 문화에서 흔한 관습이었고, 산모 사망률과 불임에 직접적인 원인이 되기도 했다(하지만 영아 유기 역시 널리 행해졌다).

이런 이해는 바울이 잘못된 가르침을 바로잡으려는 시도에서 여성의 관심사와 경험을 언급하고 있음을 시사한다.[94] 여성의 관심사와 그들의 경험은 "출산을 통해 구원받은 것"이 무엇을 의미하는지에 대한 해석의 역사에서 누락되었다. 디모데전서 2:15을 여성이 안전하게 출산할 수 있을 것이라는 약속으로서 이해하는 것은 다음의 여섯 가지 측면에서 설득력 있는 이해다. (1) 그것은 해산의 고통이 타락의 결과라는 창세기 2-3장과의 연관성을 인정한다. (2) 출산은 여성과 그들의 종교 관습에 있어 우선적인 건강 문제였다. (3) 아르테미스의 역할을 고려해볼 때, 에베소의 여성들은 임신과 출산의 과정 중에 혼합주의적인 관행을 실천했을 가능성이 매우 크다. (4) 그것은 잘못된 가르침이 어떤 내용이었을지를 알려준다. (5) 그것은 이 구절의 일관성에 기여한다. (6) 그것은 이 구절을 바울 전집의 나머지 부분과 모순되게 설정하지 않는다. 다른 곳에서도 인정했듯이, 신학적인 자기모순과 비일관성이 이 구절을 해석하는 사람들에게 관심사가 아닐 수 있지만, 이는 불가피한 것도 아니다.

---

94 여성과 관련된 구절에 대한 성서적 해석에서 여성의 경험을 고려하는 것은 하나님에 대한 지식에서 젠더 정체성을 높이고 여성을 신성과 직접 연결하는 페미니스트 논의와 구분되어야 한다. 페미니스트 논의는 종교적·신학적 산업을 결정하는 데 있어 여성 경험의 역할을 토론해왔는데, "모성, 월경, 그리고 여성의 신체와 관련된 다른 일들의 경험, 억압의 경험, 소속감의 경험, 영적 경험"을 명시한다(Linda Woodhead, "God, Gender and Identity," in *Gospel and Gender: A Trinitarian Engagement with Being Male and Female in Christ*, ed. Douglas A. Campbell, STS 7 [London: T&T Clark, 2003], 89).

＊＊

결론적으로 디모데전서 2:14은 타락에서 하와의 역할에 대한 바울의 논의와 더불어 젠더에 대한 설명, 특히 여성이 속은 것과 죄의 기원이라는 차원에서 중요한 역할을 해왔다. 그러나 바울에게 속임수는 인간의 상태였고, 바울은 여성뿐만 아니라 남성도 일반적으로 하와가 속은 패턴을 따라갔다는 것을 보여주었다. 더욱이 예수 그리스도의 사역과 성령의 임재와 인도는 모든 신자, 남성과 여성을 속임수의 순환으로부터 효과적으로 자유롭게 할 수 있었다. 죄의 기원에 있어서 바울은 하와의 행위가 아니라 아담의 한 번의 행위로 죄와 사망이 들어오게 되었다고 말한다. 그러나 바울은 명백한 반역인 아담의 행위로 인한 결과에 대해 남성 신자들이 더 많이 고통받도록 교회가 강요해야 한다고 절대 주장하지 않는다. 오히려 복음은 두 번째 아담이신 예수 그리스도의 선물인 칭의와 생명을 받아들이도록 남성과 여성을 초청한다. 제9장에서는 디모데전서 2:9-15에 대한 더 깊은 주해를 제공한다. 하지만 지금 이 시점에서 나는 바울이 에베소의 여성과 관련된 이슈들을 하나씩 바로잡으려고 노력하는 것일 가능성이 가장 크다고 말할 수 있다. 본문은 타락에서 하와의 행동이 불러일으킨 영향, 즉 산모 사망률 및 임신과 출산으로 인한 기타 합병증의 결과가 전복되었음을 구체적으로 언급한다(딤전 2:15).

제5장

종말론

아마도 그리스도인들은 대부분 젠더에 대한 일관성 있는 바울 신학을 구성하려는 시도에서 종말론이 얼마나 중요한 역할을 하는지를 생각해본 적이 없을 것이다. 바울의 종말론과 남성과 여성으로서 인간의 운명을 이해하는 것은 창조의 목적에 관한 모든 주장에 대해 리트머스 시험을 제공한다. 바울 신학과 초기 교회의 종말론은 창조, 구원/부활, 미래의 인간 운명사이의 필수적인 관계를 이해했다. 즉 바울은 예수 그리스도의 죽음과 부활을 통해 하나님께서 그리스도의 재림 때에 완성될 타락의 전복과 창조의 회복을 위한 일을 시작하셨다고 믿었다. 따라서 남성과 여성의 인류 운명은 하나님께서 인간을 창조하신 목적을 반영한다. 기독교 공동체에서의 삶은 신자의 윤리성과 영적 체험, 그리고 성령의 사역에서 볼 수 있는 신자의 지위에 대한 종말론적 반영이어야 한다. 그러나 이런 종말론적 성취는 지속적인 이방인 선교와 연관되기 때문에, 바울과 그의 교회들은 복음을 그리스-로마 문화 속에서 상황화하고 이 문화의 기준에 따라 삶을 사는 선교사로서 살아간다.

5.1 바울의 종말론과 초월적 규범

바울의 종말론은 그의 독자 및 초기 교회와 공유했던 방대한 양의 자료들을 반영하기 때문에 신약성서의 다른 종말론적 자료들과도 연결성, 연계성, 암시성을 지닌다. 바울의 편지들은 그가 예수에 관한 구전 전승을 포함하여 자신의 공동체에 가르쳤던 전통의 본체에 의존하고 있음을 나타낸다.[1] 예를 들어 그가 수사학적으로 "성도가 세상을 판단할 것을 너희가 알지 못하느냐?"(고전 6:2)라고 물은 것은 고린도 교회가 종말론에 대한 기본적인 이해를 공유하고 있는 것으로 가정했기 때문이다. 요한계시록은 바울의 종말론과 일치하는 세 가지 종말론적 확신을 분명하게 서술한다. (1) 신자들은 권능으로 열방을 다스릴 제사장의 나라를 이룰 것이다(계 5:10; 참조. 2:26). (2) 저주가 사라질 것이다(계 22:3). (3) 사망이 사라질 것이다(계 21:4).

우리의 기원, 타락, 구원, 여정, 그리고 운명 사이의 종말론적 희망에는 연속성이 있다. 바울과 신약성서의 다른 저자들에 의하면 신자들의 운명과 그리스도의 재림에 대한 기대가 신자가 현재 삶을 어떻게 살아야 할지를 결정해야 한다. 베드로후서 3:11-12은 이렇게 말씀한다. "이 모든 것이 이렇게 풀어지리니 너희가 어떠한 사람이 되어야 마땅하냐? 거룩한 행실과 경건함으로 하나님의 날이 임하기를 바라보고 간절히 사모하라. 그날에 하늘이 불에 타서 풀어지고 물질이 뜨거운 불에 녹아지려니와." 이와 비슷하게 바울도 자신의 교회가 미래의 빛 가운데 행하기를 원했다(고전 1:7-8; 빌 3:20-4:1; 골 3:1-4; 살전 5:6-11; 살후 2:13-15; 딛 2:11-14).

---

1   학계의 합의는 바울의 모든 편지가 복음서 이야기보다 먼저 기록되었다는 것이다.

종말론적 희망은 교회 내 신자들의 상대적인 지위에 변화를 가져왔다. 그것은 교회에서 시작되어 사회에 영향을 미치면서 사회적·정치적 변화의 기초를 이루었는데, 이는 일반적으로 남성의 눈에 띄는 변화로부터 출발했다. 이 변화의 많은 부분이 온 인류의 존엄성과 가치라는 기독교적 전제에서 시작되는데, 결과적으로 그것은 인간의 배경, 인종, 다른 유리함의 결여와 상관없이 하나님께서 주신 기술이나 리더십의 잠재력을 발휘하도록 독려한다. 바울은 여성이 차별 없이 동일한 종말론적 희망을 지닌다고 강조하여 말한다(갈 3:28). 하지만 교회와 사회에서 여성의 지위에 있어 동등한 변화의 실현은 전통적으로 "성서적" 근거로 거부되어왔다. 여성에 대한 제약과 금지는 여성의 종속을 강제하는 "초월적 규범"으로 일컬어지는 주장에 기초한다. 이것은 바울의 종말론적 구절들을 어떻게 이해하고 여성에게 적용할 것인지와 관련하여 같은 본문이 남성에게 적용되는 방식과 완전한 대조를 이룸으로써 비일관성과 모순이라는 결과를 초래했다.

따라서 우리는 종말론이 남성과 여성 각각에 대한 하나님의 창조 의도와 궁극적인 계획의 측면에서 젠더에 관한 "초월적 규범"을 어떻게 확증하는지를 생각해보아야 한다. 만약 초월적 규범이 확인될 수 있다면, 그것은 바울 신학에서 남성과 여성의 범주를 이해할 수 있는 유용한 도구가 될 것이다.[2] 창조 당시의 규범이 초월적인 것이 되려면, 창조의 목적이 종말론적으로 성취되는 모든 규범과 부합해야 한다. 이를 확인할 수 있는 질문은 다음과 같다. 특정한 해석이나 추정이 바울 전집의 나머지 부분에 나오는 젠더에 대한 바울의 초월적 규범과 부합하는 성서에서 비롯된 것인가?

....

2   이것은 Thomas Schreiner의 용어인 "초월적 규범"이며, 다양한 집단에서 최소한 하나의 개념으로서 많이 통용되고 있다(*Paul, Apostle of God's Glory in Christ: A Pauline Theology* [Downers Grove, IL: InterVarsity, 2001], 408).

만일 그것이 바울 신학의 다른 부분과 일관성이 없는 것으로 확인되면, 젠더에 대한 바울 신학을 형성하는 구절들을 우리가 어떻게 이해할지에 대해 다음의 네 가지 질문이 생겨난다. (1) 바울이 마음을 바꾸었는가? (2) 바울이 자기 자신과 모순되는가? (3) 일관되지 않는 구절이나 단락은 바울이 아닌 다른 사람에 의해 기록되었는가? (4) 이것이 일관되지 않은 구절이나 단락을 해석할 수 있는 유일한 방법인가, 아니면 그것을 설명할 수 있는 대안이 있는가? 갈라디아서 3:28의 기초가 되는 전제는 그리스도 안에서 남성과 여성은 그들의 창조 목적에 맞는 존재가 되리라는 것이다. 역으로 여성은 창조된 목적이 아닌 존재가 될 수 없다.

5.2 종말론과 창조

바울 신학에서 인간이 창조된 목적과 인류의 운명 사이에는 연속성이 있다. 아이러니하게도 인간의 운명은 아담의 행동 때문에 좌절하게 되어 인류가 지배하는 대신 죽음이 지배하게 되었다. 예수 그리스도는 첫 번째 아담의 행동을 되돌려서 죽음이 지배하는 대신 인간이 지배하게 하셨다. 예수 그리스도를 통해 인류는 창조에서 의도된 올바른 상태로 회복되며, 모든 것을 지배하기 시작한다. 하나님은 세상을 만드실 때 계획했던 운명을 완수하기 위해 그리스도 예수 안에서 하나님의 새로운 피조물인 신자들과 함께 일하신다.

바울은 로마서 5:12-20의 첫 번째 아담과 두 번째 아담에 대한 논의에서 피조물, 아담(인류의 머리), 그리고 다스림 간의 본질적이고 아이러니한 관계를 보여준다. 인류는 지배력을 갖도록 창조되었지만, 바울은 아담이 세상의 죄, 심판, 저주의 근원이었으며, "사망이 그 한 사람을 통하여 왕 노릇"(롬 5:17a)했다고 가르친다. 하지만 두 번째 아담이신 예수 그리스도 는 은혜, 칭의, 의를 가져오셨다. 결과적으로 그런 선물을 받은 사람들은 "한 분 예수 그리스도를 통하여 생명 안에서 왕 노릇" 할 것이다(롬 5:17b). 이것은 창세기 내러티브에 부합하며 그것에 의존한다. 즉 인류는 지배하도 록 창조되었지만, 첫 번째로 창조된 인간의 타락이 끔찍한 반전을 일으켜 서 그 대신 사망이 지배하게 되었다. 예수 그리스도께서 그 타락을 되돌리 셨으므로 인류는 그 본래의 목적으로 회복될 수 있다. 제임스 던이 요약하 듯이, "부활하신 그리스도는 마지막 아담이시며, 원래의 청사진에 맞는 하 나님의 새로운 인간 피조물의 모범이시다."[3]

바울은 시편 8:4-8과의 친밀성을 보여주며, 그것을 히브리서 저자와 비슷한 방식으로 적용한다. 히브리서 2:5-9에서 저자는 시편 8:4-8(참조. 창 1:26-28)을 인용하면서 인간은 천사보다 조금 낮은 곳에 있었지만, 하나 님은 인류를 올바른 지위로 회복시킬 의도를 갖고 계셨으며, 이것이 예수 그리스도를 통해 성취되었다고 말한다. 즉 그분이 영광과 명예로 관을 쓰 시고 모든 것을 다스리실 것이다. 바울 역시 시편 8:4-8(고전 15:25, 27; 엡 1:22)을 암시하고 인용하면서 창조에서의 인류의 목적은 우리가 예수와 함 께 다스릴 때 그분 안에서 실현될 것이라고 기록한다(롬 8:17; 딤후 2:12).[4]

또한 바울은 각 신자가 하나님에 의해 다시 새롭게 창조되어 창조의

---

3   Dunn, *The Theology of Paul the Apostle* (Grand Rapids: Eerdmans, 1998), 265.
4   Richard Middleton은 다음과 같이 말한다. "사실 창조자는 그들을 올바른 지위로 회복시 킨다. 왜냐하면 인류는 지구에서 원래 왕의 위엄으로 관 씌워진(시 8:4-8) 하나님의 대리 통치자였기 때문이다(창 1:26-28)"(*A New Heaven and a New Earth: Reclaiming Biblical Eschatology* [Grand Rapids: Baker Academic, 2014], 141), 『새 하늘과 새 땅』(새물결플러스 역간).

목적과 인류의 종말론적 운명에 부합하는 목적과 개인적 운명을 갖게 된다고 믿었다. 그리스도 안에 있는 사람은 누구든지 더 이상 "출신 국가, 사회적 지위, 지적 수준, 신체적 능력, 혹은 심지어 카리스마적인 자질과 은사적인 능력과 같은" 외적인 모습으로 평가되거나 심판받거나 분류되어서는 안 된다(고후 5:16).[5] 예수 그리스도 안에서 신자는 옛 창조의 목적을 성취하는 새로운 피조물에 속한다(고후 5:17; 갈 6:15).[6] 그리스도 안에 있는 하나님의 새로운 피조물로서 신자는 "하나님이 전에 예비하사 우리로 그 가운데서 행하게 하려"는 특정한 목표에 도달하기 위해 창조된 하나님의 작품이다(엡 2:10).[7] 주석가들은 대부분 "전에 예비하셨다"라는 말이 단지 신자의 일이나 개인적인 목표만이 아니라 세상을 세울 때 하나님의 의도와 인류를 향한 그분의 처음 목적까지도 함께 가리킨다고 믿는다.[8] 빌립보서 1:6에서 바울은 신자들을 하나님의 진행 중인 일로서 이해하는데, 그들은 자신의 종말론적 운명에 도달할 때 완성되는 궤도 위에 있는 자들이다.

---

5   Murray J. Harris, *The Second Epistle to the Corinthians: A Commentary on the Greek Text*, NIGTC (Grand Rapids: Eerdmans, 2005), 427.

6   "그런즉 누구든지 그리스도 안에 있으면 새로운 피조물이라"(고후 5:17). Harris는 이렇게 말한다. "회심에서 개인의 갱신은 마지막 때 우주의 갱신을 예시한다.…그런즉 '누구든지'가 자격 없는 사람을 가리킨다면, 아무도 제외되지 않고 모두를 포함하는 것이어야 한다.…그리스도를 통해 하나님 앞에 있는 상태에서, 그리고 그 상태에서 비롯되는 모든 영적 유익에 대한 접근성에 있어서는 '유대인도 헬라인도 없다'(갈 3:28; 참조. 엡 2:11-22; 골 3:11). 유대인과 이방인을 나누는…'중간에 막힌 담'은 그리스도의 인격과 사역에서 허물어졌다(엡 2:14)"(ibid., 431-32). 갈 3:28에서 남성과 여성, 그리고 유대인과 이방인 사이의 평행은 명백하다.

7   Andrew Lincoln은 이렇게 말한다. "'그리스도 예수 안에서'[엡 2:10]는 '그리스도 안에서 하나님의 행위로 말미암아'를 줄인 말이다. 그리스도는 그가 처음 창조의 중보자였던 것처럼 새 창조의 중보자로서 간주된다(참조. 골 1:16)"(*Ephesians*, WBC 42 [Nashville: Nelson, 1990], 114).

8   Lincoln이 요약한 학자들 간의 합의를 보라(ibid., 115).

"너희 안에서 착한 일을 시작하신 이가 그리스도 예수의 날까지 이루실 줄을 우리는 확신하노라".[9]

젠더와 관련하여 바울의 창조 신학과 종말론의 관련성은 바울이 인류의 최종 운명에 남성과 여성을 완전하게 그리고 명백하게 포함한다는 점에 있다. 갈라디아서 3:26-4:1에서 이 운명은 그리스도 안에서 하나님의 자녀이자 동등한 상속자로서 통치와 권위에 대해 하나가 될 것이다. "너희가 다 믿음으로 말미암아 그리스도 예수 안에서 하나님의 아들이 되었으니, 누구든지 그리스도와 합하기 위하여 세례를 받은 자는 그리스도로 옷 입었느니라. 너희는 유대인이나 헬라인이나 종이나 자유인이나 남자나 여자나 다 그리스도 예수 안에서 하나이니라. 너희가 그리스도의 것이면 곧 아브라함의 자손이요 약속대로 유업을 이을 자니라."

바울에 따르면 인간의 운명에서 젠더, 인종, 혹은 지위에 근거한 차별은 없다. 이방인과 노예뿐만 아니라 여성도 권위와 통치의 운명을 함께 가지고 있다. 만일 이것이 세상의 기초에서 하나님의 목적, 아담과 하와의 창조, 그리고 그리스도 안에서의 새로운 피조물에 부합하는 것이라면, 여성은 남성에게 종속되기 위해 창조된 것일 수 없다.[10] 다시 말하면, 여성은 창조 때 의도된 목적이나 기능이 아닌 최종 운명을 가질 수 없다. 오히려 남성과 여성이 지배권을 공유하는 것이 초월적 규범이다. 여성에게 있어 권

----

9   Middleton은 이렇게 요약한다. "따라서 부활에 대한 소망은 우리가 현재 경험하는 고난에도 불구하고 인간의 삶에 대한 하나님의 원래 목적이 궁극적으로 열매를 맺을 것이라는 기대를 신자들에게 불어넣을 수 있다"(*New Heaven*, 30).

10   어떤 이들은 창 2:18의 "돕는 배필"이라는 단어가 바울이 말한 여성의 종속을 뒷받침한다고 단순하게 주장한다. 그러나 히브리 성서와 70인역에서 창 2:18의 "돕는 배필"(עֵזֶר, βονθός)의 의미론적 범주는 더 우월한 조력자, 특히 조력자로서의 하나님의 의미를 포함하기 때문에 종속을 나타낼 수 없다. "돕는 배필"에 대한 강조는 영어 단어의 의미를 히브리어나 그리스어와 같은 것으로 간주하여 순환 논법에서의 차이를 오용한다.

위와 통치의 상실은 창세기 3:16에서 타락의 결과인데, 이는 남성 노예와 같이 그동안 예속되었던 많은 남성의 권위와 통치의 상실을 포함하여 인간관계에서 권력의 전반적인 붕괴와 부패를 상징한다. 바울은 옥중 서신과 목회 서신에서 "아담의 우선순위"[11]를 지지하기보다는 오늘날 중동에서 필요한 선교 전략과 비슷하게 복음을 전하기 위한 전략으로서 전체 교회가 그리스-로마 세계의 타락한 사회 구조에 대해 선교적·자기희생적 적용을 채택해야 한다고 주장한다.[12] 이런 본문에 기반하여 여성의 일방적인 종속을 초월적 규범으로 주장하는 것은 바울 전집의 일부분에 대한 위명 이론을 지지하는 것인데, 이 이론은 알려지지 않은 작가가 바울 초기의 급진적인 가르침을 교정하여 그리스-로마의 젠더 고정관념을 조장하려 했다고 추정한다.[13] 이것은 바울 전집에 걸쳐 명백하게 나타나듯이 바울은 하나님께서 남성뿐만 아니라 여성도 자신의 운명을 완성하고 타락을 전복시키도록 적극적으로 인도하고 계신다고 믿었기 때문이다.[14]

---

11   따라서 Schreiner는 아담의 우선순위가 바울이 "여자가 남자를 가르치고 권위를 행사하지 못하게 한 것"의 근거라고 주장한다(*Paul*, 408).

12   예. 딛 2:1-9의 가정 규례에서 선교적 동기를 주목하라. 남성, 여성, 노예의 사회적 행위는 문화에 따라 적절한 것이어야 한다. 그렇게 해야 하나님의 말씀이 비난받지 않고, 그 문화의 사람들이 그리스도인들에 대해 나쁜 말을 전혀 하지 않으며, 기독교의 가르침을 매력적인 것으로 만들게 된다.

13   이것은 Robin Scrogg, "Paul and the Eschatological Woman," *JAAR* 40 (1972): 283에서 제시된 가정이다.

14   그러나 바울은 기독교 공동체에서 젠더 이슈와 관련된 종말론 및 권위의 본질에 대한 잘못된 가르침에 맞서 싸웠을 수 있다. Philip Towner는 "과대 실현된 종말론"이라는 용어를 사용하여 부정확한 종말론에 기초한 잘못된 가르침과 관습을 언급한다(*The Goal of Our Instruction: The Structure of Theology and Ethics in the Pastoral Epistles*, JSNTSup 34 [Sheffield: JSOT Press, 1989], 95-124). 이 용어는 Schreiner가 사용하는 방식으로(*Paul*, 412) 교회에서 새로운 시대의 특징을 실현하는 것에 대한 바울의 저항과 혼동되어서는 안 된다. Towner는 딤전 6:20-21과 딤후 2:15-18을 연결하고 이 연결에 기초하여, 부활이 이미 일어났다고 주장하는 이단이 "공동체의 사회적 균형"을 어지럽히고 여성들 사이에서 해방을 원하는

5.3 종말론, 부활, 그리고 그리스도의 나타나심

예수가 남성이었기 때문에 제사장이나 목회자 등의 교회 직무에서 오직
남성만이 그리스도를 나타낼 수 있다는 것이 역사적 기독교의 전통적인
입장이었다.[15] 그러나 바울은 그리스도의 부활에서 이런 가정과 관련 있는
심오한 종말론적 중요성을 발견했다.[16] 그는 그리스도의 문자적인 육체적/
신체적 부활에 대한 믿음이 신자의 믿음에 필수적이라고 주장했다.[17] 그는
고린도전서 15장에서 그리스도께서 살아나셨다는 것과 신자들이 죽음으
로부터의 부활을 기대해야 한다는 것을 입증하기 위해 고린도 사람들에게
폭넓은 주장을 한다.[18] 바울에게 부활은 신자의 희망을 위한 기초다. 생명

경향을 만들어냈다고 주장한다(*Goal of Our Instruction*, 38). 그러나 딤전 2:9-15에서 여성
에 대한 바울의 구체적인 교정은 부활에 대한 믿음보다는 창조 내러티브에 초점을 맞추고
있다.

15 제사장직과 목회직으로 그리스도를 나타내는 것이 남성에게만 국한된다는 명백한 성서적
근거는 없다. 이는 추정에 불과하지만, 모든 형태의 사역에서 여성을 반대하는 가장 보편적
인 가정 중 하나다.

16 James Dunn의 말처럼, 바울의 종말론은 미래를 계획하는 것이 아니었다. 그것은 그리스도
의 부활과 성령의 은사 및 임재를 향해 과거를 회상하는 것이었다.

> **바울의 복음은 그가 무엇이 일어날 것을 여전히 바랬기 때문이 아니라 이미 일어난 일
> 을 믿었기 때문에 종말론적인 것이었다.** 이미 일어난 일(부활절과 오순절)은 이미 종말
> 의 특성을 가졌고 종말이 어떠할지를 보여주었다. 또한 그것은 "종말론적"인 것으로서
> 중간기의 특징이 **재림**에만 의존하지 않았으며, **재림**의 임박성이나 지연에 대해서도 어
> 느 정도까지는 의존하지 않았다는 것을 의미한다. 중요한 것은 "내세의 능력"(히 6:5)
> 이 삶과 공동체를 이미 만들고 있었으며, 적절한 때에 우주도 형성하고 있었다는 사실
> 이었다(*Theology of Paul*, 465-66, 강조는 원저자의 것임).

17 Middleton은 이렇게 말한다. "신약성서는 그리스도께서 사망으로부터 육체적으로 살아나
셨다는 것뿐만 아니라 그리스도의 죽음을 (회개와 믿음으로) 공유하는 모든 이들도 그분의
부활과 새 생명을 공유할 것을 분명하게 가르친다"(*New Heaven*, 2). 이것은 바울에게 특히
적용된다.

18 이 논의는 신약성서의 나머지 부분에서는 찾을 수 없는 내용이다. Howard Marshall이 주장
하듯이, 그것은 "신약성서에서 그리스도인 신자의 부활에 관해 가장 많은 지지를 받는 논의

을 세상으로 인도하는 것과 사망의 권세를 정복하는 것이 첫 번째 단계다 (고전 15:20, 22-23). 그리스도는 처음 난 자요, 부활 추수의 첫 열매다. 바울 은 그리스도께서 다시 돌아오시고 죽은 자들이 살아날 때까지 그가 다스 리실 것이라고 예언한다(고전 15:23-25, 28; 엡 1:20-22). 예수는 약함 가운데 서 십자가에 못 박히셨지만, 그의 부활은 그가 지금 권능 가운데 살아 계심 을 의미한다(고후 13:4).

신자가 예수 그리스도의 부활을 공유한다는 바울의 강조는 신자가 그 분의 생명, 동일한 영광스러운 몸, 그의 기업, 그의 권능을 공유할 것이라 는 의미다(롬 8:10, 23; 고전 15:35-49; 고후 4:16-17; 5:1-4). 그리스도께서 두 번째 나타나실 때(롬 8:29), 모든 신자는 육체적으로 부활할 것이고(고전 15:4-8, 12-19) 하나님의 아들의 형상과 같게 될 것이다. 즉 신자의 몸이 그 리스도의 영광스러운 몸처럼 될 것이다(빌 3:21).[19] 몸이 "영적"이라는 사실 은 형태를 가진 실체라는 의미가 아니라 썩지 않는 영원한 것이라는 의미 다. 지금 우리는 썩어질 육체 안에서 고통받지만(고후 5:1-5), 하나님의 자 녀들이 드러날 때 그들은 모든 피조물의 해방에 반영될 자유와 영광으로 해방될 것이다(롬 8:19-21).

젠더와 관련하여 예수의 부활 및 종말론에 대한 바울 신학과 그리스 도의 나타나심 간의 관련성은 그리스도 안에서 부활한 남성과 여성이 그 리스도의 운명을 동등하게 공유한다는 것이다. 남성과 여성의 부활한 육체

다"(*New Testament Theology: Many Witnesses, One Gospel* [Downers Grove, IL: InterVarsity, 2004], 164).

19 바울은 우리가 무엇이 될지는 모르지만 썩어질 것과 불명예 및 썩어질 연약함으로 씨 뿌려 진 것에서 변화되어 영광과 권능 안에서 영적인 몸으로 일어날 것이라고 말씀하는 요일 3:2 에 동의하면서, 중요한 변화가 있을 것이라고 주장한다(고전 15:35-49). 롬 8:30에서 그 과 정은 영화 혹은 예수의 영광을 공유하는 것으로서 묘사된다(참조. 살후 2:14).

는 그의 생명, **동일하게 영광스러운 몸**, 동일한 기업, 동일한 권능을 동등하게 공유한다. 예수의 사역은 창조의 목적을 성취한다. 하나님께서 인류를 남성과 여성으로 창조하셨기 때문에, 우리는 예수의 부활한 육체가 남성이 아니라고 가정해서는 안 되는 것과 마찬가지로 부활한 상태에서 남성과 여성이 더 이상 존재하지 않을 것이라고 가정해서는 안 된다. 요점은 바울이 남성과 여성은 젠더와 관계없이 **그리스도와 똑같은 부활한 몸**을 동등하게 공유한다고 믿는다는 것이다.[20] 남성 신자가 그리스도의 부활한 몸을 공유한다는 것은 남성 생식기의 상태에 중대한 차이가 있는 것과 상관없이 확증됨을 주목하라. 이방인이나 내시는 그리스도와 똑같은 형태의 생식기를 가지고 있지 않았다. 유대인 그리스도인들은 할례를 받지 않은 남성이나 내시가 성육신하신 예수의 남성성을 나타낸다는 사실을 받아들이는 것이 매우 힘들었을 것이다. 대부분의 유대인들은 여성이 신체적인 개조 없이 하나님의 백성에 포함될 수 있다고 믿으면서도, 할례를 받지 않은 남성이 포함될 수 있다고는 믿지 않았다. 바울에 의하면, 그리스도의 몸과 새로운 생명에서 우리의 일치와 공유는 창조, 교회 시대, 혹은 부활에서 젠더 혹은 우리 생식기의 상태와 본질적으로 연결되어 있지 않다. 우리가 교회 의식이나 리더십에서 부활하신 그리스도를 나타내는 것은 우리의 유한한 육체의 현재 상태와 성서적으로 연결되지 않는다. 우리의 몸은 아직 아무것도 그분의 것과 같지 않지만, 모든 신자는 그분처럼 되는 것에 대한 같은 희망을 공유한다. 우리가 그리스도를 나타내는 것은 그분에 대한 우

---

20 남성과 여성의 차이에 대해서, 창세기 기사는 남성과 여성이 한 몸, 하나의 같은 뼈와 살이라는 사실을 강조한다. 바울은 엡 5:25-32에서 남성과 여성(남편과 아내)의 이런 공동 정체성을 바탕으로 그리스도와 교회를 한 육체의 관계로 묘사한다. 우리는 모두 그의 몸의 구성원이며, 따라서 그분과 한 육체다.

리의 소망에 근거하며, 우리는 남성이든 여성이든, 할례를 받았든 받지 않았든, 그분과 같이 될 것이라는 같은 희망을 공유한다. 바울의 종말론적 성취에는 남성에 대한 우선순위나 특권이 없으며, 젠더 관계에서 장자 상속권에 대한 아무런 단서도 없다. 하지만 놀라지 말아야 할 것이 있다. 즉 바울은 이스라엘의 장자의 신분을 상대화하고(출 4:22) 이방인들이 차별 없이 하나님의 백성으로 접붙임을 받았다고 주장한다는 사실이다(롬 9-11장; 갈 3:28). 예수는 창조 전부터 유일한 장자이시며, 부활 추수의 첫 열매시다.[21]

5.4 종말론과 인류의 운명

바울은 신자가 그리스도를 믿음으로 하나님의 자녀로 입양된다고 말한다(갈 3:26). 그는 로마서 8:14-21에서 하나님의 자녀로서 우리의 기대에 대한 논의를 확대한다. 우리의 입양은 모든 신자가 하나님의 상속자이며, 그리스도와 공동 상속자임을 의미한다(롬 8:17; 갈 4:7). 우리의 입양은 그리스도께서 나타나실 때 "우리 몸의 속량"과 함께 부활로 완료된다(롬 8:19, 23). 그 시점에 하나님의 자녀는 자유와 영광으로 옮겨질 것이며, 피조물은 부패에의 속박으로부터 풀려날 것이다(롬 8:21; 골 3:4). 영광의 회복은 창조에서의 인류의 상태, 즉 하나님의 형상의 위엄과 권능을 완전히 회복하는

---

21 바울은 그리스도의 장자 신분에 해당하는 언어 범주를 자유롭게 사용하지만, 똑같은 장자 언어 범주가 아담의 창조를 언급하는 바울의 언어에 사용된다고 말하는 것은 부정확하다. James B. Hurley, *Man and Woman in Biblical Perspective* (Grand Rapids: Zondervan, 1981), 207과 반대되는 의견이다.

것을 의미하고, "영광"은 인류의 최종 운명을 나타낸다.[22] 우리는 세상(롬 4:13)과 하나님의 나라(고전 6:9; 15:50)를 상속받을 것이다.[23] 이 약속된 상속에는 그리스도와 함께 다스리는 것이 포함되는데(롬 5:17; 딤후 2:12), 이는 "통치", "심판", "보좌", "왕관"을 포함하는 초기 교회의 종말론적 언어에서 왕의 권위를 나타내는 언어와 상징으로 표현된다. 빌립보서 2:9-11에서 섬김의 정신과 고통으로 시작하여 부활, 영광, 통치로 절정에 이르는 예수의 태도와 경험은 신자를 위한 모범이다. 신자가 그리스도와 동일시되고 그의 미래를 공유하는 것은 그가 인류를 대신하여 율법과 피조물의 의무를 모두 성취한 것에 부합한다. 그는 우리 중 하나가 되셨기 때문에 우리는 모습은 물론 기능 면에서도 그와 같이 될 수 있었다.

요약하면, 인간 운명에 대한 바울의 종말론과 창조의 목적 간에는 본질적인 연결점이 있다. 인류는 하나님의 형상으로 창조되었고, 그의 피조물에 대해 권력과 권위를 행사하도록 창조되었으며, 이는 그리스도 안에서 우리의 운명, 즉 그가 우리와 공유하는 운명과 본질적으로 연결되어 있다.[24] 바울은 어떤 신자도 인종, 지위, 젠더를 포함하여 인간 사이의 본질적인 차이나 구분 때문에 그 미래에서 금지되지 않는다는 점을 분명히 한다. 그리스도 안에서 모든 사람이 이 기업의 상속자로서 이 미래를 향해 나아

---

22 R. B. Gaffin Jr., "Glory, Glorification," *DPL*, 348-50을 보라.

23 바울은 세상과 하나님 나라의 상속을 지나가는 말로 언급한다. 즉 우리는 아브라함이 세상의 상속자였다는 그 약속을 이어받는다. 비록 부도덕하고 혈과 육에 속한 자들은 그 나라를 상속받지 못할지라도, 신자는 그 나라를 상속받을 것이다. 이것은 아마도 상속의 본질에 대한 정보가 복음의 구전 전승을 통해 공유되었음을 나타낼 것이다(예. 마 5:3, 5, 10; 19:14; 25:34; 눅 6:20).

24 어떤 이들은 고전 11:7을 바울이 여성은 하나님의 형상으로 창조되지 않았거나, 하나님의 형상이 여성을 위해 파생된다고 믿었음을 보여주는 것으로서 받아들인다. 이것은 3.1 단락에서 반박된다.

가고 있는데, 이는 창조에서의 하나님의 뜻과 목적의 성취다. 따라서 창조 때 인간의 운명이었던 권력과 권위가 남성뿐만 아니라 여성에게도 본래의 목적인 이유는 그것이 그들의 종말론적 운명이기 때문이다. 이것은 남성과 여성이 모두 하나님의 형상으로 분명히 창조되었고, 하나님이 그들 모두에게 복을 주셨으며, 그들 모두에게 통치권을 주셨다고 선언하는 창세기 1:27-28에 부합한다.[25] 그리스도 안에서 남성 우선주의와 특권에 대한 모든 사건이나 주장은 이 초월적인 규범 앞에서 사라진다. 오히려 남성 우선주의는 타락의 결과인데, 이는 창세기 3:16에서 여성에 대한 타락의 결과를 단순하게 이해한 것이다. "남편은 너를 다스릴 것이니라." 그러나 그리스도 안에서 이 결과는 극복된다. 인류(두 젠더 모두)가 지배하는 종말론적 미래에 대한 적절한 이해의 결과는 여성이 인간이라는 것과 여성이 그리스도 안에서 하나님의 종말론적 목표에 부합하는 지배권을 행사하도록 창조되었다는 이해를 위태롭게 하는 젠더에 대한 신학적 제안을 거부하는 것이어야 한다. 만약 바울이 실제로 여성의 합법적인 권위 행사를 금지한 것이라면, 그것은 초월적 규범이 될 수 없다.[26] 바울에 따르면, 그리스도 안에 있는 여성의 종말론적 미래는 천사와 열방(남성 포함)에 대한 권력과 권

---

25   Schreiner의 다음 의견과 반대되는 주장이다. "하나님께서 아담을 창조하셨을 때, 그는 하나님을 위해 세상을 다스리고 하나님의 주권 아래 피조물을 복속시키도록 부름을 받았다.…그리스도는 아담이 한 일을 되돌리셨고, 세상을 다스리라는 아담에 대한 약속은 그리스도의 사역을 통해 회복되기 시작했다. 그리스도 안에 있는 사람들은 그리스도와 연합하여 그 통치에 동참한다"(*Romans*, BECNT [Grand Rapids: Baker, 1998], 267). Schreienr는 남성형 단수를 잘못 사용하여 "그"(아담)가 세상을 통치하도록 부름 받았다는 것을 그에게만 통치의 약속이 주어진 것으로 적용한다. 창 1:27-28에서 하나님은 분명히 남성만이 아니라 남성과 여성, "그들에게" 통치권을 위임하신다.

26   딤전 2:12의 αὐθεντεῖν을 목회적 돌봄에 부합하는 여성의 합법적인 권위 행사를 금지하는 것으로서 해석하거나 이해하는 것은 제8장에서 반박될 것이다.

위의 행사라는 인류의 운명과 동일하다.

5.5 종말론과 기독교 공동체에서의 삶

우리의 운명과 현재의 책임, 그리고 우리의 현재 존재가 구성되는 전체적인 방식 사이에는 일관성이 있다. L. J. 크레이처(L. J. Kreitzer)가 주장하듯이, "바울의 사상에서 '현재적'인 것과 '종말론적'인 것은 서로 역동적으로 연결되어 있기 때문에, 양자를 대조하려는 모든 시도는 그의 입장을 잘못 대변하게 된다."[27] 바울에 의하면, 신자는 자신의 종말론적 지위에 따라 서로를 이해해야 한다. 신자는 하나님 나라의 기준에 맞는 윤리적 실천을 해야 한다. 그리스도인의 삶과 공동체의 모든 다양한 차원에서 성령의 임재는 바로 미래의 임재다. 이 모든 요소는 기독교 공동체의 젠더 관계에서 본질적인 존재론적 차이로 이어진다. 그러나 바울은 이방인 선교를 위해 개인적 지위와 권리를 기꺼이 희생한다. 신자는 사람들을 그리스도께 인도하기 위해 두 개의 구분된 세계를 항해하는 과정에서 문화에 적응해야 한다.

5.5.1 기독교 공동체에서의 종말론적 지위

바울에 따르면 신자의 종말론적 지위는 현재의 그들에게 자유를 준다. "세상"(그리스-로마 문화)에서 사회적 지위가 무엇이든 간에, 신자는 기독교 공동체에서 그리스도 안에서의 자신의 지위를 타협하는 종의 멍에에 굴복해

---

27   Kreitzer, "Eschatology," *DPL*, 254.

서는 안 된다. 그리스도의 몸에서 약하고 어리석으며 비천하고 멸시받는 신자들의 지위와 기능은 그들의 지혜와 힘이 하나님으로부터 나온다는 것을 보여준다. 낮은 지위의 사람들에 대한 하나님의 선택은 그들이 그 구조에 남아 있는 동안 그리스-로마 문화의 가치와 권력 구조를 무효화시킨다.

　　종말론적인 변화는 이미 일어나고 있으며, 신자의 현재 경험을 형성한다.[28] 바울의 우선적인 과제는 하나님의 풍성하심을 이방인에게 가져가는 것이었지만, 그는 동일한 유익이 여성과 노예에게도 주어진다는 점을 분명히 한다. 바울에 의하면, 하나님은 우리를 살아 있게 하셨고, 기르셨으며, 하늘 보좌에 이미 우리와 함께 앉아 계신다(엡 2:4-6). 현재 경험의 측면에서 신자는 하나님 나라의 시민이자 그분의 가족 구성원이다. 하나님은 장벽을 허물고 인종, 사회, 혹은 젠더 계열에 따라 나누어진 단체들을 화해시킴으로써 하나의 인류를 창조하고 계신다(엡 2:15-16). 바울의 목표는 다음과 같다.

> 영원부터 만물을 창조하신 하나님 속에 감추어졌던 비밀의 경륜이 어떠한 것을 드러내게 하려 하심이라. 이는 이제 교회로 말미암아 하늘에 있는 통치자들과 권세들에게 하나님의 각종 지혜를 알게 하려 하심이니, 곧 영원부터 우리 주 그리스도 예수 안에서 예정하신 뜻대로 하신 것이라. 우리가 그 안에서 그를 믿음으로 말미암아 담대함과 확신을 가지고 하나님께 나아감을 얻느니라(엡 3:9-12).

28　바울 신학에서 경험의 역할에 대한 더 자세한 논의는 Cynthia Long Westfall, "Paul's Experience and a Pauline Theology of the Spirit," in *Defining Issues in Pentecostalism: Classical and Emergent*, ed. Steven M. Studebaker, MTSS 1 (Hamilton, ON: McMaster Divinity Press, 2008), 123-43을 보라.

바울은 결과적으로 이방인이 이제는 그들을 위해 심지어 그 이상의 것을 하실 수 있는 하나님으로부터 받을 수 있는 온전한 권능, 이해, 지혜를 갖게 되기를 기도한다(엡 3:13-21). 갈라디아서에서 바울은 교회 공동체에서 이방인들의 평등하고 온전한 참여를 위태롭게 하거나 제한하는 모든 가르침에 대항하여 싸우면서, 갈라디아서 3:28에서는 온전한 참여를 여성과 노예에게까지 확장한다.[29] 이방인, 여성, 노예는 하나님의 자녀이자 구원 역사 및 교회 공동체의 상속자로서 그들의 기능에서 자유롭게 되며(갈 3:22-29), 이에 따라 이방인과 정확히 같은 방식으로 그들의 지위를 위태롭게 하는 추가적인 의무, 제약, 통제로 구성되는 종의 멍에에 복종하지 말아야 한다(갈 5:1).

신자의 삶은 다른 차원으로 옮겨지는데, 바울은 이것이 모든 신자에 대한 기독교 공동체의 평가를 변화시킨다고 주장한다. 우리는 서로를 새로운 피조물의 일부로 이해해야 한다. 우리의 정체성은 문화적 기준에 기초하지 않는다. 바울은 고린도후서 5:16-17에서 이렇게 말한다. "그러므로 우리가 이제부터는 어떤 사람도 육신을 따라 알지 아니하노라. 비록 우리가 그리스도도 육신을 따라 알았으나 이제부터는 그같이 알지 아니하노라. 그런즉 누구든지 그리스도 안에 있으면 새로운 피조물이라. 이전 것은 지나갔으니 보라, 새 것이 되었도다!" 바울에 따르면, 교회는 일반적으로 지혜로운 사람들, 율법 교사, 세대의 철학자들, 영향력 있는 사람들이나 지체 높은 사람들을 모아들이지 않는다(고전 1:20, 26). 하지만 그리스도 안에서 모든 신자는 지혜, 가르침, 이해, 영향력, 권능, 영적 지위를 받는다. 그러나 그들은 그것을 예수 안에서만 갖게 되며, 따라서 신자가 자랑할 수 있는

---

29   갈 3:28에 대한 더 자세한 설명은 5.7 단락을 보라.

유일한 것은 주님뿐이다(고전 1:31). 하나님께서 어리석은 자, 약한 자, 비천한 자, 멸시받는 자들을 택하신 것은 "있는 것들을 폐하여" 하나님 앞에서 아무도 자랑할 수 없게 하기 위함이다(고전 1:27-28). 그러므로 교회 안에는 그리스-로마 문화의 사회적 권력 구조에 대한 메시지를 제시하는 진정한 사회적 반전이 있어야 했다. 물론 여성, 어린이, 노예는 어리석은 자, 약한 자, 비천한 자, 멸시받는 자의 전형이었고, 따라서 그들은 문화의 사회적·정치적 권력 구조를 무효화시킨 하나님의 선택을 대표했을 것이다.

따라서 바울이 고린도전서 1:20-31에서 분명히 밝히듯이, 교회 공동체에서 신자의 지위는 그들의 사회에서의 지위와 확연히 달랐다. "있는 것들을" 무효화시키는 것은 현재적이며 종말론적인 효과가 모두 있다. 바울에 의하면 지금 하나님께서 약한 자와 어리석은 자들을 그분의 백성이 되도록 선택하신 것은 강하고 지혜로운 자들을 부끄럽게 하는 것이다(고전 1:27). 하나님께서 비천하고 멸시받는 자들을 선택하신 것은 "있는 것들"을 무효화시키는 바로 그 일이다(고전 1:28). 세상의 지혜와 권위는 현재 사라져가고 있기 때문에(고전 2:6), 바울에게 종말론적 정점은 어떤 의미에서 사회의 권위와 권력 구조를 우회하는 교회를 통해 현재 진행 중인 과정의 절정이다. 그중에서도 여성, 어린이, 노예가 교회 공동체의 기능에 온전히 참여하는 것은 하나님께서 문화의 사회적 권력 구조 안에서 특권 의식을 가진 사람들을 부끄럽게 하시고 폐하시는 것을 전형적으로 보여준다.

5.5.2 기독교 공동체에서의 종말론적 윤리

바울에 의하면 우리는 미래의 그림자 속을 걷는다. 우리가 행하는 일은 우리의 미래를 반영해야 한다. 즉 신자의 미래는 지금 당장이라도 자신의 선택과 행동, 그리고 기능에 반영되어야 한다. 바울에게 있어서 윤리, 거룩함, 그리고 거룩한 행동은 종말론적인 기독교 공동체의 필수적인 부분이다. 우리의 미래에 대한 소망이 우리의 오늘의 현실을 정의한다. 신자의 특성과 상태는 세상의 다른 이들과 분명한 대조를 이루게 되어 있다. 신자의 윤리와 행위는 하나님 나라를 물려받을 상속자에게 어울리는 것이어야 한다. 더욱이 신자는 선한 판단을 내리는 방법을 확실하게 배우고 교사가 됨으로써 미래의 책임을 지금 실천할 의무가 있다. 이에 더하여 하나님은 모든 신자가 특정한 방식으로 교회를 세우게 하시고, 각 신자는 하나님의 목표를 달성하는 데 영적 은사, 능력, 장점, 특권을 얼마나 잘, 혹은 얼마나 잘못 사용했는지에 대한 심판을 받게 될 것이다. 종말론적 윤리는 우리가 젠더를 이해하는 데 지대한 영향을 끼친다.

앤드루 링컨(Andrew Lincoln)은 "그[하나님]가 만드신 바"가 새로운 피조물과 "그리스도 예수 안에서 선한 일을 위하여 지으심을 받은 자"를 가리킨다고 말한다(엡 2:10). 이것은 "실질적으로 윤리적인 행동을 포함한 신자의 전체 삶이 하나님의 목적의 일부분으로 여겨진다"는 것을 의미한다.[30] 이와 비슷하게 그리스도의 부활과 승천의 결과로서, 바울은 신자들에게 "위의 것을 생각하고 땅의 것을 생각하지 말라. 이는 너희가 죽었고 너희 생명이 그리스도와 함께 하나님 안에 감추어졌음이라"라고 말한다(골 3:2-3). 신자의 현실, 우선순위, 행위는 부활하신 그리스도와의 종말론적 동질성에 의해 다시 구성된다. 이 단락은 "우리 생명이신 그리스도께서 나타나실 그때에 너희도 그와 함께 영광 중에 나타나리라"로 마무리된다(골 3:4). 지금 감추어진 것은 미래에 드러나겠지만, 이런 종말론적 동일시는 신자의

---

30   Lincoln, *Ephesians*, 115.

현재 삶의 중심이다.

바울은 신자의 삶이 "책망할 것이 없고 순전"하며 "흠 없는" 것이기를 원한다. 이것은 단순한 법정적 칭의가 아니다. 하나님의 자녀는 "어그러지고 거스르는 세대 가운데서" 그것과 정반대의 삶을 살아야 한다(빌 2:15). 흥미롭게도 이것은 빌립보서 2:5-11에 묘사된 그리스도의 섬김의 정신과 고난, 그리고 결과적인 우주적 통치의 승귀에 대한 최고의 모델로서의 결과다. 2:15에서 "세상에서 그들 가운데 빛들로" 빛나는 "하나님의 자녀"의 이미지는 흠잡을 데 없고 순수한 특성을 개발하는 것과 자신의 새로운 종말론적 지위의 위엄을 드러내는 상태를 반영하는 것을 묘사한다.[31]

신자들은 거룩해지라는 요청을 받았고(고전 1:2), 말, 지식, 고백, 영적 은사의 목적(ἕως τέλους)은 예수가 돌아와서 그들이 그를 영접할 때 흠잡을 것이 없게 하려 함이다(고전 1:4-9; 참조. 살전 3:12-13). 바울에 따르면, 윤리적 실천/거룩함은 나라의 상속자로서 신자의 현재 신분 및 상속에 대한 미래적인 기대와 직접적으로 관련된다. 이 주장은 특히 고린도전서 5:1-6:20에서 성 윤리에 대한 바울의 논의를 통해 잘 발전된다. 하워드 마셜에 의하면, 바울의 요점 중 하나는 성적 부정이라는 "명백한" 죄에 참여하는 사람은 하나님 나라를 상속받지 못한다는 사실이다(고전 6:9).[32] 게다가 우리의 몸이 죽음으로부터 부활할 것이라는 사실은 성적 순수성에 대한 바울의 주장에서 핵심적인 부분이다(고전 6:14). 같은 문맥에서 바울은 탐욕

---

31 Gordon Fee가 말하듯이, 바울은 "이제 다니엘의 마지막 묵시적 환상을 통해(단 12:1-4) 빌립보의 이교 속에서 그들의 역할을 묘사한다.···그들의 종말론적 미래로의 전환을 그가 그렇게 쉽게 할 수 있게 만드는 것은 아마도 다니엘서 본문의 종말론적 맥락일 것이다. 하지만 그 전에 그는 여전히 '이미'에 대해 관심이 있다"(*Paul's Letter to the Philippians*, NICNT [Grand Rapids: Eerdmans, 1995], 246-47).

32 Marshall, *New Testament Theology*, 256을 보라.

과 속이는 죄를 짓는 사람은 하나님의 나라를 상속받지 못한다고 말한다 (고전 6:10). 사람은 복음을 선포하면서도 자제력 부족으로 자격을 박탈당할 수 있다(고전 9:24-27). 세상과 기독교 공동체에서 신자의 행동은 그 나라를 상속받을 하나님의 사람들에게 어울리면서 적합한 기준에 따라 평가되어야 한다.

더욱이 신자는 미래에 자신에게 기대될 것을 기반으로 현재의 의무를 감당하게 되므로 영적인 근육을 키워야 한다(고전 6:1-6). 성 윤리에 대한 긴 논의 중에 바울은 신자 간의 소송을 금지한다. 신자들이 법정에서 서로를 고소하기보다 교회가 지혜로운 신자를 찾아 그 사람이 심판관 역할을 하도록 해야 한다. 공동체의 누군가가 그 일을 할 수 있어야 한다. 왜냐하면 모두가 천사를 심판할 운명이기 때문이다. 이것과 비슷한 전제가 히브리서 5:12-14에도 나온다. "때가 오래되었으므로 너희가 마땅히 선생이 되었을 터인데 너희가 다시 하나님의 말씀의 초보에 대하여 누구에게서 가르침을 받아야 할 처지이니 단단한 음식은 못 먹고 젖이나 먹어야 할 자가 되었도다. 이는 젖을 먹는 자마다 어린아이니, 의의 말씀을 경험하지 못한 자요, 단단한 음식은 장성한 자의 것이니, 그들은 지각을 사용함으로 연단을 받아 선악을 분별하는 자들이니라."

신자는 믿음이 자라 교사가 될 것으로 기대된다. 이런 성장은 윤리적 경험과 직결된다. 즉 모든 신자는 윤리적 결정을 할 수 있는 능력을 훈련하고 발전시킬 의무가 있는데, 이는 단지 개인적인 발전과 경건만을 위함이 아니라 전체 교회 공동체의 자원이 되기 위함이다.

끝으로 신자는 하나님께서 그를 창조하셔서 수행하게 하신 일을 실패한 데 대해 책임을 지게 될 것이다. 신자가 지금 하는 일의 특질과 영원한 가치는 미래 심판에서 결정될 것이고, 가치 없는 것은 불태워질 것이다(고전 3:10-15). 바울은 이런 종말론적 선언을 자신의 부르심, 사역, 책임을 설명하는 맥락에서 제시한다. 그는 매우 논란이 많은 하나님의 부르심을 체험했다. 즉 이방인을 위한 사도로서 그는 교회를 세워야 한다는 무거운 책임을 느꼈다. 하지만 바울은 그 자신의 부르심과 사역을 교회를 세우는 데 몫을 감당하는 다른 일꾼들과 동등한 것으로서 상대화했다. "그런즉 아볼로는 무엇이며 바울은 무엇이냐? 그들은 주께서 각각 주신 대로[ἑκάστῳ ὡς ὁ κύριος ἔδωκεν] 너희로 하여금 믿게 한 사역자들이니라"(고전 3:5). 이것은 공동의 유익을 위해 놓인 기초 위에 세우도록 각 신자에게 주신 영적 은사 혹은 책임을 표현한 바울의 언어다.

각 사람에게 성령을 나타내심은 유익하게 하려 하심이라(고전 12:7; 참조. 12:8, 24; 14:7-9).

내게 주신 하나님의 은혜를 따라 내가 지혜로운 건축자와 같이 터를 닦아 두매 다른 이가 그 위에 세우나 그러나 각각 어떻게 그 위에 세울까를 조심할지니라(고전 3:10).

우리에게 주신 은혜대로 받은 은사가 각각 다르니(롬 12:6; 참조. 12:3).

이런 책임은 한 사람이 받는 은혜에 따라, 그 사람의 믿음의 분량대로, 성령의 의지에 따라 주어지는 것이지, 젠더에 따라 주어지는 것이 아니다. 핵심은 신자의 지위/부르심이다. 위의 구절들에 따르면, 신자의 지위/부르심은 다른 사람들을 통해 중재되지 않는다. 오히려 체험에 의해 우선 결정된다. 고린도전서 3:5-15과 고린도전서 12-14장이 서로를 해석할 때, 그것은 각 신자가 영적 은사를 주의 깊게 사용하여 하나님의 심판의 시험을 견딜 온전하고 온당한 결과를 만들어내라는 진지한 경고다. 하나님은 우리를 위해 준비하신 일들을 완수하라고 우리를 창조하셨다(엡 2:10). 하나님이 의도하신 것을 행하지 못하거나 거룩한 인격과 올바른 이유로 행하지 못한 신자는 누구든지 종말론적 심판 때에 엄청난 대가를 치를 것이다. 이것이 바로 마태복음 25:14-30에서 예수께서 말씀하신 달란트 비유의 핵심이다. 신자가 하나님으로부터 받은 것은 무엇이든지 하나님께 유익이 되고 그분의 목적을 성취하는 데 투자되어야 한다. 만일 그렇게 하기를 거부하면 그 결과는 참혹하다. 바울에게 가장 기본적인 투자처는 교회였지만, 많은 여성이 말하는 것이나 리더십에 연관되었기 때문에 교회에서 유용한 대부분의 은사를 사용하지 못하도록 제한받았다.

종말론적 윤리에 비추어 젠더를 이해하는 것은 전통적인 신학에 대한 중요하고 적절한 조정이 필요하다. 한편으로 그것은 남성의 야망, 경쟁, 특권에 대해 엄중하게 경고한다. 다른 한편으로 그것은 하나님의 종말론적 공동체에서 여성의 책임에 대한 전통적인 이해를 재구성한다. 여성은 기독교 공동체에서 잘못된 행동에 대한 판단을 내리고 기독교 공동체를 지도할 수 있을 만큼 충분히 지혜로워야 할 책임이 있다. 여성은 남성이 하는 것과 정확히 같은 방식과 기준으로 그리스도의 몸을 세우라는 직분을 받았다. 공동의 선을 위해 자신의 영적 은사와 능력을 사용하지 않는 여성은 그에 대한 책임을 져야 할 것이다. 교회에서 여성이 어떤 역할을 할 것인가와 관련하여 하나님이 주신 직분을 막거나 제한하는 남성은 그에 대한 책임을 져야 할 것이다. 여성에 대한 신적인 직분은 젠더 권력 투쟁에 연루된 남성이 억측하고 문맥에 상관없이 본문을 오용하여 만든 "초월적 규범"에 근거하여 배제될 수 없다. 그런 권력 투쟁은 과녁을 벗어난 것이며, 바울이 권력 투쟁에서 그리스도인 지도자들을 서로 대립시킨다고 고린도 사람들을 비판할 때 경고했던 나무, 풀, 짚과 같은 것의 기초 위에 교회를 세우는 것과 같다(고전 3:11-15).

5.5.3 종말론과 기독교 공동체에서의 성령의 임재

바울에게 있어서 성령의 은사는 신자의 삶에서 종말론적 소망의 경험과 적용일 뿐만 아니라 하나님의 존재론적 임재다.[33] 성령은 그리스도 안에서 우리에게 혹은 우리를 위해 일어난 일과, 그리스도께서 다시 오실 때 일어날 일에 대한 우리의 신학을 확인시켜주는 체험을 제공하신다. 성령은 신자에게 거룩한 사람이 되기 위해 왕국 윤리에 따라 행하며 살아갈 수 있는 능력을 주신다. 성령은 그리스도의 뜻에 따라 그분의 몸 안에서 각 사람의 직분을 결정하는 분이시다. 세례와 성령 충만은 미래의 임재이며,[34] 그의 통치는 하나님의 사람들이 다스릴 미래를 미리 보여주는 기독교 공동체에서 역할과 직분을 결정한다.

우리는 그리스도께서 행하신 일과 그분의 부활 덕분에 영생을 얻고 부활하겠지만, 우리에게 실질적으로 생명을 주시는 분은 성령이시다(롬 8:2, 10; 고전 15:45; 고후 3:6). 예수 그리스도는 부활 추수의 첫 열매이시지만, 성령은 우리가 미래에 받을 몫의 첫 열매이시다(롬 8:23). 우리는 그리

---

33 성령의 사역에 대한 바울의 종말론적 방향성에 대해서는 Westfall, "Paul's Experience," in Studebaker, *Defining Issues in Pentecostalism*, 139-41을 보라.

34 Gordon Fee에 의하면, 성령이 미래에 속한다는 사실은 신약성서의 모든 것에 대한 열쇠다(*Gospel and Spirit: Issues in New Testament Hermeneutics* [Peabody, MA: Hendrickson, 1996], 113).

스도 안에서 구원받았지만, 성령은 그 구원의 성취를 포함하여 "앞으로 올 것"의 인/보증/착수금이시다(고후 1:22; 5:5; 엡 1:14). 신자는 우리에게 부어진 성령으로부터 거듭남과 새롭게 하심의 씻음을 받는다(딛 3:5-6). 성령은 신자의 입양을 야기하고 우리가 하나님의 자녀라는 현재 우리의 영의 상태를 "증언"하신다(롬 8:15-16). 따라서 성령은 우리가 그리스도의 상속자이자 공동 상속자임을 나타내며(롬 8:17), 상속자인 우리의 기업을 보증하신다(엡 1:14). 성령은 우리 마음에 하나님의 사랑을 부으시고, 실망시키지 않는 소망을 우리에게 주시며(롬 5:5), 우리를 위해 기도하신다(롬 8:27). 성령은 우리의 윤리적 행위의 우선적인 동력이시고, 신자를 죄로부터 해방하여 미래에 사망을 정복할 것을 기대하게 하신다(롬 8:2-4). 성령에 따라 사는 것은 예수와 같이 되어서 그리스도인의 인격을 형성하는 것이다(롬 8:9-13; 갈 5:16, 22-26). 성령은 우리를 영광에서 영광으로 변화시키신다(고후 3:17-18). 성령은 그리스도가 주님이라고 하는 모든 말과 고백의 동기가 되시지만(고전 12:3), 경건하지 못한 거친 말은 성령을 근심하게 한다(엡 4:30). 성령 충만의 결과는 서로에게 그리고 하나님께 말과 노래로 넘치는 입술의 반응일 뿐만 아니라 상호 복종의 실천이다(엡 5:18-21). 상호 복종은 그리스도의 성육신을 통해 드러난 겸손한 태도를 반영하며, 그의 영광을 함께 누릴 것을 기대하게 한다(빌 2:1-11). 성령은 기독교 공동체의 공동의 선을 위해 모든 신자에게 은사의 나타남, 봉사, 사역을 주권적으로 분배하신다(고전 12:1-30).

성령은 미래의 임재다. 젠더 논의에서 성령의 의의는 체험의 중요성, 성령의 역사의 효과, 성령의 통제하에 있는 영역에 있다. 체험은 바울 신학에서 매우 중요하다.[35] 바울에게 성령은 우리가 고백하는 것의 직접적인 체험을 제공하신다. 그가 다메섹으로 가는 길에 했던 체험과 이방인의 부흥 경험은 그의 신학과 구약성서에 대한 이해를 제공하고 형성했다. 성령 체험의 의의는 젠더 논의에서 중요한 역할을 해왔다. 신자에게 주어지는 성령의 효력은 그리스도인의 인격을 계발하는 것인데, 이는 그리스도를 고백하고 공동체를 유익하게 하는 말과 노래를 쏟아내는 것으로 특징지어진다. 이런 성령의 우선적인 증거는 사도행전에 기록된 대로 회심자들이 성령을 받았을 때 일어난 예언 및 방언과도 일치한다.[36] 이것은 고린도전서 14:34 의 "여자는 교회에서 잠잠하라. 그들에게는 말하는 것을 허락함이 없나니" 라는 말씀이 바울의 가정 교회에서 집단으로서의 여성이 절대적인 침묵을 지켜야 한다는 의미라고 주장하는 여러 해석 및 이해와 모순된다. 결국 성령이 신자들에게 영적 은사를 나누어주는 것을 온전히 통제하게 되어 있다. 교회를 유익하게 하기 위해 성령이 다양한 역할로 사용하실 사람과 관련하여 성령의 일하심을 능가하고 제한하는, 인위적으로 만들어진 규칙이나 성서적 원리는 있을 수 없다.[37] 이것은 교회에서의 직분과 역할이 성령

---

35   젠더와 오순절 특성 간의 관계와 상호 작용하는 바울 신학에서 체험의 역할에 대한 확장된 논의는 Westfall, "Paul's Experience," in Studebaker, *Defining Issues in Pentecostalism*을 보라.

36   몇몇 해석가는 오순절에 오직 사도들만이 방언을 말했다고 주장하지만, 사도행전의 문맥이 가리키는 것은 그것이 신자들의 모임이었고(2:1), 여성들이 있었으며(1:14), 모든 사람이 방언을 말했고(2:1-4), 청중 가운데는 경건한 남성들(ἄνδρες εὐλαβεῖς)이 있었으며(2:5), 방언으로 말한(λαλούντων) 내용은 하나님의 놀라운 일이었고(2:11), 그것은 "너희 자녀들이 장래 일을 말할 것"이라는 욜 2:28의 예언의 성취였다는 것이다(2:17).

37   예. Wayne Grudem, "But What *Should* Women Do in a Church?," http://cbmw .org/wp-content/uploads/2013/05/1-2.pdf를 보라. 그는 83개의 사역을 나열하고 지배 권한, 가르침의 책임과 영향력, 대중의 인식과 가시성에 따라 권위 순으로 사역의 순위를 매긴다. 그다음에 그는 "많은 교회가 여성에게 적절하다고 생각하는 것과 부적절하다고 생각하는 것에 대해 어디서 '선을 그어야' 하는지를 이해하는 데 도움이 될 것"을 희망하며 가이드라인을 제시한다.

의 일하심에 의한 은사보다는 젠더 기준에 따라 결정되는 과정을 비판하는, 주권에 대한 실제적인 의문이다.

5.5.4 종말론적 공동체와 세상/사회의 관계

이방인을 위한 바울의 사역은 그리스-로마 문화 내에서 하위문화가 형성되는 데 일조했다. 이것은 자신을 이스라엘 국가의 역사와 확산의 연속으로 이해한 유대 기독교의 경우보다 이방인 선교에서 훨씬 더 명백했다. 이방인 교회의 하위문화는 그 가치와 행동 규범에 있어서 주류 그리스-로마 문화에서 벗어났고, 바울은 그 문화의 일부였던 제국주의적 신학에 완전히 반대 입장을 취했다.[38] 바울은 "세상"에 대한 신랄한 비판을 반복했고, 주류 문화를 "어둠" 속에 사는 것으로 묘사했다(고후 6:14; 엡 5:8). 그는 자신이 영적 악의 세력은 물론이고 제국의 권력 구조("어둠의 세상 주관자들")에 맞서 영적 전쟁을 수행한다고 말했다(엡 6:12). 예수 그리스도를 십자가에 못 박은 로마 제국의 신학 이면에는 종교와 국가의 구분이 없었다. 1세기 로마 제국의 기초가 되었던 사회적·종교적·정치적 시스템은 이방인 선교와 유대인 선교 모두에 대한 위협이자 공격이었다.[39] 그러나 이방인 교회의 구성원은 유대인들과는 다른 방식으로 그리스-로마 문화와 완전히 동일시

---

38 제국주의 신학에 대한 설명은 다음을 보라. Cynthia Long Westfall, "Roman Religions and the Imperial Cult," in *Lexham Bible Dictionary*, ed. John D. Barry (Bellingham, WA: Logos Bible Software, 2015).

39 이 말은 탈식민주의 성서비평의 공헌을 요약한 것이다. 탈식민주의 성서학자들은 신약성서에서 제국의 전복을 위한 전술의 그럴듯한 사례를 찾아냈다. 신약성서에서 제국에 대한 논의의 개론은 다음을 보라. Stanley E. Porter and Cynthia Long Westfall, eds., *Empire in the New Testament*, MNTSS 10 (Eugene, OR: Pickwick, 2010).

되었다.[40]

하지만 기독교 공동체의 구성원들은 로마 제국 안에 있었기 때문에 두 세상에 살고 있었다. 그들은 여러 정체성과 역할, 그리고 그들이 신중히 살아가는 데 필요한 책임을 지니고 있었는데, 이는 그들이 교회에서는 하나님 나라의 상속자들이었지만, 세상 속 사회의 기대와 요구 및 의무를 충족시켜야 했기에 그리스도 안에서 갖는 그들의 참된 지위에 부합하지 않는 행위를 종종 강요받았기 때문이다. 바울에게는 이런 기대와 요구 및 의무를 충족시켜야 하는 적어도 세 가지 이유가 있었다. 첫째, 교회 공동체가 번영하기 위해 로마 제국의 사람들 및 구조 속에서 평화롭게 사는 것이 우선적인 목표였다(딤전 2:1-3). 둘째, 생존이 목표였기에, 공동체가 그들의 칼에 의해 희생양이 되지 않기 위해서는 로마 관리 및 지방 당국의 법과 핵심적인 의무를 무시하지 않는 것이 중요했다(롬 13:1-7). 셋째, 이방인 선교의 확장이 주된 목표였기에, 바울은 더 많은 사람을 그리스도께로 인도하기 위해 개인적인 희생을 마다하지 않았다. "내가 여러 사람에게 여러 모습이 된 것은 아무쪼록 몇 사람이라도 구원하고자 함이니"(고전 9:22). 바울은 복음을 섬기고 그리스도의 본을 따르기 위해 로마 제국의 기준에서 자신이 원래 가지고 있었던 사회적 권리와 권력과 지위를 희생했고(빌 3:4-8), 그의 공동체 역시 동일한 헌신과 희생을 하기를 원했다.

바울의 편지들은 최첨단의 외국인 선교 상황에서 어떻게 살아야 할지

---

40 이것은 유대인이 헬레니즘 문화의 일부가 아니었다는 것이 아니라 그들이 스스로를 반문화적인 집단으로 이해했음을 말하는 것이다. 비록 특정 유대인이나 유대인의 그룹은 다른 이들보다 더 그리스-로마 문화에 동조했지만 말이다. 따라서 유대 기독교는 주류 유대교의 연속선상에 있었지만, 이방인 선교는 그리스-로마 문화 내에서 더 문제가 되는 반문화적인 경향을 만들어냈다.

를 보여준다. 이 편지들은 대상이 되는 문화의 법은 물론이고 존경할 만한 의복, 규범, 관습을 따르라고 권한다. 이 편지들은 독자들이 이해하는 언어와 상징으로 그들과 소통한다.[41] 바울은 그의 공동체가 비밀 요원들처럼 최대한 적응하기를 원했다. 그들은 다만 종말론적인 이유로 인해 그들의 이웃과 똑같은 것들을 하며 살았지만, 다른 왕을 섬기며 다른 나라에 속해 있었다.[42] 바울이 로마 제국의 사회적·정치적 구조에서 여성과 노예들에게 권한을 부여하고자 하는 목표를 가지고 있었던 것은 아니다. 하지만 그는 기독교 공동체의 모든 면에서 그들에게 권한을 부여하고 그들을 준비시키는 데 지대한 관심이 있었다. 바울은 여성과 노예가 그들의 영적 자원과 함께 "부르심"과 세상에서의 자원을 하나님 나라의 목적을 위해 더 많이 사용하기를 원했다.

---

41   Westfall, "Paul's Experience," in Studebaker, *Defining Issues in Pentecostalism*, 140–41을 보라. 여기서 나는 "바울이 종교적·사회적·문화적 경계를 넘어 이방인에게 접근하면서, 사도행전과 그의 서신들을 통해 신약성서에서 복음의 상황화에 대한 가장 좋은 예시를 제시한다"라고 주장한다. 그리고 그 상황화는 아브라함 언약의 종말론적 성취다.

42   아마도 "비밀 요원"으로서 여성의 역할은 켈수스가 기독교에 대한 반대 논쟁을 설명하는 가장 좋은 은유 중 하나일 것이다. Carolyn Osiek와 Margaret MacDonald는 다음과 같이 요약한다. "켈수스가 옳았는가? 논쟁의 이면을 보면, (논쟁이 이야기의 일부였음에도 불구하고) 큰 틀에서는 그렇다. 여자들은 적합한 당국의 허락 없이 그 운동에 가담하기 위해 위험을 감수하고 아이들을 포함한 사람들을 인도하여 집과 가게 안팎을 드나들었다. 그들은 일상 업무를 수행하면서도 그렇게 했던 것으로 보인다. 의심할 여지 없이 그들은 대체로 눈에 띄지 않을 때가 많았지만, 다른 경우에는 교회 집단 내부와 외부의 진짜 저항에 부딪혔다. 이런 용기, 모욕, 비밀스러움의 조합은 기독교의 발흥에서 가장 흥미로우면서도 잘 이해되지 않는 특징 중 하나다"(*A Woman's Place: House Churches in Earliest Christianity* [Minneapolis: Fortress, 2006], 243).

5.6 종말론과 가정

가정은 종말론, 문화 권력의 사회 구조, 선교가 서로 만나면서 생겨나는 긴장과 가능성을 가장 잘 보여주는 장소였다. 여성과 노예의 행동과 종속은 로마 제국과 제국주의 신학에서 가장 중요한 것이었다. 고대 근동에서 여성은 남성보다 열등하다고 추정되어 종속되었고, 그들의 성적인 능력으로 인해 남성에게 위협이 되었기에 그들을 성적으로 통제해야 할 지속적인 필요성이 있었다. 노예는 주인에게 반항하거나 노예 반란에 가담할 수 있었기 때문에 위협이었다. 하지만 로마 제국에서 여성과 노예는 모두 그리스-로마의 사회적 관계와 권력 구조의 기본적인 구성 요소로서 중요한 역할을 담당했다. 그들은 모두 카이사르를 최정점에 둔 후견인-피후견인 관계의 최하위 계층에 속했다. 가정의 권위를 뒤엎는 것은 제국의 권위를 뒤엎는 일이나 다름없었다. 여성은 꼭 필요한 군인과 노동자의 어머니였고, 낮은 출산률에 대한 공식적인 우려도 있었다. 따라서 여성의 행동 규례는 극도로 중요한 관심사였다. 즉 그것은 윤리적·사회적·정치적·종교적 이슈였다. 그리스-로마의 "가정 규례"는 가정 구성원이 어떻게 행동해야 하는지를 규정했으며, 주로 남성 권위에 대한 가정 구성원의 복종, 순종, 의무를 규정했다.[43] 그리스-로마의 가정 규례는 남성의 존재론적인 우월함과 여성 및 노예의 열등함에 대한 전제와 얽혀 있었지만, 이는 바울이 그의

---

43 가정 규례에 대한 개관은 다음을 보라. David L. Balch, *Let Wives Be Submissive: The Domestic Code in 1 Peter*, SBLMS 26 (Chico, CA: Scholars Press, 1981). James P. Hering, *The Colossian and Ephesian Haustafeln in Theological Context: An Analysis of Their Origins, Relationship, and Message*, TR 260(New York: Peter Lang, 2007)에서 이 논의에 대한 뛰어난 분석과 요약도 보라.

교회에서 가르친 그리스도 안에서의 남성과 여성의 지위에 부합하지 않는다. 바울 전집에서 가정 규례는 원저자와 오늘날의 독자 모두에게 지뢰밭과 같은 존재다. 선교적 목적을 위해 바울은 종속적인 역할로서 그들의 행동을 통제했던 그리스-로마의 가정 규례에 따를 것을 권했다. 그러나 그는 종속의 동기를 바꿈으로써, 그리고 권위에 직접적으로 도전하지 않고 권위를 가진 이들의 행동을 바꿈으로써 이런 규례들을 전복했다. 바울의 가정 규례 언어의 효과는 세상의 가정 권력과 권위를 섬김의 정신으로 환원시킴으로써, 그리고 신자들을 "부르심"(고전 7:20의 κλῆσις)과 같은 말로 표현되는 선교적 역할인 종속적 위치에 둠으로써 타락을 되돌리는 것이다.

바울은 사실상 사회적 약자의 행동의 기초, 목적, 동기를 다시 설정함으로써, 그리고 권력을 가진 사람들의 특권을 조정하고 제한함으로써 그리스-로마의 가정 규례를 전복했다. 바울은 신자들에게 하나님 나라를 섬기는 실제적인 수단으로서 로마 제국의 의복, 규범, 관습 안에서 의로운 행동을 보여주라고 가르쳤다. 디도서 2:1-14은 가정 규례에 대한 선교적 의도를 나타낸다. 여성은 그리스-로마의 기대에 부응하는 본이 되어야 하며, "신중하며 순전하며 집안일을 하며 선하며 자기 남편에게 복종"(딛 2:5)해야 한다. 그러나 그 행동의 이유와 동기는 "하나님의 말씀이 비방을 받지 않게 하려 함"(딛 2:5)이었다. 이 이유는 윤리적이거나 존재론적인 것이 아니라 선교적인 것이다. 이와 유사하게 젊은 남성들의 행동의 동기는 자기변호다. 즉 "대적하는 자로 하여금 부끄러워 우리를 악하다 할 것이 없게" 하려 함이다(딛 2:8). 노예의 동기는 복음을 더 매력적으로 만들기 위함인데, 이것 또한 선교적이다. "이는 범사에 우리 구주 하나님의 교훈을 빛나게 하려 함이라"(딛 2:10).

모든 사람에게 구원을 주시는 하나님의 은혜가 나타나 우리를 양육하시되 경건하지 않은 것과 이 세상 정욕을 다 버리고 신중함과 의로움과 경건함으로 이 세상에 살고 복스러운 소망과 우리의 크신 하나님 구주 예수 그리스도의 영광이 나타나심을 기다리게 하셨으니, 그가 우리를 대신하여 자신을 주심은 모든 불법에서 우리를 속량하시고 우리를 깨끗하게 하사 선한 일을 열심히 하는 자기 백성이 되게 하려 하심이라(딛 2:11-14).

이 본문은 "현재 세대"의 "이미 그러나 아직 아니"라는 종말론의 본질과, 신자들이 세상/그리스-로마 문화에서 그들의 모순된 역할과 의무를 다룰 때 신자들의 성격 형성과 하나님의 목적이 어떻게 진행되고 있는지를 아름답게 표현한다. 디도서 2:3-5에서 여성에 대한 구체적인 지시는 모든 신자에게 "신중함과 의로움과 경건함으로 이 세상에서 살"라는(딛 2:12) 임무를 의미론적으로 암시한다는 점을 주목하라.

가정 관리의 추가된 요소는 가정 교회의 리더십에서 중요한 자격요건이다(딤전 3:4-5, 12; 딛 1:5-6). 심지어 그리스-로마의 가정 규례도 남성은 공적 영역에서 보완하는 권위를 갖지만, 여성은 가정 영역에서 권위를 갖는다고 보았다. 바울이 디모데전서 5:14에서 여성의 집안 관리에 가정 규례의 가장 강한 동사이면서 리델(Liddell)과 스코트(Scott)의 *Greek-English Lexicon*에서 "집의 주인 혹은 가족의 머리"로 정의한 οἰκοδεσποτεῖν을 사용한다는 점이 흥미롭다. 가정에서 여성의 관리와 리더십에는 가르치는 것, 가정 교회를 운영하는 것, 필요를 돌보는 것(방문자, 고아, 과부), 그리고 전도하는 것에서 환대의 주도적인 실천이 포함되었다.[44] 이런 역할들은 복

---

44 Osiek와 MacDonald의 "Women as Agents of Expansion," in *Woman's Place*, 220-43, 특히

음의 진보에서 최전선을 대표하는 것이었고, 기독교 공동체의 활동은 대부분 가정 교회 영역에서 환대의 행위로 이루어졌다.[45] 이것은 우리가 교회를 공공 기관으로 인식하기 때문에 성서를 이해할 때 종종 놓치는 부분이지만, 신약성서가 기록되는 동안 교회는 가정 영역에서 만나고 기능을 담당했다. 마치 바울이 여성이 권위를 갖는 것을 허용하지 않았거나 권위에 대한 모든 언급이 반드시 남성을 지칭하는 것처럼 이해하는 것은 부정확하다. 대다수 여성은 복종하기도 하고 권위를 갖기도 하는 등 다양한 역할을 했다.[46] 집을 관리하는 것과 남편에게 복종하는 것은 문화의 요구와 직결되는 것이었으며, 생존에 필수적인 요소였다(노예에게 순종이 그러했듯이). 복종의 실천과 세상에서 자신의 소명을 행하는 것의 상호 보완적인 결합은 더 넓은 바울 신학의 핵심적인 부분인 복음의 진보를 종말론적으로 이해하는 것과 관련되었다.

그리스-로마의 가정 규례를 뒤엎기 위한 바울의 주된 수단은 예수가 사용한 방법과 같았다. 예수는 제자들에게 지도자라면 누구나 모든 사람의 종이 되어야 한다고 가르쳤다(마 20:27; 막 10:44). 그는 그것을 제자들의 발을 씻는 종의 일을 행함으로써(요 13:3-16), 그리고 자신의 모든 사명으로 입증했다. "인자가 온 것은 섬김을 받으려 함이 아니라 도리어 섬기려 하고 자기 목숨을 많은 사람의 대속물로 주려 함이니라"(마 20:28). 바울은 빌

"The Household and Conversion" 소단원을 보라(233-40).

45 바울의 가정 교회에 대한 묘사는 다음을 보라. Robert Banks, *Paul's Idea of Community: The Early House Churches in Their Historical Setting* (Grand Rapids: Eerdmans, 1980).

46 교회에서 여성이 맡은 일의 많은 측면은 "권위자 아래의 권위자"가 되는 것과 관련되며, 이는 로마의 백부장 및 성육신하신 상태의 예수와 평행을 이룬다(마 8:8-9). Osiek와 MacDonald가 말하듯이, "이런 영향력의 흔적 중 일부는 정확하게 충실한 아내로서 행동하는 여성들에 대한 것이었다"(*Woman's Place*, 245).

립보서 2:1-11에서 이와 같은 상호 간 복종과 섬김의 원리를 가르쳤다. 그는 먼저 기독교 공동체에서 복종을 권했고, 그다음에 "종의 형체를 가지"시고(빌 2:7) 스스로를 낮추어 "죽기까지 복종"하신(빌 2:8) 예수의 본을 제시했다. 모든 그리스도인은 "아무 일에든지 다툼이나 허영으로 하지 말고 오직 겸손한 마음으로 각각 자기보다 남을 낮게" 여겨야 한다(빌 2:3). 기독교 공동체에 영향을 미치려면, 사회적·경제적·신체적·인종적으로 우월한 사람들이 이를 명심하고 실천해야 한다. 바울은 빌레몬서를 통해 이것이 주인-노예 관계에서 어떻게 적용될 수 있는지를 보여주었다. 바울은 노예인 오네시모가 주인인 빌레몬에게 그리스-로마 문화와 연속선상에 있는 행동인 복종을 하게 한다. 하지만 빌레몬이 권력관계에서 모든 것을 바꾸어야 하는 사람이기 때문에, 오네시모는 (여전히 노예였음에도 불구하고) 모든 면에서 종말론적인 형제의 역할을 하게 된다.

에베소서 5:21-33의 가정 규례는 상호 복종의 개념으로 시작된다.[47] 곧이어 오네시모의 복종 의무와 비슷하게, 바울은 그리스-로마 문화와의 연속선상에서 남편에 대한 여성의 복종을 강조한다. 그러나 남편이 아내의 생명의 근원이자 창조의 정체성으로서 아내의 머리라는 창조 기사의 암시와 함께 복종의 이유가 완전히 바뀐다.[48] 생명의 근원으로서 "머리"의 의미는 아내의 후견인으로서 남편에 대한 문화적 이해에 부합하지만, 이것은 그리스어에서 권위에 대한 상투적인 은유는 아니다.[49] 따라서 바울은 근거

---

47 에베소서의 가정 규례에 대한 논의는 Cynthia Long Westfall, "'This Is a Great Metaphor!': Reciprocity in the Ephesians Household Code," in *Christian Origins and Greco-Roman Culture: Social and Literary Context for the New Testament*, ed. Stanley E. Porter and Andrew Pitts, ECHC 1 (Leiden: Brill, 2013), 561-98을 보라.

48 그리스어와 친족 언어 용례에서 "머리"의 의미는 위의 3.5.1 단락을 보라.

49 그리스-로마 문화에서 후견인-피후견인에 대한 자세한 논의는 다음을 보라. David A.

를 성서적 이해로 재구성하고 관계를 은유적으로 바꾸어 사용한다.

에베소서 가정 규례의 주된 초점은 남편의 역할에 있다. 언어는 예수의 섬김의 정신 모델을 반영하고 "머리" 은유를 사용하여 예수께서 제자들의 발을 씻기신 에피소드와 비슷한 효과를 만들어낸다. 예수께서 자신을 낮추어 죽기까지 순종하셨다는 사실은 섬김의 정신에 대한 단락의 주제이며, "교회를 위하여 자신을 주심"에서 "교회"는 본문의 아내와 평행을 이룬다(엡 5:25). 그래서 예수는 자기 아내를 보호하는 남편의 역할의 모델이다. 본문의 나머지는 예수가 자신의 신부를 씻기고 얼룩 제거, 세탁, 다림질까지 한 신부의 옷을 제공할 책임을 지는(성화에 대한 은유), 역할 반전에 대한 흥미진진한 내용이다. 성화에 대한 이런 은유는 아내의 행복과 발전에서 그녀의 최고의 유익을 위해 직접적으로 섬기는 남편의 모델이다(참조. 빌 2:1-4). 또한 이 은유는 예수 그리스도께서 여성의 일을 하시는 것으로 묘사하는데(전형적인 여성의 집안일), 이는 제자들의 발을 씻기신 것과 비교할 만하다. 학자들은 남편이 자기 아내를 어떻게 성화시킬 수 있는지에 대해 혼란스러워했으나, 이는 그들이 정보를 추상적인 신학으로 취급하고, 권력, 의미, 은유의 연합을 놓쳤기 때문이다. 사실상 바울은 아내의 머리가 되는 후견인의 은유(보호자이자 생명의 근원)를 뒤집는다. 피후견인의 호혜(복종)를 기대하거나 요구하는 대신에, 머리는 여성이나 노예에게 일반적으로 기대되는 하위 계층의 집안일을 몸에 제공한다. 머리는 (아기를 돌보는 어머니/보모로서) 자신의 몸을 양육하고 먹이며 돌본다. 사실상 바울은 남편이 아내의 발을 씻겨주고 그보다 더 많은 것을 해주라고 말한 것이다. 그는 예

....

deSilva, *Honor, Patronage, Kinship & Purity: Unlocking New Testament Culture* (Downers Grove, IL: InterVarsity, 2006).

수가 요약한 율법을 확실하게 적용한다. "그러므로 무엇이든지 남에게 대접을 받고자 하는 대로 너희도 남을 대접하라. 이것이 율법이요, 선지자니라"(마 7:12). 바울은 예수의 가르침을 남성에게 문자적으로 적용한다. "이와 같이 남편들도 자기 아내 사랑하기를 자기 자신과 같이 할지니, 자기 아내를 사랑하는 자는 자기를 사랑하는 것이라"(엡 5:28). 바울의 경고는 그녀가 그의 **몸이라는** 것이다. 에베소서 5:28과 예수 전승 간의 상호 텍스트성은 분명하다.

에베소의 가정 규례에서 바울은 (상호 복종의 맥락에서) 아내가 복종해야 한다고 간단하게 말한 후, 남성에게 부부 관계에서 여성이나 노예처럼 행동하라고 아주 자세하게 말한다. 그러나 그것은 역할 반전이 아닌데, 왜냐하면 결코 여성이 주인이나 머리의 역할을 한다고 가정하지 않기 때문이다. 다시 말하면, 여성이 αὐθέντης("온전한 권력 혹은 권위"를 가진 사람)가 된다는 아무런 의혹도 없다.[50] 바울은 디모데전서 2:12에서 이런 관습을 금지하는데, 이는 불완전한 가정 규례. 대신에 아내와 남편은 모두 서로에게 종이며, 그들에게는 온전한 권위와 권능을 가진 오직 한 주님[예수 그리스도], 주인만이 계신다. 세상에서 사회적 권력과 특권을 가진 사람이 섬기라는 요구는 바울의 기독론 및 그의 선교학에 완전히 부합한다. 이는 기독교 공동체 구성원들 간의 동등한 종말론적 지위가 두 세상에서 모두 공존할 수 있는 방법을 반영한다.

---

50   LSJ, "αὐθέντης," 1:275를 보라.

5.7 종말론과 갈라디아서 3:28

갈라디아서 3:27-28의 바울의 발언은 인종, 사회적 지위, 젠더의 우주적 다양성과 구분 및 분할을 넘어 그리스도 안에서 우리의 정체성의 종말론적 통일성을 훌륭하게 공식화한다.

> 누구든지 그리스도와 합하기 위하여 세례를 받은 자는 그리스도로 옷 입었느니라. 너희는 유대인이나 헬라인이나 종이나 자유인이나 남자나 여자나 다 그리스도 예수 안에서 하나이니라.

그러나 그것은 젠더 이슈로 인해 여러 토론과 논쟁의 초점이 되어왔다. 한편으로 그것은 때로 여성과 관련된 모든 본문에 대한 해석학적 기준 혹은 증거문, 혹은 여성 평등에 대한 선언으로 활용되었다.[51] 반면에 다른 사람

---

51 Ronald Allen과 Beverly Allen은 갈 3:28을 "여성주의자 평등 신조"라고 부르며(*Liberated Traditionalism: Men and Women in Balance* [Portland, OR: Multnomah, 1985], 134), Paul Jewett은 "인류 대헌장"이라고 부른다(*Man as Male and Female: A Study in Sexual Relationships from a Theological Point of View* [Grand Rapids: Eerdmans, 1975], 142). Elisabeth Schüssler Fiorenza는 "평등의 제자도"를 회복하려고 노력한다. 갈 3:28은 "종교-문화적 구분과 제도적 노예 제도에 의해 형성된 지배와 착취뿐만 아니라 성적 구분에 기반한 지배의 폐지를 지지한다. 이것은 다른 범주들과 더불어 기독교 공동체 내에서 지배 구조가 용납될 수 없다는 말과 함께 반복된다.…이것은 기독교 공동체 내에서 종교, 인종, 계층, 국적, 젠더의 모든 구분은 중요하지 않다고 선언한다. 모든 세례 받은 사람은 평등하며, 그리스도 안에서 하나다"(*In Memory of Her: A Feminist Theological Reconstruction of Christian Origins* [London: SCM, 1983], 213). Tatha Wiley의 다음과 같은 언급도 주목하라. "남자와 여자가 공동체 밖에서는 유대인이나 이방인, 노예나 자유인, 남성이나 여성이지만, 기독교 공동체의 '새로운 피조물' 안에서는 이런 구분이 없다. 고대 세계의 규범은 *ekklēsia* 혹은 그리스도인의 모임에서 관계를 통제하지 않았다." 그녀는 기독교 공동체의 "급진적인 평등"은 "구성원들이 공동체 및 공유된 리더십 역할에 참여하는 데서 구현되었다"라고 가정한다(*Paul and the Gentile Women: Reframing Galatians* [New York: Continuum, 2005], 19).

들은 갈라디아서 3:28이 그리스도 안에서의 구원 혹은 신비로운 언약적 연합에 적용되며, 교회 내의 역할 구분을 없애는 데에는 적용되지 않는다고 주장한다.[52]

갈라디아서 3:28은 종종 사회에서 여성의 지위, 노예의 지위, 그리고 노예 제도의 궁극적 폐지 간의 유사점을 찾는 데 이용된다. 예를 들어 윌리엄 웹(William Webb)은 "표면적으로 성서의 특정 본문은 노예 제도를 찬성하는 것처럼 보인다"라고 말하지만, 갈라디아서 3:28뿐만 아니라 고린도전서 7:21, 12:13, 골로새서 3:11, 빌레몬서 15-16절과 같은 성서 본문은 구원적인 요소가 발전될 수 있는 "모판"을 제공했다.[53] F. F. 브루스(F. F. Bruce)도 이와 유사하게 "이 편지가 하는 일은 제도가 약화되어 사라져버릴 수밖에 없는 환경으로 우리를 인도하는 것이다"라고 말한다.[54] 웹에 따르면, 성서는 원래의 문화적 규범들이 미래에 활동이 가능하고 심지어 후속 문화에서 발전할 수 있음을 보여주는 방향으로 나아가는 한 그것들을 수정한다.[55]

그러나 바울 전집은 그리스-로마 문화를 직접적으로 언급하거나 그것을 공공연하게 수정하려고 하지 않는다는 점을 분명히 해야 한다. 바울 전

---

52 S. Lewis Johnson Jr., "Role Distinctions in the Church: Galatians 3:28," in *Recovering Biblical Manhood and Womanhood: A Response to Evangelical Feminism*, ed. John Piper and Wayne Grudem (Wheaton: Crossway, 1991), 154-64을 보라. Johnson은 다음과 같이 요약한다. "'그리스도 안에서'라는 어구는 주님 안에서 신비스럽고 우주적이며 전형적이고 언약적인 모든 신자의 연합을 가리킨다. 갈라디아서의 문맥에서 사도는 그리스도 안에서 모든 신자가 율법의 행위와 상관없이 은혜에 의해 아브라함의 약속을 완전히 상속받는다고 주장한다"(163).

53 Webb, *Slaves, Women & Homosexuals: Exploring the Hermeneutics of Cultural Analysis* (Downers Grove, IL: InterVarsity, 2001), 84.

54 Bruce, *Paul, Apostle of the Heart Set Free* (Grand Rapids: Eerdmans, 1977), 401.

55 Webb, *Slaves, Women & Homosexuals*, 73.

집은 그리스-로마 문화의 맥락 내에서, 그 문화와는 구분되는 것으로서 교회와 하나님 나라를 세우고 있었다. 몇몇 성서적 원리가 훗날 사회 구조를 바꾼 것은 사실인데, 그 이유는 종교로서의 기독교가 정치적 영향력을 행사하게 되었고 결국 로마 제국과 이후의 여러 정부에서 그 자체로 권력을 갖게 되어 세계 여러 지역에서 지배적인 문화를 형성했기 때문이다.[56] 바울이 자신의 교회에 편지를 썼던 1세기의 상황과는 다르게, 이후 교회는 지배적인 문화의 기초로서 권력과 특권, 명성과 부를 향한 길이 되었다. 서구 기독교의 대다수 학자는 그들의 출신 성분 때문은 아니더라도, 교육 수준이나 학계에서의 지위로 인해 지배적인 문화 내에서 엘리트 그룹의 구성원일 수밖에 없었다. 그들은 두 지평 간의 차이, 혹은 그 차이가 해석에 어떤 영향을 미치는지를 알아차리거나 이해하거나 적절히 설명하지 못한다. 따라서 서구 교회의 전통에서 사회적 변화에 대한 바울의 가르침과 관련한 전통적인 논의는 이방인 선교의 사회적 역동성과, 그것과 지배적인 문화 간의 관계를 혼동하고 오해하는데, 이는 그들이 지배적인 문화의 관점에서 그 가르침을 읽고 있기 때문이다. 바울의 이방인 선교는 적대적인 주류 문화 안에서 교회 나름의 독특한 종말론적 정체성과 관습을 세우려고 노력했다. 바울이 기록한 당시의 목표는 그리스-로마 세계의 사회적 구조를 변화시키는 것이 아니었고 그럴 수도 없었지만, 하나님의 교회를 세우고 하나님의 가정에서 문화/세계의 사회 구조에 동화되지 않는 변화된 방식으로 행동하는 방법을 신자들에게 가르치고자 했다. 그러나 바울은 자신이나 교회가 통제할 수 없는 사회 구조 안에서 하나님의 선교를 진척시켜

---

56 유럽과 아시아 일부, 사하라 사막 이남의 아프리카, 북미와 남미에서는 기독교가 지배적인 문화로 자리 잡았다.

야 했고, 그런 긴장을 깨닫고 헤쳐나가야 했다.

갈라디아서 3:28의 맥락은 "유대인도 이방인도 없다"라는 바울의 뜻을 명백하게 정의해주는 갈라디아서 전체의 주장이다. 첫째로, 바울은 분명히 이방인의 구원에 관심이 있었다. 이방인에 대한 그의 초점은 두 짝 중에서 소외된 구성원들, 즉 이방인, 노예, 여성의 지위에 대한 그의 관심에서 나타난다. 갈라디아서와 이방인 선교 전체에서 바울의 요점은 이방인들도 유대인과 동일한 구원에 이를 수 있다는 것이었지만, 할례를 받지 않고 율법을 준수하지 않는 것은 혁명적일 수밖에 없었다. 바울은 자신의 사역동안 이 위대한 신학적 통찰력의 의미를 풀어내는 데 헌신했는데, 이는 주인-노예와 남성-여성이라는 나머지 두 짝의 동등한 구원의 의미를 우리에게 알려줄 수밖에 없다.

둘째로, 유대인-이방인과 남성-여성이 바울 신학의 다른 곳에서 어떻게 엮여 있는지가 더 큰 맥락이다. 한 가지 분명한 연결점은 요엘 2장과 로마서 10:13 사이에 존재하는데, 여기서 바울은 "모든 육체"에 성령을 부어주는 것과 이방인이 성령을 받는 것을 분명히 연결한다. 요엘서와 사도행전 2:17에서 "모든 육체"는 나이와 젠더(분명히 남성과 여성)를 포함하는 말이며, 이는 오순절 날 유대인 참여자들에 의해 성취되었다. 누가가 설명한 사도행전 2:16-21의 성취와 다르게, 바울은 "모든 육체"를 유대인과 이방인을 모두 포함하는 것으로 확장한다.

루이스 존슨(Lewis Johnson)은 여성과 관련하여 "바울은 가정과 교회에서의 관계에 대해서가 아니라 믿음으로 의롭게 됨에서 하나님 앞에 서는 것에 대해 이야기한다"라고 말한다.[57] 존슨은 하나님 앞에 선 혜택 받지 못

....

57　Johnson, "Role Distinctions," in Piper and Grudem, *Recovering Biblical Manhood and*

한 그룹의 변화가 교회 내 관계에서 "사회적 변화"를 만들어내는 것은 아니라고 말하려는 것으로 보인다. 그러나 이것은 바울 전집과 사도행전을 통틀어 이방인의 경우에는 명백한 거짓이다. 노예의 경우 역시 1세기 교회의 맥락 안에서는 사실이 아닌 것으로 드러날 수 있다. 바울은 이방인이 "하나님 앞에서 믿음으로 의롭게 된 것"이 유대인과의 관계를 변화시키고, 하나님의 백성 안에서 이방인의 사회적 지위에 실제적인 영향을 미침으로써 그들을 완전히 자유롭게 한다고 믿었다. 이방인은 자신이 할례를 받아야 한다거나(갈 5:3), 이방인이 정결하지 못하다고 여겨서 유대인 그리스도인은 이방인 그리스도인과 따로 먹어야 한다고(갈 2:11-14) 가르치는 유대인을 반대해야 한다. 바울은 이방인이 자유를 위해 해방되었다고 주장하며, 그들은 그 자유를 위협하는 유대인 교사와 가르침 및 관습에 적극적으로 반대해야 한다고 주장한다(갈 3-5). 그들이 자유를 위해 해방된 원리는 잠재적으로 반복적인 실용적 효과를 가지고 있었다. 이방인은 성령에 의해 자유롭게 살아갈 수 있게 되었고, 종의 멍에인 규칙과 제약에 사로잡히지 않게 되었다(갈 5:1). 존슨은 갈라디아서의 맥락이 "역할 구분을 전혀 부정하지 않는다"라고 주장하지만, 다시 한번 말하건대 그것은 하나님의 백성인 교회에서 이방인이 어떤 역할을 맡았는지를 고려할 때 사실이 아니다.[58] 예전에는 이방인이 하나님의 백성에서 제외되어 그들 가운데서 아무런 역할을 맡지 못했지만, 리더십 임명과 초기 교회의 역사는 이방인이 이제 교회 내에서 모든 형태의 봉사 및 직분에 대한 자격을 갖췄음을 보여준다. 그들의 자유에 대한 바울의 묘사는 어떤 종류의 제약도 허용하지 않았

　　Womanhood, 160.

58　Ibid.

을 것이다. 그리스도 안에서 유대인과 이방인을 화해시키시고 그들을 갈라 놓는 적대감의 담을 허무시는 하나님에 대한 에베소서의 가르침은 갈라디아서를 보충해준다(엡 2:11-21). 그리스도 안에서 "더 이상 유대인도 없고 이방인도 없다"는 바울의 깨달음은 신학에서뿐만 아니라 교회의 실질적인 미래와 리더십에 있어서도 그 영향력이 대단했다. 게다가 하나님의 백성의 새로운 구성이 성서적 기초를 주장했던 팔레스타인의 사회적·정치적·종교적 구조에 도전이 되었다는 점을 놓쳐서는 안 된다.

갈라디아서 전체가 하나님의 백성에 더 이상 유대인이나 이방인이 없다는 것이 어떤 방식인지에 대해 논증하기 때문에, 우리는 바울이 이방인의 상황에 적용한 신학적 과정이 해석하고 알려주는 남성과 여성 및 노예와 자유인의 관계를 이해할 수 있다. 더욱이 그의 신학적 과정에 대한 논증은 갈라디아서의 예시에만 국한되지 않을 것이다. 나머지 두 짝의 관계는 하나님 앞에서 이방인의 의로운 지위와 비슷한 광범위한 영향과 유사한 변화를 겪는다.

교회 내의 젠더 관계에서 이와 비슷한 전면적인 변화가 있을 수 없다는 주장은 변화가 없는 젠더 관계에 대한 전제나 가정은 결론과 같다는 의문을 품게 한다. 그것이 만약 사실이라면, 여성은 "믿음으로 의롭게 되어 하나님 앞에 서게 된" 결과로서 하나님의 백성 중에서 신분의 변화를 경험할 수 없었던 유일하게 혜택 받지 못한 그룹이 될 것이다. 게다가 전통적인 교회가 여성에게 가한 제약은 실제로 구약성서에서 여성이 기능했던 방식으로부터의 변화였다. 공적인 발언과 관련된 여성의 권위와 사역에 대해 교회가 전통적으로 가한 제약은 여성이 이스라엘 역사를 통틀어 맡았던 역할을 금지해버린다.[59] 여성에 대한 제약의 증가는 기원후 1140년경에 출판된 법학 교재였던 교회법 대전에서 분명하게 밝혀진다.

> 구약성서에서는 오늘날[즉 신약성서에서] 폐지된 많은 것이 은혜의 완전성을 통해 허용되었다. 그래서 만약 [구약성서에서] 여성이 사람들을 판단하는 것이 허용되었다면, **오늘날에는 여성이 세상에 끌어들인 죄 때문에, 여성은 사도로부터 주의를 기울여 겸손한 자제력을 실천하고, 남성의 지배를 받으며, 복종의 표시로서 자신을 베일로 덮으라는 권고를 받는다.**[60]

이것은 어떻게 해석의 역사에서 바울의 은혜의 교리가 교회에서 이방인 남성을 율법에서 문자적으로 자유롭게 했지만, 여성에게는 율법/제약을 심화하는 바람에 바울의 어휘가 일관성 없는 해석학으로 인해 완전히 정반대로 이해되었는지에 대한 훌륭한 예다. 더욱이 예수의 희생과 새 언약은 아담의 행위와 관련해서는 남성의 칭의로 이어진 것으로 이해되었지만, 하와의 행위와 관련해서는 여성에게 더 큰 책임과 더 많은 결과를 초래하게 되었다. 조 앤 바이넘(Jo Ann Bynum)은 "이런 가부장적인 태도가 포함되지 않는다면, 종교는 여성에게 엄청난 신비의 경험이자 우리를 차분하게

---

59 여성에 대한 제약의 증가는 성서에 포함되어 있는 사사 시대 동안의 사사의 역할(삿 4-5장), 여성 예언자들의 다양한 역할과 권위 행사(예. 왕하 22장), 그리고 르무엘 왕의 어머니와 같은 여성들의 가르침(잠 31장) 등을 특히 배제했을 것이다.

60 Decretum Gratiani, causa 2, question 7, princ, in Catholic Church, *Corpus iuris canonici: Decretum magistri Gratiani*, ed. Emil Albert Friedberg (1879-81; repr., Graz: Akademische Druck- und Verlaganstalt, 1955), vol. 1, cols. 750-51, 강조는 덧붙인 것임. 이것은 공식적인 대전의 지위를 얻은 적은 전혀 없지만, 1918년까지 로마 가톨릭교회에서 교회법의 근거로서 널리 사용되었다.

만드는 아편으로 다가오게 될 것이다"라고 말한다.[61] 갈라디아서 3:28을 하나님 앞에 서는 것으로 제한하는 것은 바울이 주위 문맥에서 주장하는 변화에 비추어볼 때 정당하지 않으며, 유대인과 이방인 사이의 평가적 구분을 직접적으로 제거한다.

하지만 갈라디아서 3:28은 짝으로 대표되는 다양성을 삭제하지 않는다.[62] 사실 갈라디아서와 예루살렘 공의회에서 바울의 전체 논지는 이방인이 유대인이 되어야 한다고 강요당하는 것이 아니라 여전히 이방인인 **동시에** 하나님의 백성의 구성원이어야 한다는 것이다. 이와 유사하게 유대인이 이방인이 되는 것도 아니었다. 하나님의 백성의 특수성과 다양성은 변함이 없었다.[63] 이것이 의미하는 바는 우리의 통일성과 동질성이 그리스도 안에 있기 때문에 짝의 상대편이 더 이상 "다른 것"으로 불릴 수 없다는 것이다.[64] 이것은 영적 은사의 통일성 안에 다양성이 있다는 것과도 비슷하

---

61 Bynum, foreword to *Gender and Ministry in Early Christianity and the Church Today*, by Adolphus Chinedu Amadi-Azuogu (Lanham, MD: University Press of America, 2007), x.

62 Kathy Ehrensperger는 다음과 같이 올바르게 주장한다. "[바울은] 다른 사람들의 서로 다른 정체성을 지지하면서, 다른 사람의 것을 희생시키면서까지 하나의 특정한 정체성을 동질화하고 보편화하려는 시도를 신랄하게 비판한다. 그리고 그는 그리스도 안에서 서로를 관련시키는 것이 그리스도께서 그들을 환대했듯이 믿음 안에서 서로를 환대하는 것을 의미한다고 설명한다"(*That We May Be Mutually Encouraged: Feminism and the New Perspective in Pauline Studies* [New York: T&T Clark, 2004], 200).

63 예. Mark Nanos, *The Mystery of Romans: The Jewish Context of Paul's Letter to the Romans* (Minneapolis: Fortress, 1996), 9을 보라. 여기에 이방인-유대인 논쟁에 관한 중요한 이슈가 있다. 바울이 유대인들에게 율법을 지키지 말라고 가르쳤다고 가정하는 경우가 종종 있다. 하지만 새로운 관점은 이방인과 유대인이 모두 바울의 모델에서 그들의 정체성을 유지했다고 주장했다.

64 Ehrensperger가 말하듯이, "그렇다면 하나님의 백성의 하나 됨과 믿음 안에서 하나 됨은 사람들 간의 차이를 암시한다. 왜냐하면 그들의 하나 됨은 오직 그들이 다를 때만 모두를 위해 한 분이신 하나님의 유일성을 반영하는 것일 수 있기 때문이다"(*Mutually Encouraged*, 154).

다.[65] 따라서 남성과 여성 간의 구분은 일종의 동질적인 정체성으로 희석되지 않는다. 하지만 이것은 교회에서 젠더에 의해 결정되는 "역할 구분"이 있다는 뜻이 아니다. 이는 인종이나 사회적 지위에 의해 구분이 결정되어서는 안 되는 것과 마찬가지다. 우선 첫째로 "역할 구분"은 혜택 받지 못한 그룹의 역할 제한에 대한 완곡어법이다. 전통적인 패러다임에서 남성은 자신이 기꺼이 그 일을 하기를 원하기만 한다면 심지어 주방 일이나 육아에 있어서까지도 이론적으로는 교회에서 모든 자리를 채울 수 있었기 때문에, "역할 구분"이라는 것이 없었다.[66] 실질적으로 여성만이 교회에서 특정한 "역할 구분"을 부여받았다. 그러나 단 하나의 남성 정체성이 없듯이, 모든 여성을 획일적인 역할 그룹에 적합한 것으로 만드는 단 하나의 여성 정체성도 없다.[67] 젠더를 분류하는 것은 인종을 분류하는 것보다 더욱 용납될 수 없다. 바울은 교회에서의 역할 구분이 무엇에 기초해야 하는지를 분명하게 가르쳤다. 즉 성령이 나누어주시는 은사에 기초해야 한다는 것이다. 고린도전서 11:3-16에서 입증되었듯이, 여성이 예언과 같은 지도자적 은

---

65 Elizabeth Castelli의 바울에 대한 평가와 반대되는 주장이다. Castelli는 바울이 젠더를 포함한 차이들을 없애려고 노력하며, 그의 교회에 자신을 본받으라고 권유함으로써 절대적 권위를 가진 자신의 지위를 강화하려고 한다고 결론 내린다(*Imitating Paul: A Discourse of Power* [Louisville: Westminster John Knox, 1991]).

66 Amadi-Azuogu가 말하듯이, "모든 사역의 수준이 남성과 양립할 수 있는 것으로 간주"되지만, 리더십으로서 특징지어지지 않는 모든 수준이나 역할 역시 남성과 양립할 수 있다(*Gender and Ministry*, xxiii).

67 최근의 페미니스트 연구에 의하면, 모든 남성이 똑같고 모든 여성이 똑같다는 생각은 인위적인 구성이다. Ehrensperger는 다음과 같이 쓴다. "단 하나의 똑같은 여성 정체성이 있는 것이 아니고, 단 하나의 똑같은 남성 정체성이 있는 것이 아니다. 더욱이 '여성'과 '남성'이 실제로 의미하는 것은 우리가 한번에 영원히, 그리고 모든 것을 정의할 수 있는 무엇이 아니다. 대신에 그것은 유동적인 경계 너머에 있는 지속적이고 새로운 협상의 문제다. 페미니스트 연구는 실제적 다양성과 다름에 대한 적절한 인식이 실제적 동등함의 관계에 대한 전제를 분명히 제공해준다는 점을 강조한다"(*Mutually Encouraged*, 192).

사를 행사할 때 여성으로서 그녀의 독특한 정체성은 그 사역의 일부로서 유지된다.

5.8 과대 실현된 종말론에 문제가 있는가?

"과대 실현된 종말론"에 대한 경고를 통해 우리의 종말론적 정체성 및 목적과 젠더 영역에서의 우리의 현재 지위를 구별하려는 경향이 있다.[68] 이 입장은 교회가 성서적이기 위해서는 지금도 계속해서 가정 및 교회에서 여성을 남성에게 종속시켜야 한다고 주장한다. 이는 남성이 하나님께서 주신 권위를 행사할 권리를 가지고 창조되었고, 여성은 남성에게 복종하도록 창조되었으며, "현재 세대에서" 여성이 교회에서 직분을 가짐으로써 남성에 대해 "권위를 행사하는" 것은 윤리적으로 잘못된 것이라고 가정한다.[69] 이와 같은 주장은 창조에서 젠더의 목적을 오해하고 바울의 종말론과 정면으로 모순된다는 질문에 답해야 한다. "과대 실현된 종말론"으로서 권위

68 예. Schreiner는 교회에서 여성 지위의 변화가 "과대 실현된 종말론"일 것이라고 주장한다. 그는 계속해서 이렇게 말한다. "그러나 현재의 악한 세대를 덧없는 것으로 이해하는 사람들은 모든 일에 대한 새로운 관점을 갖게 될 것이다. 그들은 굳이 지구를 천국으로 만들려고 노력하지 않을 것이다. 그들은 과대 실현된 종말론의 먹이가 되지 않고, 도덕적 완벽함이 그들의 것이 되는 날, 즉 만물의 완성인 미래에 자신의 소망을 둘 것이다. 그들은 이 세상에서 최대한 선을 행하려고 노력하겠지만, 이 세상에서의 역할과 신분에 얽매이지 않을 것이다. 현재의 세계 질서는 악을 완벽하게 씻어내지 못할 것이며, 따라서 모든 유토피아에 대한 계획은 폐기될 것이다"(Paul, 412). 그가 말하는 것은 세계 질서/사회에 있어서는 사실이지만 "모든 일"에 있어서는 그렇지 않다. 하나님의 백성의 공동체는 하나님 나라를 반영하게 되어 있다. 즉 교회를 세우는 우리의 일의 일부는 영원하며(고전 3:10-13), 우리는 하나님 나라에서의 우리의 신분에 비추어 함께 우리의 삶을 살아간다(고후 5:16-17).

69 이런 관점에서 우선적인 전제는 교회 직분을 섬기는 것으로서 이해하기보다 "권위를 갖는 것"으로서 이해한다는 것이다. 이것은 제8장에서 논의될 것이다.

있는 위치의 여성을 비판하는 것은 사회적·인종적 혹은 젠더 범주에서 타락에 대한 진보적인 전복, 특히 주류 문화의 방식으로 이미 지지를 받는 전복에 대한 저항을 지지하는 데 사용되어서는 안 된다.

5.8.1 과대 실현된 종말론과 여성

첫째로, 여성이 자신의 영적 은사에 따라 가르치는 것과 이끄는 것/섬기는 것의 실천에 "과대 실현된 종말론"이라는 이름을 적용하는 것은 용어를 잘 못 사용하는 것인데, 이는 부활이 이미 일어났다는 믿음과 같은 부정확한/잘못된 종말론적 가르침을 가리킨다(딤후 2:18). 그러나 그리스도 안에서 하나님 앞에 선 신자의 지위에서 "비롯되는 모든 영적 유익에 대한 온전한 접근성"은 과대 실현된 종말론이 아니라, 이방인 남성에게 믿음으로 구원 받는다는 자신의 신학을 철저히 적용하는 바울과 일치한다.[70] 오직 믿음으로만 받는 구원의 영향과 하나님의 백성의 구성원이라는 이방인의 종말론적 자격이 하나님의 공동체에서 종교적·사회적 관습에 어떤 영향을 미치는지에 대한 바울의 세심한 작업은 젠더와 사회적 경계를 넘어 비슷한 영향의 해석학적 패턴을 제공해준다.

둘째로, 여성이 종속되도록 창조되었다는 개념은 여성의 종말론적 미래가 그 창조의 목적에 부합해야 한다는 점을 제대로 인지하지 못한다. 그것은 여성에 관한 타락의 결과에서 무엇이 기준이며 무엇이 하나님의 뜻을 나타내는지를 혼동한다.

---

70 이것은 "새로운 피조물"이 되는 것에 대한 Murray Harris의 묘사다(*Second Epistle to the Corinthians*, 431).

셋째로, 이 관점은 초월적 규범과 일시적 선교 전략을 혼동한다. 이 혼동은 교회와 사회라는 두 세계가 각각 존재하면서 권위 및 신학의 측면에서 서로 분쟁하며 경쟁 관계에 있다는 사실을 인지하지 못한 채 이 둘을 하나로 합침으로써 생겨난다. 바울은 그의 편지에서 한편으로는 교회에서의 역할과 지위를 구분하고, 다른 한편으로는 사회에서의 역할과 지위를 구분한다.

넷째로, 이 관점은 여성이 자신의 영적 책임에 대한 많은 양의 성서 본문을 문자적으로 읽거나, 남성과 같은 방식으로 적용하는 것을 허용하지 않는다. 여성이 성서 본문을 문자적/직접적으로 적용하는 것은 다음의 경우에 과대 실현된 종말론이 아닐 것이다.

- 본문이 모든 신자에 대해 말할 때
- 본문이 남성과 똑같은 방식으로 이해되고, 적용되며, 모델이 될 때
- 적용이 선교적인 면에서 적합할 때—즉 현재 문화가 허용하거나 허락하는 한도 내에 있을 때

우리는 일관적인 해석학이 여성에게 가해진 여러 제약에 미친 영향을 계속해서 살펴보고, 전통적인 젠더 신학과 관습에 대한 의문을 제기할 것이다.

5.8.2 과대 실현된 종말론과 남성

하지만 남성이 여성의 복종을 요구하는, 하나님께서 주신 책임감과 리더십을 가지고 있다는 신학적 주장은 사실 일반적인 권위에 대한 과대 실현된

관점이며, 젠더와 권위에 대한 바울 본문을 잘못 해석하고 잘못 적용한 결과다. 바울은 고린도전서 4:6-14에서 권위에 대한 고린도 사람들의 과대실현된 종말론을 바로잡으면서 비슷한 주장을 언급한다.

> 형제들아, 내가 너희를 위하여 이 일에 나와 아볼로를 들어서 본을 보였으니, 이는 너희로 하여금 "기록된 말씀 밖으로 넘어가지 말라" 한 것을 우리에게서 배워 서로 대적하여 교만한 마음을 가지지 말게 하려 함이라. 누가 너를 남달리 구별하였느냐? 네게 있는 것 중에 받지 아니한 것이 무엇이냐? 네가 받았은즉 어찌하여 받지 아니한 것 같이 자랑하느냐? 너희가 이미 배부르며 이미 풍성하며 우리 없이도 왕이 되었도다. 우리가 너희와 함께 왕 노릇 하기 위하여 참으로 너희가 왕이 되기를 원하노라. 내가 생각하건대 하나님이 사도인 우리를 죽이기로 작정된 자 같이 끄트머리에 두셨으매, 우리는 세계 곧 천사와 사람에게 구경거리가 되었노라. 우리는 그리스도 때문에 어리석으나 너희는 그리스도 안에서 지혜롭고, 우리는 약하나 너희는 강하고, 너희는 존귀하나 우리는 비천하여 바로 이 시각까지 우리가 주리고 목마르며 헐벗고 매맞으며 정처가 없고 또 수고하여 친히 손으로 일을 하며 모욕을 당한즉 축복하고 박해를 받은즉 참고 비방을 받은즉 권면하니, 우리가 지금까지 세상의 더러운 것과 만물의 찌꺼기 같이 되었도다. 내가 너희를 부끄럽게 하려고 이것을 쓰는 것이 아니라 오직 너희를 내 사랑하는 자녀 같이 권하려 하는 것이라.

예수 그리스도나 바울은 모두 바울의 가르침을 통해 남성의 우선권과 권위를 지금 지지하는 사람들이 주장하는 그런 종류의 지배권을 행사하기를 열망하지 않았다.

성서 혹은 바울이 모든 남성은 본질적으로 자기 아내와 자녀들에 대한 독립적인 가장이라고 가르친다고 주장하는 것은 과대 실현된 종말론이자 오류다. 이것은 (위에 나온) 바울의 가르침과 1세기 그리스-로마 문화의 맥락 모두와 일치하지 않는다. 현대 서구의 핵가족은 그리스-로마 문화에 존재하지 않았다. 소수의 남성만이 가장의 지위를 획득했다. 이것이 로마 문화에서 엘리트였고 대가족 내에서 자격을 갖춘 남성의 지위였다. "머리"를 "권위"로 이해하는 것을 허용한다고 해도, 대가족의 가장은 1세기 맥락에서 유일한 "머리"였을 것이다. 이 개인은 마피아에 대한 현대 문학과 영화에서 대략 "대부"에 해당하는 사람이었을 것이다. 특히 이탈리아의 노예 숫자를 고려해보면(대략 자유인 세 명에 노예 한 명), 남성 대다수와 아내들이 그리스-로마의 가정에서 일종의 종속적 역할을 했다고 말할 수 있다. 대가족과 결혼 동맹 안에서 남성이 자기 아내에게 갖는 힘에 대한 수많은 견제와 균형이 있었다. 남성 노예는 자기 "아내"와 자녀에 대한 법적 권위를 전혀 갖지 못했다. 그들은 심지어 법적으로 결혼한 것도 아니었기 때문에, 만일 권위가 고린도전서 11:3과 에베소서 5:23-30에서 바울이 의도했던 것이라면, 그 경우에는 주인이 여성의 "머리"였을 것이다. 모든 남성이 자기 아내에 대한 절대적 권위를 갖는다는 주장은 실제로 그리스-로마의 사회 질서에 대한 도전이었을 것이고, 그리스-로마의 권력 모델을 능가하는 남성의 권위로 구성되었을 것이다. 바울의 독자들은 이런 주장을 이해하지 못했을 것이고, 많은 이들이 적용할 수도 없었을 것이다.

게다가 일부 교회와 교육 기관 및 단체는 정책 성명서를 통해 모든 남성이 모든 여성에 대해 권위적인 위치에 있다고 실제로 주장해왔다. 바울의 가르침이나 그리스-로마 문화의 관습에 대한 주의 깊은 해석을 고려할 때 이런 주장은 전례가 없다. 오히려 바울은 모든 여성 신자에게 자신의 가정을 다스리라고 권면한다(딤전 5:14). 그는 믿음이 있는 모든 노예에게 여성 주인을 배제하지 않고 그에게 순종하라고 명령한다(엡 6:5; 골 3:22; 딛 2:9). 또한 그는 남성을 포함하여 믿음이 있는 모든 자녀에게 어머니께 순종하라고 명령한다(엡 6:1-3; 골 3:20). 그리스-로마 사회와 그 기초가 되는 철학은 이와 같은 남성에 대한 여성의 권위 관계를 인식하고 지지했고, 여성이 갖고 있었던 권력과 영향력의 다양한 지위를 인정했으며, 여성에게 권력을 부여한 부와 같은 환경들에 대해 알고 있었다. 1세기에 바울의 말은 여성 신자들로부터 이런 책임을 없애거나 권력을 제거하라는 의미로 이해되지 않았을 것이다. 오히려 바울은 자신이 세운 가정 교회의 **바로 그** 현장인 가정과 여성의 후원을 통해 자신의 선교를 진행시켜갔다.

과대 실현된 종말론은 에베소서 5:22-24을 근거로 남성의 역할이 교회에 대한 승천하신 그리스도의 권위와 동등한 것이라고 주장한다. 이 구절은 남성이 아닌 여성에 대한 교훈으로 구성되어 있으며, 심지어 여성에 대한 가르침에서도 그리스도께서 구원자이자 제물이 되신 궁극적인 성육신 행위를 말씀한다. 남성에 대한 가르침에서 예수 그리스도는 성육신과 섬김의 정신이라는 가장 희생적인 차원에서 남성에 대한 본이 되신다. 남성은 그리스도께서 아버지 우편에 앉아 계시는 것처럼 교회에 대한 그리스도의 권위에 따라 스스로 본이 되라는 명령을 받은 적이 없으며, 바울도 공격적인 남성성과 야망이라는 로마의 이상을 채택하지 않는다.

더욱이 고린도전서 11:3에 근거하여 하나님 아버지의 주권적 권위와 남성의 역할을 동일시하는 것은 과대 실현된 종말론이지만, 권위로서의 남성의 머리 됨을 지지하는 주장은 이런 유비를 가정한다. 어떤 이들은 남성의 머리 됨이 하나님의 주권을 표현하고 지지하기 때문에 필수적이라고 주장한다. 하지만 젠더 이슈를 제외하고, 교회에서 인간의 역할이 삼위일체 간의 관계에 직접 기초하는 경우나 혹은 그 반대의 사례는 바울의 가르침에서 확실한 근거를 찾을 수 없다. 신자가 갖는 모든 권위는 그리스도와 공유되며, 그리스도 안에서 실현된다. 그것은 성부 하나님과의 특권적 정체성과 동일시되는 존재론적 순위에 기초하지 않는다. 이는 모든 신자가 은혜를 통해 공유하는 정체성, 즉 예수 그리스도만을 위해 남겨진다.

교회에 대한 남성의 통치 및 지배권의 행사는 교회 구성원의 절반 이상을 차지하는 여성을 지배하는데, 바울의 복음에 의하면 여성은 동등한 상속자다. 그들은 모든 신자가 그러하듯이 그리스도와 함께 통치하는 동일한 미래를 갖고 있다. 그러나 더 충격적인 것은 그와 같은 남성의 권한 행사가 교회 내의 리더십을 섬기는 것보다는 종속을 강요하는 것과 동일시한다는 것이다. 하지만 리더십의 진정한 척도는 모든 사람에게 종이 되는 것이며, 이것이 그리스도와 바울의 모델이다. 이 원리를 약화시키는 것은 교회에서 오로지 남성의 리더십만을 주장하는 사람들의 과대 실현된 종말론 이면에 존재하는 주된 오류다. "남성의 머리 됨"이라는 모델에서 권위의 일방적인 행사가 "섬김의 리더십"이라는 주장은 실제로 모든 단계에서 모순된 말들을 만들어낸다.

＊＊

교회에서 신자들의 역할과 행동은, 그들이 지금 가진 지혜와 이해가 그들의 종말론적 책임을 반영하는 것과 마찬가지로, 그들의 종말론적 지위를 반영하게 되어 있었다. 사실 고린도전서에서 바울의 주장은 자신의 현재 행동을 바꾸고 자신의 미래에 비추어 적절한 권위를 갖는 것이 신자의 윤리적 책임이라는 것이다. 만약 종말론적 변화가 교회의 명성에 타격을 주는 식으로 선교의 진척에 문제를 일으키게 된다면 주의가 필요하다. 하지만 종말론적 임재와 성령의 증거가 어떤 사람을 공동의 선을 위해 목사, 교사, 혹은 리더의 역할을 하도록 지명한다면, 부름 받은 사람이 성령께 순종하기를 거부하는 것은 윤리적으로 잘못하는 것이며, 교회가 오로지 젠더, 인종, 혹은 사회적 지위만을 근거로 사람의 역할을 제한함으로써 "나는 당신이 필요하지 않다"고 말하는 것도 윤리적으로 잘못하는 것이다. 한편으로 젠더에 대한 전통적인 신학과 관습은 남성의 현재 역할에서 "과대 실현된 종말론"을 지지하며, 다른 한편으로는 여성의 종말론적 운명에 부합하는 일관성 있는 해석학을 실행하지 못한다.

제6장

몸

남성과 여성의 몸과 관련되는 것으로서의 젠더는 아마도 교회 역사에서 바울의 신학을 가장 오해한 부분일 것이다. 당연하게도 몸과 성(sex)에 대한 문화적 신념과 개인적 경험이 바울의 성서신학을 이해하는 데 지대한 영향을 미치는 뚜렷한 경향이 있다. 바울이 "육신"을 신체적 몸과 어떻게 연관 짓는지를 이해하는 것이 항상 이슈였다. 초기에 신체적 몸과 죄를 연결하려는 시도는 플라톤식 이원론의 영향을 받았고, 결과적으로 바울의 글은 독신과 여성에 대한 폄하를 권장하는 데 이용되었다. 그러나 성적인 것(sexuality)에 대한 바울의 기록은 미미하기 때문에, 남성의 몸과 여성의 몸에 대한 그의 관심은 흥미로운 부분이다. 그는 몸에 대한 그리스-로마의 관점을 차용하지 않고 오히려 유대교의 성 윤리를 그리스-로마의 문화로 가져왔다. 우리는 이 장에서 바울이 성욕의 힘과 성적 관계의 의미에 깊은 관심을 두었지만, 동시에 사역에 전념하기 위한 선택으로서 독신을 예로 들었다는 점을 함께 살펴볼 것이다. 그리고 성 윤리에 대한 바울의 가르침을 요약하면서 이 장을 마칠 것이다. 성적인 것과 몸에 대한 바울의 가르침은 그동안 논쟁의 장이었지만, 그의 글을 하나로 묶는 일관성 있는 생각의 흐름이 있다.

6.1 젠더, 육신, 몸에 대한 바울의 생각

젠더에 대한 신학적 전통은 로마서 8:3-8과 같은 본문에서 바울이 사용한
"육신"(σάρξ)이라는 단어의 해석에 지대한 영향을 받았다.

> 율법이 **육신**으로 말미암아 연약하여 할 수 없는 그것을 하나님은 하시나니,
> 곧 죄로 말미암아 자기 아들을 죄 있는 **육신**의 모양으로 보내어 **육신**에 죄를
> 정하사 **육신**을 따르지 않고 그 영을 따라 행하는 우리에게 율법의 요구가 이
> 루어지게 하심이니라. **육신**을 따르는 자는 **육신**의 일을, 영을 따르는 자
> 는 영의 일을 생각하나니, **육신**의 생각은 사망이요, 영의 생각은 생명과 평안
> 이니라. **육신**의 생각은 하나님과 원수가 되나니, 이는 하나님의 법에 굴복하
> 지 아니할 뿐 아니라 할 수도 없음이라. **육신**에 있는 자들은 하나님을 기쁘시
> 게 할 수 없느니라.

여기서 육신은 율법을 약화시키고, 죄악시되며, 예수에 의해 저주받고, 성
령과 반대이며, 사망으로 이끌어가고, 하나님과 원수가 된다. 요약하면 육
신의 영향력 아래에 있는 사람들은 하나님을 기쁘시게 할 수 없다.

이와 비슷하게 갈라디아서 5:19-21은 인간 악의 대표적인 범주를 육
신(육체)으로 지정한다.

> **육체**의 일은 분명하니 곧 음행과 더러운 것과 호색과 우상 숭배와 주술과 원
> 수 맺는 것과 분쟁과 시기와 분냄과 당 짓는 것과 분열함과 이단과 투기와 술
> 취함과 방탕함과 또 그와 같은 것들이라. 전에 너희에게 경계한 것 같이 경계
> 하노니, 이런 일을 하는 자들은 하나님의 나라를 유업으로 받지 못할 것이요.

여기서 바울이 의미한 "육신"은 인간의 죄와 악에 관련된다.[1] 요한네스 로우(Johannes Louw)와 유진 니다(Eugene Nida)는 그것을 "영적인 본성에 대비되는 인간 본성의 심리적인 측면…사람 안에서 죄를 원하는 도구로 사용되며 죄에 지배받게 만드는 심리적인 요인"이라고 정의한다.[2] R. J. 에릭슨(R. J. Erickson)은 이 단어를 "반항적인 인간 본성"으로 정의한다.[3] 그러나 성령에 대한 초점의 반대는 하나님으로부터 독립된 자신에 대한 초점이다. 인간의 본성은 원래 숭배를 목적으로 만들어졌기 때문에, 자기중심성과 이기심은 인류를 반역의 자리에 있게 한다.[4]

죄악된 "육신"과 인간의 몸을 동일시하며 그것을 죄 및 악과 연결하여 생각하는 강한 기독교 전통이 있는데, 이런 이해는 영어에서 "육신"(flesh)

---

1   Johannes Louw와 Eugene Nida는 σάρξ가 다음과 같은 넓은 의미의 범주를 지닌다는 것을 보여준다. 육신, 몸, 사람들, 인간, 국가, 인간 본성, 신체적 본성, 생명(*Greek-English Lexicon of the New Testament: Based on Semantic Domains*, 2nd ed. [New York: United Bible Societies, 1989], 2:220). Σῶμα는 일반적으로 그리스어에서와 바울 전집에서 다음과 같은 넓은 의미의 범주를 갖는다. 몸, 육체적 존재, 교회, 노예, 현실(ibid., 2:240). 다시 말하면, 바울은 단어 의미의 범주를 일반적인 용법에 맞게 적절하고 일관되게 사용하며, 이 단어는 신체적 몸을 가리킬 수 있다.

2   Louw and Nida, *Greek-English Lexicon*, 1:322-23. 그들은 의미론적 범주 26.7에서 σάρξ를 성령과 대조한다. 하지만 James Dunn, *The Theology of Paul the Apostle* (Grand Rapids: Eerdmans, 1998), 62-73의 논의를 보라.

3   Erickson, "Flesh," *DPL*, 304-5.

4   Robert Jewett은 이와 비슷하게 σάρξ를 음란한 열정 혹은 인간의 약점과는 다른 힘으로서 이해한다. "죄, 열정, 율법, 사망과의 연합은 육신을 명예와 수치의 잘못된 체계를 몰아가는 힘으로, 포로들을 다른 사람들이나 집단들보다 유리함을 얻기 위해 끊임없는 경쟁의 삶으로 인도하는 힘으로 해석할 것을 요구한다"(*Romans: A Commentary*, ed. Eldon J. Epp, Hermeneia [Minneapolis: Fortress, 2007], 436). Douglas J. Moo, *The Epistle to the Romans*, NICNT (Grand Rapids: Eerdmans, 1996), 47n36도 보라. 여기서 Moo는 "훨씬 더 부정적인(혹은 윤리적인) 의미, 즉 영적 영역과 독립되는 것, 심지어 반대되는 것으로 여겨지는 인간의 삶 혹은 물질세계"를 포함하는 의미의 스펙트럼을 묘사한다(예. 롬 7:5; 8:8; 13:14; 갈 5:13-18).

이 의미하는 것에 의해 지속된다.[5] 더욱이 "육신"에 대한 바울의 정죄는 역사적으로 성적인 것과 성욕에 대한 정죄로 받아들여졌으며, 심지어 천국을 육체의 부활에 대한 기대가 아니라 신체적 존재로부터의 탈출로 보는 널리 퍼진 믿음으로 이어지기도 했다. 그러나 바울이 그리스어 "육신"(σάρξ)을 사용한 것은 그가 그리스어 "몸"을 사용한 것과 다르다(참조. LXX 창 2:24로부터 σάρξ를 엡 5:29-31에 인용하면서 바울은 해당 단어를 σῶμα로 바꾼다).[6] 바울은 매춘부와 성관계를 갖는 남성의 신체적 몸과(고전 6:13, 16, 18) 남편과 아내가 성관계를 갖는 신체적 몸에 대해 말하며(고전 7:4), 남편과 아내 및 그리스도와 교회의 머리-몸 관계를 묘사하기 위해 신체적 몸을 언급한다(엡 5:23, 28, 30).[7] 따라서 바울 전집에서 "육신"과 연관된 죄와 악은 신체적 몸 및 성적인 행동과 구분되어야 한다. "영과 육"이라는 플라톤적 이원론과 성적인 것에 대한 부정적인 시각이 바울에게 부과되지만, 이것은 그의

5   이 전통은 물질주의와 악을 연결함으로써 이원론적인 느낌을 전달하는 것으로 보였다(Dunn, *Theology of Paul*, 64을 보라). 반면에 NIV/TNIV 성경은 σάρξ를 "죄의 본질"로 번역한다.

6   Σῶμα는 일반적으로 그리스어와 바울 전집에서 넓은 의미의 범주를 갖는다. 몸, 육체적 존재, 교회, 노예, 현실(Louw and Nida, *Greek-English Lexicon*, 2:240). Dunn은 우리가 "육체화" 및 "육체성/육체임" 등의 용어를 활용하여 바울의 글에 나오는 σῶμα의 의미가 신체적인 것을 훨씬 초월하여 사회적인 의미에서 "특정한 환경에서 육체화한 사람을 나타낸다"는 것을 보여준다고 주장하며, 그것을 몸으로서 개인들이 공동의 목적을 위해 함께 조화를 이루어 일하는 단체와 연관 짓는다(*Theology of Paul*, 56-57).

7   Thomas Schreiner의 의견과 반대되는 주장이다. 그는 바울이 그것을 성적 연합을 위해 사용하는데, "이는 최소한 남자와 여자 사이의 육체적 연합을 나타낸다"고 말한다(*Paul, Apostle of God's Glory in Christ: A Pauline Theology* [Downers Grove, IL: InterVarsity, 2001], 141). 바울은 엡 5:31과 고전 6:16에서 70인역 창 2:24로부터 σάρκα μίαν 구절을 활용하여 성적인/결혼의 연합을 언급하며, 그다음에 이 구절을 해석하기 위해 의미심장하게도 σῶμα를 선택한다. 그렇지만 엡 5:22-31에서 남편과 아내 및 그리스도와 교회의 머리-몸 관계에 대해 이야기할 때(엡 5:23, 28, 30), 그는 자신의 몸을 돌보고 먹이는 것을 가리키기 위해 29절에서 σάρξ를 사용한다. 똑같은 패턴이 고전 6:18-20에도 나온다. 바울은 자신의 해설에 σῶμα라는 단어를 선택하여 사용한다.

유대교적 사고방식에 부합하지 않는다.[8] 이런 이원론적인 신학적 이해가 오히려 교부 시기에 빠르게 발전하여 성적인 것과 영적인 것 사이에서 선택하라는 요구로 이어지기도 했다.[9]

역사적으로 신학과 성서 주해가 남성의 영역이었기 때문에, 성적인 것에 대한 신학적 거부는 그들의 선택을 독신이라는 영적인 옵션 혹은 여성 중 하나로 설정하게 했다. 최악의 경우에 이는 여성의 몸과 그 기능에 대한 노골적인 거부감을 일으키기도 했다. 이것이 그리스 철학과 합쳐졌을 때 여성은 존재론적으로 더 약해졌을 뿐만 아니라(본질적으로 결점이 있다고 이해됨), 여성에 대한 일반적인 성적 이끌림까지도 죄악된 것으로 이해되었다. 심지어 자연스럽고 일반적인 여성의 역할뿐만 아니라 여성의 몸조차도 누군가에게는 불쾌한 것이 되기까지 했다. 여성에게 성적 매력을 느낀 신학자나 교회 지도자들은 가끔 자신의 성적 욕망을 집단으로서의 여성에게 투영했고, 따라서 여성이 성향상 더 영적인 남성과는 반대로 하와와 같

---

8   예. 다음을 보라. Gerhard Delling, *Paulus' Stellung zu Frau und Ehe*, BWANT 4/5 (Stuttgart: Kohlhammer, 1931). 바울의 유대인 됨은 최근의 연구 대상이었다. 다음을 보라. Oskar Skarsaune and Reidar Hvalvik, eds., *Jewish Believers in Jesus: The Early Centuries* (Grand Rapids: Baker Academic, 2007); John Howard Yoder, *The Jewish-Christian Schism Revisited* (Scottdale, PA: Herald Press, 2008).

9   Will Deming, *Paul on Marriage and Celibacy: The Hellenistic Background of 1 Corinthians 7*, SNTSMS 83 (Cambridge: Cambridge University Press, 1995), 224도 동일하게 주장한다. Dunn은 다음과 같이 요약한다.

  기독교 사상의 "헬레니즘화"에서 육체적인 것의 부정적인 느낌은 인간의 육체성, 특히 성적인 것의 창조적인 기능에 점점 더 가까워졌다. 바울이 반대했던 것, 즉 성적인 관계 자체에 대한 폄하는 후기 고대 시대에 기독교 영성의 특징이 되었다. 성적 욕망이라는 탐욕이 사악한 것이라는 정의로 여겨지게 되었다. 순결이 다른 모든 인간 상태보다 높이 평가되었다. 원죄는 인간의 출산에 의해 전이되는 것으로 여겨졌다. 성적인 것에 대한 이런 폄하의 결과는 지금까지도 젠더에 대한 기독교의 왜곡된 태도로 계속되고 있다 (*Theology of Paul*, 73).

은 요부이고, 성관계에 사로잡혀 있으며, 본성으로나 성향으로나 세속적이며 사악하다고 결론 내렸다. 종교개혁이 독신보다 가정을 고상한 것으로 보는 수정적인 관점을 지지했지만, 여성을 다루는 본문에 대한 해석의 강한 흐름은 여성과 여성의 몸에 대해 본질적으로 적대적인 환경에서 태어난 교회의 태도 및 관습을 지속시켰다. 이것은 남성과 남성의 몸에 대한 긍정적인 평가와 함께 발전되었는데, 그 부분적인 이유는 예수께서 남성으로 성육신하셨기 때문이다. 그러나 교회와 젠더에 대한 바울의 견해는 여성의 몸에 대한 의견을 긍정적으로 끌어올리고 남성의 몸에 대한 평가를 상대화한다.

6.2 남성/여성으로서의 몸

바울은 남성의 몸과 관련된 특정 이슈들 및 여성의 몸과 관련된 다른 이슈들을 논의했다. 바울의 사역에서 주된 이슈인 할례는 남성의 몸과 관련된 젠더 고유의 이슈였고, 초기 교회를 그 기초까지 뒤흔들어서 미래의 행로를 돌이킬 수 없게 바꾸어버렸다. 그것은 교회 내의 사회적 관계와 리더십의 구조에 직접적인 영향을 주었다. 바울이 논의하는 남성과 관련된 다른 이슈들은 체육관의 역할, 남성의 몸의 이상적인 아름다움, 그리고 분노의 감정을 포함한다. 여성의 몸과 관련한 이슈는 그 아름다움과 매력을 포함한다.

6.2.1 남성의 몸

남성의 몸은 바울과 그의 반대자들 사이의 주된 논쟁 소재였다. 할례는 바울과 "유대주의자" 사이의 분쟁에서 중심 이슈였으며, 유대인의 정체성과 모세의 율법을 지키는 것에 대한 제유법으로서 기능했다. 그러나 그것은 남성의 생식기 및 유대교의 정결법과 관련되기 때문에 분명히 젠더 이슈다. 이방인의 할례에 대한 바울의 관심은 이방인 남성의 구원 및 그들이 하나님의 백성에 참여하는 것에 대한 그의 실제적인 관심을 반영한다. 이와 대조적으로 엘리자베스 쉬슬러 피오렌자(Elisabeth Schüssler Fiorenza)가 말하듯이, 세례라는 일반적인 입교 의식은 여성이 유대인 회심자와 똑같은 의식과 의무로 하나님의 백성의 완전한 구성원이 되었음을 나타낸다.[10] 바울이 다루거나 맞섰던 다른 이슈는 남성의 신체 단련과 남성의 분노였다. 우리는 바울의 성 윤리가 여성에 대한 문화의 성 윤리와 거의 완벽한 연속성을 지니고 있으므로 남성을 향한 것이었다고 주장할 수 있지만, 이것은 다음 소단원에서 논의될 것이다.

6.2.1.1 할례

할례는 남성 이슈이며, 유대인의 "남성 생식기를 중심으로 한 언약 의식"이다.[11] 성서적 관습은 창세기 17:13에 근거하여 생후 팔 일째 되는 날 남

---

10 Schüssler Fiorenza, *In Memory of Her: A Feminist Theological Reconstruction of Christian Origins* (London: SCM, 1983), 210.

11 이것은 Elizabeth Wyner Mark, ed., *The Covenant of Circumcision: New Perspectives on an Ancient Jewish Rite*(Hanover, NH: Brandeis University Press, 2003)의 뒤표지에 있는 할례에 대한 요약이다. Tatha Wiley의 말처럼, 젠더는 갈라디아 분쟁의 중심에 있으며, 바울의 반대파의 입장은 "세례로 상징되고 그것의 수행으로 실현되는 구원의 평등성을 위협했

자 아기의 음경에서 포피를 수술로 제거하는데, 이는 하나님과 맺은 유대인/아브라함 언약의 표시였다. 로마 제국 배경의 할례 관습에 대한 연구에서 라아난 아부쉬(Ra'anan Abusch)는 다음과 같이 쓴다. "유대인에게는 특별할 것이 없지만, 남성 생식기에 대한 할례는 그들의 가장 독특한 관습 중 하나일 뿐만 아니라, 특히 눈으로 볼 수 있는 차이를 표시하는 역할을 했다. 이런 신체적 구분은 일할 때와 놀 때 공공장소에서 벗는 것이 유행이었고, 변하지 않는 남성 체격의 완벽함을 소중하게 여기는 사회에서 특히 심했다."[12]

유대인들은 로마 제국 치하에서도 종교적 의식으로서 할례를 행하는 것이 법적으로 허용되었지만, 비유대인들은 그들의 이런 관습을 비웃었고, 할례를 거세와 같은 범주로 묶음으로써 그것을 생식기 절단이라고 생각했다. 따라서 그리스-로마 세계에서 할례는 치욕스러운 것이었고, 성인 남성에게는 매우 고통스러운 과정이었다.

그리스-로마 문화에서의 할례. 할례의 관습을 유지하는 어려움은 헬레니즘 시대 동안 처음으로 유대인들 사이에서 특히 문제가 되었는데, 이는 지배적인 문화에 동화되기를 바랐던 유대인들에게 헬레니즘 문화가 미치는 영향 때문이었다. 게다가 할례가 불법이었던 시기도 있었는데, 안티오코스 에피파네스(Antiochus Epiphanes)는 유대 지방에 사는 거주민들에게 그들의 아기에게 더 이상 할례를 행하지 말라고 명령했다. 결과적으로 몇몇 유대인 남성은 자신의 할례를 숨기려고 했다. 니싼 루빈(Nissan Rubin)이 설명하듯이, "남아 있는 음경 피부 조직을 늘여 음경 귀두를 덮음으로

다"(*Paul and the Gentile Women: Reframing Galatians* [New York: Continuum, 2005], 15).

12   Abusch, "Circumcision and Castration under Roman Law in the Early Empire," in Mark, *Covenant of Circumcision*, 75.

써, 유대인의 공동체적 경계를 넘어 비유대 사회에 참여하고자 했던 남성은 유대인의 정체성을 확인하는 표시를 없앨 수 있었다."[13] 이 관습은 아마도 바울이 고린도전서 7:18에서 "할례자로서 부르심을 받은 자가 있느냐? 무할례자가 되지 말며"라고 말할 때 가리켰던 내용일 것이다. 더욱이 누가에 의하면, 바울은 그 지역의 유대인들을 배려하여 성인인 디모데에게 할례를 행했다. 따라서 사도행전 기록에서 바울은 유대인 혈통의 그리스도인에게는 할례와 율법이 타당하다고 인식한 것으로 보인다(행 16:3).[14] 따라서 할례는 유대인과 이방인을 구분하는 경계였고, 유대인 선교에서는 여전히 율법을 지키는 수천 명의 유대인이 있었다.

초기 기독교에서의 할례. 안디옥에서의 이방인 부흥(행 11:19-29) 및 바울과 바나바의 성공적인 첫 번째 선교 여행이 이슈를 불러올 때까지(행 13-14장; 참조. 14:27) 예루살렘 교회에는 이방인의 구원이 유대교로의 개종을(할례 포함) 수반한다고 가정하는 이해가 있었던 것으로 보인다. 어느 시점에 안디옥의 교회 지도자들은 이방인 남성 회심자들에게 할례를 받을 것을 요구하지 않았으며, 이는 바울과 바나바가 그들의 선교 여행에서 했던 관습이었다. 이 문제를 생각해보기 위해 공의회를 소집해야 했다는 사실은 그 시점까지(행 15:6) 유대인 선교에서 고넬료와 그의 가족과 같은 이방인 회심자들은 유대교로 개종하여 믿음을 갖게 되었을 때 율법을 지켰다는 점을 보여준다(행 15:5). 예루살렘의 "유대주의자들"은 안디옥으로 와

---

13 Rubin, "*Brit Milah*: A Study of Change in Custom," in Mark, *Covenant of Circumcision*, 87-88.
14 행 21:20-26을 보면 누가는 21절에서 바울이 그리스도인 유대인들에게 자녀에게 할례를 행하지 말라고 하거나 율법을 무시하라고 가르쳤다는 것을 암묵적으로 거부하고, 바울이 모세 율법에 순종하는 삶을 살았다고 주장한다.

서 할례를 받지 않은 이방인 남성들의 영적인 신분에 도전함으로써 그들과 맞섰다(행 15:1).[15] 안디옥에서의 관습의 근거, 바울의 신학, 그리고 예루살렘 공의회의 결정은 복음을 직면했을 때 바울과 바나바의 경험이자 이방인 신자들의 경험이었다. 즉 "하나님께서 자기들로 말미암아 이방인 중에서 행하신 표적과 기사"였다(행 15:12). 이방인에게 더 이상 할례를 요구할 필요가 없다는 공의회의 결정에서 동기가 되는 요소 중 하나는 야고보에 의해 생겨났다. "그러므로 내 의견에는 이방인 중에서 하나님께로 돌아오는 자들을 괴롭게 하지 말고"(행 15:19).

이것은 교회에 온전히 참여하기 위한 남성의 주요 정결 요건을 일거에 없애버린 중요한 결정이었다. 할례를 받지 않은 남성 신자가 구원을 받을 수 있는지의 여부가 이슈였지만, 할례를 폐지하는 것은 그것 때문에 유대교에서 소외되었던 비할례자 남성에게 사회적·영적 특권을 수여했다.

---

15 Sandra Hack Polaski는 대부분의 현대 여성들이 바울을 읽을 때 물어볼 만한 질문을 하면서 독자중심비평의 예시를 제공한다. "바울 서신에서 율법/유대인 됨의 제유법으로서 왜 유대교 관습의 다른 특성이 아닌 **할례**가 사용되는가? 예를 들어 왜 율법에 따르는 음식법은 아닌가?"(*A Feminist Introduction to Paul* [St. Louis: Chalice, 2005], 15, 강조는 원저자의 것임). 누가와 바울의 기록은 모든 이슈가 이방인 신자들에게 강요되었다는 점에 동의한다. 그들에 따르면, 안디옥에서 온 "유대주의자들"은 그들이 주장했던 유대인 정체성의 주된 표식으로서 할례를 택했는데, 이는 대화의 맥락이었다(행 15:1-2; 갈 2:2; 5:2-3). 그들은 안디옥에서 이방인 회심자들에게 말할 때 단도직입적으로 주장을 시작했다. "너희가 모세의 법대로 할례를 받지 아니하면 능히 구원을 받지 못하리라"(행 15:1). 대화에서 여성이 빠진 것은 바울이 여성을 간과한 것이라기보다는 유대교 정체성에 대한 1세기의 이해로 설명되어야 한다. 문제는 율법의 다른 측면들을 지키기로 한 약속인 입교 의식에 대한 것이었다. 유대교로 전향한 이방인의 입교 의식은 남성에게는 할례와 침례였고, 여성에게는 침례뿐이었다. 바울에 관한 "새 관점"은 정체성 표식과 이방인이 하나님의 백성의 구성원이 되는 입교에 대한 의견 차이가 있다고 주장한다. 더 흥미로운 질문은 다음과 같다. 바울은 자신이 "팔일 만에 할례를 받은" 유대인 남성으로서(빌 3:5), 정확히 왜 갈라디아의 신자들이 그 의식을 행하는 것을 단호하게 금지하는가? 누가의 대답은 구원의 공통 경험이 결정적인 것이 되었다는 점과, 그것이 다른 변화들로 이어졌다는 것이다.

이것은 교회에서의 지위와 관습에서 그를 유대인 남성과 동등하게 만들어 주었다. 비록 그것이 회당과 성전 입장과 같은 유대교 구조에서 그의 지위와 참여에 변화를 주지는 않았지만 말이다. 이것은 단지 개인적인 종교 관습과 할례 받지 않은 남성의 영적 지위만이 아니라 교회 전체에 변화와 대변동을 일으켰다. 유대인을 이방인과 분리한 정결 제약이 사라졌고, 그에 따라 그리스도인 유대인은 식사나 환대와 같은 기본적인 영역, 궁극적으로는 교회 내에서의 권위의 위치에 영향을 받게 되었다. 유대교의 종교적 구조 및 관습과 연관되는 교회의 관습이 모두 변화되었는데, 여기에는 하나님께 나아가는 공간적인 제약과 제사장 제도, 심지어는 사도의 신분까지도 포함되었다.

이제는 할례 받지 않은 남성도 교회에서 남성 그리스도인 유대인에 대한 리더십과 권위가 있는 위치로 갈 수 있는 가능성이 생겼는데, 이는 유대교 전통과 율법에 대한 이해에 따라 유대인 남성이 가졌던 중요한 영적 이점과 특권을 사라지게 했다.[16] 종교적인 유대교 남성의 특권적 지위가 소중히 여겨졌다는 사실은 누가복음 18:11-12의 바리새인의 기도에 나타나며, 잘 알려진 바빌로니아 탈무드의 *berakah*(축복)에 표현되어 있다. "당신을 찬양합니다. **영원하신**…하나님, 나를 이스라엘 백성으로 만들어주시고, 나를 여자로 만들지 않으시며, 나를 야만인으로 만들지 않으신 분."[17] 바울은 교회에서 이 중요한 변화의 영향을 위해 계속해서 일하고 싸웠으며, 갈

---

16 롬 3:1에서 바울은 교회에서 특권을 상실한 것에 대한 유대인들의 불평을 반영하는 것으로 보인다. "그런즉 유대인의 나음이 무엇이냐?" 유대인은 하나님의 계시를 맡은 특권이 있었지만(롬 3:2), 바울에 의하면, 결국 그것은 그들을 더 의롭게 만듦으로써 그들에게 특권을 주지 않았다(롬 3:9-20).

17 *The Three Blessings: Boundaries, Censorship, and Identity in Jewish Liturgy*, trans. Yael H. Kahn (New York: Oxford University Press, 2011), 4에 있는 *b. Menah*. 43b를 보라.

라디아에 있는 교회에 쓴 그의 편지는 이방인 남성에게 구원받기 위한 조건으로서 할례를 요구하지 않기로 한 간단한 결정의 일부 영향을 보여준다. 예루살렘 공의회로부터의 편지와 바울 서신은 할례 요구의 제거가 엄청난 결과를 가져왔다고 밝힌다. 즉 그것은 이방인 회심자들이 모세의 율법을 지킬 필요가 없음을 의미했다.

이 변화가 여성에게도 영향을 미쳤는가?[18] 여성 회심자의 일상생활에 대한 기대에 연속되는 변화가 있었을 것이다. 산드라 핵 폴라스키(Sandra Hack Polaski)가 지적하듯이, 할례는 남성에게 눈에 보이고 자주 상기시키는 표시지만, 유대교의 음식 정결법은 일상생활에서 여성의 관심 영역에 속한다.[19] 그러나 더욱이 바울은 율법을 지키지 않는 이방인의 영향을 논의할 때 "너희는 유대인이나 헬라인이나 종이나 자유인이나 남자나 여자나 다 그리스도 예수 안에서 하나이니라"(갈 3:28)라고 말한다. 이 말씀을 전체 갈라디아서 담화와 그것이 속하는 이방인-유대인 논쟁의 맥락에서 읽으면, 자신이 시작한 과격한 변화의 영향이 사회의 경계는 물론이고 젠더의 경계를 넘어서 뻗어 나아가는 것을 바울이 어떻게 이해했는지를 볼 수 있다. 바울이 그리스도 안에서 여성의 종말론적 지위 너머의 영향을 고려하지

---

18 Tatha Wiley는 다음 질문들을 던지면서 바울의 주장을 역사적 맥락에서 이해하려고 노력한다. "할례가 남성에게 어떤 의미가 있었는가? 여성에게는 어떠한가? 그것은 어떤 의무를 부과했는가? 그것의 허용은 모임에 어떤 영향을 미쳤는가? 새로운 구성원에게 어떤 변화가 있는가?"(*Paul and the Gentile Women*, 10).

19 그러나 Polaski는 다음과 같이 주장한다. "바울은 당시 남성에게 전형적인 방식으로 남자 대 남자로 말하면서 남성의 경험으로부터 그의 이미지를 제시한다. 여성 독자나 청자는 무엇이 유사한 이미지나 가르침인지 스스로 추론하도록 남겨진다"(*Feminist Introduction to Paul*, 15). 하지만 바울은 율법의 다른 측면에 주의를 기울이고 결과를 끌어내지만, 할례의 문제에서 하는 것만큼 충분히 하지는 않는다. 교회가 바울을 따르고 더 나아가 바울이 했던 것과 같이 결과를 추론하는 것이 적합하다고 주장될 수 있다.

않았을 가능성은 매우 낮다. 왜냐하면 그는 인생의 중요한 부분을 유대인-이방인 논쟁의 실질적인 영향을 밝히는 데 헌신했기 때문이다. 바울이 유대인-이방인 논쟁에 적용한 우선순위와 해석학은 젠더 이슈로까지 확장될 수 있으며, 확장되어야 한다.[20] 갈라디아서 3:28에서 바울이 제시한 명백한 평행과는 별개로, 바울이 경험한 이방인의 회심의 역할은 여성의 본성, 은사, 재능, 능력, 실행력, 그리고 영적 삶의 증거 및 경험의 역할과 의미심장한 조화를 이룬다. 그리스-로마의 세계관에서 여성은 본질적으로 이 모든 영역에서 열등하거나 무능력했으며, 전통적인 젠더 제약은 그 세계관에 부합했다. 그러나 경험이 이방인 남성 및 할례와 관련하여 신학에서의 변화를 유발했기 때문에, 여성의 능력과 은사에 대한 증거와 경험도 비슷한 결과를 가져와야 한다.[21]

6.2.1.2 신체 단련

바울은 영적인 예시로서, 그리고 최소 한 번은 경쟁의 가치로서 경기장의 언어를 활용할 때 남성적인 헬레니즘의 가치 및 경험과 상호작용한다.[22] 바울은 권투/싸움(고전 9:26; 딤전 6:12), 운동장에서 달리기 경주(갈 2:2; 고전 9:24; 빌 3:13-14), 월계관(고전 9:25; 딤후 2:5), 운동선수의 훈련(고전 9:25; 딤전 4:10)에 대해 말할 때, 그리스-로마 문화의 중심적인 양상을 통해 독자

---

20 바울은 하나님의 권위와 명예를 방어하려면 교회 공동체에서 유대인의 지속적인 이점, 특권, 권위, 지위가 필요하다고 생각했던 것으로 보이지 않는다. 따라서 남성이 하나님의 권위에 기반하여 여성에 대한 권위를 가져야 한다는 주장은 뒤따르지 않는다.

21 우리는 이제 서구 세계에서 현대 교육 및 과학 연구, 사회 과학, 인류학과 같은 현대 학문을 포함한 여러 요인 때문에 몸, 젠더, 남성과 여성 간 차이에 대한 오래된 관점을 거부하는 시대에 이르게 되었다. 우리는 바울의 유대교 및 그리스-로마 맥락에서 젠더에 관한 그의 신학을 비판적으로 이해할 수 있는 흥미로운 위치를 차지하고 있다.

22 E. M. Yamauchi, "Hellenism," *DPL*, 383-88을 보라.

와의 연결점을 만든다. 경기장은 헬레니즘 도시의 필수적인 요소였으며, 거기서 남성들은 아름다운 몸에 대한 그리스 이상을 발전시키기 위해 벗은 채로 운동했다. 두 가지가 흥미롭다. 첫째로, 바울은 영적인 실상을 설명하기 위해 운동 경기의 경쟁을 이용할 때 남성적 사고방식에 들어가도록 모든 독자, 남성과 여성을 초대한다. 바울의 은유가 여성을 배제한다고 가정될 수 있겠지만, 모든 성서를 자신의 훈련에 유용한 것으로서 받아들이는 여성은 여성 자신의 영적 유익을 위해, 여성이 배제된 남성의 세계와 건설적인 방식으로 동일시하도록 초대된다. 둘째로, 남성은 훈련된 존재로, 여성은 훈련되지 않은 존재로 여겨졌다. 하지만 자제력은 모든 사람이 달성해야 할 신성한 가치이며, 이렇게 그림을 그리는 듯한 생동감 있는 서술은 남성뿐만 아니라 여성에게도 도움이 된다. 하지만 바울은 경건함의 중요성과 비교하여 남성적인 그리스-로마 문화의 이런 필수적인 요소를 최소화한다(딤전 4:8).

6.2.1.3 분노 관리

분노의 관리는 인간 문제이지만, 분노의 경험은 남성과 여성의 몸의 다른 호르몬과 직접적으로 연관된다. 디모데전서 2:8에서 바울은 분노와 다툼을 에베소의 남성들 사이의 문제로서 뽑아낸다. 이것은 종종 간과되는데, 그 이유는 디모데전서 2:9-15의 여성에 대한 가르침과 금지가 주석가들의 흥미를 더 자극하기 때문이다. 그래서 2:8에서 기도의 주제가 여성에 대한 가르침과 어떤 관계를 갖는지에 관심이 집중되는 경향이 있다. 그러나 남성에게 먼저 가르친 다음에 여성에게 전하는 보완적인 가르침이 있는데, 그것은 에베소의 잘못된 가르침의 일부인 젠더 고유의 문제를 언급한다(딤전 1:3-7). 바울은 남성의 문제를 먼저 언급하면서, 그들이 어디에 있든 "분노와 다툼이 없이 거룩한 손을 들어 기도하기를" 원한다고 말한다(딤전 2:8). 따라서 우리는 이 서신 전반에 걸쳐 분노와 다툼의 주제를 추적할 수 있고, 이것이 에베소 남성들 간의 잘못된 가르침의 문제를 대표한다고 주장할 수 있다.[23] 분노와 다툼은 2:2에서 "고요하고 평안한 생활"을 위한 기도의 목표에 직접적인 위협이며, 디모데에게 보내는 편지들에서 주요주제다(딤전 1:3; 3:3; 6:3-5; 딤후 2:14, 23-24). 디모데전서 6:3-5은 특히 유익하다.

> 누구든지 다른 교훈을 하며 바른말 곧 우리 주 예수 그리스도의 말씀과 경건에 관한 교훈을 따르지 아니하면, 그는 교만하여 아무것도 알지 못하고 변론과 언쟁을 좋아하는 자니, 이로써 투기와 분쟁과 비방과 악한 생각이 나며 마음이 부패하여지고 진리를 잃어버려 경건을 이익의 방도로 생각하는 자들의 다툼이 일어나느니라.

분노는 에베소서 4:25-5:2에서 꽤 길게 언급된다. 앤드루 링컨이 4:26-27에 대해 언급하듯이, "독자들은 어떻게 해서든지 분노를 피해야 한다. 그리고 혹시 그들이 분노하게 되더라도, 분노에 빠져들면 안 된다. 그것 때문에 죄를 짓게 된다. 대신에 분노를 즉시 쫓아버려야 한다. 이런 조언이 주어진 이유는 깊이 빠져든 분노가 악마에게 그 효과를 악용할 기회를 주기 때문이다"(참조. 딤후 2:26).[24] 에베소서 4:31에서 바울은 분노와 관련된 악행 목록을 계속해서 나열한다. "너희는 모든 악독과 노함과 분냄과 떠

---

23   Craig Keener는 이렇게 말한다. "바울은 하나님을 예배하는 사람들에게 적절하지 못한 분쟁에 확연히 휘말린 에베소 교회의 남자들을 먼저 다룬다"("Man and Woman," *DPL*, 590).

24   Lincoln, *Ephesians*, WBC 42 (Nashville: Nelson, 1990), 313.

드는 것과 비방하는 것을 모든 악의와 함께 버리고." 이것은 갈라디아서 5:19-21에서 육신의 일에 관한 악행 목록, 특히 "우상숭배와 주술과 원수 맺는 것과 분쟁과 시기와 분냄과 당 짓는 것과 분열함과 이단과 투기와 술 취함과 방탕함"(20-21절)과 비슷하다. 에베소서 4:32-5:2에서 분노의 악행은 친절, 긍휼, 용서의 덕행으로 대체되어야 하며, 신자들은 우리를 위해 자신을 내어주신 그리스도와 같은 사랑의 길을 걸어야 한다. 이 단락은 가정 규례에서 남편에 대한 가르침과 여러 연결점을 지니는데, 가정 규례에서 남편은 그리스도께서 교회를 위해 자신을 내어주신 구세주로서 교회를 사랑하신 것처럼 자기 아내를 사랑하라는 명령을 받는다. 이는 가혹함, 분노, 격노, 논쟁에 대한 바울의 해결책이다.

남성 주석가들은 많은 이슈 중에서도 바울의 여성관에 집중했지만, 바울의 남성관에서 분노에 초점을 맞추는 것에는 그만한 관심을 두지 않았다. 화난 남성과 남성 호르몬의 전설적인 효과는 문화적인 고정관념이지만, 아마도 이 이슈는 현재까지 문서상의 확실한 근거가 없는 것 같다. 하버드 연구팀은 미국인 남성 중 거의 10퍼센트가 간헐적 폭발성 장애(intermittent explosive disorder, IED)를 앓고 있다고 밝혔다. "만약 하버드 연구진이 옳다면, 열 명의 성인 남성 중 거의 한 명이 일상적으로 극도로 불안정한 공격성을 보이며, 물건을 부수거나 다른 사람들을 위협하고 다치게 할 정도로 심하게 분노한다. (연구진은 그 절반의 여성만이 IED를 앓고 있다고 추정한다.)"[25] 이것이 남성을 차별하는 문화적 발전 때문에 생긴 최근의 현상이라고 주장하는 사람이 있을 수 있지만, 다른 문화와 다른 시대에도 비슷

---

25   Kevin Hoffman, "Why So Angry?," *Men's Health*, April 10, 2013, http://www.menshealth .com/health/why-so-angry.

한 행동의 패턴이 발견될 수 있다. 남성이 여성보다 더 많이 살인하고 더 많은 범죄와 폭력 행위를 저지른다. 분노에 대한 바울의 말은 여성에게도 적용될 수 있지만, 바울은 그것을 에베소에서 남성에게 국한된 이슈로서 언급했고, 우리는 오늘날에도 그것을 여전히 남성에게 국한된 문제로 볼 수 있다.

6.2.1.4 요약

남성의 몸과 관련된 이슈는 보통 젠더 고유의 것으로 취급되지 않는다. 대부분의 주석가가 남성이었기 때문에, 남성의 경험이 마치 인간의 경험인 것처럼 여겨졌다. 그러나 바울의 신학과 해석학은 모두 그가 할례 이슈를 어떻게 다루었는지에 영향을 받았고 그것에 의해 드러났다. 바울은 이방인 남성의 진정한 영웅이었고, 복음 전파의 심각한 장애물을 제거했다. 하지만 그는 아름다운 남성의 몸에 대한 이상과 남성들 사이의 분노 문제를 포함하여 그리스-로마의 남성의 몸과 관련된 이슈에 대해서는 비판적이었다. 바울이 할례의 이슈를 언급하고("유대인도 이방인도 없다") 신학적인 의미를 자세히 밝힌 방식은 갈라디아서 3:28에서 그리스도 안에 남성이나 여성이 따로 없다는 말의 신학적인 의미를 찾아내기 위한 모범이 되어야 한다. 바울은 그 의미를 밝히는 문맥에서 그것들을 평행 이슈로 삼았다. 그의 급진적인 업적을 통해 이방인 남성들이 2천 년 동안 혜택을 누려왔으며, 이제 여성을 위한 바울의 업적을 완성할 시간이 되었다. 그러나 남성에 관해 말하자면, 우리는 남성의 분노를 효과적으로 다뤄야 하고, 그것을 키우고 악화시키는 다음과 같은 문화의 측면에 대해 책임을 져야 한다. 즉 비디오 게임, 포르노, 폭력적인 음악, 영화, 텔레비전이 독이 되었다.

6.2.2 여성의 몸

바울은 여성의 몸에 대해서는 상대적으로 적게 언급하는데, 이는 유대교 자료와 그리스-로마 문화, 교회 역사에서 여성의 몸에 대한 문헌들을 고려해볼 때 놀라운 일이다. 남성의 정결과 할례 이슈는 중심적인 주제였지만, 여성의 정결 이슈는 사실상 언급되지 않는다. 그러나 아름다움과 액세서리와 관련된 젠더 고유의 여성 이슈는 분노와 다툼과 같은 남성들 사이의 이슈에 상응한다.

6.2.2.1 정결

바울은 이방인 교회에서 여성의 몸에 대한 제의적 정결을 언급하지 않는다. 여성의 몸의 제의적 정결은 월경(레 15:19-24), 지속적인 유출(레 15:25-30), 출산 이후 피를 흘리는 것(레 12:1-8)에 대한 레위기 율법 때문에 유대교에서 중요하다. 질에서 피를 흘리는 여성은 부정하다. 이는 그녀가 거룩한 것을 만지거나 성전에 가서는 안 된다는 의미다(레 12:4). 그녀를 만지는 사람도 저녁때까지 부정하다(레 15:19). 그 여성의 침대와 그녀가 앉은 모든 것이 부정하며 다른 사람을 오염시킬 수 있다. 이런 접촉으로 인해 부정해진 사람은 목욕해야 하고, 옷을 빨아야 하며, 저녁때까지 부정한 상태로 있어야 한다(레 15:21-23). 이런 정결법은 여성이 제사장의 직무를 수행할 수 없다는 것을 의미했다. 왜냐하면 여성은 성인으로 살아가는 대부분의 시간 동안 자격 미달이었을 것이기 때문이다. 그러나 그리스 철학에서 여성의 월경과 출산 과정이 여성의 신체적 변이성과 열등성의 신호였음에도 불구하고, 그리스-로마 세계의 이방인 문화에서는 이와 비교할 수 있는 여성의 제의적 정결 관습이 널리 퍼지지 않았을 수 있다.[26] 여성에 대한 바울의 논의에서 할례 논쟁에 필적할 만한 것은 전무하다. 여성에게 영향을 미쳤을 만한 제의적 정결에 대한 바울의 논의는 대부분 음식과 관련된 것인데, 왜냐하면 여성이 음식을 준비할 책임이 있었기 때문이다. 바울은 이방인 교회에 의식적으로 부정한 음식은 없다고 말했지만(롬 14:14, 20; 고전 8:4, 8; 10:2-26), 일부 사람들이 우상에게 제물로 바쳐졌던 음식이나 특정한 종류의 음식으로 인해 제의적으로 부정해졌다고 느낄 수 있음을 인정했으며(롬 14:14), 이런 경우에 그 음식을 먹는 것은 그들에게 잘못된 일이었을 것이다.[27]

가정 교회는 신성한 공간이 아니었지만, 바울은 하나님의 백성이 믿지 않는 배우자나 자녀와 같은 다른 사람들을 거룩하게 할 수 있다고 주장한다. 따라서 비록 여성이 유대교에서 오염의 위험한 근원이었다고 할지라도, 그들(과 남성 신자들)은 바울 선교에서 거룩함의 근원이었다. 식탁 교제에서 부정한 사람들을 분리하는 의식적 정결이 유대인 그리스도인들 사이에서 주요 이슈였지만, 바울은 유대인 그리스도인과 이방인 그리스도인이 함께 식사해야 한다고 주장했다(갈 2:11-14). 할례 중지는 신체에 의해 야기되는 제의적 부정의 다른 근원들을 무효로 만들었다. 이것은 신자의 제사장직과 그리스도의 나타나심에 직접적으로 적용된다. 즉 같은 종류의 생식기를 가진 것이 요인이 아니게 된 것이다. 할례를 받지 않은 남성 생식기나 여성의 생식기는 교회의 온전한 구성원, 신자의 제사장직, 혹은 하나님

---

26   그러나 월경 중에 성관계를 갖는 것에 대한 금지와 월경혈의 마술적이고 위험한 특성에 대한 믿음이 존재했음을 보여주는 일부 증거가 있다. William Loader, *The New Testament on Sexuality* (Grand Rapids: Eerdmans, 2012), 79-80을 보라.

27   Mark Reasoner, "Purity and Impurity," *DPL*, 775-76을 보라.

의 백성에의 온전한 참여와 관련하여 문제가 되지 않았다.

6.2.2.2 아름다움과 장식품

바울 전집은 젠더 고유의 주된 이슈로서 여성의 신체적 외모에 관심을 둔다.[28] 바울 전집은 아름다움에 대한 그리스-로마의 문화적 기준을 비판하고 단정함의 선택을 지지하지만, 여성의 아름다움과 신체적 매력 역시 긍정적으로 묘사한다. 여성의 신체적 외모는 문화를 초월하여 고대 근동과 그리스-로마 문화에서 중요했다. 아름다움에 대한 기대와, 여성의 성적인 면모를 통제하고 남성을 유혹하는 여성의 힘을 제한하려는 경향이 모두 존재했다. 여성의 외모와 성적인 면모는 한편으로는 그들이 행사할 수 있는 권력으로 가는 주된 길이었고, 다른 한편으로는 가혹한 제약, 구속, 의심, 징계, 거부를 당하는 주된 이유이기도 했다.[29]

대중이 여성의 외모를 평가하고 판단하는 것에 대한 여성의 반응과 자신의 신체 이미지의 관계는 일반적으로 반드시 상호 배타적이지 않은 두 가지 경로로 진행된다. 첫 번째 경로는 매력적인 여성이 되는 목표를 갖는 것이다. 여성은 머리 모양, 옷, 보석, 화장품으로 자기 외모를 꾸미고 치장하는 것을 우선시하는 경향이 있다. 문화적 이상과 여성적 아름다움의 본질에 대한 이상은 여성에게 부과되고 여성에 의해 개발된다. 두 번째 경로는 안전함을 목표로 삼는 것이다. 여성은 그녀의 외모를 볼 수 있는 사

---

28   Sharlene Hesse-Biber는 "여성은…거의 전적으로 그녀의 외모, 남성에 대한 매력, 그리고 종족을 지속시킬 수 있는 능력의 측면에서 판단된다"라고 기록한다(*Am I Thin Enough Yet? The Cult of Thinness and the Commercialization of Identity* [New York: Oxford University Press, 1996], 17). 그녀는 서구 문화권의 현대 이슈를 언급하고 있지만, 그녀의 요약은 시간을 초월한다.

29   위의 1.6 단락에서 베일을 쓰는 것에 관한 내용을 보라.

람들을 제한하도록 선택할(혹은 강요당할) 수 있다. 왜냐하면 여성은 남성을 유혹하는 그녀의 타고난 몸의 능력이 자신에게 위협을 가할 수 있다고 믿기 때문이다. 여성의 몸을 감추는 베일이나 형식적인 덮개를 요구하는 문화에서 여성은 그 덮개를 자기 외모에 대해 부정적이거나 긍정적인 판단을 받는 것으로부터의 안전, 보안, 명예, 자유로서 여기는 것이 일반적이다.

여성의 아름다움과 외모에 관한 이슈는 디모데전서 2:9-10과 고린도전서 11:3-16(그리고 벧전 3:3)에서 언급된다. 디모데전서 2:9-10은 매력적으로 보이려는 목표를 직접적으로 다룬다. "또 이와 같이 여자들도 단정하게 옷을 입으며 소박함과 정절로써 자기를 단장하고 땋은 머리와 금이나 진주나 값진 옷으로 하지 말고 오직 선행으로 하기를 원하노라. 이것이 하나님을 경외한다 하는 자들에게 마땅한 것이니라."

특히 바울은 매력적으로 보이려는 여성의 목표를 비판하지 않는다.[30] 사실 그는 자신을 꾸미고 아름답게 만들고 싶어 하는 여성의 욕망을 정당화한다. 그러나 하워드 마셜이 말하는 것처럼, 아름다움의 기준은 "더 깊은 영적 현실에 의해 인도되어야 한다."[31] 1세기의 미용 관행에는 화려한 머리 모양, 품위 없는 복장, 값비싼 보석과 기타 액세서리 등이 포함되었는데, 이 모든 것은 "성적으로 유혹적이었을 뿐만 아니라 화려하고 사치스러울 수도 있었다."[32] 바울은 여성들에게 단정하고 적절한 복장이라는 조건하에 자신을 매력적으로 만들라고 권면한다. 그는 가장 훌륭한 장식품은 선을 행하는 것이라고 주장하는데, 이는 기독교 신앙고백에 부합하는 적절한 인

---

30 위의 번역처럼 κοσμεῖν ἑαυτάς는 옷과 보석을 이용하여 자신을 아름답게 만드는 것, 혹은 자신을 꾸미는 것을 가리킨다(딤전 2:9).
31 Marshall, *The Pastoral Epistles*, ICC (Edinburgh: T&T Clark, 1999), 448.
32 Ibid., 449. 바울의 비판은 스토아 학파와 다른 철학적 도덕주의자들과 공통점이 있다.

격을 반영한다.[33] 여기서 바울이 여성에게 베일을 착용하라고 말하지 않는다는 사실은 디모데전서 2:9-15의 지시가 예배를 위한 특정한 가르침이 아니라 여성의 외모와 복장에 대한 일반적인 지침임을 나타낸다.

바울은 고린도전서 11:3-16에서 안전에 대한 여성의 목표를 공적인 예배의 맥락에서 언급한다.[34] 이 단락에서 바울은 여성이 남성의 영광이며(고전 11:7), 여성의 머리카락이 "그녀의 영광"이라는 점을(고전 11:15) 인정한다. 베일을 쓰는 문화의 맥락에서 이런 진술은 하와가 아담의 "영광"이라는(창 1:31에서는 **심히** 좋았더라고 말한다; 참조. 창 2:23-24) 창세기 기사의 절정뿐만 아니라 여성의 외모가 너무 아름다워서 위험하다는 문화를 초월하는 관점을 반영한다. 즉 여성의 아름다움은 그녀의 아버지와 남편 및 그녀 자신에게 명예 혹은 수치를 가져온다는 것이다. 바울은 예배를 드릴 때 여성이 베일을 쓰는 것을 옹호한다. 그렇게 해야 그들이 기도하거나 예언할 때 성적 매력을 얻는 방식으로 그들 자신을 드러냄으로써 수치를 당하지 않을 것이기 때문이다. 바울은 여성의 아름다움이 하나님께 드리는 예배, 특히 기도나 예언의 리더십을 손상하지 않게 하려고 노력한다.

또한 바울은 에베소서 5:25-27에서 그리스도의 신부로서 교회의 이미지와 관련하여 여성의 외모의 아름다움을 언급한다. "남편들아, 아내 사랑하기를 그리스도께서 교회를 사랑하시고 그 교회를 위하여 자신을 주심같이 하라. 이는 곧 물로 씻어 말씀으로 깨끗하게 하사 거룩하게 하시고 자기 앞에 영광스러운 교회로 세우사 티나 주름 잡힌 것이나 이런 것들이 없

---

33 이것은 그리스도인 남성들에게 아름다움에 대한 문화적 기준을 지지하기보다는 올바른 이유를 위해 신실한 여성의 매력을 길러주라는 간접적인 명령을 만들어낸다.

34 이런 각 요점에 대해서는 제1장에서 충분히 주장하고 지지했으므로, 여기서는 반복하거나 입증하지 않을 것이다.

이 거룩하고 흠이 없게 하려 하심이라."

앤드루 링컨이 말한 것처럼, 이것은 "제왕적 영광과 완벽한 화려함"을 가진 "젊고 아름다운 신부의 이미지다."[35] 여성의 신부 복장은 얼룩이나 주름이 없고, 그녀를 빛나게 하는 효과를 지닌다. 그러나 신부의 아름다움은 디모데전서 2:10에서 선을 행함으로 자신을 매력적으로 만드는 여성과 비슷하다. 그녀는 말씀의 물이 자신을 씻는 것과 같이 거룩하게 된다. 그녀의 신부 복장은 예수 그리스도께서 주신 것이다. 그리고 그녀는 거룩하고 흠이 없다.

바울과 베드로가 여성에게 단정하고 적합하게 옷을 입으라고 가르친 결과 중 하나는 남성에 대한 여성의 권력에서 주요 원천이었던 것을 내려놓으라고 여성에게 요구한다는 것이다. 교회에는 교묘한 속임수나 유혹의 여지가 없다. 신자들은 섬김의 정신으로 특징지어지는 사람들이어야 하는데, 이는 전통적 결혼의 어두운 측면의 일부분과 맞서게 될 수도 있다. 또 다른 결과는 여성이 매력적이길 원하는 자신의 욕망을 완전히 뒤집힌 가치를 통해 충족시켜야 한다는 것이다. 이것은 이 시대에 여성에게 가장 필요한 것 중 하나일 수 있다. 교회는 여성의 몸에 대한 적절한 신학의 발전을 절실하게 필요로 한다. 젊은 여성들은 문화적 기준의 측면에서 그리고 배우나 모델들과 경쟁하면서 매력적이고자 하는 자신의 욕망으로 인해 거식증과 같은 섭식 장애로 내몰리고 있다. 바울은 현상 이면의 동력원을 인식하는 것 같다. 옷 입는 것의 상징에 대한 더 많은 논의가 필요하며, 남성을 즐겁게 하는 것을 훨씬 뛰어넘어 경건을 철저히 추구하는 진정한 영적 활기가 있어야 한다. 미디어의 영향을 비슷하게 받은 그리스도인 남성들

---

35   Lincoln, *Ephesians*, 377.

이 선한 행동으로 자신을 꾸미는 여성을 찾지 않을 것이라는 점은 고통스러운 현실이다. 그리스도인들은 부자연스럽고 건강하지 못하며 경건하지 않은 아름다움의 이상과 자기중심주의를 거부함으로써 그들의 성적 지향성을 다시 형성하는 충격요법이 필요하다. 젊은 여성들은 남성과의 관계를 갈망하며(참조. 창 3:16), 몇몇 경우에는 이 욕망을 충족시키려는 시도가 섭식 장애로 나타나 그들을 죽이기도 한다.

6.3 성적인 것(Sexuality)

윌리엄 로더(William Loader)가 말하는 것처럼, "유대교 내에서 발전한 초기 기독교 운동은 유대교 전제의 영향을 많이 받았다." 만약 그렇다면, 예수는 그것의 엄격함을 더 강화시켰다.[36] 유대교는 하나님께서 몸의 부분을 창조하셨다는 점을 고려하여, 일반적으로 성적 욕망에 대해 긍정적이었다.[37] 하지만 율법은 성적인 범죄의 상세한 목록을 포함했고, (다른 규칙들 중에서도) 여성이 매춘부가 되는 것, 이스라엘 밖에서 다른 민족과 결혼하는 것, 근친상간, 동성 간의 성관계, 그리고 영아 살해를 금지했다. 결혼과 관련하여 유대교, 그리스, 그리고 로마의 가치와 풍습에는 어느 정도 유사점이 있었다. 결혼은 가족 간에 이루어졌고, 그 의도는 자손을 만들고 상속 재산을

---

36   Loader, *Sexuality*, 3–4.
37   Edward Ellis에 따르면, 유대교 문학은 성적 욕망에 대해 일반적으로 긍정적이거나 중립적이지만, "대부분은 과도하거나 강렬한 혹은 잘못된 욕망을 정죄하고 자제력을 옹호한다"(*Paul and Ancient Views of Sexual Desire: Paul's Sexual Ethics in 1 Thessalonians 4, 1 Corinthians 7, and Romans 1*, LNTS 354 [London: T&T Clark, 2007], 18).

통제하며 노인과 병든 사람을 부양하려는 것이었다. "결혼의 목적은 이름, 재산, 가족의 신성한 의식을 상속받아 유지할 수 있는 적법한 상속자를 출산하는 것"이라는 믿음이 널리 퍼져 있었다.[38] 전통적인 견해는 결혼이 특히 남성에게 의무이자 책임임을 강조했다. 가장 중요한 공통의 특징이자 기대는 아내가 정숙해야 한다는 것이었으며, 여성에게는 정조가 엄격하게 강요되었다.

이와 반대로 로마 시민의 아내와 딸에게 접근하는 경우를 제외하고, 남성은 성적인 면에서의 제약을 여성만큼 받지 않았다. 그리스-로마 문화에서 남성은 가정의 노예, 매춘부, 남성 및 여성에게 성적으로 접근할 수 있었다. 로더는 "로마의 남성은 수동적인 것과는 정반대여야 했다. 즉 강하고, 적극적이며, 고집스럽고, 군인다운 것, 그리고 성적인 능력이 그들의 정복의 무기 중 하나였다"고 말한다.[39] 그들은 성관계를 수동적인 파트너를 정복하는 것으로 보았던 것 같다. 그리스 및 로마 문학은 성적 사랑을 긍정하는 많은 양의 내용을 포함하며, 에로틱한 예술, 장식, 성적 감정을 일으키는 대상물들은 그리스도인들이 길을 걸을 때 자연스럽게 충분히 볼 수 있도록 공개적으로 전시되어 있었다. 그리스와 로마의 철학자들은 성관계에 대해 더 모호했고, 많은 이들은 자제력을 옹호했지만, 피타고라스주의자들은 성관계가 오직 출산을 위한 목적이어야 한다고 주장했다.[40]

....

38 Roy Bowen Ward, "Musonius and Paul on Marriage," *NTS* 36 (1990): 286-87.
39 Loader, *Sexuality*, 87.
40 스토아 학파와 견유학파 간의 논쟁은 원리로서 혼인 의무를 가정했다. "아버지, 가장, 시민으로서의 책임은 결혼한 남자가 동네에서 사회적·정치적·경제적 삶을 능동적으로 살아야 한다는 것을 보증하고 요구했다"(Anthony Thiselton, *The First Epistle to the Corinthians: A Commentary on the Greek Text*, NIGTC [Grand Rapids: Eerdmans, 2000], 487). 따라서 라틴어 시인 오비디우스의 견해가 논리적으로 뒤따른다. "남편과 아내는 의무 관계이기 때문에 성적인 즐거움[*amor*]이 있을 수 없었다." Larry Yarbrough는 스토아 학파의 무소니우스

6.3.1 성관계의 유대

바울은 성관계에 대한 그의 견해와 관련하여 자주 잘못 전해지고 잘못 해석된다. 예수와 바울은 모두 남성과 여성 사이의 성적인 행동을 신비롭고 강력한 것으로 여긴다. 창세기 1-2장은 성관계에 대한 바울의 견해에서 기초가 되는데, 우리가 남성과 여성으로서 어떤 존재인지에 대한 바울의 이해는 바로 여기에 근거한다. 예수와 마찬가지로(마 19:4-5), 바울은 창세기 2:24에 호소하여 남성과 여성이 한 육체가 된다고 주장한다. 예수는 남편과 아내가 한 육체가 될 때 성적인 행동으로 봉인되며, 그들을 실제로 묶어주신 분이 하나님이시라고 분명하게 주장한다. 바울은 심지어 결혼 관계 바깥에서도 성적인 행위로 연합하는 것을 한 육체가 되는 것이라고 말하며(고전 6:16), 에베소서 5:28-31에서는 그것을 결혼 관계의 측면에서 논의한다. 성관계와 관련되는 유대에 대한 바울의 이해는 에베소서보다는 고린도전서의 혼외 성관계에 대한 그의 논의에 더 명확하게 드러난다.

바울은 성관계가 모든 성교 행위로 남성과 여성 사이에 유대를 형성한다고 믿는다. "창녀[41]와 합하는 자는 그와 한 몸인 줄을 알지 못하느냐? 일렀으되 '둘이 한 육체가 된다' 하셨나니"(고전 6:16). 창녀와의 성관계에

를 요약하는데, 그는 결혼에서의 성적인 욕망(ἀφροδίσια)은 임신을 목적으로 할 때에만 정당화되지만, 성적인 즐거움을 위한 목적의 성관계는 심지어 결혼했다고 해도 불법이라고 주장했다(Musonius, *Is Marriage a Handicap for the Pursuit of Philosophy?* 85. 56). 신성한 목적은 개인주의를 요구했고, 그 결과 에픽테토스는 사랑을 위한 결혼이 좋다고 말할 수 있었지만, 그것은 더 나은 것으로부터 주의를 산만하게 만들 수 있다(*Diatr.* 4.1.147). O. Larry Yarbrough, *Not Like the Gentiles: Marriage Rules in the Letters of Paul*, SBLDS 80 (Atlanta: Scholars Press, 1985), 97을 보라.

41 Πόρνη라는 단어는 일반적으로 "창녀"로 번역되지만, 그리스-로마 시대에는 실제 창녀에게만이 아니라 혼외 성관계를 맺는 모든 여성을 지칭할 때 사용되었다.

대한 논의는 남성 고객과 여성 창녀의 관점에서 바라본다. 남성 젠더를 사용한 것은 (특히 창녀와 연합한 경우에) 기본으로 받아들여질 수 있으며, 고린도의 창녀들을 후원하는 것이 주로 남성의 활동이었지만, 신학과 제약은 여성에게도 적용될 것이다. 지체 높은 여성의 성적 생활은 문화적으로 엄격하게 제한되었지만, 남성은 (신전이나 사창가에서) 창녀에게 접근하거나, 여러 이유로 소외되어 여러 명의 성관계 파트너를 가진 여성(혹은 남성)과 관계를 가질 수 있는 선택권이 있었다.[42] 바울에 따르면, 성관계의 행위에서 일어나는 유대는 혼외 성관계를 맺는 사람들에게 파괴적인 일이다. 그것은 특히 (순결 위반 혹은 악과의 협력과 반대되는 것으로서) 그리스도와의 하나됨 및 연합의 본질을 욕되게 한다. 하지만 바울은 믿는 배우자와 믿지 않는 사람과의 지속적인 성적 연합/결혼은 배우자를 거룩하게 하는 결과를 낳고(고전 7:14), 그들의 자녀는 거룩하다고 주장한다.

연속적이면서도 대조적으로 에베소서 5:28-31은 결혼 관계에서 성적 연합에 의해 만들어진 하나 됨에 대한 이해를 발전시킨다.[43] 여기서 바울이 다른 곳에서 사용했던 은유들의 조합이 새로운 방식으로 합쳐진다. 교회의 머리이신 그리스도(와 그분의 몸인 교회)는 남편이 아내의 머리라는

---

42 성관계에 대한 바울의 논의에서 노예의 곤경이 빠져 있다는 점이 당황스럽다. 왜냐하면 여성과 남성 노예는 그들의 주인에게 성적으로 이용당하는 것이 강요되었기 때문이다. 바울은 성적인 행동의 한 가지 형태를 표적으로 삼고 있으며 아마도 그리스도인 노예 소유자들에게 적용되기를 바랐을 것이다. 비슷하게 창녀 중 많은 이들이 노예였다. David Garland는 창녀를 "그리스도에 대항한 싸움에서 악과 연합한 자, 어둠의 세력 구성원, 사망을 부르는 힘"으로 묘사한다(*1 Corinthians*, BECNT [Grand Rapids: Baker Academic, 2003], 233). 이것은 아마도 초점을 빗나가는 것이며, 1세기 혹은 다른 시대의 매춘 현실을 제대로 반영하지 못한 결과일 것이다.

43 바울 정경에서 주장되듯이, 에베소서는 바울이 사용한 다수의 은유를 엡 5:21-33에서 남편과 아내 관계를 묘사하는 새로운 연합으로 엮는다.

고린도전서 11:3-16의 은유와,[44] 창세기 2:24의 한 육체의 성적 연합과 결합된다. 여기서 추론은 성적인 관계에 의해 훨씬 더 가까운 연합이 이루어지거나 봉인되는 차원에서 아내가 남편의 몸이라는 것이다.

> 이와 같이 남편들도 자기 아내 사랑하기를 자기 자신과 같이 할지니 자기 아내를 사랑하는 자는 자기를 사랑하는 것이라. 누구든지 언제나 자기 육체를 미워하지 않고 오직 양육하여 보호하기를 그리스도께서 교회에게 함과 같이 하나니 우리는 그 몸의 지체임이라. 그러므로 사람이 부모를 떠나 그의 아내와 합하여 그 둘이 한 육체가 될지니(엡 5:28-31).

바울 문헌에서 성적 연합은 창세기 기사에서 창조의 절정, 즉 하와가 아담으로부터 만들어졌다는 것에 호소하는 결혼의 유대로서 묘사된다.

6.3.2 성관계와 자연 질서

바울은 자연 질서에 대한 호소를 통해서도 자신의 주장을 뒷받침한다(참조. 고전 11:14). 로마서 1:20에서 그는 하나님의 보이지 않는 속성이 그분이 만드신 것들을 통해 이해될 수 있다고 말한다. 그는 남성과 여성 간의 성관계를 자연에 부합하는 기능인 "자연스러운 관계"(τὴν φυσικὴν χρῆσιν)로 본다(롬 1:26-27).[45] 남성과 여성의 생식기는 서로 상응하며, 바울은 남성과 여

---

44 "머리"의 의미에 대한 여러 가지 이견이 있지만, 이 맥락에서는 남성이 여성의 생명의 근원이라고 말하는 창세기 기사로부터 바울이 이 은유를 새롭게 만들었고, 생명의 근원이자 교회의 자양분이신 그리스도와 연관 지었다고 보는 것이 타당하다.

45 "자연스러운"이라는 단어의 중요성에 대한 Douglas Moo의 논의를 보라(*Romans*, 114-

성의 성적 결합을 특별한 계시 없이 인류를 위한 창조 목적을 나타내는 적절한 표시로 여긴다.

6.3.3 성욕의 힘

바울은 성욕에 대한 현실적인 견해를 갖고 있다. 그는 성욕의 힘을 과소평가하지 않으며, 성욕을 남성과 여성에게 동일한 것으로서 다룬다. 그는 대다수 사람이 독신으로 지내는 것에 성공하지 못할 가능성이 매우 크다고 믿는다. 즉 그들은 결혼하지 않으면 음행, 즉 혼외 성관계에 연루될 수 있다. "음행을 피하기 위하여 남자마다 자기 아내를 두고 여자마다 자기 남편을 두라"(고전 7:2). 그는 결혼한 부부에게 기도를 위한 특별 시간을 가질 때만 예외를 두고 그 외에는 적극적인 성생활을 할 것을 지시한다. 그는 성욕이 사탄의 공격에 특히 취약하다고 믿는다. "서로 분방하지 말라. 다만 기도할 틈을 얻기 위하여 합의상 얼마 동안은 하되 다시 합하라. 이는 너희가 절제 못함으로 말미암아 사탄이 너희를 시험하지 못하게 하려 함이라"(고전 7:5). 남편과 아내의 성적 관계는 확실히 동등하고 공평하며, 고린도전서 7:3-4에서 말하는 것처럼 각자가 상대방의 몸에 대한 권위를 갖는다. "남편은 그 아내에 대한 의무를 다하고 아내도 그 남편에게 그렇게 할지라. 아내는 자기 몸을 주장하지[ἐξουσιάζει] 못하고 오직 그 남편이 하

---

15). 그는 "바울이 동성애 행위를 하나님의 창조 질서를 위반하는 행위로 묘사한 것은 분명하다. 이는 하나님에 대한 참된 지식과 예배에서 떠나는 또 다른 표시다"라고 결론 내린다. William Countryman은 여기서의 언급이 죄가 아니라 신체적 부정을 말하는 것이며, 바울은 이방인들에게 유대교의 정결 규례 준수를 요구하지 않는다고 주장하려고 노력한다(*Dirt, Greed & Sex: Sexual Ethics in the New Testament and Their Implications for Today* [Minneapolis: Fortress, 2007], 108-16).

며, 남편도 그와 같이 자기 몸을 주장하지[ἐξουσιάζει] 못하고 오직 그 아내가 하나니."

바울의 편지들은 성적인 행위에서 드러난 것처럼, 남성과 여성의 본질적인 차이와 관련하여 아리스토텔레스 및 다른 사람들의 생각에서 비롯된 그리스의 문화적 사상에서 매우 자유롭다. 바울은 남성이 삽입을 통한 지배를 보여주고 아내는 삽입을 당함으로써 복종을 나타낸다는 그리스-로마의 신념을 부정한다. 바울의 모델에서 남성과 여성은 모두 구약성서의 아가에서처럼 서로에게 동등하게 지배를 당하면서 권위를 행사하고 힘을 갖는다. 바울은 2012년 여름에 재레드 윌슨(Jared Wilson)의 블로그에 게시된 글과 극명한 대조를 이룬다.[46] 윌슨은 성관계를 남성의 권위적 행동과 여성의 순종적 행동으로서 묘사하는 더글라스 윌슨(Douglas Wilson)의 발언을 긍정하면서 남성과 여성의 몸에 대한 아리스토텔레스의 관점을 지지했다. "우리가 어떤 노력을 하든, 성적인 행동은 평등주의자의 즐거운 파티가 될 수 없다. 남자는 삽입하고, 정복하며, 식민지화하고, 씨를 뿌린다. 여자는 받고, 항복하며, 받아들인다."[47] 성관계에 대한 이런 묘사는 성관계의 행위에 대한 성서 및 바울 전집의 가르침과 완전한 대조를 이룬다. 하지만 이것은 플라톤과 아리스토텔레스가 성관계 행위를 이해하고 묘사한 방식과 매우 가깝다. 그것은 또한 식민주의와 제국주의 같은 억압적인 체제를 통해 기독교가 권력을 남용한 오랜 역사와 식민지 개척자들이 피식민자들을 선

---

46   Jared C. Wilson, "The Polluted Waters of *50 Shades of Grey*, Etc." 이 글과 강간에 대한 다른 글들은 대중의 항의를 유발하여 Wilson이 자신의 글을 정당화하는 글을 올린 지 며칠 후에 웹사이트에서 블로그가 제거되는 결과를 낳았다.
47   Wilson, *Fidelity: What It Means to Be a One-Woman Man* (Moscow, ID: Canon Press, 1999), 86-87.

의에 의한 행동으로 착취할 수 있다고 하는 부수적인 수사학 이면의 신학을 반영한다.

바울은 결혼하지 않은 사람들에게 만약 그들이 자신을 통제할 수 없다면 결혼하라고 말하는데, 그 이유는 다음과 같다. "정욕이 불같이 타는 것보다 결혼하는 것이 나으니라"(고전 7:9). 디모데전서에서 더 젊은 과부들은 교회에서 봉사하는 독신을 맹세했지만, 대신 게으른 경향이 있었고, 일부는 집마다 돌아다니면서 쓸데없는 말을 했으며, "사탄에게 돌아간" 사람들도 있었다(딤전 5:11-15). 바울이 보기에 그들의 성욕은 그리스도께 대한 헌신보다 더 강한 것으로 증명될 것이 당연했으므로, 차라리 그들은 결혼하고 자녀를 두어 가사를 돌보아야 했다(딤전 5:14). 바울에게 결혼은 어느 정도 임시방편처럼 보이고 주로 어떤 문제에 대한 해결책으로 보이지만, 고린도전서 7장의 가르침은 고린도 사람들의 질문 및 성적인 행동과의 구체적인 상호작용으로서 해석되어야 하며, 그가 다른 곳에서 결혼과 성관계에 대해 말한 더 신학적인 발언의 맥락에서 이해되어야 한다.

6.3.4 요약

비록 바울이 독신이었고 그래서 의도치 않게 금욕 생활을 독려하고 있었다고 하더라도, 그는 남성과 여성을 함께 묶어주는 성관계의 힘에 대한 깊은 호의와 존중심을 갖고 있었으며, 성욕의 힘을 진지하게 받아들였다. 에베소서에서 그는 그리스도와 교회의 관계를 설명하기 위해 그 강력한 연합을 사용하며, 그 연합은 결국 결혼에 대한 그의 견해를 알려주었다. 그러나 결혼의 유대관계를 형성한 그 힘은 영원하지 않은 혼외 관계가 발생했을 때 동일하게 파괴적인 것으로 그려졌다. 다시 말하면, 성적인 행동과 함께 일어나는 유대감 앞에서 성적 문란함은 이해 불가능한 모순이었다.

6.4 결혼과 독신

바울은 결혼 안에서의 적극적인 성생활에 대한 부끄러움 없는 옹호자였지만, 고린도전서 7:1-40에서 성행위, 결혼, 독신에 대한 그의 긴 논의는 정반대를 말하는 것처럼 보이는 언급으로 시작된다. "너희가 쓴 문제에 대하여 말하면 남자가 여자를 가까이 아니함이 좋으나"(고전 7:1). 이 발언은 바울이 나중에 혼자 지내는 것의 유익에 대해 논의한 내용과 함께 결혼보다는 순결 혹은 독신에 더 높은 가치를 부여하는 것으로 보인다.[48] 이는 결혼에 대한 그의 가르침을 깎아내리는 것처럼 보인다. 그러나 그는 고린도 사람들의 연속된 질문에 대답하는 중이었으며, 이 말은 그들의 입장을 반영한다고 보는 것이 더 그럴듯하다. "너희가 쓴 문제에 대하여 말하면 남자가 여자를 가까이 아니함이 좋으나."[49]

아무튼 바울은 결혼하지 않은 사람들에게 가르침을 주면서 "곧 임박한 환난으로 말미암아" 자신과 같이 결혼하지 않은 상태로 지내는 것이 좋다고 조언한다(고전 7:8, 26). 결혼에 관한 스토아 학파와 견유학파의 논쟁에서 스토아 학파의 견해가 독신을 권장하는 바울의 견해에 영향을 준 것

----

48 Loader가 주장하는 것처럼, 그것은 확실히 성교가 죄라는 의미일 수 없다(*Sexuality*, 453).
49 Thiselton은 다음과 같이 기록한다. "의심할 여지 없이 육체적인 친밀감을 금하는 것에 대한 암시는(문맥은 이 말이 결혼 생활에 대한 언급임을 암시함) 바울에게서 나온 것이 아니라 고린도로부터 나온 것이다(7:1). 그것은 고린도로부터 온 편지에 대한 솔직한 답변을 보여주는 주제 표식의 일부분이다"(*1 Corinthians*, 494).

으로 종종 해석된다.[50] 그는 결혼하지 않은 남성과 여성이 "염려로부터 자유롭고" 주님을 섬기는 일에 자신을 헌신할 수 있지만, 결혼한 사람들의 관심은 자신의 배우자를 기쁘게 하려고 신경을 쓰느라 분산된다고 주장한다(고전 7:32-35). 바울은 그 자신이 독신이었으며(7:7-8), 자신과 같이 혼자 지내는 것을 은사로 받은 사람들이 더 흐트러짐 없는 삶을 살고(7:35) 덜 염려하며(7:32) 고난이 덜하고(7:28) 더 행복하다고(7:40) 믿었다.[51] 따라서 그는 결혼하지 않은 사람들에게 영적이고 실용적인 유리함으로 인해 가능하면 그대로 혼자 지내라고 권한다(7:32-35). 바울이 남성과 여성을 대하는 방식은 고린도전서 7장 전체에서 다시금 동등하고 공평한데, 이는 남성과 여성에 대한 문화적 기대에 반하는 것이다.[52]

---

50   바울에게 미친 스토아 학파의 영향에 대해서는 다음을 보라. Deming, *Paul on Marriage and Celibacy*; Vincent L. Wimbush, *Paul the Worldly Ascetic: Response to the World and Self-Understanding according to 1 Corinthians 7* (Macon, GA: Mercer University Press, 1987); Wimbush, "The Ascetic Impulse in Ancient Christianity," *ThTo* 50 (1993): 417-28; Yarbrough, *Not Like the Gentiles*.

51   Jerome Murphy-O'Connor, "The Divorced Woman in 1 Corinthians 7:10-11," *JBL* 100 (1981): 59도 이렇게 요약한다.

52   바울의 텍스트에서 긴장감을 강조하는 Schüssler Fiorenza의 의견과 반대되는 주장이다. 그녀는 바울이 결혼하지 않은 상태로 남아 있으라고 허락하는 곳에서 해방의 효과에 주목하지만, 그가 결혼을 분산된 충성의 삶으로 특징짓는 것에 대해서는 이의를 제기한다. "우리는 바울이 브리스가라는 친구가 있었고 그의 신학이 틀렸다는 살아 있는 본보기가 되는 다른 선교사 부부들을 알았을 때 어떻게 그런 신학적 논점을 만들 수 있었는지 의문을 품을 수밖에 없다"(*In Memory of Her*, 226).

6.5 성관계와 자녀

출산과 자녀 이슈에 대한 바울의 언급 중 일부는 성관계, 결혼, 젠더 관련 주제와도 연관성이 있다. 고린도전서 7:14에 의하면, 신자의 자녀는, 그 신자의 배우자(또 다른 부모)가 믿지 않는 사람이더라도, 거룩하거나 거룩하게 된다(ἅγιος). 어떤 면에서 바울은 신자들의 모든 자녀가 하나님께 성별되었다고 말한다. 이것은 부분적으로 오직 하나님만이 자녀의 생명과 죽음에 대한 권리를 가지신다는 것을 나타내면서 낙태와 영아 살해에 대한 기독교의 금지를 말하는 수수께끼 같은 언급일 수 있다. 왜냐하면 낙태의 관습이 그리스-로마 세계에서 널리 퍼져 있었기 때문이다. 더욱이 영아 유기 역시 일반적인 관습이었다. 예를 들어 로마 문화는 특히 신생아의 경우에 아버지에게 자기 자녀에 대한 생명과 죽음의 권한을 부여했다(*patria potestas*). 아버지에게는 자신 앞에 신생아가 놓인 의식에서 아기를 받아들이거나 거부할 수 있는 선택권이 있었다. 만약 그가 아기를 들어 올리면 아기는 가족으로 받아들여졌고, 반대로 들어 올리지 않으면 그 아기는 유기되었다.[53] 이혼, 남편의 죽음, 혹은 사생 등의 일부 환경에서는 어머니가 자기 아기를 유기할지를 선택했다. 영아 유기는 지중해 세계 전역에서 가족 계획의 방법이자 연약하거나 기형인 아이를 없애는 수단으로서 일반적인 문화적 관습이었다. 다른 문화권에서도 종종 그랬던 것처럼 건강한 남자아이가 선호되었고, 따라서 여자아이가 더 자주 유기되었다.[54] 유기된 신생아의

---

53 Cicero, *Att.* 11.9.
54 기원전 4세기의 시인은 "아무리 가난해도 아들은 키우고, 아무리 부자더라도 딸은 유기한다"라고 일반화한다(*Posidippus*, 11E, cited by Stobaeus, *Flor.* 77.7) (Mark Golden, "Demography and the Exposure of Girls at Athens," *Phoenix* 35 [1981]: 316). 이 관습은

사망률이 매우 높았음에도 불구하고, 유기된 아기들은 다른 사람에 의해 길러질 수도 있었다. 일부는 노예가 되기도 했지만(많은 아이가 성매매에 이용되었다), 일부는 자유인의 신분으로 길러졌고 입양되기도 했다. 유대교 관습은 이런 관행을 어떤 형태로든 금지했기에, 낙태와 영아 살해 이슈와 관련하여 주변 문화권과 직접적인 대립 관계에 있었다. 초기 기독교 운동은 낙태와 영아 살해를 노골적으로 정죄하면서 유대교의 윤리적 관습과 가르침을 따랐다.

출산 중 사망과 높은 유아 사망률에 대한 두려움은 종교 관습에 영향을 미쳤고 부모와 자녀 간의 관계를 형성했다. 출산 중 여성의 사망에 대한 두려움이 퍼져 있었고, 이는 종종 낙태 실패로 인해 임신 도중에 사망하는 일이 그리스-로마 세계에서 증가하자 더욱 심화되었다. 다산과 임신 기간 중의 보호, 안전한 출산 보장에 대한 관심이 많은 여성의 이교적 종교 관습을 지배했다. 출산에 잘 대처하기 위한 기도, 주문, 의식, 그리고 다양한 마술 도구를 사용하는 것이 일상생활에 스며들었고, 여성뿐만 아니라 산파와 조수는 물론 대가족을 포함하여 출산 과정의 다양한 측면에 관심이 있는 다른 사람들도 의무적으로 행해야 할 관습이 있었다. 아마도 이것이 디모데전서 2:15 및 창조와 타락에 대한 앞선 내러티브의 맥락일 것이다. 여성은 이런 중요한 영역에서 혼합주의에 빠져들거나 잘못된 가르침의 영향을 받기 쉬웠을 것이다.

옥시링쿠스 파피루스에서 부재중인 남편이 임신한 자기 아내에게 보내는 편지에 나오는 것처럼 일반적으로 계속 행해졌다. "내가 돌아가기 전에 아이를 낳거든, 그 아이가 남자아이면 살려두고, 여자아이면 버리시오"(P. Oxy. 744).

6.6 별거, 이혼, 재혼

바울은 결혼 계약이 평생 지속되어야 한다고 믿는다(롬 7:1-3; 고전 7:10-11, 39). 그러나 배우자의 죽음이나 유기 혹은 간음이 이 언약적 유대관계를 끊는다(롬 7:2-3). 이 세 가지 경우는 1세기에, 특히 믿지 않는 배우자와 결혼한 그리스도인에게 흔히 일어나는 일이었다. 바울은 실용적으로, 그리고 교회의 전통적인 정책을 대변하는 율법주의 없이 여러 다른 경우를 다룬다. 원칙적으로 신자는 배우자를 버리지 말라는 명령을 받는다(고전 7:10). 그러나 바울은 배우자와 갈라서기로 선택한 사람은 주도적으로 이혼을 추진하거나 재혼을 해서는 안 된다고 말한다(7:11-13). 하지만 만약 배우자가 간음이나 유기로 언약적 유대관계를 파기하면 신자는 재혼할 수 있는데, 이는 신자가 이혼 절차를 시작할 수 있음을 의미한다. "형제나 자매나 이런 일에 구애될 것이 없느니라"(7:15). 하지만 신자는 간음을 저지르는 것이 금지되며, 간음을 저지른 사람은 교회로부터 추방당한다(5:5, 9-11). 이런 지침들은 어려운 결혼을 특징짓는 여러 시나리오에서 신자가 난관과 선택사항들을 놓고 고민할 때 도움을 준다.

바울의 입장은 고린도전서 7:27-28에서 어떤 이유에서든 이미 이혼한 사람들에 대해 더 구체화된다. "네가 아내에게 매였느냐? 놓이기를 구하지 말며 아내에게서 놓였느냐? 아내를 구하지 말라. 그러나 장가가도 죄짓는 것이 아니요, 처녀가 시집가도 죄짓는 것이 아니로되…."[55] 만약 신자의 잘못으로 혼인 계약이 파경에 이르게 되면, 신자는 징계(공동체에서 제외

---

[55] Colin Brown, "Separate: Divorce, Separation and Re-marriage," *NIDNTT*, 3:535-43을 보라.

되는 추방)를 받아야 하지만, 그 후에 회개하면 공동체로 돌아올 수 있다(고후 2:5-10). 그런 경우에 바울이 재혼을 금하는 것으로 종종 해석되지만, 이 구절에서 독신은 성적인 잘못에 대한 회개의 형태나 징계의 수단으로서 결코 제시되지 않는다. 독신은 소수의 사람이 갖고 있는 자제력의 은사다. 바울은 결혼하지 않은(이혼했거나 결혼한 적이 없는) 사람들이 자신의 본성적인 성욕으로 인해 음행에 빠질까 봐 우려하는데, 이미 자제력을 잃은 경력이 있는 사람들은 특히 위험하다. 바울은 그의 독자 중 일부가 과거에 성적으로 음란했던 적이 있고, 동성 간 성행위에 참여했으며, 간음을 저질렀다고 솔직하게 인정한다(고전 6:9-10). 성적 무절제의 유혹에 대한 그의 해법은 결혼하여 적극적인 성생활을 하는 것이다(7:2-7).

6.7 음행(롬 1:26-27; 고전 6:12-19)

바울에게 유일한 성적 선택사항은 "자연스러운 관계"(남성-여성)의 결혼 혹은 금욕이다(고전 7:9). 따라서 결혼은 오로지 한 남성과 한 여성만을 가리킨다. 성적으로 부도덕한 행위에 대한 바울의 논의는 결혼 계약 밖에서 저질러지는 모든 성적인 행동에 초점을 맞춘다. 예수의 가르침과는 달리, 바울 전집에서는 성욕이 음행만큼 명백한 죄는 아니다. 오히려 불타는 정욕이 전형적인 인간 상태의 문제로서 고린도전서 7장에서 제시되며, 자제력 혹은 자제력의 부족과 관련되고 그에 직접적인 영향을 미친다. 금욕하는 사람은 자신의 성적 욕망을 통제해야 하고, 만약 그럴 수 없다면 결혼을 하는 것이 낫다(고전 7:9). 결혼한 사람들은 사탄의 유혹으로 인해 자제력을 잃지 않도록 규칙적인 성관계를 가져야 한다(7:2-5). 데살로니가전서 4:3-5도 비슷하게 신자가 성적인 자제력을 발휘해야 한다고 가르친다. "하나님의 뜻은 이것이니 너희의 거룩함이라. 곧 음란을 버리고 각각 거룩함과 존귀함으로 자기의 아내 대할 줄을 알고 하나님을 모르는 이방인과 같이 색욕을 따르지 말고."

음행/간음을 가리키는 πορνεία는 혼외 성관계를 가리키는 포괄적인 의미의 용어였다.[56] 이 단어에는 혼전 성관계, 간음, 매춘부와의 성관계, "부자연스러운 성관계", 그리고 동성 간의 성적인 관계가 포함되지만, 동성 간의 성적인 관계는 종종 분리된 범주로 다루어지기도 한다. 바울은 혼외 성관계를 성화의 반의어로 간주하는데, 성화는 하나님의 뜻이며, 따라서 그리스도인의 삶에서 우선적인 목표다.

6.7.1 하나님께 대한 헌신인가, 아니면 행복 추구인가?

바울의 우선순위는 하나님을 모르는 사람들과 극명하게 대조된다. 성적 만족감이나 해방감, 그리고 인생의 동반자와의 의미 있는 사랑의 관계는 하나님께 헌신하는 사람들에게는 우선순위나 목표, 혹은 권리가 아니다. 음행은 통제력 부족, 불결함, 명예 상실, 그리고 저급하고 불명예스러운 행위에의 참여와 연관된다(참조. 롬 1:26-28). 바울은 데살로니가전서 4:3-7에서 성적 착취와 다른 사람들에게 가하는 성적 학대에 대한 이슈를 밝히고 언급한다. "하나님의 뜻은 이것이니 너희의 거룩함이라. 곧 음란을 버리고 각각 거룩함과 존귀함으로 자기의 아내 대할 줄을 알고 하나님을 모르는

---

56   유대인에게 πορνεία는 단지 매춘만이 아니라 모세 율법이 금지하는 모든 성적인 활동을 포함했다.

이방인과 같이 색욕을 따르지 말고 이 일에 분수를 넘어서 형제를 해하지 말라. 이는 우리가 너희에게 미리 말하고 증언한 것과 같이 이 모든 일에 주께서 신원하여 주심이라. 하나님이 우리를 부르심은 부정하게 하심이 아니요 거룩하게 하심이니."[57]

바울은 음행을 피해자가 없는 죄로서 이해하지 않으며, 오히려 가족 모두는 물론이고 두 명의 연루자까지도 궁극적인 희생자라고 여긴다.[58] 고린도전서 6:18에서 그는 "음행"이 각 관여자에게 심각한 영적 결과를 초래하는 죄라는 점을 고려하여 그것을 독특한 범주에 배치한다. "사람이 범하는 죄마다 몸 밖에 있거니와 음행하는 자는 자기 몸에 죄를 범하느니라." 따라서 모든 부도덕한 성적 행위는 개인적인 피해뿐만 아니라 성관계 파트너에 대한 가해 혹은 착취까지도 야기한다. 더욱이 바울은 서로 성적인 행위를 하는 남성들은 "그들의 그릇됨에 상당한 보응을 그들 자신이 받았느니라"라고 말한다(롬 1:27). 이는 적어도 남성들 사이의 동성 간 성행위

---

57 살전 4:4-6에서 훈계는 "각각"(ἕκαστον ὑμῶν) 이런 문제에서 "형제"(ἀδελφόν)를 해하거나 착취하지 말라는 것이다. 부당한 취급을 받은 당사자가 남성 성관계 파트너, 혹은 여성의 남편, 아버지, 보호자일 수 있다는 주장이 제기될 수 있으며, 이는 성적으로 착취당한 여성이 엄밀히 따지면 부당한 취급을 당하거나 명예를 잃은 사람이라고 간주되지 않았음을 의미한다. 그러나 이것은 여기서 남성형 단수의 기본적인 사용으로서 받아들여져야 하므로, ἀδελφόν은 누구든 (이와 관련된 사람에게) 성적 행동으로 착취당하거나 피해를 입은 사람을 대표하는데, 이는 종종 한 사람을 넘어 부모, 배우자, 자녀, 그리고 그 이상을 포함한 가족의 명예로까지 그 의미가 확장된다.

58 그러나 고전 6:15-18에서 매춘부(혹은 여러 명의 성관계 파트너를 가진 여성)의 경우에, 바울은 매춘부나 여성의 성적 착취를 다루지 않으며, 남성 그리스도인 고객의 관점에서 끔찍한 결과를 고려한다. 살전 4:4-7에서 바울의 초점은 그리스도의 몸에 미치는 영향과 다른 그리스도인들에게 미치는 성적인 불법 행위의 영향이다. 그러나 독자들과 문화는 여성이 매춘이나 혼외 성관계에 연루되어서는 안 된다는 것과 그런 행동이 모욕적이고 수치스러운 것이라는 믿음을 공유했음을 알아야 한다. 하지만 이방인 독자들은 남성에게 같은 기준이 적용된다는 믿음을 반드시 공유하지는 않았을 것이다.

에 대한 자연적 처벌로서 부정적인 신체적 결과가 있었음을 시사한다.

6.7.2 일시적인 성적 계약의 손상

바울은 한 사람이 자기 몸에 죄를 짓는 것을 성관계 파트너와 한 몸이 되는 성관계의 본질에 대한 위반과 연결한다(고전 6:16; 참조. 창 2:24). 영구적이지 않은 성적 유대관계를 형성하면 아마도 괴로운, 영적이거나 신체적인 손상을 입게 된다.[59] 더욱이 다수의 성관계 파트너를 가진 누군가와 연합을 형성하는 것은 신자가 그리스도 안에서 맺는 연합을 해친다. 바울은 한 사람이 그리스도의 몸의 구성원으로서 누군가와 성관계를 가질 때 그리스도와 그분의 몸을 그 상대방과 합치는 것이라고 주장한다. "너희 몸이 그리스도의 지체인 줄을 알지 못하느냐? 내가 그리스도의 지체를 가지고 창녀의 지체를 만들겠느냐? 결코 그럴 수 없느니라"(고전 6:15). 이것은 그리스도의 몸을 창녀의 부정함으로 더럽히는 것에 대한 우려일 수 있지만, 그리스도와 맺은 신실함의 관계를 구약성서 전체를 통틀어 전형적 은유인 신실하지 않은 관계로 타협하는 것에 대한 더 깊은 우려일 것이다.

---

59 2001년에 개봉한 영화 "바닐라 스카이"에서 Cameron Diaz가 연기한 인물인 Julie Gianni 는 다음과 같이 말한다. "네가 누군가와 잘 때, 네 의도와 상관없이 너의 몸이 약속하는 거야"(*Vanilla Sky*, directed by Cameron Crowe [Hollywood, CA: Paramount Pictures, 2001]).

6.7.3 그리스-로마 문화와의 연속성 및 불연속성

기독교의 성 윤리는 남성에게 가장 큰 차이를 만들었을 것이다. 나는 분노를 비판하는 악행 목록이 남성에 대한 이슈를 주된 표적으로 삼는다고 주장했다. 문화적 연구는 음행에 대한 악행 목록 역시 남성의 행위를 주된 목표로 삼고 변화시킨다고 주장하는데, 그 이유는 문화의 윤리에서 남성에게 훨씬 더 많은 성적 자유가 있기 때문이다. 윌리엄 로더는 "어떤 면에서 비전통적 사회에서 남성의 변화는 여성의 변화보다 더 급진적이다. 남성들로 하여금 자신의 성적인 면을 책임지게 하는 것은 그들이 여성을 통제해야 하고 여성을 탓할 수 있다는 전통적인 자기 이해를 그들에게서 제거한다"라고 말한다.[60]

이것은 절제된 표현이다. 사실 기독교는 문화가 여성에게 신실하도록 요구했던 것과 같은 방식으로 남성에게 신실하도록 요구함으로써 본질적인 가부장적 권리를 약화시켰다.[61] 기독교는 이혼, 근친상간, 배우자에 대한 부정을 정죄했고 일부다처제를 금지했다.[62] 기독교는 여성에게 윤리적인 연속성과 평등을 제공했다. 기독교는 여성의 순결을 높이 평가했지만, 기독교가 아니더라도 모든 지위의 여성이 순결을 이미 요구받고 있었다. 만일 그들의 남편이 회심한다면, 그리스도인 여성의 지위와 안전, 그리고

---

60 Loader, *Sexuality*, 361.

61 이것은 여성 개개인이 음행에 대해 죄가 없었다는 말이 아니라, 문화가 순결하지 않은 여성에 대해서는 한결같이 비난하면서도 남성에 대해서는 동일한 기대를 하지 않았다는 말이다.

62 Rodney Stark, *The Rise of Christianity: How the Obscure, Marginal Jesus Movement Became the Dominant Religious Force in the Western World in a Few Centuries* (San Francisco: HarperSanFrancisco, 1997), 104을 보라. 그는 그리스도인 여성의 지위가 높을수록 개종률이 높았다고 주장한다.

결혼 생활에 대한 만족도는 훨씬 더 높아졌을 것이다.

6.7.4 성관계와 노예 제도

바울 공동체에는 노예의 성적인 면과 관련한 이슈가 있다.[63] 노예의 순종
은 가정 규례에서 언급되는데, 바울은 노예가 기독교 공동체의 중요한 구
성원임을 보여주고, "자유인이나 노예가 없다"고 말하면서 노예의 지위에
대해 반복적으로 언급한다. 그러나 노예의 성적 지위와 상황으로 인한 긴
장이 틀림없이 있었을 것이다. 1세기 그리스-로마의 관습을 고려해볼 때,
남성과 여성 노예는 바울이 음행과 부자연스러운 성적 관계로서 묘사하
는 것에 가담하고 있었다. 그들은 기독교 공동체에서 윤리적으로 이중적인
곤경에 처한 것으로 보였을 것이다. 베스티 바우만-마르틴(Besty Bauman-
Martin)은 베드로전서에서 노예에 대한 명령의 경우에 믿지 않는 주인의
노예는 이미 자기 주인에게 복종하지 않았다고 주장한다. 즉 그들은 그리
스도인이 되고 그리스도인의 모임에 참여함으로써 일반적인 가부장 제도
를 이미 전복하고 있었다는 것이다. 그녀의 관점에서 이는 그들이 성적으
로 복종하는 것 역시 거부하고 있었다는 말이다. 권고는 "선을 행함으로
고난을 받"는(벧전 2:20) 결과적인 박해에 복종하라는 것이다.[64] 그러나 이

---

63   Jennifer Glancy는 학자들이 노예의 젠더를 간과해왔다고 주장했다. Glancy, *Slavery in
      Early Christianity* (Oxford: Oxford University Press, 2002); Glancy, "Obstacles to Slaves'
      Participation in the Corinthian Church," *JBL* 117 (1998): 481-501을 보라.

64   Bauman-Martin, "Feminist Theologies of Suffering and Current Interpretations of 1 Peter
      2:18-3:9," in *A Feminist Companion to the Catholic Epistles and Hebrews*, ed. Amy-Jill
      Levine and Maria Mayo Robbins, FCNTECW 8 (New York: T&T Clark International,
      2004), 71.

는 노예, 특히 여성 노예의 힘을 과대평가한 것이다. 우리는 주인이 계속해서 선택권이 없는 그리스도인 노예를 계속 부리고 학대했을 것이라고 가정할 수 있으며, 공동체는 노예들이 그 같은 상황에 대해 책임이 없다고 혹은 그 상황 내에서 충실하게 반응한 것으로 용납해주었을 가능성이 있다. 바울 공동체에서의 삶은 우리가 알고 있는 것보다 더 혼란스러웠다. 하지만 고린도전서 11:2-16에서 베일에 대한 바울의 가르침은 교회에서 기도하고 예언하는 여성에게 정조, 순결, 보호의 문화적 기호인 상징을 착용하도록 허락해야 한다고 주장한다는 점에 주목하라. 자신의 힘이 닿는 한, 바울은 그의 지도와 리더십에 복종하는 기독교 공동체의 사람들이 신자들인 여성 노예들을 성적으로 이용하지 못하도록 최소한 상징적으로 그들을 보호했다.

$$**$$

몸과 관련하여 바울과 그의 신학에 대한 해석은 역사적으로 곡해되어왔다. 그중 많은 부분이 우리가 지금 "독자중심비평"이라고 부르는 것 때문에 일어났다. 일찍이 기독교 해석자와 교사들은 플라톤의 이원론, 그리고 출산을 제외한 다른 목적의 성관계에 대한 피타고라스의 거부를 포함하여 그리스 철학의 관점을 바울 본문에 투영했다. 바울이 사용한 "육신"이라는 단어는 신체적인 몸과 같아졌고, 독신이 영적으로 특별 대우를 받게 되었다. 남성 해석자들은 자신의 성적 열망을 여성에게 투영했고, 이것을 독신이라는 우월한 선택을 위해 (추정상) 열등한 여성을 거부하는 것과 결합시켰다. 이런 전체적인 경향은 바울이 성관계와 몸에 대해 실제로 말한 것과 완전히 정반대가 된다.

기독교의 목회 공동체, 성서학자, 신학자, 그리고 교회 역사학자들은 몸에 대한 우리의 신학이 나아갈 길에 대해 주의 깊게, 그리고 철저히 생각해보아야 한다. 우리에게는 이 중요한 분야에서 심각하게 성 상품화된 문화를 다루는 논리적인 성서신학과 세계관이 절실하게 필요하다. 그것은 성 윤리뿐만 아니라 바울이 강조한 음행, 분노, 몸과 아름다움에 대한 이해와 같은 중대한 관련 이슈를 다루는 것이어야 한다. 이런 문제들은 계속해서 신중하게 다루어져야 하며 서구 기독교 공동체에서 가장 우선시되어야 할 핵심적인 이슈들이다.

제7장
부르심[1]

사역에 대한 모든 신자의 소명 혹은 부르심이라는 개념은 대다수 기독교 전통의 기본이며 교회의 중심적인 기능이다. 사역에 대한 대다수 개신교의 개념은 섬김을 위한 하나님의 부르심 혹은 하나님께서 모든 신자에게 주시는 성령의 특별한 은사와 관련하여 평신도와 전문 사역자 사이에 성서적 구분이 없다는 주장에 근거한다. 이것은 모든 신자의 제사장직과 밀접하게 관련되는데, 구약성서에서 제사장의 역할은 예수 그리스도께서 중재자로서 일하신 것과 그분이 제공하신 희생에 의해 처음으로 변화되고 충족된다. 그 후에 각 신자의 영적인 예배를 통해 충족되며, 그 결과 교회는 하나님 나라를 고대하는 제사장들로 구성된다. 본 장에서는 이와 관련된 본문들이 교회에서 남성의 역할과 관련하여 어떻게 이해되는지를 살펴볼 것이다. 관련 본문들이 모든 신자에게 요구되는 섬김을 혼동하고 방해하며 신자로서의 여성에게 주어진 중심 교리를 무효화하는 해석학적 모순과 함께 여성에게 적용되어왔다는 사실을 논증할 것이다. 부르심과 은사를 결정하는 체험의 역할에 대한 바울의 이해는 이 논의에서 중요한 부분을 차지하는데, 그 이유는 남성의 체험이 자신의 부르심에 의해 이루어지는 반면에, 이와 비교할 수 있는 부르심에 대한 여성의 체험은 종종 무시되거나 지지받지 못하기 때문이다. 첫째로, 본 연구의 중심에는 젠더와 관련된 신자의 부르심, 섬김, 제사장직의 개념을 명확하게 하려는 시도가 있다. 둘째로, 부르심, 섬김, 소명과 함께 젠더의 차이가 연구될 것이다. 셋째, 고린도전서 14:34에서 여성은 교회에서 조용히 해야 한다는 바울의 명령을 근접 문맥과 영적 은사에 대한 더 큰 맥락, 그리고 여성의 부르심과 그들의 섬김에 영향을 미치는 편지의 담화에 비추어 살펴볼 것이다.

7.1 신자의 젠더, 부르심, 섬김, 그리고 제사장직

영적 은사에 대한 바울의 신학은 각 신자의 부르심과 섬김을 결정하는 데 있어 결정적인 역할을 한다. 고린도전서 12-14장에서 영적 은사에 대한 단락은 다양성과 교회에서의 기능 등 은사에 대한 가장 자세한 정보를 제공하며, 이 은사를 나누어 주는 데 있어 성령의 주된 역할을 반영한다. 에베소서 4:7-13은 하나님께서 주신 은사와 11절에 나열된 사도, 예언자, 복음 전하는 자, 목사, 교사 등 교회의 지도자 직분 및 사역 간에 직접적인 관계가 있음을 보여준다. 그러나 역사적으로 교회는 디모데전서 2:12의 여성을 제한하는 해석이 에베소서 4:11, 로마서 12:1-8, 고린도전서 12:28에 제시된 대부분의 영적 은사의 수행보다 더 우선되는 해석학적 접근을 따랐다. 디모데전서 2:12의 해석은 이 본문과 다른 본문에 대한 해석학적 틀로 작용하는 우선적인 전제로서 기능한다. 많은 학자와 교회 지도자들에 의하면, 디모데전서 2:12에 대한 이해는 이 구절이 교회와 공예배, 그리고 아마도 성인 남성이 참여하는 모든 기독교적 배경에서 여성이 가르치거나 권위를 행사하는 것을 어느 정도 금지한다는 것이다.

정확하게 어떤 맥락에서 무엇이 금지되는지에 대한 의견이 넓다는 점은 자신의 부르심을 찾기 위해 노력하는 여성들과, 그 금지를 적용하려고 노력하는 교회, 기관, 개인 모두에게 혼란을 가져다준다. 더욱이 여성은 성서에 실제로 명확하게 표현되었거나 명백하게 허용된 것보다 훨씬 더 엄격하고 혼란스러운 기존의 신학을 다루기 때문에 뜻밖의 유리 천장에 부딪히게 된다. 나는 여성이 로마서 12:1-8을 해석하고 적용하려고 할 때 해석학적 모순과 혼란이 어떻게 발생하는지도 제시할 것이다. 여성이든 남성이든, 성서를 연구하는 사람은 누구나 로마서 12:1-8을 연구할 때 건전한 해석학적 원리를 일관되게 적용해야 한다는 것이 나의 주장이다. 여성과 관련하여 적용된 해석학적 접근의 모순은 신학적 모순이라는 결과를 낳는다.

7.1.1 바울 전집의 맥락에서의 로마서

바울은 다음의 세 서신에서 교회에서의 신자의 역할에 대한 모형을 제시한다. 기원후 55년경 기록된 고린도전서, 기원후 57년경 기록된 로마서, 그리고 기원후 60년 혹은 그 이후에 기록된 에베소서다.[1] 로마서는 특히 영적 은사 및 젠더와 관련된 사역에 대한 바울 신학의 흥미로운 모델을 제공한다. 이는 그의 서신에서 가장 드물게 등장하는 것 중 하나다. 즉 유대인과 이방인 사이의 긴장이 분명히 언급되긴 하지만, 바울은 고린도전후서나 목회 서신에서 그랬던 것처럼 특정 집단이나 개인의 여러 문제를 다루지

---

1   에베소서의 경우에는 이것이 아마도 이 편지가 바울의 내러티브에서 "스스로 자리매김하는" 부분일 것이다. 비록 상황이 많이 반영되지는 않지만 말이다. 논란이 되는 서신으로서 이 편지의 지위에 대한 논의는 본 연구의 목적을 벗어난다.

는 않는다.[2] 이는 가장 많은 설명과 확실성을 지녔기에 어느 정도 체계적인 논의이기도 하다. 바울은 로마를 방문한 적이 전혀 없었고, 로마 교회와 상당량의 공유된 정보를 전제하지도 않았다. 만약 영적 은사를 사용하는 여성에 대한 본질적인 제약이 있었다면, 이는 바울이 그런 제약을 분명히 할 시점이었을 것이다. 하지만 그는 그렇게 하지 않았다.

로마서는 여러 면에서 디모데전서와 눈에 띄는 대조점을 제공한다. 이 편지는 바울이 한 번도 방문한 적이 없는 곳에 있는 집단을 향해 기록되었지만, 디모데전서는 그의 사역팀의 구성원에게 보낸 개인적이고 친밀한 편지이며, 따라서 기본적으로 상당량의 공유된 정보를 전제한다.[3] 그런 사적인 편지에서는 수신자가 맥락을 이해하기 때문에 외부인이 해석할 수 있는 주요 정보가 예외 없이 누락된다.[4] 그 자체의 관점에서 살펴보면, 디모데전서는 에베소의 특정 배경에 대한 내용이 거의 표현되지 않은 채 전제되어 있다.[5] 이 편지에서 바울은 여성들 사이의 다양한 문제를 포함하여,

---

2   교회에서 유대인과 이방인 사이에 롬 14:1-15:33에 반영된 심각한 문제가 있다는 것을 추정할 수 있다. Joseph A. Fitzmyer, *Romans: A New Translation with Introduction and Commentary*, AB 33 (New York: Doubleday, 1993), 638을 보라.

3   디모데후서가 개인적인 편지인지 허구의 편지인지에 대한 논의는 Cynthia Long Westfall, "A Moral Dilemma? The Epistolary Body of 2 Timothy," in *Paul and the Ancient Letter Form*, ed. Stanley E. Porter and Sean A. Adams, PSt 6 (Leiden: Brill, 2010), 225-29을 보라. 수신자 이슈는 두 서신에서 모두 비슷하다. 제9장도 보라.

4   관련된 이론의 주요 원리 중 하나는 저자/화자가 필요 이상의 정보를 공유하지 않는다는 것이다.

5   학자들은 대부분 디모데전서를 원칙적으로 허구로 취급한다. 즉 그들은 디모데전서가 사적인 편지이지만, 교회 전체가 읽도록 의도되었으며, 아마도 전체 기독교 공동체가 접근할 수 있었을 것이라고 주장한다. 이런 가정은 딤전 2:12의 여성에 대한 금지의 보편적 이해를 뒷받침하는 데 매우 중요하다. 하지만 편지를 기록하는 관습을 고려해볼 때, 이 편지가 허구라는 문법상의 증거는 없다. 개인적인 편지가 반드시 사적일 필요는 없었고, 개인적인 편지의 말미에 있는 다른 개인, 가족, 혹은 공동체에 대한 안부 인사는 일반적인 것이었다.

잘못된 가르침에 의해 생긴 구체적인 이슈와 문제들을 언급하고 있다. 디모데전서의 저작권은 그 내용과 문법에 기초하여 도전받아왔으며, 일부 사람들에 의해 저작 시기는 2세기로 추정된다. 만약 (바울 저작이) 확실하다면, 디모데전서는 로마서가 기록된 지 최대 8년 후(아마도 기원후 63년에서 65년 사이)에 기록되었다. 따라서 디모데전서는 로마에 있는 독자들이 이미 알고 있었고 해석적 틀로 사용할 수 있었던 정보를 담고 있다고 가정될 수 없다.[6] 더욱이 디모데전서 2:12의 해석적 틀로 알려진 것에는 교리와 관습을 결정할 때 로마서의 내용보다 더 우선시되지 않도록 만드는 중요한 해석적 문제가 다수 포함되어 있다.[7] 성서의 권위를 인정하는 대부분의 전통이 공유하는 세 가지 해석학적 원칙이 있다. (1) 우리는 교리의 기초를 한 구절에만 두지 않는다.[8] (2) 우리는 교리의 기초를 해석적 문제가 있는 구절이나 단락에 두지 않는다.[9] (3) 우리는 더 명확한 가르침에 중점을 둔다.[10]

....

6 Craig Blomberg가 주장하듯이, "성서를 성서로 해석하는 것, '성서의 유비', 혹은 고대 사람들이 '신앙의 규칙'(*regula fidei*)이라고 불렀던 것을 받아들이는 것은 주어진 본문을 해석하는 데 사용되는 추가적인 단락이 본문의 저자에게 알려졌을 때 항상 적법하다"(Blomberg, with Jennifer Foutz Markley, *A Handbook of New Testament Exegesis* [Grand Rapids: Baker Academic, 2010], 229). 바울이 개인보다는 집단에 8년 먼저 똑같은 말을 했을 것이라는 가정은 순환논리다. 우리는 이슈와 문제가 저자와 독자 간에 공유된 정보라고 주장한다.

7 Wayne Grudem은 "우리는 말씀의 다른 부분을 부인하거나 반박하는 결론을 도출하기 위해 말씀의 한 부분만을 사용해서는 절대 안 된다"라고 주장한다(*Evangelical Feminism and Biblical Truth: An Analysis of More Than One Hundred Disputed Questions* [Sisters, OR: Multnomah, 2004], 405).

8 William Klein, Craig Blomberg, Robert Hubbard가 요점을 제시한다. "신학은 반드시 선택된 혹은 고립된 본문이 아니라 성서 전체의 가르침에 기초해야 한다"(*Introduction to Biblical Interpretation* [Dallas: Word, 1993], 388).

9 "논점이 모호할 수 있는 불명확한 텍스트"는 설득력이 떨어진다. "은유나 내러티브가 결론을 더 모호하게 만드는 곳에서, 우리는 감히 그것들이 더 명확하거나 교훈적인 내용의 텍스트를 좌우하도록 강요해서는 안 된다"(ibid., 389).

10 "논점이 모호할 수 있는 불명확한 텍스트보다 분명한 가르침이 더 많은 비중을 차지해야 한다"(ibid., 388-89).

로마서는 교회에서의 신자의 역할에 대한 분명한 단락을 제시해줄 뿐만 아니라 젠더의 영향을 결정하는 데에도 특히 유용하다고 할 수 있는데, 그 이유는 로마서 16장이 바울이 지목하여 추천하는 기독교 공동체의 유명한 여성을 다수 포함한 것으로 유명하기 때문이다.

7.1.2 문맥 안에서의 로마서 12:1-8

이 단락에 대한 세 가지 전제로 시작하려고 한다. 첫째, 대부분의 주석가가 로마서 12:1-2이 이어지는 네 장의 전체 권면을 소개한다고 주장하지만, 이 구절은 12:1-8의 통일된 흐름의 일부이며,[11] 12:9-21 역시 밀접하게 연관되어 있다. 둘째, 고린도전서 12장과 에베소서 4:11-15의 평행 단락 은 영적 은사에 대한 바울의 신학을 설명하며, 서로를 해석하는 데 적법하 게 사용될 수 있다. 셋째, 번역 이론과 관계없이, 그리스어에서 ὑμεῖς("너희" 복수)와 ἀδελφοί("형제자매")는 여성과 남성 모두를 가리킨다. 이것은 12:3 에서 분명하게 강조된다. 즉 다음의 가르침은 신자 개개인(παντὶ τῷ ὄντι ἐν ὑμῖν)에게 주어진 것이다.

> 그러므로 형제들아, 내가 하나님의 모든 자비하심으로 너희를 권하노니 너희
> 몸을 하나님이 기뻐하시는 거룩한 산 제물로 드리라. 이는 너희가 드릴 영적
> 예배니라. 너희는 이 세대를 본받지 말고 오직 마음을 새롭게 함으로 변화를
> 받아 하나님의 선하시고 기뻐하시고 온전하신 뜻이 무엇인지 분별하도록 하

---

11   롬 12:3의 λέγω("내가 말한다")가 "너희 각 사람에게"와 마찬가지로 강조되지만, 이 절은 γάρ("왜냐하면")로 12:1-2과 연결된다. 이는 12:3-5이 12:1-2과 연결되거나 거기서 비롯 될 뿐만 아니라 12:1-2을 뒷받침한다는 것을 나타낸다.

라. 내게 주신 은혜로 말미암아 너희 각 사람에게 말하노니 마땅히 생각할 그 이상의 생각을 품지 말고 오직 하나님께서 각 사람에게 나누어 주신 믿음의 분량대로 지혜롭게 생각하라. 우리가 한 몸에 많은 지체를 가졌으나 모든 지체가 같은 기능을 가진 것이 아니니, 이와 같이 우리 많은 사람이 그리스도 안에서 한 몸이 되어 서로 지체가 되었느니라. 우리에게 주신 은혜대로 받은 은사가 각각 다르니 혹 예언이면 믿음의 분수대로, 혹 섬기는 일이면 섬기는 일로, 혹 가르치는 자면 가르치는 일로, 혹 위로하는 자면 위로하는 일로, 구제하는 자는 성실함으로, 다스리는 자는 부지런함으로, 긍휼을 베푸는 자는 즐거움으로 할 것이니라(롬 12:1-8).

7.1.3 로마서 12:1-2: 신자의 제사장직

로마서 12:1-2의 권면은 예배의 측면에서 말하기 때문에, 신자는 제사를 섬기며 드리는 제사장이자 바쳐지는 제물로서 묘사된다.[12] 제물과 제사장직을 포함하여 구약성서의 예배는 이제 새로운 시대의 시작과 함께 성취된다.[13] 스탠리 그렌츠(Stanley Grenz)가 말하듯이, "신자는 하나님께 영적 제

---

12 Robert Jewett은 "은혜에 어울리는 반응으로서 몸으로 드리는 제물과 합당한 예배의 은유는…하나님의 복음에 대한 제사장적 예배에서…바울과의 협력의 기초를 제시한다"라고 말한다(*Romans: A Commentary*, ed. Eldon J. Epp, Hermeneia [Minneapolis: Fortress, 2007], 724). 이와 비슷하게 Douglas Moo가 보기에도 롬 12:1은 신자의 제사장직을 묘사하는 것이다. "그리스도인은 모두 제사장으로서(벧전 2:5; 계 1:6; 5:10; 20:6), 하나님께서 지금 특별한 방식으로 자신을 계시하시는 성전을 함께 형성한다"(*The Epistle to the Romans*, NICNT [Grand Rapids: Eerdmans, 1996], 754).

13 Thomas Schreiner가 주장하듯이, "구약의 예배와 제사는 더 이상 제의[예배의 관습]에 국한될 수 없다.…[바울은] 새로운 시대가 시작되었기 때문에 구약의 제의가 이제 성취되고 있다고 이해한다. 다시 말하면, 제의에 대한 바울의 이해는 근본적으로 종말론적이다"(*Romans*, BECNT [Grand Rapids: Baker, 1998], 646).

물을 바치는 것과 같은 제사장의 기능을 수행할 특권과 책임이 있다"(히 13:15; 롬 12:1; 벧전 2:9).[14] 제물은 한 사람의 인생 전체와 연관되고, 우리는 이제 하나님의 소유가 된다. 우리는 세상의 규범과 기준에 동화되기를 거부해야 하며, 우리의 마음이 새롭게 되는 변화를 경험해야 한다.

여성의 제사장직이나 목회자직의 금지를 뒷받침하는 데 사용되는 일반적인 주장 중 하나는 구약성서의 제사장이 남성이었다는 사실이다.[15] 그러나 여기서는 사역/은사의 맥락에서 신자의 제사장직을 말하고 있으며, 제사장직에는 더 이상 유대인이나 그리스인, 노예나 자유인, 남성이나 여성의 구분이 따로 없다. 이것은 히브리서의 주장에도 부합한다. 즉 이제 그리스도께서 우리의 죄와 죄책을 위해 그 자신을 단번에 영원한 제물로 바치셨기 때문에, 모든 신자는 하나님 앞에서 동일한 위치에 서 있으며, 각신자는 제사장의 역할을 하면서 그리스도를 따라 지성소에 들어가야 한다(히 10:19-25). 만약에 과거에 주장된 것처럼 구약성서에서 가르치는 역할이 정말로 예언자가 아니라 제사장에 속한 것이었다면,[16] 그 가르침의 역할은 인종, 사회, 젠더의 경계를 넘어 확장되었다. 신자의 제사장직과 관련된 교리의 일부분으로서, 복음주의자들은 모든 신자가 가르치는 은사를 갖고 있지 않더라도 지식을 나눌 책임이 있다는 점을 견지해왔다.[17]

....

14   Grenz, *Theology for the Community of God* (Grand Rapids: Eerdmans, 1994), 555.
15   예. Craig L. Blomberg, "Women in Ministry: A Complementarian Perspective," in *Two Views on Woman in Ministry*, eds. Stanley N. Gundry and James R. Beck (Grand Rapids: Zondervan, 2005), 133을 보라. 대부분의 이방인 선교 지도자들은 남성성이 그리스도와 같지도 않고 유대인 기준에 따른 레위인 같지도 않은, 할례를 받지 않은 이방인들이었을 것이다. 레위기 제도에서 제사장직의 자격은 목회자직과 특히 제사장으로서의 신자의 자격과는 완전히 다르다.
16   Ibid., 137.
17   Bruce L. Shelly, *What Baptists Believe* (Wheaton: CB Press, 1973), 25-32.

신자의 제사장직은 장로나 집사의 자격과는 구분된다.[18] 그러나 여기
서 사역과 관련된 모든 역할과 신자의 제사장직 사이에는 명백한 관계가
있다. 즉 로마서 12:1-8에 의하면 역할은 제사장직에서 비롯된다. 교회의
모든 구성원은 교회의 사역과 선교에 참여한다. 모든 은사는 각 독자가 냉
철한 판단으로 자신의 신앙의 척도를 설정함에 따라 고려할 가능성으로서
제시된다. 지금까지 발전되어온 교리에 따르면, 모든 그리스도인은 하나님
앞에서 사역에 대한 동일한 **잠재력**을 지닌다. 신자의 제사장직이 있는 곳
에 영적인 계급이나 위계질서는 없다.[19]

7.1.4 로마서 12:1-2: 진정성과 변화로의 부르심

로마서 12:1-2의 권면은 진정성으로의 부르심과 관련된다. 몸은 사람 전
체를 표현하는데, 이는 하나님께서 독특하게 창조하신 우리 자신, 우리가
지금까지 있었던 곳, 그리고 우리의 인생 여정에서 현재 우리의 위치를 포
함한다.[20] 이것은 체험이 평등의 필수적인 부분이 되는 지점이다. 제물로

---

18 Grudem, *Evangelical Feminism*, 404-5.
19 Gordon Lewis와 Bruce Demarest가 말하는 것처럼, "신자의 제사장직은 지도자(감독, 목사,
    혹은 장로) 중 아무도 다른 사람에게 하나님의 용서를 위해 죄를 고백하라고 요구할 수 없
    다는 것을 의미한다. 지도자는 성령에 의해 이루어지는 예수 그리스도의 중보자적 도우심
    에 무엇을 보탤 수 없다. 제사장으로서 교회 구성원들은 동일한 특권을 가질 뿐만 아니라
    모두의 선을 위해 서로 다른 영적 은사들을 사랑 안에서 행사해야 할 동등한 책임을 지닌
    다"(*Integrative Theology* [Grand Rapids: Zondervan, 1996], 3:274).
20 Schreiner는 "여기서 '몸'이라는 단어는 사람 전체를 가리키며 하나님께 드려지는 것이 사람
    전체와 관련된다는 점을 강조한다.…하나님에 대한 진정한 헌신은 삶의 모든 영역을 포괄하
    며, 몸의 특징과 구체성 등 모든 부분을 포함한다"라고 말한다(*Romans*, 644). Moo는 "바울
    은 아마도 그 사람과 세상의 상호 작용을 특별히 강조하면서 사람 전체를 가리키려는 의도
    였을 것이다. 바울은 우리에게 요구되는 희생이 이 세상의 가혹하고 종종 종잡을 수 없는 인
    생에서 하나님에 대한 섬김의 헌신을 요구한다는 것을 강조하기 위해 특별한 지점을 만들

희생되는 바로 그것이 우리의 유산, 시간, 장소의 형태로 남겨지는 것인데, 이는 사도행전 17:24-28의 바울의 말에 의하면 우리와 하나님의 최선의 관계를 위해 하나님께서 미리 정하신 것이다.[21] 각 시대의 모든 신자는 그리스도 예수 안에서 선한 일을 위해 창조된 하나님의 작품이다(엡 2:8-10).[22] 이방인에 대한 바울의 선교는 유대인이 아닌 사람들의 문화와 배경에 대한 존중을 포함했고, 바울은 복음을 그들이 있는 곳으로 가져왔다. 1세기의 이방인들은 그들의 몸을 살아 있는 제물로서 제단에 놓았고, 하나님은 무엇인가 새롭고 혁명적인 것을 창조하셨다. 이것은 신자의 제사장직이라는 패러다임으로 계속되어야 한다. 신자의 체험, 제물의 본질, 그리고 영적인 섬김은 복음이 시간과 문화의 새로운 경계를 넘어감에 따라 성서적 범주 안에서 사람들을 변화시킬 것이다. 바울은 그런 경계 안에 엄청난 유연성이 있음을 논증했다.

예수와 바울도 종교 안에서 인간 전통이 발전하여 신앙, 시간, 문화, 경험이 만나는 곳에서 시험을 거쳐 수정된다는 사실을 논증했다. J. B. 필립스(J. B. Phillips)가 "네 주변의 세상으로 하여금 너를 쥐어짜서 세상이 원

고 있다"라고 주장한다(*Romans*, 751).

21 우리 중 일부(1970년 이후 출생자)가 페미니즘의 어젠다와 환경의 우발적인 산물이라고 주장한다면, 나는 예수의 희생적 죽음은 억압적인 제도적 테러리즘의 산물이라고 대답할 수 있다.

22 무엇이 변했는가? 여성에게 지난 150년 동안 일어난 변화는 아찔했다. 사회 속에서 그리고 복음주의에서의 가능성, 교회와 파라처치 사역의 역할과 관련하여 입증된 기록을 통해 새로운 지도가 세워졌다. 왜 변화가 일어났는가? 지난 50년 동안 통계에 기초한 변화, 즉 지적·신체적 능력의 측면에서 여성에 대한 신화와 전설이 점차 변화되어왔다. 남녀공학이 결정적인 역할을 했다. 즉 상급 교육 기관의 문이 서서히 열렸고, 여성이 교실에서 동료로서 인정받게 되었다. 여성이 신학교에 다니게 된 것은 혁명적인 일이었다. 여성이 히브리어와 그리스어, 주해, 해석학, 설교학 등의 전통적인 성서 연구와 사역 관련 수업을 수강할 때, 교수들은 종종 그들이 뛰어나다는 사실을 알게 된다.

하는 모양으로 만들도록 두지 말라!"(롬 12:2 Phillips)고 번역한 것처럼, 이 과정에서 신자는 이 세상의 흐름에 동화되어서는 안 된다.[23] 바울에게 예수 그리스도를 만난 사건은 그를 둘러싼 세상, 즉 그리스-로마 문화의 흐름과 유대교의 흐름뿐만 아니라 유대교적 기독교의 흐름에도 동화되지 않는 결과를 낳았다. 바울이 그의 교회를 향해 그가 그리스도를 따른 것처럼 그를 따르라고 권면했을 때, 그는 진부한 말을 거의 사용하지 않고 삶을 본보기로 만들었으며, 그가 남기고 싶어 하지 않는 것은 아무것도 없었다. 그는 세상의 틀을 깨뜨려버린 사람이었다.

남성에게 자기 몸을 제단 위에 두라는 부르심은 1세기의 기준으로 보는 것과 21세기의 기준으로 보는 것이 완전히 다르다. 예배에 대한 남성의 영적 섬김은 정부, 기술, 재정, 직업, 그리고 생활양식의 엄청난 변화를 적절하게 반영한다. 하나님께서 우리를 부르시는 대로의 변화는 우리를 구속하는 문화적 경향을 넘어 끊임없이 나아간다. 여성에게 있는 그대로의 자신을 제단에 올려놓으라는 부르심 또한 과거의 다양한 시점에서 보는 것과는 훨씬 다르게 보여야 한다. 점점 더 많은 수의 여성이 여러 다른 이유로 인해 현저하게 발전된 개인의 잠재력과 가능성을 나타내도록 태어나고 길러진다. 일부 여성들은 이후에 교육받고, 시험을 치르고, 훈련받고, 자격을 취득하고, 선출되었으며, 책임과 리더십의 다양한 역할을 수행하는 것

---

23 그러나 Elisabeth Elliot은 "세상으로 하여금 너를 쥐어짜서 세상이 원하는 모습으로 만들도록 두지 말라"는 말을 페미니스트 신학에 저항하고, 자기주장을 삼가며, 여성다운 역할을 포용하라는 의미로 적용한다("The Essence of Femininity: A Personal Perspective," in *Recovering Biblical Manhood and Womanhood: A Response to Evangelical Feminism*, ed. John Piper and Wayne Grudem [Wheaton: Crossway, 1991], 394-99, 532). 나는 그녀가 정글 부족의 중요성에 대한 표식으로서 그들의 젠더 역할에 대한 관점에 호소하는 것에는 동의하기 힘들다. 하지만 그녀는 자신의 목소리를 냈고, 청중에게 말하고 유창하게 글을 쓰는 그녀의 능력은 변화의 예시였다.

으로 입증되었다.[24] 그런 업적 안에서 신자인 여성들은 "너희가 먹든지 마시든지 무엇을 하든지 다 하나님의 영광을 위하여 하라"(고전 10:31)와 같은 구절들을 진지하게 받아들일 수 있다. 이것은 분명히 자기주장이나 이기적인 야망이 아니다. 여성의 인격, 능력, 잠재력, 그리고 발전은 선천적으로 손상된 것이 아니다. 이것들은 여성 각자의 진정성의 본질적인 부분이다. 이것들은 여성이 하나님의 처분에 따라 제단에 놓아야 하는 것이며, 여성이 자신의 은사를 평가하는 믿음의 척도에 반영되는 것이다. 마태복음 25:14-28의 달란트 이야기에서처럼, 여성은 하나님께서 그들에게 주신 것과 하나님을 섬길 수 있는 모든 이점을 다 사용해야 할 신성한 의무가 있다. 여성은 자신의 힘, 은사, 능력을 쥐어짜서 틀에 집어넣음으로써 그것들을 땅속에 파묻고 성령을 소멸시키려는 모든 노력에 저항해야 한다. 21세기에 하나님께서 주신 여성의 역할과 섬김은 다른 시대, 장소, 문화에서 종교 전통이 형성한 흐름에 맞추어질 것이 아니라, 로마서 12:1-2의 역동적인 변화에 의해 형성되어야 한다.[25] 이것이 우리가 "하나님의 선하시고 기

---

24 Neela Banerjee에 의하면, 이제 여성은 신학교 학생의 51퍼센트를 차지한다("Clergywomen Find Hard Path to Bigger Pulpit," New York Times, August 26, 2006, http://www.nytimes.com/2006/08/26/us/26clergy.html?th&emc=th&_r=0). 그러나 51퍼센트는 목회학 석사학위(M.Div)만이 아니라 모든 신학교 학위 프로그램의 학생들을 포함한다.

25 Dorothy Patterson과의 특별 대담에서 그녀는 "나는 [성서가] 권위 있는 말씀이라고 믿고, 만약에 권위가 있다면, 문화나 관습에 상관없이 진실하며 혹은 적절성을 지닌다는 것을 알았습니다.…[하나님은] 내가 하나님의 말씀 속에서 찾은 일관되고 명확하게 제시된 원리에 순종하기를 기대하셨습니다. 하나님은 내가 나의 은사와 지성에 비추어 그분의 원리를 해석하기를 기대하지 않으셨지만, 은사와 지성과 창의력 등을 포함하여 '그분의 아들의 형상을 본받으라고' 권하셨습니다(롬 8:29)"라고 말한다("The High Calling of Wife and Mother in Biblical Perspective," in Piper and Grudem, *Recovering Biblical Manhood and Womanhood*, 365). Patterson은 특정한 시간 및 장소에서 하나님의 새로운 피조물인 자신과 예수 그리스도의 형상 간의 잘못된 이분법을 갖고 있다. 바울의 관습, 문화, 인지된 적절성, 은사, 지성, 훈련, 창의성은 모두 그의 부르심과 그가 그것을 철저히 성취한 것에 사용되었다.

뻐하시고 온전하신 뜻이 무엇인지 분별"하는 유일한 방법이다(롬 12:2).

7.1.5 로마서 12:3-5: 하나 됨 안에서 다양한 섬김으로의 부르심

다음 구절인 로마서 12:3-5은 다양성 안에서의 하나 됨을 강조한다. 이 구절은 신자의 부르심을 다루는 데 있어 추가적인 원칙을 드러낸다. 다시 말하지만, 이 말씀은 분명히 공동체의 모든 구성원에게 주어졌다. 토머스 슈라이너가 말하듯이, "모든 신자는 신앙의 분량을 받았고, 이 배당된 신앙에 따라 자신을 평가해야 한다."[26] 각 신자는 자신의 은사와 관련하여 냉정하고 정확하게 생각해야 한다. 게다가 신자는 "우리에게 주신 은혜대로" 서로 다른 은사를 받는다(롬 12:6a). 따라서 우리는 교회 구성원 가운데서 예언, 섬김(집사로서의 사역),[27] 가르침, 위로, 구제, 다스림, 긍휼 베푸는 것(롬 12:6-8) 등의 다양성을 목격하리라고 기대해야 한다. 고린도전서 12:28과 에베소서 4:11에 있는 은사의 다른 목록들은 일부 겹치는 것들이 있지만, 추가적인 은사도 들어 있으므로 다양성을 대표한다. 또한 지도력의 은사와 언변의 은사는 하나님의 은혜로 주어진다는 것과, 고린도전서 12:11에 의하면 특별히 성령에 의해 주어진다는 것을 주목하라. 바울은 각 신자에게 자신의 **믿음**과 **은혜**에 따라 개인적인 은사와 부르심을 현실적으로 판단하라고 권면하고 있다. 즉 관찰과 깊은 생각을 통한 수신자의 체험을 바탕으

---

26 Schreiner, *Romans*, 651.

27 Moo는 "그렇다면 아마도 바울은 교회의 물질적 필요를 특별히 채우고 공급하는 일과 명백하게 관련된 '집사'의 사역에 적합한 특정 은사 혹은 섬김을 생각하고 있을 것이다"라고 말한다(*Romans*, 766). 어떤 이는 "집사"가 직분을 의미한다고 주장하지만, Jewett은 특정한 의미에서의 직분인지는 의심스러우며, 직분을 맡은 사람보다는 기능 자체에 초점이 있는 것이라고 주장한다(*Romans*, 749).

로 사역을 결정해야 할 책임이 있다는 것이다. 다르게 말하면, 자신의 부르심을 확인하는 것은 각 개인에게 달린 일이며, 체험 없는 부르심은 없다는 말이다.

남성의 목회자직 및 다른 사역으로의 개인적인 부르심은 신학교에서 당연하게 존중받으며 진지하게 다루어진다. 비록 사역에 적합한 것으로 여겨지는 은사와 사회적 수완이 부족해 보인다고 할지라도, 남성은 자신의 부르심의 의미에 대해 의문을 제기하거나 반대하기를 주저한다. 존 파이퍼 (John Piper)는 목회자직으로의 부르심에 대한 훌륭한 본보기 역할을 한다. 그는 휘튼에 있는 동안 사역으로의 부르심을 **느꼈는데**, 이것을 "내 마음은 갈망으로 거의 가득 찼다"라고 표현했다.[28] 그 후 1980년에 그는 설교로의 **거부할 수 없는** 부르심을 **느꼈다**.[29] 한 남성이 사역으로의 부르심을 확인할 때, 그는 자신에게 주어진 믿음과 은혜에 따라 감정과 체험을 활용한다.[30]

그러나 부르심을 실현하는 데 있어 다양성과 체험의 역할이 여성에게는 분명하거나 효과적으로 고려되지 않는다. 여성이 똑같은 모델에 의해 자신의 부르심을 결정할 때 똑같은 기준에 따라 파이퍼와 똑같은 결론에 이르게 된다면, 그녀는 내비게이션 시스템이 고장 났다는 말을 듣게 된다. 여성은 "잘못된" 결론에 이를 수 있기 때문에, 자신의 부르심을 확인하는 데 있어 체험과 감정을 활용하는 것이 부적절하다는 말을 종종 듣는다.[31]

---

28 John Piper, *The Supremacy of God in Preaching* (Grand Rapids: Baker, 1990), 18.
29 John Piper의 책(이들 중 일부는 공동 저작)은 http://www.desiringgod.org /books를 보라.
30 이것은 신학의 방법론으로서 성서, 전통, 이성, 체험으로 구성된 웨슬리 사변형(Wesleyan Quadrilateral)과 크게 다르지 않다.
31 Grudem은 다음과 같이 말한다. "하나님은 결코 사람을 당신의 말씀에 불순종하도록 부르지 않으신다. 이 일에서 우리의 결정은 성서의 객관적인 가르침에 기초해야 하며, 사람이 얼마나 독실하거나 신실한지와 관계없이 그 사람의 체험에 의존해서는 안 된다"(*Evangelical Feminism*, 481). 물론 여성이 지도자로서 자신이 부름을 받았다고 결정하는 근거인 롬

이것은 아이러니한 일이다. 왜냐하면 여성은 통일된 증인과 가르침, 그리고 강단에 있는 남성, 성인 주일학교 교사, 신학교 교수, 신학자, 주석 작가의 본보기로부터 그 과정에 대해 직접 배우기 때문이다. 그 과정과 기준은 로마서 12:1-8과 다른 본문들에 대한 성서적 이해를 반영하는 것으로 보인다. 그러나 많은 전통은 여성의 잠재적 가능성을 제한하고, 디모데전서 2:12의 여성에 대한 금지의 영향, 여성은 교회에서 침묵해야 한다는 고린도전서 14:34의 명령, 그리고 여성의 종속적 역할에 기초하여 제한의 범주를 설정한다. 따라서 여성이 집사나 교사, (남성을) 권면하거나 지도하는 자로서 섬기는 부르심을 받는 것이 성서적이지 않다고 여겨져왔고, 많은 전통에서는 여성이 예언하는 것이 배제되었다. 여성이 구제하는 것 역시 의심스러운 부르심이 될 수 있었다. 왜냐하면 남편이 (전통적으로) 여성의 재정에 대한 책임을 지기 때문이다. 결국 여성이 전통적인 권위에 복종하려고 노력해왔다면, 그녀는 자신의 마음이 긍휼을 베풀도록 이끌 때만 자신의 부르심이 성서적이라고 완전히 확신할 수 있다. 그녀의 교회가 사회적 복음에 적대적이지 않다면 말이다.[32] 따라서 여성이 교회에서 섬길 수 있는 기회에 있어서는 여러 다양성이나 풍부한 포괄성이 없었다. 은사의 범주,

---

12:1-8에 대해 체험적으로 응답하는 것은 성서에 대한 순종에 직접 기초한다. Grudem은 체험을 완전히 부적절한 것으로 치부하는 데까지는 이르지 않는다. 하지만 그는 그런 경험의 의미를 해석하는 데 실수가 있을 수 있다고 말한다.

32 "긍휼을 베푸는" 은사마저도 보수적인 전통에서는 결점이 많은 것으로 알려져왔다. 20세기에는 대부분 성서에 대한 아주 보수적인 관점을 견지하는 전통들이 "사회 복음"과 사회 정의를 거부했다. Thomas Schreiner에 따르면 긍휼을 베푸는 것과 연관되는 관계적이고 양육적인 인격적 자질은 사람을 속임수에 취약하게 만들고 교리적 오류와 이단에 더 취약하게 한다("An Interpretation of 1 Timothy 2:9-15: A Dialogue with Scholarship," in *Women in the Church: A Fresh Analysis of 1 Timothy 2:9-15*, ed. Andreas J. Köstenberger, Thomas R. Schreiner, and H. Scott Baldwin [Grand Rapids: Baker, 1995], 145).

다양성, 중요성이 은사에 대한 모든 구절에서 주된 요점임에도 불구하고,[33] 고린도전서 12:12-31에 나오는 몸의 다양성에 대한 은유의 대상은 회중의 절반 이하로 급격히 줄어든다.[34]

여성의 체험과 감정이 하나님께 순종하는 이 과정에서 부정된다면, 부르심의 의미가 손상될 뿐만 아니라 예수를 따르는 것과 그리스도를 본받는 것의 본질도 남성의 그것과 질적으로 달라진다. 체험, 감정, 개인적 책임이 이 등식에서 제거될 때, 여성은 권위자나 중재자에게 찾아가서 자신을 향한 부르심을 확인하고, 하나님의 음성을 들으며, 자신의 역할이 무엇인지를 알아내야 한다. 각 여성은 자신에게 주신 은혜에 따라 자신의 은사를 결정할 권리를 빼앗긴다. 로마서 12:1-8의 "분명한" 취지가 사라지는 것이다.

실제로 남성의 체험과 감정은 그의 사역의 부르심에서 규범적인 것으로서 취급되지만, 여성의 감정과 체험은 의심스러운 것으로 여겨져서, 만일 그 감정과 체험이 남성 권위자들이 여성에게 적합한 사역의 영역을 제한하려고 그어놓은 선 밖으로 여성을 이끈다면 무효가 될 수 있다. 역사적으로 그런 선은 생각할 수 있는 모든 곳에 그어졌다. 하지만 사역 기능의 기초를 분명하게 언급하는 두 본문에는 은사와 기능을 결정짓는 두 가지 주된 요소가 있다. 그것은 개인에 대한 현실적인 평가와, 자신이 결정하신 대로 각 개인에게 은사를 주시는 성령이다(고전 12:11). 이것은 "선을 긋는"

---

33 Jewett이 롬 12:6에 대해 말하듯이, "언급된 은사 중 일부는 스페인 선교 프로젝트에 특히 적합할 수 있지만, 그 주된 기능은 지금까지 인정받지 못한 범주와 로마의 다양한 회중 속에서 일괄적으로 존재하는 카리스마적 은사의 중요성을 지지하는 것이다"(*Romans*, 746).

34 교회 예배에서 여성의 침묵을 의무화하는 일부 전통에서 교회는 몸의 절반이 듣는 귀의 기능을 해야 한다고 결정했다고 말할 수 있다.

신학과, 여성의 은사에 관한 구절의 명확한 신학을 무효화하는, 하나님이 일하시는 방식에 대한 선험적 규칙을 만드는 신학에 반대한다.

여성에 대한 이 구절의 적용을 가로질러 "선을 긋는" 것의 결과는 "의심의 해석학"이 보수적인 복음주의자들 사이에 만연해 있으며, 여성의 정체성과 능력 및 행동을 해석하고 판단하는 데 사용되어왔다는 것이다. 외향적인 여성은 의심받을 수 있고 부적절하다고 여겨질 수 있다.[35] 현실적으로 금지된 것은 최소한의 공통분모로 흘러가는 경향이 있다. 마치 자기 자신의 신학이 보증하는 것보다 여성에 대한 제한을 더 가혹하게 적용하는 것이 더 안전한 것처럼 말이다.

남성에 관한 한, 리더십 모임, 교회 직분, 영향력 있는 자리에서 여성을 배제하는 일에 남성이 참여하는 것과 그것을 뒷받침하는 근거는 우리가 로마서 12:3-6을 말씀으로 인정한다면 깊이 생각해봐야 할 문제다. 제임스 던은 이렇게 말한다. "교만한 생각에 대한 강력한 경고(3절)는 11:7-24(특히 11:20)의 이방인 전제에 대한 비슷한 경고를 떠올리게 하지만, 유대인 전제에 대한 초기 비판의 비슷한 주제도(2-4장) 떠올리게 한다. 즉 유대인이 실패한 주된 이유이자 이방인 그리스도인에 대한 잠재적인 위협이라고 바울이 판단했던 '그들'보다 '우리'라는 태도는 종말론적인 하나님의 백성을 특징짓는 데 허용되어서는 안 된다."[36] 유대인과 이방인 간의 관계를 특징짓는 것과도 비슷한 "그들"보다 "우리"라는 태도는 교회에서 남성

---

35 라디오의 한 여성 연사는 잠 31장을 근거로, 십 대 소녀들이 성서적 여성성을 기르고 싶으면 외향적이면 안 된다고 가르치고 있었다. 그녀는 아마 무례하고 공격적인 행동을 단순하게 표현했던 것 같다. 하지만 외향성과 내향성은 남녀 젠더 모두에게 정당한 기질적 특징으로서, 사람의 정체성에서 각각 본질적인 것으로 이해되어야 한다. 각 특성은 부적절한 행동으로 확인될 수 있으며, 외향성은 잠 31장에 나온 여성의 모습과 일치한다.

36 Dunn, *Romans 9-16*, WBC 38B (Nashville: Nelson, 1988), 720.

이 여성보다 우선권과 권위를 가져야 한다고 가르치는 사람들의 언어, 추리, 결과물에 깊이 새겨져 있다. 교회에서 권위와 영향력을 가진 위치에 있는 남성은 유대인과 이방인 사이에서와 마찬가지로 노예와 자유인 사이뿐만 아니라 남성과 여성 사이에도 똑같은 이슈가 작동한다고 바울이 주장했다는 사실을 진지하게 고려해야 한다(갈 3:28). 우선권과 권리를 요구하는 것은 바울 전집에 비추어볼 때 완전히 잘못된 것으로 들릴 수밖에 없다. 로마서 12:1-8에 언급된 감정과 개인적 체험의 기준은 교회에서 사람들이 사역과 지위로 부르심을 받았다는 표시로서 인정된다. 따라서 여성의 동일한 체험과 감정이 교회에서의 사역과 지위에 대한 그들의 부르심의 기준으로서 부적합하다고 주장하는 것은 문제가 있다. 왜냐하면 이 구절은 모든 신자에게 말씀하기 때문이다.

7.1.6 로마서 12:6b-8: 몸의 필요를 채우기 위해 받은 은사

영적 은사의 다른 목록을 비교해보면, 은사와 교회의 지도자나 직분자의 역할 간의 직접적인 관계가 눈에 띈다. 로마서 12:6-8은 다음의 일곱 가지 은사를 나열한다. 즉 예언, 섬김(διακονία), 가르침, 위로, 구제, 다스림(이는 딤전 3:4, 12에서 장로 및 집사와 어휘적 연관성을 지닌다; 참조. 살전 5:12), 긍휼이다. 이것이 완전한 목록은 아니다. 고린도전서 12장에서 우리는 조금 다른 목록을 볼 수 있는데, 이는 사도, 예언자, 교사, 능력 행하는 자, 병 고침, 서로 도움, 다스림, 각종 방언 말하는 것, 방언 통역, 지혜, 지식, 믿음을 포함한다. 에베소서 4:11은 두 가지 은사를 추가한다. 즉 사도, 예언자, 복음 전하는 자, 목사, 그리고 교사다. 이 은사들은 하나님의 사람들을 봉사할 수 있도록 준비시켜서 그리스도의 몸을 세우기 위해 받는 것이다(4:12). 고린도전서 12:21-26에서 바울은 은사가 주어지는 것이기 때문에 몸의 한 지체가 다른 지체에게 "너는 쓸 데가 없다"라고 말할 수 없으며, 하나님께서 몸의 구성원들을 하나로 연합하셔서 부족한 지체에 귀중함이 더해진다고 분명하게 말한다.

남성은 로마서 12:6-8을 읽을 때 그 자신과 자신의 부르심을 이해할 수 있는 가능성의 완전하지 않은 목록을 본다. 이것은 적용의 기회를 사실상 무제한으로 주려고 기록된 것이다. 여성을 제한하는 전통의 지도를 받아본 적이 없는 젊은 여성이 로마서 12장을 처음으로 읽을 때, 그녀는 자신의 잠재력과 가능성에 비추어 하나님께서 이런 범주들 중 무엇으로든지 자신을 사용하실 수 있다는, 동일하게 거리낌 없는 믿음으로 반응한다. 왜냐하면 그녀는 자신 주변에서 여성들이 비슷한 방식으로 기능하고 있는 것을 보기 때문이다. 여성의 핵심 역량, 성격, 진로는 남성만큼 다양하고 독특하며 서로에게 유일하다.

그러나 여성에 대한 이 본문들의 적용은 험난한 역사를 거쳐왔다. 은사는 젠더에 따라 다르다는 주장이 흔히 제기되어왔지만, 그것은 일방적인 주장이 되는 경향이 있다. 왜냐하면 남성에게는 아무런 제한도 부과되지 않으며, 오직 여성에게만 해당한다고 확인되는 은사도 전혀 없기 때문이다. 남성은 모든 은사에 대한 가능성을 자유롭게 생각해볼 수 있으며, 만일 교회에서 야외 예배 후에 아이를 돌보거나 설거지 봉사를 하면 특별히 칭찬받기까지 한다. 반면에 여성은 디모데전서 2:12에 기초하여 권위나 말하는 것, 혹은 판단을 내리는 일에 연관되는지의 여부에 따라 교회에서 이런 은사 대부분을 행사할 수 있다는 것이 역사적으로 단호하게 부인되어왔다.[37] 다른 사람들은 여성이 가르치는 은사를 받을 수 있다는 것은 인정하면서도, 그 은사를 여성과 아이들을 가르치거나 전도하는 데만 사용하도록 제한한다.[38] 그러나 이 은사는 몸인 교회를 세우기 위해 특별히 받은 것이다. 따라서 전반적인 제한은 이 구절로부터 도출한 규범이 될 수 없다.

남성이 은사를 받은 여성에게 "너는 쓸 데가 없다"라고 말하면, 이는 말씀을 어기는 것이다(고전 12:21-26). 결국 섬김, 긍휼을 베풂, 구제, 믿음 이외의 분야에서 은사를 받은 것을 드러내는 여성은 충분히 사용되지 않거나, 오용되거나, 심지어 적대시되기까지 한다. 영적 은사의 활용을 주관하는 원칙은 남성에게 적용될 때는 명확하지만, 여성에게는 엄격하게 혹은 일관되게 이해되거나 적용되지 않는다.

하지만 일부 교회들은 다양한 분야에서 여성의 은사를 인정해왔고 교회의 사역에 여성을 충분히 활용한다. 하지만 만약 그 교회들이 동일한 책임을 지닌 남성이 행사할 수 있는 권위를 여성이 행사하도록 허용하기 전에 선을 긋는다면, 특정한 형태로 된 착취의 문을 여는 것이다. 여성은 자원봉사자, 스태프, 그리고 가정 사역자가 됨으로써 교회의 필요에 부응한다. 내가 아는 가장 희생적인 교회 사역 중 일부는 여성에 의해 이루어졌다. 만일 교회가 여성의 역할을 제한하면 회중은 여성들이 성서의 선을 잘 지켰다고 믿을 수 있다. 하지만 결과적으로 교회 구조 내에서 여성은 힘이 없기 때문에, 회중이 여성을 이용할 수도 있다. 여성은 권위를 가진 사람들에 비해 상대적으로 무방비 상태이기 때문에, 일부 교회에서는 성적으로

---

37   "교회에서" 은사를 행사한다는 것은 고전 12장과 14장에서 은사를 행사하는 것에 대한 바울의 설명을 가리키며, 주일학교에서 어린이들을 가르치는 것과 같이 1세기 교회에는 존재하지 않았던 상황과 대조된다.

38   Grudem, *Evangelical Feminism*, 452.

괴롭힘을 당하거나 영적인 혹사를 당하기도 했다.[39]

토머스 슈라이너는 이렇게 말한다. "신자가 자신의 은사를 확인하고 나면, 자신이 받은 은사가 더 탁월해지도록 노력해야 하며 그 은사를 사용하여 몸을 위해 자신을 헌신해야 한다.…자신의 주된 은사가 가르침일 때는 섬김에 너무 많은 시간을 쏟으면 안 된다."[40] 보수적인 교회에서 리더십, 가르침, 혹은 다른 말하는 것과 관련된 "회색 지대"에 해당하는 은사를 받은 대부분의 여성은 이 원칙을 따르는 것이 거의 불가능하다는 것을 아마도 알게 될 것이다. 그들은 자모실에서 섬기고 환대를 제공하는 것과 같은 실용적인 섬김의 부수적인 역할에 집중할 수밖에 없는 상황에 처한다. 그것이 가장 저항이 적은 길이며, 그들은 가장 인정받는 행동을 수행하는 중이다.

7.1.7 요약

나는 지금까지 디모데전서 2:12에 대한 특정 해석을 해석적 틀로서 사용하는 것이 어떻게 다른 본문에 베일을 씌우는지를 살펴보았다. 예를 들어 여성은 그들을 가르치고 본보기가 되어 그들을 지도하는 남성이 하는 것과 같은 방식으로 로마서 12:1-8을 해석하거나 적용하는 것이 허용되지

---

39 이것은 내가 지금까지 경험한, 여성에게 사역의 기회가 많이 있지만 리더십과 권위가 남성에게만 할당된 상황에서 목격한 가장 비극적인 결과 중 하나였다. 그것은 주어진 상황의 공정성이나 정의와 관계없이 여성이 모든 분쟁에서 패배하는 체계를 구성한다. 장로는 서로에게 지지를 받아야 하며, 장로에 대한 고발은 쉽게 받아들여져서는 안 된다(딤전 5:19). 하지만 남성 리더십만 있는 곳에서 여성과 분쟁 중인 남성이 지속적으로 지지를 받는다면, 이는 최악의 상황이다.

40 Schreiner, *Romans*, 657.

않는다. 본질적으로 여성은 일관성 있게 적용되는 건전한 해석학적 원칙이 허용되지 않는다. 본문은 다른 것이 되어버린다. 어떤 경우에는 젠더에 대한 편견 때문에, 본문이 포함하거나 묘사하는 것과 정반대인 원칙이 제시되기도 한다. 신자의 제사장직이 제한되어 사역의 기능을 전혀 하지 못하게 된다. 남성은 자신이 선한 일을 위해 그리스도 예수 안에서 창조되었다는 사실을 알고 있다. 그는 자신의 부르심이 그의 인격과 영적 은사/소질과 관련하여 하나님께서 자신을 창조하신 목적, 지금까지 자신이 있었던 곳, 그리고 인생 여정에서 현재 자신의 위치에 기초한다는 것을 알고 있다. 여성이 부르심을 받았다는 의식은, 예를 들면 그녀가 지도자의 기질이 있거나 눈에 띄는 지도자적 재능과 능력이 있는 경우, 의구심과 적개심을 갖고 받아들여진다. 남성에 대한 부르심의 출발점은 그의 감정 및 체험과 함께 그 자신의 인식이다. 그러나 여성의 인식, 감정, 체험은 가능한 금지 사항에 대해 시험을 치르고 통과해야 한다. 남성은 영적인 가능성으로서 영적 은사에 접근할 수 있지만, 여성은 자신이 무엇을 하도록 허용되었는지조차 불확실할 수 있다. 여성은 움직이지 못하게 되는 것이다.

나는 지금까지 이 본문들에 대한 해석학적 틀로서 부적절하게 적용된 것이 디모데전서 2:12의 **해석**이라고 일관되게 주장했다. 로마 교회가 이 말씀을 해석적 틀로 사용할 수 없었기 때문에, 나는 영적인 은사와 관련하여 로마서 12:1-8을 해석할 때 그 말씀을 사용하는 것에 의문을 제기한다. 게다가 반복해서 말하면, 우리는 교리의 근거를 한 구절에만 두어서는 안 되고, 교리의 근거를 해석적인 문제가 있는 구절이나 단락에 두어서는 안 되며, 로마서의 더 분명한 본문에 주안점을 두고 그 단락을 덜 분명한 본문인 디모데전서를 해석하는 데 사용해야 한다. 건전한 해석학적 원칙이 여성과 관련하여 로마서 12:1-8에 일관되게 적용되지 않는 것은 충분히 심각한 문제다. 이것은 몇몇 심각한 신학적 문제를 낳는다. 이런 일관성 없는 적용이 그리스도 안에 있는 여성에게 생명, 자유, 은혜를 가져다주는가, 아니면 여성을 율법 아래에 놓는가? 신앙의 실천에 대한 인간의 제한을 거부하는 것이 바울 전집의 중심이다. "그리스도께서 우리를 자유롭게 하려고 자유를 주셨으니, 그러므로 굳건하게 서서 다시는 종의 멍에를 메지 말라"(갈 5:1). 만약 바울이 할례를 요구하는 유대주의자로 인해 깊은 곤경에 처해 있었다면, 사역을 위한 성령의 은사를 의도적으로 제한하고 무력화시키는 것에 대해서는 어떻게 생각했을까? 사실상 디모데전서 2:12을 사용하는 것은 로마서 12:1-8, 고린도전서 12:1-29, 그리고 에베소서 4:7-13의 분명한 가르침을 배제하는 일종의 "해석학적 제국주의"와 관련된다. 이런 관습의 영향은 불공정의 혼란스러운 흐름이다. 그것은 궁극적으로 남성에 대한 것과 다른 여성에 대한 신학을 양산해낸다.

7.2 결혼과 부르심의 관계

교회에서 영적인 섬김으로의 부르심은 때때로 여성의 소명으로의 부르심과 혼동된다. 토머스 슈라이너가 제시한 디모데전서 2:15의 한 가지 해석은 "여자들이…그의 해산함으로 구원을 얻으리라"라는 문구가 여성이 하나님께서 주신 역할인 아내와 어머니로서 기능함으로써 종말론적인 구원을 경험할 것이라는 의미를 나타낸다는 것이다.[41] 그는 "해산"을 여성에게

---

41   Schreiner는 "바울은 여성이 자녀를 해산하는 것으로 본보기가 되는 자신에게 합당한 역할에 충실함으로써 종말론적인 구원을 경험할 것임을 그의 독자들에게 상기시킨다"라고 기록한다("Interpretation of 1 Timothy 2:9-15," in Köstenberger and Schreiner, *Women in the*

어울리는 역할에 대한 제유법으로서 다룬다. 슈라이너는 여성의 "가사 및 어머니의 역할"과 교회에서 가르치고 권위를 행사하는 남성의 역할을 동일한 것으로 이해한다. 그는 "여자는 남자를 가르치거나 남자에 대한 권위를 행사함으로써 자신의 역할을 위반해서는 안 된다"라는 점에서 남성과 여성의 역할이 상호 배타적이라고 주장한다.[42] 슈라이너는 이것이 여성이 선행으로 구원받는다는 의미가 아니라, 여성이 "자신에게 합당한 역할에 따라 아이를 낳는" 것과 같은 선한 일을 행하지 않으면 구원받지 못한다는 의미이며, 이는 구원이 진짜라는 증거라고 주장한다.[43] 그는 디모데전서 4:11-16이 평행을 이룬다고 주장하는데, 여기서 바울은 디모데에게 "네가 네 자신과 가르침을 살펴 이 일을 계속하라. 이것을 행함으로 네 자신과 네게 듣는 자를 구원하리라"(딤전 4:16)라고 가르친다. 슈라이너는 "바울이 의미하는 것은 경건의 미덕과 사도의 가르침에 머무는 것이 구원받았다는 필수적인 증거라는 것이다"라고 주장한다.[44]

슈라이너의 주장이 가진 첫 번째 문제는 여성의 소명으로 추정되는, 창세기 2-3장에 기반한 가사 및 어머니의 역할이 남성의 소명적 역할과 평행을 이룬다는 점이다. 그러나 그 문맥에서 남성의 소명적 역할은 영적인 섬김에서 가르치고 권위를 행사하는 것이 아니라 분명히 농사를 짓는 것이었다.[45] 젠더와 부르심의 주제에 관한 슈라이너의 분석에서 생기는 의

....

Church, 120).

42 Ibid., 118.

43 Ibid.

44 Ibid., 119.

45 만약 아내와 어머니가 되는 것이 창 1-3장에 기반한 여성의 적절한 역할이라면 남성의 적절한 역할은 농사를 짓는 것이다. 이는 에덴동산에서의 가르침(창 2:15, 19-20)과 타락의 결과에 대한 설명(3:17-19)을 통해 분명해진다. 이 내러티브는 농사를 아담의 소명으로 묘사한다. 창 2-3장에서는 바울이 생업 관련 소명과 구분하는 영적인 섬김의 차원이 전혀 언

문이 몇 가지 더 있다.

- "해산"이 가르치고 지도하는 남성의 역할과 연관되는가?
- "해산" 혹은 해산의 과정이 여성의 역할에 대한 적절한 제유법인가?
- 바울이 아내 및 어머니의 역할로 기능하는 것에 대해 여성을 칭찬하는가?
- 결혼하여 아내와 어머니의 역할을 하기로 한 여성의 선택이 구원이 진짜라는 증거를 제공하는 최적의 맥락이라고 바울이 분명하게 가르치는가?

이 질문들은 디모데전서 2:8-15에 대한 수많은 심각한 해석적 문제들 중 하나를 강조한다.

7.2.1 여성과 "해산" vs 남성의 가르침과 지도

아이를 낳는 실질적인 과정을 의미하는 "해산"이[46] "공적인 예배의 맥락"에서 여성의 역할 혹은 기독교 공동체에서 여성의 역할에 대한 올바른 바

급되지 않는다. 그 밖에도 원시 농촌 농업에서 노동의 엄격한 구분은 말이 안 된다. 여성과 자녀들도 남편 및 아버지와 함께 농장에서 일했다. 잠 31장은 현숙한 여인이 밭을 사고 포도원을 일구는 모습을 묘사한다. 전쟁 시에는 여성이 농장을 온전히 책임졌다.

46 Schreiner, "Interpretation of 1 Timothy 2:9-15," in Köstenberger and Schreiner, *Women in the Church*, 116. Schreiner는 "명사 τεκνογονίας가 해산의 결과나 효과가 아닌 실제 아이를 낳는 것을 강조한다"라고 주장한다. 그는 딤전 2:15이 마리아가 예수를 낳는 것을 가리킨다는 견해를 피력할 때 이 입장을 취한다.

울의 표현이라 할 수 있는가?[47] 이것은 중요한 질문이다. 왜냐하면 디모데전서 2:8-15에 대한 대부분의 분석은 이 단락을 공적인 예배에 대한 가르침이라고 보기 때문이다. 만일 텍스트를 표면적으로만 보고 용어와 문맥에 대한 슈라이너의 정의를 받아들인다면, 이 구절은 여성이 공적인 예배에서 가르치거나 권위를 행사해서는 안 된다는 것을 나타낸다고 볼 수 있을 것이다. 하지만 대신에 여성은 예배를 드리는 맥락에서 아이를 낳는 과정을 어떻든 거쳐야 한다. 슈라이너는 아이를 낳는 신체적인 과정이 가르치고 지도하는 남성으로부터 여성을 구분하는 여성의 역할에 대한 제유법이라고 주장함으로써 자신만의 용어를 사용하여 텍스트에 대한 문자적 해석을 피하려고 시도한다.

　　인류를 위한 두 가지 기능을 결정할 때 생물학적 본질주의의 가정은 그리스 철학자들 사이에서와 그리스-로마 문화에서 흔한 것이었다. 그러나 교회에서의 섬김에 대한 바울의 묘사는, 인종, 노예, 여성에 관한 한, 본질주의에 대한 문화의 신념에 위배된다. 그가 남편과 아내의 머리-몸 관계를 그리스도와 교회의 관계와 연결할 때, 남성과 여성 간의 구분은 즉시 그리스도와의 관계로 극복된다. 그리스도는 머리이시며, 바울은 하나님께서 부여하신 믿음의 척도인 은사, 섬김, 활동, 몸의 지체에 대한 풍부한 다양성과 변화를 통해 문자적으로 그리고 은유적으로 신자들을 나타낸다(롬 12:3; 고전 12:4-6, 12-27; 엡 4:11). 그리고 이 모든 것은 고린도전서 12장에서 바울의 주요 요점인 두 가지 구분되는 역할로 축소될 수 없고, 축소되어서도 안 된다. 게다가 몸의 각 지체의 기능은 인종이나 젠더, 혹은 사회적 지위에 대한 헬레니즘의 고유한 신념으로 여겨지는 생물학적 본질주의에

47　　Ibid., 91.

의해서가 아니라 성령에 의해 직접적으로 결정된다. 더욱이 여성이 해산하는 실제 과정은 가르치고 지도하는 영적인 은사와 유사하지 않다. 해산의 과정은 교회를 직접적으로 세우는 것도 아니고 교회를 대신하여 행해지는 것도 아닌 신체의 기능이다(참조. 고전 14:3-5, 17). 남성의 유사한 기능은 신체의 기능 측면에서는 정자의 분출일 것이다. 그리고 가족의 존립과 성장을 위한 고통과 죽음의 위협에 관해 말하면, 그것은 자신의 가정을 보호하기 위해 자기 목숨을 내려놓는 전쟁에서 싸우는 남성에 비교할 수 있을 것이다.

7.2.2 바울 전집에서 해산의 함축적 의미

바울 문헌에서 해산 및 어머니로서의 본질적 기능은 부정적이고 긍정적인 함축적 의미를 모두 지닌다. 디모데전서 2:8-15에서 해산의 과정은 공적인 예배에서의 여성의 역할이나 기능에 대한 부적절한 제유법이다. 왜냐하면 타락에 대한 언급은 해산 과정의 부정적인 효과와 출산 숫자의 증가가 창세기 3:16에서 여성에게 주어진 우선적인 결과라는 사실을 떠올리게 하기 때문이다. 디모데전서 2:14에서 독자는 하와가 속은 것과 죄를 지은 것의 요약으로 인해 창세기 3장으로 인도된다. 따라서 해산의 과정은 고통과 사망의 위협이라는 부정적인 함축적 의미를 갖게 된다. 그것은 여성의 공헌(특히 그런 맥락에서)에 대한 긍정적인 요약으로서 제대로 기능하지 못하며, 흔히 "저주"라고 불리는 것은 남성이 자신의 영적 은사를 사용하는 것과 유사한 것이 될 수 없다.

한편 바울은 해산의 과정 및 그와 관련된 신체적 기능을 섬김의 은유로 사용하지만, 이것은 리더이자 교사인 사도 자신의 양육하는 기능을 묘사하는 것이다. 그는 갈라디아 교회와의 고통스러운 관계를 해산에 비유한다. "나의 자녀들아, 너희 속에 그리스도의 형상을 이루기까지 다시 너희를 위하여 해산하는 수고를 하노니"(갈 4:19). 그는 데살로니가 사람들을 위한 자신의 섬김과 양육을 보모 혹은 수유하는 어머니에 비유한다.

> 너희도 알거니와 우리가 아무 때에도 아첨하는 말이나 탐심의 탈을 쓰지 아니한 것을 하나님이 증언하시느니라. 또한 우리는 너희에게서든지 다른 이에게서든지 사람에게서는 영광을 구하지 아니하였노라. 우리는 그리스도의 사도로서 마땅히 권위를 주장할 수 있으나 도리어 너희 가운데서 유순한 자가 되어 유모가 자기 자녀를 기름과 같이 하였으니, 우리가 이같이 너희를 사모하여 하나님의 복음뿐 아니라 우리의 목숨까지도 너희에게 주기를 기뻐함은 너희가 우리의 사랑하는 자 됨이라(살전 2:5-8).

바울은 그리스-로마 문화에서 리더십의 전형적인 남성적 모델보다 여성이 사도적 리더십의 더 좋은 모델이라는 사실을 분명히 알고 있다. 그가 파악한 그리스-로마 문화의 남성 리더십은 아첨하고 탐욕스러우며 사람을 기쁘게 하고 관대함이 결여된 것으로 특징지어진다. 데살로니가의 독자는 여성이 바울 스타일의 리더십을 갖는 것이 여성적인 역할의 위반이라고 결론짓지 않았을 것이다. 반면에 고린도 서신 전체에서, 특히 고린도후서 11장에서 그가 묘사한 "지극히 크다는 사도들"과 관련된 리더십 분쟁에 대한 바울의 비판을 통해, 우리는 그리스-로마 문화에서 전형적인 남성 리더십 모델을 수용하고 예증한 사람들은 리더십의 자격이 박탈되어야 한다고 결론 내릴 수 있다.

7.2.3 바울이 여성을 칭찬한 것의 본질

바울 전집의 나머지 부분에서 바울은 문화에서 흔히 볼 수 있었던 여성의 전형적인 역할을 수행한 여성 개개인을 칭찬하지 않는다. 예외가 있기는 했지만, 그리스-로마 문화에서 여성에게 대중적인 인정을 해주는 것은 적절하지 않다고 여겨졌다.[48] 따라서 여성은 남성이 칭찬을 받을 만한 다양한 역할에서 공을 세우고 기능할 수 있었지만, 그녀의 묘비에는 아내와 어머니로서의 전형적인 역할에 충실했던 것과 털실 방적에 대한 찬사가 기록되었다. 그러나 바울은 남성과 같은 방식으로, 남성을 칭찬했던 것과 같은 이유로 여성을 칭찬한다는 점에서 반문화적이다.[49] 로마서 16장은 때때로 알려지는 것보다 훨씬 더 중요한데, 이는 단지 교회 직분을 여성에게 할당하기 때문만이 아니라 이름이 언급된 많은 여성과 칭찬의 본질 때문이다.[50] 여성 개개인이 집사(일꾼, 1절), 후견인(보호자, 2절), 함께 갇혔던 자

---

48 예를 들어 비문은 여성 후견인에게 명예를 부여한다. 이것은 이상과 현실의 차이를 보여주는 단적인 예다.

49 Jewett은 "로마서 16장에서 여성 리더십의 눈에 띄는 중요한 역할은…바울의 선교 운동과는 꽤 동떨어진, 초기 교회와 연관된 사회 혁명의 인상적인 지표다"라고 기록한다(*Romans*, 961).

50 Jewett은 "매우 많은 여성이 이 목록에 포함된 사실을 볼 때, [안부를 전한 사람들을 인정하는] 이런 상호성이 성적 장벽을 넘어 확장되는 것은 분명하다. 이런 맥락에서 안부를 전하는 것은 상대방을 존중하고 환영하는 것이다"라고 말한다(ibid., 952). J. E. Lendon은 명예-수치 문화에서 인사의 역할을 설명한다. "로마 세계에서 한 사람이 다른 사람을 높여줄 때 그에게 큰 명예를 안겨주는 것인데, 이는 명예의 수여자가 그를 충분히 특별 대우한다는 의미였으며, 귀족 공동체는 대체로 그 상대방에게 명예가 있다고 받아들였다.…위대한 사람이 공개 석상에서 한 칭찬, 말 혹은 연설, 길거리에서의 인사, 즉각적인 접견 허가, 입맞춤과 같은 모든 것은 동시대인들이 가까이서 지켜보고, 수혜자의 영예를 더해주는 명예였다"(*Empire of Honour: The Art of Government in the Roman World* [Oxford: Clarendon, 1997], 48-49).

(7절), 사도(7절)라는 이름으로 칭찬받았을 뿐만 아니라,[51] 그들 중 다수가 동역자(συνεργός)와[52] 많이 수고한 사람(κοπιάω)으로도[53] 칭찬받았다(3, 6, 12절; 참조. 빌 4:3).[54] Κοπιάω는 바울이 자기 자신의 사도적 역할로 가장 자주 사용하는 단어이지만, 로마서에서 바울은 열심히 일하는 것에 대해서는 오직 여성만을 칭찬한다. 바울이 고린도전서 16:15-16에서 말하는 것은 매우 중요하다(참조. 살전 5:12). "형제들아, 스데바나의 집은 곧 아가야의 첫 열매요, 또 성도 섬기기로 작정한 줄을 너희가 아는지라. 내가 너희를 권하노니 이 같은 사람들과 또 함께 일하며 수고하는[τῷ συνεργοῦντι καὶ κοπιῶντι] 모든 사람에게 순종하라[ὑποτάσσησθε: 너 자신을 종속, 복종시키라]."

이것은 바울이 리더십 용어를 여성에게 적용할 때 교회가 여성에게 "복종"하기를 기대했음을 보여준다. 바울은 심지어 브리스길라가 그녀의 남편인 아굴라와 함께 바울을 위해 자신의 목숨(문자적으로 "목")을 내놓았다고 칭찬하는데(롬 16:4), 이것은 예수 그리스도(엡 5:23), 바울(딤후 4:17),

---

51 이 용어들 하나하나가 비판을 받아왔고, 교회 직분에서 여성을 지칭하지 않는 것으로 번역되는 경우도 잦다. 하지만 그런 비판과 번역은 여성이 이런 직분을 맡도록 바울이 허락하지 않았을 것이라는 가정이 신학적으로 의도한 것이다. 예를 들어 Jewett은 다음과 같이 말한다. "이전의 주석은 διάκονος라는 용어를 복종하는 역할로 해석했지만, 이제 그 용어는 여성이 회중의 지도자로서 역할을 했다는 것을 나타낼 가능성이 더 커 보인다"(Romans, 944). "[유니아]에 대한 현대 학계의 논란은 여성이 사도직에 오를 수 없었다는 전제에 기초하며, 따라서 목적격으로 표현된 형태는 Junias 혹은 Junianus라는 이름의 남성을 지칭해야 한다"(ibid., 961).

52 명사 συνεργός는 바울 전집에서 바울의 사역팀의 구성원을 지칭하며 12회 사용된다.

53 동사 κοπιάω는 바울 전집에서 한두 번의 예외를 제외하면 사역/섬김을 지칭하며 14회 사용된다. 그러나 이 단어는 교회를 위한 바울 자신의 사도적 역할로 가장 자주 사용된다.

54 롬 16장에서 세 명의 여성이 열심히 일한 것에 대해 칭찬받고, 빌 4:3에서는 두 명의 여성이 동료 일꾼으로서 칭찬과 함께 언급된다. 문맥상 두 여성은 서로 함께 어울릴 것을 권고받았지만, 바울은 칭찬을 강조하면서 바로잡는 말을 부드럽게 한다.

에바브로디도(빌 2:30) 등 전형적인 남성 영웅들의 행동이며, 교회에서 명예와 인정으로 보상해주어야 하는 것이다.[55] 루포의 어머니가 자신에게도 어머니가 된다고 말하는 바울의 칭찬이 예외이긴 하지만(롬 16:13), 데살로니가전서 2:7에서 보듯이, 문자적인 어머니로서의 기능은 리더십에 대해 상호 배타적이지 않으며, 오히려 그녀가 바울을 가족처럼 대함으로써 환대와 후원을 베풀었다는 것을 나타낸다.[56] 따라서 우리는 바울 전집, 그중에서도 특히 주요 서신(*Hauptbriefe*)에서 바울은 교회에서 여성이 리더십의 위치에 있는 것이 여성으로서의 역할에 위배된다고 믿지 않거나, 여성이 문화적 기대에 반하는 행동을 하는 것에 대해 염려하지 않는다고 결론 내릴 수 있다. 바울은 확실히 여성을 인정하는 것이 문화적 가치를 침해하는 것이라는 우려를 하지 않는다. 결론적으로 가르치는 것과 지도하는 것이 여성의 역할에 위배되는 것이라는 디모데전서 2:15에 대한 슈라이너의 해석은 목회 서신의 저자를 주요 서신(*Hauptbriefe*)의 증거와 모순되게 만든다.

7.2.4 결혼과 주인의 일

슈라이너는 디모데전서 2:15의 언급을 여성들 사이의 잘못된 가르침 및 과부에게 재혼하라고 하는 나중의 지시와 올바르게 연결한다. 하지만 "하나님께서 주신 아내 및 어머니의 역할"에 충실하는 것이 여성이 구원을 경

---

55 Jewett은 목을 내놓는 것이 참수형의 위기에 처한 것을 분명하게 암시한다고 주장한다 (*Romans*, 958).

56 Ibid., 969. 바울이 디모데에게 나이 든 여성 혹은 여성 장로를 어머니처럼 대하라고 말하는 딤전 5:2도 보라. 이는 존경, 순종, 명예와 연관된다. 그는 이와 같은 방식으로 나이 든 남성이나 남성 장로를 아버지처럼 대하라고 말한다.

험하는 방법이라고 그가 바울의 말을 이해한 것이 과연 옳을까?[57] 이것이 과연 디모데전서나 바울 전집의 나머지 부분의 가르침과 부합하는가? 디모데전서에서 과부는 결혼해야 한다는 바울의 가르침과 고린도전서에서 과부는 재혼하면 안 된다고 표현한 그의 바람 사이의 명백한 모순은 모두가 인지하면서도 언급하기를 꺼리는 문제다. 디모데에게 제시된 과부의 재혼에 관한 가르침은 디모데전서 5:14에 나온다. "그러므로 젊은이는 시집가서 아이를 낳고 집을 다스리고 대적에게 비방할 기회를 조금도 주지 말기를 원하노라."

이 구절은 디모데전서 2:15에 대한 슈라이너의 해석을 뒷받침하는 것으로 보일 수 있지만, 주님 대신 남편을 기쁘게 하는 의무에 얽매이기 때문에 미혼인 사람과 과부는 결혼하지 말라고 조언한 고린도전서 7장의 바울의 가르침에 정면으로 모순되는 구절로서 많은 사람에 의해 인용된다(고전 7:32-35, 39-40).

너희가 염려 없기를 원하노라. 장가가지 않은 자는 주의 일을 염려하여 어찌하여야 주를 기쁘시게 할까 하되, 장가간 자는 세상일을 염려하여 어찌하여야 아내를 기쁘게 할까 하여 마음이 갈라지며, 시집가지 않은 자와 처녀는 주의 일을 염려하여 몸과 영을 다 거룩하게 하려 하되, 시집간 자는 세상일을 염

57 "해산함으로 구원을 받는다"는 말이 여성이 아내이자 어머니의 역할에 충실함으로써 구원을 경험한다는 뜻이라는 Schreiner의 제안은 구원에 대한 여러 추론과, 심지어 더 의심스러운 이해와 관련된다. Schreiner의 딤전 4:14-16과의 비교("Interpretation of 1 Timothy 2:9-15," in Köstenberger and Schreiner, *Women in the Church*, 119)는 평행을 이루는 데 실패한다. 왜냐하면 딤전 4:12-16에서 디모데에 대한 바울의 가르침—말씀을 읽는 것, 권하는 것, 가르치는 것, 특히 자기 자신과 가르침을 살피는 것—은 디모데가 자신과 다른 이들을 구원할 것이라는 디모데에 대한 바울의 가르침에서 중심이기 때문이다. 이것은 여성이 신체적 기능과 경건한 행위를 통해 구원받을 것이라는 진술과 같지 않다.

려하여 어찌하여야 남편을 기쁘게 할까 하느니라. 내가 이것을 말함은 너희의 유익을 위함이요, 너희에게 올무를 놓으려 함이 아니니, 오직 너희로 하여금 이치에 합당하게 하여 흐트러짐이 없이 주를 섬기게 하려 함이라.…아내는 그 남편이 살아 있는 동안에 매여 있다가 남편이 죽으면 자유로워 자기 뜻대로 시집갈 것이나 주 안에서만 할 것이니라. 그러나 내 뜻에는 그냥 지내는 것이 더욱 복이 있으리로다. 나도 또한 하나님의 영을 받은 줄로 생각하노라.

두 가르침 사이의 대조가 눈에 띈다. 본 연구에서는 바울이 고린도전서 7장에서 아내 및 어머니의 역할과 "주의 일"을 특별히 구분한다는 점을 관찰하는 것이 특히 중요하다.[58] 바울은 여성이 처녀든지 과부든지 미혼인 채로 있으면서 보통 출산과 가사 관리로 수렴되는 남편을 기쁘게 하는 일보다 "주의 일"에 헌신하는 것이 더 낫다고 본다.

그러나 고린도전서 7:2, 8-9에서 그는 결혼하지 않는 것이 더 낫다는 자신의 관점에 대한 중요한 예외를 설정한다. 그는 대부분의 경우에는 결혼해야 한다고 가르쳤다.

음행을 피하기 위하여 남자마다 자기 아내를 두고 여자마다 자기 남편을 두라.…내가 결혼하지 아니한 자들과 과부들에게 이르노니 나와 같이 그냥 지내

---

58   바울이 "주의 일"과 아내 및 어머니의 역할을 구분하기 때문에, Schreiner가 자신의 견해를 고전 7장과 조합하려는 다음과 같은 시도는 설득력이 없다. "바울이 여기서 모든 것을 다 말하려고 하는 것은 아니다. 그는 다른 곳에서 독신인 상태가 좋다고 말했다(고전 7장). 그가 출산을 선택한 것은 그것이 하나님께서 의도하신 남자와 여자의 역할 차이 중에 가장 눈에 띄는 예이기 때문이다"(ibid., 118). 바울은 고전 7장에서 젠더 차이를 구분하는 데 관심이 없다. 나는 바울이 딤전 2:8-15에서 차이를 만들어내거나 강조하기보다는 잘못된 가르침과 윤리적 행동에서 드러나는 차이를 다루고 있다고 주장한다. 남성은 남성의 전형적인 문제 행동을 보여주고 있으며, 여성/과부는 여성의 전형적인 문제 행동을 보여주고 있다.

는 것이 좋으니라. 만일 절제할 수 없거든 결혼하라. 정욕이 불같이 타는 것보다 결혼하는 것이 나으니라.

독신일 때 성적 자제력이 부족하면 결혼해야 하는데, 이는 결국 표준이 된다.[59] 에베소의 과부들과 관련된 상황은 반드시 결혼해야 하는 경우의 예시다. 반대로 독신일 때 복을 받기 위해서는 주의 일에 관심을 가질 필요가 있는데, 이는 여성을 위한 온전한 헌신으로의 부르심에 해당한다. 예를 들어 진짜 과부는 "하나님께 소망을 두어 주야로 항상 간구와 기도를" 한다(딤전 5:5).[60] 따라서 진짜 과부는 주님을 기쁘시게 하는 주의 일에 사로잡혀 있다(고전 7:32-35).

그러나 디모데전서 5:3-16에 의하면, 에베소에서 과부들의 행실은 독실하지 않았고 자제력이 부족했다. 당시 유포되었던 잘못된 가르침은 성관계와 결혼을 금지했으며, 아마도 출산을 막는 것이 목표였던 것 같다(4:3). 일부 과부들은 빈둥거리며 집마다 돌아다니면서 잡담하며 주제넘게 나섰고, 일부는 즐거움을 위해 살았으며, 또 일부는 이미 "사탄에게 돌아

---

59 David Garland가 말하는 것처럼, "7:1b의 격언에 대한 바울의 첫 반응은 그가 결혼 혐오자가 아니며 인간이 성적인 피조물이라는 것에 대한 현실적인 평가를 하고 있음을 드러낸다. 그는 성욕이 제대로 억제되지 않으면 엄청난 위험을 초래할 수 있는 강력한 힘을 갖고 있음을 알고 있다"(1 Corinthians, BECNT [Grand Rapids: Baker Academic, 2003], 257).

60 George Knight는 흥미롭게도 과부의 탄원을 자신의 필요를 채우기 위한 개인적인 것으로 이해한다(The Pastoral Epistles: A Commentary on the Greek Text, NIGTC [Grand Rapids: Eerdmans, 1992], 219). Howard Marshall은 이에 찬성하는 것으로 보인다. "맥락상 그 기도는 교회를 위한 탄원보다는 하나님께 의지한다는 표현으로 보였을 것이다"(The Pastoral Epistles, ICC [Edinburgh: T&T Clark, 1999], 588). 그러나 과부의 기도를 하나님의 사람들을 위한 목회적 관심(삼상 12:23의 사무엘의 의무와 같이) 대 그녀 자신에 대한 관심으로 한정해야 할 이유가 있는가? Marshall은 과부의 기도 목록에 포함되는 호혜를 어떻게든 회피하고자 하지만, 과연 그것이 정당한 반대일까? 여성은 사무엘이 그랬던 것처럼 사람들을 위한 중보기도를 자신의 의무와 부르심의 일부로서 이해할 수 없었을까?

간" 경우도 있었다(5:15). 바울은 육십 세 미만의 과부가 일반적으로 결혼
하고 싶게 만드는 관능적인 욕구를 가질 것이라고 확신했다. 따라서 그는
그들이 교회의 지원을 받기 위한 명단에 포함됨으로써 전임 사역에 헌신
하겠다고 맹세하지 않기를 바란다고 말한다. 에베소의 과부들 사이에 있었
던 문제 많은 윤리적 흐름을 고려하여 바울은 과부들이 결혼하고 자녀를
낳고 가사를 돌보기를 원한다고 말한다.

디모데에 대한 바울의 가르침은 고린도전서 7:2의 가르침, 즉 바울이
일반적으로 그리고 부도덕의 이유로 각 남성은 자기 아내를 두어야 하고
여성은 자기 남편을 두어야 한다고 말하는 것과 기본적으로 같다. 디모데
전서 5장에서 그는 섬김에 전임으로 헌신하는 경건한 과부를 위한 여지를
여전히 남기지만, 그녀는 규칙이 아니라 항상 예외일 것이다. 그러나 디모
데전서 2:15에 대한 슈라이너의 해석은 디모데전서를 고린도전서 7장과
대립하게 만들며, 심지어 디모데전서의 맥락과도 어긋나게 만들어버린다.
왜냐하면 그는 바울 신학과 일관되지 않은 방식으로 아내와 어머니로서의
소명을 부당하게 미화하고 우선시했기 때문이다. 그에 따르면 결혼하여 아
내와 어머니가 되기로 하는 여성의 선택은 자신의 적합한 역할에 충실하
는 최고의 본보기이며, 여기서 그녀는 구원의 증거를 보여줄 수 있다. 즉
그녀는 출산을 통해 구원을 받는다는 것이다. 그러나 바울은 분명히 "정욕
으로 그리스도를 배반할 때에 시집가고자 함"(딤전 5:11)이라고 말한다. 이
것은 구원의 증거를 반영하는 윤리적인 조건을 가리키지 않는다. 그것은
고린도전서 7:32-35에서 바울이 결혼에 대해 양보한 것과 비슷하지만, 좀
더 비난의 의미가 있다.[61] 주요 서신에서든 목회 서신에서든, 바울에게 결

---

61 Marshall은 "그들의 성적 충동은 그들을 그리스도께 대한 헌신으로부터 멀어지게 하는 유

혼은 섬김에 방해가 되는 것이지만, 인간의 성적인 부분에 대한 현실을 고려할 때 실질적으로 필요한 것이다.

7.2.5 요약

슈라이너는 여성이 자신에게 적합한 역할에 충실하는 것이 남성이 지도하고 가르치는 것과 평행을 이룬다고 주장했다. 그러나 그의 관점에서 여성의 "적합한 역할"은 여성의 소명 및 아내로서 자녀를 낳고 살림하는 역할을 하는 일반적인 책임과 동급이다. 슈라이너는 남성의 책임을 그들의 영적인 섬김과 성령의 은사란 측면에서 나타내고, 여성의 책임을 그들의 전형적인 소명의 측면에서 나타냄으로써 바울의 분류를 혼동했다. 아이를 낳는 과정은 여성의 신체적 기능이지 성령의 은사가 아니며, 그 과정은 타락의 결과로서 부정적인 영향을 미쳤다. 이것이 디모데전서 2:15의 가까운 문맥이다. 타락으로 인해 생겨난 출산 과정은 교회에서 여성의 영적인 책임의 제유법으로서 기능할 수 없다. 하지만 출산에 대한 바울의 언급이 긍정적일 때, 그것은 바울 자신의 사도적 사역에 대한 은유다. 바울은 여성에게 그들만의 "적합한 역할"에 머물러 있으라고 권하지 않는다. 반대로 바울은 결혼이 남성에게 그런 것과 마찬가지로 여성이 주의 일을 하는 데 방해가 된다고 말한다. 출산을 사역과 동일시하는 것은 바울이 고린도전서 12장에서 묘사하는 그리스도의 몸의 기능에서 여성을 배제하는 것이며,

---

혹으로 연결된다.…이것은 그들이 성적인 범죄에 빠지게 된다는 의미인데[,] 이는 기독교 윤리에 부합하지 않는다. 하지만 이것은 죄가 불신자와의 결혼에 들어오지 않는 한, 그들이 그리스도를 섬기겠다는 일종의 서원을 하면서 결혼하기를 바랐다는 사실에 의해 분명하게 제외된다"라고 주장한다(*Pastoral Epistles*, 599).

사역을 타락의 결과와 맞바꾸는 것이 된다.[62]

7.3 섬기는 여성인가? 침묵하는 여성인가?

고린도전서 12-14장에서 다양한 은사와 부르심을 통해 성령께서 각 신자에게 나타나시는 것에 대한 가장 자세한 묘사 속에서 바울은 여성에게 교회에서 말하지 말라고 지시한다.[63] 역사적으로 이것은 여성이 예배에 말하는 역할로 참여하는 것이 허락되지 않는다는 의미로 받아들여졌다. 따라서 예배를 위해 교회가 모이는 동안, 여성은 말로 하는 모든 봉사나 기도를 인도하는 것이 허용되지 않았을 것이다. 침묵을 지키라는 여성에 대한 명령은 고린도전서 14:34-35에 있다(그러나 나는 33절의 문맥을 포함시킨다).

성도가 모든 교회에서 그러한 것과 같이, 하나님은 혼란이 아닌 화평의 **하나**

....

62   출산의 과정이 여성의 역할을 긍정적인 의미에서 나타낸다는 Schreiner의 제안은 대부분의 역사에서 여성이 출산 과정에 대해 공포를 겪었다는 사실에 대한 이해와 공감의 결여를 보여준다. 출산에서 타락의 비참한 결과를 이해하기 어려운 이유 중 하나는 현대 의학이 여성의 삶의 이런 측면을 너무 많이 좌지우지하게 되었기 때문이다. 서구 해석자들은 그들만의 경험 영역에서 벗어나 1세기의 관점, 관심, 그리고 실제 위협에 다가가야 한다. 4.2.2.3 단락을 보라.

63   Philip Payne은 고전 14:34-35이 삽입된 것이라고 설득력 있게 주장했다(*Man and Woman, One in Christ: An Exegetical and Theological Study of Paul's Letters* [Grand Rapids: Zondervan, 2009], 252-61; Payne, "Fuldensis, Sigla for Variants in Vaticanus, and 1 Cor. 14:34-35," *NTS* 41 [1995]: 240-62도 보라). Gordon Fee 역시 이와 비슷하게 삽입이라고 주장했다(*The First Epistle to the Corinthians*, NIGTC [Grand Rapids: Eerdmans, 1987], 699). 그들의 주장을 쉽게 무시할 수는 없다. 그럼에도 불구하고 이 텍스트는 우리가 갖고 있는 현존하는 사본들에 기초한 하나의 담화로서 분석될 수 있는데, 이 구절이 그 사본들에서 중대한 해석적 본문비평 이슈의 증거를 지닌다는 점에 유의해야 한다.

님이시기 때문이다. 교회에서 여성은 침묵을 지켜야 한다. 왜냐하면 그들이 말하는 것이 허용되지 않기 때문이다. 오직 율법이 말하는 것처럼 자신을 복종시켜라. 만약 그들이 무엇이든 배우고 싶어 하면, 집에서 자기 남편에게 물어보게 하라. 왜냐하면 교회에서 여성이 말하는 것은 적절하지 않기 때문이다 (NASB).[64]

그러나 여성이 가정 교회에서 말하는 것이 허락되지 않는다는 단편적 독해는 고린도전서 본문 내에서 여러 수준으로 수많은 문제점과 모순을 만들어낸다.[65] 해석자들이 이 본문 자체를 인접 문맥과 고린도전서 전체 담화의 맥락 내에서 더 주의 깊게 읽기 시작하면서, 이 단락이 역사적으로 잘못 이해되고 잘못 적용되어왔다는 공감대가 커지고 있다. 이 편지는 고린도에서 일어나고 있었던 수많은 의혹과 문제를 언급하고 있지만, 우리는 이 본문을 대화의 한 측면으로서만 보고 있다.[66] 더 큰 그림 속에서 무슨 일이 일

---

64 여기서 나는 본문의 의미의 "혼동"을 피하기 위해 문자적 해석에 더 충실한 번역을 사용했다. 그러나 개인적으로 나는 다음과 같은 CEB 번역을 선호한다. "하나님의 백성의 모든 교회에서와 같이 여성은 모임 중에 조용히 해야 한다. 그들은 말하는 것이 허락되지 않는다. 대신 그들은 율법이 말하는 것과 같이 통제에 따라야 한다. 만약 그들이 무엇인가를 배우고 싶으면, 집에서 자기 남편에게 물어보아야 한다. 여성이 모임 도중에 말하는 것은 수치스러운 일이다."

65 단편적 독해는 구절들을 마치 단절된 것처럼, 때로는 해석이 단락 밖에서 이루어지는 것처럼 다룬다. 바울 서신에서 원리에 대한 우리의 전통적인 이해 중 일부는 서신을 신학과 규칙으로 구성된 단조로운 문서로서 다루는 것에서 비롯된다. 그 때문에 서신들은 다양한 조직신학을 만들어내는 데 사용되어왔으며, 그다음에 그것이 텍스트의 이해에 영향을 미친다. 그러나 사실은 그 반대 방향이어야 한다.

66 Anthony Thiselton이 인정하듯이 "해석과 주해는 매우 복잡하다. 대화에서 우리가 알고 있는 바울의 언어만으로 수신자들을 이해할 수 있다고 **가정된** 전제를 포함하여 문맥적 요인이 중요하다"(*The First Epistle to the Corinthians: A Commentary on the Greek Text*, NIGTC [Grand Rapids: Eerdmans, 2000], 1146, 강조는 원저자의 것임). 이것은 특히 편지에서는 더욱 그렇다.

어나고 있었는지에 비추어 고린도전서 11:33-35을 이해하려고 노력한다면, 우리는 텍스트 내의 여러 신호를 고려하고, 본문이 본문 자체를 해석하는 방식으로, 그리고 문화와 관련된 특징들을 이해하는 작업 등을 조합하여 더 큰 그림을 그려볼 필요가 있다. 나는 가정 교회의 사회적 배경에 대한 조사로 논의를 시작하여, 다음으로 고린도전서 1장의 담화 단계에서 여성/발언 이슈를 살펴보고, 고린도전서 12-14장과 관련된 특징들을 알아보는 순서로 진행할 것이다. 그러고 나서 14:26-33에 나오는 여성에 대한 가르침이 포함된 앞선 구절들을 살펴본 후, 마지막으로 의미를 제한하고 명확하게 하는 텍스트 자체의 특징을 알아볼 것이다. 이에 더하여 14:36-40의 결론 단락의 기능을 탐구할 것이다.

여러 연구에서 해석자들은 고린도전서 14:34-35에 대한 해석과 관련된 맥락이 골로새서 3:18과 에베소서 5:22-24의 가정 규례와 디모데전서 2:12의 금지에 있다고 가정한다.[67] 하지만 고린도전서는 옥중 서신 및 목회 서신 이전에 기록되었다는 것이 학계의 공통된 의견이다. 게다가 고린도전서 14:34-35의 맥락은 가정이 아닌 공적인 예배다. 디모데전서의 금지가 여기서 반복되지는 않지만, 디모데전서 2:11에서 여성이 조용함과 복종(혹은 자제력) 안에서 배우기를 원하는 바울의 바람은 매우 유사하다. 따라서 고린도전서 14:34-35이 디모데전서 2:11-12에 대한 해석적 열쇠를 제공할 수는 있지만, 디모데전서 2:11-12의 정보를 가져다가 고린도전

---

67   예. D. A. Carson, "'Silent in the Churches': On the Role of Women in 1 Corinthians 14:33b-36," in Piper and Grudem, *Recovering Biblical Manhood and Womanhood*, 144을 보라. 여기서 "복종"의 의미는 에베소서 및 골로새서와 연결되며, "허락"은 딤전 2:12과 연결된다. ibid., 152도 보라. 여기서 이 단락은 딤전 2:12에 비추어 여성의 권위에 대한 제한으로 이해된다.

서 14:34-35에 사용하는 것은 시대착오적인 일이 될 것이다. 9년 혹은 그 이상 후에 기록된 것이 관련 맥락이라고 가정될 수는 없다. 오히려 인접 문맥이 이 본문을 해석하는 데 우선 고려되어야 하며, 고린도전서 14:34-35의 "침묵"과 "복종"이라는 용어를 이해하는 것은 인접 문맥에서 똑같은 용어가 어떻게 사용되고 정의되는지와 일치해야 한다.

7.3.1 가정 교회의 배경

학자와 일반인들은 모두 바울 전집에서 말하는 예배가 마치 회당이나 이교 신전과 유사한 공공건물에서 열린 거대한 공적 모임이었던 것처럼 말할 때가 종종 있다. 사실 가끔은 오늘날 우리의 예배와 1세기의 교회 예배 사이의 구분을 거의 하지 않는다. 상호 참조 본문이나 부제는 "공적인 예배"를 고린도전서 11장, 고린도전서 12-14장, 디모데전서 2:8-15과 같은 본문의 배경이라고 말한다. 그러나 바울의 기독교 공동체는 가정 교회에서 예배를 드렸다는 것이 학계의 공통된 의견이다. 따라서 공동 예배는 집에서 드려졌고, 이는 여성의 영향력과 책임의 영역에 해당하는 집안 환경이었다. 초기 기독교의 공동 예배는 오늘날의 기준으로 보면 개인적인 일이 아니었지만, 이는 주로 사생활 및 개인적 공간에 대한 문화적 기준의 차이 때문이다. 집은 가사 영역의 일부였으며, 광장이나 회당이라는 의미에서 공개적인 공간은 분명 아니었다.[68] 집을 사용한 것과 교제의 핵심 특징

---

[68] 이 부분은 1세기 가정과 사적·공적 공간에 대한 David Balch와 Carolyn Osiek의 논의와도 일맥상통한다(*Families in the New Testament World: Households and House Churches* [Louisville: Westminster John Knox, 1997], 17). 그들은 가정과 사회에서 사생활이 없었다는 점을 지적하지만, 가정은 여전히 가족의 공간이었다. "공식적인" 그리고 "덜 공식적인" 예배 혹은 "성례가 있는" 그리고 "성례가 없는" 것의 개념은 "공적인" 개념 대 "사적인" 개

이 식사라는 점은 그리스도인 예배자들 간에 독특한 친밀감을 느끼게 하는 비공식적인 환경을 조성해주었다.[69] 공간의 크기가 예배자의 수를 어느 정도 제한했기 때문에, 가정 교회는 친밀했다. 좀 더 많은 사람을 모임에 수용하기 위해 조정이 가능했겠지만, 가장 큰 방은 열두 명에서 열다섯 명이 기대어 앉을 수 있는 공간이 있었을 것이다.

교회가 가정 영역에 존재했다는 사실은 여성이 여러 기능으로 섬겼음을 나타낸다. 개인적인 집에서 모이는 교회의 운영과 친교 식사를 나누는 것(참조. 고전 11:20-34)은 가정에서 일반적으로 이루어졌던 환대의 실천, 음식 준비 및 접대, 그리고 아마도 집에서 보통 일어났던 다른 여러 가정 예배 의식을 수반했을 것이다. 음식 준비와 접대 및 여러 가지 사항에 대한 가정의 준비는 가사를 책임지는 여성/아내에 의해 이루어졌거나 그녀의 지도하에 행해졌다. 유대인과 이방인의 문화 모두에서 가정 예배는 유대교 성전의 공적 예배에서 제사장이 수행하는 역할과 비교할 수 있는 책임과 섬김을 포함했다. 비슷한 의식이 집에서 이루어질 때(예배와 관련된 음식, 촛불 점화, 향, 정결 규례 등), 그것을 수행하는 사람은 일반적으로 여성이었다.[70]

넘과 밀접한 관련이 있다. 가정 예배에도 특정한 형식이 있기는 했지만, 이런 개념은 교회의 관습이 비공식적인 환경에서 비롯된다는 사실에 의해 검증받아야 한다.

69 식사의 상징주의에 대한 주장에 관해서는 Balch와 Osiek의 논의를 보라(ibid., 45-46). 그들은 "고대 지중해 문화권에서 연회는 사회적 관계를 상징화하기 위한 중요한 공간 및 시간을 나타내는데, 여기에는 죽은 사람들과 신을 포함한 위계적이고 수직적인 관계가 포함된다. 그것이 그리스도인의 사회적 관계를 상징화하는 중요한 수단이 되었다는 점은 놀라운 일이 아니다"라고 결론 내린다(ibid).

70 그러나 성례/성찬 관습의 기원은 집에서의 식사이며, 식사 준비와 접대는 여성과 노예의 일이었다. 그리스도인의 예배가 사적인 공간에서 공적인 공간으로 이동함으로써 가정 예배에서 여성이 담당했던 특정 역할을 여성으로부터 빼앗는 결과를 낳게 되었다. 이는 일반적인 식사를 준비하고 대접하는 여성의 역할과 이후에 남성 제사장이 성례로서 성찬을 바치는 것으로 대체된 것의 대조를 통해 가장 단적으로 나타난다. 개신교 내에서는 성찬식을 섬기는 것이 교회에서 명예로운 지위에 있는 남성 집사의 역할로서 열심히 보호되어왔다. 남성

예배가 공공의 교회 건물에서 드려지기 시작한 것은 나중, 특히 기독교가 합법화된 이후의 일이었고, 그제야 음식 준비와 접대 등의 의식(성찬)이 지위 및 권력의 명예로운 특권이 되었다.[71]

큰 집을 소유한 여성은 사역의 기타 여러 측면에서와 마찬가지로 가정 교회를 주최하는 데에도 적극적이었다. 대표적인 사례가 브리스길라인데, 그녀는 바울과 아볼로에게 환대를 베풂으로써 사역과 가르침에서 큰 영향력을 미쳤다(행 18:1-3, 24-26). 게다가 그녀와 그녀의 남편은 로마, 에베소, 그리고 아마도 고린도에 있는 그들의 집에서 가정 교회를 열었다(롬 16:3; 고전 16:19). 글로에 역시 고린도에서 가정 교회를 인도했던 것으로 보인다(고전 1:11). 눔바도 자신의 집에서 가정 교회를 열었는데, 남편의 이름은 나와 있지 않다(골 4:15). 유럽의 첫 번째 회심자로 일컬어지는 루디아는 바울이 두 번째 선교 여행을 하는 도중에 빌립보에서 바울의 선교팀과 가정 교회를 열었다(행 16:14-15, 40). 게다가 뵈뵈 역시 가정 교회를 후원한 것이 매우 확실한데, 그녀는 후견인이라고 불렸다(롬 16:1-2). 후견인으로서 자신의 집을 개방하고 기독교 공동체와 음식 및 식탁을 함께 나눈 여성은 교회의 성공에 필수적인 존재였으며, 바울은 그들의 후원과 열심에 대해 감사를 표시했다.[72] 대부분의 가정 교회는 부부가 후원했을 가능성이 크지만, 심지어 그런 경우에서조차도 문화에서의 역할에 대한 정의를 고려할

은 "예식"으로서의 공적 예배에서 규정된 모든 역할과 기능을 점차 채웠다. 이는 부분적으로 그리스도인 지도자의 "역할"이 성전 제사장으로 섬겼던 남성 레위인 제사장의 정체성과 동일시되었기 때문이다.

71 1세기 이후에 발전된 공적 예배는 집에서 드려진 초기의 가정 예배가 아니라, 유대교 성전의 공적인 관습과 그리스-로마의 공적 예배가 지닌 특징의 혼합물로서 만들어진 것으로 보인다.

72 롬 16장과 빌 4:2-3에서 바울이 여성의 헌신과 지도력을 높이 평가하며 인정하는 것을 보라.

때 여성이 음식 및 준비에 대해 책임졌을 것이다. 그렇지만 식탁에 여성이 함께한 것은 식사 중 대화에도 여성이 참여했다는 것을 의미한다. 여성이 대화에서 빠지는 것은 여성이나 노예가 노동력을 제공하는 경우이지만, 그때 여성은 식사 때 공간적으로 분리되어 있었을 것이다.[73]

따라서 우리는 고린도전서 14:33b-35을 읽을 때 개인의 집에서 신자들의 친밀한 모임을 위해 음식, 집, 편안함을 제공하면서 모임을 주선하는, 아마도 브리스길라와 같은 여성의 식탁에서 만나는 맥락을 고려해야 한다. 그런 역할을 통해 브리스길라와 아굴라는 "축제를 연 사람들"로서 합당한 인정과 명예를 얻었을 것이다. 그들은 "모든 이방인"의 감사를 받은 유명한 부부였다. 바울은 이 부부를 칭찬할 때 브리스길라의 이름을 먼저 언급하곤 했는데, 이는 아마도 그녀가 복음을 가르치고 선포하기 위한 환대를 효과적으로 베푸는 데 뛰어났기 때문일 것이다(롬 16:3-5; 참조. 행 18:18-26).[74] 만일 그들이 그리스-로마의 관습을 따랐다면 그들의 집에서 모이는 모임을 주재했겠지만, 다른 여성들이 음식을 더 가져왔을 수도 있고 식사를 마치고 정리하고 청소하는 데 함께 일했을 것이다. 대개는 그 과정에서 자신과 서로를 즐겁게 하고 시끄러운 소리를 냈을 것이다.[75] 그러나 이것은

---

73 더 이른 시기의 동부 그리스 전통에서 여성은 가족 모임에서만 남성과 함께 있었고, 공적인 식사 자리에는 불참했을 것이다(David Balch, "Paul, Families, and Households," in *Paul in the Greco-Roman World: A Handbook*, ed. J. Paul Sampley [Harrisburg, PA: Trinity Press International, 2003], 274). 그러나 로마의 관습은 여성을 자기 남편 옆에 앉도록 했으며, 교회 공동체의 가상의 친족관계는 여성을 고린도에서의 모임과 대화에 포함시켰다는 데 의심의 여지가 없다.

74 한편 브리스길라가 아굴라보다 더 높은 사회적 신분을 갖고 있었다는 주장도 종종 제기된다. 그러나 누가는 행 18:2에서 아굴라를 먼저 소개한다. 이들의 이름 순서가 뒤바뀌는 것은 나중의 일이다.

75 만약 "자매들"이 가정 교회에서 함께 일했던 것이 사실이라면, 적어도 로마 사람의 가정에서는 가정과 사회 영역의 섬기는 부분 사이에 여성의 이동이 있었을 것이다. "요리와 세탁,

단순한 저녁 식사 파티가 아니라 고린도전서 14:26-33에서 바울이 묘사하는 의식과 비공식적 일정이 있는 모임이었다. 질서정연하게 중요한 내용의 공유가 있어야 했다. 이것이 바울이 여성에게 교회에 있을 동안에는 말하지 말라고 했던 맥락이다. 이제 텍스트를 더 자세히 살펴보면서 여성의 문화와 관련된 측면에 대한 추가적인 것들을 살펴보자.

7.3.2 고린도전서의 맥락

성서의 각 구절은 그것이 기록된 전체 책의 맥락에서 이해되어야 한다. 전체 책에는 구조가 있고, 성서의 메시지를 이해하는 데 있어 필수적인 부분은 주어진 문장, 구, 혹은 단어가 저자의 내러티브나 주장에서 어떤 역할을 하는지를 아는 것이다. 우리의 주된 관심은 주요 핵심에 있어야 하며, 그것을 뒷받침하는 재료에 있어서는 안 된다.[76] 또한 저자들은 자신의 용어를 종종 정의하고 반드시 이해되어야 하는 정보의 맥락을 제공한다. 단어는 여러 의미를 지닐 수 있고, 오직 맥락만이 그 의도된 의미를 결정하고 선택할 수 있다. 독자가 할 일은 책을 일관성 있는 의사소통으로서 이해하는 것이다.

잔일을 하는 섬기는 영역은 사회적으로 '더럽고' 소외되어 아름다운 영역 밖의 먼 구석으로 밀려나 있었다"(Balch, "Paul, Families, and Households," in Sampley, *Paul in the Greco-Roman World*, 273). 가정의 섬기는 영역에서 활동하거나 대화를 나누는 것은 더 작은 집에서는 모임에 방해가 될 수 있었을 것이다.

76 여러 차원에서 조직신학을 만들어내기 위해 성서 본문을 파헤치는 것은 본문에 대한 우리의 이해를 왜곡해왔다.

7.3.2.1 고린도전서 11장: 적절한 복장

서신의 앞부분이 고린도전서 14:33b-35을 이해하는 데 어떤 영향을 미치는지를 여러 가지로 말할 수 있지만, 나는 고린도전서 11:2-16에서 가장 관련이 있는 내용에 집중하고자 한다. 이 본문의 핵심은 전통적인 해석에서 제시되는 "머리"에 대한 주장과 베일의 의미에 대한 가정, 그리고 단락의 전통적인 적용 때문에 일반적으로 불명료해 보인다. 이는 케네스 베일리가 다음과 같이 잘 요약해준다(하지만 그에게 동의하지는 않는다).

> 이 본문은 여성에 대해 다음과 같이 말한다.
> 1. 여성은 권위 아래에서 살아야 하고,
> 2. 공공장소에서는 머리를 가려야 하며,
> 3. 자신이 남성을 섬기기 위해 창조되었음을 알아야 한다![77]

그러나 근거가 되는 자료로부터 어떤 신학을 형성하든지 간에,[78] 이 본문의 주된 핵심은 신자가 예배를 인도하거나 집례할 때는 젠더에 적절한 옷을 입어야 한다는 것이다. 즉 여성은 기도나 예언에서 회중을 인도할 때 머리를 가려야 하며, 남성은 기도나 예언에서 회중을 인도할 때 머리를 가리지 말아야 한다. 이 본문은 이어서 고린도전서 14:33b-35을 제한한다. 즉 바울이 여성에게 교회에 있는 동안 말하지 말라고 한 것은 여성이 기도를 인

---

[77] Bailey, *Paul through Mediterranean Eyes: Cultural Studies in 1 Corinthians* (Downers Grove, IL: InterVarsity, 2011), 297.

[78] 나는 "머리"와 "베일"에 대한 앞선 주장을 근거로 논의를 발전시킬 수 있지만, 고전 14:34-35에 대한 해석은 앞선 주장에 의존하지 않는다. 그러나 "머리"와 "베일", 그리고 권위에 대한 논의는 제3장을 보라.

도하거나 예언이라는 영적 은사를 사용하지 말라는 의미가 아니다.[79] 그는 기도와 예언을 인도하는 상황에서 지켜야 하는 적절한 조건을 제시했으며, 두 젠더가 모두 제약을 받는다.

7.3.2.2 고린도전서 12-14장: 영적 은사

여성에게 조용히 하라는 지시가 포함된 단락은 영적 은사와 교회에서의 은사 활용에 대한 긴 논의인 고린도전서 12-14장에 위치한다. 앞서 살펴본 로마서 12:1-8은 바울이 여성에게 교회에 있는 동안 말하지 말라고 한 것이 어떤 의미인지에 대한 우리의 이해와 연관된다. 고린도전서 12-14장의 가르침은 고린도전서 14:34-35의 여성에 대한 가르침을 훨씬 더 명확하고 직접적으로 구속하며 해석한다. 로마서 12:1-8의 가르침이 은사를 결정하고 사용하는 신자의 책임을 강조한다면, 고린도전서 12장의 가르침은 회중이 각 개인의 은사를 어떻게 적절히 존중해주어야 하는지를 강조한다.

이와 관련하여 많은 내용을 담을 수 있겠지만, 나는 고린도전서 12-14장의 관련 요점을 다음과 같이 짧게 요약하고자 한다.

- 성령은 다양한 은사를 나누어주신다(12:4-6).

---

79 그러나 어떤 이들은 기도하거나 예언할 때 여성이 인도하는 것은 교회 예배가 아닌 다른 맥락에서 일어나야 하며, 혹은 고전 11:3-16의 바울의 지시는 양보에 불과하다고 주장한다. 이런 견해에 대한 Carson의 비판을 보라("'Silent in the Churches,'" in Piper and Grudem, *Recovering Biblical Manhood and Womanhood*, 145-46). 하지만 요약하자면, 예언의 기능은 고전 12장의 모임에 대한 지시와 연결되며, 고전 11:17-34의 인접 문맥은 모임에서 일어난 성찬을 언급한다. 11:2에서의 전환 및 이어지는 본문과의 관계는 예배를 가리킨다. 바울이 기도와 예언을 통제했지만, 그다음에 그것을 금지했다는 생각은 앞뒤가 맞지 않는다.

- 각 신자에게는 성령이 각 사람에게 베풀기로 정하신 특별한 성령의 임재가 나타난다(12:7a, 11, 27).
- 성령의 임재는 공동의 유익이다(12:7b).
- 임재는 크게 보면 언어적 기능으로 구성되는데, 여기에는 예언도 포함된다(12:8-10, 28-29).
- 구성원 간의 사회적·민족적 구분은 몸의 다양성 안에서 통일성을 나타내지만, 동시에 다양성은 재분배되어 개인의 정체성은 이제 민족, 사회적 지위, 혹은 젠더가 아니라 성령이 나누어 주신 은사의 종류에 따라 다양해진다(12:12-14).
- 몸의 지체 중에서는 아무도 다른 지체에게 "너의 섬김/사역은 쓸데가 없다"라고 말할 수 없다(12:21).
- 모든 다른 지체 및 개인은 서로의 섬김에 대한 부르심을 존중하고 가치 있게 여겨야 하며, 서로에 대해 관심을 보여야 한다(12:24-26).
- 신자가 성령의 은사를 사용하는 것과 회중이 은사의 각 개별성과 다양성을 다루는 것은 사랑의 지배를 받아야 한다(고전 13장).
- 은사의 목적과 가치는 듣는 자들의 변화다(14:3-5, 17).
- 예언은 각 개인과 회중이 가장 높은 가치를 부여하는 은사여야 한다.
- 예언하는 사람들은 상대적으로 높은 지위를 가져야 한다(14:1-5).

바울은 예언을 견고하게 하고 격려하며 위로하는 것으로서뿐만 아니라, 방언을 말하는 것과 대조적으로 예언자가 마음과 이해를 사용하여 그에게 배우는 다른 사람들을 **가르치는**(κατηχέω: "입에서 나오는 말로 교리를 가르치고 교육하다"; μανθάνω: "배우다") 것과 같이 깨닫게 하고 판단하는 것으로서 제한하고 묘사한다(14:3, 14-15, 19, 24, 31).[80]

각 장은 이런 각각의 요점에 대해 기록될 수 있었고, 바울이 본문 전체에서 묘사하는 것처럼 여성이 그리스도의 몸의 역할에서 밖으로 밀려난 결과와 함께, 고린도전서 14:34-35의 다양한 해석이 바울이 인접 문맥에서 말한 각각의 요점을 어떻게 무효화시켰는지에 대해 기록될 수 있었다. 그러나 교회 안에 여성 예언자는 분명히 있었고(예. 행 21:8-9), 바울은 예배에서 여성이 예언하는 적절한 모습을 알려준다(고전 11:5). 여성은 바울이 교회와 불신자들에게 귀중한 것으로 표현하는 "가장 위대한" 은사를 지녔다고 특별히 묘사된다는 사실로 인해(고전 14:1, 5, 25) 고린도전서 12-14장에서 제시된 모든 봉사 및 사역에 포함되어야 한다. 바울은 고린도 교회의 모든 사람에게 모임에서 예언의 은사를 사용하기를 원하라고 격려한다(14:1). 사실 그는 불신자가 교회에 들어왔을 때 모든 사람이 실제로 예언하면 긍정적인 일이 될 것이라고 말하는데, 그 이유는 그 사람이 남성과 여성, "모든 사람에게 판단을" 받을 것이기 때문이다(14:24-25).[81]

---

80   바울이 설명한 예언과 방언 간의 대조는 예언자와 예언의 기능에 대한 Wayne Grudem의 제한적 정의가 의심스러운 본문에서 예언에 대한 바울의 묘사와 모순된다는 것을 보여준다. "자발적인 '계시'가 예언을 가르침과 구분한다"("Prophecy—Yes, but Teaching—No," *JETS* 30 [1987]: 15). 그는 κατηχέω와 고전 14:19의 의미를 무시하며, 예언을 자발적인 계시로만 부적절하게 제한한다(고전 14:30). Grudem은 예언을 매우 자세히 정의하는 고전 14장의 많은 자료를 주해하는 데 실패한다. 이것은 신학적 사고에 이끌려 단어의 뜻에 부적절한 제한을 가한 좋은 예다. 그는 실제로 고전 14장의 바울의 논의 대신 딤전 2:12을 이용하여 고전 14:34-35을 해석한다. 바울은 고전 14장에서 용어를 자세히 설명하고 다른 모든 가능한 은사들 중에 예언에 우선순위를 두는데, Grudem은 이 부분을 간과한다.

81   비록 예언의 내용이 남성을 무릎 꿇게 할 정도로 대립적인 가르침으로 특징지어지지만, 집단 모임의 맥락 내에서 남성 불신자에게 예언하는 여성이 남성성을 침해하는 것에 대한 우려가 없는 것으로 보인다는 점에 주목하라(고전 14:24-25). 이것은 딤전 2:12에서 개인적이고 친밀한 일대일 가르침 및 지배가 고려되는 것과는 대조적이다.

7.3.2.3 고린도전서 14:26-33: 침묵과 자제력

고린도전서 14:34-35을 영적 은사에 대한 논의인 고린도전서 14:26-35의 더 큰 단락 혹은 단위의 일부분으로서 이해하는 것이 중요하다. 앤서니 티슬턴(Anthony Thiselton)은 이 단락에서 "담화 윤리의 전통에서 통제된 발언"이 배경을 제공한다고 주장한다.[82] 이것은 소리 지르기, 한꺼번에 말하기, 자기 훈련이 덜 된 말하기와 반대되는 개인의 자제력, 차례대로 말하기, 확실한 경계가 있는 질서에 대한 관심으로 구성된다.[83] 이런 관심은 본문을 통해 추적될 수 있다. 방언을 말하는 사람들은 그 숫자가 제한되어야하며 한 번에 하나씩 말해야 한다. 하지만 해석하는 사람이 없으면 그들은 교회에서 침묵을 지켜야 한다(14:27-28). 예언자는 그 수가 제한되어야 하고, 그들도 한 번에 하나씩 말해야 한다. 하지만 바울은 예언 중간에 끼어드는 것이나 겹치는 것을 허용하는데, 그런 경우에는 먼저 말하던 사람은 앉아야 한다(14:29-33). 회중(남성과 여성) 속에서 다른 사람들은 그 예언을 평가할 책임이 있다.[84] 바울은 말할 때 무질서 대신 질서를 유지하기 위해

---

82 Thiselton, *1 Corinthians*, 1131-32. 다음도 보라. William R. Baker, *Personal Speech-Ethics in the Epistle of James*, WUNT 2/68 (Tübingen: Mohr Siebeck, 1995). Baker는 지혜 문학, 구약성서, 외경, 위경, 쿰란 및 랍비 문서, 그리스-로마 문헌, 필론, 그리고 신약성서의 일부에서 윤리적인 이슈로서 "통제된 발언"을 찾는다.

83 예. 시 50:19; 59:7; 잠 17:27; Plato, *Leg.* 701C; Josephus, *J.W.* 2.8.6; 1QS 10.24-25; Philo, *Spec.* 2.195; *Abr.* 21.29을 보라.

84 Carson의 의견과 반대되는 주장이다. 그는 여성이 예언을 판단하는 "다른 이들"에서 제외된다고 주장한다(οἱ ἄλλοι διακρινέτωσαν; 고전 14:29) ("'Silent in the Churches,'" in Piper and Grudem, *Recovering Biblical Manhood and Womanhood*, 151-53). Wayne Grudem, *The Gift of Prophecy in 1 Corinthians* (Washington, DC: University Press of America, 1982), 245-55도 보라. Carson은 "여기서 바울의 요점은…그들이 그런 예언을 말로 평가하는 것에 참여할 수 **없다는** 것이다"라고 주장한다("'Silent in the Churches,'" in Piper and Grudem, *Recovering Biblical Manhood and Womanhood*, 151). 그러나 그것은 사소한 문제로서, 주제도 아니고 14:34-35의 근접 문맥도 아니며, 이 구의 아무것도 위의 구절

한 번에 한 가지만 말하는 것과 자제력을 강조하는데, 이것이 이 단락의 목표다.

7.3.3 고린도전서 14:34-35: 여성은 교회에서 말하면 안 된다

따라서 고린도전서 14:34-35에서 가장 중요한 관심은 질서인데(14:33, 40을 보라), 이는 자신의 영적 은사를 개인적으로 말할 때/행할 때 한 번에 하나씩 하고, 다른 이들은 자신이 특별한 계시/예언을 받지 않는 이상 다른 사람이 말할 동안에는 침묵을 지키며(σιγάω, 28절) 자제력을 발휘해야 한다(ὑποτάσσω, 32절)는 내용이다. 침묵하고 자제력을 갖는 행위는 그리스도인 회중과 그리스-로마 문화 및 제2성전기 유대교의 다른 배경에서 질서를 유지하는 규칙/율법(νόμος, 34절)이다.[85]

따라서 무질서는 모든 사람이 한 번에 말하는 것으로 특징지어진다. 이 맥락에서 바울은 은사가 아닌 사회적/문화적/젠더 지위(참조. 12:13)에 따른 집단을 언급함으로써 고린도전서 12-14장에서 자신이 설정해둔 패턴을 깨트린다. 그는 집단으로서의 여성에게 교회 모임 중에는 말하지 말고 조용히 하며(σιγάω, 34절) 자제력을 발휘하라고(ὑποτάσσω, 34절) 말하는데, 이것은 28절과 32절의 제약을 받아 말의 반복을 통해 방언 및 예언의

에서 반복되지 않는다. 다시 말하면, 예언을 평가하는 것에 대한 구절과 여성에 대한 바울의 가르침 사이에는 아무런 연결점이 없다. 그것은 여성은 집에서 배우고 질문하라는 바울의 제안과도 부합하지 않는다.

85 여기서 νόμος는 가장 흔한 "규칙, 원칙, 규범"이라는 의미를 지닌다. 구약성서로부터의 인용은 없지만, 아마도 발언을 제한하는 주제에 대한 암시는 있는 것 같다. 여성이 언급되기 때문에 어떤 이들은 창 2-3장이 고려되어야 한다고 주장한다. 그러나 창조 및 타락 기사에는 여성의 침묵과 관련된 부분이 없다.

은사를 받은 사람들과 정확히 같은 행동을 가리킨다.[86] 즉 그들은 다른 사람이 찬송, 가르침의 말, 계시/예언, 방언, 혹은 해석을 나누고 있는 동안에 말을 해서는 안 된다(26절). 그것은 모든 교회에서는 물론이고 쿰란과 후기 랍비 관습, 그리고 비슷한 그리스-로마 배경에서도 규칙 혹은 원칙이다(34절).[87] 바울은 영적 은사를 한 번에 하나씩 질서 있게 발휘하는 것을 말하고 있지 않으며, 오히려 다른 사람이 말하고 있는 동안에 무질서하게 말하는 행동을 언급하고 있다. 이것은 35절에서 바울이 추가적인 제약과 함께 자신의 진의를 설명함으로써 확실해진다. "만일 무엇을 배우려거든 집에서 자기 남편에게 물을지니 여자가 교회에서 말하는 것은 부끄러운 것이라."

배우는 것과 질문하는 것은 성령께서 결정하신 영적 은사나 사역이 아니다.[88] 이것은 예언자들과 방언의 은사를 가진 사람들의 침묵과 자제력

---

86 말의 반복은 근접 문맥에서 주제와 작은 의미 연결을 추적하여 강력한 연결고리를 형성한다(Michael Hoey, *Patterns of Lexis in Text*, DEL [Oxford: Oxford University Press, 1991], 제3장). 여성은 복종할 것을 요구받기 때문에, 때로 이 본문은 남편에게 복종하라는 내용으로 간주된다. 그러나 ὑποτάσσω의 의미는 예언자의 자제력이 제한하는 어휘의 반복으로서 이해되어야 한다(참조. Thiselton, *Corinthians*, 1153).

87 Grudem의 의견과 반대되는 주장이다. 그는 "그러나 우리는 먼저 33b-35절이나 편지의 나머지 부분, 혹은 성서 안팎에 있는 모든 글에서 단순히 증거가 없다는 사실을 기억해야 하며, 이는 여성들 사이의 무질서가 특히 고린도 교회의 문제였다는 사실을 가리킨다"라고 주장한다("Prophecy," 20). Grudem은 언어를 해석할 때 연관성과 제약의 역할을 아는 데 실패한다. 인접 문맥은 증거를 제공하며, 데이터를 33b-35절로 한정시키는 것은 정당한 해석이 아니다. 그는 딤전 2:12의 시대착오적인 금지가 인접 문맥과 여성의 행동과 여성의 문화에 대한 일반적인 정보보다 더 많은 증거를 제공해준다는 점을 발견한다. 이것은 증거에 대한 부당한 요구의 예다. Grudem의 입장에서는 고린도 교회에서 여성들 사이에 있었던 무질서를 언급하는 비문이나 텍스트를 찾아야 할 것이다. 아이러니하게도 베일을 쓰는 것과 관련된 여성의 잘못된 행동에 대한 전통적인 이해가 그런 무질서의 증거가 될 것이다.

88 여성의 말이 반드시 잘못된 내용이거나 "잡담" 자체는 아니지만, "잡담"을 만들어내는 것이 여성의 행동에서 개연성 없는 특징은 아니다. 그러나 언어의 그런 본질은 λαλέω(고전 14:34)의 의미론적 범주에 기초할 수 없고, 여성이 주제에 대해 말하고 내용에 관해 질문할 수 있다고 제안한(주장을 위해) 바울의 제약에 기초할 수도 없다. 즉 그것은 잡담이 아니

을 포함하여 바울이 방금 묘사한 영적 은사의 질서 있는 행사와 다른 것을 언급하는 여성의 행동을 제한한다(비록 바울이 방언의 은사를 가진 사람이나 예언자가 순서를 어기고 말함으로써 동일한 규칙을 어길 수 있다고 말하더라도 말이다 [14:27-32]). 바울은 여성이 만약 주제에 대해 말하거나 정보가 부족하여 질문을 하려는 것이라면 다른 사람이 말하는 동안에도 말할 수 있는 좋은 이유가 될 것이라고 허용한다.[89] 이것이 만약 사실이라면, 바울은 남성들에게 그들의 아내(와 아마도 자기 집에 있는 다른 여성들)를 집에서 가르침으로써 그들이 예언과 가르침 및 기타 내용들을 이해할 수 있는 충분한 지식을 갖게 하라고 명령하는 것이다.

7.3.4 1세기 여성과 대화 방법

바울은 왜 그 원칙을 위반한 것에 대해 여성을 지목했을까? 남성도 다른 사람이 말하는 동안에 말하는 것으로 알려져 있는데, 그는 왜 남성에게는 말하지 않았을까? 그 답은 집에서뿐만 아니라 다른 상황에서 여성들이 모였을 때, 여러 면에서 반쯤 격리된 문화에서 그들이 보이는 전형적인 행동

다. 이와 반대되는 주장으로 다음을 보라. Gaston A. Deluz, *A Companion to 1 Corinthians*, trans. G. E. Watt (London: Darton, Longman & Todd, 1963), 215; Catherine Clark Kroeger and Robert Clark Kroeger, "Strange Tongues or Plain Talk?," *DSar* 12 (1986): 10-13. 하지만 나는 "예배가 토론 단체로 바뀌면 안 된다"(*First Epistle of Paul to the Corinthians*, MNTC [New York: Harper, 1938], 233)라고 잘못 주장하는 James Moffat도 지지하지 않는다. 문제는 당시 잘 형성된 그리스-로마의 교육 모델인 질문을 통해 배우는 것이 아니다. 예배는 교육 모델에 반대되는 것이 아니다.

89 이것은 첫 번째 단계의 조건이다. 그래서 바울은 (주장을 위해) 다른 사람이 말하는 동안 여성이 말할 수 있는 이유는 주제에 관해 무엇을 배우거나 질문하길 원하기 때문이라고 가정한다. Stanley E. Porter, *Idioms of the Greek New Testament*, 2nd ed., BLG 2 (Sheffield: Sheffield Academic, 1999), 256을 보라.

에 있다. 그리스도인들은 친교 식사 위주로 진행되는 작고 친밀한 가정 교회로 만났다는 사실을 기억하자. 거기서 여성들은 자신의 영적 은사와는 관계없이 음식 준비와 접대, 청소 등으로 바빴다. 그것만으로도 여성이 일하면서 자연스럽게 소리를 내고, 일을 수월하게 하기 위해 서로 대화를 나누며, 일하면서 서로 즐기는 환경이 조성된다. 하지만 그 밖에도 여성은 대중적 배경에서 모였을 때 방해물로 취급될 수 있었다. 크리소스토모스는 여성을 콕 집어서 바로 이 문제를 이렇게 언급했다.

> 그 후에 실제로 그런 가르침을 받은 여자들은 침묵을 지킨다. 하지만 이제 그들 사이에 큰 소음과 엄청난 소란, 웅성거림이 생겨나기 쉬운데, 이 장소[성당]만큼 많은 곳도 없다. 그들은 모두 시장이나 목욕탕에서보다 여기서 더 많이 말하는 것으로 보일 수 있다. 왜냐하면 그들은 마치 기분 전환을 위해 여기로 온 것처럼, 모두 쓸데없는 주제를 놓고 대화하는 데 열중하기 때문이다. 따라서 모든 것이 혼란스럽고, 그들은 조용하지 않으면 유용한 것을 배울 수 없다는 것을 이해하지 못하는 것 같다. 우리의 담화[설교]가 말하는 것에 제약을 가하고, 아무도 무슨 말을 하는지 신경 쓰지 않을 때, 그것이 그들에게 무슨 도움이 될 수 있겠는가?[90]

케네스 베일리는 이집트, 레바논, 예루살렘, 키프로스에 40년간 살았던 비슷한 경험을 바탕으로 소그룹에서 여성을 가르쳐본 자신의 개인적인 경험뿐만 아니라 공적 예배에서의 여성의 행동에 대해서도 논의한다.[91] 그는 그

---

90 John Chrysostom, "Homily IX (1 Tim. ii. 11-15)," *NPNF*[1] 13:435.
91 Bailey, *Paul*, 412-17. 이집트의 그리스도인 여성들이 15초 집중력을 가지고 있다는 것과 구전 문화에서의 전형적인 학습 형태에 대한 Bailey의 설명은 매우 유용하다.

런 현상을 일으켰을 만한 여러 요인을 설명한다. "집중력 지속 시간의 문제, 그리스어에 대한 부족한 지식, 억양 문제, 실제 사용하는 그리스어의 언어 수준, 말하는 사람의 소리 증폭 부족과 더불어 배움의 방법으로서의 수다가 모두 관련된다."[92]

여기에 홈스쿨링과 도심지에서 가르쳐본 나의 개인적인 경험을 추가할 수 있는데, 이는 집단 학습 상황에서의 사회화 부족으로 인한 문제와 개개인의 부족한 지식 문제 혹은 집단에서의 학습 능력과 연관된다.[93] 홈스쿨링으로 배운 어린이와 노숙자들은 교실 환경에서 혹은 설교를 듣는 중에 때때로 질서 정연하게 행동하지 못할 수 있는데, 이는 그들이 훈련받지 못했거나 전통적인 학교 제도를 거친 다른 사람들의 표준이 되는 행동에 따르기를 거부하기 때문이다. 도심지의 주일학교에서 내가 아이들에게 질문을 해보라고 말하면, 가끔 정신적인 장애가 있는 한 어린이가 아주 기본적인 질문들에 대한 대답을 요구하며 계속해서 수업을 방해하는 일이 있었다. 그런 경우에 나는 "좋은 질문이야! 수업 끝나고 만나자. 네가 원하는 만큼 시간을 내서 다 대답해줄게"라고 말했다. 질문을 함에 있어 반사회적 행동과 무지의 이런 조합이 영적인 은사를 발휘하는 것과 동일시될 수는 없다. 1세기 그리스-로마 세계에서 여성의 사회화 부족과 충분히 발전되지 못한 능력 간에 유사점이 있다는 것이 나의 의견이다.

여성도 어느 정도 교육을 받았을 수 있지만, 그것은 사실상 항상 집에서 이루어졌고, 일반적으로 공교육이나 그에 필적하는 경험이 아예 없다

---

92 Ibid., 416.
93 이 본문을 놓고 내 딸 중 하나와 대화를 나누었을 때, 그녀는 일말의 망설임 없이 설교와 주일학교를 방해하는 노숙자들과 정신적 장애가 있는 사람들에 대한 수많은 예를 즉시 말하기 시작했다. 이는 Bailey의 일화와도 매우 비슷하다.

는 것은 집중력 지속 시간이나 단체 행동에 어려움을 겪는 결과를 낳을 수밖에 없었다. 게다가 하위 계층의 여성은 영양실조와 성적 학대, 일반적인 심리 자극 부족 때문에 발달 및 학습 장애를 심하게 겪었을 가능성이 있다.[94] 우리는 이것들 외에도, 아마도 말에 있어서 보편적인 여성의 관습일 "중첩"(다른 사람이 말하는 동안 "끼어들기")을 추가할 수 있다.[95] 이런 요인들은—휴식을 취하거나 식사를 준비하고 나누고 청소하기 위해 다른 여성들과 만나는 휴일과 더불어—보통 적어도 와글거리는 대화로 이어졌을 것인데, 이것은 주제였을 수도 있고 아닐 수도 있지만, 어쨌든 분명히 무질서를 조장했을 것이다. 만남 중에 대화를 방해하며 혼란스럽게 하는 것은 영적인 은사를 발휘하는 것과 동일시될 수 없다. 오늘날까지도 그런 행동은 대부분의 세계, 특히 중동의 여성 문화에서 흔하게 목격된다. 그러므로 나는 지금까지 비슷한 맥락 안에서 여성의 특징이었던(그리고 지금도 그들의 특징인) 대화 방법을 통해 여성들이 집에서 비공식적인 식사 중에 혼란과 무질서를 일으켰을 수 있는 여러 방식에 대한 설득력 있는 그림을 그려봤다.

---

94 영양실조와 자극 부족은 대부분의 세계에서 여성들이 계속해서 겪는 문제다. 예를 들어 유니세프는 인도에서 젠더 및 영양실조와 관련하여 다음과 같은 보도를 내놓았다. "영양실조는 발전과 학습 능력을 제한한다.…빈혈은 세 살 이하 어린이의 74퍼센트, 청소년기 소녀의 90퍼센트 이상, 그리고 여성의 50퍼센트에 영향을 미친다.…남자아이보다 여자아이가 낮은 사회적 지위 때문에 영양실조의 위험에 더 많이 노출된다"(UNICEF, "Malnutrition," http://unicef.in/Whatwedo).

95 남성의 말과 대조되는 여성과 "중첩"에 대한 논의는 Deborah Tannen, *You Just Don't Understand: Men and Women in Conversation* (New York: Morrow, 1990), 188-215, 특히 201을 보라.

7.3.5 고린도전서 12-14장의 결론으로서 고린도전서 14:36-40의 기능

바울은 많은 사람이 여성을 향한 것으로 여기고 고린도전서 14:34-35의 결론 역할을 한다고 가정하는 논쟁적인 어조의 날카로운 수사학적 질문으로 갑자기 전환한다. 그러나 두 가지가 반드시 고려되어야 한다. 즉 36-40절은 하나의 단위를 형성하며, 그 단위는 방언, 예언, 그리고 이 모든 것을 품위 있고 질서 있게 하라고 언급하면서(37, 39-40절), 요약과 함께 14장을 분명하게 결론 짓는다는 것이다. 영적 은사와 사랑에 대한 이전 자료는 14장에서 모든 종류의 대립에 대한 맥락을 제공하기 때문에, 이 단락 역시 15:1에서 주제가 전환되기 전에 고린도전서 12-14장에 대한 결론 역할을 하게 된다. 바울은 14장에서 여러 그룹과 첨예하게 대립하며 잘못을 바로잡았고, 36절에서는 그들을 남성 복수형인 "너희"(ὑμῶν, ὑμᾶς)라고 지칭한다.[96] 그래서 36절에서 그의 날카로운 수사학적 질문은 여성만을 향한 것이 아니다. 그는 자신이 바로잡고자 하는 모든 고린도 사람에게 말하고 있다.[97] 그는 자신이 방언과 예언에 대해 말한 것과, 모두가 한 번에 말하지 말라고 한 모든 것에 대해 반대가 있을 수 있다는 것을 예상하고 있다.

....

96 Ben Witherington III, *Women and the Genesis of Christianity* (Cambridge: Cambridge University Press, 1990), 98, 259; Fee, *Corinthians*, 710; Thiselton, *Corinthians*, 1161-62을 보라.

97 Carson의 의견과 반대되는 주장이다. 그는 "14:36에서 바울의 요점은 고린도 사람들이 34-35절에서 바울이 말한 것을 '거부 혹은 반박'하고자 했다는 것이다"라고 주장한다("'Silent in the Churches,'" in Piper and Grudem, *Recovering Biblical Manhood and Womanhood*, 151). 반대자들에는 남성이 포함되어야 한다. 왜냐하면 바울이 남성형 복수 대명사를 사용하기 때문이다. 방언을 오해하고 오용하는 것에 대한 그의 지적과, 방언이나 예언을 하는 사람들을 통제하려는 그의 시도는 분명히 반대를 유발했겠지만, 그리스-로마 문화권의 남성들이 여성의 행동을 변호했을 가능성은 적으며, 자신들의 행동을 지적하는 것에 대해 반대하지 않았을 가능성도 거의 없다.

7.3.6 요약

사람들은 일반적으로 고린도전서 14:34-35에서 여성은 예배 도중에 말하지 말라는 바울의 주장을 여성의 사역과 리더십을 주장하는 사람에 대한 심각한 도전으로 간주한다. 그러나 여성의 침묵을 절대적인 것으로서 받아들여야 한다고 주장하는 학자는 거의 없다. 질문은 이것이다. 무엇이 침묵의 본질을 이해할 수 있는 맥락을 제공하는가? 혹은 바울은 어떤 의미로 여성에게 말하지 말라고 했는가? 여성에 대한 바울의 가르침을 해석하는 데 있어 더 선호되는 맥락은 고린도전서 이후에 기록된 바울 텍스트의 자료가 아니다. 왜냐하면 그런 텍스트들은 당시의 일차 독자들에게는 없었던 것이기 때문이다. 오히려 가정 교회에서 예배의 상황, 편지 속에서의 상황, 그리고 여성의 문화적 상황이 본문의 의미를 결정하는 데 가장 적합한 것들이다. 이런 상황이 가리키는 것은 바울은 여성이 기도에 참여하여 영적인 은사를 적법하게 발휘하기를 기대하고 있다는 것이다. 그러나 그는 이어서 예배 중에 무질서와 혼란을 일으키는 특정 문제에 대해 언급한다. 방언을 말하는 사람들과 예언하는 사람들에게 주어진 가르침과 같이, 바울은 여성에게 예배 중에 다른 사람이 말하는 동시에 말하지 말고 대신 침묵을 지키며 자제력을 발휘하라고 가르치는데, 이는 모든 담화 윤리 전통에서 행해지는 행동 규칙이다. 바울은 남성들에게 집에서 자기 아내를 가르침으로써 아내들이 예배 도중에 그들끼리 말하거나 남편에게 속삭이면서 질문을 하지 않게 하라고 지시한다.

＊＊

결론적으로 여성은 모든 신자에게 주어진 가르침을 남성과 동일한 해석학으로 해석하고 적용해야 한다. 교회에서 각 신자의 역할을 결정하는 것과 사역으로의 부르심에 관한 본문은 모든 신자에 대한 일반적인 가르침이다. 신자의 제사장직은 모든 신자에게 적용되기 때문에, 구약성서에서의 제사장의 역할, 인종, 사회적 지위, 신체적 조건, 젠더는 기독교 공동체에서 어떤 사역에 대해서도 필요조건 혹은 전제조건이 되지 않는다. 성령이 누가 어떤 은사를 받을지를 결정한다. 특정 집단에서 은사를 거르고 제한하는 신학적 체계는 성령의 권위를 훼손한다. 각 개인이 동일한 방식으로 동일한 기준에 따라 자신의 은사를 확인할 의무를 지닌다. 섬김에 대한 각 사람의 "부르심"은 각자의 체험에 의해 결정되는데, 여기에는 일을 해본 경험뿐만 아니라 주어진 사역에 대한 열정과 기도를 통한 인도하심 등의 감정적인 요소도 포함된다. 은사는 교회 전체에 도움을 주기 위해 받는 것이며, 다른 사람에게 "너는 쓸모가 없다"라고 말해서는 안 된다. 만약 하나님께서 사도, 전도자, 목회자, 교사인 교회 여성들을 준비시켜 보내시는데 교회가 그들을 거부하여 받아들이지 않으면, 그들은 실질적으로 은사를 거부하는 교회 및 신학적 체계에 반대하는 예언자 역할을 하게 될 것이다. 실제로 로마서 12:6에 의하면, 그런 행동은 하나님께서 "우리에게 주신 은혜"를 완전히 거부하는 것이다.

제8장
권위

그리스-로마 세계는 계급과 지위에 의해 구조화된 사회의 그리스 철학을 계승하여 강화했고, 그리스 철학자들은 일반적으로 특권과 사회 피라미드를 강화했다.[1] 사회적 관습과 그리스 귀족 및 엘리트의 사회적 기대가 미덕과 동일시되는 경향이 있었다. 이는 군대 장군과 관료, 의사, 판사 등 상류 계층과 부유층의 우월성을 높여주는 것과 관계가 있었다. 결국 미덕의 개념은 로마 제국의 이상 안에서 구체화되었다. 로마 제국의 가치에는 시민의 삶과 가정의 평온, 질서, 안정이 포함되었지만, 이런 가치들은 계급, 우정, 후원, 명예, 호혜, 감사와 관련되는 후원 제도로 알려진 상대적으로 엄격한 사회 구조를 통해 실현되었다. 옥타비아누스가 제정한 황제 숭배는 로마 제국 내부의 다신교와 후원 제도 간의 접점으로서 이해될 수 있다.[2]

1   그리스-로마 문화의 개념과 이상에 대한 바울의 비판과 관련된 더 깊은 논의는 다음을 보라. Mark Strom, *Reframing Paul: Conversations in Grace & Community* (Downers Grove, IL: InterVarsity, 2000). 사회 피라미드에 관한 그의 논의는 64-67을 보라.
2   옥타비아누스 아우구스투스는 그의 주장과 그가 맡은 역할을 통해 황제 숭배의 기틀을 놓았다. "공화국에서 제국으로 넘어가는 동안 아우구스투스와 그의 가족은 눈에 보이는 아무런 변화 없이 로마 도시의 모든 가능한 법적·종교적·사회적 제도와 특별한 관계를 맺었다. 그것은 정체성, 책임감, 관대함의 후원 관계였는데, 옥타비아누스 아우구스투스에게 공화국과 도시에서 파생된 수많은 직책을 부여하고 '국가의 아버지'와 같은 칭호를 수여하며

한 사람의 명예는 사회 체계 내에서 자신의 위치를 알고 적절한 역할을 하는 것에서 비롯되었다. 하지만 개인적인 명예와 지위를 추구하는 것이 숭고한 목표였으며, 남성의 이상은 최대한 많은 남성이 자신의 후원에 종속되는 가장의 지위를 얻는 것이었다.

1세기 중반에 이르기까지 권력과 위계질서의 개념이 제국주의 신학에 내재해 있었고, 젠더에 대한 문화의 이데올로기가 전체 로마 제국 내 위계질서의 권력 및 권위와 불가분의 관계로 연결되어 있었다. 예수는 권위를 가진 사람들이 자기 아래에 있는 사람들에게 권력과 권위를 행사하는 그리스-로마의 리더십 모델과 방식을 분명히 거부했다(마 20:25-28//눅 22:24-27). 바울 역시 그리스-로마 문화의 전통적인 인간 지혜, 권력의 제국주의 신학, 권위, 신분 이데올로기에 맞서서 그것을 거부했다(고전 1:18-31).

한편 바울은 그리스-로마 가정의 차원을 차용하여 받아들이면서도, 하나님을 가장 혹은 후견인으로 보았고, 가족 구성원 사이의 호혜성을 권장했다. 따라서 바울은 모든 지도자를 하나님과 공동체 모두의 종으로 선정함으로써 교회의 권위 구조를 상대화하면서도, 피후견인의 역할을 하는 사람들이 다른 사람들로부터 후원을 받는 전통적인 호혜를 여전히 옹호했다.[3] 모든 지도자가 공동체가 복종하는 동안 섬겼기 때문에, 리더십은 권위

가족의 모습을 담은 동전을 주조하는 것 등을 통해 부분적으로 표현되었다"(Cynthia Long Westfall, "Roman Religions and the Imperial Cult," in *Lexham Bible Dictionary*, ed. John D. Barry [Bellingham, WA: Logos Bible Software, 2015]).

3   이것은 바울이 가장에 대한 신학적 성찰을 사용한 것에서 Michael White가 관찰한 일관성의 부족을 설명해준다("Paul and Pater Familias," in *Paul in the Greco-Roman World: A Handbook*, ed. J. Paul Sampley [Harrisburg, PA: Trinity Press International, 2003], 470-72). 바울이 권위를 강조할 때는 하나님이 가장이시다. 그가 호혜를 강조할 때는 누구나 공동체가 적절한 명예와 감사를 돌리는 후견인이 될 수 있다.

를 빼앗거나 주장하지 않은 채 젠더 혹은 사회적 지위에 관한 전통적인 그리스-로마의 경계를 넘어설 수 있었다. 하지만 공동체는 기존의 권위 체계에 적절하게 복종했다. 우리는 그런 맥락에서 남성과 여성의 리더십 역할을 살펴볼 것이다.

그러나 바울 전집은 역사적으로 제국주의 정부의 위계질서와 권력을 긍정적으로 지지하고 기독교 공동체에서 남성이 여성 위에 군림하는 계층적 권위와 힘을 받아들이고 강화하며 실질적으로 확장한 것으로서 잘못 해석되었다.[4] 한편 서구 정치 및 사회 시스템에 미친 기독교의 영향은 결국 남성 간의 위계질서를 약화시켰고, 기본적 인권과 공로에 따른 특권과 더불어, 계급제에서 벗어나 권력을 공유하는 쪽으로 옮겨갔다. 서구에서는 정부의 형태와 철학이 제국주의적 위계질서로부터 민주주의로 전환되었지만, 젠더 이데올로기는 여전히 계층적이었다. 결과적으로 남성은 정부, 사회, 가족이라는 계층적 권위와 같은 것에 더 이상 속하지 않았기 때문에 젠더에 기초한 계층적 구조가 변하여 핵가족으로 옮겨졌는데, 이는 사생활에 대한 변화된 인식으로 인해 사회적·정치적 구조로부터 더 고립되었다. 그러므로 가정에서 남성의 권위는 로마 제국이나 특히 바울의 가정 규례보다 훨씬 더 절대적인 방식으로 모든 남성과 남편에게 적용되었다. 그런 권위는 이를 계속 지지하는 교회 및 종교 전통에서 견제와 균형이 부족했다.[5]

---

4   서구 문화권에서는 상대적인 권력과 특권을 가진 사람들이 성서 해석을 통제해왔다. 따라서 계층, 권력, 부의 주관적인 영향력은 1세기의 소외된 사람들과 크게 다른 상황으로서 인식되지 않았다. 탈식민주의 비평은 성서가 로마 제국을 지지한다는 관점에 대한 건강한 대안을 제시했다. 개관으로는 다음을 보라. Stephen D. Moore and Fernando F. Segovia, eds., *Postcolonial Biblical Criticism: Interdisciplinary Intersections* (London: T&T Clark, 2005).

5   젠더에서 위계적인 관계가 확장되는 이유는 서구 세계의 현재 모델에서 가족이 핵가족이

8.1 그리스-로마 문화의 젠더, 권위, 권력, 지위

위에서 언급했듯이, 젠더에 있어서 위계질서는 로마 제국에서 관계의 필수적인 요소였고, 가정은 그 권위 구조의 중심이 되는 후원 제도의 기본적인 구성 요소였다.[6] 부부 관계에서 남편은 후견인이었고 아내는 피후견인이었다. 이와 비슷하게 자녀와 노예도 가정을 관리했던 가장 및 그의 아내와 후견인-피후견인 관계에 있었다. 노예가 아닌 개인은 보통 후견인-피후견인 제도에서 여러 역할을 감당했다.[7] 마태복음 8:9의 로마 백부장과 마찬가지로, 각 남성 혹은 여성은 권위 아래에 있는 사람이었기 때문에 명령을 받은 대로 행할 의무가 있었고, 동시에 각 사람은 자신의 명령에 순종할 의무를 지닌 사람을 수하에 두고 있었다.[8] 젠더의 위계적 관계는 성서신학에서 일

어서 견제와 균형, 책임, 그리고 남성의 권위가 사라졌기 때문이다. 결혼한 남성은 대가족에 대한 더 복잡한 의무, 순종, 책임감, 노예에 대한 여러 의무보다는 이제 실질적으로 자기 가정에서 아내에 대한 유일한 권위를 갖게 된다. 그리고 교회의 구조는 남편의 권위와 아내의 복종을 약화시키지 않을 의무가 있다고 종종 생각된다. 이 모델에서 아내에 대한 남편의 힘을 효과적으로 견제할 수 있는 것은 국가의 법이다. 게다가 여성에 대한 남성의 권위는 역사적으로 존재론적 열등함뿐만 아니라 타락에서 여성의 역할의 본질적인 결과에도 기초한다. 그래서 몇몇 논의에서는 징벌적 특성이 종종 언급되었다. 그리스-로마 문화는 여성이 가족의 지위와 부에 더 많은 공헌을 한 경우에 가족 안에서 권위를 가져야 한다고 인정했지만 (호혜 및 후견인-피후견인 모델에 기초하여), 여성의 종속에 대한 위계적이거나 절충적인 이해에 따라 남성은 가족에게 무엇을 제공하는지가 아니라 그가 남성이라는 사실에 기초하여 권위를 행사했다.

6 White가 설명하듯이, "가족이 국가의 축소판이라는 기본 개념"이 있었다("Paul and *Pater Familias*," in Sampley, *Paul in the Greco-Roman World*, 471-72).

7 이 말도 검증되어야 한다. 왜냐하면 노예도 자신의 노예를 소유할 수 있었고, 노예가 자유인이 될 수도 있었기 때문이다. 그러나 자유가 사람을 후견인-피후견인 제도로부터 놓아주지는 않았다. 종종 이전 주인과의 후원 관계가 지속되기도 했고, 새로운 관계가 만들어질 수도 있었다.

8 마태복음(8:9-10)이 백부장의 권력 행사를 믿음과 유사한 것으로서 묘사한 것은 백부장이 권력을 행사하는 그 자신의 경험을 예수와 영적 권위를 행사하는 그분의 능력으로 전환할

반적으로 알려진 것보다 훨씬 더 복잡한 체계 안에 내재해 있었는데, 성서 신학은 보통 핵가족을 전제하기에 그리스-로마 가족에서 어머니의 권위를 제대로 파악하지 못하는 것으로 보인다. 여성도 가정의 머리(여성 가장), 아들의 어머니, 남성의 후견인, 남성 노예의 주인, 남성 종의 감독자가 될 수 있었기 때문에, 가정과 사회의 권위가 언제나 젠더에 따라 정해진 것은 아니었다.

젠더에 대한 그리스-로마의 이해는 고전 그리스 철학자들의 가르침에 기초했다.[9] 플라톤과 스토베우스, 그리고 특히 아리스토텔레스와 같은 철학자들의 개념은 젠더를 논의하는 수사학에서 계속 영향력이 있었다. 스토아 철학자들도 이와 비슷하게 결혼과 젠더를 권력과 권위의 보완적인 측면으로서 논의했지만, 좀 더 상호적인 것으로서 정의했다. 고전 철학자들의 영향력은 필론의 글에서 찾을 수 있는 반면에, 바울은 스토아 철학자들과 더 많은 공통점을 갖고 있었다. 고전 그리스 철학자들은 공공 영역의 남성과 가정 영역의 여성을 구분하여 잘 정의한 반쯤 격리된 문화를 지지하며 실천하려 했고, 양성 간의 위계적 관계는 남성이 지배하고 여성이 지배받는 것이었다. 하지만 심지어 고전적인 수사학 내에서조차 여성은 가정 영역을 지배하는 책임 때문에 다양한 역할을 수행했으며, 그 영역에는 자녀뿐만 아니라 남성과 여성 노예도 속해 있었다. 더욱이 사회에서의 지위와 엘리트 집단에서의 회원 자격은 권위와 연관되어 있었다.

1세기 그리스-로마 세계에서 공공 영역과 가정 영역 사이에 있는 수많은 장벽은 그리스 고전주의 시대보다 더 유동적이었지만, 수사학은 꽤

수 있었다는 점에서 흥미롭고 의미심장하다.

9   그리스-로마 철학과 젠더의 수사학에 대한 더 깊은 논의는 1.3.1 단락을 보라.

꾸준히 유지되었다. 더욱이 일부 수사학이 로마의 위계질서를 유지하는 데 사용되었기 때문에, 확인 가능한 집단에서 여성의 행동은 조사를 받았고 종교나 사회 기관을 선동한 혐의로 기소하는 데 사용될 수 있었다. 이런 역동성은 바울이 언급하는 권위 구조와, 기독교 공동체의 평판과 존속에 필수적인 잘 정돈된 가족 관계에 대한 그의 선교적 관심을 이해하기 위한 배경으로서 기능한다. 그러나 바울이 부모와 주인에게 복종하라고 지시했을 때 이 범주는 고전 그리스 수사학과 그리스-로마 문화에서 남성만을 독점적으로 포함하는 것이 결코 아니었으며, 가정을 다스리는 어머니, 여성 가장, 혹은 여성 οἰκοδεσπότης의 권위를 존중하지 않는 것도 똑같이 선동적으로 여겨졌을 것이라는 점을 깨달아야 한다.

8.1.1 젠더, 권위, 권력, 지위의 수사학

고대 수사학은 그리스와 로마의 엘리트가 권력을 세우고 유지하는 데 사용한 정치적인 도구 중 하나였다. 로마 제국의 젠더 수사학은 고전 그리스 철학자들의 수사학과 일치했지만, 젠더 관계의 실질적인 관습은 덜 체계화되었고 제국 전체에 걸쳐 지역마다 다양했다. 고대의 작가들은 일반적으로 엘리트이자 귀족 계층에 속해 있었다. 기독교 공동체의 구성원들이 똑같은 권위자의 지위를 차지하면서 그리스와 로마의 엘리트로서 특권을 누렸다고 가정되어서는 안 된다.

8.1.1.1 고전 철학에서의 젠더와 권위

고전 철학자들은 남성은 지배하기에 적합하고 여성은 지배받기에 적합하다고 생각했다. 하지만 그들은 동시에 여성이 권력과 권위를 행사하는 사회 시스템에서 더 복잡한 권력관계를 묘사하기도 했다. 플라톤은 여성의 "한 가지 과제" 혹은 "사회적 봉사"로서 남성의 권위에 복종하는 것에 대해 말했다.[10] 하지만 어떤 관계에서는 여성이 지도자의 자리를 적합하게 채웠다. 플라톤은 지배할 수 있는 권리를 가진 여섯 그룹을 이렇게 설명했다. 자녀를 지배하는 부모, 천민을 지배하는 귀족, 어린 사람을 지배하는 나이 든 사람, 노예를 지배하는 주인, 약한 사람을 지배하는 강한 사람, 이해력이 부족한 사람을 지배하는 지혜로운 사람.[11] 일부 여성은 지배받는 여섯 가지 그룹에 모두 속했을 것이다. 여성 노예는 실질적으로 아무런 권력을 갖고 있지 않았으며, 심지어 자기 자녀에게조차도 힘이 없었을 수 있다. 모든 여성이 더 강하고 지혜로운 사람으로 구성된 그룹에서 제외되었을 수 있지만, 일부 여성은 나머지 지배하는 네 가지 그룹에 포함되었을 것이다. 한편 남성은 지배받는 여섯 그룹에 모두 속할 수 있었으므로 다른 남성의 권위 아래에 있었으며, 아마도 특정 여성의 권위 아래에 있었을 수도 있다. 그러므로 심지어 가장 보수적인 시행 기간에도 그리스 철학자들은 결혼과 가족에서 남성의 권위를 인정했지만, 복잡한 사회와 권력 구조에서는 여성 역시 다양한 사회적 형태에서 남성을 다스릴 수 있다고 보았다.

8.1.1.2 스토아 철학에서의 젠더와 권위

스토아 철학에서는 히에로클레스가 결혼의 이점에 대해 매우 긍정적이었고 여성의 특징과 공헌에 대해 낙관적이었다. 그는 남편과 아내 사이에 노동과 권위의 구분을 정의했는데, 남편은 남성의 일(공공)에서 권위를 행사

---

10   Plato, *Resp*. 4.433a, c-d.
11   Plato, *Leg*. 3.690a-d.

하고 아내는 여성의 일(가사)에서 권위를 행사한다고 설명했다. 그는 "그러나 가정의 아름다움은 남자와 아내가 함께 구성하여…그들이…그들의 집과 노예에 대한 권위를 행사하게 된다"라고 결론 내렸다.[12] 히에로클레스가 고전 철학자들보다 여성에 대해 더 긍정적이기는 했지만, 그들도 가정 영역에서 권위를 행사하는 아내에 대한 비슷한 관점을 갖고 있었다. 그럼에도 불구하고 그는 남편과 아내가 모든 것을 공유하며 서로 상대의 몸을 공유한다고 말한다. 결혼에 대한 바울의 설명은 결혼의 상호성에 대한 스토아 철학의 관점을 반영하고 강화하며 확장한다.

8.1.2 1세기 로마 제국에서의 젠더와 권위의 현실

신약성서는 개인과 집단을 평가하는 기준 및 가치를 형성한 권력에 대한 그리스-로마의 수사학과 대화한다. 그러나 젠더에 관한 수사학은 엘리트에 의해 구성되었고, 소수의 남성만이 온전히 경험한 권력과 특권의 남성 헤게모니를 반영한다. 플라톤의 목록에 따라 기독교 공동체에서 대부분의 남성이 지배하는 여섯 개 그룹에 모두 속했다고 가정해서는 안 된다. 더욱이 기독교 공동체에서 대부분의 여성이 남성과의 모든 관계에서 혹은 가족 안에서 복종하는 위치에 있었다고 가정해서도 안 된다. 왜냐하면 이것은 고전주의 시대나 1세기 그리스-로마 문화에서 사실이 아니기 때문이다. 게다가 그 사회에서 여성은 고전주의 시대 동안 그리스에서 그랬던 것처럼 격리되거나 고립된 상태가 아니었다. 비록 필론이 고전적인 젠더 격

---

12 Hierocles, *Concerning Marriage, in Political Fragments of Archytas, Charondas, Zaleucus and Other Ancient Pythagoreans*, ed. and trans. Thomas Taylor (Whitefish, MT: Kessinger, 2003), 100.

리가 여전히 이상적인 것처럼 말하긴 하지만 말이다.[13]

초기 교회는 여성과 노예로 구성된 종교라고 소문이 나 있었다. 이는 기독교 운동의 지위에 대한 공격이었지만, 노예가 존재했던 현실은 권력과 젠더의 평준화로 이어질 수밖에 없었는데, 특히 그들이 같은 가정의 신자라면 더욱 그러했다. 남성 노예들이 집에 있는 경우에는 여성이 그들에 대한 권위를 행사했으며, 심지어 대가족이나 사업장에 있는 성인 남성들에 대해서도 마찬가지였다. 노예인 남자들은 남성 주인과 여성 주인의 권위 아래에 있었고 자기 아내나 자녀에 대한 법적 권한을 갖지 못했다. 사실 그들에게는 민간 결혼이 허용되지 않았다. 성인 남성과 그 아내는 모두 자기 부모 및 가장(그런 경우가 자주 있었듯이, 가장이 따로 존재했다면)의 권위 아래에 있었고, 아내는 자기 남편의 지배 아래 있기보다는 가정 영역에서 시어머니의 지배 아래 있었을 수 있다. 그러나 자기 가족 구성원의 생사에 대한 가장의 권위가 1세기에 약해지고 있었다는 징조가 있다.

종종 가정 규례는 마치 모든 성인 남성이 남편, 아버지, 주인이었고 여성은 집단으로서 남성에게 종속되었던 것처럼 이해되고 해석된다. 이는 보통 바울이 마치 서구의 핵가족에서 아버지의 권위를 세우며 지지하려고 글을 쓰고 있는 것처럼 이해되기 때문이지만, 이것은 사실이 아니다.[14] 그

---

13 *Flacc.* 89에서 여성의 격리에 대한 필론의 말은 1세기 알렉산드리아의 상황과 모순된다고 알려져 있다. Mary Rose D'Angelo, "Gender and Geopolitics in the Work of Philo of Alexandria: Jewish Piety and Imperial Family Values," in *Mapping Gender in Ancient Religious Discourses*, ed. Todd Penner and Carolyn Vander Stichele, BIS 84 (Leiden: Brill, 2006), 85-86을 보라.

14 핵가족 차원에서 가정 규례에 대한 모든 이해는 독자중심비평의 예시다. White가 말하듯이, "*familia*라는 용어는 현대 세계에 일반적으로 적용되는 것처럼 부모와 자녀로 구성되는 '핵가족'에만 국한되지 않았다.…*familia*는 일반적으로 다른 친척(친가와 외가), 가정 노예, 다른 부양가족, 자유인, 혹은 피후견인 등과 함께 부모와 자녀를 포함했다"("Paul and *Pater*

는 권위 및 복종에 대한 수많은 다른 역할과 관련된 권위와 의무의 복잡한 구조를 경험하고 있었던 신자들에게 글을 쓰고 있었다. 바울은 권력 구조(그들의 부르심) 안에서 남편, 아내 혹은 독신, 부모 혹은 자녀, 자유인이나 노예로 살았던 개인들을 언급하고 있다. 남성은 아버지와 주인이 될 수 있었지만, 많은 사람이 성인 자녀로서 자기 부모와 가장에게 순종할 의무 아래에 있었다. 일부는 노예였고, 일부는 노예인 동시에 주인일 수도 있었다. 실질적으로 모든 남성 신자가 복잡한 후견인-피후견인 제도 안에서 피후견인이었을 것이다. 여성은 자주 남편이나 남성 보호자의 통제 아래에 있었다고 하더라도, 노예 소유자이자 여성 가장일 수 있었고,[15] 아니면 자기 가족이나 자기 신체에 대한 통제를 전혀 할 수 없는 노예였을 수도 있다. 바울은 그리스-로마 사회를 재건할 수 있는 남성 권위의 형태를 세우기보다 기독교 공동체가 사회의 전통적인 권위 구조 안에서 활동하라고 지시하고 있었다.

그러나 교회 안에서의 권위 구조는 남성과 여성 모두에게 가정이나 공공 영역과 매우 달랐다. 초기 교회는 거의 다른 언어를 사용했다. 즉 남성과 여성은 동일한 상속자로서 형제자매였다. 지위와 특권의 범주를 기반으로 하는 모든 의미에서의 통제가 사라진다. 하나님은 신자의 유일한 후견인이시며, 예수 그리스도는 유일한 중보자시다. 하나님 외에는 아무도 공동체에게 아버지일 수 없었다. 하지만 바울은 자신이 개척한 교회의 아버지일 수 있었고, 또는 심지어 스스로 자신을 모든 사람의 종으로 삼은 동안에도 멘토 역할을 할 수 있었다. 지도자는 모든 연로한 신자들을 자기 아

Familias," in Sampley, *Paul in the Greco-Roman World*, 457).

15 여성이 권위를 가졌던 가정과 부부의 질서에 대한 설명으로는 ibid., 458-59을 보라.

버지와 어머니처럼 존경해야 하는 한편(딤전 5:1-2), 자신을 "노예", "종", "목자" 등의 낮은 지위로 묘사했다.

8.2 권위, 권력, 지위에 대한 바울의 신학

바울은 이방인 세계의 권위 구조에 대한 예수의 비판과 대조되는 방식으로 정부와 가정의 엄격한 위계질서의 신학을 지지하는 데 종종 사용된다. 그러나 권위에 대한 바울 신학의 주요 주제들은 그런 경우들에서 간과되는데, 그 이유는 바울과 예수가 로마 제국의 권력 구조에 대한 평가에서 그렇게 다르지 않기 때문이다. 바울은 로마 제국의 권력 구조와 그리스-로마의 신분 기반을 예수께서 비판하셨던 것보다 더 신랄하게 비판한다. 그는 리더십이 개인적인 권위가 아니라 오히려 겸손과 희생적 섬김이라고 가르쳤다. 권력과 권위는 통제가 아니라 하나님의 능력을 나타내는 것에서 나온다.

8.2.1 권위에 대한 바울과 예수의 생각

바울은 예수의 겸손한 자세와 섬김을 기독교 사역에서 모방해야 할 본보기로서 이해했다. 예수는 자신의 성격을 "마음이 온유하고 겸손"하다고 표현했다(마 11:29). 바울은 고린도 교회를 다루면서 같은 본을 따른다고 주장한다. "너희를 대면하면 유순하고 떠나 있으면 너희에 대하여 담대한 나 바울은 이제 그리스도의 온유와 관용으로 친히 너희를 권하고"(고후 10:1).
　　바울은 예수가 그 자신을 기쁘게 하지 않고 대신 그와 동일시했던 사람들에게 모욕당했다는 것을 알고 있다(롬 15:3). 바울은 신자들에게 다른 신자들을 향해 같은 태도와 행동을 보이라고 부탁한다. "믿음이 강한 우리는 마땅히 믿음이 약한 자의 약점을 담당하고 자기를 기쁘게 하지 아니할 것이라"(롬 15:1).

게다가 바울은 모욕을 참는 것이 사도로서 자기 인생의 패턴이며, 모든 사도의 패턴도 그러해야 한다고 주장한다(고전 4:8-13; 고후 6:3-10; 11:21-33). 만약 예수와 바울 사이에 모순이 존재한다면, 그것은 예수가 그의 수난에서 감옥에 갇히고, 수치를 당하며, 매 맞고, 십자가에 못 박히셨던 반면, 바울은 자신의 사역 전체를 통해 감옥에 갇히고, 수치를 당하며, 매 맞았다는 사실에 있다. 고린도 교회는 그들의 문화적 기준에 따라 바울이 그다지 인상적인 카리스마적 지도자가 아니라고 느꼈다.

예수는 자신을 따르는 사람들 가운데서 지도자들은 노예/종의 역할을 수행해야 한다고 이야기했는데, 이는 그의 삶에서 그리고 일반 범죄자로서 그의 죽음에서의 모범에 대한 기대에 기초한다.

> 예수께서 제자들을 불러다가 이르시되 "이방인의 집권자들이 그들을 임의로 주관하고 그 고관들이 그들에게 권세를 부리는 줄을 너희가 알거니와 너희 중에는 그렇지 않아야 하나니, 너희 중에 누구든지 크고자 하는 자는 너희를 섬기는 자가 되고 너희 중에 누구든지 으뜸이 되고자 하는 자는 너희의 종이 되어야 하리라. 인자가 온 것은 섬김을 받으려 함이 아니라 도리어 섬기려 하고 자기 목숨을 많은 사람의 대속물로 주려 함이니라"(마 20:25-28).

바울은 예수의 성육신을 순종의 동일한 본으로서 특징짓는데, 이는 고난과 죽음으로까지 이어졌다.

그[그리스도 예수]는 근본 하나님의 본체시나, 하나님과 동등됨을 취할 것으로 여기지 아니하시고 오히려 자기를 비워 종의 형체를 가지사 사람들과 같이 되셨고, 사람의 모양으로 나타나사 자기를 낮추시고 죽기까지 복종하셨으니 곧 십자가에 죽으심이라(빌 2:6-8).

앞선 문맥에서 바울은 모든 신자가 서로를 대접하는 것에 대한 실질적인 본보기로서 예수의 모범을 특별히 적용한다.

그러므로 그리스도 안에 무슨 권면이나 사랑의 무슨 위로나 성령의 무슨 교제나 긍휼이나 자비가 있거든 마음을 같이하여 같은 사랑을 가지고 뜻을 합하며 한마음을 품어 아무 일에든지 다툼이나 허영으로 하지 말고 오직 겸손한 마음으로 각각 자기보다 남을 낫게 여기고 각각 자기 일을 돌볼뿐더러 또한 각각 다른 사람들의 일을 돌보아 나의 기쁨을 충만하게 하라. 너희 안에 이 마음을 품으라. 곧 그리스도 예수의 마음이니(빌 2:1-5).

바울이 묘사하고 예수가 모범으로 삼은 상호 복종은 단순히 같은 계층, 인종, 젠더인 친구 사이의 것이 아니었다. 그것은 그들이 교회 공동체에서 사회적 역할 혹은 리더십 역할을 하고 있었든 아니든 간에 신자들 사이에 있을 수 있는 권력관계에 한정된 것이 아니었다. 예수의 경우, 문자 그대로 섬김의 정신에 대한 그의 모범은 우월한 지위에 있는 사람으로서 그가 제자들의 발을 씻겼을 때 증명되었다(요 13:1-17).[16] 바울은 교회에 대한 자신

16　Kathy Ehrensperger는 바울에 의하면 "그러나 분쟁 상황을 고려해볼 때 '더 강한' 지위에 있는 사람들이…수용해야 한다. 바울은 분명히 동등한 관계에서의 상호성을 요구한다. 하지만 아무리 미세한 불균형이 있다고 하더라도, 그는 그리스도인 신자들이 존중해야 할 것은

의 사역을 기능적으로 모든 사람에게 노예가 되는 것으로서 설명하며, 그들을 더 효과적으로 보살피기 위해 더 낮은 지위에 있는 사람들의 역할을 선택하는 것을 묘사한다.

> 내가 모든 사람에게서 자유로우나 스스로 모든 사람에게 종이 된 것은 더 많은 사람을 얻고자 함이라. 유대인들에게 내가 유대인과 같이 된 것은 유대인들을 얻고자 함이요, 율법 아래에 있는 자들에게는 내가 율법 아래에 있지 아니하나 율법 아래에 있는 자 같이 된 것은 율법 아래에 있는 자들을 얻고자 함이요. 율법 없는 자에게는 내가 하나님께는 율법 없는 자가 아니요 도리어 그리스도의 율법 아래에 있는 자이나 율법 없는 자와 같이 된 것은 율법 없는 자들을 얻고자 함이라. 약한 자들에게 내가 약한 자와 같이 된 것은 약한 자들을 얻고자 함이요. 내가 여러 사람에게 여러 모습이 된 것은 아무쪼록 몇 사람이라도 구원하고자 함이니, 내가 복음을 위하여 모든 것을 행함은 복음에 참여하고자 함이라(고전 9:19-23).

바울은 이런 종류의 상호성과 수용성을 많은 맥락에서 여러 가지 방법으로 가르친다.[17]

바울과 예수의 예는 모두 기독교 공동체에서 종과 노예와 관련된 리더십을 설명해준다. 예수와 바울은 모두 다른 사람들을 대신하여 천한 노

주로 더 약한 사람들의 정체성과 온전함임을 잘 알고 있다"라고 주장한다(*That We May Be Mutually Encouraged: Feminism and the New Perspective in Pauline Studies* [New York: T&T Clark, 2004], 187).

17 Ehrensperger는 롬 14-15장에서 "믿음이 연약한 자"와 "강한 자"에 대한 가르침은 힘의 불균형이 믿음의 수준보다는 관계와 연관되며, 상호성과 수용성을 가르쳐준다는 것을 보여준다고 지적한다(ibid., 183).

동에 최선을 다하는 것을 모범으로 삼았다. 그들은 자신을 수치와 학대에 내놓았다. 그들의 리더십 모델은 일방적으로 호의를 베푸는 권력의 행사를 묘사하는 것으로 왜곡되거나 희석될 수 없다.[18] 그들의 종노릇의 모본은 의식이나 은유의 부분이라기보다는 그것이 기능해야 하는 방식 그대로였다.

8.2.2 권위와 바울의 내러티브

우리는 바울을 명백한 권력의 위치에서 체계적이고 권위적인 방식으로 그의 독자들을 지배한, 의기양양한 권력 중개인으로서 이해하려는 경향이 있다. 이것은 주로 그의 선교로 인해 생겨난 이방인 교회가 결국에는 기독교를 지배하게 되었고, 교회에 쓴 그의 글이 신약성서에서 그만큼 큰 부분을 차지하게 되었기 때문이다. 그러나 그는 살아 있는 동안 예루살렘의 리더십과 갈등을 겪었고, 로마 제국에 의해 매질을 당하고 투옥되었으며, 자신의 선교 안에서 분열을 경험했을 뿐만 아니라 버림받았다고 느끼면서 죽었다.

예전에 바울은 자신의 지위, 교육, 권력을 사용하여 교회를 핍박했지만, 권위적인 힘을 도구로 사용했던 자신의 과거를 회개하고 그리스도의 온유와 겸손을 따랐다. 다메섹으로 가는 길의 경험을 통해 바울은 주님이자 창조자께서 가난하게 되어 고통과 굴욕을 당하고, 그 후에 통치 권력에

---

18   남성은 역사적으로 바울이 거부하는 기준과 연관된 그들의 이점을 이용하여 여성을 통제해 왔으며, 여성에게 좋은 것이라고 그들이 결정한 것을 위해 그들의 유리함을 사용하는 지배와 통제에 "섬김의 정신"이라는 이름을 붙인다. 이런 패러다임에서 섬김의 정신은 그리스-로마 모델과 비슷하지만 노예제도와 거의 상관이 없는 권력과 권위를 행사하는 것으로서 재정의된다.

의해 십자가에 못 박히셨다는 사실에 직면하게 되었다. 이방인의 사도로서 바울을 부르신 하나님의 선택은 권위에 대한 바울의 선입견을 뒤집어버렸다. 이는 하나님께서 자신의 목적을 성취하기 위해 예전에는 "비방자요 박해자요 폭행자"였던 사람(딤전 1:13), 공개적으로 하나님을 적대했던 사람을 선택하실 수 있다는 것을 바울에게 보여주었다. 바울이 교회를 대할 때, 그의 권위는 카리스마적인 "사도의 표"(고후 12:12), 호혜, 그리고 헬레니즘의 경향을 반영하면서도 제국주의 시스템에서 인정되고 존중되던 힘과 권력의 사용을 거부하는 설득의 형태에 기초했다.

바울은 불모지에 교회를 세우는 일을 효과적으로 수행했지만, 그의 리더십 방법론은 그의 개인적인 단점이 작용할 수 있었다. 그의 교회가 그에게 반기를 들었다. 예를 들어 고린도에 있는 교회는 그가 문화적 기준에 따라 자신들이 자랑스러워할 수 있는 이상적인 리더로서 활동하지 못했다는 이유로 비판적이었다. 바울은 자신의 사역이 하나님의 능력과 성령의 나타나심으로 뒷받침되고 있다고 약속하거나 위협하면서 반문화적인 가치에 대해 그들을 설득하려고 노력했다. 그에 대한 유대-그리스도인의 적대감은 그가 야고보를 달래고 소문을 진압하기 위해 겸손해지는 시도를 했을 때 체포당하도록 만들었다(행 21:20-33). 옥중 서신과 목회 서신은 바울이 그의 구속 상태를 악화시키기 위해 복음을 선포하는 경쟁적인 지도자들로 인한 영향력의 침식을 두려워했음을 보여주는 내러티브를 제공한다. 거짓 교사들이 기반을 얻고 있었고 바울은 상황을 해결하기 위해 그의 선교팀 구성원들을 보냈지만, 특정한 사람들의 공개적인 적개심이 그에게 위협이 되었다. 디모데후서 4:9-16에 의하면, 그는 지원을 거의 못 받은 채 죽음에 직면하게 되었다.

8.2.3 그리스-로마의 권력에 대한 바울의 비판

리더십에 대한 바울의 가르침은 그의 인생 내러티브와도 일치한다. 이는 그리스-로마의 사회적 피라미드와 명예에 기반한 문화의 가치에 대한 직접적인 비판이었다.[19] 바울에 따르면, 기독교 공동체에서 권위와 권력은 복음의 미련함, 하나님의 주권적인 선택/예정, 그리고 성령에 의한 능력의 나타나심의 본질에 기초했다. 하나님은 바울을 대하는 것과 똑같은 방식으로 모든 신자를 대하신다. "하나님이 우리를 구원하사 거룩하신 소명으로 부르심은 우리의 행위대로 하심이 아니요, 오직 자기의 뜻과 영원 전부터 그리스도 예수 안에서 우리에게 주신 은혜대로 하심이라"(딤후 1:9). 하나님께서 바울을 불러 사용하실 수 있었다면, 누구라도 부르실 수 있다. 지도자들의 약함이 하나님의 능력을 보여주었다. 따라서 은사의 분배는 하나님의 선택과 은혜를 전형적으로 보여주었고, 은사는 일반적인 문화적 기대의 측면에서 무작위로 주어졌다. 하나님의 도구는 의의 종이었다. 교회에서의 지위는 장로, 돌보는 사람(소위 감독자), 종(집사)이었고, 하나님의 사도(사신)는 노예였다.

바울은 교회의 리더십 모델로서 권위에 대한 그리스-로마의 개념과 체제를 명백하고 격렬하게 반대했다. 그는 자신의 교회 공동체에 세상에 순응하기를 거부함으로써 똑같은 일을 하라고 촉구했다(롬 12:2). 그런 변화는 "온 인류의 평가 기준이 뒤집히는" 지점인 십자가에서 일어난 "세대

---

19   Richard Horsley가 올바르게 말하듯이, 바울의 상황과 목적은 그리스-로마 수사학의 일반적인 표현 및 사용과 같지 않았다("Rhetoric and Empire and 1 Corinthians," in *Paul and Politics: Ekklesia, Israel, Imperium, Interpretation; Essays in Honor of Krister Stendahl*, ed. Richard A. Horsley [Harrisburg, PA: Trinity Press International, 2000], 78).

를 뒤집는" 사건인 "대반전"의 일부다.[20] 이것은 고린도 사람들 및 데살로니가 사람들과 주고받은 바울의 편지에 가장 명확하게 표현되어 있다.[21] 그는 지혜, 권력, 지위에 대한 그리스-로마의 개념에 바탕을 둔 리더십을 거부한다(고전 1:18-31). 그의 가르침은 약한 사람은 강한 사람에게, 천민은 귀족에게, 무지한 사람은 지혜로운 사람에게 지배받아야 한다는 플라톤의 주장과 정반대다. 바울은 유대교에서의 그의 유산, 특권, 학식 등의 신분을 나타내는 것들을 포기할 때 그리스-로마 체제의 생물학적 본질주의와 사회적 피라미드도 함께 거부한다(빌 3:1-11). 따라서 그는 문화적 지위와 권위에 기반을 둔 모든 가치를 거부한다. 지극히 크다는 사도들에 대한 바울의 비판은 명예에 대한 문화 개념과 야심 있는 지도자와 후견인을 규정했던 성격적 특징의 역전을 보여준다. 그는 그것들을 예수 그리스도의 섬김의 정신과 고통뿐만 아니라 그분의 온화함과 관대함으로 대체한다(고후 10-11장). 바울은 고린도 교회를 노예처럼 부리고 착취하며 이용했던 지도

---

20 Richard B. Hays, *First Corinthians*, IBC (Louisville: John Knox, 1997), 30.
21 바울은 하나님께서 "미련한 것들", "약한 것들", "천한 것들" 혹은 "없는 것들"을 선택하셔서 "지혜 있는 자들", "강한 것들" 그리고 "있는 것들/상류층"을 부끄럽게 하셨다고 주장한다(고전 1:27-28). 이와 비슷하게 바울은 자신이 고린도에서 복음을 전한 것이 지혜 없고 약하며 두려운 일이었지만 성령의 나타나심과 하나님의 능력이었다고 설명한다(2:1-4). 그와 함께 바울은 사도의 위치로 인해 생겨나는 권위와 권력의 행사를 의도적으로 거부한다(9:1-12). 바울은 자기 자신을 모든 사람의 종으로 만들어서 그들을 구원할 수 있다고 주장하는데(9:19-22), 이는 약한 사람들에게 다가가기 위해 약해지는 것을 포함한다. 바울은 모든 면에서 자신을 힘없는 지위와 소외되어 세상의 권위 구조 밖으로 밀려난 지위를 가진 것으로 묘사함으로써 복음의 파트너로서 자격을 갖추고자 한다(9:23). 바울은 살전 2:5-8에서 그와 그의 사역팀이 그리스도의 사도들로서 권위와 권력의 자리로부터 어떻게 데살로니가 사람들에게 접근할 수 있었는지를 대조할 때 사역에서 낮은 지위를 취하는 것을 묘사한다. 하지만 그들은 자기 자녀를 돌보는 어머니와 같이 온순할 것을 선택했다. 그러므로 바울은 교회 개척과 리더십에 대한 접근을 노예 및 여성의 전형적인 행동으로 묘사하면서 그의 행동이 그의 동기와 결과를 정당화한다고 주장한다(2:1-4).

자들을 반대한다. 그는 이런 지도자들을 스스로 높이고 교회 구성원들의 얼굴을 때리거나(고후 11:20) 사람을 기쁘게 하고, 아첨하며, 탐욕을 감추고, 칭찬을 바라며, 자신의 특권을 주장하는 것으로 묘사한다(살전 2:6).

그러나 바울은 누구에게서든지 혜택을 받은 모든 신자가 호혜의 의무를 지닌다고 강조하면서 그것을 자기 자신과 다른 사람들에게 효과적으로 적용한다. 바울은 로마 사람들에게 "모든 자에게 줄 것을 주되 조세를 받을 자에게 조세를 바치고 관세를 받을 자에게 관세를 바치고 두려워할 자를 두려워하며 존경할 자를 존경하라"고 지시한다(롬 13:7). 이것은 은혜의 본질이고 감사의 의무였다. 하나님의 사람들은 인류에 대한 그들의 빚을 갚거나 최소한 인정해야 했다. 그리고 그들은 하나님께 생명을 빚지고 있기 때문에, 그분의 노예가 된다. 바울은 고린도 교회와의 독특한 관계를 주장한다. "그리스도 안에서 일만 스승이 있으되 아버지는 많지 아니하니 그리스도 예수 안에서 내가 복음으로써 너희를 낳았음이라"(고전 4:15).

바울은 이런 종류의 관계를 자신의 다른 주장에서도 지렛대로 사용한다. 그는 빌레몬의 노예 오네시모를 위해 빌레몬과 대화할 때 호혜에 대한 복잡한 이해를 보여준다. 바울은 오네시모가 빌레몬에게 의무가 있을 수 있음을 인정하면서도, 빌레몬에게 그것을 자신에게 청구하라고 요청하는데, 이는 빌레몬이 바울을 후원하고 있었음을 가리킬 수 있다. "그가 만일 네게 불의를 하였거나 네게 빚진 것이 있으면 그것을 내 앞으로 계산하라. 나 바울이 친필로 쓰노니 내가 갚으려니와"(몬 18-19a절). 하지만 바울은 빌레몬에게 그의 의무를 상기시킴으로써 자신의 의무와 균형을 맞춘다. "네가 이 외에 네 자신이 내게 빚진 것은 내가 말하지 아니하노라"(몬 19b절). 그는 교회 구성원들이 그들을 위해 열심히 일하는 리더들을 대할 때 호혜를 베풀 것을 상기시킨다. 그들은 이 지도자들에게 순종해야 한다(고전 16:16; 살전 5:12). 그리고 바울은 자신과 교회에 대해 후견인의 역할을 해 준 모든 사람에게 경의를 표한다. 그는 브리스길라와 아굴라가 자신을 위해 목을 내놓았다고 말하는데, 이는 그가 이 부부에게 진 큰 빚에 추가되며, 그는 이것을 심각하게 받아들인다(롬 16:3-4). 에베소서 5:22-24에서 아내들이 복종해야 한다는 바울의 가르침은 통치자에게 복종하라는 로마서 13:1-7의 가르침과 마찬가지로 호혜에 기반한다. 주의할 점은 혜택을 받은 자들이 호혜에 기초하여 복종하라는 지시는 바울이 후견인에게 힘을 주거나 위계질서를 지지하는 데 사용한 것이 아니라, 피후견인이 마땅히 해야 할 일로 갚도록 하는 데만 사용된다는 것이다.

요약하면, 바울은 교회의 권위 모델로서 로마 제국의 권위 구조를 거부한다.[22] 그는 리더십과 섬김이 생물학적 본질주의나 행위가 아니라 하나님의 선택, 부르심, 은사에만 기초한다고 가르친다. 교회에서 지도하기 위해 태어나거나 지도할 수 있는 권리를 얻은 집단은 전혀 없었다. 더욱이 교회에서의 "리더십"과 "권위"라는 단어는 주의 깊게, 그리고 바울의 용어에 따라 정의될 필요가 있다. 그는 리더십을 노예제 이외의 다른 것으로, 또는 모든 형태의 리더십을 낮은 지위의 천한 노동으로 나타내는 유사한 용

----

22 페미니스트와 전통적인 학자들 모두의 의견에 반대되는 주장이다. 그들은 바울을 남성 지배층 및 지배권의 패턴과 연결 지어 생각한다. 그들의 차이가 있다면 전통적인 평가는 바울이 위계질서를 정당화하는 것을 긍정하며 활용하는 반면, 바울에 대한 페미니스트의 평가는 일반적으로 부정적이고 그에게서 억압을 조장했다는 유죄의 증거를 찾으려 한다는 점이다. 예를 들어 Elizabeth Castelli는 바울이 자기 자신을 설립자나 건축자로 묘사하고 고린도 사람들을 땅과 건물로 묘사한 것에서 평등이나 호혜 없이 사도와 공동체 사이에 명백한 위계적 구분을 만들었다고 주장한다(*Imitating Paul: A Discourse of Power* [Louisville: Westminster John Knox, 1991], 105). 페미니스트와 전통적인 학자들은 모두 바울에 대한 전통적인 해석 방법을 따르면서 그것을 그의 실제 편지와 혼동한다. Beverly Roberts Gaventa가 주장하듯이, "바울은 자신을 권위의 표준 규범을 따르지 않는 권위로서 제시한다"(*Our Mother Saint Paul* [Louisville: Westminster John Knox, 2007], 14).

어로 설명하는 것을 피한다. "섬김의 리더십"은 바울에게 진정으로 노예가 되는 것을 의미했으며, 특권, 우선권, 지위, 권력, 혹은 권위의 문화적 규범에 대한 요구가 결코 될 수 없었다. 문화의 권력 피라미드에서 권위 있는 지위를 가지고 있었던 사람들은 그 권력의 청지기로서 기능할 것이 기대되었지만, 종과 노예의 역할로 조정되어야 했다. 바울은 위계적인 특권을 주거나 지지하지 않고, 대신 신자들에게 로마의 사회적·정치적 체제 안에서 하나님 나라의 가치를 가지고 어떻게 살아야 할지를 가르친다. 하지만 모든 신자는 원칙적으로 복종해야 할 의무가 있었고, 자신이 받은 실제 혜택에 대한 호혜에 대해서는 더욱 그러했다. 로마 제국에서 노예의 지위와 의무는 모든 신자가 기독교 공동체 내에서의 섬김을 이해하는 데 가장 부합하는 모범으로 남는다. 이 모범에 기초하여, 교회에서 섬김의 직분에서 제외되는 신자는 아무도 없으며, 모두가 낮은 지위에 있게 된다.

8.3 남성과 권위

그리스-로마의 사회적 피라미드 및 지혜자, 귀족, 권력자의 우월성에 대한 바울의 반대는, 전체 체제에 필수적이었으며 그리스도를 십자가에 못 박은 로마 제국의 상징이었던 남성 헤게모니를 정죄했다. 바울은 지혜로운 자와 영향력 있는 사람들을 부끄럽게 하여 힘없게 만들려는 하나님의 의도를 선언했지만, 십자가의 미련함과, 약하고 멸시받으며 미련한 사람들에 대한 하나님의 선택(고전 1:28-31)은 피라미드의 바닥을 대표하는 여성과 노예를 높이는 효과가 있었다. 이상적인 엘리트 남성의 목표, 가치, 성격적 특성은 무효가 되었다. 명예의 근간이 바뀌었고, 남아 있는 덕목들은 모든 신자에게 가능한 것이 되었다. 많은 경우에 덕목은 여성의 전형적인 특성과 역할이었다. 그럼에도 불구하고 이것은 남성에게도 좋은 소식이었다. 왜냐하면 기독교 공동체가 자신의 신분을 상승시키고 싶어 하는 엘리트 남성과 남성 모두를 명예를 위해 행동하고 경쟁하도록 엄청난 압박을 가했던 엄격한 구조에서 자유롭게 해주었기 때문이다.[23]

8.3.1 리더십에서 남성적 역할의 전복

남성과 관련하여 남성성의 문화적 이상에서 수많은 전복이 있었다. 문화가 권력이나 리더십의 자격 요건으로 간주했던 모든 것은 하나님으로부터 받은 선물이자 책임이었지, 다른 신자에 대해 권력이나 지위를 행사하도록 자극하는 근간이 아니었다. 공동체에서 영향력 있는 다양한 지위는 한 개인의 능력이 아니라 "성령의 나타나심과 능력"에 기초했다(고전 2:4).[24] 바울은 성령의 능력이 그가 약하고 두려우며 흔들릴 때 가장 잘 나타난다고 믿는다(고전 2:3). 그는 복음의 성공이 자신의 설득력 있는 말의 기술에 의존하기를 원하지 않는다.

---

23 바울은 계층, 지성/교육, 힘, 혹은 부를 바탕으로 기독교 공동체에서 다른 신자보다 우월한 지위나 권력을 주장하는 태도를 반대하고 정죄한다. 이는 특히 인간의 지혜나 문화가 가치를 평가하는 모든 가정된 존재론적 차이를 포함한다.

24 이것은 모든 신자를 위한 성령의 나타나심에 적용된다. 그러나 여기서 바울은 그가 사도임을 증명해주고 그들 가운데서 "모든 참음"을 행했다고 주장하는, 기적적인 "표적과 기사와 능력 행한 것"의 카리스마적인 수행을 말하는 것일 가능성이 크다(고후 12:12). 그러나 행 18:10에서 바울의 환상이 표적으로서의 자격이 있음에도 누가는 고린도에서 특별한 기적을 기록하지 않는다(행 18장). 그럼에도 불구하고 누가는 바울이 행한 다양한 표적, 기사, 능력 행함을 기록하고 있다. 이 모든 것은 그가 사도라는 것을 확인해주며, 그의 전형적인 사역으로서 간주되어야 한다.

바울은 자신의 약함과 수사학의 부족을 그의 대적자들의 오만, 자랑할 만한 자격, 뛰어난 언변과 대조한다. 바울은 그들의 기준에 따르면 실제로 자격이 충분했지만, 이런 기준이 더 이상 유효하지 않다고 주장한다. 그들과 경쟁하는 대신 바울은 성령의 능력이 기준이라고 주장하면서 "하나님의 나라는 말에 있지 아니하고 오직 능력에 있음이라"고 결론 내린다(고전 4:20).[25] 바울이 말하고 있는 능력은 남성의 성격적 특징이 아니라 초자연적인 자신감이다. 이와 유사하게 성령의 은사는 성령의 나타나심이므로, 목사, 전도자, 관리자를 포함하여 권위 있는 위치에서 섬기고 기능하는 것은 성령께서 결정하신 은혜다(롬 12:5, 8; 고전 12:11, 29; 엡 4:11). 바울은 이렇게 말한다. "우리가 [우리 사역의] 이 보배를 질그릇에 가졌으니, 이는 심히 큰 능력은 하나님께 있고 우리에게 있지 아니함을 알게 하려 함이라"(고후 4:7, 참조. 4:1).

육체의 일과 성령의 열매에 대한 바울의 설명은 성격 및 행동에서 남성성에 대한 문화의 관점과 성령의 나타나심 간의 흥미로운 대조를 제공한다. "육체의 일"은 남성의 경쟁과 관련된 보다 전형적인 종류의 행동, 특히 성적인 이중 잣대의 남용뿐만 아니라 명예와 통제권을 갖기 위해 애쓰는 것과 관련되었다. "육체의 일은 분명하니 곧 음행과 더러운 것과 호색과 우상숭배와 주술과 원수 맺는 것과 분쟁과 시기와 분냄과 당 짓는 것과 분열함과 이단과 투기와 술 취함과 방탕함과 또 그와 같은 것들이라. 전에 너희에게 경계한 것 같이 경계하노니, 이런 일을 하는 자들은 하나님의 나라를 유업으로 받지 못할 것이요"(갈 5:19-21).

---

25 나중에 고린도후서에서 바울은 자신의 약함에 대해서만 자랑할 것이며, 자신이 하나님께 질병 혹은 장애의 문제를 없애달라고 세 번 요청했을 때 하나님의 응답은 "내 은혜가 네게 족하도다. 이는 내 능력이 약한 데서 온전하여짐이라"였다고 주장한다(12:9).

이런 특성과 행동이 여성에게도 부도덕한 것으로 이해되었겠지만, 남성에게 있어 이런 특성과 행동 중 일부는 남성성을 위해 바람직하거나 필요한 것으로서 권력과 특권의 문화 체제에 자리 잡고 있었다.[26] 하지만 대부분의 "성령의 열매"는 남성에게 반드시 바람직하거나 의무적인 덕목은 아니었을 것이다. "오직 성령의 열매는 사랑과 희락과 화평과 오래 참음과 자비와 양선과 충성과 온유와 절제니, 이 같은 것을 금지할 법이 없느니라"(갈 5:22-23). 사랑, 희락, 화평, 그리고 자비는 남성적 특징으로서 별로 가치가 없었지만, 양선, 충성, 절제는 높이 평가되었다.

결론적으로 바울은 남성성과 성공에 대한 그리스-로마 문화의 많은 기준과 맞서서 그것을 전복시킨다. 명예와 권력은 하나님의 은혜를 통해, 개인적인 노력이 아니라 오직 성령의 나타나심에 의해서만 얻을 수 있었다. 디모데전서 2:8에서 바울은 에베소의 주된 문제였던 남성의 분노와 다툼에 명백하게 맞선다. 하지만 바울의 대적자들은 문화의 기준에 따라 그와 경쟁했던 남성들이었다.

8.3.2 바울은 교회의 리더십을 남성이 독점해야 한다고 가르치는가?

신약성서에 대략 그려진 사역과 봉사의 모든 측면에 남성이 부름을 받았고 부름을 받는다는 점에는 의심의 여지가 없다. 남성성과 남성 리더십에 대한 그리스-로마 문화의 이데올로기가 겸손, 온유, 섬김/종의 정신에 대한 성서적 부르심을 직접적으로 거스른다는 사실에도 불구하고 이것은 사

---

26   전통적인 남성성은 본질적으로 전투, 경쟁, 분투의 몇몇 형태를 포함한다. James Nelson이
      말하듯이, 우리는 여전히 "남성성이 한 번도 달성되지 못하고 항상 증명이 필요한 사회"에
      살고 있다(*Body Theology* [Louisville: Westminster John Knox, 1992], 68).

실이다.[27] 더욱이 실질적으로 리더십에 대한 남성의 선택은 약하고 어리석으며 멸시받는 사람들에 대한 하나님의 선택과, 남성의 생물학적인 체격이 전투, 경쟁, 분노, 지배, 살인, 그리고 그 외에 모든 종류의 범죄와 더 높은 연관성을 갖는다는 사실을 거스른다. 그러나 바울의 부르심이 보여주듯이, 남성 리더십은 그것이 성서적 원리에 따라 발휘될 때 극적인 구원과 영적인 변화뿐만 아니라 하나님의 은혜와 능력을 보여줄 수 있다.

(문화적이고 생물학적인) 남성성과 교회 내의 리더십에 대한 성서적 묘사 간의 부조화를 고려해볼 때 이상하게 여겨져야 하는 것은 교회의 전통적인 가르침과 실천이 교회 공동체에서 오직 남성만이 지도하고 가르침으로써 권위를 행사할 수 있다는 점이었다. 하지만 바울 전집의 지배적인 가르침과 예수의 가르침은 전통적인 입장에 대한 여러 문제를 드러낸다.

첫 번째 문제는 교회에서 권위에 대한 전통적인 개념은 예수와 바울의 가르침을 반영하지 않는다는 것이다. 오히려 그것은 엘리트 권력과 지위의 행사, 그리고 교육 및 부의 소유와 통제로 발전되었다.[28] 교회 내 권위

---

27   바울, 예수 그리스도, 그리고 하나님은 남성성 및 리더십에 대한 그리스 로마의 세속적인 이상에 의해 잘못 설명되어왔다. Lisa Isherwood는 이런 잘못된 설명은 "기독교 이전 시대의 일부 사상과 이분법적 형이상학으로부터 형성된다.…성육신과 십자가형이라는 중심 상징에도 불구하고 아무것도 필요하지 않고 약점이 없는, 기독교의 하나님에 대한 이미지가 널리 퍼져 있다"라고 주장한다. 따라서 하나님은 "관계적이지 않고, 자족하며, 강력한, 그리고 요약하자면 강한 존재"가 된다(*The Fat Jesus: Christianity and Body Image* [New York: Seabury, 2008], 21). 남근 중심주의 신학에 대한 Nelson의 비판도 보라(*Body Theology*, 94). 하나님이 연약하시다는 전제에 대해 불편함을 느끼는 사람들이 일부 있을지라도, 우리의 우선적인 모델은 모든 인간적인 면에서 연약함을 취하신 성육신하신 그리스도라는 점에는 의심의 여지가 없어야 한다.

28   해석의 전통은 기독교가 합법화된 이후의 발전에 큰 영향을 받았다. 예배가 가정 교회로부터 공적인 장소로 변화된 것과 교회가 권력으로 향하는 길로 발전한 것은 교회 내의 지위가 제국에서 실제적인 권력을 갖게 만드는 결과를 낳았다. 현재 특히 미국에서 교회와 기독교의 강력한 역할은 일부 학자에 의해 거의 권리로서 받아들여진다. 따라서 교회에서의 지위

의 개념은 전통적으로 창세기 3:16의 아내에 대한 남편의 "지배"와 연결되었고, 교회에서 여성이 권위를 갖는 것은 남편의 지배에 대한 위반이라고 가르쳐진다. 그러나 예수와 바울이 정의했던 방식의 리더십은 지배 개념을 배제한다. 그 대신에 진정한 리더십은 노예 됨과 자신을 마지막에 두는 것을 포함한다. 하나님은 약하고 어리석으며 힘없고 멸시받는 사람들을 택하여 강점이 있는 사람들을 부끄럽게 하신다. 그리고 약점을 가진 사람들이 실제 혹은 상상의 실패로 인해 자격을 잃을 수는 없다. 따라서 하나님의 종인 지도자의 지위는 사회적 관계에서 복종의 역할을 위반하지 않는다.

두 번째 문제는 교회에서 적법한 권위 뒤에 있는 힘은 사람의 개인적인 힘이 아니라 성령의 나타남에서 비롯된다는 점이다. 하나님의 은혜는 개인의 약함에서 나타난다.

세 번째 문제는 교회 내 지위의 바탕이 되는 성령의 나타남은 다른 어떤 기준에 따라서가 아니라 성령의 의지에 따라 모두에게 주어진다는 것이다.

네 번째 문제로서 바울은 신자들이 리더십과의 관계에서나 서로에 대해 "의기양양"해지지 않아야 한다는 염려를 했다는 것이다. 그것은 거짓 사도의 표지다. 여성에 대해 우선권이 있다는 남성의 주장은 남성이 그들의 타고난 자격으로 인해 하나님께서 주신 통치권에 대한 다양한 주장으로 "의기양양"해지는 것에 대해 의문을 제기해야 한다. 그런 주장은 바울 신학보다 고전 그리스 철학과 훨씬 더 부합하는 것으로 들린다.

는 권력, 지위, 소득에 대한 엘리트 지위와 연결되며, 교회와 사회의 통제는 1세기의 배경과는 완전히 생소한 방식으로 합쳐진다.

남성만이 교회에서 "권위 있는 지위"를 가질 수 있다는 주장은 사역의 본질과 영적 권위의 본질 모두에 있어 바울의 것이 아닌 이해에 기초한다. 대부분의 경우 이 주장은 디모데전서 2:12에서 바울이 여성에게 금지한 것을 기반으로 한다. 그러나 여성에 대한 금지와 제한은 남성의 행동에 대한 긍정적인 명령을 구성하지 않는다. 그것은 해석의 오류다. 그 한 구절 위에 세워진 전통적인 해석, 추측, 제한, 관습은 바울 신학 내에서 바울 본문 간의 불일치, 모순, 비논리를 만들어낸다.[29] 성서적 권위를 행사하고자 하는 목표를 가진 남성 리더십은 권위에 대한 바울의 신학을 공부하고 실천하며 그의 본보기를 수용해야 하는데, 이는 지속적으로 반문화적이고, 전통적인 남성 리더십 모델을 반대한다.

8.4 여성과 권위

그리스-로마 문화에서 여성은 지혜와 강함을 확인시켜주는 남성과 반대로 어리석고 약하다고 여겨지는 것의 전형이었다.[30] 플라톤 사상 역시 이상적인 것을 변화하거나 유연하거나 유동적인 것과 대조했는데, 월경, 출산, 모

---

29 "공적 예배"의 배경은 딤전 2:8에서 남성이 모든 장소에서 기도하라는 명령으로부터 가정되지만, 1세기 기도 관습의 맥락에서 "모든 장소에서" 기도하는 것은 항상 공적·사적으로 하는 모든 형태의 기도를 의미했을 것이다. 더욱이 딤전 2:12의 금지는 여성(단수)이 남성(단수)을 가르치는 것에 적용된다. 이것은 개인적인 일대일 지도를 가리키며, 그리스-로마 문화의 가정에서만 적합하게 일어날 수 있었던 친밀감을 포함한다. 게다가 이 말씀 이후에는 결혼에 대한 고전적인 본문(2:13-14)이 나오고, 출산 중 분만에 대한 언급으로 마무리된다(2:15).

30 젠더에 대한 그리스-로마 이데올로기에 관한 더 자세한 정보는 제2장을 보라.

유 수유, 폐경을 경험하는 여성은 변화를 대표했다.[31] 로마 여성이 권위를 행사해서는 안 된다는 전통적인 견해는 키케로가 다음과 같이 말했듯이 그리스-로마 세계가 시작할 당시에도 여전히 그대로였다. "우리의 조상들은 모든 여성의 이해력이 열등하기 때문에 믿을 만한 사람의 보호 아래 있어야 한다는 점을 명확히 했다."[32] 더욱이 옥타비아누스는 여성의 역할과 행동에서 전통적인 로마 가치로의 회귀를 법률로 제정하려고 시도했다. 그러나 바울이 여성에 대해 이와 동일한 견해를 공유했다고 할지라도, 그의 신학에 의하면 여성의 선천적인 약함과 어리석음이 하나님의 선택, 부르심, 섬김에 대한 그들의 자격을 박탈하는 것은 아니었다. 비천하고 멸시받는 여성의 위치는 노예, 종(집사), 혹은 목자(목사)의 역할을 감당하는 데 아무런 문제가 되지 않았다. 여성이 메신저/사신(사도)의 역할에 문제가 있었다면, 예수는 여성이 먼저 그의 부활을 알리도록 함으로써 그런 편견을 타파했다.

하지만 사도행전과 바울 전집은 모두 여성이 바울을 대신하여 다양한 종류의 힘과 영향력을 발휘했다는 충분한 증거를 제시한다. 따라서 기독교의 확산에 대한 기록은 여성이 다양한 종류의 권위를 행사하지 않았다거나, 그런 권위가 1세기 그리스-로마의 관습을 반드시 위반했다는 모든 가정과 모순된다. 위에서 주장했듯이 여성은 심지어 그들이 법적으로 종속되었던 결혼 내에서조차 "지배"가 기대되는 다양한 역할을 했다. 상속녀

---

31 플라톤 사상은 이후의 신학이 절대적이고 변하지 않으시는 하나님의 형상으로 여성이 만들어질 수 있었는지에 대해 의문을 품도록 영향을 미쳤다.

32 Cicero, *Mur*. 27. http://perseus.uchicago.edu/perseus-cgi/citequery3.pl?dbname=Perseus LatinTexts&getid=18query-Cic.%20Mur.%2027.

(특히 *sine manu*의 상태로 결혼한 사람들),[33] 과부, 여성 사업가, 군인의 아내, 그리고 여러 다른 역할과 상황에 놓인 여성들 모두가 여성의 이상적인 역할에 대한 수사학에 부합하지 않는 권위를 발휘했다. 리엣 반 브레멘(Riet van Bremen)은 로마, 그리스, 헬레니즘, 그리스-로마 시대를 가리켜 다음과 같이 말한다.

> 내가 보기에 여성이 인식되는 방법, 즉 여성에 관한 이데올로기와 사고방식에서 주목할 만한 연속성과 부유한 여성이 자신의 도시에서 활약하는 것을 볼 수 있는 중요한 공적 역할 사이에는 모호성[이 있다].…헬레니즘 및 로마 시대에 남성 보호자는 여성이 들어가는 법적 거래에 대해 여전히 도움을 줄 필요가 있었다. 실제 거래와 관련해서는 그의 존재 혹은 부재가 그렇게 큰 영향을 미치지 않았던 것으로 보인다. 그는 대부분 형식적인 인물에 지나지 않는 것 같지만, 이데올로기적으로는 여성에게 남성 보호자가 필요하다는 관념이 지속된다는 면에서 중요하다.…나는 다른 자료들에 따라 헬레니즘과 로마 시대 동안에는 여성에 대한 전통적인 관념이 거의 변하지 않았다는 강력한 주장이 있다고 믿는다.[34]

클라우디우스(Claudius)의 통치 시기에 세 명 이상의 자녀가 있는 여성은 보호자를 동반해야 한다는 의무를 면제받을 수 있었다. 이것은 비문과 파

---

33   "손 없이 하는"(*sine manu*) 결혼은 딸과 그녀의 재산/유산이 그녀의 남편 가족의 소유로 바뀌는 것이 아니라 그녀의 아버지의 권한 아래에 남아 있는 결혼을 의미했다. 이로 인해 아내가 더 독립적이거나 남편이 아내의 바람을 충족시켜주어야 하는 경우가 생겨났다. 제1장의 51번 각주를 보라.

34   Van Bremen, "Women and Wealth," in *Images of Women in Antiquity*, ed. Averil Cameron and Amélie Kuhrt (London: Routledge, 1993), 234.

피루스, 그리고 여러 증거를 통해 로마 제국에 관해 연구하고 기록한 현상에 대한 간단한 설명이다. 즉 여성의 실질적인 공적 역할에는 변화가 있었던 반면, 여성에 대한 전통적인 관념은 변하지 않았다. 여성과 권력에 대한 수사학은 1세기 그리스-로마 세계에서 여성의 실질적인 권위 행사와 반드시 구분되어야 한다.

그러나 20세기 하반기에 이르기까지 신약성서는 젠더 및 여성의 열등성에 대한 그리스-로마의 이데올로기를 채택한 전통적인 해석과 번역으로 인해 왜곡되어왔다. 이는 여성이 어떤 식으로든 권위를 행사하는 것은 비성서적이라는 전제를 포함한다. 따라서 바울 전집에서 여성의 권위나 지위, 혹은 직분에 대한 표시는 때때로 인식되지 않거나, 권위의 예시로서 이해되지 않거나 잘못 번역되거나 반박된다. 만일 단어나 기능이 문화에서 혹은 남성에게 적용될 때 권위의 행사로서 이해되었다면, 여성에게 적용될 때에도 권위의 행사로서 이해되고 해석되어야 한다고 (모든 것이 동등하게) 간주될 것이다.[35]

8.4.1 신약성서에서 권위를 행사하는 여성

몇몇 학자는 바울의 가르침에 따르면 여성은 기독교 공동체 내에서 모든 남성의 리더십에 한결같이 종속되어서 권위를 행사하지 말아야 한다고 명백히 혹은 은근히 가정한다. 이것은 문화 내에서 여성의 지위와 완전히 부

---

35 예를 들어 "후견인"의 그리스어 단어인 προστάτης는 후견인-피후견인 관계에서와 같이 "지도자" 혹은 "윗사람"을 의미하지만, 이 단어가 롬 16:2에서 여성형으로(προστάτις) 나타날 때는 조력자 혹은 "큰 도움"으로 종종 해석되었다. 이는 모호함을 만들어내어 영어에서는 부차적인 역할로서 종종 이해된다.

합하는 것으로 여겨진다. 그러나 비록 여성에 대한 그리스-로마 수사학이 종속과 가정 공간의 반-격리, 그리고 열등성을 가리키는 것으로 보일지라도, 여성은 가정 영역에서, 심지어 고전주의 시대의 그리스에서도 막대한 권위(지배력)를 행사할 것으로 기대되었다. 더욱이 1세기의 여성은 공적으로 다양한 역할을 실질적으로 감당했으며, 후견인이나 후원자로서 다양한 방식으로 권한과 영향력을 행사했다. 사도행전과 바울 전집에서 바울의 선교에 대한 기록은 여성이 가정에서 그리고 대중적으로 권한과 영향력을 행사하고 있었음을 나타낸다. 그러나 바울 전집에서 여성을 가리키는 언어는 때때로 권한이 모호하거나 종속을 가리키는 것처럼 해석되었다. 가정 및 공공 영역에서 여성의 권한은 바울과 기독교 공동체가 활동하던 세계에서 사회적 피라미드의 일부분이었다. 때때로 유명한 여성은 자신의 영향력을 바울의 선교에 대항하여 사용하기도 했지만, 기독교 운동은 여성이 중요한 역할을 감당하는 가정 영역 내에서 더 많이 확산되었다.

8.4.1.1 리더십에 대한 여성 이미지

제2장에서 언급했듯이, 어머니의 양육은 데살로니가의 교회 개척에서 바울의 사도적 사역과 전형적인 목회적 돌봄에 대한 주된 은유였다. "또한 우리는 너희에게서든지 다른 이에게서든지 사람에게서는 영광을 구하지 아니하였노라. 우리는 그리스도의 사도로서 마땅히 권위를 주장할 수 있으나 도리어 너희 가운데서 유순한 자가 되어 유모가 자기 자녀를 기름과 같이 하였으니"(살전 2:6-7). 어머니의 돌봄은 그리스-로마 문화에서 권위를 가진 지도자 혹은 누군가의 기대되는 행동에 정반대되는 것이다. 양육하는 여성의 성향은 때때로 여성이 가르치거나 권위를 행사하지 말아야 하

는 이유로서 제시된다.[36] 그러나 성격 유형에 대한 마이어스-브릭스(Myers-Briggs)의 분석에 따르면, 성직자 중 대다수(68퍼센트)가 생각보다는 느낌에 의해 결정을 내리는 것을 선호한다.[37] 리더십 지위에서 양육은 불필요한 교리적 논쟁과 싸움을 중재하는 기능을 할 수 있고, 다양성과 균형을 이루는 데 최선의 방법이 될 수 있다. 자신의 설교 방식을 어머니의 돌봄이라고 말하는 바울의 설명은 여성이 사역에 적합한지에 대해 그가 어떤 신념을 가졌는지를 나타내는 데 있어 중요한 의미가 있다.

8.4.1.2 가정 영역에서의 여성과 권위

바울 전집은 여성이 "지위 불일치"의 다양한 형태를 나타낸다는 사실을 보여준다. "그들의 삶은 더 높고 더 낮은 사회적 지위의 요소를 반영했으며", 가정과 사회에서 행사하는 권위를 수반했다.[38] 여성은 어머니, 노예 소유자, 가정의 지배자, 집주인으로서 권위를 가질 수 있었다. 여성은 부모와 노예 소유자로서 권위의 자리를 채울 수 있었으므로, 바울의 가정 규례에서 권위의 역할에 포함되어야 한다. 게다가 가정 교회는 주로 여성의 권위, 영향력, 기능의 분야인 가정 영역에서 완전히 기능했기 때문에, 여성은 초기 기독교의 확산에서 주요한 역할을 할 수밖에 없었다.

....

36   Thomas R. Schreiner, "An Interpretation of 1 Timothy 2:9-15: A Dialogue with Scholarship," in *Women in the Church: A Fresh Analysis of 1 Timothy 2:9-15*, ed. Andreas J. Köstenberger, Thomas R. Schreiner, and H. Scott Baldwin (Grand Rapids: Baker, 1995), 145을 보라.

37   Otto Kroeger and Roy M. Oswald, *Personality Type and Religious Leadership* (Washington, DC: Alban Institute, 1988).

38   Margaret Y. MacDonald, "Reading Real Women through the Undisputed Letters of Paul," in *Women & Christian Origins*, ed. Ross Shepard Kraemer and Mary Rose D'Angelo (New York: Oxford University Press, 1999), 201.

부모로서의 여성. 그리스-로마 가정에서 남성 권위(엡 5:21-6:9; 골 3:18-24)에 대한 오늘날의 논의는 오해에 일조했다. 가정 규례는 짝이 되는 남편-아내, 부모-자녀, 주인-노예라는 사회적 위계질서를 반영한다.[39] 여성은 첫 번째 짝(아내)에서 종속된 사람이다. 다른 두 가지 종속되는 역할은 남성과 여성 모두에 의해 채워졌다. 그러나 그 역할들은 오로지 남성으로만 채워지는 것처럼 남편, 아버지, 주인으로 자주 번역되고 해석된다. 가정 규례를 번역할 때 젠더에 대한 정확한 언어를 사용하지 못한 것은 젠더의 구성에서 신학적 결과를 초래한 오해로 이어졌다. 에베소서 6:1-2에서 "부모"(γονεῦσιν)는 남성과 여성 모두를 가리킬 수 있으며,[40] 이어지는 신명기 5:16의 인용은 그것을 아버지와 어머니 모두에 대한 순종의 의미로 해석한다. 따라서 어머니는 딸뿐만 아니라 아들에게도 위계적 관계에서 권위의 역할을 지니는 것으로 언급된다. 어머니는 성인이 된 아들이 확장된 가족을 형성했을 때도 그에 대한 권위를 계속해서 유지했다. 아들은 과부가 된 자기 어머니의 "보호자"가 될 수 있었지만, 그것은 변호인의 지위를 갖는 것에 해당한다. 이것이 어머니에게 순종해야 하는 그의 의무를 제거하는 것은 아니었다. 자녀는 자기 아버지뿐만 아니라 어머니도 존경하고 순종해야 할 신성한 의무가 있었다.

....

39 Marlis Gielen, *Tradition und Theologie neutestamentlicher Haustafelethik: Ein Beitrag zur Frage einer christlichen Auseinandersetzung mit gesellschaftlichen Normen*, 2nd ed., BBB 75 (Frankfurt: Anton Hain, 1990), 3-4을 보라. 신약성서의 가정 규례에 대한 Gielen의 제안 요소를 요약한 것으로는 James Hering, *The Colossian and Ephesian Haustafeln in Theological Context: An Analysis of Their Origins, Relationship, and Message*, TR 260 (New York: Peter Lang, 2007), 10을 보라.

40 Γονεύς와 πατήρ의 복수형은 둘 다 남성과 여성 부모 모두를 가리키는 데 사용된다. γονεύς에 대해서는 BDAG, 205을 보라. 그리고 "아버지"로도 사용될 수 있는 정보에 대해서는 LSJ를, πατήρ에 대해서는 BDAG, 786, 1a를 보라.

노예 소유자로서의 여성. 그리스-로마 문화에서 여성이 노예 소유자였으며 가정 노예에 대한 권위를 가졌다는 사실은 문서에 잘 나와 있다. 아내는 자기 남편을 위해 가정을 잘 경영할 것이 기대되었는데, 이는 모든 가정 노예를 관리하는 것을 포함했다. 자신의 가정이 있는 여성은 가정의 노예를 소유했다. 바울은 주인에 대한 가르침에서 여성 노예 소유자를 포함시켰다(엡 6:9; 골 4:1).[41] 사회적 피라미드에서 노예를 소유한 여성은 가정이나 사회에서 자신의 남자 노예 혹은 다른 "아랫사람들"에 대해 적법하게 인정된 권위와 우월의 지위를 점했다. 이것이 바울이 언급한 현실 중 하나였다.

그러나 많은 이들은 아내의 복종이 실제로 교회와 사회에서 남성에 대한 여성의 복종이라고 주장하는 존 파이퍼를 따른다. 파이퍼는 예를 들어 에베소 교회에서 몇몇 여성은 자신의 남자 종과 노예에 대한 적법한 권위를 행사할 책임과 의무가 있었다는 사실을 인지하지 못한다. 파이퍼는 성숙한 여성은 "남성과의 모든 관계에서 남성의 힘과 리더십을 **어떤 형태로든** 인정하고 받아들이며 길러줄 것이다"라고 주장한다.[42] 그는 이어서 "남자에 대한 여자의 영향력은, 그것이 개인적이고 직접적인 만큼, 일반적으로 하나님께서 주신 남성의 선한 책임감과 리더십의 가치를 해칠 것이며, 따라서 하나님께서 창조하신 질서를 부정할 것이다"라고 주장한다.[43] 하지만 남성 노예의 경우에 있어서 남성 리더십에 대한 파이퍼의 이해는

---

41   남성형 복수 κύριοι("주인들")는 남성과 여성을 가리키는 데 사용되며, 교회의 모든 여성 노예 소유자를 포함했을 것이다.

42   Piper, "A Vision of Biblical Complementarity," in *Recovering Biblical Manhood and Womanhood: A Response to Evangelical Feminism*, ed. John Piper and Wayne Grudem (Wheaton: Crossway, 1991), 50.

43   Ibid., 51.

여성 노예에게 적용할 수 없는 이치에 맞지 않는 말이며, 제국주의 이데올로기로 위험하게 전복되는 것이 될 수 있다. 바울은 노예를 소유한 여성이 자신의 남자 노예에 대해 파이퍼가 말한 종류의 리더십을 길러야 한다고 가르친 적이 전혀 없다. 바울은 여성 주인에게 남성 주인과 똑같은 종류의 권위를 행사하라고 가르쳤고, 노예들은 똑같은 순종을 보여야 했다.

여성 주인과 남성 노예의 관계가 여성이 남성을 가르치거나 지배해서는 안 된다는 디모데전서 2:12의 금지에 대한 우리의 이해를 조정해주어야 한다. 여성 주인과 남성 노예가 모두 가정 교회에 출석하는 경우, 그런 금지가 법적·사회적 관계를 없는 것으로 만들 수는 없었다. 따라서 여성은 노예에 대한 권위를 계속해서 행사했을 것이다. 남성 노예는 친교 식사에서 음식을 준비하고 제공하는 일을 당연히 도왔을 것이다. 남자 노예는 여성과 함께 모임에 갔을 것이다. 우리가 창세기의 결혼 본문과 출산에 대한 언급이 제안하는 맥락과 같이 디모데전서 2:12을 이해하여 남편과 아내에게 적용한다면, 이런 복잡함은 문제 될 것이 없다.

가정을 다스리는 여성. 위에서 말했듯이 문화적 이상은 공공 영역에서 다스리는 것이 남편의 책임인 반면, 가정 영역에서 다스리는 것은 아내의 책임이라는 것인데, 가정 영역에는 자녀뿐만 아니라 남성과 여성 노예도 포함되었다. 마가렛 맥도널드(Margaret MacDonald)는 "리더십과 가정 사이의 이런 연관성은 아마도 여성의 역할에서 특별한 의미를 지녔을 것이다.…[기독교] 운동이 가정을 기초로 했다는 점은 여성이 공동체 리더십을 가정 관리자로서 그들의 역할 확장으로 전환하는 것을 가능하게 했을 것이다"라고 주장한다.[44] 아내의 칭호는 "집주인"(οἰκοδεσπότης)을 뜻하

---

44   MacDonald, "Reading Real Women," in Kraemer and D'Angelo, *Women & Christian*

는 명사의 여성형(οἰκοδέσποινα)이었다. 바울은 디모데전서 5:14에서 이 단어의 동사형을 사용한다. "그러므로 젊은이는 시집가서 아이를 낳고 집을 다스리고(οἰκοδεσποτέω) 대적에게 비방할 기회를 조금도 주지 말기를 원하노라." 대부분의 번역이 이 단어의 권위적인 의미를 낮추어서 "관리"(management)라고 표현하는데, 이는 확장된 가족을 책임지는 여성에게 용어와 문화가 부여하는 권위라기보다는 위임의 의미를 전달한다.

가사를 경영하는 여성의 가정 내 권위는 가정 교회를 통한 초기 기독교의 확산과 초기 교회의 역동성에서 중요한 요소다. 캐롤린 오시에크(Carolyn Osiek)와 마가렛 맥도널드의 전제 중 하나는 "가정 교회가 예배, 환대, 후원, 교육, 의사소통, 사회봉사, 복음주의, 그리고 선교의 중심이었다"는 것이다.[45] 이것은 바울 전집의 증거에 맞아떨어지는 추측이며, 학계에서도 널리 받아들여진다. 여성이 가정 영역을 다스렸기 때문에, 그들의 지원과 참여는 이 모든 지역에서 교회의 성공에 필수적이었다. 가정 예배 의식을 포함한 가정 영역에서의 활동이 여성의 지시 아래 있었기에, 여성이 어떤 식으로든 배제되었을 가능성은 거의 없다. 따라서 가정에서 그리스-로마 여성의 전통적인 역할을 고려해보았을 때, "여성은 기독교 시대의 첫 세대에서 가정 교회의 모든 활동에 참여했다"는 오시에크와 맥도널드의 가정은 근거가 충분한 추측이다.[46] 로드니 스타크(Rodney Stark) 역시 기독교 확산의 주된 원인은 여성의 참여였다고 주장한다.[47] 가정 영역에서 여성

　　　　Origins, 204.

45　　Osiek and MacDonald, *A Woman's Place: House Churches in Earliest Christianity* (Minneapolis: Fortress, 2006), 9.

46　　Ibid.

47　　Stark, *The Rise of Christianity: How the Obscure, Marginal Jesus Movement Became the Dominant Religious Force in the Western World in a Few Centuries* (San Francisco:

의 중심적인 역할은 특히 로마서 16장에서 섬김에 대해 바울이 칭찬하는 여성의 숫자가 이례적으로 많은 이유를 설명해준다. 이렇듯 여성이 가정 교회에서 수많은 섬김을 제공했다면 교회에서 다양한 직분을 가졌을 가능성도 크다. 여성이 가정 내의 책임과 관련된 권위적인 직함을 갖는 것은 그리스-로마의 문화와 모순되는 부분이 전혀 없다. 초기 기독교의 직분은 거의 다 여성이 아무런 반감 없이 가질 수 있었던 낮은 지위의 호칭을 지니고 있었다(종, 목자/목사, 장로).[48] 여성은 가정 영역에서 중심적인 역할을 했을 뿐만 아니라 모든 도시에서 일반적으로 의사소통 네트워크를 형성했고, 지인들 간의 사회적 유대를 유지하기도 했다. 베일을 쓰는 관습뿐만 아니라 젠더에 대한 수사학이 여성을 눈에 띄지 않게 만들었다는 사실은 매우 위험한 상황에서도 발각되지 않고 복음을 효율적으로 확산시킬 수 있게 해주었다.

집주인으로서의 여성. 위에서 언급했듯이, 가정은 의심의 여지 없이 가정 교회가 만나는 장소였고 초기 기독교 공동체의 모델로서 기능했다. 자기 집에서 교회가 모이는 것을 허락했던 주택 소유자들은 친교 식사와 예배를 적절하게 주관했고, 바울은 가정 교회를 자주 그들의 이름으로 불렀다.[49] 과부들도 때때로 자기 집의 주인이었다. 고린도전서 1:11에는 바울

HarperSanFrancisco, 1997), 95-108.

48 낮은 지위를 반영하지 않는 것으로 보이고 여성에게 적용하는 것이 어색할 수 있는 유일한 호칭이 "사도"다. 여성의 증언은 법정에서 받아들여지지 않았다. 하지만 유대교 및 그리스 문화에서 여성을 "보냄 받은 자" 혹은 신적인 메신저로 삼았던 매우 확실한 전례가 있었다. 예를 들어 델포이 신탁과 시빌라의 신탁을 보라.

49 Robert Jewett은 "가정 교회를 주관하는 남자 주인 혹은 여자 주인은 일반적으로 교회가 모이기에 충분히 넓은 주거지와 함께 높은 사회적 지위와 재산을 가진 사람이었다. 그는 성찬식을 주관했으며 회중의 질서 유지에 대한 책임이 있었다"라고 말한다(*Romans: A Commentary*, ed. Eldon J. Epp, Hermeneia [Minneapolis: Fortress, 2007], 947).

에게 고린도의 기독교 공동체의 분열에 대해 보고한 "글로에의 집 사람들"에 대한 언급이 있다. 표현법을 바탕으로 추정해보면, 글로에는 바울의 정보원에 대해 권위를 행사하고 있었고, 아마도 가정의 머리였으며, 자기 재산과 일에서 통제권을 행사했던 부유한 과부였을 것이다.[50] 그러나 가장 좋은 예는 빌립보의 첫 번째 회심자인 루디아다(행 16:14-15). 그녀는 선교팀 전체에 거처를 제공하고 선교팀이 세운 가정 교회에 대한 후원자가 되기를 고집했다(행 16:40). 그 문화에서 글로에와 루디아는 친교 식사에서 자신들의 식탁을 주관할 명예와 책임을 부여받았을 것이다. 여성은 이교도의 예배에서도 그런 식사를 후원하고 주관했으며, 적절한 명예를 거부하는 것은 문화를 거스르는 행동이었을 것이다.

8.4.1.3 대중적으로 권위를 지닌 여성

여성들은 사업을 했고, 공적 후원자였으며, 조직을 이끌 수 있었고, 제사장 역할을 할 수 있었다. 사도행전 16:14에서 루디아는 자색 옷감 장사로 소개되는데, 이는 그녀가 왕족이 입는 옷을 사고파는 부유한 여성 사업가임을 나타낸다. 부유한 기혼 여성과 과부뿐만 아니라 그런 여성들이 후견인이자 공적 후원자의 역할을 했다. 오시에크와 맥도널드는 여성이 조합, 동호회, 회당, 그리고 기타 단체의 후견인이었다는 점을 지적한다.[51] 여성은 남성을 위한 사회 체제의 중요한 요소인 공식화된 사회적 네트워크에서는

50 　글로에에 대한 논의는 MacDonald, "Reading Real Women," in Kraemer and D'Angelo, *Women & Christian Origins*, 200-202을 보라. 그러나 Wayne Meeks는 "그녀가 그리스도인이었는지는 언급되지 않으며, 확신을 가지고 추정할 수 없다"라고 경고한다(*The First Urban Christians: The Social World of the Apostle Paul* [New Haven: Yale University Press, 1983], 59).

51 　Osiek and MacDonald, *Woman's Place*, 11.

원칙적으로 공식적인 후견인 역할을 맡지 않았던 것으로 보인다. 남성에게 후원은 정치적·사회적·경제적 진보와 이익의 표준적인 수단이었다. 그러나 사회 체제는 호혜성의 원리에 기반을 두고 있었다. 즉 모든 후견인-피후견인 관계에서와 마찬가지로 후원 혹은 자선의 모든 행위는 수혜자 측의 의무를 형성했다. 여성의 자선 행위는 가끔 회당을 주관하는 공적 직분을 맡거나, 지역 제의에서 제사장 역할을 수행하는 결과로 이어지기도 했다. 누가는 유명한 여성이 이방인 선교의 확산에서 역할을 감당한 것에 대한 반대와 지지를 모두 기록한다(행 13:50; 17:12, 34). 회당이 없을 때 바울이 강가의 공개된 장소에 기도하기 위해 모인 빌립보 여인들의 모임에 처음 접근했다는 사실은(행 16:13-16) 그의 선교의 성공과 확산에 여성이 중심적인 역할을 했음을 입증한다.

8.4.1.4 요약

그리스-로마 문화는 여성이 교회에 가장 큰 영향을 미칠 수 있는 분야에서 권위를 행사하게 했다. 바로 가정 영역이다. 그러나 1세기 로마 세계의 여성은 사업을 통해 그리고 후견인으로서 공적 영역에 진입하고 있었으며, 그런 역할을 통해 초기 교회에도 영향을 미쳤다. 그러나 여성에게 아무런 권위도 없었다는 가정이 해석과 번역에 영향을 미쳤는데, 이는 그들이 교회에 기여하고 그곳에서 섬긴 역할 및 배경을 불명확하게 만들었다. 남성은 공적 예배를 섬겼고 여성은 집에서 섬겼다고 말하는 것은 잘못된 이분법이다. 왜냐하면 예배는 자기 집을 다스리는 여성의 후원, 원조, 환대하에 가정에서 드려졌기 때문이다. 하지만 바울은 그의 교회에서의 봉사를 주로 다스림이나 후원의 측면에서 묘사하지 않는다. 대부분 그는 가정의 배경에도 잘 어울리는 낮은 지위의 호칭을 사용한다.

8.4.2 기독교 공동체에서 섬기는 여성

바울과 예수는 모두 기독교 공동체에서의 리더십을 종이 되는 것으로 정의했다. 종으로서 섬기는 것의 본질에 대한 바울의 이해가 가장 잘 나타나는 곳은 바로 가정 규례다.

> 종들아, 두려워하고 떨며 성실한 마음으로 육체의 상전에게 순종하기를 그리스도께 하듯 하라. 눈가림만 하여 사람을 기쁘게 하는 자처럼 하지 말고 그리스도의 종들처럼 마음으로 하나님의 뜻을 행하고 기쁜 마음으로 섬기기를 주께 하듯 하고 사람들에게 하듯 하지 말라. 이는 각 사람이 무슨 선을 행하든지 종이나 자유인이나 주께로부터 그대로 받을 줄을 앎이라(엡 6:5-8).

이방인 선교가 확산됨에 따라 바울 선교에서의 리더십은 매력적이라기보다는 위험한 자리가 되었다. 교회는 지위, 권력, 재정적 이익을 위한 길이 아니었다. 바울은 그의 사도적 사역을 자기 손으로 하찮은 일을 열심히 하는 것, 투옥과 매 맞음으로 고통을 당하는 것, 그리고 도시, 나라, 바다에서 죽음의 위협에 노출되는 것으로 묘사했다. 그는 계속해서 강도, 유대인, 이방인, 거짓 신자들로 인한 위험에 처했다. 바울은 잠, 음식, 옷, 안식처도 없이 다녔다(고후 11:23-27). 고린도 교회는 사도적 사역에 대한 그의 해석에 감명을 전혀 받지 않았다. 교회는 가정 교회의 작은 방들을 통해 확산되었다. 바울과 그의 사역팀은 가정 교회를 책임지는 사람들을 세우면서 가정 역할과 관련이 있는 리더십의 호칭을 사용했다.[52] 그는 장로를 가정에서 돌

---

52 직분들은 사도행전 전체와 빌 1:1; 딤전 3:1-13; 딛 1:5-9에서 언급된 임명직이었다.

보는 사람(딛 1:7),[53] 종(집사)으로 정의했는데, 이들의 기능은 모두 가정 관리와 연관된 것들이다(딤전 3:4-5, 12; 참조. 3:15).[54] 예배의 내용은 영적 은사의 행사를 통해 이루어졌을 것이고, 모든 구성원은 참여할 준비가 되어 있었다.

바울이 가정 교회에서 열심히 일하는 사람들에게 사용한 용어가 실제 무슨 의미였는지를 이해하려면, 우리는 이 단어들이 교회 역사와 전통에서 권력 및 신분의 지위를 가리키는 전문적인 용어로 발전된 연관성을 철저히 밝혀야 한다. 기원후 313년에 기독교가 합법화되어 대중적인 종교가 되었을 때, "장로"와 "집사"라는 용어는 이방인 세계에서 빠른 속도로 권력, 권위, 명성의 호칭이 되었다. 친교의 식사는 공공 영역에서 남성이 통제하는 정형화된 의식(성찬식)이 되었다. 리더십의 지위는 가정 내의 역할 대신에 공공 영역에서 남성적인 위계질서 개념을 반영하는 공공의 직분이 되었다. 예배의 배경이 바뀌었을 때, "장로", "집사", "주교"는 곧 바울이 사용했던 용어와는 전혀 다른 호칭이 되어버렸다. 젠더에 대한 수사학은 여성을 가정 내의 리더십에서는 제외하지 않으면서 공적 리더십에서는 제외되

---

53 Ἐπίσκοπος라는 단어의 의미는 가정에서 "살펴보는" 사람으로 제한되는데, 이는 교회 직분인 주교 혹은 감독자/관리자보다는 가정 교사, 간병인, 혹은 심지어 베이비시터였을 것이다.
54 "관리"로 자주 번역되는 그리스어 προΐστημι는 신약성서에 8번 등장한다. 이 단어는 롬 12:8; 살전 5:12; 딤전 3:4, 12; 딛 3:8, 14에 중간태로 등장하며, 딤전 3:5과 5:17에는 능동태로 나온다. LSJ에 따르면, 중간태 동사 προΐστημι는 "자신보다 앞에 놓다"에서 시작하여 "무엇인가를 다른 것보다 선호하거나 가치 있게 여기다"에 이르기까지 넓은 의미를 지니는데, 이는 집단이나 공동체의 행동으로 여겨진다. 그러나 BDAG는 προΐστημι를 롬 5:8; 살전 5:12; 딤전 5:17에서 "리더십, 다스림, 지시, 머리의 역할을 행하는 것"과 같은 권위 있는 개인으로 이해한다. 혹은 BDAG는 이 단어를 롬 12:8과 살전 5:12에서 "관심을 갖는 것, 관심을 보이는 것, 보살피는 것, 도움을 주는 것"으로 이해하는데, 두 경우는 모두 LSJ에 있는 수동의 개념에 상응한다. BDAG와 반대되는 의견으로, 우리는 디모데전서에서 바울이 중간태와 능동태를 바꾼 것은 LSJ에서 더 잘 반영된 의미에 의해 의도된 것이라고 가정할 수 있다. 이것은 더 깊이 연구될 수 있는 영역이다.

도록 만들었다.

따라서 디모데전서 2:12에서 여성이 남성을 가르치고 지배하는 것의 금지가 "공적 예배"에 적용된다는 가정과는 별개로, 지위 자체나 그와 관련된 책임에 관한 한, 가정 교회의 바울 리더십에서 여성을 제외해야 할 문화적, 문법적, 혹은 텍스트상의 근거는 없다.[55] 그리스어에서 문법적 젠더의 패턴에 따르면, 리더십과 관련된 단어는 특정 여성(들)을 배타적으로 가리키는 것이 아닌 경우에는 보통 남성형 단수나 남성형 복수로 나온다. 남성형은 젠더의 기본 설정이며, 문맥상 여성이 제외되어야 하는 경우를 제외하고는 남성 명사와 대명사 등의 언급에서, 특히 표어와 같은 문구에서 여성이 제외된다고 가정할 수 없다. 만일 우리가 교회의 리더십에서 여성이 배제된다는 전제를 가지고 본문에 접근하지 않는다면, 남성형 복수와 단수를 사용한 교회 지도자들에 대한 일반적인 설명과 가르침에 여성이 포함된다고 가정할 수 있는 여러 가지 방식으로 여성이 완전하고 효과적으로 리더십에 참여하고 있었다는 언급을 많이 발견하게 된다.

8.4.2.1 사도

로마서 16:7에서 바울은 로마 교회에 "내 친척이요, 나와 함께 갇혔던 안드로니고와 유니아에게 문안하라. 그들은 사도들에게 존중히 여겨지고 또한 나보다 먼저 그리스도 안에 있는 자라"고 지시한다. 유니아는 바울로부

---

[55] 여성이 남성을 가르치거나 지배하지 못하게 하는 딤전 2:12의 금지는 문맥에 의해서는 물론이고 단수 형태의 "여자"와 "남자"를 사용했다는 점에 의해서도 남편과 아내의 관계를 가리킨다. "지배하다"(αὐθεντέω)라는 단어는 바울이 리더십의 어떤 형태로도 사용한 적이 없고, 그리스어에서 개인에 대한 목회적 돌봄을 표현하는 데에도 사용된 적이 없다(개인이 그 행위의 대상자인 경우). 이 금지에 대한 주해적 분석은 제9장을 보라.

터 강력한 천거를 받는 여성이다. 바울은 그녀를 사도라고 부를 뿐만 아니라 그녀가 자신보다 더 오랫동안 신자였다고 말하는데, 아마도 그녀는 스데반이 돌에 맞아 죽은 이후 헬라파 유대인 신자들이 흩어질 때 거기에 속했을 수도 있고 로마에 복음을 전파했을 수도 있다.[56] 그녀는 심지어 믿음 때문에 감옥 생활을 해본 경험도 있었는데, 이것만으로도 그녀의 사역이 자기 가정의 경계를 넘어 확장되었다는 사실을 알 수 있다.

유니아는 중세 시대 후반까지 사실상 교회에서 만장일치로 여성 사도로서 인정받았다.[57] 이런 합의는 유니아가 사도라고 불렸다는 이유로 그녀를 남성(유니우스)으로 인정하기를 선호했던 로마의 아에기디우스(Aegidius, 혹은 Giles, 1316년경)에 의해 바뀌기 시작했다. 20세기에 비평적인 그리스어 텍스트가 유니아를 남성으로 규정하는 전환을 이루었다. 최근 학계의 합의는 이 전환을 다시 되돌렸지만, 현재 마이클 뷰러(Michael Burer)와 대니얼 월리스(Daniel Wallace)는 그리스어 본문이 안드로니고와 유니아가 단지 사도들에게 좋은 평판을 얻었다는 것을 말할 뿐이라고 주장한다.[58] 하지만 린다 벨빌(Linda Belleville), 엘든 엡(Eldon Epp), 그리고 리처드 보컴(Richard Bauckham)은 자료를 살피고 어휘와 문법을 분석한 후에, 유니아가 여성 사

---

56 Douglas Moo는 이렇게 말한다. "우리는 안드로니고와 유니아가 예루살렘에서 초기 '헬라파' 유대인에 속했으며, 베드로와 그의 아내처럼(참조. 고전 9:5) 남자들과 여자들을 그리스도를 믿는 믿음으로 인도하고자 (그들이 바울을 만나 그와 함께 투옥된 것으로 추정되는) 지중해 동부 지방으로 이주했다고 추측할 수 있다"(*The Epistle to the Romans*, NICNT [Grand Rapids: Eerdmans, 1996], 924).

57 Joseph Fitzmyer가 정리한 기독교의 첫 천 년 동안 유니아를 여성으로 보았던 주석가들의 목록을 보라(*Romans: A New Translation with Introduction and Commentary*, AB 33 [New York: Doubleday, 1993], 737-38). Jewett, *Romans*, 961-62도 보라. 여기서 Jewett은 "'유니아스'(Junias)는 맹목적인 상상력의 산물"이라고 결론 내린다(962).

58 Burer and Wallace, "Was Junia Really an Apostle? A Re-examination of Romans 16:7," *NTS* 47 (2001): 76-91.

도라는 의미로 이 구절을 받아들이는 것이 훨씬 더 설득력이 있음을 보여주는데, 이는 초기 교회의 압도적인 이해였다.[59]

물론 이 구절은 바울이 여성을 리더십의 지위와 호칭에서 배제했다는 견해에 대한 명백한 도전으로 받아들여지기 때문에 엄청난 논란을 불러일으켰다. "사도"(ἀπόστολος)는 예수께서 선택하신 열두 제자 중 하나가 된다는 개념이 아니었다. 오히려 안드로니고와 유니아는 바나바(행 14:14; 고전 9:5-6), 야고보(갈 1:19), 에바브로디도(빌 2:25), 그리고 연보를 관리하기 위해 "형제들"과 함께 파송된 디도(고후 8:23)와 같은 의미의 사도였을 것이다. "사도"는 성령에 의해 결정되는, 바울의 기초적인 영적 은사 목록 중 하나다(고전 12:28-29; 엡 4:11).[60] 사도들은 여러 지역 교회 사이에서 대표자로서 사역하는 "보냄을 받은 자들"이며, 아마도 교회 개척자들을 포함할 것이다. 사도적 권위의 본질은 사도적 선교의 본질과 직접적으로 연결되지만, 유니아는 그 집단의 다른 이들에 비해 "뛰어났다."

---

59 Belleville, "Ἰουνίαν…ἐπίσημοι ἐν τοῖς ἀποστόλοις: A Re-examination of Romans 16:7 in Light of Primary Source Materials," *NTS* 51 (2005): 231-49; Epp, *Junia: The First Woman Apostle* (Minneapolis: Fortress, 2005); Bauckham, *Gospel Women: Studies of the Named Women in the Gospels* (Grand Rapids: Eerdmans, 2002), 109-202, 특히 165-85. Jewett이 주장하듯이, "형용사 ἐπίσημος는 사람이나 사물을 동급의 다른 대상과 비교하여 특별하거나 독특한 것으로서 치켜세워 강조하는데, 이 경우는 다른 사도들과의 비교다"(*Romans*, 963). Burer와 Wallace("Was Junia Really an Apostle?")는 이 단어를 지각 동사에 해당하지 않는 은유적 확장으로 인식하기보다는 (잘 알려진) 영어 용어 중 하나를 마치 그것이 그리스어인 것처럼 취급하면서 시작한다.

60 Moo는 이 호칭이 그들에게 열두 사도 및 바울에 필적하는 권위적인 리더십 지위가 있었음을 의미하는 것이 아니라고 경고하지만, 바울의 기록에서 이 호칭은 "풀린 사람"이다. 그는 유니아가 "여행하는 선교사"였다고 결론 내린다(*Romans*, 924). 그러나 바울이 야고보를 사도라고 부르며, 야고보는 예루살렘 교회의 기둥과 같은 핵심적인 권위의 리더십 지위를 갖고 있었다는 점에 주목하라(갈 1:19). 더욱이 안드로니고와 유니아가 "사도들 중에 뛰어났다"라는 사실은 아마도 그들에게 만만치 않은 수준의 권위가 있었음을 의미할 것이다.

8.4.2.2 집사

로마서 16:1에서 바울은 뵈뵈를 집사로 규정한다. "내가 겐그레아 교회의 일꾼으로 있는 우리 자매 뵈뵈를 너희에게 추천하노니." 가정의 맥락에서 "집사"(διάκονος)는 노예, 즉 하찮은 종을 가리킨다.[61] 하지만 성전이나 종교 집단의 공적 맥락에서는 "직원" 혹은 "관리"를 의미하며, 정부 서비스나 신을 섬기는 맥락에서는 수행원, 권위자, 혹은 안내원을 지칭한다.[62] 바꿔 말하면, 집사는 그의 지위를 자신이 섬기는 개인이나 기관으로부터 부여받았다. "집사"라는 호칭은 서구 교회의 역사에서 존경받는 사람들을 위해 마련된, 권위 있는 권력의 직분을 가리키게 되었다.[63] 그러나 신약성서에서 이 호칭과 역할의 맥락은 가정 교회였기 때문에, 집사는 신자들을 섬기는 종의 낮은 지위와 직접적으로 연관된 호칭이었을 것이다. 이는 하나님의 나라에서 높은 지위가 세상의 관점에서는 낮은 지위라는 예수와 바울의 가르침에 부합하는 것이었다.

가정에서 음식을 대접하는 것과 같은 변변찮은 일은 그리스-로마 시대에 여성, 하인, 노예와 같은 낮은 지위의 사람들이 더 높은 지위의 사람

---

61 이것은 행 6:1-7에서 가난한 사람들에게 음식을 나누어주는 역할을 맡은 일곱 명의 헬라파 사람들을 선택한 것과 종종 연결된다(6:2: "접대를 일삼는 것", διακονεῖν τραπέζαις).
62 LSJ, "διάκονος"를 보라. 이는 하찮은 하인이라는 명사적 의미를 강조한다. 반대로 BDAG, 230-31은 윗사람을 돕는 사람으로서의 지위를 강조한다.
63 집사의 직분과 연관된 기능은 연보를 걷고 성찬식과 세례식을 돕는 것이다. 성찬식과 세례식을 돕는 것은 완전히 반대의 의미가 되어버린 은유의 명백한 예다. 음식을 제공하고 다른 사람들을 목욕시키는 것은 그리스-로마 시대에 여성과 노예가 더 높은 지위에 있는 사람들을 섬기는 것으로 지정된 낮은 지위의 역할이었다. 교회에서 낮은 지위의 섬김과 연관된 종이라는 낮은 지위의 호칭은 명예로운 호칭이 되었고, 그 역할은 특권의 기운을 발산한다고 여겨졌다. 만일 종이 그리스도 안에서 가지는 높은 지위를 고려하여 그들을 높여주고, 문화적 관점에서 낮은 지위로 간주되는 일을 가치 있게 여겨주었다면, 그것은 적절한 일이었을 것이다. 그러나 전체적인 형태가 변형되었다.

들을 섬기도록 할당된 역할이었다. 따라서 1세기 가정에서 이 용어의 의미는 남성의 이상적인 역할보다는 여성의 낮은 지위와 더 밀접하게 연관되어 있었다. 바울은 디모데전서 3:8-10에서 집사의 자격에 관해 설명할 때, 11절에서 "여자들도 이와 같이"라고 첨언하면서 섬기는 여성에 대한 특별한 자격 조건을 제시한다. 따라서 남성에 대한 젠더 고유의 가르침을 먼저 한 후 집사로서 섬기는 여성에 관한 내용이 이어지며(참조. 딤전 2:9-10), 그다음에 양성 모두에 대한 일반적인 지침이 12-13절에 나오는 구조다. 그러므로 "집사"는 남성과 여성으로 구성된 가정 교회를 섬기는 사람들로 이해하는 것이 가장 자연스럽다. 디모데전서 3:12의 "한 아내의 남편"(μιᾶς γυναικὸς ἄνδρες)이라는 표현은 (결혼한 경우에는) 부부간 신뢰를 요구한다는 의미의 표어 혹은 관용어이지, 집사가 남성이면서 결혼한 사람이어야 한다는 자격 조건이 아니다.[64]

장로와 집사의 직분이 1세기의 교회 직분에 대한 전문적인 호칭으로 발전했는지에 대해 상당한 논란이 있다. 그러나 만약 가정 교회 내 종의 역할이 모든 기능에서 노예가 되는 것에 대해 예수와 바울이 가르친 것과 매우 가까웠으며 사도행전 6:2의 "접대를 일삼는 것"과 비슷함을 깨닫는다면, 아마도 혼란이 해소될 것이다. 그것이 4세기에 예배를 드렸던 공공 장

---

64 Wayne Grudem은 μιᾶς γυναικὸς ἄνδρες가 여성을 배제한다고 말한다(*Evangelical Feminism and Biblical Truth: An Analysis of More Than One Hundred Disputed Questions* [Sisters, OR: Multnomah, 2004], 80). 그러나 이는 부분의 총합으로서 이해되어야 하는 관용어다. 이와 비슷하게 영어에도 "mailman"(집배원)과 "chairman"(의장)과 같이 지시 대상이 남성임을 의미하는 것이 아니라 젠더의 기본 설정으로서 남성이라는 표현을 사용한, "man"(남자)이 단어 속에 포함되는 호칭들이 있다. 하지만 이런 영어의 모호성을 극복하기 위해 포괄적인 호칭에서는 "man"을 제거하자는 움직임이 생겨났다. Philip Payne, *Man and Woman, One in Christ: An Exegetical and Theological Study of Paul's Letters* (Grand Rapids: Zondervan, 2009), 446-49의 논의를 보라.

소의 집사 직분과 같은 의미를 지녔다고 가정해서는 안 된다. 이 호칭은 바울이 반문화적 가치로서 인정했던, 교회를 위해 낮은 지위가 하는 일을 반영하는 것이었다.

8.4.2.3 예언자

예언자의 역할에 대한 바울의 이해는 젠더 역할과 직접적으로 관련된 관심 및 연구의 주제였다. 왜냐하면 유대인 선교에서의 교회(행 21:8-9)뿐만 아니라 이스라엘 역사와 바울의 교회(고전 11:5)에도 여성 예언자가 있었다는 수많은 명백한 증거가 존재하기 때문이다. 바울은 예언과 예언자를 성령께서 "그의 뜻대로" 주시는 영적 은사와 연관시킨다(고전 12:11). 훨씬 더 중요한 것은 바울이 이 은사를 가장 높이 여겨야 하는 영적 은사로서 방언과 대조하여 자세히 설명한다는 사실이다(고전 14:1). 고린도전서 14:1-25에서 바울은 예언을 방언과 특별히 대조하는데, 방언에 대한 그의 설명과의 대조는 예언의 본질과 관련된 부분에서 우리에게 시사하는 바가 크다. 모든 은사 중에서 예언은 교회의 덕을 가장 많이 세우는 역할을 한다(4절). 예언은 덕을 세우고 권면하며 위로한다(3, 31절). 예언은 지적인 방식으로 다른 사람들에게 깨달음과 가르침을 주기 때문에 전체 교훈에도 부합한다(14, 19, 31절). 예언은 대면하고, 확신시키며, 판단한다. 또한 마음의 비밀을 드러내고, 하나님을 예배할 때 듣는 사람이 무릎을 꿇도록 만들 수 있기 때문에, 다른 사람의 예언과 계시를 평가하는 데 매우 유용하다(24-25절). 따라서 바울은 교회를 세우는 목적을 위해 예언을 다른 모든 은사보다 높이 평가하며, 심지어 계시, 지식, 가르침보다도 더 가치 있게 여긴다(6절). 예언에 대한 바울의 설명은 바울의 교회에서 은사를 받은 여성이 예배에서 어떤 역할을 할 수 있었는지에 대한 우리의 이해에서 출발점이 되어야 한다. 이 구절이 여성은 교회에서 침묵해야 한다는 말의 의미를 규정해야지, 그 반대가 되어서는 안 된다.[65]

8.4.2.4 동역자

바울은 몇 명의 여성, 즉 브리스길라, 유오디아, 순두게를 "동역자" (συνεργός)라고 불렀다. 이 밖에도 "동역자"라고 불린 사람은 아굴라, 우르바노, 디모데, 에바브로디도, 빌레몬이 있다. 우르바노에 대해 알려진 정보는 없지만, 우리는 이 용어가 바울의 사역과 사역팀, 그리고 가장 가까운 동료들에게 반복적으로 적용되는 것을 본다.[66] 로마서 16:3-4에서 브리

---

65 분명하고 잘 정의된 이 설명은 우리가 예언의 은사를 가진 최소한의 일부 여성이 가정 교회에서 어떤 역할을 했는지를 이해하는 데 있어 바탕이 되어야 한다. 딤전 2:12을 기초로 여성은 "공적 예배"에서 가르치는 것이 허용되지 않았다고 전제되기 때문에, Wayne Grudem은 예언은 가르침이 아니라 즉흥적인 것이라고 주장했다. 바울은 예언이 가르치고 사람들이 배운다고 주장한다. 모든 예언이 즉흥적이라는 주장은 증거를 넘어선다. 어떤 이들은 교회에 있는 동안 여성은 말하지 말라는 고전 14:34의 명령 때문에 여성은 예언을 "분별하는" 것도 허락되지 않았다고 주장한다(D. A. Carson, "'Silent in the Churches': On the Role of Women in 1 Corinthians 14:33b-36," in Piper and Grudem, *Recovering Biblical Manhood and Womanhood*, 151-53; Wayne Grudem, *The Gift of Prophecy in 1 Corinthians* [Washington, DC: University Press of America, 1982], 245-55). 그러나 만일 여성이 고전 14:24-25에 묘사된 것과 같은 대립적인 평가에 연루되었다면, 다른 예언자를 평가하는 것에서 제외되었을 가능성은 거의 없다. 어떤 이들은 여성이 신자들이 아닌 비그리스도인들에게 맞설 수 있다고 주장한다. 그러나 이는 예언의 주된 사용에 대한 전체 역사와 모순된다. 가르침, 지도, 침묵에서 여성의 역할에 대해 미리 설정해둔 신학적 전제에 부합하도록 예언의 본질을 재정의하려는 시도는 예언에 대한 바울 자신의 설명을 제대로 분석하면 무너질 수밖에 없다.

66 그러나 Moo는 "이 용어가 항상 사역에서의 일을 의미하지만, 어떤 종류의 사역을 감당하는 것인지는 특정되지 않는다"라고 말한다(*Romans*, 920). 그는 자신의 견해가 Elisabeth Schüssler Fiorenza의 견해와 대조된다고 말하는데, 그녀는 이 용어가 항상 공동체의 지도자를 가리킨다고 주장한다(Schüssler Fiorenza, "Missionaries, Apostles, Coworkers: Romans 16 and the Reconstruction of Women's Early History," *WW* 6 [1986]: 425-26). 아마도 Moo는 이 용어가 여성이 장로/주교 혹은 집사였음을 증명하지 못한다는 점을 보여주려고 노력하는 것 같다. 그러나 문화가 인정하는 리더십의 다양한 형태가 있으며, 바울이 다른 사

스길라와 아굴라에 대한 바울의 자세한 설명에 대해 더글러스 무(Douglas Moo)는 이렇게 말한다. "이것은 아마도 이 부부가 바울의 사역을 로마에 있는 교회와 연결하는 데 있어 가장 좋은 위치에 있었기 때문일 것이다."[67] 바울이 브리스길라의 이름을 먼저 말한다는 사실은 그녀에게 더 큰 중요성을 부여한다.[68] 바울은 유오디아와 순두게에게 "또 참으로 나와 멍에를 같이한 네게 구하노니 복음에 나와 함께 힘쓰던 저 여인들을 돕고 또한 글레멘드와 그 외에 나의 동역자들을 도우라. 그 이름들이 생명책에 있느니라"라고 말한다(빌 4:3). 이 세 명의 여성은 모두 "공동체에서 두각을 나타낸 지역 교회 지도자"로 묘사될 수 있다.[69] 아돌푸스 치네두 아마디-아추오구(Adolphus Chinedu Amadi-Azuogu)는 신약성서에 사용된 συνεργός와 그 동족어의 분류 및 사용에 대해 다음의 표를 제공한다.[70]

람을 높이기 위해 이 용어를 사용한 것은 그들이 장로인지 아니면 집사인지와 관계없이 리더십의 형태를 내포한다.

67 Moo, *Romans*, 919.

68 많은 사람이 브리스길라가 더 높은 신분이었다고 주장하지만, 그녀의 이름이 먼저 나왔다는 것은 그녀가 교회를 섬기는 데 있어 환대라는 자신의 은사를 통해 더 적극적인 역할을 했음을 알려준다. 브리스길라는 사역의 최전선에서 기회를 만들어내기 위해 자신의 사업과 가정을 활용함으로써 하나님과 교회를 섬겼다. Jewett은 로마의 Aventine 지역에 두 가정집의 잔해 위에 세워진 Santa Prisca 교구가 있고, Titilus Priscae의 주소가 큰 부동산에 해당한다는 점 등을 들어 브리스길라가 귀족 배경에서 나왔다고 주장한다. 브리스길라의 카타콤은 일찍이 기독교와 연관된 아실리아 가문의 국유지에 위치했다(Tacitus, *Ann.* 67.14; Dio Cassius, *Hist. rom.* 67.14). Jewett, *Romans*, 955-56을 보라. Meeks는 그들이 계속 장소를 옮겨 다니면서 규모가 꽤 큰 가정을 세워 교회를 열고 후견인의 역할을 할 수 있었기 때문에 비교적 부유했다고 주장한다. 그러나 그들의 직업은 "낮았지만, 밑바닥은 아니었다. 그들은 소작농이었지만 독립 소작농이었고, 고대의 기준으로는 꽤 큰 규모를 운영했다"(*First Urban Christians*, 59).

69 Adolphus Chinedu Amadi-Azuogu, *Gender and Ministry in Early Christianity and the Church Today* (Lanham, MD: University Press of America, 2007), 2.

70 Ibid., 2.

συνεργός (synergos)		롬 16:3 16:9 16:21	고전 3:9	고후 1:24 8:23	빌 2:25 4:3	몬 24	살전 3:2	골 4:11	요삼 8
συνεργέω (synergeō)	막 16:20	롬 8:28	고전 16:16	고후 6:1					약 2:22

그는 "동역자"가 바울 전집에서 바울이 선호하는 사역자와 지도자의 호칭 중 하나라는 점을 논증한다.

8.4.2.5 수고하며 지도하는 사람들

동사 "수고하다"(κοπιάω)는 바울이 자신의 사역적 수고를 표현하기 위해 특징적으로 사용하는 단어다(고전 4:12; 15:10; 갈 4:11; 빌 2:16; 골 1:29; 딤전 4:10). 로마에서 바울은 수고하는 것에 대해 다음의 여성만을 칭찬한다(롬 16:6, 12). 마리아, 드루배나, 드루보사.[71] 그는 유오디아와 순두게가 복음을 위해 "싸운 것" 혹은 "다툰 것"에 대해서도 칭찬하면서 그들을 동역자라고 부른다(빌 4:3). 위에서도 밝혔듯이(8.2.3 단락을 보라), 바울은 고린도전서 16:15-16에서 교회가 수고하는 사람들에게 "순종"할 것을 기대한다고 말한다. "형제들아, 스데바나의 집은 곧 아가야의 첫 열매요, 또 성도 섬기기로 작정한 줄을 너희가 아는지라. 내가 너희를 권하노니, 이 같은 사람들과 또 함께 일하며 수고하는[τῷ συνεργοῦντι καὶ κοπιῶντι] 모든 사람에게 순종하라[ὑποτάσσησθε: 너 자신이 순종, 복종하라]."

　　데살로니가전서 5:12-13에서 바울은 교회 지도자들을 인정하고 존

71　Moo는 이 표본이 기독교의 선교적 사역과 같은 전문적인 개념을 수립할 수 있을 만큼 충분하지 않다고 주장한다(*Romans*, 921). 그러나 이는 명예와 인정의 맥락에서 매우 일관성 있게 사용되기 때문에 리더십에 적용된다고 결론 내릴 수 있다.

경하라고 교회에 지시하는데, 그들은 "너희 가운데서 수고하고 주 안에서 너희를 다스리며 권하는 자들"로 묘사된다. 이 세 가지 활동은 (바울의 용어에서) "지위"와, 하나님의 사람들 가운데서 영적 권위를 나타낸다. 1세기 기독교에서 이 용어들은 나중에 성직자로 임명받을 직책과 밀접하게 연관된다.[72] 바울은 지도자들을 높일 때 이 용어들을 일관성 있게 사용하는 것으로 보인다.[73]

8.4.2.6 호칭이 누락된 경우?

바울은 유니아를 사도로(롬 16:7), 뵈뵈를 집사로(16:1) 지칭하지만, 그가 특정 여성에게 "목사", "장로", "교사"라는 호칭을 붙이는 사례는 없다. 그러나 바울은 자기 자신을 교사로 부르는 두 가지 사례(딤전 2:7; 딤후 1:11)를 제외하면, 이 호칭들을 특정 남성에게도 부여하지 않는다. 바울이 자신의 사역 팀에 대해 사용하는 용어와 함께 많은 여성을 그렇게 강력히 추천한다는 사실은 여성이 교회에서 사도, 집사, 예언자, 동역자, 수고하는 자를 포함하여 바울이 높여주고 인정하며 어떤 경우에는 복종할 만하다고 여기는 교회의 리더십과 봉사의 다양한 위치에 있었음을 보여준다. 두 가지 사례(브리스길라와 뵈뵈)에서 바울은 여성에게 후견인으로서의 명예를 수여한다(롬 16:1-3).[74] 바울의 관습과 그리스어 문법에 따르면, 디모데전서 외에

---

72 Amadi-Azuogu는 그들에게 "권위가 있었다"고 말하면서 그들을 "교회 직분자"라고 부르지만, 그 언어는 후대의 권력 구조에 더 어울리는 것일 수 있다(*Gender and Ministry*, 9).

73 Adolf von Harnack는 동사 "일하다"가 신약성서에 나오는 23가지의 사례는 이 동사가 선교 및 회중의 일을 가리키는 전문 용어임을 나타낸다고 주장한다("Κόπος [κοπιᾶν, οἱ κοπιῶντες] im frühchristlichen Sprachgebrauch," *ZNW* 27 [1928]: 1–10). 이 동사는 바울 전집에서 롬 16:6, 12(2x); 고전 4:12; 15:10; 16:16; 갈 4:11; 엡 4:28; 빌 2:16; 골 1:29; 살전 5:12; 딤전 4:10; 5:17; 딤후 2:6에 나온다.

74 Jewett은 이렇게 말한다. 브리스길라는 "실질적인 자원의 사용을 암시하는 구체적인 후원

는 가정을 모델로 하는 가정 교회에서 여성이 목사, 장로, 혹은 교사가 되는 일에서 제외되었다고 주장할 만한 설득력 있는 이유가 없다. 왜냐하면 바울이 이런 다른 역할들을 감당하는 여성들을 높이 평가했기 때문이다. 영적 은사에 관한 바울의 가르침은 성령께서 자신의 뜻에 따라 목사와 교사라는 영적 은사를 나누어주시기 때문에, 오직 성령만이 집단에서 그런 기능으로 섬기는 것을 제한할 자격이 있음을 나타낸다. 하지만 장로/주교의 직책은 바울과 그의 선교팀에 의해 임명되었다. 여성을 제한하는 유일한 근거는 교회가 디모데전서 2:12의 금지를 해석해온 전통적인 방식으로부터 나온다. 그러나 그런 해석이 발생하는 이 본문은 해석학적 문제와 일관성의 결여라는 수수께끼 같은 문제로 가득 차 있다. 제9장(아래)에서 나는 잘못 이해되고 잘못 적용되어온 이 구절을 살펴볼 것이다.

**

서구 기독교에서 권력과 권위에 대한 바울 신학은 그것이 정치 이론에 영향을 미친 분야에서 남성의 평등과 권력 공유에 기여했으며, 통치자의 절대적 권위를 거부했다. 인간의 타락과 함께 하나님의 형상으로서 인간의 존엄성을 적용하는 것은 해방과 자유, 민주주의(와 사회적·정치적 위계질서의

행위를 통해 자료를 제공했다. προστάτις라는 용어는 '여성 보호자, 여성 후견인, 조력자'를 의미하며, 같은 단어의 남성형은 기술적인 의미에서 법적 후견인을 뜻한다"(*Romans*, 946). 이전에는 여성이 법적 후견인이 될 수 없었다고 가정되었지만, 1981년 이래로 발견된 증거들은 여성이 그런 역할을 했음을 보여주었고, Ramsay MacMullen은 여성이 "모든 서약 기록자의 5분의 1"을 차지했고 *collegia*가 찾았던 보호자 및 기증자의 10분의 1은 아마도 여성이었을 것"이라고 말했다("Women in Public in the Roman Empire," *Hist* 29 [1980]: 211).

거부), 견제와 균형의 체제, 시민 권리, 그리고 심지어 서구 세계 내에서 교회와 국가 간의 분리라는 이상을 발전시키는 데 기여했다. 이런 개념과 관습은 1세기의 제국주의 신학과 대조를 이룬다. 오늘날 바울이 절대적이며 전제적인 제국주의 권력에 복종해야 한다고 명령했다는 이유를 들어 모든 그리스도인이 제국주의적 권력을 행사하거나 그것에 복종해야 할 의무를 지닌다고 주장하는 남성은 거의 없다. 그러나 여성에 관한 한 바울은 그리스-로마 철학과 1세기의 관습적인 인간 지혜의 근간을 이루는 젠더, 권력, 위계질서에 대한 전통적인 그리스-로마의 전제를 통해 일반적으로 이해되고 해석되어왔다. 본 연구는 여성에 대한 제한뿐만 아니라 교회 내 사역에서 남성의 권위와 권력에 대한 부적절한 전제까지도 재고찰해야 한다고 주장한다. 바울 전집에서 여성의 역할은 잘못 설명되어왔다. 회중 속에서 영적 은사를 발휘하는 데 있어 여성의 종속과 침묵은 바울이 가르쳤거나 모델로 삼았던 것과 거리가 멀다.

제9장
디모데전서 2:11-15

바울과 젠더를 종합적인 방식으로 다루려는 모든 시도는 디모데전서 2:11-15을 다루어야 하고, 이 구절이 바울 전집의 나머지 부분 및 서신의 맥락의 측면에서 어떻게 해석되어야 하는지를 언급해야 한다. 역사적으로 디모데전서 2:12은 여성의 훈련, 재능, 혹은 영적 은사와 관계없이 교회 내에서 특정한 활동과 역할로부터 여성을 배제해야 한다는 주장의 우선적인 근거로 오늘날까지 사용되어왔다. 이 구절은 여성에게 적용되는 다른 모든 성서 본문에 해석학적 렌즈 혹은 주해의 틀을 제공해왔다. 사실 전통적인 해석에서는 이 단락에 대한 순종과 복종이 여성의 부르심에 대한 전체적인 범주를 구성하는 것으로 보인다. 따라서 이 본문에 대한 좀 더 종합적인 주해를 제공하고, 지금까지 이루어진 특정한 주해적 선택의 영향뿐만 아니라 해석적 선택사항들을 탐구하는 것이 반드시 필요하다. 나는 이 구절이 언급된 목적과 의도, 디모데에게 보내는 편지에 제시된 관련 정보, 그리고 담화의 흐름을 포함하여 에베소의 문화적 맥락과 디모데전서의 맥락 안에서 본문에 충실한, 이 구절을 일관성 있게 읽는 것으로 결론을 맺을 것이다.

디모데전서 2:11-15에 대한 모든 해석은 해석적 과정을 통해 본문에 대한 결론에 이르게 된다. 학자들이 문제의 구절에 직접 접근하기 전에 결과에 영향을 미치는 결정적인 선택을 하게 만드는 중요한 주해적 교차점 혹은 전환점이 여럿 존재한다. 이런 선택 중 일부는 심지어 상대적으로 검증되지 않은 가정으로 보이기도 한다. 본 장에서는 이런 전환점들을 강조하면서 주해적 선택의 영향을 논할 것이다. 그리고 디모데전서 1:3-4의 본문 시작 부분에서 언급되었듯이 잘못된 가르침을 방지하기 위한 서신의 목적을 밝힌 후, 젠더와 관련된 거짓 가르침 및 관습에 대한 편지의 정보를 엮을 것이다. 남성과 여성 사이에 퍼진 잘못된 가르침에 대한 정보는 여성에게 배우라고 하는 특정 지시 및 이와 함께 주어지는 금지뿐만 아니라, 2:8-10에서 남성과 여성에게 주어진 지시의 맥락 혹은 렌즈를 제공한다. 이것은 문맥과 본문, 그리고 바울 신학에 충실한 본문에 대한 신선한 이해를 제시해줄 것이다.

9.1 폭넓은 주해적 선택

이 본문을 분석하기 전에도 해석에 직접적인 영향을 미칠 수 있는 여러 주해적 선택이 이미 이루어졌다. 첫 번째 구분점은 이 텍스트가 교회와 그리스도인의 삶에서 권위를 지니는지의 여부다. 두 번째 구분점은 바울의 저작권과 관련되며, 세 번째 구분점은 의도된 수신자가 개인인지 그룹인지와 관련된다. 네 번째 구분점은 텍스트의 의미를 결정하는 데 작용하는 문맥의 역할과 관련이 있다. 다섯 번째는 디모데전서 2:1-15의 배경 혹은 시나리오를 밝혀내는 것과 관련된다. 각 교차점에서 이루어지는 선택은 다른 선택을 유도하는 경향이 있다.

9.1.1 권위 있는 말씀으로서의 디모데전서

나는 우선적인 주해적 선택은 텍스트가 교회에서 권위 있는 말씀으로 여겨지는지의 여부라고 제안한다. 이것은 해석자들 사이에서 가장 폭넓은 차이를 나타내며, 텍스트에 대한 접근 방식을 명확하게 보여주는 지표가 된다. 아래에서 논의한 것과 같이, 대다수 학자는 목회 서신의 바울 저작권에 반대한다.[1] 결과적으로 저작권을 반대하는 사람들은 서신을 무시하거나(일반적인 경우다), 아니면 페미니스트적 접근에서와 같이 불쾌하고 받아들이기 힘든 관점에서 여성에 대한 1세기 혹은 2세기의 세계관에 지배당한 저자를 제시할 수도 있다.[2] 일부는 이 텍스트를 다른 바울 본문의 맥락 안에서 해석하기보다는 다른 바울 서신에 노골적으로 모순되게 해석한다.[3] 그러나 이 서신을 권위 있는 것으로서 받아들이는 사람들이 있는데, 그들은 그 편지가 정경의 일부이기 때문에, 혹은 바울 저작권에 기초하기 때문에 그렇게 받아들인다. 바울 저작권에는 의문을 제기하면서도 정경의 권위 있

---

1   그러나 목회 서신은 일반적으로 별개의 그룹으로 다루어진다. Howard Marshall이 말하는 것처럼, "이 서신들은 모두 함께 글의 묶음으로 여겨질 수 있다. 이 서신들은 생각이 변하거나 발전하기 쉬운 한 저자의 글 묶음에서 찾을 것으로 예상되는 종류의 다양성과 함께 일반적인 전망을 보여준다"(*The Pastoral Epistles*, ICC [Edinburgh: T&T Clark, 1999], 1).

2   예를 들어 Ulrike Wagener는 이 편지의 목적이 페미니스트 해석학이 반드시 거부해야 하는 가부장 제도를 주장하기 위함이라고 밝힌다(*Die Ordnung des "Hauses Gottes": Der Ort von Frauen in der Ekklesiologie und Ethik der Pastoralbriefe*, WUNT 65 [Tübingen: Mohr Siebeck, 1994], 67-113).

3   Jürgen Roloff는 창 3장이 잘못 해석되었다고 주장하면서 신약성서 기준에 근거하여 이 본문의 가르침을 거부한다(*Der erste Brief an Timotheus*, EKKNT 15 [Zurich: Benzinger, 1988], 147). 이와 유사하게 Elisabeth Schüssler Fiorenza는 이 본문을 동등한 제자도(갈 3:28)에 대한 바울의 가르침에서 되돌아간 가부장적 권위의 경향을 지닌 바울 이후의 것으로 여긴다(*In Memory of Her: A Feminist Theological Reconstruction of Christian Origins* [London: SCM, 1983], 260-66).

는 책으로서 이 편지를 받아들이는 사람들은 권위의 측면에서 이 책을 정경의 맨 끄트머리에 위치시킬 수 있다. 이 텍스트를 바울의 것으로 받아들이는 사람들은 자세한 주해 작업에 참여하는 데 자극을 받고, 다른 바울 본문과 연계하여 이 구절을 해석하는 데 관심을 가지며, 일관된 바울 신학을 구성하면서 그것을 이용할 가능성이 더 크다.

9.1.2 바울이 쓴 것으로서의 디모데전서

디모데전서 1:1은 "그리스도 예수의 사도 된 바울"이 편지를 썼다고 말하는데, 이는 이 편지를 바울의 것으로 확인해준다. 그럼에도 디모데전서를 바울과 연관 짓는 사람들의 대다수는 이 책이 바울이 죽은 후 바울 공동체에 의해 기록되었고, 1세기 말이나 2세기 초에 작성된 것으로 본다.[4] 그 결과 이 편지는 바울 신학의 후기 발전이나 확장, 혹은 아마도 수정일 수 있다. 소수는 목회 서신의 추가적인 자서전적 자료까지 포함하여 이 편지를 역사적 바울이 자신의 생애의 틀 내에서 기록한 것으로 본다. 목회 서신은 이 틀을 확장하여 사도행전과 다른 바울 서신에서 발견되는 것에 자서전적 정보를 추가한다.[5] 이런 입장을 취하는 사람들도 더 큰 바울 전집 신학의 맥락 안에서 이 서신을 해석하고 싶어 한다. 대부분의 평신도가 이 텍스트를 바울 혼자 기록한 것으로 추정할 수 있지만, 학자들 사이에서는 바울

---

4 Marshall은 지배적인 관점을 다음과 같이 요약한다. "그들은 바울이 작성한 것이라고 주장한다(아니면 바울이 여전히 살아 있었다면 기록했을 내용이라고 주장한다)"(*Pastoral Epistle*, 12).

5 목회 서신으로부터 바울의 생애를 역사적으로 재구성한 것으로는 William Mounce, *Pastoral Epistles*, WBC 46 (Nashville: Nelson, 2000), liv-lxiv를 보라.

이 편지를 기록하기 위해 누가와 같은 대필자(필사자)를 활용했다는 점을 일반적으로 받아들인다.[6]

바울 저작권을 주장하는 사람들의 합의는 디모데전서가 사도행전에 기록된 사건들 이후에 쓰였다는 것이다. 이는 바울이 기원후 63-65년경에 에베소에서 설교하고 있었던 상황 및 환경에 자리하는데, 바울이 제3차 선교여행 도중 에베소에서 예정보다 길게 머무른 지(행 19:10) 최소 8년 후, 그리고 제2차 선교여행 중 기원후 49년경에 디모데가 바울의 선교팀에 합류한 지(행 16:1-3) 최소 14년 후의 상황이다.[7]

9.1.3 개인적인 편지로서의 디모데전서

본문은 이 편지의 수신자를 "믿음 안에서 참아들 된 디모데"(1:2)로 확인해주며, 이 편지가 개인적인 편지임을 공식적으로 나타낸다.[8] 그럼에도 불구하고 대다수 학자는 디모데전서가 교회의 더 큰 그룹 혹은 기독교 교회 전체를 대상으로 기록된 공적인 편지라고 믿는다. 이런 학자들에는 바울 저작권에 반대하는 사람들과 바울 저작권을 받아들이는 사람들이 포함되지만, 결말 부분에서 "은혜가 너희와 함께 있을지어다"(6:21)라고 말하면

6　예. George Knight III, *The Pastoral Epistles: A Commentary on the Greek Text*, NIGTC (Grand Rapids: Eerdmans, 1992), 48-52을 보라. 여기서 그는 누가가 바울의 집필을 지원하는 역할을 했다는 의견을 고려한다.

7　바울과 디모데의 관계에 대한 Mounce의 견해는 디모데가 "바울의 신학을 알았기 때문에 새롭게 배울 필요가 없었던" 사람으로서 "순회 사도의 '대표'"였다는 것이다(*Pastoral Epistles*, lviii).

8　Ibid., xlvii. Mounce가 말하듯이, "본문은 에베소와 그레데에서의 특정한 역사적 이슈를 다루기 위해 기록된 즉석 편지로서, 서신 형태로 특정 상황에 대처할 목적으로 기록되었던 것으로 보인다"(ibid.).

서 2인칭 복수를 사용하는 것에만 근거하여 디모데전서가 공적인 편지라고 주장한다.[9]

　인사말(1:1), 2인칭 단수의 보편적인 사용, 그리고 디모데를 부를 때 호격 혹은 주격 단수로 직접 언급한다는 점에(1:18; 6:11, 20) 기초하면, 이 텍스트는 개인적인 편지의 형식적 특징을 지닌다. 파피루스에서 발견된 개인적인 편지에 대한 증거에 따르면, 마지막에 2인칭 복수로 인사한 것은 공적인 편지 혹은 그룹을 위한 편지라는 신호가 아니다. 마지막 부분에서 수신자의 가족, 공동체 혹은 다른 그룹을 축복하거나 건강을 기원하는 것은 개인적인 편지의 일반적인 형태다.[10] 그러나 디모데전서를 개인적인 편지로 여긴다는 것이 이 편지가 사적이고 은밀한 편지(즉 다른 사람이 읽지 못하도록 분명히 의도된 편지)라는 주장은 아니다. 고대 사회에서 개인적인 편지들은 중요한 소식통이었기에 더 큰 공동체에서 읽고 공유했지만, 대중적인 것이 아니라 저자와 수신자 간의 관계 및 관심사에 대한 공동의 언어 영역을 반영하는 것이었다. 수신자는 편지를 관련된 더 큰 집단에 해석하고 설명해주는 위치에 있었을 것이다. 이것을 서신 이론의 관점에서 놓고 봤을 때, 나는 디모데전서가 진실하고 투명한 의사소통의 일부였다면, 문법만을

9　Marshall 역시 그렇게 주장한다. "그 편지들은 모두 저자로부터 한 명의 독자에게 보내는 개인적인 메시지로서 제시된다. 그럼에도 불구하고 세 개의 문서는 모두 복수형으로 표현되는 축복으로 끝난다(본문이 옳다고 가정했을 때). 따라서 현재 형태에서 그 편지들은 아마도 회중에 대한 책임을 지닌 구성원이면서 이름이 불린 수신자들과 연관되는 그리스도인 신자들에게 암묵적으로 들려주는 것이다"(*Pastoral Epistles*, 12). 예를 들어 2-3장은 "회중에게 직접 전하려고 의도했으나 디모데를 통해 전달된 것"이다(ibid., 25).

10　Cynthia Long Westfall, "'This Is a Great Metaphor!': Reciprocity in the Ephesians Household Code," in *Christian Origins and Greco-Roman Culture: Social and Literary Context for the New Testament*, ed. Stanley E. Porter and Andrew Pitts, ECHC 1 (Leiden: Brill, 2013), 225-29에서 개인적인 편지로서 디모데후서에 대한 논의를 보라.

바탕으로 하여 꾸며내지 않은 비문학적인 편지라고 제안한다. 만약 디모데전서가 공적인 편지로 분류된다면, 서신 이론에 따르면 이 편지는 개인적인 것임을 나타내기 때문에 허구가 될 것이다. 그리고 만일 이 편지가 더 넓은 범위의 대중에게 기록되었고 바울과 디모데의 관계에 근거하지 않았거나 에베소의 상황 혹은 디모데가 행한 사역에서의 이슈에 영향을 받지 않았다고 하면, 문학적인 것이 될 수 있다.[11] 이와 상관없이 저자의 신호는 이 편지가 개인적인 편지로서 읽히기를 의도했음을 가리킨다.

바울 저작권은 목회 서신의 언어와 문체가 나머지 바울 전집과 어휘, 구문, 수사학적 문체 면에서 다르다는 이유로 의문시된다.[12] 그러나 자료 언어학의 최근 연구에 따르면, 한 개인의 글에서 문체와 주제는 장르가 변하거나 언어적인 범주의 특징(수신자, 상황적 배경, 내용)이 바뀔 때 눈에 띄게 달라지는 것으로 나타났다.[13] 내적 증거를 고려할 때 많은 이들이 목회 서

---

11   Marshall은 이렇게 말한다. "만약 [목회 서신이] 바울 이후에 작성된 것이라는 지배적인 견해가 옳다면, 그 서신들은 편지 형식으로 기록되었지만 실제로는 다른 청중을 의도한 것이다"(*Pastoral Epistles*, 12).

12   목회 서신의 독특한 어휘에 대해서는 P. N. Harrison의 글이 비판받지만 중요하다(*The Problem of the Pastoral Epistles* [Oxford: Oxford University Press, 1921]). 이 책에 대한 요약으로는 Marshall, *Pastoral Epistles*, 59-66을 보라.

13   자료 언어학에서 언어 사용역(register)의 변화에 대한 연구로는 Douglas Biber, *Variations across Speech and Writing* (Cambridge: Cambridge University Press, 1993); Douglas Biber and Susan Conrad, "Register Variation: A Corpus Approach," in *The Handbook of Discourse Analysis*, ed. Deborah Tannen, Heidi E. Hamilton, and Deborah Schiffrin, BHL (Malden, MA: Blackwell, 2001), 175-96을 보라. 언어 사용역의 개념에 대해서는 다음을 보라. M. A. K. Halliday and Ruqaiya Hasan, *Language, Context, and Text: Aspects of Language in a Social-Semiotic Perspective*, 2nd ed., OELE (Oxford: Oxford University Press, 1989), 36-39; Cynthia Long Westfall, *A Discourse Analysis of the Letter to the Hebrews: The Relationship between Form and Meaning*, LNTS 297 (London: T&T Clark, 2005), 36; Helen Leckie-Tarry, *Language and Context: A Functional Linguistic Theory of Register*, ed. David Birch (London: Pinter, 1995).

신의 경우가 그렇다고 주장하는 것과 같이, 저자의 상황이나 나이가 바뀔 때, 혹은 편지가 공동 저작이거나 전체가 비서/대필자에 의해 기록되었을 때는 변화가 훨씬 더 심할 수 있다(롬 16:22; 고전 1:1; 참조. 16:21; 고후 1:1; 갈 1:1; 참조. 6:11; 빌 1:1; 골 1:1; 참조. 4:18; 살전 1:1; 살후 1:1; 참조. 3:17; 몬 19절).[14] 사실 에베소서와 목회 서신은 공동 저자나 대필자를 명백하게 밝히지 않는 바울 서신이며, 다른 서신들에는 편지를 기록하는 과정의 일부로서 언급되는 사람들에 상당한 변화가 있다. 특정한 사역 이슈에 직면하고 있는 가까운 동역자에게 쓴 개인적인 편지는 바울 전집에서 일반적으로 받아들여진 편지와는 훨씬 다른 언어 사용역을 지니며, 언어상의 변화를 설명해 줄 수 있다. 그러나 만약 디모데전서를 더 넓은 범위의 독자가 읽도록 의도된 공적인 편지로 분류한다면, 이는 이 편지를 바울 전집의 나머지와 더 가깝고 언어와 문체의 편차를 쉽게 설명하지 못하는 언어 사용역에 위치시키는 것이다.

문학적이거나 허구적인 편지는 더 일반적인 독자가 이해할 수 있도록 구성되기 때문에, 그것이 기록된 문화적 배경 안에서 자체적인 해석이 비교적 더 잘 되는 경향이 있다. 바울과 디모데와 같이 오랫동안 관계를 맺은 사람들 간의 개인적인 편지는 깊은 친밀감을 보여주며, 의사소통은 등

---

14 예. 다음을 보라. E. Randolph Richards, *The Secretary in the Letters of Paul*, WUNT 2/42 (Tübingen: Mohr Siebeck, 1991). 그러나 Marshall이 주장하듯이(*Pastoral Epistles*, 64), 그런 입장이 바울 서신의 내용에 바울 자신이 책임이 있다는 것을 "부인하는 부담"을 떠안아야 한다고 가정할 필요는 없다. 물론 바울의 편지가 공동 저작이라고 주장할 때 책임을 분담한다는 개념이 분명히 있어야 하지만 말이다. 비록 바울 서신이 일반적으로 시작하는 부분에서 공동 저작임을 나타내지만, 1인칭 단수의 사용과 자신의 손으로 직접 서명하는 바울의 관습은(고전 16:21; 갈 6:11; 골 4:18; 살후 3:17) 바울 자신이 자료에 대한 일차적인 책임을 진다는 점을 나타내는 것으로 보인다.

장인물 간에 공유된 정보에 의지할 것이다.[15] 후대 독자의 관점에서 이것은 정보의 특정한 격차를 초래한다. 문장과 단락 사이의 일부 논리적 연결은 외부 독자에게 분명하지 않을 것이고, 독자가 해석에 필요한 정보를 공유하지 못한다면 내용을 제대로 이해하기가 쉽지 않을 것이다. 모든 목회 서신이 통일성 없고 조악하게 편집된 것으로 묘사되어왔다.[16] 그러나 우리가 다른 누군가의 사적인 편지를 읽을 때, 서로 잘 알고 있는 저자와 수신자 사이에 배경, 지식, 관계가 공유되기 때문에(하지만 설명되지는 않는다), 앞뒤가 맞지 않을 뿐만 아니라 심지어는 연결점이 없는 것처럼 보이는 경향이 있다.

우리는 텍스트가 생존하기 위해 그 맥락 내에서 합리적으로 일관되며 결속력이 있다고 가정할 수 있다. 즉 독자가 공백을 채우고 정보와의 논리적 연결점을 제공할 수 있었기 때문에 수신자(들)에게 일관되고 결속력이 있었다는 것이다.[17] 그러나 지금 우리는 이런 연결점과 정보가 부족하므로

----

15 언어학적 용어에서 개인적인 편지는 알려진 상황으로부터 "재현된", 혹은 공유된 경험/정보로부터 추측할 수 있는 실체와 정보의 발생이 높은 경향이 있다(Westfall, *Hebrews*, 86).

16 예. 다음을 보라. James D. Miller, *The Pastoral Letters as Composite Documents*, SNTSMS 93 (Cambridge: Cambridge University Press, 1997). Miller는 자신이 일관성 있는 주장이나 사상의 분명한 발전을 찾을 수 없기 때문에 목회 서신은 단일 저자를 가질 수 없다고 결론 내린다. A. T. Hanson은 "목회 서신은 다양한 자료의 모음으로 이루어져 있다. 통일된 주제가 없고, 사상의 발전이 없다"고 말한다(*Studies in the Pastoral Epistles* [London: SPCK, 1968], 42). Hanson은 저자가 "편지를 통해 강한 인상을 남기기 위해" 자신의 자료를 바꾸었다고 주장한다(ibid.). 이것이 만약 사실이라면, 그 문서의 역사를 재구성하려는 시도를 먼저 할 것이 아니라 문서의 목적과 메시지를 결정하기 위해 우선 그 문서를 개인적인 편지로 읽어야 한다.

17 이것은 관련된 이론에 적용되는 가설 중 하나다(Dan Sperber and Deirdre Wilson, *Relevance: Communication and Cognition* [Oxford: Blackwell, 1986]을 보라). 그러나 관련 이론은 대화 참여자 사이의 일반적인 합의와 관련된 Paul Grice의 원리를 차용하여 발전시키며, 다음은 여기서 내가 채택하는 것들이다. 협력, 질, 양, 관련성, 방식(Paul Grice, *Studies in the Way of Words* [Cambridge, MA: Harvard University Press, 1989], 22-40을 보라).

의식적으로든 무의식적으로든 텍스트를 이해하기 위해 우리에게 필요한 것을 제공해야 하는데, 텍스트의 일부가 아닌 맥락적 틀을 제공하는 비판적인 그리스어 텍스트와 번역의 자막으로 "도움"을 받아야 한다.

9.1.4 편지의 맥락의 역할

만일 디모데전서를 허구적이거나 문학적인 서신으로 받아들이면, 맥락의 역할은 현저하게 감소한다. 다시 말해, 만일 디모데전서가 (널리 읽히도록 기록된 편지[문학], 혹은 익명의 편지[허구]와 반대되는 것으로서) 바울이 에베소에 있는 디모데에게 쓴 개인적인 편지가 아니라면, 내용의 틀을 잡거나 설명할 수 있는 구체적인 사건과 환경을 찾을 수 있는 근거가 부족해질 것이다. 만약 이 편지가 바울 공동체가 기록한 것으로 받아들여진다면 맥락이 중요하지만, 그것은 아마도 지역적인 문제가 아니라 후기 교회 이슈의 맥락이며, 교회론에서 후기의 신학적 발전을 반영할 것이다. 만약 디모데전서가 바울이 기록한 공적인 편지로 받아들여진다면, 그것은 바울의 고정된 신학, 즉 큰 틀에서 교회의 행동 규례가 반영된 표현으로 가정될 것이다. 근본적인 질문은 이 편지가 에베소 교회에서 의도된 사회적 영향과 함께 특정한 이슈를 다루는 것으로서 그 자체의 용어에 따라 이해되어야 하는가, 아니면 신학에 중점을 두고 이해되어야 하는가에 있다.

그러나 만약 디모데전서가 진짜 개인적인 편지(혹은 어떤 이들에게는 바울의 삶과 그의 인간관계의 맥락 안에서 읽도록 분명하게 의도된 익명의 개인적인 편지)로 받아들여진다면, 정의상 맥락이 그것의 정확한 해석에 중요한 역할을 할 것이다.[18] 그것은 바울과 디모데 간의 오랜 인간관계의 맥락에 놓이며, 정보의 흐름은 그 관계를 반영할 것이다.[19] 바울은 제2차 선교여행 도중 기원후 49년에 루스드라에 방문했을 때 디모데를 만났다. 디모데는 그때부터 사역팀에 있게 되었고, 디모데전서가 기록되기 약 14년에서 16년 전까지 바울과 함께 일했다. 다시 말하면, 디모데는 이미 바울로부터 충분한 양육과 가르침을 받았기에, 디모데전서의 가르침은 바울이 디모데에게 가르친 내용을 상황에 적용하며 그것에 기초한다. 상황 역시 1세기 중반 에베소의 환경을 반영하므로, 사회역사적 배경은 본문을 이해하는 것과 에베소의 구체적인 상황을 이해하는 데 중요한 역할을 할 수 있다. 상황적 맥락에 관한 한, 바울은 에베소 교회의 문제들을 다루고 있는데, 그곳에 있는 동안 문제가 너무 심각했기 때문에 디모데에게 뒤에 남아서 그 문제들을 바로잡으라고 요청했다(1:3). 그렇다면 잘못된 가르침을 바로잡는 것이 2:1-15의 가르침을 제한해야 할 것이다.

9.1.5 2:1-15의 맥락/시나리오

다음의 폭넓은 주해적 선택은 2:9-15 단락에 대해 추정되는 맥락 혹은 시나리오다. 이것은 전체에서 가장 중요한 선택일 수 있지만, 종종 다양한 추

....

18 어느 경우든지(바울 저작 혹은 위명), 기독교 공동체에 대한 디모데전서의 의도된 역사적·사회적 영향을 재구성하려는 시도는 서신을 그 자체의 맥락에 따라 읽는 것으로부터 시작해야 한다.

19 위명 저자를 가정하는 사람들의 경우, 저자가 바울의 삶의 맥락에서 편지가 읽힐 것을 의도했다는 점에는 재론의 여지가 없어 보인다. 이 입장에서 명확하지 않은 것은 저자가 그린 바울의 사역과 운동에 대한 충분한 구전 전승이 없다면 왜 저자가 세 편의 편지를 썼는지, 그리고 왜 이렇게 많은 세부 사항이 (저자가 아마도 나중에 접근했을 것으로 보이는) 누가의 기록에 의해 입증될 수 없었는지다.

론에 온전히 기초한 선택으로서 인식되지 않는다. 그리고 이 선택은 가정될 뿐 옹호되는 경우가 거의 없다.[20] 학자들은 대부분 2:1-15이 일주일에 한 번 드리는 예배나 교회 모임 중에 필요한 교회 질서를 언급하고 있다고 가정한다.[21] 예를 들어 하워드 마셜은 "주제는 교회 모임 중의 기도"라고 말한다.[22] 그러고 나서 그는 기도라는 주제를 중심으로 그 장의 윤곽을 그린다. 마셜에 의하면, 보편적인 관점에서 기도의 필요성이 강조되며, 이어서 기도의 교훈적인 필요성이 남성에게, 그다음에는 여성에게 제시되는데, 이는 여성이 가르치지 말고 침묵하며 배워야 한다는 첨언으로 이어진다.[23]

이런 이해의 첫 번째 문제점은 2:1 혹은 2:8에서 권유하는 기도가 공간적·시간적 교회 모임으로 제한된다는 신호가 없다는 것이다. 사실 바울의 신학과 유대교 및 그리스-로마 세계의 기도 관습의 배경에는 그런 전제에 반대되는 방대한 양의 증거가 있다.[24] 다른 곳에서 바울의 가르침은

....

20   예를 들어 Philip Towner는 예배 모임에 대해 "그는 교회에서 기도하는 문제로 시작한다"라고 단순하게 가정하면서, "2:1부터 시작하여 바울은 예배 모임 안에서의 활동과 행동에 집중한다"라고 주장한다(The Letters to Timothy and Titus, NICNT [Grand Rapids: Eerdmans, 2006], 162, 190).

21   예를 들어 Knight는 2:8의 "각처에서"는 "교회, 아마도 가정 교회와 다른 그룹의 다양한 모임 장소를 가리킬 가능성이 더 크다"고 말한다(Pastoral Epistles, 128).

22   Marshall, Pastoral Epistles, 417.

23   그러나 2:9은 여성의 옷에 대한 이슈가 기도의 도덕적 필요와 관련된다고 분명하게 언급하지 않는다. 해석자들은 대부분 ὡσαύτως("이와 같이")가 2:8의 남성에 대한 가르침과 평행을 이루기 때문에 그렇게 가정한다. 그리고 남성이 기도하는 것의 중요성을 강조한 후에 여성에게 옷을 단정하게 입으라고 말하는 것은 여전히 기도가 초점이라고 가정하지 않는 한 중요성에서 평행을 이루는 것으로 보이지 않는다.

24   그중 하나로 Otto Knoch는 사적인 기도가 마음속에서 이루어지는 것이라고 주장한다. 하지만 이런 대안이 전반적인 논의에 영향을 미치지는 않았다(1. und 2. Timotheusbrief, Titusbrief, NEchtB 14 [Würzburg: Echter, 1988], 24). 그러나 이 본문에서 공적인 것과 사적인 것 사이의 구분을 만들 필요는 없다. 남성은 ἐν παντὶ τόπῳ("각처에서") 기도해야 한다. 문화적으로 공적 기도는 공식적인 종교 모임으로 한정되지 않았으며(길모퉁이에서 기도하는 것은 오늘날 근동에서도 여전히 실행된다[참조. 마 6:5]), 사적인 기도와 헌신이

지속적인 기도와 항상 감사하는 것의 필요성을 강조하는데(롬 1:9; 엡 1:16; 6:18; 빌 1:4; 4:6; 골 1:9; 살전 5:17-18; 살후 1:3, 11; 몬 4절), 이는 교회 모임의 특정한 시간에 국한되지 않는다. 디모데전서 2:8에서 바울은 남성들에게 ἐν παντὶ τόπῳ("각처에서") 기도하라고 특별히 가르치는데, 이는 3:5, 15, 5:16에서와 같이 바울이 교회 예배에 대해 일반적으로 사용하는 동사형 명사 ἐκκλησία("만남, 집회, 모임")와 반대되는 공간적 개념이다(각처에서 혹은 항상 기도하라는 제한되지 않은 다른 언급으로는 롬 1:9-10; 엡 6:18; 살전 1:3; 2:13; 5:17; 딤후 1:3을 보라). 게다가 기도와 관련된 유대교, 기독교, 그리스-로마의 관습은 신성한 장소(성전, 성지, 회당)로 제한되거나 예배에 국한되지 않았다. 기도는 길거리, 강변, 해안, 선상, 병상, 혹은 감옥 등과 같은 외부에서 드려지곤 했다(마 6:5; 행 16:13; 20:36; 21:5; 27:35; 28:8; 약 5:13-14; 골 1:3, 8). 월/주/일 중 아무 때나, 성전, 회당, 집 등 어느 곳에서나 기도할 수 있었다(행 2:42-47; 3:1). 그룹으로, 가족끼리, 혹은 혼자서도 기도할 수 있었다. 디모데전서 2:1-8에는 예배가 공적인 장소가 아닌 집이라는 가정 영역에서 드려졌다는 사실을 고려하지 않고 "공적인 예배"로 맥락을 좁힐 만한 근거가 전혀 없다. 이것은 그 장의 나머지 부분이 예배 모임이나 공적인 상황에서의 행위에 대한 가르침을 제시한다는 점을 분명하게 명시하지 않으며, 본문의 나머지 내용은 "공적인 예배"의 맥락, 특히 출산에 대한 언급과 거의 어울리지 않는다.

두 번째 문제는 여성의 복장과 선행에 대한 바울의 관심(2:9-10)을 예배 모임에서의 기도로 제한하는 것이다. 여성에 대한 가르침은 남성에 대한 가르침과 평행을 이루도록 분명하게 의도되었는데, 이는 "남

행해졌다.

성/여성"과, 여성에 대한 가르침과 남성에 대한 가르침을 연결하는 부사 ὡσαύτως("이와 같이")의 상관관계 때문이다(8절). 하지만 단정함, 화려함의 부족, 선행의 실천에 대한 관심은 예배 중 기도에만 국한되는 것 같지 않다. 5:6에서 그것은 경건함과 거룩함으로 특징지어지는 평화롭고 조용한 삶보다는 화려함/즐거움으로 점철된 삶을 살아가는 것과 관련되는 에베소 과부의 문제와 연결된다. 사실 이것은 문화에서 자주 언급되는 여성의 행위에 대한 일반적인 관심을 반영한다. 심지어 이런 이슈와 관련된 법이 제정되기도 했다.[25] 게다가 만일 이것이 예배 중 기도하는 동안 여성의 의복에 대한 언급이었다면, 왜 바울은 정성 들여 머리 땋는 것을 금지하기보다 (딤전 2:9) 모든 "하나님의 교회"의 여성이 기도하는 동안 베일을 착용하는 보편적인 관습(고전 11:16)을 반복하지 않았을까?[26] 여성에 대한 가르침은 때때로 바울이 기도의 행위로부터 전환하여 언급하는 두 번째 관심사로 여겨지지만, 여전히 공적인 예배에 국한된다.[27] 그러나 그것은 2:1-3의 맥

[25] A. J. Batten, "Neither Gold nor Braided Hair (1 Tim. 2:9; 1 Pet. 3:3): Adornment, Gender and Honour in Antiquity," *NTS* 55 (2009): 484–501을 보라. "화려한 외모의 과시뿐만 아니라 창녀와 매춘부의 복장 양식으로서 정성 들여 머리를 땋고 보석으로 치장하는 데 소요되는 지나친 시간, 비용, 노력"을 묘사하며 정죄하는 당시 그리스-로마 문학에 대한 Knight의 목록도 보라(*Pastoral Epistles*, 135–36).

[26] 바울 저작권을 주장하든 위명 저자를 주장하든, 베일을 쓰는 것을 언급하지 않는 것은 이것이 예배 중에 기도하는 여성에 대한 가르침이라고 주장하는 사람들에게 문제가 된다. 그 이유는 디모데전서와 고린도전서 간의 상호 텍스트성 때문이다. 저자가 고린도전서를 몰랐을 가능성은 거의 없다.

[27] Towner는 이렇게 말한다.

가정 규례 전환 표시인 "이와 같이"("그리고", 공동번역)는 초점을 부부의 두 번째 구성원에게로 옮긴다. 동시에 이전의 명령형 동사("원하노라"), 혹은 아마도 "기도"를 포함하는 더 큰 범주의 동사적 개념이 이어져야 한다. 후자, 즉 "기도"를 포함하는 더 큰 범주의 동사적 개념에서는 통일되거나 주제와 관련되는 요인이 "기도"라고 가정하기 때문에, 바울은 이 행동이 남성과 여성 모두가 모인 예배에서 수행되는 매너 및 외적 태도에 궁극적으로 관심을 둔다. 그러나 부정사 "단장하는 것"은 이 생각을 적절하게 완성

락에서 더 잘 이해될 수 있으며, 요란하고 품위 없는 의복과 사치품은 2:2
에 나오는 기도의 목표에 직접 반하는 것이다. "이는 우리가 모든 경건과
단정함으로 고요하고 평안한 생활을 하려 함이라." 2:10에서 바울은 하나
님을 예배한다고 주장하는 여성이 기도의 목표에 부합하는 적절한 행동을
하는 데 관심이 있다. 이것은 사실 남성에 대한 가르침과 일치한다. 분노와
다툼 역시 2:2에서 기도의 목표인 고요하고 평안한 생활을 침해한다. 그렇
다면 기도는 에베소의 남성과 여성이 하나님을 기쁘시게 하려는 목표, 즉
고요하고 평안한 생활, 거룩함과 경건함에 반하는 행동을 하는 특정한 방
식에 대한 바울의 해결책이었을 것이다.

디모데전서 2:9-10의 배경으로서 예배 모임의 상황과 관련된 네 번
째 문제는 "남성들"과 "여성들"이라는 복수의 그룹으로부터 2:11에서 단
수 "여자"(γυνή)로 바뀌는 것과 2:12에서 "여자"가 "남자"(ἀνδρός)에게 할
수 있는 두 가지를 바울이 금지한다는 것이다.[28] 흐름이 깨지기 때문에 이

하기 때문에, "기도"가 통일된 주제라고 가정할 만한 실제 이유는 없다.…가정 규례의
가르침은 그런 연결고리 없이 사회적 부부의 한 구성원에서 다른 사람에게로 빈번하게
전환된다(*Timothy and Titus*, 204).

28 "가르치는 것"은 일반적으로 "남자"에게 국한된다고 가정된다. 그러나 이것은 문법적으
로 볼 때 최적의 이해일 수 없다. 왜냐하면 διδάσκειν δὲ γυναικὶ οὐκ ἐπιτρέπω οὐδὲ
αὐθεντεῖν ἀνδρός(딤전 2:12)라는 구문에서 διδάσκειν("가르치는 것")은 이 구절에서 강조
를 위해 앞에 나왔으며, αὐθεντεῖν ἀνδρός("남자를 주관하는 것")와 거리가 있기 때문이다.
더욱이 διδάσκειν은 일반적으로 목적격을 취하거나 때로 여격을 취하는 반면(여기서는 둘
다 아니다), αὐθεντεῖν은 소유격(ἀνδρός)을 취한다. 이는 에베소에서 여성이 가르치는 것을
일반적인 의미에서 일시적으로 금지하는 것일 수 있다. "허락하지 아니하노니"는 "우리가
가지고 있는 것이 교회 전통의 부담을 떠안은 명령이 아니라 명백하게 새로운 명령"임을 나
타낸다고 Marshall이 주장하는 것처럼 말이다(*Pastoral Epistles*, 454-55)(Ben Witherington
III, *Women and the Genesis of Christianity* [Cambridge: Cambridge University Press, 1990],
120도 보라). 두 가지 대안은 딤전 2:12이 다른 바울의 자료와 모순된다는 것이거나(참조.
딛 2:3), 아니면 중언법으로서 διδάσκειν과 αὐθεντεῖν이 상호적으로 서로를 해석하는 것으
로 이해된다는 것이다. 그러나 Andreas J. Köstenberger, "A Complex Sentence: The Syntax

맥락에서 단수로의 전환은 눈에 띄며, "남자"를 단수로 사용하는 것은 교회 모임이나 다른 그룹을 언급하는 언어에 부합하지 않는다. 바울은 한 여성이 남성 그룹을 가르치는 것이나 여성들이 남성 그룹을 가르치는 것을 말했을 수 있지만, 그룹 배경에서 한 여성이 "한 남성"을 가르치는 것에 대해 말하는 것은 자연스럽지 않다. 오히려 단수를 사용한 것은 한 여성과 한 남성 사이에 일종의 사적인 교감을 나타낸다. 그리스-로마 문화에서 여성과 남성 사이의 사적인 교감은 가족 구성원 사이에 일어나는 것이 가장 적절했으며, 가정의 맥락을 가리키는 본문에 많이 나온다. 대부분의 주석가가 단수의 사용을 마치 그것이 없는 것처럼 다루지만, 이는 의미 있는 분명한 문법적 선택이며, 맥락 안에서의 문법과 그룹 참여의 문법에 부합하지 않는다.[29]

이 단락의 배경으로서 예배 상황에 대한 다섯 번째 문제점은 출산(τεκνογονία)에 대한 언급뿐만 아니라 여성을 구원하는(σωθήσεται) 것에 대한 독특한 관심(2:15), 그리고 예배의 질서와 금지 간의 의문스러

---

of 1 Timothy 2:12," in *Women in the Church: An Analysis and Application of 1 Timothy 2:9-15*, 2nd ed., ed. Andreas J. Köstenberger and Thomas R. Schreiner (Grand Rapids: Baker Academic, 2005), 54를 보라. 여기서 그는 격의 차이뿐만 아니라 동사의 분리/이탈 이슈를 누락하고, αὐθεντεῖν이 긍정적인 평가를 받는다고 주장한다. 왜냐하면 양자가 밀접하게 관련되어 있다고 가정하면 διδάσκειν이 긍정적인 평가를 받아야 하기 때문이다. 하지만 그는 그것이 하나의 개념을 가리키는 중언법이라는 것은 부정한다. 분명히 διδάσκειν이 긍정적인 평가를 받아야 하기 때문에 αὐθεντεῖν이 긍정적인 평가를 받는다는 주장은 평가/감정의 언어에서 증거로 간주되는 것과 관련하여 충분한 기준이 부족하다. 왜냐하면 두 행동이 모두 제한되므로, 이는 부정적인 평가이고, 잘못된 가르침을 바로잡는 것이 편지의 주제이기 때문이다. 이 문제는 모든 요인을 고려하면서 증거를 더 주의 깊게 선별하는 추가 연구를 할 가치가 있다.

29   조금 확장하면, 이것은 여성이 한 남성을 그룹에서 선별하여 가르치고 지배하는 대상으로 삼는 것을 의미할 수 있다. 하지만 그렇게 하면, 여성이 남성 그룹을 가르치는 것에 대한 금지가 성립하지 않는다.

운 관련성이다. "그의 해산함으로 구원을 얻으리라"(σωθήσεται δὲ διὰ τῆς τεκνογονίας)에 대한 여러 해석학적 선택(과 대안적인 번역)이 있지만, 그 가운데 예배 중 남성과 여성의 행동에 대한 논의의 결론으로서 타당한 것은 아무것도 없다.

그러므로 2:1-15의 틀로서 교회 예배를 선택하거나 가정하는 것은 이 단락의 난해성을 설명하는 맥락을 제공하지 못하고 오히려 일관성의 결여와 결속력의 부족을 초래한다. 본론의 도입부는 바울의 편지가 잘못된 가르침에 대한 것임을 알려준다. 하지만 만약 이것이 예배 중의 행동에 관한 것이라면, 그것은 주제를 벗어나는 일탈이며, 바울은 4-6장에서 잘못된 가르침의 주제로 되돌아오는 것이 된다. 몇몇 해석자는 불필요하고 현명하지 못하게 2:11-15을 추가적인 일탈로 분류한다. 이 단락의 문법과 확장은 남성과 여성에 대한 가르침보다 더 많은 발전을 이루기 때문에, 여기에 초점이 있음을 가리킨다. 더욱이 이 단락은 교회 내의 잘못된 가르침과 여성의 행동에 관한 몇몇 문제에 대해 직접적으로 말하는데, 이는 편지의 뒷부분에 언급된다. 2:1에서 παρακαλῶ οὖν πρῶτον(내가 첫째로 권하노니")에 의한 논리적 연결은 흐름을 끊고 다른 관심사로 전환하는 것이 아니라 이전 단락과의 연결점을 만들어준다. 이것은 2:1-15이 잘못된 가르침을 바로잡는다(1:3)는 편지의 주제를 발전시키고 있음을 나타낸다.[30]

----

30   John White에 의하면, 편지의 도입부에서 소개된 주제를 발전시키는 것은 편지의 본론이 하는 주된 역할 중 하나다(*The Form and Function of the Body of the Greek Letter: A Study of the Letter-Body in the Non-literary Papyri and in Paul the Apostle*, SBLDS 2 [Missoula, MT: Scholars Press, 1972], 61).

9.1.6 단어 αὐθεντέω의 의미

젠더 이슈와 관련하여 디모데전서 2:11-15을 해석할 때 가장 문제가 되는 부분 중 하나는 2:12의 αὐθεντέω라는 단어의 의미다. "여자가 가르치는 것과 남자를 αὐθεντεῖν 하는 것을 허락하지 아니하노니."

이 단어는 hapax legomenon(신약성서에 단 한 번 등장하는 단어)이며, 동사형으로는 그리스어 용례 전체에서 최초로 등장하는 것이라고 알려진다. 물론 후대에 사용된 흔적이 *Thesaurus Linguae Graecae*(TLG) 데이터베이스에 3백 번 이상 나오지만 말이다.[31] 1979년에 캐서린 크뢰거는 αὐθεντέω를 "권위를 가지다"로 해석하는 것에 이의를 제기하는 소논문을 쓰고 현재 진행 중인 이 동사에 대한 논의를 시작했다.[32] 이 동사의 "의미"와 그것이 어

---

31   이 자료는 2010년 11월 미국 애틀랜타에서 열린 복음주의 신학회(Evangelical Theological Society) 연례 모임의 "복음주의자와 젠더"(Evangelicals and Gender) 분과에서 내가 처음으로 발표한 소논문에 기초한 것이며, "The Meaning of αὐθεντέω in 1 Timothy 2:12," *JGRChJ* 10 (2014): 138-73으로 출판되었다.

32   Kroeger의 첫 작품은 "Ancient Heresies and a Strange Greek Verb," *RefJ* 29 (1979): 12-15이었다. Kroeger의 소논문 이후에 출판된 연구에 대한 연대별 개관은 다음과 같다. Armin J. Panning, "*Authentein*—A Word Study," *WLQ* 78 (1981): 185-91; Carroll D. Osburn, "ΑΥΘΕΝΤΕΩ (1 Timothy 2:12)," *ResQ* 25 (1982): 1-12; George W. Knight III, "ΑΥΘΕΝΤΕΩ in Reference to Women in 1 Timothy 2:12," *NTS* 30 (1984): 143-57; Catherine Clark Kroeger, "1 Timothy 2:12—A Classicist's View," in *Women, Authority & the Bible*, ed. Alvera Mickelsen (Downers Grove, IL: InterVarsity, 1986), 225-44; Leland Edward Wilshire, "The TLG Computer and Further Reference to ΑΥΘΕΝΤΕΩ in 1 Timothy 2:12," *NTS* 34 (1988): 120-34; Paul W. Barnett, "Wives and Women's Ministry (1 Tim. 2:11-15)," *EvQ* 61 (1989): 225-38; Kevin Giles, "Response," in *The Bible and Women's Ministry: An Australian Dialogue*, ed. Alan Nichols (Canberra: Acorn, 1990), 65-87; Timothy J. Harris, "Why Did Paul Mention Eve's Deception? A Critique of P. W. Barnett's Interpretation of 1 Timothy 2," *EvQ* 62 (1990): 335-52; Gloria N. Redekop, "Let the Women Learn: First Timothy 2:8-15 Reconsidered," *SR* 19 (1990): 235-45; D. P. Kuske, "An Exegetical Brief on 1 Timothy 2:12 (οὐδὲ αὐθεντεῖν ἀνδρός),"

떻게 해석되거나 주해되어야 하는지는 다음의 몇 가지 주요 질문을 중심

....

WLQ 88 (1991): 64-67; Leland Edward Wilshire, "1 Timothy 2:12 Revisited: A Reply to Paul W. Barnett and Timothy J. Harris," *EvQ* 65 (1993): 43-55; Ronald W. Pierce, "Evangelicals and Gender Roles in the 1990s: First Timothy 2:8-15; A Test Case," *JETS* 36 (1993): 343-55; Andrew C. Perriman, "What Eve Did, What Women Shouldn't Do: The Meaning of ΑΥΘΕΝΤΕΩ," *TynBul* 44 (1993): 129-42; Paul W. Barnett, "*Authentein* Once More: A Response to L. E. Wilshire," *EvQ* 66, no. 2 (1994): 159-62; Steve Motyer, "Expounding 1 Timothy 2:8-15," *VE* 24 (1994): 91-102; H. Scott Baldwin, "A Difficult Word: Αὐθεντέω in 1 Timothy 2:12," in *Women in the Church: A Fresh Analysis of 1 Timothy 2:9-15*, ed. Andreas J. Köstenberger, Thomas R. Schreiner, and H. Scott Baldwin (Grand Rapids: Baker, 1995), 65-80; Richard Clark Kroeger and Catherine Clark Kroeger, *I Suffer Not a Woman: Rethinking 1 Timothy 2:11-15 in Light of Ancient Evidence* (Grand Rapids: Baker, 1998); Linda L. Belleville, "Women in Ministry: The Egalitarian Perspective," in *Two Views on Women in Ministry*, ed. James R. Beck and Craig L. Blomberg, Counterpoints (Grand Rapids: Zondervan, 2000), 75-154; Belleville, *Women Leaders and the Church: Three Crucial Questions* (Grand Rapids: Baker Books, 2000); Albert M. Wolters, "A Semantic Study of αὐθέντης and Its Derivatives," *JGRChJ* 1 (2000): 145-75; Kevin Giles, "Women in the Church: A Rejoinder to Andreas Köstenberger," *EvQ* 73 (2001): 225-43; David K. Huttar, "ΑΥΘΕΝΤΕΙΝ in the Aeschylus Scholium," *JETS* 44 (2001): 615-25; Linda L. Belleville, "Teaching and Usurping Authority: 1 Timothy 2:11-15," in *Discovering Biblical Equality: Complementarity without Hierarchy*, ed. Ronald W. Pierce and Rebecca Merrill Groothuis (Downers Grove, IL: InterVarsity, 2005), 205-23; Robert W. Wall, "1 Timothy 2:9-15 Reconsidered (Again)," *BBR* 14 (2004): 81-103; H. Scott Baldwin, "An Important Word: Αὐθεντέω in 1 Timothy 2:12," in *Women in the Church: An Analysis and Application of 1 Timothy 2:9-15*, 2nd ed., ed. Andreas J. Köstenberger and Thomas R. Schreiner (Grand Rapids: Baker Academic, 2005), 39-51; Philip B. Payne, "1 Timothy 2:12 and the Use of οὐδέ to Combine Two Elements to Express a Single Idea," *NTS* 54 (2008): 235-53; Payne, "1 Timothy 2:12: Part III, Does αὐθεντέω Mean 'Assume Authority'?," in *Man and Woman, One in Christ: An Exegetical and Theological Study of Paul's Letters* (Grand Rapids: Zondervan, 2009), 361-97; J. J. Davis, "First Timothy 2:12, the Ordination of Women, and Paul's Use of Creation Narratives," *PriscPap* 23 (2009): 5-10; James D. Miller, "Translating Paul's Words about Women," *SCJ* 12 (2009): 61-71; Albert M. Wolters, "ΑΥΘΕΝΤΗΣ and Its Cognates in Biblical Greek," *JETS* 52 (2009): 719-29; Wolters, "An Early Parallel of αὐθεντέω in 1 Timothy 2:12," *JETS* 54 (2011): 673-84. 이 목록에서 주석은 제외했다. 나는 다양한 학회에서 발표된 소논문들 역시 이 논의에서 중요한 역할을 했음을 인정한다.

으로 전개되어왔다.

> 이 동사와 권위 행사 간의 관계는 무엇인가?
> 이 동사는 경멸적인 의미인가? 중립적인 의미인가? 아니면 긍정적인
> 의미인가?
> 이 동사와 그것의 동족어 간의 관계는 무엇인가?[33]

이 질문들에 대한 대답은 두 그룹으로 양극화되는 경향이 있다(일부 예외가 있다). 한 그룹은 αὐθεντέω를 "권위를 행사하다" 혹은 "지배하다"라는 긍정적이거나 중립적인 의미로 번역하며, 다른 그룹은 "강탈하다", "독재하다", "통제하다" 혹은 "폭력을 행사하다"와 같은 부정적이거나 경멸적인 느낌으로 번역한다.

　논쟁에 가담하지 않은 많은 이들은 αὐθεντέω가 "목사가 되다"라는 의미의 전문적인 용어라고 추측한다. 왜냐하면 그것이 목사의 직분이나 남성에 대한 다른 리더십에서 여성을 배제하는 것에 대한 주된 명분이기 때문이다. 그러나 TLG 데이터베이스에서 3백 회 이상 나오는 용례 중에서 이 동사가 목사 혹은 교회 직분자가 베푸는 개인이나 그룹에 대한 호의적인 목회적 돌봄과 같은 것을 가리키는 경우는 하나도 없다. 이 단어가 "권위

33　Scott Baldwin은 이 단어의 의미에 대한 증거로서 Wilshire가 제시한 동족어의 의미에 대한 증거를 제외한다(Baldwin, "Important Word," in Köstenberger and Schreiner, *Women in the Church*, 45). 이는 바울의 용법보다 앞선 의미의 모든 증거를 제거하는 것이다! 더구나 사전 집필자들의 연구에서 동족어를 배제하는 것은 그들의 관습이 아니다. 오히려 그들은 완벽한 의미론적 중복이 항상 없다고 할지라도, 단어들 간의 관계를 인식하고 연구한다. Johannes Louw와 Eugene Nida의 과정은 단어를 먼저 다루고 그다음에 동족어를 다루는 것이다(*Lexical Semantics of the Greek New Testament*, RBS 25 [Atlanta: Scholars Press, 1992], 62). Wolters, "Semantic Study of αὐθέντης"를 보라.

를 가지다"를 의미한다는 입장을 지지하기 위해 스콧 볼드윈(Scott Baldwin)이 사용한 82회의 용례 가운데서, 관련 행동이 문맥 속에서 긍정적인 평가를 받은 사역이나 교회 리더십의 맥락에서 남성이 다른 사람이나 그룹에게 이것을 행사하는 예는 없다.[34] 이 동사가 사람을 목적어로 하거나 행동의 대상이 있는 타동사일 때 그 대상에게 일어나는 행동에는 인식 가능한 패턴이 있다(문맥에서 대상이나 목적이 특정되는 경우).[35]

전체 그리스어 용례에서 동사 αὐθεντέω는 살인이나 폭력에 국한되지 않는 행동의 범주를 가리킨다. 그러나 이 행위의 대상이 되는 사람들은 피해를 입고, 자신의 의지에 반하는 강요(굴복)를 당하거나, 최소한 이익을 강탈당한다. 왜냐하면 그 행동은 불명예에서 치명적인 힘에 이르기까지 대상의 의지에 반하여 주체의 의지를 대상에게 부과하는 것과 연관되기 때문이다. Αὐθεντέω를 사용한 흥미로운 예시(여기서는 "힘을 사용했다"라고 번역됨)는 칼케돈 공의회(기원후 451년)에서 바시아노스(Bassianos)가 자신은 적법하지 않은 절차에 따라 주교가 되었다고 불평하는 부분에 나타난다.

저는 강제로 주교에 임명되었습니다! 정경이 분명한 권위입니다. 교부들은 "선호하는 절차가 있다면, 그것은 공직 선거를 치르고 사임하지 않는 것입니다"라고 말씀하셨을 것입니다.…제 말씀을 좀 들어주십시오! 이렇게 무모한

---

34 Baldwin, "Important Word," in Köstenberger and Schreiner, *Women in the Church*. 교회 리더십의 언어 사용역의 긍정적인 용례에서 교회 직분자나 지도자는 πρᾶγμα, 즉 일, 사건, 혹은 법 집행에 대해 이것을 행한다. 아니면 이 동사가 자동사인 경우다. 주교가 법 집행을 주관하고, 로마의 주교가 능력 있는 교황의 대리자를 선정하는 일에 막강한 권한을 행사하며, 베드로가 사무를 관장한다.

35 사건이나 일(예. πρᾶγμα)과 관련하여 이 행동을 취하는 교회 직분자 혹은 개인과, 그것을 개인에게 행하는 교회 직분자를 구분하는 것이 중요하다. 우리는 전자의 사역에서 긍정적인 예시(소송을 관리하는 것 등)를 발견하지만, 후자에 대한 긍정적인 예시는 없다.

일이 벌어졌을 때, 그들은 **힘을 사용하여** 제 방으로 쳐들어와서 저를 붙잡았습니다. 그런 다음 우리는 제사장직에 동참하고자 했지만 그들은 폭력을 추구했습니다.[36]

사람의 의지에 반하여 그를 파괴적인 방식으로 강제하는 것은 의로운 심판(소돔과 고모라, 그리고 타락한 사람들)에서 신적인 주권에 어울리는 것이며, 법 집행자(예. 사형 집행인)인 절대 권위자와 정부 관료들에게 적합한 것으로 받아들여졌다. 하지만 이는 권위가 없는 경우에는 거의 항상 부적절했다. 더욱이 여성이 이런 행동을 하는 것에 대한 금지는 남성의 행동은 승인한다는 의미가 아니지만, 흔히 그런 뜻으로 여겨지곤 한다. 사실 디모데전서 2:12과 가장 근접한 평행 본문은 크리소스토모스의 *Homilies on Colossians*에서 그가 남편들에게 그들의 아내를 αὐθεντεῖν하지 말라고 명령하는 부분이다.[37] 크리소스토모스는 남편의 역할은 사랑하는 것이고 아내의 역할은 순종하는 것이라고 말한다. 그러고 나서 그는 "그러므로 당신의 아내가 당신에게 종속된다고 하여 αὐθεντεῖν 하지 마시오"(μὴ τοίνυν, ἐπειδὴ ὑποτέτακται ἡ γυνή, αὐθέντει)라고 말한다.[38] 이 단락에서 크리소스토

---

36 *Concilium universale Chalcedonese anno* 451 (2.1.3.48.12). 강조는 덧붙인 것임.
37 John Chrysostom, *Hom. Col.* 27-31. 이 금지는 예언에서 노예에 대한 주인의 잔인한 학대를 비판하는 것과 유사하다(Pseudo-Hippolytus, *Concum.* 7.5). 노예를 학대하는 것은 합법이었지만, 여전히 비판받았다. 그러나 Baldwin, "Important Word," in Köstenberger and Schreiner, *Women in the Church*, 47, 51을 보라. 그는 크리소스토모스의 용례가 독특하고 과장된 것이라고 주장한다. 그러나 문맥상 명백하게 과장된 요소가 있다고 볼 수 없으며, 상대가 사람일 때 그것은 패턴상 결코 독특하지 않다. 이는 Baldwin이 자신의 결론에 맞추어 추측한 것으로 보인다.
38 이것은 여러 이유로 인해 문법적인 평행이 아니라는 점에 주목하라. 동사 αὐθέντει는 자동사이지만, 목표가 아내라는 것은 분명하다. 크리소스토모스가 아내의 복종이 그녀를 학대의 위험에 빠트릴 수 있는 상황을 제공할 수 있다고 믿었다는 점에 주목할 가치가 있다.

모스는 이상적인 남편을 자애로운 ἄρχων("지도자/통치자")에 비유하는데, 고려되는 행동은 남편이 법적/문화적 가정 규칙을 자애롭게 행사하는 것이 될 수 없으며, 오히려 사랑하는 가정의 권위를 넘어서는 것이다. 오늘날 우리는 "배우자 학대"라는 용어를 사용하기도 하지만, 이는 오히려 당시의 가부장적 문화에서 로마 가장의 권리에 더 잘 어울렸을 것이다.[39] 크리소스토모스가 남편의 역할을 설명할 때 ἄρχων을 사용하는 반면, 바울은 그렇지 않다는 점을 주목하라.[40] 바울은 오히려 여성이 가장에 필적하는 권위를 갖고 있다고 생각하여 학대하거나 통제하는 방식으로 행동하는 등 역할이 뒤바뀌는 경우, 남편에 대한 아내의 행동을 비판할 때 αὐθεντέω라는 단어를 사용한다.

사람들의 의지에 반하는 강요를 하거나 그들의 이익을 강탈하는 것은 권위를 행사하는 것에 대한 그리스-로마 및 성서의 여러 모델과 일치한다. 그것은 마태복음 20:25에서 예수가 묘사한 이방인의 권위 모델(특히 카이사르)과 일치한다. "이방인의 집권자들이[οἱ ἄρχοντες]이 그들을 임의로 주관하고 그 고관들이 그들에게 권세를 부리는 줄을 너희가 알거니와." 절대적인 권위를 그렇게 행사하는 것은 헬레니즘 문화에서 남편의 권리뿐만 아니라 아내와 자녀에 대한 삶과 죽음의 권리를 로마의 가장이 갖고 있었다는 사실에 부합한다. 그것은 하나님의 주권과 그리스도의 통치, 그리고

---

39 Baldwin은 "압제하다"가 적절한 주석이라고 제안한다("Important Word," in Köstenberger and Schreiner, *Women in the Church*, 47, 51).

40 바울 전집에서 ἄρχων이 사용된 경우는 롬 13:3; 고전 2:6, 8; 엡 2:2을 보라. 사실 복음서와 사도행전 외에 사용되는 경우는 이 구절들과 계 1:5뿐이다. 이 단어는 교회나 가정에서는 전혀 사용되지 않았으며, 높은 지위의 통치자에 대해 사용된다. 크리소스토모스가 남편의 역할을 가리킬 때 이 단어를 사용한다는 사실은 초기 교회에서 신약성서에 존재하지 않는 위계질서와 가부장제가 생겨나고 있었음을 나타낸다.

심판자로서의 그의 역할이라는 성서적 권위와도 일치한다. 그것은 교황 그레고리오 1세의 통치 기간에 교황의 권위로 사용되기 시작했다. 그러나 그것은 바울 신학에서 남편, 혹은 기독교 공동체의 구성원에 대해 권위를 행사하는 그리스도인 지도자의 성서적 권리에는 전혀 부합하지 않는다. 그것은 예수의 모델은 물론이고 리더십에 대한 바울의 모델과도 일치하지 않으며 대조된다.[41] 이 동사를 단순히 "권위를 갖는 것"으로 주석하여 그것이 마치 섬김의 리더십이나 목회적 돌봄을 묘사하는 것처럼 해석하는 것은 극단적인 오해다.

이 동사와 디모데전서 2:12이 교회에서 다양한 형태의 리더십으로부터 여성을 배제하는 데 사용되는 주된 자료였기 때문에, αὐθεντέω의 의미/주석을 결정하거나 선택하는 것이 금지의 본질을 이해하는 데 매우 중요하다. 이 논의를 신중하게 진행하기 위해 건전한 사전학 및 언어학적 방법론에 기초하여 이 단어의 이해를 구체화하는 것은 교회의 일이 되어야 한다. 이제까지 우리가 의존해온 주석을 담은 19세기의 사전에는 담겨 있지 않은 충분한 근거가 지금 우리에게 있다. 이제는 데이터베이스와 검색 엔진, 그리고 언어학 이론이 앞으로 나아갈 준비를 마쳤다.[42] 교회는 책임의

----

41 만약 이 동사가 타동사고, 한 개인(주어)이 다른 개인(동사의 목적어)에게 이것을 행한다면, 그 행동은 디모데전서에 반영된 것과 같이 신약성서가 기록된 시기의 그리스도인의 직분 및 목회 사역에 부합하지 않는다. 그러나 그리스도인 직분의 권력은 점차 강해졌다. 주교는 때때로 신체적·정치적 힘을 사용하여 다른 주교를 파문했고, 교황의 권위는 절대적인 것으로 발전해갔다. 이 동사는 권력에 있어서 후대의 이런 발전에 부합한다.

42 이해할 수 있는 것은 이 단어의 의미에 대한 논의가 배치에 대한 이론, 즉 단어는 패턴에 따라 등장하는 경향이 있다는 원리에 근거하지 않았다는 점이다. 배치의 보편성에 대한 정의와 설명은 Michael Hoey, *Lexical Priming: A New Theory of Words and Language* (London: Routledge, 2005), 1-15을 보라. 이 논의는 우리가 경멸적이고 경멸적이지 않은 용법을 더 정확하게 결정할 수 있는 평가 이론에도 기초하지 않았다. 평가의 틀인 "태도, 주장 가능성, 관계 속 위치 설정"에 대한 가장 좋은 자료는 Appraisal 웹사이트에 있다(http://www.

시대에 다다랐다. 이제는 αὐθεντέω라는 단어를 바탕으로 교회 지도자의 자리에서 여성을 배제하는 것에 대한 책임(혹은 의무)을 져야 할 때다.

9.1.7 창세기 2-3장에 대한 내러티브 요약의 중요성

중요한 주해적 선택은 디모데전서 2:13-14에서 창세기 2-3장에 대한 내러티브 요약을 이해하는 방법과 관련되는데, 이는 디모데전서 2:11의 여성이 배워야 한다는 명령과 2:12의 금지를 뒷받침한다. 13절에서 접속사 γάρ에 의해 근거 자료가 표시되지만, 금지와 구약성서 내러티브 간의 논리적인 관계는 추정될 수밖에 없다. 신약성서가 구약성서를 어떻게 사용하는지에 대한 논의가 최근에 넘쳐나고 있는데, 그것은 모티프, 암시, 인용이 바울 전집이나 신약성서 전반에서 어떤 역할을 하는지에 대한 선택사항을 이해하는 데 도움을 주어야 한다.[43] 신약성서 저자들이 반드시 맥락 안에서 구약 본문을 해석하지 않거나 저자의 원래 의도를 유지하지 않는 다양하고 가끔은 창의적인 방식으로 구약성서를 활용한다는 합의가 만들어지고 있다. 그러나 이것은 내러티브 요약이므로, 우리는 바울이 창세기 내러티

---

grammatics.com/appraisal /index.html). 이 웹사이트에는 다음과 같은 설명이 나온다. "평가의 틀은 M. A. K. Halliday와 그의 학파(Systemic Functional Linguistics)의 언어학 이론을 확장한 것이며, 호주에 주로 뿌리를 둔 연구자 그룹이 수행한 작업의 결과로서 거의 20년의 기간에 걸쳐 생겨났다."

43 신약의 구약 사용에 대한 논의로는 다음을 보라. G. K. Beale and D. A. Carson, eds., *Commentary on the New Testament Use of the Old Testament* (Grand Rapids: Baker Academic, 2007); James M. Court, ed., *New Testament Writers and the Old Testament: An Introduction* (London: SPCK, 2002); Steve Moyise, ed., *The Old Testament in the New*, 2nd ed., ABS (London: Bloomsbury T&T Clark, 2015); Stanley E. Porter, ed., *Hearing the Old Testament in the New Testament* (Grand Rapids: Eerdmans, 2006).

브를 이용하여 자신만의 비밀스러운 요약을 해석하려고 의도했다고 안전하게 가정할 수 있다.

어떤 이들은 디모데전서 2:12에서 "여자가 가르치는 것과 남자를 주관하는 것을 허락하지 아니하노니"라는 금지가 전적으로 창세기 내러티브에 기반한 교회의 규범이라고 확신한다. 예를 들어 토머스 슈라이너는 "디모데전서 2:13의 창조에 대한 호소는 바울이 자신의 금지를 초월적인 규범으로 두었음을 가리킨다"라고 주장한다.[44] 그러나 "아담이 먼저 지음을 받고 하와가 그 후며"라는 창조에 대한 바울의 설명은 초월적인 규범이 아니라 내러티브를 제한적으로 요약한 것이다. 어떤 이들은 그 내러티브가 "아담의 우선순위"를 나타낸다는 슈라이너의 추측을 규범으로 고려할 수 있겠지만, 그것은 바울에게 다른 일시적 관계에서 규범이 아니었으며, 그는 본문에서 창세기 기록을 바탕으로 그런 추정을 하지 않았다.[45] 추측하는 것은 독자의 몫으로 남게 되며(내러티브를 해석하는 전형적인 방법이다), 아마도 일차 독자는 이 내러티브와 당면한 이슈 간의 관련성을 알았을 것이다. 게다가 바울이 "초월적 규범"을 사용하여 규범적 적용을 지지할 것이라는 가정은 그가 구약성서 및 다른 자료들을 사용하는 패턴에 딱 들어맞지 않는다. 바울은 특수한 것들을 일반화시키고, 일반적인 것들을 특수화시킨다. 신명기 25:4의 황소에게 재갈 물리는 내용을 장로에 대한 고발(딤전 5:18; 참조. 고전 9:7-9)에 적용할 때 그는 특수한 것을 일반화시킨다. 그러나 그는 교회에서 예언하고 기도할 때 여성이 베일을 쓰는 문화적인 관습을 지지

---

44 Schreiner, Paul, *Apostle of God's Glory in Christ: A Pauline Theology* (Downers Grove, IL: InterVarsity, 2001), 408.
44 Schreiner, Paul, *Apostle of God's Glory in Christ: A Pauline Theology* (Downers Grove, IL: InterVarsity, 2001), 408.
45 Ibid. 창조의 순서에 대한 간단한 설명으로부터 남성의 우선순위로 이동하는 것은 역사적으로 남성 학자들에게 명백하게 여겨졌던 논리적 비약이다.

하기 위해 창조 기사의 "초월적 규범"을 사용했다(고전 11:3-16). 그는 고린도 교회의 일부 구성원들에게 특정한 "작은 일"의 법적 사건에 대해 판결을 내리라고 권유했는데, 그 이유는 미래에 "성도가 세상을 판단할 것"(고전 6:1-3)이기 때문이다.[46] 바울이나 다른 누군가가 창조 기사 혹은 다른 일반적인 자료를 사용하여 일시적이거나 문화적으로 구체적인 적용을 뒷받침하지 않을 것이라고 주장하는 것은 이상한 일이며, 성서에서 시간을 초월하는 원리의 시의적절한 적용을 습관적으로 찾는 우리의 해석학과 설교학의 현재 관습에도 어긋난다.[47]

"여성"이 배워야 한다는 명령과 여성이 남성에게 어떻게 행동해야 하는지와 관련된 금지를 지지하는 창조 내러티브의 특정 부분에 대한 바울의 요약은 교회 모임에서 여성이 가르치거나 지도하는 것에 대한 규범적 금지를 나타낸다는 것 이외의 다른 방식으로 이해될 수 있었다(딤전 2:11-14). 대신에 바울은 에베소의 여성들 사이에 퍼진 잘못된 가르침에 대한 이슈를 직접적으로 언급할 수 있었다. 이는 기록을 바르게 만들어주는 적절한 내러티브를 통해 치명적으로 유명한 신화를 바로잡는 것일 수 있었고, 모형론일 수도 있었으며, 아니면 아내와 남편을 바로잡는 가르침이나 설명일 수도 있었다. 이 본문을 그 자체의 맥락에서 읽으면, 창조 요약이 디모

---

46 F. F. Bruce, *Paul, Apostle of the Heart Set Free* (Grand Rapids: Eerdmans, 1977), 109을 보라. 여기서 그는 바울이 막 12:17의 예수의 말씀을 일반화하면서 롬 13:7에서 카이사르에 대해 "모든 자에게 줄 것을 주되 조세를 받을 자에게 조세를 바치고 관세를 받을 자에게 관세를 바치"라고 표현한다고 주장한다.

47 초월적 규범으로부터 오직 초월적 적용만이 도출되어야 한다는 가정은 논리적 오류다. 이런 오류는 논리적 추론이 보편적 명제 및 구체적 적용과 어떻게 연관될 수 있는지에 대한 부정확한 이해로 이루어진다. 따라서 창조 기사가 "초시간적 규범"만을 뒷받침한다는 가정은 D. A. Carson이 "잘못 다루어진 논리적 추론"이라고 부르는 것이다(*Exegetical Fallacies*, 2nd ed. [Grand Rapids: Baker, 1996], 94-101).

데가 직면한 문제들을 바로잡는 데 사용된다는 것을 알려주는 여러 가지를 발견하게 된다.

첫째로, 나이 많은 여성들에 의해 전해지는 신화와 관련된 잘못된 가르침의 맥락이 있다(딤전 4:7; 참조. 1:4). 바울은 유명한 신화의 내용을 간단하게 바로잡는 것일 수 있다.

둘째로, 에베소에는 여성과 관련하여 교정이 필요한 다른 특정한 이슈들이 있었다. 여기에는 의복과 생활 습관의 잘못된 행동(딤전 2:9-10; 5:6, 15), 다른 여성들 사이에 퍼지고 있었던 이야기나 신화뿐만 아니라 소문(4:7; 5:13), 그리고 성, 결혼, 자녀에 대한 부정확한 가르침을 포함한 잘못된 교리를 받아들이는 것(4:3; 참조. 5:14; 딤후 3:6-7) 등이 있다.

셋째로, 이 금지는 마치 그것이 새로운 정보로서 강조되는 것처럼 읽히며, 이전의 서신들에도 있었던 명령이나 금지를 반복하지 않는다. 텍스트에 제시된 정보에 기초하여 디모데전서가 바울의 인생에서 어디에 위치했는지를 설득력 있게 재구성한 것에 따르면, 디모데는 바울의 가장 가까운 동료였고, 십 년 이상 바울의 관습과 전통을 가르친 믿을 만한 교사였다. 이 편지가 허구이든, 문학이든, 개인적인 것이든 상관없이, 편지에 이런 금지 명령이 자리 잡고 있다는 것은 이 단락의 목적이 이방인 선교와 관련된 모든 교회에서 바울의 관습을 반영하기 위함이라고 주장하는 모든 사람에게 난제다.

넷째로, 본문은 이 편지가 개인적인 것임을 알려주기 때문에, 그것이 바울 전집의 나머지 부분에서 영적 은사와 리더십에 대한 바울의 가르침을 보편적으로 적용하지 못하게 하는 초월적 선언의 맥락일 가능성은 거의 없다. 바울의 로마서와 같은 문서는 가르침과 사역에서 여성을 분명하게 금지하는 데 있어 더 논리적인 지점일 수 있었다. 로마서는 바울이 세우지 않았고 아직 방문한 적도 없는 교회를 향해 후에 기록된 문서다. 로마서 12:3-8에서 그는 가르침과 사역에 초점을 맞춘다. 로마 여성은 자신이 은사를 갖고 있다고 생각하는 경우, 로마서 12:7-8을 가르치거나 지도해야 할 의무를 포함하는 말씀으로서 받아들였을 것이고, 로마서 16장에 의하면 여성들은 로마 교회를 위한 그들의 역할에서 뛰어났다. 만약 디모데전서 2:11-12에 제시된 지시가 바울의 교회에서 필수적인 관습이었다면, 로마서 12장은 그와 같은 젠더 자격 요건에 대해 의사소통할 수 있는 지점이었을 것이다.

결론적으로 교회의 일시적인 문제를 가르치거나 바로잡기 위해 바울이 창조 기사의 요약을 사용하지 않았다고 추측할 만한 결정적인 이유는 없다. 왜냐하면 그는 문화적 관습을 가르치고(고전 11:3-16) 다른 초월적 규범에 대해서도 구체적인 적용을 하기 위해 창조 기사를 사용하기 때문이다.

9.1.8 요약

디모데전서와 바울 저작권의 본질에 관한 주해적 선택은 디모데전서 2:11-15의 해석에서 직접적인 역할을 담당한다. 앞으로 나아갈 길은 본문을 신뢰하고 그 자체의 맥락에서 읽는 것이다. 본문은 그것이 바울이 디모데에게 쓴 개인적인 편지임을 나타낸다. 편지 전체와 각 부분은 본문의 주장, 파피루스에서의 유사점, 서신 이론, 언어학 이론에 부합하는 방식으로 이해되고 분석되며 해석되어야 한다. 이 모든 이론은 서로 잘 아는 두 동료 간의 개인적인 조언의 편지에서 언어가 어떤 역할을 하는지를 우리에게 알려준다. 우리는 맥락이 중요한 역할을 하는 이 편지가 매우 상황적이기를 기대해야 한다. 우리는 바울과 디모데가 공유했던 모든 정보에 직접적으로 접근할 수 없기 때문에 불리한 상황에 놓여 있지만, 본문을 자세히 연구함으로써 맥락과 기타 공유된 정보에 대해 많은 것을 배울 수 있다. 우리는 본문이나 바울의 관습/신학에서 직접 도출된 것이 아닌 설정이나 해석학적 틀 혹은 시나리오를 버릴 준비가 되어 있어야 하는데, 특히 일관성과 결속력에 도움이 되지 않는다면 더욱 그러해야 한다. 디모데전서 2:1-15의 경우에, 우리는 기도의 관습이 교회 예배나 모임을 의미한다는 일반적인 가정을 배제해야 하고, 그다음에 디모데전서 2:1-15을 서신에 언급된 목적에 비추어 읽어야 한다. 다른 중요한 선택은 논란이 되는 αὐθεντέω의 의미와, 창조와 타락에 대한 암시가 디모데전서 2:11-12에 있는 여성이 배워야 한다는 명령 및 "남자"에 대한 여성의 행동과 관련된 금지를 뒷받침하는 방식과 관련된다. 해석자들이 덜 걱정하는 한 가지 선택은 "해산함으로 말미암아 구원을 얻"는 것과 디모데전서 2:15의 논리적 관계에 대한 것이지만, 본문을 그 맥락 안에서 일관성 있게 이해하는 데 이르기 위해서는 다른 선택사항들이 함께 고려되어야 한다.

저작권에 대한 견해와 상관없이, 대부분의 학자가 텍스트를 전체로서 해석하고, 맥락과 목적을 제공하는 개인적·상황적 정보의 관련성을 무시하면서 마치 디모데전서 2:9-15이 허구인 것처럼 해석한다. 그러나 만약 편지에 대한 우리의 관심이 가능성 있는 역사의 회복이나 한 사람의 신학을 지지하고 강화하는 것보다 메시지의 의미에 있다면, 본문이 기록되었을 때 의도된 영향이나 결과를 밝혀내기 위해 본문을 그 자체의 맥락에서 읽어야 한다.

9.2 편지의 목적

우리가 디모데전서를 진짜 편지로 취급하면 그 목적을 편지의 본문이 시작되는 부분에서 찾게 될 것이다. 존 화이트(John White)에 의하면, "본론의 도입부는 편지를 쓴 주요 동기가 일반적으로 소개되는 지점이다.…본론의 도입부는 이후 전체 구조로 확장되어갈 수 있는…기초를 제시한다."[48]

9.2.1 편지의 명시적 목적(1:3-20)

본론의 도입부는 1:3-20에 위치하는데, 여기서는 바울이 디모데에게 전에 지시한 명령, 즉 어떤 사람들이 잘못된 가르침(다른 교훈)을 전하지 않도록 지도하라는 명령이 1:3-4에서 반복되고 장의 나머지 부분에서 확장된다.[49] "내가 마게도냐로 갈 때에 너를 권하여 에베소에 머물라 한 것은 어떤 사람들을 명하여 다른 교훈을 가르치지 말며 신화와 끝없는 족보에 몰두하지 말게 하려 함이라. 이런 것은 믿음 안에 있는 하나님의 경륜을 이

---

48   White, *Body of the Greek Letter*, 3.
49   Knight는 다음과 같이 해설한다.
      이 장의 나머지 부분은 바울이 디모데에게 한 명령, 즉 "어떤 사람들"이 다른 교훈을 가르치지 말도록 지시하라는 명령으로 채워져 있다(1:3; 참조. 1:18ff). 3-7절은 그 명령과 거짓 교사들에 대한 묘사를 담고 있다. 복음의 긍정적인 목적인 사랑을 상기시키는 내용이 이 단락의 중심부를 차지한다. 그다음에 바울은 거짓 교사들의 잘못된 견해에 반대되는 율법의 합법적인 사용을 제시하고, 율법을 복음과 연결하면서 이 단락을 마무리한다(8-11절). 복음에 대한 이 언급은 12-17절로의 전환을 제시하는데, 여기서 바울은 거짓 교사들의 가르침에 반대하는 동기부여이자 하나님의 구원하시는 은혜에 대한 예로서 자기 자신의 사례를 말한다. 18-20절에서 바울은 디모데에 대한 자신의 일반적인 명령을 되풀이하는데, 이번에는 디모데에게 개인적인 투쟁의 필요성을 상기시키고("선한 싸움을 싸우며"), 후메내오와 알렉산더가 믿음과 착한 양심을 붙잡지 않은 위험을 나쁜 본보기로 제시하면서 경고한다(*Pastoral Epistles*, 70).

룸보다 도리어 변론을 내는 것이라." 이런 가르침은 1:18에서 강화되는데, 여기서 그 가르침에 기초하여 디모데는 "선한 싸움"을 하라는 명령을 받는다.

9.2.2 에베소에 퍼진 잘못된 가르침의 본질

만일 이것이 문학적인 편지였다면, 저자는 아마도 잘못된 가르침과 그것을 가르치는 자들에 대한 명확한 묘사를 본론의 도입부에 배치했을 것이다. 그러나 저자는 단지 경고하고, 이미 알려지고 제시된 진리에 호소할 뿐이다. 바울은 신학보다는 가르침의 효과에 더 집중하지만, 다행스럽게도 4-6장에는 에베소에 퍼진 잘못된 가르침의 본질에 대한 언급이 일부 있어서 따로 모아 정리될 수 있다. 만약 잘못된 가르침의 본질에 대한 묘사가 본론 도입부에 있었다면, 편지의 목적과 이어지는 편지 내용의 발전 간의 논리적 관계가 명확해졌을 것이다. 만약 이것이 개인적인 편지였다면, 그룹 안에서 혹은 문학적인 편지에나 필요했을 법한 자세한 설명을 디모데에게 제시할 필요가 없었을 것이다.[50] 왜냐하면 디모데는 잘못된 가르침의 내용, 거짓 교사들의 정체, 그리고 거짓 교사들과 그들의 가르침이 퍼지면서 생긴 문제에 관해서 이미 잘 알고 있었을 것이기 때문이다.

어떤 이들은 잘못된 가르침들을 하나의 이단으로 묶어서 생각할 수

---

50 Marshall은 "저자는 교리적·이론적 수준에서 교훈을 공격하는 것보다는 그리스도인의 삶에 대한 어리석은 가르침의 실제적 효과에 더 많은 관심을 가진 것으로 보인다"라고 제안한다 (*Pastoral Epistles*, 31). 그러나 추측하건대 디모데는 이단의 내용뿐 아니라 올바른 교훈도 잘 알고 있었을 것이다. 따라서 관심은 제기된 위험성에 있었을 것이다.

도 있지만, 최소한 두 가지 다른 이단의 형태 혹은 표현을 감지할 수 있다.[51] 일부 문제들은 남성에게 특정되는 것으로, 다른 문제들은 여성에게 특정되는 것으로 파악될 수 있다.

9.2.2.1 남성들 사이에 퍼진 잘못된 가르침

남성들 사이에 퍼진 잘못된 가르침과 관습은 디모데전서 6:3-5에 그려진 대로 바울에 반대되는 것으로서 분노, 다툼, 그리고 돈을 위해 교회를 이용하는 것 등으로 특징지어질 수 있다.

> 누구든지 다른 교훈을 하며 바른 말 곧 우리 주 예수 그리스도의 말씀과 경건에 관한 교훈을 따르지 아니하면, 그는 교만하여 아무것도 알지 못하고 변론과 언쟁을 좋아하는 자니, 이로써 투기와 분쟁과 비방과 악한 생각이 나며 마음이 부패하여지고 진리를 잃어버려 경건을 이익의 방도로 생각하는 자들의 다툼이 일어나느니라.

기도에 관해 남성들에게 주어진 교훈은 2:1-7에서 기도에 대한 일반적인 가르침에 담겨 있다. 기도에 대한 관심은 바울의 이방인 선교를 지지하기 위한 것이다.[52] 마셜은 모든 사람을 구원하기 위한 하나님의 의지에 대한 강조가 "특성상 거의 논쟁적이어서—[그것은] 그 생각에 대한 일부 반론이 있음을 시사한다"라고 말한다.[53] 바울의 선교에 대한 반대는 1:7-11에

---

51   Mounce는 "우리는 몇 가지 특정 교리를 듣게 되지만, 그것은 대부분 신앙의 면밀하고 결속력 있는 체계가 아니었던 것으로 보인다"라고 주장한다(*Pastoral Epistles*, lxix).

52   Towner, *Timothy and Titus*, 163.

53   Marshall, *Pastoral Epistles*, 417.

서 바울이 간단하게 지적하는 율법에 대한 유대인의 가르침과 연관되었을 가능성이 크다. 그러고 나서 2:8에서 남성은 "분노와 다툼 없이 거룩한 손을 들어 기도"하라는 특별한 지시를 받는다. 따라서 6:3-5에서 다른 것을 가르치는 사람들을 특징짓는 주요 양상은, 돈을 버는 것에 혈안이 된 것을 제외하면, 남성에 대한 가르침의 근접 문맥에 나타난다. 그러나 폭력, 다툼, 돈을 사랑하는 것은 3:3에 열거된 감독의 자격에서 금지되며, 돈에 대한 탐욕은 남성 집사의 자격에서도 다뤄진다.

9.2.2.2 여성들 사이에 퍼진 잘못된 가르침

여성들 사이에 퍼진 잘못된 가르침에는 거짓 교사에게 속아서 생긴 결과로서 문제가 많은 특정한 관습, 집마다 전해지는 신화, 족보, 파괴적인 말 등이 있다. 마지막 때의 잘못된 가르침에 대한 바울의 경고인 4:1-5은 에베소의 문제와 관련이 있는 것으로서 받아들여져야 한다. 왜냐하면 디모데가 이 지역의 사람들을 바로잡으라는 지시를 받으며, 그것은 여성, 특히 과부들 사이의 문제와 직접적으로 연관되기 때문이다.

> 그러나 성령이 밝히 말씀하시기를 후일에 어떤 사람들이 믿음에서 떠나 미혹하는 영과 귀신의 가르침을 따르리라 하셨으니, 자기 양심이 화인을 맞아서 외식함으로 거짓말하는 자들이라. 혼인을 금하고 어떤 음식물은 먹지 말라고 할 터이나, 음식물은 하나님이 지으신 바니 믿는 자들과 진리를 아는 자들이 감사함으로 받을 것이니라. 하나님께서 지으신 모든 것이 선하매 감사함으로 받으면 버릴 것이 없나니, 하나님의 말씀과 기도로 거룩하여짐이라.

에베소의 상황에서 반복되고 있는 잘못된 가르침의 핵심 요소에는 여성에 대한 의도적인 기만, 그 기만에서의 악마적인 활동에 대한 언급, 그리고 기혼 여성들 사이의 금욕을 부추기는 것과 연관된 혼인 금지가 있다. 디모데후서 3:6-7, 즉 바울이 같은 문제에 대해 언급하고 있다고 우리가 가정할 수 있을 정도로 매우 비슷한 거짓 교사들에 대한 비판에서 바울은 그들이 가정 내의 여성들을 겨냥하여 그 여성들을 속인다는 사실에 초점을 맞춘다. "그들 중에 남의 집에 가만히 들어가 어리석은 여자를 유인하는 자들이 있으니, 그 여자는 죄를 중히 지고 여러 가지 욕심에 끌린 바 되어 항상 배우나 끝내 진리의 지식에 이를 수 없느니라."

게다가 디모데전서 5:13-15에서 바울은 젊은 과부 중 일부에 대해 "이미 사탄에게 돌아간 자들"도 있다고 비판한다. 금욕에 대한 가르침이 혼인 제도와 출산의 가치 및 위험에 대한 그들의 견해에 영향을 미쳤을 수 있다. 그것은 재혼하지 않으려는 일부 과부들의 결심과도 관련이 있을 것이다.[54] 거짓 교사들의 교훈은 이미 출산의 끔찍한 위험에 공포를 느끼고, 성행위를 멀리하여 아이 낳기를 거부함으로써 타락의 영향을 뒤집으려는 여성에게 매력적으로 다가왔을지도 모른다. 이는 결혼을 피하거나, 결혼했지만 금욕 상태를 유지하려는 방식으로 이루어졌을 수 있다.

금욕을 권장하는 것은 우리가 보는 옷과 생활양식에서 표현되었을 수 있는 "해방의 경향"을 당연히 부추겼을 것이다.[55] 다른 문제들과 달리, 디모데전서 2:9-10에서는 품위 없는 복장에 대한 이슈가 더 많이 언급된다.

54　Marshall은 유대인-그리스도인과 이단의 금욕주의적 요소가 결합되었다고 주장하지만 (ibid., 51), 여성이 결혼을 피하는 데 율법이 주요 역할을 했는지는 확실하지 않다.

55　Towner 역시 고린도의 "새로운 여성"에 대한 그의 논의에서 Bruce Winter 등의 학자들을 인용하며 같은 견해를 보인다(Towner, *Timothy and Titus*, 197-98). 다음을 보라. Bruce W. Winter, *Roman Wives, Roman Widows: The Appearance of New Women and the Pauline Communities* (Grand Rapids: Eerdmans, 2003).

바울은 단정하고 적절하며 훌륭한 여성의 옷차림과 지양해야 할 품위 없는 스타일을 대조하는데, 이는 정성 들여 땋은 머리, 금, 진주, 비싼 옷 등과 연관된다. 바울은 5:6에서 이런 종류의 품위 없는 행위로 특징지을 수 있는 에베소의 과부들 사이의 문제를 강조한다. "향락을 좋아하는 자는 살았으나[σπαταλῶσα ζῶσα] 죽었느니라." 필립 타우너(Philip Towner)가 말하듯이, 이것은 "2:9에서 풍자적으로 묘사된 여성을 분명히 떠올리게 해준다."[56] 그는 다음과 같이 요약한다. "따라서 9-10절의 권면 전체는 외모를 과시하고 단정함이라는 문화적 규범에 대한 거부를 강조하는 새로운 로마 여성의 떠오르는 트렌드에 강한 매력을 느끼고 있었던, 부유한 그리스도인 아내 그룹에 도전을 준다."[57]

여성의 이런 품위 없는 행위는 그리스-로마 문화에서 큰 걱정거리였고, 품위 없거나 지나치게 화려한 옷을 입는 것에 대한 금지가 법으로 제정될 때도 가끔 있었다. 우리는 베드로전서 3:1-7에서도 그리스-로마의 가치를 반영하는 비슷한 비판을 볼 수 있다. 따라서 품위 없는 복장에 대한 관심은 기도에 대한 이슈와는 다른 문제를 반영한다. 에베소의 과부들이 그런 화려한 외모로 치장할 수 있었다는 사실은 그들이 포기하고 싶지 않은 독립성, 부, (그들 자신뿐만 아니라 모든 자녀에 대한) 통제력을 갖고 있었음을 나타낼 수 있다.[58]

---

56 Towner는 "이렇게 외형적으로 매혹적인 과부의 모습은…실제 과부와는 대조되게…역설적으로 내부적인 영적 사망이라는 심각한 상태를 가려준다"라고 말한다(*Timothy and Titus*, 342).

57 Ibid., 210.

58 로마 기혼 여성의 존경할 만한 사회적 지위와 신분은 그녀가 홀어머니이면서 자기 자녀의 일을 통제할 수 있다고 추정된다면 더욱 높아질 수 있었다(Suzanne Dixon, *The Roman Mother* [London: Croom Helm, 1988], 44).

비록 여성이 공적인 가르침에서 비난의 대상으로 선별되지는 않더라도, 그들은 영향력 있는 내러티브(신화와 족보)를 반복적으로 만들어내는 것과 집마다 소문 및 험담을 퍼트리는 것에 대해 직간접적으로 비판을 받는다. 이는 여성들끼리 대화하고 교육을 받으며 교제하는 반쯤 격리된 문화에서 여성들 간의 실제 사회적 패턴을 그대로 반영한다.[59] 여성의 네트워크는 공동체에서 뉴스가 퍼지고 의사소통이 이루어지는 우선적인 통로였다.[60] 신화 및 족보의 확산은 디모데가 해결해야 할 문제 가운데서 가장 큰 것이었다. 즉 그것은 편지의 도입부인 1:4의 잘못된 가르침에 필적하는 것이었다. 바울이 4:7에서 디모데에게 "늙은 아낙네들이나 좋아하는 [γραώδεις] 속된 이야기들을 물리치시오"(공동번역)라고 권면하는 것을 보면, 그는 심지어 디모데조차도 이런 이야기의 영향을 받게 될 것을 분명히 걱정하고 있다.[61] 역사적으로 "늙은 아낙네들"은 문화적으로 전해져 내

---

59 Carolyn Osiek와 Margaret MacDonald는 다음과 같이 기록한다. "우리는 본문이 그것에 대해 침묵을 지키는 여성의 세계가 존재함을 명심해야 한다. 그 세계는 아내, 딸, 혹은 노예로서 (때로는 이교도일 수 있는) 가장의 권위 아래에서 환대, 자녀 양육, 봉사, 그리고 그리스도께 충성이라는 이슈에 관한 여성들 간의 자매애, 대화, 교류의 세계이며, 다양한 부류의 여성 간의 차별이 깨질 수 있는 세계다"(*A Woman's Place: House Churches in Earliest Christianity* [Minneapolis: Fortress, 2006], 19).

60 "여성의 사회적 네트워크는 이미 조직된 구조를 통해 정보를 퍼트리는 그들의 능력 차원에서 특히 가치가 있었다"(ibid., 14).

61 Mounce는 이렇게 말한다. "그것은 할 일이 없이 수다스러운 여성들 사이에서 오갔던 뻔한 종류의 이야기를 가리킨다"(*Pastoral Epistles*, 251). Gordon Fee는 그것을 "철학적 논쟁에서 상대방의 입장을 문화 내의 나이 든 여성들이 모여 앉아서 털실을 짜거나 비슷한 일을 할 때 반복했던 이야기와 비교하면서 종종 사용하는 비아냥거리는 표현"이라고 부른다(*1 and 2 Timothy, Titus*, NIBC 13 [Peabody, MA: Hendrickson, 1988], 103). 이것은 바울이 딤전 5:13에서 묘사한 과부들 사이의 행동을 정확하게 반영한다. 하지만 그다음에 Mounce는 그것을 "어리석음"을 의미하는 것으로 추상화하고 Kinght를 인용하여 "그것은 '나이나 성에 대한 어떤 부정적인 느낌'도 전달하지 않는다"라고 말한다(Knight, *Pastoral Epistles*, 195). 하지만 그것은 철학계에서 경멸적인 용어였으며, 여성들의 이야기가 존재했다는 것과 그것의 위협적인 영향력을 뒷받침한다. Towner가 묘사하듯이, "논의 중인 가르침은 노골적으로

려오는 이야기를 잘 아는 사람들이며, 벽난로 앞에서 자기 전에 신화, 동화, 설화 등을 계속 들려줌으로써 대대로 문화를 전한다. 캐롤린 오시에크와 마가렛 맥도널드는 이렇게 말한다. "구전 문화의 여러 가르침이 스토리텔링으로 이루어지기 때문에 이런 집단에서 전해진 교훈적인 이야기들은 결국 외경 복음서와 사도행전으로서 '남성 주류 문화'로 등장했다고 제안되었다."[62] 리처드 크뢰거와 캐서린 크뢰거 등의 일부 학자들은 이런 이야기들이 창조와 타락의 이야기를 재구성하여 왜곡하는 유대 신화(참조. 1:7-11)를 구체적으로 지칭한다고 설득력 있게 주장했다.[63] 정확하게 그와 같은 나그함마디 영지주의 문서가(2세기경) 있다는 사실을 고려할 때,[64] 여성의 구전 문화에는 선행하는 신화가 있었을 것이고, 족보에 대한 언급은 분명히 유대교의 영향력을 가리키는 것으로 들린다. 그러나 경건하지 않은 이야기와 설화는 에베소의 이교 문화에 포함되어 혼합주의와 연관된 전통

말하자면 '나이 든 여성의 특징'이었다. 철학자들 사이에서 그 형용사(예. '늙은 아낙네들이나 좋아하는 속된 이야기' 공동번역)는 경멸의 단어였고, 여성에 대한 남성 중심적 문화의 전형적인 고정관념이었으며, 경쟁하는 견해를 사소한 것으로 치부하는 데 적용되는 것이었다. 이는 이런 논쟁적인 맥락에서 가장 그럴듯한 적용이다(참조. 딤후 3:6: '어리석은 여자'). 두 용어가 그 자체로 함께 이단을 이교도로 묘사한다"(Timothy and Titus, 305). 또한 그것은 경쟁의 힘을 나타내며, 나이 든 여성들로부터 나온 이야기의 자료가 공동체 내러티브에 미친 영향력을 알려준다. 아마도 결혼과 특히 출산과 같은 젠더 이슈와 관련하여 영향을 미쳤을 것이다.

62   Osiek and MacDonald, *Woman's Place*, 13-14. 그들은 Dennis R. MacDonald, *The Legend and the Apostle: The Battle for Paul in Story and Canon* (Philadelphia: Westminster, 1983)과 Stevan L. Davies, *Revolt of the Widows: The Social World of the Apocryphal Acts* (Carbondale: Southern Illinois University Press, 1999)을 요약하고 있다.

63   Kroeger and Kroeger, *I Suffer Not a Woman*, 215-22을 보라. 그들은 네 가지 기사를 포함한다.

64   "On the Origin of the World," in *The Nag Hammadi Library*, ed. James M. Robinson, rev. ed. (San Francisco: HarperSanFrancisco, 1988), 170-89을 보라. 이것은 http://gnosis .org/naghamm/origin.html에서 볼 수 있다. Kroeger and Kroeger, *I Suffer Not a Woman*, 217-21도 보라.

적인 지역 신화 및 설화가 지속되는 것을 가리켰을 수도 있다. 게다가 소문이나 험담을 집집마다 퍼트리는 것은 바울에 의해 과부들의 문제로서 강조되었고(5:13), 험담은 여성 집사들에게 특별히 금지되는 한 가지 행위였다(3:11). 흥미롭게도 3:11의 "험담하는 사람"에 해당하는 단어인 διάβολος는 여성들 사이에서 일어난 문제 행동과 악마 간의 또 다른 얄팍한 연합을 의미한다.

9.2.2.3 요약

디모데전서의 목적은 "어떤 사람들을 명하여 다른 교훈을 가르치지 말며 신화와 끝없는 족보에 몰두하지 말게 하려 함"이었다(1:3b-4). 특정 남성들이 잘못된 가르침을 퍼트리고 있었으며, 그 잘못된 가르침의 결과는 아마도 사역을 통해 돈을 버는 것과 주로 관련된, 남성들 사이의 다툼과 분쟁이었다. 이런 거짓 교사 중 일부는 여성을 표적으로 삼아 속였기 때문에 악마적이거나 사탄적인 것으로 특징지어진다. 그들은 여성에게 결혼과 자녀 갖는 것을 피하라고 가르쳤고, 복장과 생활양식에서 품위 없고 허세 가득한 행동을 하도록 권장했는데, 이는 건강, 부, 번영 복음과 매우 유사하게 들리는, 돈을 따르는 남성의 욕구에 상응하는 것이었다. 여성은 소문과 험담뿐 아니라 신화와 족보 등의 문제 많은 내러티브의 출처이기도 했는데, 이 모든 일은 가정에서 계속 발생했고 그 자체가 악마와 같이 되어 집집마다 퍼져나갔다.

9.3 잘못된 가르침에 대한 대책(2:1-15)

잘못된 가르침의 본질과 신화 및 족보가 퍼져나간 것을 고려해볼 때, 2:1-
15의 세 단위가 디모데가 씨름하고 있는 문제에 대한 해결책을 제시해주
는 것으로 볼 수 있다. 남성은 기도할 것을 지시받고, 여성은 단정하고 적
절하게 옷 입으라고 지시받으며, 여성은 집에서 영성 훈련을 받아야 한다.

9.3.1 남성들 사이의 잘못된 가르침에 대한 대책(2:1-8)

바울이 신자들에게 통치자와 권세자 등 모든 사람을 위해 기도하라고 권
면할 때, 2:3-7에 의하면 그 목표는 모든 사람이 구원받고 하나님의 뜻과
바울의 복음인 진리의 지식에 이르게 하기 위함이었다. 본질적으로 모든
사람이 바울의 선교를 위해 기도하기를 요청받고 있기 때문에, 기도는 바
울을 대적하는 것에 대한 해결책을 제시해준다. 바울은 2:2b에서 모든 사
람을 위한 기도의 결과는 "우리가 모든 경건과 단정함으로 고요하고 평안
한 생활을 하려 함"이라고 말한다.[65] 이 결과는 디모데가 에베소에서 경험
하고 있는 남성과 여성의 행동에 반대된다. 타우너가 말하듯이, 이후 2:8
에서 "바울은 젠더 그룹에 따라 회중을 대한다. 가정 규례의 이런 적용에
서 그는 남성[남편]을 먼저 다루고 그들에게 권위 있게 말한다."[66] 남성들

---

65 Marshall은 기도가 유발하는 평화로운 상태와 에베소의 분쟁 및 불화를 해소하는 것 간
    의 관계를 간과한다. "있는 그대로 읽으면, 1-2절은 기도가 인류의 구원을 위해서가 아니
    라 단순히 그리스도인의 평화로운 상태를 위해 제공되고 있음을 암시할 수 있다!"(*Pastoral
    Epistles*, 417).

66 Towner, *Timothy and Titus*, 210.

은 분노와 다툼 없이 거룩한 손을 들어야 한다. 따라서 기도는 잘못된 가르침에 대한 바울의 첫 번째 대책이며, 분노와 다툼에 대한 남성의 문제를 다룬다.[67]

9.3.2 여성의 적절한 복장에 대한 대책(2:9-10)

"모든 경건과 단정함으로 고요하고 평안한 생활을 하려 함"(딤전 2:2)이라는 목표를 달성하기 위해 여성은 화려한 삶을 살려고 노력하는 것에 대한 대책으로서 단정하고 적합한 옷을 입으라는 가르침을 받는다. 2:9의 "이와 같이"(ὡσαύτως)는 여성에 대한 가르침이 남성에 대한 가르침과 평행을 이룬다는 것을 알려주며, 2:9 역시 정동사 "원하노라"(βούλομαι)를 2:8의 남성에 대한 가르침과 공유한다. 하지만 복장에 대한 일련의 가르침은 여성이 기도할 때 필요조건을 제시하기보다는 일부 여성의 행동에 대한 평행적인 대책을 제공한다. 이 가르침들은 에베소 교회 내의 여성에 대한 우려, 즉 1세기 그리스-로마 세계의 문화적 가치를 반영하는 우려를 스스로 해결한다. 여기서 화려한 삶은 정성 들여 머리를 땋는 것, 금, 은 등의 보석과 비싼 옷을 입는 것으로 특징지어진다. 가르침은 적절한 옷에 대한 묘사로 시작되며(2:9), 그다음에 이를 보충하는 대책으로의 전환이 이루어진다. 즉 선을 행함으로써 자신을 돋보이게 하라고 여성을 격려하는 것이다(2:10).

---

67 Marshall은 기도가 강조된다는 사실("'첫째로'!")에 놀란다(*Pastoral Epistles*, 417). 하지만 이 것은 잘못된 가르침의 호전적인 특성에 대한 바울의 염려로 설명된다.

9.3.3 여성들 사이의 잘못된 가르침을 바로잡기 위한 지침(2:11-15)

가장 강조되며 가장 자세하게 설명되는 이 단락의 초점은 여성이 자신의 집에서 잘못된 가르침에 속는 것, 그리고 여성들 사이에서 신화와 족보가 집집마다 퍼지는 것에 대한 대책이다. 바울은 여성에게 집에서 영성 훈련을 받으라고 지시한다. "여자는 일체 순종함으로 [집에서 건전한 교훈을] 조용히 배우라"(2:11). 가정에서의 위치는 복수형(아내들/여성들)에서 단수형(아내/여성)으로 바뀌면서 표현된다. 각 여성은 개인적인 가르침을 받아야 한다. 여성의 영성 훈련 혹은 교육에 대한 언급은 가정의 맥락을 나타내는데, 이는 창세기 2장에 나오는 결혼의 기초에 대한 언급 및 출산에 대한 언급으로 확인된다.

디모데는 각 남성이 자기 아내의 영성 훈련을 책임져야 한다는 바울의 기대를 알고 있었을 가능성이 크다. 이 단락은 고린도전서 14장의 가르침과 분명한 평행을 이루고 있다는 점에서 바울의 전통과 모종의 관계가 있다.[68]

> 여자는 교회에서 잠잠하라. 그들에게는 말하는 것을 허락함이 없나니 율법에 이른 것 같이 오직 복종할 것이요. 만일 무엇을 배우려거든 집에서 자기 남편에게 물을지니, 여자가 교회에서 말하는 것은 부끄러운 것이라(고전 14:34-35).

> 여자는 일체 순종함으로 [집에서 건전한 교훈을] 조용히 배우라. 여자가 가르

---

68 Towner, *Timothy and Titus*, 193-94의 논의를 보라.

치는 것과 남자를 주관하는 것을 허락하지 아니하노니 오직 조용할지니라(딤
전 2:11-12).

평행을 이루는 부분은 (1) 침묵/고요함(σιγάτωσαν, ἡσυχία)에 대한 지시, (2)
말하는 것/가르치는 것(λαλεῖν, διδάσκειν)에 대한 금지, (3) 복종 혹은 자제
력의 언어(ὑποτασσέσθωσαν, ἐν πάσῃ ὑποταγῇ), 그리고 (4) 당면한 문제에 대한
대책으로서 집에서 배우는 것이다(μαθεῖν, μανθανέτω).[69] 동사 μανθάνω("배우
다")의 반복은 두 본문 간의 분명한 평행 및 기타 공통점에 대한 핵심적인
요소다. 두 본문은 모두 남편과 아내 사이에 문화적으로 기대되는 행위의
요소를 포함한다. 여성의 교육은 일반적으로 집에서, 즉 여성의 기능이 발
휘되었던 가정 영역에서 이루어졌다.[70] 두 본문은 모두 바울의 관습이 특히
무엇인가를 개선하거나 바로잡을 필요가 있는 경우에 집에서 남편에 의한
아내의 영성 훈련을 권장했음을 보여준다.[71] 고린도에서 여성들은 교회 모

---

69 딤전 2:11-12을 더 일반적인 명령에 대한 더 좁은 적용으로 가정하는 경우가 자주 있다. 하
    지만 고전 14:35에서 말하지 말라는 것은 모든 형태의 말을 금지하는 것이 아니며(기도와
    예언은 금지에서 분명히 제외된다[참조. 고전 11:5]), 오히려 모임 중에 방해가 되는 특정
    한 종류의 말을 지칭한다. 즉 문제의 배경이 다르다(집과 교회). 그리고 고린도전서가 여성
    이 배우지 않는 중에는 조용히 할 것을 명령하는 반면, 디모데전서는 조용히 배우는 행실을
    가르친다. 고전 14:34-35의 본문비평 문제를 고려할 때, 어느 본문이 다른 것의 기초가 되
    는지에 대한 의문이 있다. 이 구절들은 Gordon D. Fee, *God's Empowering Presence: The Holy
    Spirit in the Letters of Paul* (Peabody, MA: Hendrickson, 1994), 93-94에서 삽입된 것으로
    취급된다.
70 Towner의 의견과 반대되는 주장이다. 단수형("여성")으로의 전환은 "교회 모임에서 아내들
    의 적절한 행위"가 아니라(*Timothy and Titus*, 213), 가정 영역에서 가정의 관심사를 나타
    낸다. Towner는 이 본문의 언어와 초점이 "이 단락을 가정 규례의 전통 안에 위치시킨다"는
    점을 인정한다(ibid., 192). 하지만 그다음에 그런 견해를 더 간단한 결론으로 이끌고 가는
    데는 실패한다.
71 이것은 두 본문이 모두 일반적인 가정 규례 전통을 말하는 것이라는 E. Earle Ellis의 의견
    을 차용 혹은 확장한 것이다("The Silenced Wives of Corinth [1 Cor. 14:34-35]," in *New

임에서 방해가 되는 말을 하곤 했다. 바울은 그들이 가르침에 대해 질문이 있거나 이해할 수 없기 때문에 말을 하는 것일 가능성을 염두에 두고 있다. 문제에 대한 그의 해결책은 각 남편이 집에서 자기 아내의 질문에 대답할 책임을 지는 것이다. 따라서 디모데전서 2장과 고린도전서 14장은 일반적으로 남편과 아내의 신학적·성서적 이해 간에 상당한 차이가 있었음을 나타내며, 고린도전서 14장은 최소한 일부 여성이 공적/종교적 교육이나 권면을 하는 동안의 적절한 사회적 행위에 대한 이해가 부족했음을 보여준다. 이는 남성과 여성 사이에 존재했던 지식수준과 교육 상태의 차이를 반영한다. 여성은 집에서 교육받았고, 따라서 배움의 공간에서의 사회화에 미숙할 수밖에 없었다. 이는 1세기 그리스-로마 세계에서 가정 규례가 권장했던 전통적인 젠더 역할에도 부합한다.

따라서 복종과 배움의 언어는 가정 규례의 더 큰 맥락 및 바울 교회 내의 상황에 적합하다. 가르침이 명백하게 필요한 여성은 가정에서 "배우는 자의 자세와 태도"를 취해야 하고, 소년이 교육받을 때의 태도와 행실에 부합해야 하며, 1세기에 집에서 이루어진 소녀와 여성에 대한 가정 교육과도 일치해야 한다.[72]

디모데전서 2:12에 따르면, 바울은 아내가 역할을 거슬러 가정에서 남편의 영성 훈련을 담당하는 영적인 안내자이자 멘토가 되는 것에 대한 어떤 예외도 허용하지 않는다(혹은 지금 허용하지 않고 있다). "여자가 가르치

Testament Textual Criticism: Its Significance for Exegesis; Essays in Honour of Bruce M. Metzger, ed. Eldon J. Epp and Gordon D. Fee [Oxford: Clarendon, 1981], 214-15).

72 Towner의 말을 온전히 인용하자면, "고려되는 아내/여성은 예배 모임에서 배우는 자의 태도와 자세를 갖추어야 했다"는 것이다(Titus and Timothy, 216). 그러나 어떤 관점에서 보더라도 모임의 상황을 상정한다는 신호는 없다. 기도와 마찬가지로 가르치는 것은 여성을 위한 가정의 기능이고, 그들이 거짓 교사들에게 가르침을 받는 영역임이 분명하다.

는 것과 남자를 주관하는 것을 허락하지 아니하노니, 오직 조용할지니라." 2:11에서 가정 영역과 교사-학생 관계가 이해되므로, 2:12에서 가르치는 일을 금지하는 것은 동일한 가정 맥락에 있다.[73] 문법적으로 이것은 바울이 집에서 가르치는 책임의 역할 반전을 허용하지 않은 일반적인 관습으로서 간주되었거나, 에베소의 여성 관련 이슈에 대한 대책의 연속으로서 여겨졌을 수 있다. 가르침을 금지하는 것이 강조의 우선적인 위치에 있고, 그다음에 바울은 아내가 자기 남편을 "통제"하거나 "지배"하는 것, 혹은 "그의 의지에 반하는 것을 강요하는 것"에 대한 금지를 추가한다.[74] 가르침에서의 역할 반전에 대한 염려는 아마도 아내가 자기 남편을 그녀의 통제 아래에 두는 완전한 역할 반전에 대한 더 일반적인 염려의 일부일 것이다. 이것은 잘못된 가르침과, 인습에 얽매이지 않은 여성에게서 비롯된 것일 수 있고, 아니면 과부들 사이에서 분명한 이슈인 부유한 여성과 직접 관련된 문제일 수도 있다. 만일 과부와 아내가 상속을 통해 부유해진 여성이었다면, 역할 반전은 실제로 일어난 현재의 경험일 수 있었다. 사실 아리스토텔레스는 여성이 상속으로 인해 권력을 갖고 가정을 지배할 수 있었던 그런 예외를 설명했다. "그러나 가끔은 여성이 상속녀라는 이유로 지배하기도 한다. 따라서 그들의 지배는 미덕에 따른 것이 아니라 독재 정치에서와 같이 부와 권력에 의한 것이다."[75] 그러나 이것은 확실히 문화적 이상이 아니었으

----

73 딤전 2:12의 그리스어 구조는 2:11에 의해 한정되지 않으면 신학적으로 문제가 생긴다. διδάσκειν δὲ γυναικὶ οὐκ ἐπιτρέπω οὐδὲ αὐθεντεῖν ἀνδρός, ἀλλ᾽ εἶναι ἐν ἡσυχίᾳ. 가르치는 일에 대한 금지를 절대적인 금령으로 받아들이는 것은 여성이 가르치는 다른 긍정적인 사례와 디도서에서 나이 많은 여성이 젊은 여성을 가르치라고 한 바울 자신의 명령과 모순된다. 물론 여성이 잘못된 것을 집집마다 퍼트리는 문제를 고려할 때, 이단의 확산을 통제하기 위한 목적으로 바울이 여성의 가르침을 일시적으로 금지했을 수도 있다.

74 위의 논의에 따른 αὐθεντεῖν의 번역을 보라.

75 Aristotle, *Eth. nic.* 8.1161a.10 (Roger Crisp, trans., *Nicomachean Ethics* [New York:

며, 사회에서 남편과 교회를 당황하게 하고 수치스럽게 할 가능성이 있는 일이었다.

가정에서의 역할 반전에 대한 바울의 금지는 아마도 세 가지 사안을 반영하는 것 같다. 첫째, 여성이 신화와 족보의 출처라는 것인데, 이는 바울이 남성에게 자기 아내를 집에서 가르치라고 요구함으로써 해결하려고 특별히 노력했던 문제다. 신화와 족보는 일반적으로 사람을 이끄는 매력을 가졌기에, 틀림없이 교회에서 여성에게 어느 정도 믿음을 주었을 것이다. 사실 바울은 심지어 디모데에게조차 그것들을 멀리하라고 경고해야 했다. 둘째, 바울은 교회 안의 여성이 남성의 역할과 행동을 대체할 경우 생길 수 있는 오명과 부정적인 문화적 평가를 피하고 싶어 한다. 복종하지 않는 여성의 행동을 통해 종교를 공격하는 것은 흔한 일이었다. 셋째, 결혼, 교회 리더십, 권위에 대한 바울의 모델은 반문화적인 것이었다. 그의 모델은 한 사람이 다른 사람을 지배하거나 가혹한 권력과 통제권을 행사하는 것으로 특징지어지지 않았다. 다시 말하면, 그는 남편이 아내에게 αὐθεντεῖν하는 것 역시 원하지 않았을 것이다. 그러나 추가적인 사항을 고려해볼 수 있다. 만약 한 무리의 여성이 남편과의 성관계를 유보하기로 일방적으로 결정했다면, 그것은 그 문화의 관점에서 볼 때 아내가 자행할 수 있는 최악의 범죄 중 하나였을 것이다. 그것 하나만으로도 αὐθεντέω의 의미론적 범주에 부합하며, 남성의 혼외 성관계를 금지하는 기독교 공동체의 배경에서는 특히 나쁜 일이었다. 바울은 그런 관습에 대한 어떤 식의 정당화도 용납하지 않았을 것이다.

Cambridge University Press, 2000], 157). 그 문화에서 여성이 허세를 부리지 말아야 하는 이유 중 하나는 그녀가 남편보다 더 많은 돈을 갖고 결혼한 상속녀처럼 보임으로써 그를 수치스럽게 만들지 않기 위함이었다.

디모데전서 2:13-14에서 창세기 2-3장의 인용은 아내에 대한 영성 훈련이 필요하다는 것과 여성이 사탄으로 특징지어진(5:15) 거짓 교사들에게 속는다는 것으로 재구성된다. 바울은 2:13-14에서 이렇게 기록한다. "아담이 먼저 지음을 받고 하와가 그 후며, 아담이 속은 것이 아니고 여자가 속아 죄에 빠졌음이라."[76] 문맥을 고려하면 바울은 창조 및 타락과의 모형론적 평행을 이끌어내는 것일 수 있다. 긍정적으로 볼 때, 남편에 의한 아내의 영성 훈련을 통한 대책은 최소한 순서에 있어서 태초에 아담과 하와가 창조된 것과 조화를 이룬다. 부정적으로 보면, 악마/사탄적인 거짓 교사들에게 여성이 속는 것은 하와가 뱀에게 속은 것과 평행을 이룬다. 하지만 이것은 신화의 내용을 간단하게 바로잡는 것이라고 주장될 수 있다. 세 번째 가능성은 바울이 여성들 사이에서 문제를 일으킨 주요 논란, 즉 타락이 출산에 미친 영향에 대한 적절한 성서적 배경을 제시하는 것이라는 의견이다.

디모데전서 2:13-14의 기능이 무엇이든 간에, 우리는 디모데전서 2:15의 출산에 대한 언급을 바울이 창세기 2-3장을 요약하여 본문으로 가져오는 내러티브의 틀에 비추어 이해해야 한다.[77] 여성에게 미친 타락의 결과는 창세기 3:16에서 제시된다. "[하나님께서] 또 여자에게 이르시되

---

76 이 모형론은 고후 11:3과 평행을 이루는데, 이 구절에서 바울은 뱀이 하와를 속인 것처럼 고린도 교회도 속을지 모른다는 두려움을 표현한다.

77 Steve Moyise에 의하면, "내러티브적 접근은…본문이 전하는 것이…그 본문이 속한 내러티브의 틀이라는 것을 제시해준다. 예를 들어 창 15:6 −'아브람이 여호와를 믿으니 여호와께서 이를 그의 의로 여기시고'−의 인용은 아브라함의 인생 이야기를 떠올리게 할 수 있지만, 주변 구절의 세부적인 사항까지 반드시 떠올리게 하는 것은 아니다"(*Paul and Scripture: Studying the New Testament Use of the Old Testament* [Grand Rapids: Baker Academic, 2010], 111). 딤전 2:15의 경우, 바울은 출산을 구체적으로 특정하여 확장하는데, 이것은 바울이 실제로 해석하는 내러티브의 일부분이다.

'내가 네게 임신하는 고통을 크게 더하리니, 네가 수고하고 자식을 낳을 것이며, 너는 남편을 원하고 남편은 너를 다스릴 것이니라' 하시고." 원래의 독자는 "출산"에 대한 바울의 언급을, 여성이 어떻게 구원받는지 혹은 하나님께서 주신 여성의 역할이 무엇인지를 다루는 별개의 주제라기보다는 창조 및 타락에 대한 내러티브의 확장으로서 이해했을 것이다. 출산을 둘러싼 이슈는 에베소의 문제와 특히 관련이 있다. 이 문제에는 출산의 증가, 출산 시 여성의 고통 증가, 그리고 남편이 아내를 지배하는 것 등이 포함된다. 결혼을 금지하고 아이를 갖지 말라는 잘못된 가르침은 타락을 되돌리려는 시도로 보인다. 이것은 교회의 여성들에게 매력적으로 다가왔을 것이다. 왜냐하면 고대 세계에서는 임신이 목숨을 위협하는 일이었고, 임신과 출산의 합병증이 여성의 죽음을 유발하는 큰 요인이었기 때문이다. 고대 여성들의 종교가 공통으로 갖고 있었던 한 가지는 출산할 때 도움과 보호를 비는 마술의 사용, 희생제사, 그리고 기도였다. 아마도 여성들은 잘못된 가르침을 통해 자신이 원하는 보호를 찾을 수 있다고 느꼈던 것 같다.[78] 널리 퍼진 마술 관습과 아르테미스 숭배는 사도행전 연구에서 초기 에베소 교회의 중요한 배경으로서 알려져 있는데, 이는 특히 에베소의 신자들이 마술책을 불사른 것(행 19:18-19)과 은장색이 일으킨 소동(19:24-41)에 대한 누가의 기록 때문이다. 우리는 마술책을 태운 것이 초기 기독교 사회가 각 지역에서 마술에 대한 모든 혼합주의를 결정적으로 처리한 사건이라고 단정 짓기보다는, 그것을 마술이 일반 사람들 사이에서 얼마나 만연했는지

78　에베소의 일반적인 마술 관습에 대해 Ben Witherington은 "악마의 세계에 큰 관심을 기울이지 않는 누가는 행 19장에서 관심을 두는데, 그 이유는 에베소와 그 환경이 악마적 활동의 중심지 혹은 안식처로 유명했기 때문이다"라고 기록한다(*The Acts of the Apostles: A Social-Rhetorical Commentary* [Grand Rapids: Eerdmans, 1998], 583).

와 일부 신자들이 기독교로 개종한 후에도 마술을 계속 실행했다는 증거로서 여겨야 한다. 우리는 확실히 이것이 출산과 산파술에서 자연 의학과 이교도 마술 관습의 불가분의 조합, 즉 유효성이 증명된 "민간요법"을 지속적으로 사용하려는 경향이 있는 여성들 사이에서 계속되는 이슈였다고 가정할 수 있다.

심지어 더 밀접한 관련이 있는 것은 에베소의 수호 여신인 아르테미스가 출산의 여신이었고 일반적인 건강의 중요한 근원으로 여겨졌다는 사실이다.[79] 에베소 사람들과 아르테미스 제의 간에는 특별한 유대관계가 있었고, 폴 트레빌코(Paul Trebilco)에 의하면 그것의 지속적인 생명력은 기원후 104년에 기록된 살루타리스 비문에서 증명되는데, 이 비문은 격주로 열린 중요한 도시 행사에서 31개의 형상을 옮기는 정교한 행렬 중 9개가 아르테미스의 형상이었음을 묘사한다.[80] 가이 맥린 로저스(Guy MacLean Rogers)는 이 여신의 탄생이 에베소 사람들의 "복잡하게 변화하는 로마 세계에서 사회적·역사적 정체성에 대한 감각"에 도움을 주었다고 말한다.[81] 그는 격주로 있었던 행진이 "에베소의 사회적·역사적 정체성이 인간이 초래한 모든 도전에 영향을 받지 않는 '신성한' 현실에 어떻게 근거할 수 있었는지에 대한 신학적 의미를 위해 에베소의 여신 아르테미스의 탄생을 바라보도록…" 사람들을 가르쳤다고 주장한다.[82]

....

79   Paul Trebilco, "Asia," in *The Book of Acts in Its Graeco-Roman Setting*, ed. David W. J. Gill and Conrad Gempf (Grand Rapids: Eerdmans, 1994), 291–362을 보라. 아르테미스에 대한 그의 연구는 특히 313–50을 보라.
80   Ibid., 328.
81   Rogers, *The Sacred Identity of Ephesos: Foundation Myths of a Roman City* (London: Routledge, 1991), 41.
82   Ibid., 69.

스트라보(Strabo)는 "아르테미스라는 이름은 그녀가 사람들을 ἀρτεμέας하게 만든다는 사실"에서 비롯되었다고 썼는데, 이는 "안전하고 건실하다"라는 의미이거나, 아르테미도로스가 말하는 것처럼 ὑγιές("건강한")를 뜻한다.[83] 심지어 더 중요한 것은 아르테미스의 호칭 중 하나가 Σώτειρα("구원자")였다는 사실이다. 아킬레스 타티우스(Achilles Tatius)는 "하지만 위대한 여신 아르테미스는 그들 모두를 구원했다"라고 기록하는데,[84] 이는 σῴζω가 출산을 포함하는 인생 영역에서 아르테미스의 도움, 치유, 보호를 묘사하는 일반적인 그리스어의 자연스러운 방법이었음을 분명하게 나타낸다. 사도행전 19:23-27이 바울을 아르테미스와 직접적으로 경쟁하고, 그 제의를 표적으로 삼으며, 사람들이 그녀를 숭배하는 것으로부터 돌아서도록 신중하게 설득하는 사람으로 묘사하는 것은 놀랄 일이 아니다.

단락의 마지막 진술(딤전 2:15)을 읽는 한 가지 방법은 이것이다. 즉 바울은 출산이 여성에게 미칠 수 있는 위험(산모 사망률)을 인정하며, 아내가 출산할 때 그녀의 보호를 위해 남편과 아내가 하나님을 신뢰할 것을 권한다. 또한 그는 부부가 모두 사랑, 경건함, 자제력으로 서로를 대하라는 명령을 통해 실질적인 도움을 제공한다. "그러나 만약 그들이 모두 지속적으로 자제력을 가지고 믿음, 사랑, 거룩함에 거하면, 아내는 안전하게 출산하게 될 것이다"(딤전 2:15, CEB). 제4장에서 언급했듯이, 만약 디모데전서 2:11-15의 배경이 가정이라면, "만약 그들이 모두 지속적으로"의 가장 근

---

83   Strabo, *Geogr.* 14.1.6; Artemidorus Daldianus, *Onir.* 2.35. 이것은 "아르테미스"라는 이름의 어원을 주장하기 위한 것이 아니라, 사람들이 그녀에 대해 어떻게 생각했는지를 보여주기 위함이다.

84   Achilles Tatius, *Leuc. Clit.* 8.9.13.

접한 지시 대상은 남편과 아내다.[85] 그들은 둘 다 디모데전서 2:11에서는 가정에서 아내에 대한 가르침을 통해 활성화되고, 2:12에서는 명확해지며, 2:13-14에서는 아담과 하와에 의해 모형론적으로 나타난다. 산모 사망률에 대한 연구에 따르면, 남편은 타락의 결과를 회복시키는 데 결정적인 역할을 한다. 남편이 가족의 규모에 대해, 그리고 출산하는 동안 아내가 받을 돌봄에 대해 결정할 때 자기 아내를 고려하지 않는 것은 사망률에 직접적인 영향을 끼친다. 물론 자제력을 발휘하는 것 역시 생명에 위협이 될 수 있는 잦은 임신을 방지하는 데 있어 매우 중요하다.

＊＊

디모데전서 2장을 해석할 때, 우리는 모두 그 결과물을 결정하는 주해적 선택을 한다. 개인적인 편지의 특성으로 인해 독자는 반드시 제시되지 않는 정보를 공급하기 위해 텍스트로부터 추론을 해야 한다.

이 편지의 맥락에 대한 최고의 지표는 텍스트 자체로부터 비롯된다. 잘못된 가르침을 바로잡는 것은 틀림없이 전체 편지의 목적이다(딤전 1:3-4). 4-6장에 나열된 잘못된 가르침 및 관련 이슈에 대한 문제는 2:1-15에서 남성과 여성에게 제시된 가르침과 직접적으로 연결되기 때문에, 이 단락은 "잘못된 가르침에 대한 대책"으로서 이해될 수 있다. 바울은 남성들 사이의 분노와 다툼에 대해 우선적인 관심을 가지는데, 이는 바울이 편지의 후반부에서 자세히 언급하는 문제다. 논란과 논쟁에 대한 이런 염려는 일주일에 한 번 드리는 예배에만 국한될 수 없다. 2:9-15에서 여성을 언

---

85 타락의 맥락에서 산모 사망률에 대한 더 자세한 논의는 4.2.2.3 단락을 보라.

급하는 논란이 되는 단락 역시 교회 예배의 상황과 어울리지 않는다. 그것은 가정 규례의 한 종류로서 더 잘 이해된다. 그 규례에 따라 자기 아내의 영성 훈련에 대한 책임을 지닌 최적의 위치에 있는 사람인 남편이 여성과 관련하여 가정에 침투한 이단을 각 가정에서 바로잡아야 했다. 바울은 여성이 교회에서 리더 자리에 오르는 것을 금지하기보다 에베소의 여성 신자들을 성숙하고 건전한 가르침에서 멀어지게 하는 제자도의 공백을 언급한다. 창조와 타락에 대한 바울의 언급은 결혼, 성관계, 출산과 직접적으로 연관된다. 이것은 바울이 편지의 후반부에서 여성들 사이에 생긴 문제 영역으로서 파악하는 이슈들이다. 바울은 출산의 고통이라는 타락의 결과에 대한 여성의 실제 염려를 언급함으로써 자신의 가르침을 마무리하며, 치유에 대한 영적인 약속과 함께 실질적인 해결책을 제시한다.

결론

본 연구의 결론은 젠더에 관한 바울 본문을 철저히 다시 읽을 필요가 있다는 것이다. 젠더와 관련하여 성서, 신학, 관습에 대한 전통적인 해석은 여러 가지 이유에서 의문이 제기되어왔다. 젠더 관련 바울 본문에 대한 전통적인 이해는 바울 서신의 형식적이고 의미론적인 특징을 제대로 설명하지 못하며, 사회역사적·문학적·상황적 맥락과 제대로 소통하지도 못한다. 그와 같은 이해는 본문의 해석학적인 문제를 적절하게 해결하지 못하고, 담화 내에서와 바울 신학 안에서 실질적인 부조화 및 모순을 만들어낸다. 게다가 교회와 가정에서 젠더에 기초한 엄격한 위계질서의 관행은 민주주의적 세계관과 그 특권으로 향하는 문화적 변동에 부합하지도 않는다.

더욱이 본 연구는 성서 본문의 재해석에 기초하여 젠더에 대한 적절하고 관련성 있는 신학의 재구성을 요구한다. 남성과 여성에 관한 서구 세계관의 합의가 변화하여, 이제는 젠더에 대해 좀 더 성서적인 믿음을 여러 면에서 반영하게 되었다. 즉 남성과 여성은 존재론적으로 동등하다. 여성이 존재론적으로 남성보다 열등하지 않다는 입장으로의 패러다임 전환은 이방인들을 하나님의 백성에 포함시키는 것이 히브리어 본문에 대한 바울 자신의 재해석을 요구한 것과 같은 방식으로 성서 본문을 다시 읽을 것을 요구한다. 삼위일체의 위격 간 관계 및 그리스도의 인성과 신성 간 관계에 부여된 똑같은 심각성과 관심이 남성과 여성으로서의 인간에 대한 일관된 이해에 적용되어야 한다.

성서의 젠더 관련 본문에 대한 우리의 이해와 관련하여 특정한 통제가 이루어져야 한다. 남성에게 적용되는 본문과 여성에게 적용되는 본문에 대해 일관된 해석학이 있어야 한다. 바울의 본문을 권위 있는 것으로 여기는 사람들을 위해 모든 그리스도인을 대상으로 하는 본문과 남성 혹은 여성에게 적용되는 본문 사이에 일관성이 있어야 한다. 문화적인 아이콘, 상징, 배경에 대한 우리의 이해는 반드시 본문이 의미를 지녔던 사회적·문화적 맥락의 안내를 받아야 한다. 텍스트의 형식적인 특징을 진지하게 받아들여야 한다. 나는 복음주의 공동체가 해석 과정에서 "본문이 무엇인지"와 "본문에 대해 가정된 것이 무엇인지"를 확실하게 구분하기를 촉구한다. 그리고 복음주의자들에게 "본문을 신뢰하라"고 권면한다. 많은 것 사이에서 교리적 발판을 마련한 본문 해석과 신학적 구성 위에 실제 성서 본문을 두라.

젠더 관련 바울 신학에 대한 전통적인 해석과 이해는 난공불락의 요새로 여겨져서는 안 되며, 다른 선택사항을 고려하기 전에 확실한 증거를 통해 논란의 여지가 없이 잘못된 것으로 입증되어야 하는 본문에 대한 특권적 이해로서 취급되어서는 안 된다. 그런 전통적인 해석과 이해는 오히려 다른 실행 가능한 해석적 선택사항들과 동등한 위치에 놓여야 하며, 해석의 역사에도 불구하고가 아니라 그 역사 **때문에** 비교 가능한 의심 사항으로 취급되어야 한다. 나는 본문을 연구하는 진지한 학자와 학생들이 본문으로 반입된 정보, 가정, 추측을 주의 깊게 밝혀내고 그것들을 읽기로부터 추출하는 훈련을 거칠 것을 요청한다. 그리고 나서 성서 본문과 언어 전반을 해석할 수 있는 가장 좋은 실천에 부합하는 해석학으로 본문을 다시 읽기를 권한다. 본문이 기록된 배경에 무게를 두려고 노력하고, 그 배경이 해석에 어떤 영향을 미치는지를 고려하라. 언어학적인 정보에 입각한 방법으로 단어의 의미를 결정할 수 있는 정교한 도구를 활용하라. 왜냐하면 그것이 논쟁의 주요 영역이기 때문이다.

젠더에 대한 바울의 신학은 바울 신학의 다른 주제들, 특히 이방인 선교에서 매우 중요한 은혜에 의한 구원 교리와의 관계 안에 위치해야 한다. 그러나 반드시 구성되어야 하거나, 최소한 재탐구되어야 하는 보충적인 주제 중 하나는 권위와 권력에 대한 바울 신학이다. 젠더에 기초하여 권위와 권력을 요구하는 것은 바울의 가르침과 리더십에 대한 그의 모델 모두에 반하는 것이다.

젠더는 학자들 간에 합의가 이루어지지 않은 주제다. 그러나 성실한 해석자는 자신이 내린 결론의 신학적인 발자취 및 그와 연관된 네트워크의 흔적에 대한 책임을 져야 한다. 보편 교회 내에는 모든 신앙 체계의 행동 결과에 대한 확실한 평가가 주어져야 한다. 예수는 우리가 열매로 사람을 알게 되리라고 말씀하셨다. 여성을 종속시키고 그들이 권위 있는 지위를 갖지 못하도록 막는 명령은 회중 및 학계에서 적용되었고, 일부 경우에는 여성에 대한 다양한 형태와 정도의 무례함, 소외, 의심, 학대, 거부가 있었는데, 이는 일반적으로 통제를 유지하고 기준을 강요하거나 책임을 회피하려는 노력의 일환이었다. 남성 지도자와 남편의 특권이 그와 같은 성서적 우선순위라고 느껴져서, 교회에서 학대, 성희롱, 근친상간 등이 일어난 경우에도 그것의 책임 소재를 밝히고 적극적으로 해결하고자 하는 노력이 부족할 지경이다. 놀라울 것도 없이, 세계적으로 벌어지는 여성에 대한 억압을 다루는 것에 대한 충분한 관심이 없다. 남성 지도자들 사이의 권력 행사 역시 영향력 있는 지도자들이 자신의 공적 혹은 제도적 영향력을 이용하여 자기 동료들을 부적절하게 지배하고 그들에게 교리적 통일성을 강요한다는 점에서 문제가 된다. 인식할 수 있는 선전 기술과 노골적인 권력 행사의 발휘는 경력을 파괴하는 데 이용되어왔다. 이런 행위들과 이런 행위가 체계화된 권력의 신학 사이에는 분명한 연관성이 있다.

현대 사회에서 기독교와 교회가 직면한 수많은 이슈가 젠더 관련 이슈에 내재한다. 몸과 성적인 것에 관한 이슈는 아마도 기독교가 문화와 대립하면서 그 문화를 다룰 수 있는 가장 중요한 영역일 것이다. 자주 그래왔던 것처럼, 젠더에 관한 논쟁의 초점은 과녁을 벗어난다. 서구 문화의 성애화(sexualization), 정체성에 대한 일반적인 혼란, 그리고 산업화와 기술 등의 발전이 젠더 행동에 미치는 영향 등, 이 모든 것이 우리의 세심한 주의를 요구한다.

본 연구는 앞으로 나아갈 방향을 제안하고, 젠더 관련 본문을 해석할 수 있는 실현 가능한 대안을 제시하며, 본문에 충실하면서 일관성 있는 해석을 도모하려는 시도다. 나는 새로운 관점에서 여러 선택사항을 제시했지만, 그것들은 혁신적이기 때문에 단순히 생소해 보인다는 이유로 설득에 실패할 수 있다. 그러나 그것들은 자료를 설명하고, 언어와 문화를 진지하게 받아들이며, 궁극적으로 "결론을 도출한다." 본 연구는 복음주의 교회 및 기독교 대학, 대학교와 신학교에서 45년이 넘는 경험의 불 속에서 연마된 것이다. 이 경험이 나의 연구를 이끌었고, 내가 일관성을 추구하도록 도와주었다. 이 시간 동안 나에게 중요했던 것은 주어진 설명이나 재해석을 안이하게 혹은 조급하게 선택하지 않는 것이었다. 끝으로 나는 내 신념에 기반한 이 연구가 당신의 고려사항이 되기를 제안하는 한편 그것이 학문적 대화와 하나님 나라의 발전에 도움이 되길 소원한다.

참고문헌

Abusch, Ra'anan. "Circumcision and Castration under Roman Law in the Early Empire." In *The Covenant of Circumcision: New Perspectives on an Ancient Rite*, edited by Elizabeth Wyner Mark, 75-86. Hanover, NH: Brandeis University Press, 2003.

Ahmed, Leila. *Women and Gender in Islam: Historical Roots of a Modern Debate*. New Haven: Yale University Press, 1992.

Allen, Ronald, and Beverly Allen. *Liberated Traditionalism: Men and Women in Balance*. Portland, OR: Multnomah, 1985.

Amadi-Azuogu, Adolphus Chinedu. *Gender and Ministry in Early Christianity and the Church Today*. Lanham, MD: University Press of America, 2007.

Auerback, Michelle. "Drawing the Line at Modesty: My Place in the Order of Things." In *The Veil: Women Writers on Its History, Lore, and Politics*, edited by Jennifer Heath, 202-12. Berkeley: University of California Press, 2008.

Bailey, Kenneth E. "Informal Controlled Oral Tradition and the Synoptic Gospels." *Them* 20, no. 2 (1995): 4-11.

_____. *Jesus through Middle Eastern Eyes: Cultural Studies in the Gospels*. Downers Grove, IL: InterVarsity, 2008.『중동의 눈으로 본 예수』(새물결플러스 역간).

_____. *Paul through Mediterranean Eyes: Cultural Studies in 1 Corinthians*. Downers Grove, IL: InterVarsity, 2011.『지중해의 눈으로 본 바울』(새물결플러스 역간)

Balch, David L. *Let Wives Be Submissive: The Domestic Code in 1 Peter*. SBLMS 26. Chico, CA: Scholars Press, 1981.

_____. "Paul, Families, and Households." In *Paul in the Greco-Roman World: A Handbook*, edited by J. Paul Sampley, 258-92. Harrisburg, PA: Trinity Press International, 2003.

Balch, David L., and Carolyn Osiek. *Families in the New Testament World: Households and House Churches.* Louisville: Westminster John Knox, 1997.

Baldwin, H. Scott. "A Difficult Word: Αὐθεντέω in 1 Timothy 2:12." In *Women in the Church: A Fresh Analysis of 1 Timothy 2:9-15*, edited by Andreas J. Köstenberger, Thomas R. Schreiner, and H. Scott Baldwin, 65-80. Grand Rapids: Baker, 1995.

———. "An Important Word: Αὐθεντέω in 1 Timothy 2:12." In *Women in the Church: An Analysis and Application of 1 Timothy 2:9-15*, 2nd ed., edited by Andreas J. Köstenberger and Thomas R. Schreiner, 39-51. Grand Rapids: Baker Academic, 2005.

Banks, Robert. *Paul's Idea of Community: The Early House Churches in Their Historical Setting.* Grand Rapids: Eerdmans, 1980.

Barger, Lilian Calles. *Eve's Revenge: Women and a Spirituality of the Body.* Grand Rapids: Brazos, 2003.

Barnett, Paul. "*Authentein* Once More: A Response to L. E. Wilshire." *EvQ* 66 (1994): 159-62.

———. *The Second Epistle to the Corinthians.* NICNT. Grand Rapids: Eerdmans, 1997.

———. "Wives and Women's Ministry (1 Tim. 2:11-15)." *EvQ* 61, no. 3 (1989): 225-38.

Bartchy, S. Scott. "Who Should Be Called Father? Paul of Tarsus between the Jesus Tradition and Patria Potestas." *BTB* 33 (2003): 135-47.

Batten, A. J. "Neither Gold nor Braided Hair (1 Tim. 2.9; 1 Pet. 3.3): Adornment, Gender and Honour in Antiquity." *NTS* 55 (2009): 484-501.

Bauckham, Richard. *Gospel Women: Studies of the Named Women in the Gospels.* Grand Rapids: Eerdmans, 2002.

Baudzej, Julia. "Re-telling the Story of Jesus: The Concept of Embodiment and Recent Feminist Reflections on the Maleness of Christ." *FT* 17 (2008): 72-91.

Baugh, S. M. "A Foreign World: Ephesus in the First Century." In *Women in the Church: An Analysis and Application of 1 Timothy 2:9-15*, 2nd ed., edited by Andreas J. Köstenberger and Thomas R. Schreiner, 13-38. Grand Rapids: Baker Academic, 2005.

Bauman-Martin, Betsy J. "Feminist Theologies of Suffering and Current

Interpretations of 1 Peter 2:18-3:9." In *A Feminist Companion to the Catholic Epistles and Hebrews*, edited by Amy-Jill Levine and Maria Mayo Robbins, 63-81. FCNTECW 8. New York: T&T Clark International, 2004.

Beattie, Gillian. *Women and Marriage in Paul and His Early Interpreters*. JSNTSup 296. London: T&T Clark, 2005.

Bedale, Stephen. "The Meaning of κεφαλή in the Pauline Epistles." *JTS* 5 (1954): 211-15.

Belleville, Linda L. Ἰουνιᾶν . . . ἐπίσημοι ἐν τοῖς ἀποστόλοις: A Re-examination of Romans 16:7 in Light of Primary Source Materials." *NTS* 51 (2005): 231-49.

_____. "Teaching and Usurping Authority: 1 Timothy 2:11-15." In *Discovering Biblical Equality: Complementarity without Hierarchy*, edited by Ronald W. Pierce and Rebecca Merrill Groothuis, 205-23. Downers Grove, IL: InterVarsity, 2005.

_____. "Women in Ministry: The Egalitarian Perspective." In *Two Views on Women in Ministry*, edited by James R. Beck and Craig L. Blomberg, 75-154. Counterpoints. Grand Rapids: Zondervan, 2000.

_____. *Women Leaders and the Church: Three Crucial Questions*. Grand Rapids: Baker Books, 2000.

Best, Ernest. *Ephesians*. NTG. Sheffield: JSOT Press, 1993.

Brinks, C. L. "'Great Is Artemis of the Ephesians': Acts 19:23-41 in Light of Goddess Worship in Ephesus." *CBQ* 71 (2009): 776-94.

Bruce, F. F. *Paul, Apostle of the Heart Set Free*. Grand Rapids: Eerdmans, 1977.

Burer, Michael H., and Daniel B. Wallace. "Was Junia Really an Apostle? A Reexamination of Romans 16:7." *NTS* 47 (2001): 76-91.

Bynum, Jo Ann. Foreword to *Gender and Ministry in Early Christianity and the Church Today*, by Adolphus Chinedu Amadi-Azuogu. Lanham, MD: University Press of America, 2007.

Calef, Susan A. "*Kephalē*, Coverings, and Cosmology: The Impenetrable 'Logic' of 1 Corinthians 11:2-16." *JRS* 5 (2009): 21-44.

Campbell, Douglas A., ed. *Gospel and Gender: A Trinitarian Engagement with Being*

Male and Female in Christ. STS 7. London: T&T Clark, 2003.

Campbell, William S. Paul and the Creation of Christian Identity. LNTS 322. London: T&T Clark, 2006.

Canavan, Rosemary. "First-Century Inclusive Language." Colloq 39 (2007): 3-15.

Carson, Anne. "Putting Her in Her Place: Woman, Dirt, and Desire." In Before Sexuality: The Construction of the Erotic Experience in the Ancient Greek World, edited by David M. Halperin, John J. Winkler, and Froma I. Zeitlin, 135-69. Princeton: Princeton University Press, 1990.

Carson, D. A. "'Silent in the Churches': On the Role of Women in 1 Corinthians 14:33b-36." In Recovering Biblical Manhood and Womanhood: A Response to Evangelical Feminism, edited by John Piper and Wayne Grudem, 133-47. Wheaton: Crossway, 1991.

Castelli, Elizabeth. Imitating Paul: A Discourse of Power. Louisville: Westminster John Knox, 1991.

Cervin, Richard S. "Does κεφαλή Mean 'Source' or 'Authority Over' in Greek Literature? A Rebuttal." TJ 10 (1989): 85-112.

Clanton, Jann Aldredge. In Whose Image? God and Gender. New York: Crossroad, 1990.

Clarke, Andrew D. "Jew and Greek, Slave and Free, Male and Female: Paul's Theology of Ethnic, Social and Gender Inclusiveness in Romans 16." In Rome in the Bible and the Early Church, edited by Peter Oakes, 103-25. Grand Rapids: Baker Academic, 2002.

Clines, D. J. A. "Ecce Vir; or, Gendering the Son of Man." In Biblical Studies/Cultural Studies: The Third Sheffield Colloquium, edited by J. Cheryl Exum and Stephen D. Moore, 352-75. JSOTSup 266. Sheffield: Sheffield Academic, 1998.

_____. "Image of God." In Dictionary of Paul and His Letters, edited by Gerald F. Hawthorne, Ralph P. Martin, and Daniel G. Reid, 426-28. Downers Grove, IL: InterVarsity, 1993.

_____. "Paul, the Invisible Man." In New Testament Masculinities, edited by Stephen D. Moore and Janice Capel Anderson, 181-92. SemeiaSt 45. Atlanta: Society of Biblical Literature, 2003.

Cobb, L. Stephanie. Dying to Be Men: Gender and Language in Early Christian Martyr

Texts. New York: Columbia University Press, 2008.

Cohick, Lynn H. *Women in the World of the Earliest Christians: Illuminating Ancient Ways of Life*. Grand Rapids: Baker Academic, 2009.

Conzelmann, Hans. *1 Corinthians: A Commentary on the First Epistle to the Corinthians*. Translated by James W. Leitch. Edited by George W. MacRae. Hermeneia. Philadelphia: Fortress, 1975.

Corbett, Greville G. *Gender*. CTL. Cambridge: Cambridge University Press, 1991.

Countryman, L. William. *Dirt, Greed & Sex: Sexual Ethics in the New Testament and Their Implications for Today*. Minneapolis: Fortress, 2007.

Crook, Zeba. "Honor, Shame, and Social Status Revisited." *JBL* 128 (2009): 591–611.

D'Angelo, Mary Rose. "Gender and Geopolitics in the Work of Philo of Alexandria: Jewish Piety and Imperial Family Values." In *Mapping Gender in Ancient Religious Discourses*, edited by Todd Penner and Carolyn Vander Stichele, 63–88. BIS 84. Leiden: Brill, 2007.

Davies, Stevan L. *Revolt of the Widows: The Social World of the Apocryphal Acts*. Carbondale: Southern Illinois University Press, 1999.

Davis, J. J. "First Timothy 2:12, the Ordination of Women, and Paul's Use of Creation Narratives." *PriscPap* 23 (2009): 5–10.

Deming, Will. *Paul on Marriage and Celibacy: The Hellenistic Background of 1 Corinthians 7*. SNTSMS 83. Cambridge: Cambridge University Press, 1995.

deSilva, David A. *Honor, Patronage, Kinship & Purity: Unlocking New Testament Culture*. Downers Grove, IL: InterVarsity, 2000. 『문화의 키워드로 신약성경 읽기』(새물결플러스 역간).

_____. "Patronage and Reciprocity: The Context of Grace in the New Testament." *ATJ* 31 (1999): 32–84.

Dibelius, Martin, and Hans Conzelmann. *The Pastoral Epistles: A Commentary on the Pastoral Epistles*. Translated by Philip Buttolph and Adela Yarbro. Edited by Helmut Koester. Hermeneia. Philadelphia: Fortress, 1972.

Dixon, Suzanne. *The Roman Mother*. London: Croom Helm, 1988.

Donaldson, James. *Woman: Her Position and Influence in Ancient Greece and Rome, and among the Early Christians.* New York: Gordon, 1973.

Doriani, Daniel. "History of Interpretation of 1 Timothy 2." In *Women in the Church: A Fresh Analysis of 1 Timothy 2:9-15*, edited by Andreas J. Köstenberger, Thomas R. Schreiner, and H. Scott Baldwin, 213-67. Grand Rapids: Baker, 1995.

Dudrey, Russ. "'Submit Yourselves to One Another': A Socio-historical Look at the Household Code of Ephesians 5:15-6:9." *ResQ* 41 (1999): 27-44.

Dunn, James D. G. *Romans 1-8.* WBC 38A. Nashville: Nelson, 1988.

_____. *Romans 9-16.* WBC 38B. Nashville: Nelson, 1988.

_____. *The Theology of Paul the Apostle.* Grand Rapids: Eerdmans, 1998.

Eastman, Susan Grove. *Recovering Paul's Mother Tongue: Language and Theology in Galatians.* Grand Rapids: Eerdmans, 2007.

Ehrensperger, Kathy. *That We May Be Mutually Encouraged: Feminism and the New Perspective in Pauline Studies.* New York: T&T Clark, 2004.

El Guindi, Fadwa. *Veil: Modesty, Privacy, and Resistance.* Oxford: Berg, 1999.

Elliot, Elisabeth. "The Essence of Femininity: A Personal Perspective." In *Recovering Biblical Manhood and Womanhood: A Response to Evangelical Feminism*, edited by John Piper and Wayne Grudem, 394-99, 532. Wheaton: Crossway, 1991.

Ellis, E. Earle. "The Silenced Wives of Corinth (1 Cor. 14:34-35)." In *New Testament Textual Criticism: Its Significance for Exegesis; Essays in Honour of Bruce M. Metzger*, edited by Eldon J. Epp and Gordon D. Fee, 213-20. Oxford: Clarendon, 1981.

Ellis, J. Edward. *Paul and Ancient Views of Sexual Desire: Paul's Sexual Ethics in 1 Thessalonians 4, 1 Corinthians 7 and Romans 1.* LNTS 354. London: T&T Clark, 2007.

Engberg-Pedersen, Troels, ed. *Paul in His Hellenistic Context.* Minneapolis: Fortress, 1995.

Epp, Eldon Jay. *Junia: The First Woman Apostle.* Minneapolis: Fortress, 2005.

Fee, Gordon D. *1 and 2 Timothy, Titus.* NIBC 13. Peabody, MA: Hendrickson, 1988.

_____. *The First Epistle to the Corinthians.* NICNT. Grand Rapids: Eerdmans, 1987.

_____. *Paul's Letter to the Philippians.* NICNT. Grand Rapids: Eerdmans, 1995.

Finney, Mark. "Honour, Head-Coverings and Headship: 1 Corinthians 11:2-16 in Its Social Context." *JSNT* 33 (2010): 31-58.

Fitzmyer, Joseph A. "Another Look at ΚΕΦΑΛΗ in 1 Corinthians 11:3." *NTS* 35 (1989): 503-11.

_____. "A Feature of Qumran Angelology and the Angels of 1 Corinthians 11:10." *NTS* 4 (1957): 48-58.

_____. "*Kephalē* in 1 Corinthians 11:3." *Int* 47 (1993): 32-59.

_____. *Romans: A New Translation with Introduction and Commentary*. AB 33. New York: Doubleday, 1993.

Foley, Helen P., ed. *Reflections of Women in Antiquity*. New York: Gordon and Breach Science Publishers, 1981.

Fuhrmann, Sebastian. "Saved by Childbirth: Struggling Ideologies, the Female Body and a Placing of 1 Timothy 2:15a." *Neot* 44 (2010): 30-46.

Gager, John G., and E. Leigh Gibson. "Violent Acts and Violent Language in the Apostle Paul." In *Violence in the New Testament*, edited by Shelly Matthews and E. Leigh Gibson, 13-21. London: T&T Clark, 2005.

Gagnon, Robert A. J. *The Bible and Homosexual Practice: Texts and Hermeneutics*. Nashville: Abingdon, 2001.

Garland, David E. *1 Corinthians*. BECNT. Grand Rapids: Baker Academic, 2003.

Gaventa, Beverly Roberts. *Our Mother Saint Paul*. Louisville: Westminster John Knox, 2007.

Gielen, Marlis. *Tradition und Theologie neutestamentlicher Haustafelethik: Ein Beitrag zur Frage einer christlichen Auseinandersetzung mit gesellschaftlichen Normen*. 2nd ed. BBB 75. Frankfurt: Anton Hain, 1990.

Giles, Kevin. "Response." In *The Bible and Women's Ministry: An Australian Dialogue*, edited by Alan Nichols, 65-87. Canberra: Acorn, 1990.

_____. "Women in the Church: A Rejoinder to Andreas Köstenberger." *EvQ* 73 (2001): 225-43.

Glad, Clarence E. "Paul and Adaptability." In *Paul in the Greco-Roman World: A Handbook*, edited by J. Paul Sampley, 17-41. Harrisburg, PA: Trinity Press International, 2003.

Glancy, Jennifer A. "Obstacles to Slaves' Participation in the Corinthian Church." *JBL* 117 (1998): 481–501.

_____. *Slavery in Early Christianity*. Oxford: Oxford University Press, 2002.

Goodacre, Mark S. "Does περιβόλαιον Mean 'Testicle' in 1 Corinthians 11:15?" *JBL* 130 (2011): 391–96.

Gordon, T. David. "A Certain Kind of Letter: The Genre of 1 Timothy." In *Women in the Church: A Fresh Analysis of 1 Timothy 2:9-15*, edited by Andreas J. Köstenberger, Thomas R. Schreiner, and H. Scott Baldwin, 53–63. Grand Rapids: Baker, 1995.

Grenholm, Cristina, and Daniel Patte, eds. *Gender, Tradition and Romans: Shared Ground, Uncertain Borders*. RHC. New York: T&T Clark, 2005.

Gritz, Sharon Hodgin. *Paul, Women Teachers, and the Mother Goddess at Ephesus: A Study of 1 Timothy 2:9-15 in Light of the Religious and Cultural Milieu of the First Century*. Lanham, MD: University Press of America, 1991.

Grudem, Wayne. "Appendix 1: The Meaning of *Kephalē* ('Head'): A Response to Recent Studies." In *Recovering Biblical Manhood and Womanhood: A Response to Evangelical Feminism*, edited by John Piper and Wayne Grudem, 425–68. Wheaton: Crossway, 1991.

_____. "Does *Kephalē* ('Head') Mean 'Source' or 'Authority Over' in Greek Literature? A Survey of 2,336 Examples." *TJ* 6 (1985): 38–59.

_____. *Evangelical Feminism and Biblical Truth: An Analysis of More Than One Hundred Disputed Questions*. Sisters, OR: Multnomah, 2004.

_____. *The Gift of Prophecy in 1 Corinthians*. Washington, DC: University Press of America, 1982.

_____. "The Meaning of κεφαλή ('Head'): An Evaluation of New Evidence, Real and Alleged." *JETS* 44 (2001): 25–65.

_____. "Prophecy—Yes, but Teaching—No." *JETS* 30 (1987): 11–23.

Gundry-Volf, Judith M. "Beyond Difference? Paul's Vision of a New Humanity in Galatians 3:28." In *Gospel and Gender: A Trinitarian Engagement with Being Male and Female in Christ*, edited by Douglas A. Campbell, 8–36. STS 7. London: T&T Clark, 2003.

_____. "Christ and Gender: A Study of Difference and Equality in Galatians 3:28." In *Jesus Christus als die Mitte der Schrift: Studien zur Hermeneutik des Evangeliums*, edited by Christof Landmesser, Hans-Joachim Eckstein, and Hermann Lichtenberger, 439-77. BZNW 86. Berlin: de Gruyter, 1997.

_____. "Paul on Women and Gender: A Comparison with Early Jewish Views." In *The Road from Damascus: The Impact of Paul's Conversion on His Life, Thought, and Ministry*, edited by Richard N. Longenecker, 184-212. Grand Rapids: Eerdmans, 1997.

_____. "Putting the Moral Vision of the New Testament into Focus: A Review." *BBR* 9 (1999): 277-87.

Hafemann, S. J. "Letters to the Corinthians." In *Dictionary of Paul and His Letters*, edited by Gerald F. Hawthorne, Ralph P. Martin, and Daniel G. Reid, 164-79. Downers Grove, IL: InterVarsity, 1993.

Hallett, Judith P. "Women's Lives in the Ancient Mediterranean." In *Women and Christian Origins*, edited by Ross Shepard Kraemer and Mary Rose D'Angelo, 13-34. Oxford: Oxford University Press, 1999.

Hanson, A. T. *The Pastoral Letters: Commentary on the First and Second Letters to Timothy and the Letter to Titus*. CamBC. Cambridge: Cambridge University Press, 1966.

_____. *Studies in the Pastoral Epistles*. London: SPCK, 1968.

Harris, Murray J. *The Second Epistle to the Corinthians: A Commentary on the Greek Text*. NIGTC. Grand Rapids: Eerdmans, 2005.

Harris, Timothy J. "Why Did Paul Mention Eve's Deception? A Critique of P. W. Barnett's Interpretation of 1 Timothy 2." *EvQ* 62 (1990): 335-52.

Harrison, P. N. *The Problem of the Pastoral Epistles*. Oxford: Oxford University Press, 1921.

Hay, David M., ed. *1 & 2 Corinthians*. PTh 2. Minneapolis: Fortress, 1995.

Hay, David M., and E. Elizabeth Johnson, eds. *Romans*. PTh 3. Minneapolis: Fortress, 1995.

Hays, Richard B. *First Corinthians*. IBC. Louisville: John Knox, 1997.

Heath, Jennifer. Introduction to *The Veil: Women Writers on Its History, Lore, and*

Politics, edited by Jennifer Heath, 1-26. Berkeley: University of California Press, 2008.

Hering, James P. *The Colossian and Ephesian* Haustafeln *in Theological Context: An Analysis of Their Origins, Relationship, and Message*. TR 260. New York: Peter Lang, 2007.

Herzer, Jens. "Rearranging the 'House of God': A New Perspective on the Pastoral Epistles." In *Empsychoi Logoi: Religious Innovations in Antiquity; Studies in Honor of Pieter Willem van der Horst*, edited by Alberdina Houtman, Albert de Jong, and Magda Misset-van de Weg, 547-66. AGJU 73. Leiden: Brill, 2008.

Hess, Richard R. "Equality with and without Innocence: Genesis 1-3." In *Discovering Biblical Equality: Complementarity without Hierarchy*, edited by Ronald W. Pierce and Rebecca Merrill Groothuis, 79-95. Downers Grove, IL: InterVarsity, 2005.

Hodge, Charles. *A Commentary on the First Epistle to the Corinthians*. Grand Rapids: Eerdmans, 1994.

Hoehner, Harold W. *Ephesians: An Exegetical Commentary*. Grand Rapids: Baker Academic, 2002.

Holmes, J. M. *Text in a Whirlwind: A Critique of Four Exegetical Devices at 1 Timothy 2:9-15*. JSNTSup 196. Sheffield: Sheffield Academic, 2000.

Hooker, Morna D. "Authority on Her Head: An Examination of 1 Corinthians 11:10." *NTS* 10 (1964): 410-16.

Horrell, David G. "Disciplining Performance and 'Placing' the Church: Widows, Elders and Slaves in the Household of God (1 Tim. 5:1-6:2)." In *1 Timothy Reconsidered*, edited by Karl Paul Donfried, 109-34. MSBBES 18. Leuven: Peeters, 2008.

_____. *Solidarity and Difference: A Contemporary Reading of Paul's Ethics*. London: T&T Clark, 2005.

Houlden, J. L. *The Pastoral Epistles: I and II Timothy, Titus*. London: SCM, 1976.

Hubbard, Moyer. "Kept Safe through Childbearing: Maternal Mortality, Justification by Faith, and the Social Setting of 1 Timothy 2:15." *JETS* 55 (2012): 743-62.

Hurd, J. C. "Pauline Chronology and Pauline Theology." In *Christian History and Interpretation: Studies Presented to John Knox*, edited by W. R. Farmer, C. F. D. Moule, and R. R. Niebuhr, 225-48. Cambridge: Cambridge University Press, 1967.

Hurley, James B. *Man and Woman in Biblical Perspective*. Grand Rapids: Zondervan, 1981.

Husbands, Mark, and Timothy Larsen, eds. *Women, Ministry and the Gospel: Exploring New Paradigms*. Downers Grove, IL: IVP Academic, 2007.

Huttar, David K. "ΑΥΘΕΝΤΕΙΝ in the Aeschylus Scholium." *JETS* 44 (2001): 615-25.

Instone-Brewer, David. *Divorce and Remarriage in the Bible: The Social and Literary Context*. Grand Rapids: Eerdmans, 2002.

Jacobs, Mignon R. *Gender, Power, and Persuasion: The Genesis Narratives and Contemporary Portraits*. Grand Rapids: Baker Academic, 2007.

Jensen, Anne. "The Representation of Christ, Ecclesiastical Office, and Presiding at the Eucharist." *FZPhTh* 40 (1993): 282-97.

Jewett, Paul K. *Man as Male and Female: A Study in Sexual Relationships from a Theological Point of View*. Grand Rapids: Eerdmans, 1975.

Jewett, Robert. *Romans: A Commentary*. Edited by Eldon J. Epp. Hermeneia. Minneapolis: Fortress, 2007.

Johnson, S. Lewis, Jr. "Role Distinctions in the Church: Galatians 3:28." In *Recovering Biblical Manhood and Womanhood: A Response to Evangelical Feminism*, edited by John Piper and Wayne Grudem, 154-64. Wheaton: Crossway, 1991.

Jowers, Dennis W., and H. Wayne House, eds. *The New Evangelical Subordinationism? Perspectives on the Equality of God the Father and God the Son*. Eugene, OR: Pickwick, 2012.

Kahf, Mohja. "From Her Royal Body the Robe Was Removed: The Blessing of the Veil and the Trauma of Forced Unveilings in the Middle East." In *The Veil: Women Writers on Its History, Lore, and Politics*, edited by Jennifer Heath, 27-43. Berkeley: University of California Press, 2008.

Karras, Ruth Mazo. "Active/Passive, Acts/Passions: Greek and Roman Sexualities."

AHR 105 (2000): 1250-65.

Keddie, Nikki R., and Beth Baron. Introduction to *Women in Middle Eastern History: Shifting Boundaries in Sex and Gender*, edited by Nikki R. Keddie and Beth Baron, 1-22. New Haven: Yale University Press, 1991.

Keener, Craig S. *The IVP Bible Background Commentary: New Testament*. Downers Grove, IL: InterVarsity, 1993.

_____. "Learning in the Assemblies: 1 Corinthians 14:34-35." In *Discovering Biblical Equality: Complementarity without Hierarchy*, edited by Ronald W. Pierce and Rebecca Merrill Groothuis, 161-71. Downers Grove, IL: IVP Academic, 2005.

_____. "'Let the Wife Have Authority over Her Husband' (1 Corinthians 11:10)." *JGRChJ* 2 (2001-5): 146-52.

_____. "Man and Woman." In *Dictionary of Paul and His Letters*, edited by Gerald F. Hawthorne, Ralph P. Martin, and Daniel G. Reid, 583-92. Downers Grove, IL: InterVarsity, 1993.

_____. "Marriage." In *Dictionary of New Testament Background*, edited by Craig A. Evans and Stanley E. Porter, 680-93. Downers Grove, IL: InterVarsity, 2000.

_____. *Paul, Women & Wives: Marriage and Women's Ministry in the Letters of Paul*. Peabody, MA: Hendrickson, 1992.

_____. *Romans*. NCCS 6. Eugene, OR: Cascade, 2009.

Khalili, Mohammed I. "A Comment on Heat-of-Passion Crimes, Honor Killings, and Islam." *Politics and the Life Sciences* 21, no. 2 (2002): 38-40.

Knapp, Robert C. *Invisible Romans: Prostitutes, Outlaws, Slaves, Gladiators, Ordinary Men and Women—The Romans That History Forgot*. London: Profile Books, 2011.

Knight, George W., III. "ΑΥΘΕΝΤΕΩ in Reference to Women in 1 Timothy 2:12." *NTS* 30 (1984): 143-57.

_____. *The Pastoral Epistles: A Commentary on the Greek Text*. NIGTC. Grand Rapids: Eerdmans, 1992.

_____. *The Role Relationship of Men and Women: New Testament Teaching*. Rev. ed. Grand Rapids: Baker, 1985.

Knoch, Otto. *1. und 2. Timotheusbrief, Titusbrief*. NEchtB 14. Würzburg: Echter, 1988.

Köstenberger, Andreas J. "A Complex Sentence: The Syntax of 1 Timothy 2:12." In *Women in the Church: An Analysis and Application of 1 Timothy 2:9-15*, 2nd ed., edited by Andreas J. Köstenberger and Thomas R. Schreiner, 53-84. Grand Rapids: Baker Academic, 2005.

Köstenberger, Andreas J., and Thomas R. Schreiner, eds. *Women in the Church: An Analysis and Application of 1 Timothy 2:9-15*. 2nd ed. Grand Rapids: Baker Academic, 2005.

Köstenberger, Andreas J., Thomas R. Schreiner, and H. Scott Baldwin, eds. *Women in the Church: A Fresh Analysis of 1 Timothy 2:9-15*. Grand Rapids: Baker Books, 1995.

Kraemer, Ross Shepard, and Mary Rose D'Angelo, eds. *Women and Christian Origins*. Oxford: Oxford University Press, 1999.

Kroeger, Catherine Clark. "Ancient Heresies and a Strange Greek Verb." *RefJ* 29 (1979): 12-15.

_____. "1 Timothy 2:12—A Classicist's View." In *Women, Authority & and the Bible*, edited by Alvera Mickelsen, 225-44. Downers Grove, IL: InterVarsity, 1986.

Kroeger, Richard Clark, and Catherine Clark Kroeger. *I Suffer Not a Woman: Rethinking 1 Timothy 2:11-15 in Light of Ancient Evidence*. Grand Rapids: Baker, 1998.

Kümmel, Werner Georg. *Introduction to the New Testament*. Translated by Howard Clark Kee. Nashville: Abingdon, 1975.

Kuske, D. P. "An Exegetical Brief on 1 Timothy 2:12 (οὐδὲ αὐθεντεῖν ἀνδρός)." *WLQ* 88 (1991): 64-67.

Larson, Knute. *I & II Thessalonians, I & II Timothy, Titus, Philemon*. Nashville: Holman Reference, 2000.

Lattimore, Richmond. *Themes in Greek and Latin Epitaphs*. Urbana: University of Illinois Press, 1942.

Lee, John A. L. *A History of New Testament Lexicography*. SBG 8. New York: Peter Lang, 2003.

Lee-Barnwell, Michelle. "Turning κεφαλή on Its Head: The Rhetoric of Reversal in Ephesians 5:21-23." In *Christian Origins and Greco-Roman Culture: Social and Literary Context for the New Testament*, edited by Stanley E. Porter and Andrew

Pitts, 599-614. ECHC 1. Leiden: Brill, 2013.

Lefkowitz, Mary R., and Maureen B. Fant. *Women's Life in Greece and Rome*. Baltimore: Johns Hopkins University Press, 1982.

Lehtipuu, Outi. "The Example of Thecla and the Example(s) of Paul: Disputing Women's Roles in Early Christianity." In *Women and Gender in Ancient Religions: Interdisciplinary Approaches*, edited by Stephen P. Ahearne-Kroll, Paul A. Holloway, and James A. Kelhoffer, 349-78. WUNT 263. Tübingen: Mohr Siebeck, 2010.

Levine, Amy-Jill, and Maria Mayo Robbins, eds. *A Feminist Companion to the Catholic Epistles and Hebrews*. FCNTECW 8. London: T&T Clark, 2004.

LiDonnici, Lynn R. "The Images of Artemis Ephesia and Greco-Roman Worship: A Reconsideration." *HTR* 85 (1992): 389-415.

Lincoln, Andrew T. *Ephesians*. WBC 42. Nashville: Nelson, 1990.

Llewellyn-Jones, Lloyd. *Aphrodite's Tortoise: The Veiled Woman of Ancient Greece*. Swansea: Classical Press of Wales, 2003.

Loader, William. *The New Testament on Sexuality*. Grand Rapids: Eerdmans, 2012.

Longenecker, Richard N. *Galatians*. WBC 41. Nashville: Nelson, 1990.

MacDonald, Dennis R. *The Legend and the Apostle: The Battle for Paul in Story and Canon*. Philadelphia: Westminster, 1983.

MacDonald, Margaret Y. *Early Christian Women and Pagan Opinion: The Power of the Hysterical Woman*. Cambridge: Cambridge University Press, 1996.

_____. "Reading Real Women through the Undisputed Letters of Paul." In *Women & Christian Origins*, edited by Ross Shepard Kraemer and Mary Rose D'Angelo, 199-220. Oxford: Oxford University Press, 1999.

MacMullen, Ramsay. "Women in Public in the Roman Empire." *Hist* 29 (1980): 208-18.

Malherbe, Abraham J. *Social Aspects of Early Christianity*. 2nd ed. Philadelphia: Fortress, 1983.

Mark, Elizabeth Wyner, ed. *The Covenant of Circumcision: New Perspectives on an Ancient Rite*. Hanover, NH: Brandeis University Press, 2003.

Marshall, I. Howard. *The Pastoral Epistles*. ICC. Edinburgh: T&T Clark, 1999.

Martin, Troy W. "Paul's Argument from Nature for the Veil in 1 Corinthians 11:13-15: A Testicle instead of a Head Covering." *JBL* 123 (2004): 75-84.

Massey, Preston T. "Long Hair as a Glory and as a Covering: Removing an Ambiguity from 1 Corinthians 11:15." *NovT* 53 (2011): 52-72.

_____. "The Meaning of καταλύπτω and κατὰ κεφαλῆς ἔχων in 1 Corinthians 11:2-16." *NTS* 53 (2007): 502-23.

Meeks, Wayne A. *The First Urban Christians: The Social World of the Apostle Paul.* New Haven: Yale University Press, 1983.

Mernissi, Fatima. *The Veil and the Male Elite: A Feminist Interpretation of Women's Rights in Islam.* Translated by Mary Jo Lakeland. New York: Basic Books, 1987.

Mickelsen, Berkeley, and Alvera Mickelsen. "Does Male Dominance Tarnish Our Translations?" *ChrTo* 5 (October 1979): 23-29.

_____. "The 'Head' of the Epistles." *ChrTo* 20 (February 1981): 20-23.

_____. "What Does *Kephalē* Mean in the New Testament?" In *Women, Authority & the Bible*, edited by Alvera Mickelsen, 97-110. Downers Grove, IL: InterVarsity, 1986.

Middleton, J. Richard. *A New Heaven and a New Earth: Reclaiming Biblical Eschatology.* Grand Rapids: Baker Academic, 2014. 『새 하늘과 새 땅』(새물결플러스 역간).

Miller, James D. *The Pastoral Letters as Composite Documents.* SNTSMS 93. Cambridge: Cambridge University Press, 1997.

_____. "Translating Paul's Words about Women." *SCJ* 12 (2009): 61-71.

Mitchell, Margaret M. "Corrective Composition, Corrective Exegesis: The Teaching on Prayer in 1 Timothy 2:1-15." In *1 Timothy Reconsidered*, edited by Karl Paul Donfried, 41-62. MSBBES 18. Leuven: Peeters, 2008.

Moffatt, James. *Epistle to the Romans.* Grand Rapids: Eerdmans, 1996.

_____. *The First Epistle of Paul to the Corinthians.* MNTC. New York: Harper, 1938.

Motyer, Steve. "Expounding 1 Timothy 2:8-15." *VE* 24 (1994): 91-102.

Mounce, William D. *Pastoral Epistles.* WBC 46. Nashville: Nelson, 2000.

Moyise, Steve. *Paul and Scripture: Studying the New Testament Use of the Old Testament.* Grand Rapids: Baker Academic, 2010.

Murphy-O'Connor, Jerome. "The Divorced Woman in 1 Corinthians 7:10-11." *JBL*

100 (1981): 601-6.

_____. "1 Corinthians 11:2-16 Once Again." *CBQ* 50 (1988): 265-74.

_____. "Sex and Logic in I Corinthians 11:2-16." *CBQ* 42 (1980): 482-500.

_____. *St. Paul's Corinth: Texts and Archaeology.* GNS 6. Wilmington, DE: Michael Glazier, 1983.

Neal, Diana. "Out of the Uterus of the Father: A Study in Patriarchy and the Symbolism of Christian Theology." *FT* 13 (1996): 8-30.

Nelson, James B. *Body Theology.* Louisville: Westminster John Knox, 1992.

Neyrey, Jerome H., and Eric C. Stewart, eds. *The Social World of the New Testament: Insights and Models.* Peabody, MA: Hendrickson, 2008.

O'Brien, Peter T. *Colossians, Philemon.* WBC 44. Waco: Word, 1982.

Økland, Jorunn. *Women in Their Place: Paul and the Corinthian Discourse of Gender and Sanctuary Space.* JSNTSup 269. London: T&T Clark, 2004.

Olson, Kelly. *Dress and the Roman Woman: Self-Presentation and Society.* New York: Routledge, 2008.

Orr, David G. "Roman Domestic Religion: The Evidence of the Household Shrines." *ANRW* 16.2:1557-91. Part 2, *Principat*, 16.2. Edited by H. Temporini and W. Haase. New York: de Gruyter, 1978.

Ortlund, Raymond C., Jr. "Male-Female Equality and Male Headship: Genesis 1-3." In *Recovering Biblical Manhood and Womanhood: A Response to Evangelical Feminism*, edited by John Piper and Wayne Grudem, 95-112. Wheaton: Crossway, 1991.

Osborne, Grant R. *Romans.* IVPNTC 6. Downers Grove, IL: InterVarsity, 2004.

Osburn, Carroll D. "ΑΥΘΕΝΤΕΩ (1 Tim. 2:12)." *ResQ* 25 (1982): 1-12.

Osiek, Carolyn, and Margaret Y. MacDonald. "Philippians." In *Searching the Scriptures*, vol. 2, *A Feminist Commentary*, edited by Elisabeth Schüssler Fiorenza, Ann Brock, and Shelly Matthews, 237-49. New York: Crossroad, 1994.

_____. *A Woman's Place: House Churches in Earliest Christianity.* Minneapolis: Fortress, 2006.

Padgett, Alan G. *As Christ Submits to the Church: A Biblical Understanding of Leadership and Mutual Submission.* Grand Rapids: Baker Academic, 2011.

_____. "Paul on Women in the Church: The Contradictions of Coiffure in 1 Corinthians 11:2-16." *JSNT* 20 (1984): 69-86.

_____. "The Significance of ἀντί in 1 Corinthians 11:15." *TynBul* 45 (1994): 181-87.

_____. "Wealthy Women at Ephesus: 1 Timothy 2:8-15 in Social Context." *Int* 41 (1987): 19-31.

Panning, Armin J. "*Authentein*—A Word Study." *WLQ* 78 (1981): 185-91.

Parker, Holt. "Loyal Slaves and Loyal Wives: The Crisis of the Outsider-Within and Roman *Exemplum* Literature." In *Women and Slaves in Greco-Roman Culture: Differential Equations*, edited by Sandra R. Joshel and Sheila Murnaghan, 152-73. New York: Routledge, 1998.

Patterson, Dorothy. "The High Calling of Wife and Mother in Biblical Perspective." In *Recovering Biblical Manhood and Womanhood: A Response to Evangelical Feminism*, edited by John Piper and Wayne Grudem, 364-77. Wheaton: Crossway, 1991.

Payne, Philip B. "1 Timothy 2:12 and the Use of οὐδέ to Combine Two Elements to Express a Single Idea." *NTS* 54 (2008): 235-53.

_____. "Fuldensis, Sigla for Variants in Vaticanus, and 1 Cor. 14:34-35." *NTS* 41 (1995): 240-62.

_____. *Man and Woman, One in Christ: An Exegetical and Theological Study of Paul's Letters*. Grand Rapids: Zondervan, 2009.

_____. "What Does *Kephalē* Mean in the New Testament? Response." In *Women, Authority & the Bible,* edited by Alvera Mickelsen, 118-32. Downers Grove, IL: InterVarsity, 1986.

Perriman, Andrew C. "What Eve Did, What Women Shouldn't Do: The Meaning of ΑΥΘΕΝΤΕΩ." *TynBul* 44 (1993): 129-42.

Petersen, Norman R. *Rediscovering Paul: Philemon and the Sociology of Paul's Narrative World*. Philadelphia: Fortress, 1985.

Pierce, Ronald W. "Evangelicals and Gender Roles in the 1990s: First Timothy 2:8-15; A Test Case." *JETS* 36 (1993): 343-55.

Pierce, Ronald W., and Rebecca Merrill Groothuis, eds. *Discovering Biblical Equality:*

Complementarity without Hierarchy. Downers Grove, IL: InterVarsity, 2004.

Piper, John. "A Vision of Biblical Complementarity: Manhood and Womanhood Defined according to the Bible." In *Recovering Biblical Manhood and Womanhood: A Response to Evangelical Feminism*, edited by John Piper and Wayne Grudem, 31-59. Wheaton: Crossway, 1991.

Polaski, Sandra Hack. *A Feminist Introduction to Paul*. St. Louis: Chalice, 2005.

Pomeroy, Sarah B. *Goddesses, Whores, Wives, and Slaves: Women in Classical Antiquity*. New York: Schocken, 1975.

_____. "Women in Roman Egypt: A Preliminary Study Based on Papyri." In *Reflections of Women in Antiquity*, edited by Helene P. Foley, 303-22. New York: Gordon and Breach Science Publishers, 1981.

Porter, Stanley E. *Idioms of the Greek New Testament*. 2nd ed. BLG 2. Sheffield: Sheffield Academic, 1999.

_____. "What Does It Mean to Be 'Saved by Childbirth' (1 Tim. 2:15)?" *JSNT* 49 (1993): 87-102.

Poythress, Vern S., and Wayne A. Grudem. *The Gender-Neutral Bible Controversy: Muting the Masculinity of God's Words*. Nashville: Broadman & Holman, 2000.

Redekop, Gloria N. "Let the Women Learn: 1 Timothy 2.8-15 Reconsidered." *SR* 19 (1990): 235-45.

Reuther, Rosemary Radford. *To Change the World: Christology and Cultural Criticism*. New York: Crossroad, 1981.

Rogers, Guy MacLean. *The Sacred Identity of Ephesos: Foundation Myths of a Roman City*. New York: Routledge, 1991.

Rubin, Nissan. "Brit Milah: A Study of Change in Custom." In *The Covenant of Circumcision: New Perspectives on an Ancient Jewish Rite*, edited by Elizabeth Wyner Mark, 87-97. Hanover, NH: Brandeis University Press, 2003.

Save the Mothers. "How Are Mothers Dying?" http://www.savethemothers.org/learn -the-issues/how-are-mothers-dying.

Scholer, David M. "'And I Was a Man': The Power and Problem of Perpetua." *DSar* 15 (1989): 10-14.

Schreiner, Thomas R. "Head Coverings, Prophecies, and the Trinity: 1 Corinthians

11:216." In *Recovering Biblical Manhood and Womanhood: A Response to Evangelical Feminism*, edited by John Piper and Wayne Grudem, 124–39. Wheaton: Crossway, 1991.

_____. "An Interpretation of 1 Timothy 2:9–15: A Dialogue with Scholarship." In *Women in the Church: An Analysis and Application of 1 Timothy 2:9-15*, 2nd ed., edited by Andreas J. Köstenberger and Thomas R. Schreiner, 85–120, 207–29. Grand Rapids: Baker Academic, 2005.

_____. "An Interpretation of 1 Timothy 2:9–15: A Dialogue with Scholarship." In *Women in the Church: A Fresh Analysis of 1 Timothy 2:9-15*, edited by Andreas J. Köstenberger, Thomas R. Schreiner, and H. Scott Baldwin, 105–54. Grand Rapids: Baker, 1995.

_____. *Paul, Apostle of God's Glory in Christ: A Pauline Theology*. Downers Grove, IL: InterVarsity, 2001.

_____. *Romans*. BECNT. Grand Rapids: Baker, 1998.

_____. "William J. Webb's *Slaves, Women & Homosexuals*: A Review Article." *SBJT* 6 (2002): 46–64.

Schüssler Fiorenza, Elisabeth. *In Memory of Her: A Feminist Theological Reconstruction of Christian Origins*. London: SCM, 1983.

_____. *Jesus: Miriam's Child, Sophia's Prophet; Critical Issues in Feminist Christology*. New York: Continuum, 1994.

_____. "Missionaries, Apostles, Coworkers: Romans 16 and the Reconstruction of Women's Early History." *WW* 6 (1986): 420–33.

_____. *Rhetoric and Ethic: The Politics of Biblical Studies*. Minneapolis: Fortress, 1999.

Scroggs, Robin. "Paul and the Eschatological Woman." *JAAR* 40 (1972): 283–303.

Seesengood, Robert. *Competing Identities: The Athlete and the Gladiator in Early Christian Literature*. LNTS 346. London: T&T Clark, 2006.

Shaw, Brent. "The Passion of Perpetua." *PastPres* 139 (1993): 3–45.

Stark, Rodney. "Physiology and Faith: Addressing the 'Universal' Gender Difference in Religious Commitment." *JSSR* 41 (2002): 495–507.

_____. *The Rise of Christianity: How the Obscure, Marginal Jesus Movement Became the Dominant Religious Force in the Western World in a Few Centuries*. SanFrancisco:

HarperSanFrancisco, 1997. 『기독교의 발흥』(좋은씨앗 역간).

Strauss, Mark. *Distorting Scripture? The Challenge of Bible Translation and Gender Accuracy*. Eugene, OR: Wipf & Stock, 2010.

Strom, Mark. *Reframing Paul: Conversations in Grace & Community*. Downers Grove, IL: InterVarsity, 2000.

Theissen, Gerd. *The Social Setting of Pauline Christianity: Essays on Corinth*. Edited and translated by John H. Schütz. Philadelphia: Fortress, 1982.

Thiselton, Anthony. *The First Epistle to the Corinthians: A Commentary on the Greek Text*. NIGTC. Grand Rapids: Eerdmans, 2000.

Tidball, Derek. *The Social Context of the New Testament: A Sociological Analysis*. Grand Rapids: Zondervan, 1984.

Towner, Philip H. *The Letters to Timothy and Titus*. NICNT. Grand Rapids: Eerdmans, 2006.

Van Bremen, Riet. "Women and Wealth." In *Images of Women in Antiquity*, edited by Averil Cameron and Amélie Kuhrt, 223–42. London: Routledge, 1993.

Vander Stichele, Caroline, and Todd C. Penner. "Paul and the Rhetoric of Gender." In *Her Master's Tools? Feminist and Postcolonial Engagements of Historical-Critical Discourse*, edited by Caroline Vander Stichele and Todd Penner, 287–310. GPBS 9. Atlanta: Society of Biblical Literature, 2005.

Van Leeuwen, Mary Stewart. *My Brother's Keeper: What the Social Sciences Do (and Don't) Tell Us about Masculinity*. Downers Grove, IL: InterVarsity, 2002.

Virgili, Fabrice. *Shorn Women: Gender and Punishment in Liberation France*. Translated by John Flower. London: Berg, 2002.

Wagener, Ulrike. *Die Ordnung des "Hauses Gottes": Der Ort von Frauen in der Ekklesiologie und Ethik der Pastoralbriefe*. WUNT 65. Tübingen: Mohr Siebeck, 1994.

Wall, Robert W. "1 Timothy 2:9-15 Reconsidered (Again)." *BBR* 14 (2004): 81–103.

Walton, John H., Victor H. Matthews, and Mark W. Chavalas. *The IVP Bible Background Commentary: Old Testament*. Downers Grove, IL: InterVarsity, 2000.

Ward, Roy Bowen. "Musonius and Paul on Marriage." *NTS* 36 (1990): 281–89.

Waters, Kenneth L. "Saved through Childbearing: Virtues as Children in 1 Timothy 2:11–15." *JBL* 123 (2004): 703–35.

Webb, Robert. *Slaves, Women & Homosexuals: Exploring the Hermeneutics of Cultural Analysis.* Downers Grove, IL: InterVarsity, 2001.

Westfall, Cynthia Long. "A Discourse Analysis of Romans 7:7–25: The Pauline Autobiography?" In *The Linguist as Pedagogue: Trends in the Teaching and Linguistic Analysis of the Greek New Testament*, edited by Stanley E. Porter and Matthew Brook O'Donnell, 146–58. NTM 11. Sheffield: Sheffield Phoenix, 2009.

———. "The Meaning of αὐθεντέω in 1 Timothy 2:12." *JGRChJ* 10 (2014): 138–73.

———. "A Moral Dilemma? The Epistolary Body of 2 Timothy." In *Paul and the Ancient Letter Form*, edited by Stanley E. Porter and Sean A. Adams, 213–52. PSt 6. Leiden: Brill, 2010.

———. "On Developing a Consistent Hermeneutical Approach to the Application of General Scriptures." *PriscPap* 24 (2010): 9–13.

———. "Paul's Experience and a Pauline Theology of the Spirit." In *Defining Issues in Pentecostalism: Classical and Emergent*, edited by Steven M. Studebaker, 123–43. MTSS 1. Hamilton, ON: McMaster Divinity Press, 2008.

———. "'This Is a Great Metaphor!': Reciprocity in the Ephesians Household Code." In *Christian Origins and Greco-Roman Culture: Social and Literary Context for the New Testament*, edited by Stanley E. Porter and Andrew Pitts, 561–98. ECHC 1. Leiden: Brill, 2013.

White, John L. *The Form and Function of the Body of the Greek Letter: A Study of the Letter-Body in the Non-literary Papyri and in Paul the Apostle.* SBLDS 2. Missoula, MT: Scholars Press, 1972.

White, L. Michael. "Paul and Pater Familias." In *Paul in the Greco-Roman World: A Handbook*, edited by J. Paul Sampley, 470–72. Harrisburg, PA: Trinity Press International, 2003.

White, L. Michael, and O. Larry Yarbrough, eds. *The Social World of the First Christians: Essays in Honor of Wayne A. Meeks.* Minneapolis: Fortress, 1995.

Wilcox, Amanda. "Exemplary Grief: Gender and Virtue in Seneca's Consolations to Women." *Helios* 33 (2006): 73–100.

Wiley, Tatha. *Paul and the Gentile Women: Reframing Galatians.* New York: Continuum, 2005.

Wilshire, Leland Edward. "1 Timothy 2:12 Revisited: A Reply to Paul W. Barnett and Timothy J. Harris." *EvQ* 65 (1993): 43–55.

_____. "The TLG Computer and Further Reference to AYΘENTEΩ in 1 Timothy 2:12." *NTS* 34 (1988): 120–34.

Wilson, Douglas. *Fidelity: What It Means to Be a One-Woman Man.* Moscow, ID: Canon Press, 1999.

Wimbush, Vincent L. "The Ascetic Impulse in Ancient Christianity." *ThTo* 50 (1993): 417–28.

_____. *Paul the Worldly Ascetic: Response to the World and Self-Understanding according to 1 Corinthians 7.* Macon, GA: Mercer University Press, 1987.

Winter, Bruce W. Roman *Wives, Roman Widows: The Appearance of New Women and the Pauline Communities.* Grand Rapids: Eerdmans, 2003.

Wire, Antoinette Clark. *The Corinthian Women Prophets: A Reconstruction through Paul's Rhetoric.* Minneapolis: Fortress, 1990.

Witherington, Ben, III. *Women and the Genesis of Christianity.* Cambridge: Cambridge University Press, 1990.

_____. *Women in the Earliest Churches.* SNTSMS 59. Cambridge: Cambridge University Press, 1988.

Wolters, Albert M. "AYΘENTHΣ and Its Cognates in Biblical Greek." *JETS* 52 (2009): 719–29.

_____. "An Early Parallel of αὐθεντεῖν in 1 Timothy 2:12." *JETS* 54 (2011): 673–84.

_____. "A Semantic Study of αὐθέντης and Its Derivatives." *JGRChJ* 1 (2000): 145–75.

Woodhead, Linda. "God, Gender and Identity." In *Gospel and Gender: A Trinitarian Engagement with Being Male and Female in Christ,* edited by Douglas A. Campbell, 84–104. STS 7. London: T&T Clark, 2003.

Yarbrough, O. Larry. *Not Like the Gentiles: Marriage Rules in the Letters of Paul.* SBLDS

80. Atlanta: Scholars Press, 1985.

―――. "Parents and Children in the Letters of Paul." In *The Social World of the First Christians: Essays in Honor of Wayne A. Meeks*, edited by L. Michael White and O. Larry Yarbrough, 126–41. Minneapolis: Fortress, 1991.

Zamfir, Korinna, and Jozef Verheyden. "Text-Critical and Intertextual Remarks on 1 Timothy 2:8-10." *NovT* 50 (2008): 376–406.

Zehr, Paul M. *1 & 2 Timothy, Titus*. BCBC. Scottdale, PA: Herald Press, 2010.

인명 색인

바울과 젠더

바울의 눈으로 본 그리스도 안에서의 남성과 여성

Copyright © 새물결플러스 **2021**

1쇄 발행 2021년 11월 23일

지은이	신시아 롱 웨스트폴
옮긴이	임재승
펴낸이	김요한
펴낸곳	새물결플러스

편 집	왕희광 정인철 노재현 한바울 정혜인
	이형일 나유영 노동래 최호연
디자인	박인미 황진주 김은경
마케팅	박성민 이원혁
총 무	김명화 이성순
영 상	최정호 곽상원
아카데미	차상희

홈페이지	www.holywaveplus.com
이메일	hwpbooks@hwpbooks.com
출판등록	2008년 8월 21일 제2008-24호
주 소	(우) 04118 서울시 마포구 마포대로19길 33
전 화	02) 2652-3161
팩 스	02) 2652-3191

ISBN 979-11-6129-220-5 93230

책값은 뒤표지에 있습니다.